충북 옥천 지역의 언어와 생활

충북 옥천 지역의 언어와 생활

초판 인쇄 2016년 12월 17일
초판 발행 2016년 12월 29일

지 은 이 박경래

펴 낸 이 이대현
펴 낸 곳 도서출판 역락

주   소 서울시 서초구 동광로46길 6-6(반포4동 577-25) 문창빌딩 2층
등   록 1999년 4월 19일 제303-2002-000014호
전   화 02-3409-2058, 2060
팩   스 02-3409-2059
이 메 일 youkrack@hanmail.net

ISBN 979-11-5686-7005   94710
     979-11-5686-694-7 (세트)

이 도서의 국립중앙도서관 출판예정도서목록(CIP)은 서지정보유통지원시스템 홈페이지(http://seoji.nl.go.kr)와
국가자료공동목록시스템(http://www.nl.go.kr/kolisnet)에서 이용하실 수 있습니다.(CIP제어번호: CIP2016032625)

충북 옥천 지역의 언어와 생활

박 경 래

역락

　이 책은 지역 명칭에 언어와 생활이라는 이름을 붙여 충북 지역어 총
서로 내는 네 번째 책이다. 첫 번째는 『충북 제천 지역의 언어와 생활』이
라는 이름으로 출간되었고 두 번째는 『충북 청원 지역의 언어와 생활』이
라는 이름으로 출간되었다. 그리고 세 번째 책으로 『충북 충주 지역의 언
어와 생활』이라는 이름으로 출간된 데 이어 네 번째 책으로 이 책이 출간
되게 되었다. 네 책 모두 지역어 조사 구술 발화 자료를 기본 바탕으로
깁고 다듬고 표준어 대역과 주석을 더하여 세상에 나오는 것이다.

　지역어 구술 자료 총서를 낼 때마다 늘 감회가 새롭다. 필자가 방언조
사를 처음 시작한 해가 1977년 여름이니까 방언조사와 처음 인연을 맺은
지가 올해로 어느덧 서른아홉 해가 된다. 방언조사를 수없이 많이 해 왔
지만 필자가 방언조사를 할 때마다 느끼는 점은 묵묵히 고향을 지키며 살
아오신 어르신들의 훈훈하고 따뜻한 정과 마음씨에서 우러나는 우리말의
정겨움이었다. '이분들의 너그러움과 넉넉함이 배어 있는 우리말의 정겨
움이 없었다면 지금도 이 일을 하고 있을까? 고유한 우리말이 가진 감칠
맛과 지역어 속에 배어 있는 우리 고유의 문화와 전통이 없었다면 지금도
이 일을 하고 있을까?' 스스로에 대한 이 두 가지 질문에 선뜻 '그렇다'고
대답하지 못했을 것이다. 처음 들어보면서도 상황과 문맥에 꼭 들어맞는
우리말이 전해주는 정치함과 적합성이 늘 나를 매료시키곤 했다. 아마도
이러한 느낌은 조사에 응해 주시면서 늘 살갑게 대해 주시던 어르신들의
끈기와 배려가 보태졌기 때문일 것이다. 이 분들이 없었다면 이 책은 세
상에 나오지 못했을 것이다.

이 책은 충청북도 옥천군 동이면 세산리 2구 석화마을에 거주하는 임봉호(任鳳鎬) 할아버지(조사 당시 84세, 1925년생 쥐띠)의 구술 발화를 녹취하여 전사하고 표준어로 대역한 다음 주석을 단 것이다. 이 책에 반영된 구술 내용은 조사 마을에 관련된 이야기를 비롯하여 제보자의 일생의례에 대한 내용과 생업활동 그리고 집짓기 등 거주생활과 관련된 내용들이 담겨 있다. 이 구술 자료는 언어뿐만 아니라 이분들의 생활상까지 들여다 볼 수 있다는 점에서 매우 값진 문화유산이 될 것이다.

이 책에 수록된 구술 발화의 원자료는 국립국어원에서 2004년부터 매년 실시한 지역어 조사 사업의 2008년도 조사 결과물이다. 국립국어원의 지역어 조사 사업은 급격한 사회변화로 소멸 위기에 있는 지역어를 어휘, 음운, 문법의 고유 어형뿐만 아니라 문장과 담화 차원까지 온전히 보전하기 위해 수행하고 있는 것이다. 이 책에 담긴 내용은 2008년도에 조사 채록한 구술자료 가운데 약 다섯 시간 분량이다. 구술 발화 자료는 제보자와 조사자가 자연스럽게 대화하면서 구술하는 발음과 내용을 그대로 전사한 것이다. 그렇기 때문에 전사된 구술 자료를 통하여 조사 지역의 어휘는 물론이고 음운과 문법적인 특징을 이해할 수 있을 뿐만 아니라 담화 연구나 생활사, 경제사의 자료로서도 요긴하게 이용될 수 있을 것이다.

충북 옥천 지역의 조사는 2008년에 실시하였으나 이러저러한 사정으로 출판이 미루어지다가 그때 조사된 자료 가운데 구술 발화 자료만을 따로 떼어 이제야 책으로 마무리를 하게 되었다. 무엇보다 동일한 방언형이라도 지역어가 가지는 특유의 용법과 의미, 세상에 처음 소개되는 어휘나 형태소 등에 대한 설명이 필요하였다. 이 과정에서 전사와 표준어 대역이 잘못된 부분을 바로잡고 독자들의 이해를 돕기 위해 주석과 색인을 추가하였다. 책으로 엮으면서 구술 내용이나 주제가 공통되는 부분은 한자리에 모이도록 편집을 다시 하였다. 이것은 가급적이면 내용상 같은 주제를 한 곳에 모아 같은 목차 아래 묶이게 하기 위한 조처였다. 그러나 하나의 이야기 단락을 이루지 못할 만큼 내용이 적은 경우에는 이야기의 흐름을 깨지 않기 위해 그대로 두기도 하였다.

이 책은 충북 옥천 지역에 거주하는 토박이 제보자가 구술한 내용을 고스란히 담고 있어 조사 지역 주민들의 언어와 생활은 물론이고 이들의 생활사도 엿볼 수 있다. 조사 마을의 생활환경과 협동 조직 및 민속놀이 등 조사 마을의 생활배경과 관련된 이야기를 비롯하여 조사지역 주민들의 생업활동 등 기본적인 삶과 관련된 내용이 포함되어 있고, 제보자의 출생과 성장, 약혼과 결혼, 전통 결혼식, 결혼 생활, 살림살이 등 일생의 례에 관한 내용과 논농사, 밭농사, 과수농사와 같은 생업활동과 집짓기 등 거주생활과 관련된 내용들이 담겨 있다. 따라서 이들 내용과 관련된 수많은 토박이 언어 자료들이 생생하게 드러나 있다. 이 책에서는 이들 언어 자료에 대한 표준어 대역과 주석 그리고 색인을 통하여 토박이 언어 자료에 대한 정보를 상세하게 제공하고자 하였다.

이 책은 충북 옥천 지역에서 사용되는 어휘를 비롯하여 음운과 문법에 대한 이해뿐만 아니라 이 지역 토박이 화자들의 말하기 방식을 파악하는 데도 유용할 것이다. 말하기의 방식은 군 단위마다 현격한 차이를 보이는 것이 아니므로 이후 지속될 충북의 다른 지역 구술 자료와 함께 충청북도 방언 전체의 말하기 방식을 이해하는 데에도 유용할 것이다.

이 책은 무엇보다 국립국어원의 의지와 노력에 의해 발간될 수 있었다. 이미 보고서로 발간된 내용을 다시 점검하여 잘못된 부분을 바로잡고, 여기에 주석과 색인 등을 덧붙이는 작업은 애초에 예상했던 것 이상으로 엄청난 시간과 노력을 들여야 했다. 이런 고되고 험난한 작업을 수행할 수 있도록 독려하고 지원을 아끼지 않은 이상규, 권재일, 민현식, 송철의 원장님과 조남호, 정희원 부장님 그리고 이 사업이 성공적으로 수행될 수 있도록 뒷바라지를 하며 꼼꼼하게 일을 챙겨 주신 박민규, 위진 선생님의 노력이 없었다면 이 책은 세상에 나오지 못했을 것이다. 그리고 무엇보다 지역어 조사에 함께 참여하고 계시는 지역어 조사위원들의 격려와 연대감이 이번 단행본을 내는 데 큰 힘이 되었다.

10년 동안의 지역어 조사는 2013년을 끝으로 마무리되었지만 아직 펴내지 못한 구술 발화 자료집은 연차적으로 간행하기로 하였다. 그동안 조사 질문지를 만들고 지역어 조사 사업의 틀을 짜는 일에서부터 지역어 조사를 하는 동안 내내 함께 했던 지역어조사위원들과 보낸 시간들이 스쳐 지나간다. 그러나 누구보다도 이 단행본을 간행하는 데 이바지한 분은 제보자인 임봉호 할아버님이시다. 2008년 조사를 끝내고 나서 보충조사를 위해 2010년 다시 찾아뵈었을 때는 조사 당시보다 몸이 쇠약해 보여 마음이 아팠다. 그리고 이 단행본을 펴내기 위해 2011년 봄에 다시 찾아뵈었을 때는 지팡이를 짚고서야 천천히 발걸음을 떼시는 모습이 더욱 안쓰러워 보였다. 궁금했던 내용이나 미진한 내용을 여쭐 때마다 늘 친절하게 답해 주신 할아버지의 아량과 가르침이 없었더라면 이 책은 지금보다 훨씬 어설펐을 것이다. 처음에 뵈었을 때보다 귀가 더 안 들려 세상의 소리를 잘 듣지 못하시는 할아버지를 뵐 때마다 마음이 먹먹해졌다. 이 책의 초고를 쓸 때까지만 해도 할아버지께서 늘 건강하시기를 기원했지만 세월의 흐름은 거역할 수 없는 것이기에 이제는 만나 뵐 수 없고 할아버지의 목소리와 할아버지께서 해 주신 말씀만이 귓전을 맴돈다.

■ 조사 지역의 개관

충청북도는 우리나라에서 유일하게 바다와 접해 있지 않은 내륙도로서 남북으로 길게 뻗어 있다. 충청북도 지역어 조사는 이러한 지리적인 특징을 고려하고 인구의 분포를 고려하여 연차적인 조사계획을 세워 진행하였다. 먼저 충청북도 전체 인구의 절반 이상을 차지하는 청주, 충주, 제천시 지역을 조사하고 이어서 지리적인 위치를 고려하여 조사하기로 하였다. 이에 따라 2005년에는 충청북도 북부 지역에 해당하는 제천시를 조사하였고, 2006년에는 충청북도 중부 지역에 해당하는 청원군(현재는 청주시에 편입)을 조사하였다. 2007년에는 충청북도 북부 지역의 남단이고 중부 지역의 북단에 해당하는 충주시 지역을 조사하였고 2008년에는 충청북도의 남부 지역에 해당하는 옥천군을 조사하였다.

2008년도 충청북도 지역어 조사지로는 충청북도 옥천군 동이면 세산리 2구 석화마을과 동이면 금암 3리를 선정하였다. 옥천군은 충청북도의 남부지역에 위치해 있다. 기존의 연구에 의하면 옥천군은 충청북도 남부 방언권에 속하는 지역으로 알려져 있다.

충청북도 옥천군은 동쪽으로는 경상북도 상주시, 남쪽으로는 충청북도 영동군과 충청남도의 금산군, 서쪽은 충청남도 대전시, 북쪽은 보은군에 접하고 있다. 행정구역상으로는 충청북도에 해당하지만 광역 생활권은 대전광역시에 속한다. 옥천군은 옥천읍, 군북면, 군서면, 동이면, 안남면, 안내면, 이원면, 청산면, 청성면 등 1개 읍 8개 면 125개 동리가 있다. 군청 소재지는 옥천읍 삼양리이다. 옥천군의 면적은 536.9㎢이고 인구는 2006년 현재 54,923명이다. 1985년 83,462명, 1990년 70,110명, 1995년 63,607명, 2000년 60,798명, 2005년 55,610명, 2006년 54,923명으로 지속적으로 감소하는 추세를 보이고 있다.

옥천군은 소백산맥과 노령산맥의 영향으로 500m 내외의 산지로 둘러

싸여 전체적으로 옥천분지를 이루며 곳곳에 구릉성 산지가 분포해 있는 자연 환경을 이룬다. 산지 사이에 있는 옥천읍, 동이면, 청산면, 이원면 일대에는 산간분지가 발달해 있다. 금강이 군의 중부와 북부를 굽어 흐르고 있으며 건천, 서화천, 월외천 등의 지류가 금강으로 유입된다. 금강 연안에는 평야가 거의 발달하지 못했으며, 경지는 주로 소하천 연안과 분지 내에 분포한다. 주요 농작물로는 포도가 유명하다.

옥천군은 우리나라의 내륙에 위치해 온도차가 큰 대륙성기후를 보이나 충청북도 내에서는 중부지역이나 북부지역에 비해 상대적으로 비교적 따뜻한 지역이다. 겨울은 북서풍의 영향으로 한랭한 편이나 태백산맥의 영향으로 초여름에 높새바람이 불어와 고온 건조한 날씨가 나타나기도 한다.

동이면은 평산리, 세산리, 적하리, 금암리, 조령리, 청마리, 우산리, 지양리, 석탄리, 남곡리 등 열 개의 법정 리가 있다. 이 가운데 2008년도 충청북도 지역어 조사 지역인 세산리는 두 개의 행정리(行政里)인 용운리와 석화리로 이루어져 있다. 용운리는 옥천에서 영동으로 이어지는 4번 국도의 옥천 남쪽 영동 방향 5km 지점에 위치해 있으며 천수골, 탁운, 용암말, 오가골 등 네 개의 자연 마을로 이루어져 있으며 오천구 최초의 포도 재배지다. 시설포도 재배법을 최초로 도입하여 기술 보급에 앞장서고 있으며 전체 농가의 약 80%가 포도를 재배하여 연간 약 15억 원의 높은 소득을 올리는 부자마을이다. 세산리 2구 석화마을은 우리말로 '돌꽂이'라고 불리는 곳으로 옥천읍에서 영동 방향 남쪽으로 약 6㎞ 지점 4번 국도변에 위치해 있다. 용운리와 접하고 있는 석화리는 음지말과 양지말의 두 개 자연마을로 이루어져 있다. 석화리 역시 전형적인 농촌 마을이며 용운리와 마찬가지로 마을 전체가 포도 농사를 주업으로 하고 있다. 예전에는 수박 농사를 짓기도 했으나 수입이 좋지 않아 포도 농사로 바꾸었다고 한다. 석화리는 300년 이상 된 풍천 임씨 집성촌이고 타성바지는 몇 안 된다고 한다. 보충조사 지역인 옥천군 동이면 금암3리는 '왕곡, 봉곡, 용암

말'이라고도 불리는 곳으로 마을 앞으로 경부고속도로가 지나가고 있고 마을 아래쪽 약 1km 떨어진 곳에 금강이 흐르고 있다. 이곳 역시 전형적인 농촌마을로 포도 농사가 주업이지만 쌀농사도 짓고 있다. 이 마을은 해주 오씨 집성촌이다.

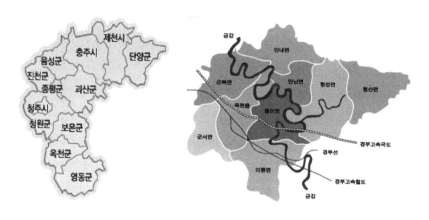

〈그림 1〉 지도로 보는 옥천군

교통은 마을 앞으로 왕복 4차선의 4번 국도가 지나고 있다. 마을 주민들은 옥천 읍내로 나갈 때 마을버스를 이용한다. 옥천 읍내까지는 버스로 약 10분이면 갈 수 있다. 경부선 철도가 옥천읍을 지나고 있고, 옥천읍에서 대전광역시와 영동, 보은, 청주로 다니는 시외버스가 있다. 대전과의 교통이 편리하여 행정구역으로는 충청북도에 속하지만 광역 시장권은 대전에 가깝다.

■ 조사 과정

국립국어원에서는 2004년부터 10년 동안 각 도별(道別)로 해마다 한 지점씩 지역어를 조사하고 조사한 자료를 정리하는 전국적인 지역어조사

사업을 시행하고 있다. 이 사업은 우리 민족의 귀중한 문화유산인 지역어를 조사·정리하여 민족어의 특성과 다양성을 지켜나가는 데 목적을 두고 있다. 최근 급변하고 있는 사회 변화에 따라 소멸 위기에 있는 지역어의 고유어형 자료를 영구보존하고자 하는 것이다. 사업의 첫 해인 2003년에는 지역어 조사용 질문지 작성을 위한 기초 자료를 수집하였고 2004년에는 지역어조사 질문지 초안을 만들어 예비조사를 실시하였다. 본격적인 조사는 이듬해인 2005년부터 시작되었다. 첫 번째 해인 2005년 조사지역은 충청북도 제천시였고 두 번째 해인 2006년의 조사 지역은 청원군이었고 세 번째 해인 2007년의 조사 지역은 충주시 엄정면이었다. 이 책은 2008년도에 옥천군 동이면에서 조사한 자료를 정리한 것이다.

지금까지 조사지역이 제천시, 충주시, 청원군(청주시) 등 시 지역이었고 충청북도의 중부지역과 북부지역이었던 점을 고려한 것이다. 지역어 조사 지역을 옥천군으로 하고 조사 지점과 제보자 선정을 위해 2008년 7월 11일 옥천 군청을 방문하여 문화관광과의 담당 공무원으로부터 옥천군 전반에 대한 설명을 듣고 집성촌을 소개받았다. 옥천군청에서 소개받은 집성촌은 다음과 같다.

옥천군 동이면 세산리 - 풍천 임씨
옥천군 동이면 상촌리 - 성주 이씨
옥천군 동이면 금암3리 - 해주 오씨
옥천군 동이면 대성리 - 원씨
옥천군 동이면 청정리(항송마을) - 유씨
옥천군 안남면 연주2리 - 초계 주씨
옥천군 청성면 구음리 - 염씨
옥천군 청산면 덕곡리 - 장씨
옥천군 군서면 금산리 - 여씨

문화관광과의 담당 공무원으로부터 청산면은 과거 상주목 관할 지역이었으며, 군서면은 호남방언의 성격이 강하다는 정보를 듣고 청산면과 군서면은 이번 조사에서 우선적으로 제외하기로 하였다. 한편 옥천고등학교 김동욱 교장선생님의 도움을 받아 옥천고등학교에 근무하는 옥천 토박이 선생님으로부터 동이면 세산리의 풍천 임씨 집성촌을 소개받았으나 날이 저물어 현지 마을을 답사하지는 못했다.

　　7월 14일 오전 청주를 출발하여 동이면 사무소의 산업계장을 찾아갔다. 이 분은 현지 토박이여서 동이면 사정에 밝았다. 면사무소에서 면사무소 뒤편에 있는 평산리의 성주 이씨, 금암3리의 해주 오씨, 세산리 석화마을의 풍천 임씨 집성촌을 소개받았다. 군청에서 소개받은 집성촌과 옥천고등학교에서 소개받은 집성촌이 일치하는 동이면 세산리 석화 마을을 잠정적인 조사 지점으로 정했다. 석화마을을 찾아가던 중에 마을 회관 앞에 나와 쉬고 있는 마을 어른을 만나 제보자 조건을 제시하고 적당한 제보자를 소개해 줄 것을 주문했으나 시큰둥해 하였다. 다시 석화마을을 찾아갔으나 여름이어서 마을 회관에 나와 있는 마을 어른들은 볼 수가 없었고 마을 입구에 마련해 놓은 포도 집하장에서 일하고 있는 마을 사람에게 연세가 많은 어른을 소개해 달라고 했더니 임광재, 임형재, 임대순 할아버지를 소개해 주었다. 임광재 할아버지를 찾아갔으나 면장을 지내신 분이어서 제보자에서 제외했고, 임광재 할아버지로부터 임형재 할아버지가 대졸 출신이라는 사실을 확인하고 역시 제보자 후보에서 제외하였다. 그리고 임대순 할아버지는 과거 70년대 새마을운동을 오랫동안 주도했었다는 정보를 들은 데다가 집에 계시지 않아 역시 제보자 후보에서 제외하기로 하였다. 결국 아무 소득 없이 마을을 나오다가 마을 입구에서 등나무 밑에 앉아서 부채를 부치며 이야기를 나누던 할머니들을 만났다. 이 할머니들에게 적당한 제보자를 소개해달라고 부탁했으나 별다른 소득을 얻지 못하던 중 옆에서 일을 하던 등나무 집 주인으로부터 이야기해 줄 만한 분으로 임봉호 할아버지를 소개받았으나 옥천읍에 출타 중이었다. 매일 아침 9시 무렵에 옥천에 출타했다가 저녁 5시 무렵에 돌아온다고 해서 할아버지가 저녁에 집에 오실 때까지 등나무 밑에서 시루떡을 얻어먹으면서 마을 할머니들과 이런저런 이야기를 하면서 기다렸다. 저녁 5시 무렵이 되자 옥천에서 오는 버스에서 내려 마을로 들어오시는 임봉호 할아버지를 소개 받고 할아버지를 따라가서 조사의 취지를 간단히 설명하고 조사에 응해주실 수 있는지를 묻자 흔쾌히 승낙해 주셨다. 할아버지의 승낙을 받고 할아버지 댁으로 가서 기본적인 인적사항을 확인하고 제보자로 확정하였으나 시간이 늦어 16일 다시 만나기로 약속한 다음 전화번호를 받아가지고 돌아왔다.

　보조제보자는 조사 과정에서 주제보자인 임봉호 할아버지가 대답하지 못했거나 대답한 내용이 부족하다고 판단되는 구술 발화 조사항목에 대한 보충조사와 주제보자(남)가 응답하지 못한 어휘 항목의 보충조사 그리고 주제보자가 제공해 준 방언형 가운데 의심스러운 항목 등을 확인해 보기 위해 본조사가 끝난 후 별도로 선정하였다. 이는 임봉호 할아버지가 지난 2월에 할머니를 여의셔서 바느질이나 음식 등 할머니에게 조사해야 할 내용을 보충하기 위한 조처였다. 보충 및 확인조사는 2008년 10월 5일 실시하였다. 보충 및 확인 조사 지점은 옥천 군청과 동이면에서 소개 받은 금암3리 오씨 마을로 정하고 찾아갔다. 오전 10시 무렵에 금암3리에 도착하여 가을걷이를 하다가 점심 식사를 하러 집으로 돌아오시는 분에게 몇 분 할머니를 소개받았으나 적당한 제보자를 찾지 못하였다. 마을 남쪽 끝에서 벼를 말리던 아주머니로부터 할머니 한 분을 소개받았으나 너무 고령이어서 조사가 불가능했다. 점심 무렵이 되어 장에 갔다 돌아오는 할머니 한 분에게 적당한 분을 소개받고 찾아갔으나 겨울 준비를 위해 방을 바르고 고치느라 도움을 받지 못하고 점심만 얻어먹고 뒷집에 사시는 김순남 할머니를 소개받았다. 소개받은 김순남 할머니가 안 계셔서 옆

집에 사시는 아주머니에게 물었더니 집안 간이라고 하면서 할머니가 일하고 계시는 밭으로 안내하여 밭에서 할머니를 만났다. 할머니는 아들과 함께 약초를 수확하고 계셨다. 동이면 이웃 마을에서 성장하여 같은 동이면 금암리로 시집오셔서 지금까지 살고 계시는 김순남 할머니의 인적 사항을 간단히 확인하고 제보자로 정했다. 할머니와 집에서 만나기로 약속을 하고 다시 마을로 돌아와 차 안에서 한참을 쉬다가 밭에서 돌아오시는 할머니를 따라 집으로 갔다. 할머니는 바쁘다고 하면서도 묻는 말에는 대답을 해주셨다. 마당에서 집안일을 하던 아들이 못마땅한 듯한 태도를 보였으나 계속해서 조사를 진행하였다. 저녁때가 되어 아들은 읍내로 돌아갔다. 저녁 먹을 시간이 되어 할머니를 모시고 이웃 마을에 있는 식당으로 가서 저녁을 대접해 드렸다. 다시 할머니 댁으로 돌아와서는 밤늦게까지 보충조사와 확인조사를 하였다. 김순남 할머니는 제1 제보자의 역할을 잘해 주셨다. 그리고 김순남 할머니와 이따금 대화를 하는 이웃집 서울네 할머니가 제2 제보자가 되었지만 제보 내용은 별반 없었다.

현지 조사는 두 차례에 걸쳐 이루어졌다. 제1차 조사는 2008년 7월 11일부터 7월 31일까지 이루어졌다. 7월 11일과 7월 14일은 조사지점과 제보자 선정을 위한 현지 답사를 실시하였다. 본격적인 조사는 7월 16일부터 7월 30일까지 이루어졌다. 이 기간 동안에 지역어조사 질문지의 내용을 전체적으로 조사하였다. 제2차 조사는 10월 5일에 이루어졌다. 제2차 조사는 제1차 조사 기간 동안에 빠뜨렸던 내용과 제1차 조사 기간에 조사된 내용 가운데 확인할 필요가 있는 항목들을 모아 보충조사와 확인조사를 실시하였다. 제1차 조사 기간이 길었던 것은 제보자의 사정과 조사자의 사정을 고려하였기 때문이다. 하루의 조사를 마치고 제보자의 사정을 물어 특별한 일이 없으면 다음날에도 조사를 실시하였고 할아버지의 사정으로 읍내에 출타할 일이 있거나 노인들을 위한 여행에 참가할 때는 조사를 쉬었다. 이 기간 동안에 조사자의 아버지가 병원에 입원하여 수술을 하였기 때문에 조사지와 병원을 오가며 조사를 실시하여 조사기간이 길어졌다. 제1차 조사 기간 동안에 조사한 음운 항목의 녹음 자료는 녹음기의 음량이 작게 설정되어 음성이 작게 녹음되었다.

이 책에 담긴 구술 발화 자료 가운데 의생활이나 식생활 등 집안일 등 여성이 하는 일과 관련된 내용은 김순남(金順男, 1927년 8월 10일생, 82세, 호랑이띠, 여, 동이면 금암3리) 할머니가 제보해 주셨고 조사 마을의 환경과 배경, 일생 의례에 관련된 내용이나 논농사, 밭농사 등 생업활동 및 풍수지리에 관련된 내용은 임봉호 할아버지가 제보해 주신 것을 전사하였다.

■ 전사

제보자의 구술 자료는 Marantz사의 PMD 660 디지털 녹음기를 이용하여 녹음하였다. 녹음한 자료는 그날 조사한 분량은 그날 저녁에 바로 컴퓨터에 음성파일(wav 파일)로 저장하였다. 이 책을 위한 자료는 음성파일을 전사 프로그램인 Transcriber 1.4를 이용하여 전사하였다. 전사는 기본적으로 문장 단위로 하나의 문장을 소리 나는 대로 한글로 전사하는 것을 원칙으로 하였으나 한 억양으로 소리 나는 경우 억양단위로 전사하기도 하였다. 음성 전사는 기본적으로 한글 맞춤법 규정에 따라 단어별로 띄어 쓰는 것을 원칙으로 했지만 음성의 특성상 동화현상이 반영된 것은 띄어 쓸 수 없는 경우도 많았다. 가령 '인넝겨(있는 거야), 되넝겨(되는 거야)' '쌀바패서(쌀밥(을) 해서)' 등과 같이 음운현상이 개재되어 있거나 하여 형태소 분석이 쉽지 않은 경우는 음성전사의 띄어쓰기를 하지 않은 경우도 있다. 다만 띄어 써야 한다는 것을 알려주기 위해 음성 전사 결과에 대한 표준어 대역에서는 띄어 써서 독자들의 이해를 돕고자 하였다. 현대 한글로 적기 어려운 음성은 특수한 문자를 이용하여 표기하기도 하였다. 필요한 경우는 국제음성기호를 이용하여 괄호 속에 발음을 명시하기도 하였다.

구술 발화는 다섯 시간 3분 정도의 분량을 전사하였다. 구술 발화는 조사자의 말과 제보자의 말을 모두 전사하였다. 구술 발화는 발화 문장 단위로 분절(segmentation)하여 전사하는 것을 원칙으로 하되 내용에 따라 하나의 이야기 단위로 분절하여 전사하기도 하였다. 따라서 각 분절 단위의 끝은 반드시 문장 종결 부호(마침표, 물음표, 느낌표)로 마무리하였다. 제보자의 말과 조사자의 말이 겹치는 경우에는 제보자의 말과 조사자의 말을 각각의 문장으로 나누어 전사하였다. 이야기가 중간에 끊겨 내용이 전환되면 문장이 완전히 끝나지 않았더라도 문장부호를 사용하여 문장을 마무리하였다. 의미 내용상 분절이 어려운 경우에는 같은 분절 내에서 문장이 끝날 때까지 전사하고 문장 종결 부호를 넣어 마무리하였다. 전사한 각 분절 단위별로 문장 종결 부호를 넣어 마무리하고 전사한 지역어에 대응하는 표준어 문장을 직역하여 넣고 문장 종결 부호를 넣었다. 하나의 문장 안에서 단어의 일부가 생략되었지만 추정이 가능한 경우 ( ) 안에 생략된 부분을 넣어 의미 파악이 용이하게 하였다.

표준어에 대응되는 어휘나 표현이 없거나 어감이 달라서 설명을 필요로 하는 경우에는 지역어를 그대로 사용하였다. 전사한 각 분절 단위마다 전사 번호를 부여하였다. 전사 번호는 구술 내용과 질문지에 제시된 질문 내용의 번호와 일치하도록 하였다. 옥천 지역어 조사의 제보자는 두 명이었으나 각각 따로 조사하였기 때문에 구술 참여자가 조사 상황에 여럿 나타나는 경우는 없었다. 음성 전사의 경우 잘 들리지 않는 부분이 있을 때 또는 들리더라도 무슨 소리인지 모를 경우에는 음절 수 또는 모라(mora) 수 만큼 * 부호를 넣었고, 잘 들리지 않는 부분이 있더라도 추측 가능하거나 생략되었더라도 추측이 가능한 경우에는 추측할 수 있는 말이나 생략된 말을 ( ) 안에 표기하였다. 표준어 대역에서도 같은 방법으로 표시하였다. 음절이나 형태소 경계에서 제보자가 휴지를 두어 발음한 경우에는 음절 사이에 "-"를 넣어 표시하였다.

이 구술 자료의 초벌 전사는 연구보조원 김남정 군이 주로 하였다. 초벌 전사한 자료는 보고서 작성 단계에서 필자에 의해 점검이 이루어졌는데 이 단행본을 내면서 필자가 다시 한 번 재검하고 꼼꼼하게 교정을 하였다. 초벌 전사하느라 고생한 김남정 군에게 고마움을 전한다.

옥천 지역어에서는 어두 음절 위치에서 단모음 /ㅔ/와 /ㅐ/ 및 /ㅟ/와 /ㅚ/가 구별되기 때문에 이 위치에서 이들 모음을 구별하여 전사하였다. 단모음과 평행하게 이중모음 /ㅖ/와 /ㅒ/ 및 /ㅞ/와 /ㅙ/도 어두음절 위치에서는 구별하여 전사하는 것을 원칙으로 하였다. 그러나 둘째 음절 위치에서는 /ㅔ/와 /ㅐ/를 주로 /ㅐ/로 표기하였고 분명히 구별하여 발음하는 경우는 구별하여 적었다. 이중모음은 소리 나는 대로 표기하였다. 하나의 형태소가 두 가지 이상의 음성형으로 실현될 때는 각각을 반영하고 주석을 달아 설명하기도 하였다. 가령 표준어에서 '-이다'의 어간, 받침 없는 용언의 어간, 'ㄹ' 받침인 용언의 어간 뒤에 붙는 어미 '-면'에 대응하는 이 지역 방언형 '-먼', '-면', '-문'과 '-민'이 음성적으로 구별되면 최대한 구별하여 표기하려 하였다. 따라서 하나의 문장 내에서도 두 가지 표기가 나타나는 경우도 있다. 모음 '이'에 선행하는 음절말 자음이 탈락하면서 비모음으로 발음되는 경우는 '~'기호를 이용하여 표시하였다. 제보자의 웃음이나 기침 등 비언어적인 행위는 인상적으로 표기하였다. 자동적으로 경음으로 실현되는 환경에서 장음이나 휴지 때문에 평음으로 실현되는 경우에는 '떡::-살'과 같이 음절 사이에 하이픈(-)으로 표시하였다. 이형태나 쌍형어는 '기여/겨'와 같이 '/'로 표시하였다. 가능한 한 음성을 그대로 반영하기 위한 조처였다.

본문의 글자체와 전사에 사용된 부호는 다음과 같다.

고딕체 조사자
명조체 제보자

―	제1 제보자
=	제2 제보자
≡	제3 제보자
:	장음 표시이며, 길이가 상당히 길 경우 ::처럼 장음 표시를 겹쳐 사용하였다.
*	청취가 불가능한 부분 또는 표준어로의 번역이 불가능한 경우
+	색인에서 방언과 대응 표준어에 의미 차이가 있는 경우
++	색인에서 방언에 대응하는 표준어가 없는 경우
~	비모음으로 발음되는 경우
‐	휴지나 장음으로 인해 평음으로 발음되는 음절 경계의 경우
―	색인에서 방언형 뒤에 휴지 표시

■ 주석

주석은 각 장마다 미주(尾註)를 달았다. 이 자료를 이용할 독자들에게는 각주(脚註)가 편리하겠지만 책의 편집상 불가피하게 미주로 처리해야 했다. 주석은 가능한 한 친절하게 제공하려 하였다. 새로운 어휘나 이해하기 어려운 어휘와 표현 등에 대하여는 설명과 풀이를 하였고, 형태에 대한 음운론적 해석과 설명을 부가함으로써 해당 방언형에 대한 독자의 이해를 돕도록 하였다. 문법 형태의 경우 그 기능에 대한 설명을 간략하게 부기하기도 하였고, 경우에 따라 같은 지역 또는 충북의 다른 지역에서 사용되는 이형태를 제시하기도 하였다. 어휘에 따라서는 미세한 의미 차이나 문법적인 기능 차이를 설명하기도 하고, 옥천 지역이나 충북의 다른 지역에서 방언형의 이형태가 사용될 경우에도 이를 밝혀 놓았다. 독자의 편의를 위해서 동일한 내용이나 비슷한 내용의 주석을 멀리 떨어진 다른 페이지에 반복하여 달아 놓은 경우도 있다.

■ 표준어 대역

전사한 방언 자료에 대하여는 모두 표준어로 대역하여 제시하였다. 원래의 조사 보고서에서는 원칙적으로 문장 단위로 표준어 대역을 붙였으나 여기에서는 문장보다 큰 의미 단락을 기준으로 대역을 붙인 경우도 있다. 표준어 대역을 별도의 쪽에 배치한 것도 조사 보고서와 달라진 점이다. 이는 순전히 독자들이 쉽게 읽을 수 있도록 하여 방언 자료를 이해하는 데 편의를 제공하기 위한 조처였다.

전사한 방언 자료에 대한 표준어 대역은 직역하는 것을 원칙으로 하였다. 문장 중간 중간에 들어간 '어', '저', '그', '저저저', '저기' 등과 같은 군말이나 담화표지 등도 대역 부분에 그대로 반영하려고 노력하였다. 대응 표준어가 없는 어휘의 경우는 방언형을 그대로 표준어 대역에 사용하였다. 전사가 불가능한 발음이나 전사한 방언 표현의 의미가 불확실한 경우 전사 부분과 표준어 대역 부분에 *** 기호를 사용하였다.

■ 색인

또한 지역어 자료임을 고려하여 말미에 표준어에 대응하는 방언형의 색인을 첨부하였다. 색인은 표준어형을 제시하고 그에 대응하는 방언형들을 나열하였다. 체언은 방언형을 형태음소적으로 표기하였고, 용언은 예문에 사용된 활용형을 그대로 제시하였다. 이때 표기와 발음을 구별할 필요가 있는 경우는 대괄호 속에 음성형을 따로 제시하였다. 표준어를 제시할 수 없는 지역어 특유의 어형에 대하여는 간략한 뜻풀이를 부기하였다.

〈사진 1〉 제보자 임봉호 할아버지

〈사진 2〉 제보자 김순남
할머니 조사 중에

〈사진 3〉 충북 옥천 조사 장면

〈사진 4〉 충북 옥천 동이면 석화리 임봉호 제보자의 집

〈사진 5〉 충북 옥천군 동이면 석화리 입구

〈사진 6〉 옥천군 동이면 석화리 전경

차례

01 조사 마을

1.1 마을의 유래

하라부지:는 거기 그 동내 그:…

태어나신 대가 어디에요?

— 우리 사, 살:구 인년대요?

예, 태어나신 대요.

— 거 태이난 대 거이 그 동내예요.

예.

— 그 동내, 사 내내 옌:날, 옌:날 말루넌 '돌꼬지'1)라 그랜넌대, 지그매 인재 그 서콰라 그라지요, 서콰.2)

— 세:산 이:구 서콰, 그리 돼요.

주소로 마라면?

— 주소로 마라면 그래요.

충북…

— 충북 옥천군 동:이면 세:산니 이:구 서콰마을.

예, 옌나래는 '돌꼬지'라구 그래따구요?

— 네.

— 옌:나래 옌:나래 우리덜3) 쪼망크말4) 짼 서콰라 쏘릴 모뜨꼬 '가너매'라구 그냥 그르캐따고.5)

예?

— 가너매, 가너매라 구래따고.

— 그 인재 가너맨대, 가너매 똥낸대 내내 가너매 똥내넌 그 전챌: 가주구 가너매 가너매라고 해꼬, 애: 우리 동내로넌 돌꼬지라고 해따고, 돌꼬지.

— 우리 동내마넌 돌꼬지.

할아버지께서는 거기 그 동네 그…

태어나신 데가 어디예요?

  ― 우리 살, 살고 있는 데요?

예, 태어나신 데요.

  ― 그 태어난 데 거기 그 동네예요.

예.

  ― 그 동네, 살 내내 옛날, 옛날 말로는 '돌꽂이'라 그랬는데, 지금은
이제 그 석화라고 그러지요, 석화.

  ― 세산 2구 석화, 그렇게 돼요.

주소로 말하면?

  ― 주소로 말하면 그래요.

충북…

  ― 충북 옥천군 동이면 세산리 2구 석화마을.

예, 옛날에는 '돌꽂이'라고 그랬다고요?

  ― 네.

  ― 옛날에, 옛날에 우리들이 조그마했을 때는 석화라는 소리를 못 듣고
'가녀매'라고 그냥 그렇게 했다고.

예?

  ― 가녀매, 가녀매라고 그랬다고.

  ― 그 이제 가녀매인데, 가녀매 동네인데 내내 가녀매 동네는 그 전체
를 가지고 가녀매 가녀매라고 했고, 우리 동네는 돌꽂이라고 했다고, 돌
꽂이.

  ― 우리 동네만은 돌꼬지.

가너매는 무슨 뜨시에요?

 ― 가너매, 가너매라구 옌:나래 가너, 저 워:디6) 저런 디7) 나가서 무르면 워:디 사너냐거면8) 가너매 산다 그래따고, 옌:나래.

 ― 근대 이재 지그머 와서넌 이재 그런 소린 다: 웁써지고9) 세:산 이:구, 에: 서좌, 서좌동 그러치.

가넘애는 무슨 뜻이에요?

　− 가녀매, 가녀매라고 옛날에 가녀, 저 어디 저런 데 나가서 (누가) 물으면 어디에 사느냐고 하면 가녀매 산다고 그랬다고, 옛날에.

　− 그런데 이제 지금에 와서는 이제 그런 소리는 다 없어지고 세산 2구, 석화, 석화동 그렇지.

1.2 생활 환경

그 뒤애 산:두 이짜나요.?

— 으?

산.

— 으:.

또:…

— 뒤애 산?

예.

— 으:.

머: 거기 나무두 이꾸 돌:두 이꾸 그런대 그 왜 그렁 거마다 옌:날 얘:기두 이짜나요, 그렁 거 업써요? 내려오넌 말:?

— 그:, 그저내:-넌 서콰라구 하능 게 왜 서콰냐.

— 돌:꼬시 핀다넌 얘기여.

— 에: 글: 우리동내 사라면, 저건내 동:내가 또 쪼고망 거 이써.

— 또랑 건내, 도:로 저 건내루 동내가 인넌대 고: 가운대 요짜개 지판 채 이꾸 가운대 요러::캐 날쑹10) 내려온 대 거기가 그냥 이: 화강세기 마 리여 화강세기 요러캐 차개차개11) 탑 쌍 거마냥12) 막 이르캐 괴: 징 개 이써띠야.

— 그라구서 아주 창꼬꺼치 뵈기가 조와띠야.

— 그라는대 일번 싸람더리 나오먼서, 그기: 우:리동내 아패 그기 철로 거등 옌:나레.

— 옌:나래 처:뻐내 일번 싸람…

아:, 지금 지금 차 다니는 기리요?

— 예:.

그 뒤에 산도 있잖아요?

― 응?

산.

― 응.

또…

― 뒤에 산?

예.

― 응.

뭐 거기에 나무도 있고 돌도 있고 그런데 그 왜 그런 것마다 옛날 얘기도 있잖아요, 그런 것 없어요? 내려오는 말?

― 그, 그전에는 석화라고 하는 게 왜 석화냐.

― 돌꽃이 핀다는 얘기야.

― 에 그 우리 동네 사람은, 저 건너에 동네가 또 조그마한 것이 있어.

― 도랑 건너, 도로 저 건너로 동네가 있는데 고 가운데 요쪽에 집 한 채가 있고 가운데 요렇게 날쑥 내려온 데 거기가 그냥 이 화강석이 말이야 화강석이 요렇게 차곡차곡 탑 쌓은 것처럼 막 이렇게 괴어 진 게 있었대.

― 그리고 아주 진달래꽃같이 보기가 좋았대.

― 그러는데 일본 사람들이 나오면서, 그것이 우리 동네 앞에 그것이 철로거든 옛날에.

― 옛날에 첫 번에 일본 사람…

아, 지금 지금 차 다니는 길이요?

― 예.

- 으 차 댕기는, 옌:나래 그 그기 철로, 철로여써따고.

- 철로연는대 저:짝 구듬태째[13] 이:원 너머가넌 대 그기, 에: 산 인넌 대 고기 굴: 뚐능 개[14] 이따고.

- 고기두 굴: 뚜꾸 그 미태 모두 노꽝 농: 거뚜 그 일번 싸람더리 항겐대 인재 오래 됭:깨 다: 뜨더내구서 새루 해찌마넌 거 굴:두 시방 다: 뜨더...

- 인재 구:럴 요버내 사:차선 나가면설랑 마리여 사: 차선 나가면서 그 굴: 미꾸녀기[15] 가물가물한대 바닥꺼지 다 파써요.

- 다: 까까내구 거다 바닥꺼지 다: 까까서 바다기 다: 나와따고.

- 그애 그기 핸넌대 그 일번 싸람더리 그 철로 나가면설랑은 그 바우럴 뜨더다가서 막 싸쿠 막 그러캐 해띠야.

- 그래설랑 인재 거 도:리 다 읍써징 기여 꼬시.[16]

- 다: 읍써지구 시방 그 소:개만 거 대나무 소:개만 에 소:그루만 독째기[17] 조꿈썩 이따고.

- 따 땅 건 읍따구. 그 그루카구 내 우리개 거 뒤:애루넌 도:리 도깨비 도리라고 하넌대 이른 강뚝짜:꺼찔[18] 앙:코 전:부 도:리 이캐 찌:드란해요,[19] 찌:드란히야.

- 또깨비도:리라구 하는대 찌:드라닝 개 그냥 개 짜개면[20] 장장마냥 이르캐 쪼개지구 그르캐 된다구.

- 그라고 야:물질 앙코 야물질[21] 아나: 그냥 털썩털썩 깨져:.

- 그 그 우리 동내 뒤: 도:리 전부 그런 독짜기애요.

- 그르가구 저 고: 화강성 나오넌 대넌 고: 양지말[22] 고 우애 고고배끼 읍썬는대 고고 이, 일번 싸람더리 막 뜨더다가 그: 에: 녹, 그 거시기 노꽝카구 하넌대 그 싸:따능 기여.

- 그래서 인재 그 서콰 꼬시 읍써징 기여.

그 뒤애 산: 이르믄 머얘요?

- 응 차 다니는, 옛날에 그 그게 철로, 철로였었다고.
- 철로였는데 저쪽 구듬태재 이원 넘어가는 데 거기, 에 산이 있는데 고기에 굴을 뚫은 게 있다고.
- 고기에도 굴을 뚫고 그 밑에 모두 토관 놓은 것도 그 일본 사람들이 한 것인데 이제 오래 되니까 다 뜯어내고서 새로 했지만 거기 굴도 지금 다 뜯어...
- 이제 굴을 이번에 사차선 (도로가) 나가면서 말이야 사차선 나가면서 그 굴 밑이 가물가물한데 바닥까지 다 팠어요.
- 다 깎아내고 거기에다가 바닥까지 다 깎아서 바닥이 다 나왔다고.
- 그래 그렇게 했는데 일본 사람들이 그 철로 나가면서 그 바위를 뜯어다가 막 쌓고 막 그렇게 했대.
- 그래서 이제 그 돌이 다 없어진 거야 꽃이.
- 다 없어지고 지금 그 속에만 그 대나무 속에만 에 속으로만 돌덩어리가 조금씩 있다고.
- 따 딴 것은 없다고. 그 그렇고 내 우리(동네) 그 뒤에는 돌이 도깨비돌이라고 하는데 이런 강돌맹이 같지 않고 전부 돌이 이렇게 기단해요 기단해.
- 도깨비돌이라고 하는데 기다란 한 것이 그래 그냥 그래 쪼개면 장작처럼 이렇게 쪼개지고 그렇게 된다고.
- 그리고 야물지 않고 야물지 않아 그냥 털썩털썩 깨져.
- 그 우리 동네 뒤에 돌이 전부 그런 돌이에요.
- 그리고 저 고 화강석 나오는 데는 고기 양지마을 그 위에 그것밖에 없었는데 그 거, 일본 사람들이 막 뜯어다가 그 토(관) 그 거시기 토관 하고 하는데 쌓았다는 거야.
- 그래서 이제 그 석화(石花) 꽃이 없어진 거야.

그 뒤에 산 이름은 뭐예요?

- 어?

산, 산 이르믄 머얘요?

- 거기:?

예.

- 거기:는 산 이르미 그: 그짝 뒤:룬 재시리라구 재실꼬랭이라구[23] 핸 넌대: 재실꼬...

왜: 그런 이르미 부터써요?

- 인 그 그건대 시방 돌꼬지[24] 인넌댄 양지말 그 동:내 뒤:여.

- 근 산 니르미 우:꾸서 그짱 너매-꺼지를 전부 재실꼬랭이라구 히야.

- 제: 그, 그 너머 연결돼:서 연개돼:서.

그 왜 재실꼬랭이라 그래요?

- 그 재실꼬랑이라고 하넝 거선 거기얘: 에: 그산 저: 아:내, 아:내 드 러가먼 거기 우리 에: 매낄 임짜 임가덜 그: 위터가 쿵: 기 이써.

- 이꾸 거기얘 재시리 옌:날, 옌:날-찝 재시리 거기 이써따고.

- 겐대 그: 재실두 인재 다: 짜그라저서[25] 모:씨구 해설랑 시방 양옥 찌비루 시방 그 동:내 끄태기다 그냥 져: 가주구 이따고.

- 근대 인재 지사꾼도 앙 가구: 땅두 웂꾸: 시사[26] 지내넝 거뚜 벨루 우:꾸 하잉깨 앙가능 기여.

- 그때 우리더런 저: 거스기 한:, 한 이십쌔: 삼십쌔: 사:십쌔꺼지넌 시 사 때 될 꺼 거트먼 그냥 무슨 잔치하넝 거마냥 바글바글 해써, 사:라미.

- 아:더라구[27] 으:러나구[28] 해서 떡 한 트래:, 떡 한, 한 틀[29] 가따 논 넌대: 한 틀 가따 노넌대 장:증이야 그눔 한 틀 질머저써, 그 맨 지개루.

- 게 땅 거선, 땅 거 적깔 거틍 거 막 이르캐 괴:구 밤: 대추 이르캐 괴:구 이러캉 거넌 전부 그 가:매가[30] 이써써. 시꾸 댕긴 가:매.

- 옌:날 거 산지기더리 가:마얘다가 해서 전부 시:꾸 가:매루 가주가구, 떠건 거기다 모:씨꾸 가.

- 어?

산, 산 일므은 뭐예요?

- 거기?

예.

- 거기는 산 이름이 그 그쪽 뒤로는 재실이라고 재실골이라고 했는데 재실골...

왜 그런 이름이 붙었어요?

- 이 그 그건너 지금 돌꼬지 있는 데는 양지마을 그 동네 뒤야.

- 그것은 산 이름이 없고 그쪽 너머까지를 전부 재실골이라고 해.

- 저 그, 그 너머로 연결이 되어서 연계 되어서.

그것을 왜 재실고랑이라고 그래요?

- 그 재실고랑이라고 하는 것은 거기에 에 그 산 저 안에, 안에 들어가면 거기에 우리 에 맡길 임자 임가들 그 위토가 큰 게 있어.

- 있고 거기에 재실이 옛날, 옛날 집 재실이 거기에 있었다고.

- 그런데 그 재실도 이제 다 찌그러져서 못 쓰고 해서 지금 양옥집으로 지금 그 동네 끝에다 그냥 지어 가지고 있다고.

- 그런데 이제 제사꾼도 안 가고 땅도 없고 시사 지내는 것도 별로 없고 하니까 안 가는 거야.

- 그때 우리들은 저 거시기 한:, 한 이십 세 삼십 세 사십 세까지는 시사 때가 될 것 같으면 그냥 무슨 잔치하는 것처럼 바글바글 했어, 사람이.

- 아이들하고 어른하고 해서 떡 한 틀에, 떡 한(틀), 한 틀 가져다 놓는데 한 틀 가져다 놓는 데 장정이라야 그놈 한 틀을 짊어 졌어, 그 맨 지게로.

- 그래 딴 것은, 딴 것 부침개 같은 것은 막 이렇게 괴고 밤 대추 이렇게 괴고 이렇게 한 것은 전부 그 가마가 있었어. 싣고 다니는 가마.

- 옛날 그 산지기들이 가마에다가 해서 전부 싣고 가마로 가져가고, 떡은 거기에다 못 싣고 가.

─ 그냥 혼자 맨 지개예다가 장군마냥31) 해:서 빤때기 깔구 거그다 언
저 가주서 지구 간다구.

─ 한, 하이간 낄: 쩌개 내가 그런 과:방32) 마니 해:따고. 마:니 해년대
한 지리여 서서 괴여야 히야. 거진 한 질 이러캐 되개. 그르개 해:서 제
시사 차려따고.

─ 그르캐 해:두 그때넌 그르캐 떠걸 멍칭이33) 해:두 요마콤배끼34) 안
도라가써.

─ 그 사:라미 멍청하잉깨.35) 아:더라구 마 멍청하잉깨. 그눔 전:부 다
노나36) 주넝 기여 그눔 가주구.

─ 그르키 사라온대가 인재 시그먼 그렁 거 하:나두 우꾸, 위터두 어트
개 이끼넌 인능개빈대 시방 거 괄리하넌 사람더리 워트개 치그벌 핸넌지
알:두 모:다구 상관두 아나구 무러보지두 앙쿠 그양 막 파라설랑언 막 두
닝기천넌대37) 어트강 걸 몰라요 지금.

─ 개 인재 그걸 좀 에: 간종거려38) 볼라고: 내가 마:니 노려걸 해: 보
잉깨 안 히야.

─ 왜 아나너냐. 엔:나래넌 서루 모:싸잉깨 줌 배, 에: 배비래두 으더머
글라구 해:찌만 지그먼 별루 그렁 거 떠걸 그냥 줘:두 암 머꾸 그렁 걸 그
냥 줘:두 암 머그잉깨 가두 아나구 또: 그거 내가 마:를 해 봐짜 저 사람
하구 혀무만 저찌:39) 나애개 아무런 이:드기 웁:써. 나애게 이:득 뙤넝 건
웁:써.

─ 으: 종, 종조까내 종조까내40) 싸워 봐:짜 저사라마고 혀모만 지지41)
이: 종중에42) 대한 무슨 큰 도우먼 웁:넝 기란 마리여.

─ 그라고 자기두 무슨 이:이기 웁:넝 기고.

─ 그애 나마고 청만43) 지넝 기여. 그릉깨 나마고 처간질라고 아::무 쏘
리두 아나능 기여.

─ 다: 파라 먹꺼니44) 다: 해: 먹꺼니 낭, 나:두넝 기여.

― 그냥 혼자 맨 지게에다가 장군처럼 해서 판때기 깔고 거기에다 얹어 가지고 지고 간다고.

― 한, 하여간 뀔 적에 내가 그런 과방 많이 했다고. 많이 했는데 한 길이나 서서 괴어야 해. 거지반 한 길 이렇게 되게. 그렇게 해서 이제 시사를 차렸다고.

― 그렇게 해도 그때는 그렇게 떡을 엄청나게 해도 요만큼밖에 안 돌아갔어.

― 그 사람이 엄청나니까. 아이들하고 막 엄청나니까. 그놈(떡)을 전부 다 나눠 주는 거야 그놈을 가지고.

― 그렇게 살아온 데가 이제 지금은 그런 것 하나도 없고, 위토도 어떻게 있기는 있는 것 같은데 지금 그것을 관리하는 사람들이 어떻게 취급을 했는지 알지도 못 하고 상관도 안 하고 물어보지도 않고 그냥 막 팔아서 막 두넘기쳤는데 어떻게 한 것을 몰라요 지금.

― 그래 이제 그것을 좀 에 간종거려 보려고 내가 많이 노력을 해 보니까 안 해.

― 왜 안 하느냐. 옛날에는 서로 못 사니까 좀 밥, 에 밥이라도 얻어먹으려고 했지만 지금은 별로 그런 것 떡을 그냥 줘도 안 먹고 그런 것을 그냥 줘도 안 먹으니까 가지도 않고 또 그것을 내가 말을 해 봤자 저 사람하고 혐의만 졌지 나에게 아무런 이득이 없어. 나에게 이득 되는 것은 없어.

― 어 종, 종족 간에 종족 간에 싸워봤자 저 사람하고 혐의만 지지 이 종중에 대한 무슨 큰 도움은 없는 것이란 말이야.

― 그리고 자기도 무슨 이익이 없는 것이고.

― 그래 남하고 척만 지는 거야. 그러니까 남하고 척 안 지려고 아무 소리도 안 하는 거야.

― 다 팔아 먹든지 다 해 먹든지 남(겨), 놔두는 거야.

− 엄:청 마:나찌 땅이:.

머 머 머 진다구 혀모?

− 어?

혀모 진다구 저 사라마고?

− 그르치 그 아: 그거 괄리하는 사라마구 혀무질 꺼 아니여. 느:45) 느: 왜 그르캐 하느냐.

혀무? 혀무라 그래요?

− 으?

무슨 머라 그래요 그걸?

− 그: 종중얼 괄리하는 사람.

예 그 사람하구 머: 진다구요? 혀무?

− 그러치 혀무지지, 왜 그러냐먼...

혀무?

− 으~이.

− 아:이 마라자먼 아 시:러할 꺼 아니여.

− 너 왜: 그 땅얼 왜 다: 파라써:. 너 그 너 그 땅깝빼등 거 돈: 얼매여: 내놔:. 어: 너 저기 산 팡 거 얼매여46) 돈 내놔:. 다: 모해써:. 이르칼라 먼47) 싸워야 되자나:.

− 그러면 결과저그루 그냥 조용이 안 된다 이개여.

− 그러면 저짜개서넌 위기지,48) 인재 이쪼개선 그러면 차자낼라고 하 지, 하다 보머넌 인재 시:비가 쿵: 거여.

− 그라면 인재 소:썽이 거러지구 막 그르캐 해, 될 끼란 마리여.

− 즈:두49) 할: 마리 인닝 기여 먼강가. 근대 우, 우리가 인재 딴 사라 미 볼 쩌개넌 힘두 모:땅하지 괄리두 모:땅하지 그때 당시만 해두.

− 그러니깨: 아무 쏘리두 그땐 모:댄는대 지그매 와서넌 그 사람내두: 괄력뚜 우꾸 그 사람내두 힘두 우:꾸 아무 거뚜 읍찌만 지금 머 이 상대

— 엄청 많았지 땅이.

뭐뭐 뭐 진다고요? 혐의?

— 어?

혐의 진다고 저 사람하고?

— 그렇지 그 아 그거 관리하는 사람하고 혐의 질 것 아니야. 너희들, 너희들 왜 그렇게 하느냐.

혐의? 혐의라고 해요?

— 응?

무슨 뭐라 그래요 그것을?

— 그 종중을 관리하는 사람.

예, 그 사람하고 뭐 진다고요? 혐의?

— 그렇지 혐의지지, 왜 그러냐 하면...

혐의?

— 응.

— 아니 말하자면 아 싫어할 것 아니야.

— 너 왜 그 땅을 왜 다 팔았어. 너 그 너 그 땅 값 받은 것 돈 얼마야 내놔. 어, 너 저기 산 판 것 얼마야 돈 내놔:. 다 뭐 했어. 이렇게 하려면 싸워야 되잖아.

— 그러면 결과적으로 그냥 조용히 안 된다 이거야.

— 그러면 저쪽에서는 우기지, 이제 이쪽에서는 그러면 찾아내려고 하지, 하다 보면 이제 시비가 큰 거야.

— 그러면 이제 소송이 걸리고 막 그렇게 해, 될 것이란 말이야.

— 저희도 할 말이 있는 거야 무엇인가. 그런데 우, 우리가 이제 딴 사람이 볼 적에는 힘도 못 당하지 권리도 못 당하지 그때 당시만 해도.

— 그러니까 아무 소리도 그때는 못 했는데 지금에 와서는 그 사람들도 권력도 없고 그 사람들도 힘도 없고 아무 것도 없지만 지금 뭐 이 상대편

펴내서두 그러치만 그누무 가서 마:럴 하머넌 그걸 가서 지금 '느: 아무 대 인는 땅 팡 거 어째써: 아무 대 산 팡거 어째써:. 돈: 다 내놔:.' 시:비 가 될 꺼 아니여.

― 그래이깨 그걸 시:비가 되머넌 저사라마고 혀모가 지닝깨 말: 아나 넝 거여.

예.

― 그거 해: 봐짜 나이기 이, 이득 뙤능 거 하:나두 우:꾸 이라니깨 마: 라나넝 거여.

― 게 내가 그걸 요:저내 한 번 내가 얘:길 해 봐써:.

― 해: 보닝깨 에: 메싸라만태 얘:길 해 보닝깨 아이고: 현실대루 살다 말지 머 할라구50) 그거 지금 그르카느냐고 아 다: 해 먹깨 나둬:. 다 이르 카구 말지: 이, 하 할라고 하넌 사라미 하:나두 웁따고.

― 그래이 아이 딴 종중에는 볼 꺼 거트먼, 여기 모두 이:가 박:까덜 모 두 종중애 볼 꺼 거트먼 그: 그 종중이 크먼 마리여, 저 모여 가주고 에: 거기 회:장얼 내: 가주고: 회:장이 이꼬: 총무럴 내: 가주서 전부 재산 괄 리럴 하고: 이르캐서 그: 종중이 자꾸 벌려 나가고 종중얼 발쩐 시키넌대: 우:리 동낸 그개 웁써:.

― 너머: 이: 참 자자율천만51) 하구 사라끼 때미내: 이: 그 그렁 거슬, 그렁 기 안 뒤야:.

― 그냥 그 이 시방 그 괄리하넌 사람더리 누구냐 하머넌: 그: 우리: 에: 구대 하라부지가, 구대 하라부, 구대 하라부지가 에: 새명잰데: 새명재 예 젤: 마진대 마지예 아더리 칠형재여.

― 전부 칠형재 패라고:, 칠형재 팬대 칠형재예설랑언 지금 그 괄리하 넌 사람더리 누구냐 하면 젤:: 끄태여 젤:: 망내여.

― 그럼 아주, 아주 끄태 에 일곱째넌 지금 여기 이 근방애 우꼬: 저: 청 주 이꼬: 고 인재 여섣째가 지금 종, 어: 마라자면 종손 노러설 하넝 기여.

에서도 그렇지만 그놈을 가서 말을 하면 그것을 가서 지금 '너희 아무 데 있는 땅 판 것 어쨌어. 아무 데 있는 산 판 것 어쨌어. 돈 다 내놔.' (이렇게 하면) 시비가 될 것 아니야.

- 그러니까 그것이 시비가 되면 저 사람하고 혐의가 지니까 말을 안 하는 거야.

예.

- 그것을 해 봤자 나에게 이(득), 이득 되는 것 하나도 없고 이러니까 말을 안 하는 거야.

- 그래 내가 그것을 요전에 한 번 내가 얘기를 해 봤어.

- 해보니까 에 몇 사람에게 얘기를 해 보니까 아이고 현실대로 살다가 말지 뭐 하려고 그것을 지금 가서 그렇게 하느냐고 아 다 해 먹게 놔 둬. 다 이렇게 말하고 말지 하 하려고 하는 사람이 하나도 없다고.

- 그러니 아니 딴 종중은 볼 것 같으면, 여기 모두 이가 박가들 모두 종중을 볼 것 같으면 그 그 종중이 크면 말이야, 저 모여 가지고 에 거기 회장을 뽑아 가지고 회장이 있고 총무를 뽑아 가지고 전부 재산 관리를 하고 이렇게 해서 그 종중이 자꾸 벌려 나가고 종중을 발전시키는데 우리 동네는 그것이 없어.

- 너무 이 참 유유자적만 하고 살았기 때문에 이 그 그런 것을, 그런 게 안 돼.

- 그냥 그 이 지금 그 관리하는 사람들이 누구냐 하면 그 우리 에 9대 할아버지가, 9대 할아버지, 9대 할아버지가 에 삼형제인데 삼형제의 제일 맏인데 맏이의 아들이 칠 형제야.

- 전부 칠형제 패라고, 칠형제 팬데 칠형제에서 지금 그 관리하는 사람들이 누구냐 하면 제일 끝이야 제일 막내야.

- 그럼 아주, 아주 끝에 이 일곱째는 지금 여기 이 근방에 없고 저 청주 있고 고 이제 여섯째가 지금 종(손), 에 말하자면 종손 노릇을 하는 거야.

- 글 위터럴 전부 괄리하넝 기여.

- 즈: 아부지써버틈52) 아부지써버트, 그 사람내 아부지써버틈 인재 저 그사람내 쪼끔 배와꼬53) 그 사람내가 그걸 아:니깨 아부지써부틈 그 괄리럴 하다가: 그: 자손더리 인재 그눔 이어바다 가주서 또 그냥 그대루 하넝 거여.

- 그래: 참, 우리가 보면 참 안돼:써두54) 마리여 저걸 우트개 간종거려서 잘: 어: 해:서 발쩌널 시키야 하건넌대 하넌 생개기 이써두 힘두 모땅하지 퀄리두 모땅하지 해: 봐짜 본전 모차중깨 아나능 거여.

거기 뒤얘: 산 이짜나요, 산 이르미 머예요?

- 우리개 뒤: 뒤:애 사니 이르미 어: 거기 인재 골짝 띠기루넌55) 글러루 나가머서 이짝 처뻐내넌 에: 황:고리라구 하고: 또 고 그 다:매넌 큰: 골, 바릉골, 어: 드골배기, 절꼴 이르캐 돼: 이써요, 글러루가.

그 이르믄 어트개 해서 생긴 거래요, 그거?

- 어?

그: 이르미 어트개 해서 생겨써요?

- 몰:르지 인재 근 옌:나래 그냥 그 불러 내려와씽깨.

황골 머 바릉골, 절꼴 이렁 거.

- 에에: 불러 내리와씽개 우린 워:트개 생긴지 모르지.

- 그 저저 황:골써부텀 그쪼건 인재 일구 땅이구. 인재 요 미태루 어: 주너골, 바렁골, 뒤:골배기, 절꼴 이거슨 인재 에: 우리개 쪼그루 사니지.

뒤:골배기요?

- 에?

뒤:골배기?

- 뒤:골배기라고 해여 뒤:골배기.

- 그래 그 뒤:골배기라구 해설랑언, 에: 뒤:골배기라구 해서 어 옌:, 옌:나랜 그른 얘:기두 해써써.

- 그 위토를 전부 관리하는 거야.

- 저희 아버지에서부터, 아버지에서부터, 그 사람들 아버지에서부터 이제 저 그 사람들이 조금 배웠고 그 사람들이 그것을 아니까 아버지에서부터 그 관리를 하다가 그 자손들이 이제 그놈을 이어받아 가지고 또 그냥 그대로 하는 거야.

- 그래 참 우리가 보면 참 안되었어도 말이야 저것을 어떻게 간종거려서 잘, 에 해서 발전을 시켜야 하겠는데 하는 생각이 있어도 힘도 못 당하지 권리도 못 당하지 해 봤자 본전 못 찾으니까 안 하는 거야.

거기 뒤에 산 있잖아요, 산 이름이 뭐예요?

- 우리 뒤 뒤에 산 이름이 에 거기 이제 골짜기로는 그리로 나가면서 이쪽 첫 번에는 에 황골이라고 하고 또 고 그 다음에는 큰골, 바른골, 에 뒤골배기, 절골 이렇게 되어 있어요, 그리로.

그 이름은 어떻게 해서 생긴 것이라고 해요, 그게?

- 응?

그 이름이 어떻게 해서 생겼어요?

- 모르지 이제 그것은 옛날에 그냥 그렇게 불러 내려왔으니까.

황골 뭐 바른골, 절골 이런 것.

- 에에 불러 내려왔으니까 우리는 어떻게 생겼는지 모르지.

- 그 저저 황골에서부터 그쪽은 이제 1구 땅이고. 이제 요 밑으로 에 주너골, 바른골, 뒤골배기, 절골 이것은 이제 에 우리네 쪽의 산이지.

뒤골배기요?

- 응?

뒤골배기?

- 뒤골배기라고 해 뒤골배기.

- 그래 그 뒤골배기라고 해서, 에 뒤골배기라고 해서 에 옛, 옛날에는 그런 얘기도 했었어.

- 비가 마:니 오구 장, 비가 마:니 오구 기양 장마가 지구 할 꺼 거트
먼 뒤골배기가 흘러지면 여기넌 싹 씬다고[56] 그런 얘:기가 이써따고.

- 건대 거기넌 순저니 도:리라 그르캐 으:너질[57] 떼가 아니여. 전부
돌:루 이르캐 돼:끼 때매.

강:두 이써요? 거 근처애 강?

- 어?

여기 강이 이써요?

- 강:, 금:강이 이찌요.

- 저짝 어: 우리개서 저짜개 한 동쪼:그로 어: 야: 간 삼키로 정도 나
가머넌 그거 금:강이지.

그 강애 얼킨 얘:기는 업써요? 옌:날 얘:기?

- 강?

예, 강하구 괄련댄 옌:날얘:기.

- 강: 거기 인재 강, 강 그리 쫑 내려가다 저: 미태 내리가다가서 내내
거가 아: 조:롱넌대: 조롱넌대 내내 동이며넌대: 거기 유:원지가 이짜나
유:원지가 생겨짜나.

- 유:원지가 생겨서 인재 그 고속또로 나면서 그기 유:원지가 생겨서
거가 인재 도시거치 됭 기여.

- 거 야:주 산꼬린대 아주 참, 야:주 산꼴 옌:나래 옥천 나오고 이원
나올라먼 새복빰 머꼬 나댕기구[58] 그르칸 댄대 인자 일뜽 아주 그 참 거
시기가 돼:따고.

- 그 유:원지가 유:원지: 시방 그 증:주영이가 그거 해서: 해 가주구
인넌대 지그먼 딴 사라미한태루 너머가따능 거 거터.

아까 그 팽나무가 이써따 그래짜너요?

- 예:, 팽나무가 이써찌.

팽나무: 거기는 머 유래:, 전설 가틍 거 업써요?

－ 비가 많이 오고 장(마), 비가 많이 오고 그냥 장마가 지고 할 것 같으면 뒤골배기가 흘러내리면 여기는 싹 쓴다고 그런 얘기가 있었다고.

　－ 그런데 거기는 순전히 돌이라서 그렇게 무너질 데가 아니야. 전부 돌로 이렇게 되었기 때문에.

　강도 있어요? 고 근처에 강?

　－ 응?

　여기 강이 있어요?

　－ 강, 금강이 있지요.

　－ 저쪽에 우리 동네에서 저쪽에 한 동쪽으로에 약 한 삼 킬로미터 정도 나가면 그게 금강이지.

　그 강에 얽힌 얘기는 없어요? 옛날 얘기?

　－ 강?

　예, 강하고 관련된 옛날 얘기.

　－ 강, 거기 이제 강, 강 그리 쭉 내려가다가 저 밑에 내려가다가 역시 거기가에 조룡리인데 조룡리인데 역시 동이면인데 거기 유원지가 있잖아 유원지가 생겼잖아.

　－ 유원지가 생겨서 이제 그 고속도로가 나면서 거기 유원지가 생겨서 거기가 이제 도시같이 된 거야.

　－ 거기가 아주 산골인데 아주 참, 아주 산골 옛날에는 옥천 나오고 이원 나오려면 새벽밥 먹고 나다니고 그렇게 한 데인데 이제 일등 아주 그 참 거시기가 되었다고.

　－ 그 유원지가 유원지 지금 그 정주영이가 그것을 해서 해 가지고 있는데 지금은 딴 사람한테 넘어갔다는 것 같아.

　아까 그 팽나무가 있었다고 그랬잖아요?

　－ 예, 팽나무가 있었지.

　팽나무 거기에는 뭐 유래나 전설 같은 것 없어요?

- 팽나무애는 전서른 땅 거 웁찌:.

- 거기는 인재 그:내 매구 띠구:, 인재 에: 여름처래 그늘 나무 미태 안자서 거그서 이재 술 가따 노쿠 술 먹꾸, 그저내 인재 일꾼덜[59] 머섬덜,[60] 머섬 둔다던지 인재 머섬더리 인재 거그서 놀:머넌 에: 각 지배서, 그때만 해두: 지비서 술: 다마서[61] 머섬덜 노:넌대 한 동이씩 가따 주면 그눔 먹꾸 풍장치구 놀:구 그르캐 해따고.

- 그 그렁 거배끼 몰러요. 딴, 딴: 트기항 건 업써요.

세산니, 거기 서콰 돌꼬지?

- 으:.

그거 언제 생겨써요, 그 마으리, 그저내는?

- 돌꼬지라고 하넌 동내가 언:재 생견는진 우리 모르지요:, 그렁 건.

- 근 머 옌:날 우리: 이: 선대가 거기 옥처내 와서, 거 가서 서거항[62] 개 한... 약 한 오:뱅 년 돼요, 약 오:뱅 년.

- 우리 맨:: 츠:매 우리 풍천 임:가가, 맨: 츠:매 와서 안즌 하라버지가: 에: 그 평살리애 시그면[63] 산소가 인넌대, 그이가 여그 와서 안즌 제가[64] 한 오:뱅 년 가까이 된다고.

- 으: 아 오:뱅녀넌 다: 안 되도, 오: 오:뱅 년 거진 가까이 된다고, 사 뱅녀넌 너머따고.

- 그리구 그때:서버터 이: 옥청땅애, 옥천땅애 우리 풍천 님가하고 무슨 안:씨하고 네:, 네: 싱이[65] 젤:: 먼저 와서 안즌 사라미 네:, 네: 개 싱 이라고 하능 건 내가 드러따고.

- 근대 하, 둘: 승은[66] 안:가하구 우리하고만 알:지 두: 승은 누군진 잘 몰르거써, 증:간지[67] 먼진 잘 모르거따고.[68]

- 그냥 드릉 기 이저버려따고.

그 동내 싸람드른 그럼 성:, 성:씨는 어떤 사람드리 이써요?

- 우리 동내?

- 팽나무에는 전설은 딴 것이 없지.

- 거기는 이제 그네 매고 뛰고, 이제 에 여름철에 그늘나무 밑에 앉아서 거기에서 이제 술 갖다 놓고 술 먹고, 그전에 이제 일꾼들 머슴들, 머슴을 둔다든지 이제 머슴들이 이제 거기에서 놀면 에 각 집에서, 그때만 해도 집에서 술 담가서 머슴들 노는 데 한 동이씩 갖다 주면 그놈 먹고 풍장치고 놀고 그렇게 했다고.

- 그 그런 것밖에 몰라요. 다른, 다른 특이한 것은 없어요.

세산리, 거기 석화 돌꽂이?

- 예.

그거 언제 생겼어요, 그 마을이, 그 전에는?

- 돌꽂이라고 하는 동네가 언제 생겼는지는 우리(가) 모르지요, 그런 것은.

- 그건 뭐 옛날 우리 이 선대가 거기 옥천에 와서, 거기 가서 세거한 것이 한... 약 한 오백 년 돼요, 약 오백 년.

- 우리 맨 처음에 우리 풍천 임가가, 맨 처음에 와서 앉은(자리 잡은) 할아버지가 에 그 평산리에 지금은 산소가 있는데, 그이가 여기에 와서 앉은 지가 한 오백 년 가까이 된다고.

- 음 아 오백 년은 다 안 되어도, 오(백) 오백 년 거지반 가까이 된다고, 사백 년은 넘었다고.

- 그리고 그때부터 이 옥천 땅에, 옥천 땅에 우리 풍천 임가하고 무슨 안 씨하고 네, 네 성이 제일 먼저 와서 앉은 사람이 네, 네 개 성이라고 하는 것을 내가 들었다고.

- 그런데 하, 두 성(姓)은 안가하고 우리하고만 알지 두 성은 누구인지 잘 모르겠어, 정가인지 뭔지 잘 모르겠다고.

- 그냥 들은 것을 잊어버렸다고.

그 동네 사람들은 그럼 성, 성씨는 어떤 사람들이 있어요?

- 우리 동네?

예.

　－ 현:재년 에: 저: 수물찌꾸애서로, 이: 대:청땜 때우먼서69) 수물찌구
애서 거 모두 헐려짜나, 그 사람내가 우리 동내 와서 시방 사넌 사람더리
에: 박씨가, 박씨가 시방 거 두: 찌비 살고.

　－ 현재도 또, 또 딴 사람도 고그70) 와서 또 메 찝 사:넌 지비 이따고.

　－ 근대 인재 이: 요 요새 글:래애 또 드러온 사람더런 몰:라요 누군지.
잘 모른다고 글:래애 드러온 사람더런.

　－ 저 빈: 지비 시방 그: 우예71) 올라가만 전부 빈: 지배요.

　－ 전부 빈: 지비여, 다: 망해써.

　－ 근대 위치가 에:: 우리 동내거치 그르키 생기머넌, 우리 동내거치 그
르키 생기면, 내가 인재 이: 지리럴72) 좀 하구서 보구 인재 양태걸73) 하
구서 보닝깨: 그개 발가진다고:.74)

　－ 우리 동내가 시방 한: 복파느루 이르캐 지리 찌:기루 중:: 나와 인넌
대 동쪼그루, 동쪼그루, 동쪼개서 서쪼그루 바라보구 지:야75) 이 지럴 빤
드타개 나댕기개 대: 이꾸.

　－ 또 이짝 서쪼개서 진: 사라먼 또 동, 동쪼걸 바라보구 지:야 이기
이: 지를 차자서 나댕기개 되: 이따고.

　－ 이기 잘모뙹 기여.

　－ 마라자먼 이개 이 시방 가운대 그거시 머냐 하먼 또:랭이여.

　－ 또:랭얼 시방 에: 그저내 에: 그저내 댕기두76) 모:대써.

　－ 생전 절챙이라77) 덜챙이 우리 쪼마 우리 거스개서78) 새마을사어파
먼서 박쫑이 대통녕 새마을사어파먼설랑은 그 뒤싸내 가서 독짝79) 시러
다가 막 싸: 가주구설랑언 인재 질끄러멀80) 맨드러서 이캐 댕기구 핸넌대
니아까두 모:땡기찌.

　－ 그르캔는대 인자: 어: 차츰자츰 나라가 인재 거시기 됭깨, 그 저 지
럴 인재 포장얼 하개 되니께 포장얼 할 쑤가 엄짜너 점 또:랭이라나:서.81)

예.

- 현재는 에 저 수몰지구에서, 에 대청댐 세우면서 수몰지구에서 거기 모두 헐렸잖아, 그 사람들이 우리 동네에 와서 지금 사는 사람들이 에 박 씨가, 박씨가 지금 그 두 집이 살고.

- 현재도 또, 또 딴 사람도 고기 와서 또 몇 집 사는 집이 있다고.

- 그런데 이제 요즘 근래에 또 들어온 사람들은 몰라요 누구인지. 잘 모른다고 근래에 들어온 사람들은.

- 저기 빈 집이 지금 그 위에 올라가면 전부 빈 집이에요.

- 전부 빈 집이야, 다 망했어.

- 그런데 위치가 에 우리 동네같이 그렇게 생기면, 우리 동네같이 그 렇게 생기면, 내가 이제 이 지리를 좀 하고 보고 이제 양택을 하고 보니 까 그것이 밝아진다고.

- 우리 동네가 지금 한복판으로 이렇게 길이 저기로 죽 나와 있는데 동쪽으로, 동쪽으로, 동쪽에서 서쪽으로 바라보고 지어야 이 길을 반듯하 게 나다니게 되어 있고.

- 또 이쪽 서쪽에서 지은 사람은 또 동(쪽) 동쪽을 바라보고 지어야 이게 이 길을 찾아서 나다니게 되어 있다고.

- 이것이 잘못된 거야.

- 말하자면 이것이 이 지금 가운데 그것이 뭐냐 하면 도랑이야.

- 도랑을 지금 에 그전에 에 그전에는 다니지도 못 했어.

- 생전 진창이라 진창이 우리가 조그만(할 때) 우리가 거시기해서 새 마을사업 하면서 박정희 대통령 (시절) 새마을사업 하면서 그 뒷산에 가 서 돌덩이 실어다가 막 쌓아 가지고 이제 길을 만들어서 이렇게 다니고 했는데 리어카도 못 다녔지.

- 그렇게 했는데 이제 에 차츰차츰 나라가 이제 거시기 되니까, 그 저 길을 이제 포장을 하게 되니까 포장을 할 수가 없잖아 전부 도랑이어서.

- 그래서 인재 거그다 시방 이런 노꽝얼[82] 저:기서부터 야:지리[83] 쭝::
무더가주서 시방 다 복깨항 거여 그개:.

- 겐대 시방 지리 그르키 돼: 이끼 때미내[84] 이 집떠리 이르캐 동쪼개
서, 서쪼개서 동쪼그루 바라본 지번 이: 대:무니 이 동쪼그루 나개 된다고.

- 으 저이 이짜, 이짜그루 나개 된다고 동쪼그루.

- 동쪼그루 나머넌 이: 지번 서사태기여[85], 서쪼그루 지여끼 때미내.

- 서사태긴대,[86] 서사때기 동쪼그루 대:무널 내씽개 이건 망:하닝
거여.

- 또 이: 서쪼개서루, 저: 동쪼개서 서쪼걸 바라보구 진: 지번 이건 동
사태여.[87]

- 동사태개 서쪼그루 대:무니 낭 거여.

- 서쪼그루 나닝깨 이건 역 여쿄, 여기여.

- 마라자먼 동쪼개서루 동쪼개, 동쪼그루 지벌 이르캐 지어씨머는 동
쪽쪼그루 대:무니 나야 햐.

- 그런대 지리 가운대배끼 웁씨닝깨 천상 그르캐 배끼 할 쑤 움닝
기여.

- 근대 요거시 그때 당시 에: 우리그치 야:넌 사라미 이씨며넌 요거뚜
지벌 낼: 쑤가 이써 지럴, 잘: 지벌 이 좌:향얼 트러 가주구 요러캐 트러
가주구서 대:무널 에: 동쪼그루 낼: 쑤가 이꼬.

- 이짝 서쪽찝뚜 에: 좌:양을 트러 가주구서 요: 서쪼그루 무널 낼: 쑤
가 인닝 거여.

- 그런대 인재 이: 미태 내루와서 우리집 미태루 내리가면서 네: 찝,
네: 찌비여.

- 네:찝만 그냥 우선 오시라니 요르카구 이꾸, 우리집 바로 미태찝 시
방, 우리집 바로 민 우리, 어재 올라가 보시짜너[88] 우리집 이르캐 드르가
는대 고다나넌 이르키 찌:드라차나?[89]

- 그래서 이제 거기에다 지금 이런 토관을 저기에서부터 모조리 죽 묻어 가지고 지금 다 복개한 거야 그게.

- 그런데 지금 길이 그렇게 되어 있기 때문에 이 집들이 이렇게 동쪽에서, 서쪽에서 동쪽으로 바라본 집은 이 대문이 이 동쪽으로 나게 된다고

- 이 저기 이쪽, 이쪽으로 나게 된다고 동쪽으로.

- 동쪽으로 나면 이 집은 서사택이야, 서쪽으로 지었기 때문에.

- 서사택인데, 서사택이 동쪽으로 대문을 내었으니까 이것은 망하는 거야.

- 또 이 서쪽에서, 저 동쪽에서 서쪽을 바라보고 지은 집은 이것은 동사택이야.

- 동사택인데 서쪽으로 대문이 난 거야.

- 서쪽으로 나니까 이것은 역 역효, 역이야.

- 말하자면 동쪽에서 동쪽에, 동쪽으로 집을 이렇게 지었으면 동쪽으로 대문이 나야 해.

- 그런데 길이 가운데밖에 없으니까 천생 그렇게 밖에 할 수 없는 거야.

- 그런데 요것이 그때 당시 에 우리같이 아는 사람이 있으면 요것도 길을 낼 수가 있어 길을, 잘 집을 이 좌향을 틀어 가지고 요렇게 틀어 가지고 대문을 에 동쪽으로 낼 수가 있고.

- 이쪽 서쪽 집도 에 좌향을 틀어 가지고 요 서쪽으로 문을 낼 수가 있는 거야.

- 그런데 이제 이 밑에 내려와서 우리 집 밑으로 내려가면서 네 집, 네 집이야.

- 네 집만 그냥 우선 고스란히 요렇게 하고 있고, 우리 집 바로 밑에 집 지금, 우리집 바로 밑에 우리, 어제 올라가 보셨잖아 우리집 이렇게 들어가는 데 고샅 안은 이렇게 기다랗잖아?

- 찌:드란대 고기 아패 진: 집 이써요.

- 고 지비 고개 중녀내 중:창얼 해:써.

- 워넌90) 그: 애:초애 지비 에 저:짝 에: 거시기 남쪼그루 이썬넌대.

- 그걸 중창얼 해: 가주서 저 이짝 으 서쪼그루다, 동쪼걸 바라보고 지쿠서91) 또 아래채럴 가따가설랑언 에: 섣, 저: 동쪼개서 지:꾸서 서쪼걸 바라보고 마주치개 지켜따고92) 이르캐 마주치개.

- 마주치개 진는대 대:무널 어따93) 낸느냐 하면 요기넌 드나댕기넌94) 무널 요그다 한복파내다 내:고 또 요기 대:무넌 요 동쪼개서 나오넌대 요기 한보파내다 내:따고.

- 이기: 워트개 보머넌 그냥 모르넌 사람 볼 꺼 거트먼 그거참 필리하개95) 잘 돼따: 하지만 이거넌 뭐:하넌 지비냐, 이건 호래미,96) 이건 호래미 나넌 지비여 호래미 나넌 집.

- 근대 호래미 나는 지비라구 돼: 이써.

- 근대: 그 지비 어:떠냐.

- 야:지리 호리미 돼:따고.

- 시, 아: 그 노인내덜 시아부지:가 주거서 시어머이가 호래미 돼:찌.

- 또 고 메누리가 그 아더리 주거서, 절머: 절믄대 또 남펴니 주거서 거 호래미 돼:찌.

- 또 그 손자가 또 인넌대 고 손자가 그 지비서97) 나씽깨98) 살:긴 여 여 여 국째 다리, 여 국째상사 여기 댕기넌대 가:가 댕기넌대 무더니: 아::무런 ****, 딸만 둘: 형재 난넌대 가:덜 시방 고등핵꾜 다: 나와써.

- 근대: 난넌대 뭐여 여:자가 나가딴 마리여.

- 나가쓰잉깨 호래비99) 돼:따고 호래비.

- 그이 야:지리 내미서 호래미100) 되면서 그 지비 시방 그 혼자, 혼자 인넌대: 사우, 사우가 그 위찌비 사넌대: 사우들 찌비 와따가따 하면서 혼자 살:구 이따고.

- 기다란 데 고기 앞에 지은 집이 있어요.
- 그 집이 그게 중년에 중창을 했어.
- 원래는 그 애초에 집이 에 저쪽 에 거시기 남쪽으로 있었는데.
- 그것을 중창을 해 가지고 저 이쪽 으 서쪽으로, 동쪽을 바라보고 짓고서 또 아래채를 갖다가 에 서 저: 동쪽에서 짓고 서쪽을 바라보고 마주치게 지었다고 이렇게 마주치게.
- 마주치게 지었는데 대문을 어디에다 내었느냐 하면, 요기는 드나드는 문을 요기에 한복판에다 내고 또 요기 대문은 요기 동쪽에서 나오는데 요기 한복판에다 내었다고.
- 이것이 어떻게 보면 그냥 모르는 사람이 볼 것 같으면 그것 참 편리하게 잘 되었다 하지만 이것은 뭐하는 집이냐 이것은 홀어미, 이것은 홀어미 나는 집이야 홀어미 나는 집.
- 그런데 홀어미 나는 집이라고 되어 있어.
- 그런데 그 집이 어떠냐.
- 모조리 홀어미가 되었다고.
- 시, 에 그 노인네들 그 시아버지가 죽어서 시어머니가 홀어미 되었지.
- 또 그 며느리가 그 아들이 죽어서, 젊어 젊은데 또 남편이 죽어서 그 홀어미가 되었지.
- 또 그 손자가 또 있는데 그 손자가 그 집에서 났으니까 살기는 여기, 여기 여기 국제(상사) 다니(는데) 국제상사 여기 다니는데 걔가 다니는데 무던히 아무런 ****, 딸만 둘 자매를 낳았는데 걔들 지금 고등학교 다 나왔어.
- 그런데 (딸 둘을) 낳았는데 뭐야 여자가 나갔단 말이야.
- 나갔으니까 홀아비가 되었다고 홀아비.
- 그렇게 모조리 내면서 홀아비가 되면서 그 집이 지금 그 혼자, 혼자 있는데 사위, 사위가 그 윗집에 사는데 사위들 집에 왔다 갔다 하면서 혼자 살고 있다고.

- 개 인재 이러:키 요:만치두 안 틀리넌 걸 우째 우리나라 싸래미 이렁 거슬 안 지키너냐.

- 상식쩌그루 대:충이래두 알:구만 이씨야 되넌대: 처:넌101) 이걸 모르구서 그냥 아무태나102) 막 해: 가주구서 하넌대 처:나웁써두 안 된다구.

- 갠 내가 이캐 인재 이걸 어 어너 정도 지리럴 대:서 어너 정도 습뜨걸 하구 보닝깨: 털끈만치두 틀리능 개 웁써유.

- 거 이 공장두 그려:. 공장두 우여:니 가따 징: 거시 자기가 우:니 조와 우여:니 가따 징: 거시 제대루 질하구 요거시 잘:, 어: 자여니 마자끼 때미내 그 지븐 잘: 돠:.

- 그냥 머: 무조껀 잘 돠: 그 지비넌.

- 그런대 이개 잘모뙨 지븐 마리여 잘모뙨 이 대:무니 잘모뙨 나간 그 공장언 대:반 드러시면서 대:반 망히야. 대반 다: 망해써.

- 여 우:리동내 아패 글러루두103) 시방 다: 망핸 지비 메찌비써.

- 근대: 그 지비 가 보머넌 사:, 거그다가설랑언 사:래미 거기설랑은 에: 뫼:럴 써따던지 할 꺼 거트먼 이지비 황, 상: 망하는 지비고.

- 또 그 지비 가 사라도 이 지비 상: 망아는 지비여.

- 그에 이 한 지비 망해 가주 나가서는 인재 이 사라미 이 딴 집 팔구 완넌대 세: 버널 파라꺼늘104) 세: 번 다 시금105) 그냥 놀:구 이써요.

- 그르잉깨 안 되넝 기여. 세:상웁써두106) 이 대문 가따 틀리야107) 살, 그 지비 살:지 이 지금 안 틀머넌 그지븐 응: 나:중애 뜨끼 돠:, 망한다고

- 그르기 돼: 이써:.

- 그래 우:리 동내가 시방 그래서 시방 그 우애루 전:부 빈:지비 전파니구:108) 에: 옌:나래, 옌:나래넌 그: 너매 날뜽109) 너매가 동내가 우:리 동내가 이써띠야.

- 근대 인재 거가 쪼꼼 더 펀펀하구 쪼꿈 널룹따구110) 해: 가주구 거가 새터여, 새터라구 항 거, 우리 동낸 그 저 딴: 데서 무를 째넌 새터 똥

- 그래 이제 이렇게 요만큼도 안 틀리는 것을 어째서 우리나라 사람이 이런 것을 안 지키느냐.

- 상식적으로 대충이라도 알고만 있어야 되는데 전연 이것을 모르고 그냥 아무렇게나 막 해 가지고서 하는데 천하없어도 안 된다고.

- 그래 내가 이렇게 이제 이것을 어 어느 정도 지리를 터득해서 어느 정도 습득을 하고 보니까 털끝만큼도 틀리는 것이 없어요.

- 그 이 공장도 그래. 공장도 우연히 갖다가 지은 것이 자기가 운이 좋아 우연히 갖다가 지은 것이 제대로 길하고 요것이 잘, 에 자연히 맞았기 때문에 그 집은 잘 돼.

- 그냥 뭐 무조건 잘 돼 그 집은.

- 그런데 이것이 잘못된 집은 말이야 잘못된 이 대문이 잘못된, 나간 그 공장은 대번에 들어서면서 대번에 망해. 대번에 다 망했어.

- 여기 우리 동네 앞에 그리로도 지금 다 망한 집이 몇 집 있어.

- 그런데 그 집에 가 보면 사, 거기에다가는 사람이 거기에서는 에 묘를 썼다든지 할 것 같으면 이 집이 확, 삭 망하는 집이고.

- 또 그 집에 가서 살아도 이 집이 삭 망하는 집이야.

- 그래 이 한 집이 망해 가지고 나가서 이제 이 사람이 딴 집을 팔고 왔는데 세 번을 팔았는데 세 번 다 지금 그냥 놀고 있어요.

- 그러니까 안 되는 거야. 세상없어도 이 대문을 갖다가 틀어야 살(지), 그 집이 살지 이 지금 안 틀면 그 집은 영 나중에 뜯게 돼, 망한다고.

- 그렇게 되어 있어.

- 그래서 우리 동네가 지금 그래서 지금 그 위로 전부 빈집이 대부분이고 에 옛날에, 옛날에는 그 넘어 등성이 너머의 동네가 우리 동네가 있었대.

- 그런데 이제 거기가 조금 더 편편하고 조금 넓다고 해 가지고 거기가 새터야, 새터라고 한 것, 우리 동네는 그 저 다른 데서 물을 때는 새터

내라 구란다구 새터.[111]

— 그래 새터라고 그거 새 터 자버 가주서 거따 징: 기여.

— 근대 시방 그기 우리 올라가다 우리 집 고 마즌짜개 어더기 이르캐 바래년[112] 지비 거기애 큰: 저: 팽나무가 메다람 되닝개 이써따고 거기 두: 개가.

— 이썬년대: 그거시 에: 우리 하라부지내가 일찌기 그: 새터 자브먼서 거그 와 살:먼서 싱:과따능[113] 거여.

— 그러면 그개 한 사:뱅 년 이상 돼:따고 하능 거여.

— 근대 그: 나무럴 고미태 시방 우리 집 마즌짜개 시방 거 벽똘찜 진: 사람 그 사래미 뒤:예 까시낭구가[114] 명:청이[115] 나닝깨 뒤예 까시나무가 명청하닝깨[116] 저걸 아:무리해두 안 주그잉깨 이 농야걸 어: 나무 중년 야글 가따가설랑언 그 까시나무 뿌링이[117] 쥐기기 위애서 까시나무 바태 다 그거럴 막 뿌려써.

— 근대 거기는 까시나무는, 까시나무는 벨루 안 죽꾸 그 소:그루 그 팽나무 뿌랭이가 떼짱거치[118] 가따 버드니깨 그누미 전부 흡쑤해 가주구 서 마리지 아람두 메다람 됭개 주거따고.

— 주거설랑 시방 틍크러기 이르캐 이따 인재 틍크럭뚜[119] 다: 옵써저 버리따고.

— 그거 그집 찌:먼서 그러캐 해꺼덩.

— 개 시방 우:리동내년 그런 정:자나무가 옵써저써요.

— 옌:나랜 그 아주 그: 미태설랑언 우리 한: 이:십 쌀 그 안 쪼개 될 쩌개는 그: 미태 그: 정자나무 미태설랑언 에: 여름 될 꺼트먼[120] 요새 치 뤯딸 될 꺼 거트먼 이: 막 수래다 노쿠 거그서 술: 먹꾸 풍장치구[121] 거그 서 놀:구, 그:내 띠구, 그내 그 낭쿠애다[122] 그:내 매:구 그르캐 띠구 막 그르캐 해따고.

— 그르개 핸:는대 지그먼 그른 정자나무 하나가 웁따구 우리 동내.

동네라고 그런다고 새터.

─ 그래 새터라고 그것 새 터를 잡아 가지고서 거기에다 지은 거야.

─ 그런데 지금 그것이 우리 올라가다가 우리 집 고기 맞은쪽에 언덕이 이렇게 마주하고 있는 집이 거기에 큰 저 팽나무가 몇 아름 되는 것이 있었다고 거기에 두 개가.

─ 있었는데 그것이 에 우리 할아버지가 일찍이 그 새 터를 잡으면서 거기에 와서 살면서 심었다는 거야.

─ 그러면 그것이 한 사백 년 이상 되었다고 하는 거야.

─ 그런데 그 나무를 고 밑에 지금 우리 집 맞은쪽에 지금 거기 벽돌집 지은 사람 그 사람이 뒤에 가시나무가 엄청나게 나니까 뒤에 가시나무가 엄청나니까 저것을 아무리해도 안 죽으니까 이 농약을 에 나무 죽는 약을 갖다가 그 가시나무의 뿌리를 죽이기 위해서 가시나무 밭에다 그것을 막 뿌렸어.

─ 그런데 거기는 가시나무는, 가시나무는 별로 안 죽고 그 속으로 그 팽나무 뿌리가 뗏장같이 가 뻗으니까 그놈이 전부 흡수해 가지고 말이야 아름도 몇 아름 되는 것이 죽었다고.

─ 죽어서 지금 밑둥치가 이렇게 있다가 이제 밑둥치도 다 없어져 버렸다고.

─ 그것 그 집 지으면서 그렇게 했거든.

─ 그래서 지금 우리 동네는 그런 정자나무가 없어졌어요.

─ 옛날에는 그 아주 그 밑에서 우리 한 스무 살 그 안쪽 되었을 적에는 그 밑에 그 정자나무 밑에서 에 여름이 될 것 같으면 요즘 같은 칠월이 되면 에 막 술을 해다 놓고 거기에서 술 먹고 풍장치고 거기에서 놀고, 그네 뛰고, 그네를 그 나무에다 그네 매고 그렇게 뛰고 막 그렇게 했다고.

─ 그렇게 했는데 지금은 그런 정자나무 하나가 없다고 우리 동네에.

- 그이 시방 그러카구[123] 우리 동내가 시방 이 동:이면 전:채를 치구 옥천군내 전:채럴 처두 우리 동내가 젤: 떠러져 가주구 이써요, 모::든 발 쩌니.

- 마라자면 에: 시방 경노당이라덩가 머슨 에: 이런 질, 지리라덩가 이렁개 젤:: 떠러져 가주구 인년 대가 우:리 동내여.

- 그른대: 시, 으 동내 싸람두 인재 사:람드리 인재 그르캐 됑:깨 벨루 심두 안 쓰구: 하년대 고 올러가다 시방 그 경노당두 그개 이개 딴 대는 다: 이 이: 기과내설라무내서루[124] 지워내 줘서 지어찌만 우:리 동내 그 경노당은 우리 동내, 우:리 동내 살:던 우리:, 나하개로[125] 마라면 수캉[126] 뻐린대 수캉 뻐린 나랑 동:개비여.

- 동개빈대 지금 대:저내 저: 동, 동국써리미라고 이써 동국써림.

- 동국써림 줘::니[127] 임천주이라구 하넌 사라민대 나랑 동개비구 아:래위찌배 사러따고.

- 그: 사라미 에: 거그서 인재 쪼꼼 에: 돈:두 줌 벌:구 이르캐 해:씽깨, 우:리 동내 가 보머넌 회:할 떼두 우:꾸 모일 떼두 우:꾸 여 저 노인내덜 놀 떼두 우:꾸 하다구 경노당얼 하나 제: 준다구 하더라구.

- 그래 나:럴 시켜서 내가 인재 와서 전:부 다 해:서 그: 터럴 장, 마련 해 가주구 터두 그개 동내 빠시 인넌 동내 **빤**, 이거넌 백 배고:시 펑인데: 삼백 펑얼 주구서 바꽈따고.[128]

- 그 바꽈 가주서 그 거 그 거 시방 고 터, 고 터에다 시방 경노당 지:꾸 시방 인:넌대...

누가요?

- 그 임천주이라구 하넌 사라미 져: 중 기여.

임천중?

- 천준.

- 일천 천짜 으: 으: 천준. 그 사라미 져: 중 거여.

- 그래 지금 그렇게 하고 우리 동네가 지금 이 동이면 전체를 치고 옥천군내 전체를 쳐도 우리 동네가 제일 떨어져 가지고 있어요, 모든 발전이.

- 말하자면 에 지금 경로당이라든지 무슨 에 이런 길, 길이라든지 이런 것이 제일 떨어져 가지고 있는 데가 우리 동네야.

- 그런데 시, 에 동네 사람도 이제 사람들이 이제 그렇게 되니까 별로 힘도 안 쓰고 하는데 고기 올라가다가 지금 그 경로당도 그게 이게 딴 데는 다 이 기관에서 지원해 줘서 지었지만 우리 동네 그 경로당은 우리 동네, 우리 동네 살던 우리, 나하고(의 관계로) 말하면 숙항 벌인데 숙항 벌인 나랑 동갑이야.

- 동갑인데 지금 대전에 저 동, 동국서림이라고 있어 동국서림.

- 동국서림 주인이 임천준이라고 하는 사람인데 나랑 동갑이고 아래위집에 살았다고.

- 그 사람이 에 거기에서 이제 조금 에 돈도 좀 벌고 이렇게 했으니까, 우리 동네에 가 보면 회의할 데도 없고 모일 데도 없고 에 저 노인네들 놀 곳도 없고 하다고 경로당을 하나 지어 준다고 하더라고.

- 그래 나한태 시켜서 내가 이제 와서 모두 다 해서 그 터를 장(만), 마련해 가지고 터도 그것이 동네 밭이 있는 동네 밭, 이것은 백 백오십 평인데 삼백 평을 주고 바꿨다고.

- 그 바꿔 가지고 그것 그것이 지금 그 터, 그 터에다 지금 경로당을 짓고 지금 있는데...

누가요?

- 그 임천준이라고 하는 사람이 지어 준 거야.

임천중?

- 천준.

- 일천 천자 응 응 천준. 그 사람이 지어 준 거야.

- 개 시방 그 사라미 사라따고.

- 그 사람 사란넌대 인재 그 책빵두 야:나고 그 야:더리 에: 거기다 머: 에: 음:식쩜두 하구 하더니 인재: 그 해: 보잉깨 잘 안 되닝깨 그냥 세:루 다: 내줬넝개, 내 가보잉깨 읍:써.

- 그 인재 그 아 그: 천주이라구 하넌 사라먼 에: 자기내 살림찌분 그 왜 거 버:문산129) 미태 야:주 참 그 터:두 거가 젤: 존: 대여.

- 거그다 잘: 져: 가주 거기 인넌대 인재 그: 그: 부이는 죽꾸:, 어 자 기 인넌대 야:래또리럴 모써서 도라댕기덜 모디야.130)

- 개 싱모 데리구, 싱모 거 와따 가따 하넌대 그에: 한 다래 이:뱅마눤 씩 주야 된디야:.

- 그르니 누가 바패 줄 싸람두 우:꾸, 그 누가 심부름, 심부름 할 싸람 두 우:꾸 하잉깨 인재 그 데리다 두구 인넝 기여.

- 게 요양소애 가따 두닝깨 거기두 또 가보니깨 거기두 도:넌 마:이 드르가두 사:래미 이씨야지 그냥언 안 되거떠라능 기여.

- 그래서 데루131) 와서 시방 그 지비 와 이따넌대, 게 아래또릴 모쓰 자너.

- 근대: 이르캐 보머넌 얼구리넌 에: 아주 뻥뻥항가 아직 괜차나:. 그 런대 아래또리럴 몬 놀린다넝 거여.

- 늘그면 아래또리가 두:내진다꼬 월래가.

- 그래 깨따카먼132) 자빠지구 그르칸다구, 그래 지팽이가 피료항그여.

그 동내:가 그저내는 몔 싸람 며토나 대써요?

- 우리 동내 이 안...

빈: 집 업쓸 때 꽉 차...

- 어:.

- 이, 이 건내 저 건내 하패서:, 그저내 우리 임:가덜만 거기 살: 쩌개 그때 백이:시포라고 해따고.

- 그래 지금 그 사람이 살아 있다고.
- 그 사람이 살아 있는데 이제 그 책방도 안 하고 그 아들이 에 거기에다 뭐 에 음식점도 하고 하더니 이제 그 해 보니까 잘 안 되니까 그냥 세로 다 내주었는가(봐), 내가 가보니까 없어.
- 그 이제 그 아 그 천준이라고 하는 사람은 에 자기네 살림집은 그왜 그 보문산 밑에 아주 참 그 터도 거기가 제일 좋은 데야.
- 거기에다 잘 지어 가지고 거기 있는데 이제 그 그 부인은 죽고, 아자기만 있는데 아랫도리를 못 써서 돌아다니지를 못 해.
- 그래 식모 데리고, 식모가 거기 왔다 갔다 하는데 그게 한 달에 이백만 원씩 줘야 된대.
- 그러니 누가 밥해 줄 사람도 없고, 그 누가 심부름, 심부름 할 사람도 없고 하니까 이제 그 (식모를) 데려다 두고 있는 거야.
- 그래 요양소에 갖다 두니까 거기도 또 가보니까 거기도 돈은 많이 들어가도 사람이 있어야지 그냥은 안 되겠더라는 거야.
- 그래서 도로 와서 지금 그 집에 와 있다는데, 그 아랫도리를 못 쓰잖아.
- 그런데 이렇게 보면 얼굴은 에 아주 팽팽한 것이 아직 괜찮아. 그런데 아랫도리를 못 놀린다는 거야.
- 늙으면 아랫도리가 둔해진다고 원래가.
- 그래서 까딱하면 자빠지고 그렇게 된다고, 그래서 지팡이가 필요한 거야.
그 동네가 그전에는 몇 사람 몇 호나 되었어요?
- 우리 동네 이 안...
빈집 없을 때 꽉 차 (있을 때).
- 응.
- 이, 이 건너 저 건너 합해서, 그전에 우리 임가들만 거기에 살 때 그때 백이십 호라고 했다고.

- 근대 인재 거기애 딴 사라미 세낑 거선 에: 그때 당시애넌: 딴 사라미 세낑 건 우리내 산지기.

- 우리내 그: 마라자면 산지기 저: 거시기 해 주넝 거 마라자면 위때 산소덜 가서 벌초해 주구 시사 차려 주구 하넌 산지기.

- 그라면 그 때넌 그 사람내가 무슨 겨론시기나 무슨 이런 저: 흉:사나 휴, 기릉사가내 전:부 그 사람내가 모여서 다:: 시다꺼리133) 다: 해:주지: 딴 사라먼 안 해꺼덩.

- 어: 저이 우리 일가덜 싸라먼 인재 거기 손니미루 가서 이찌, 아나고 전:부 그 산지기더리, 산지기더리 한: 대:찝 돼씽깨.

- 저 건내두 두: 찌비나 이써꾸 이 건내두 시 두: 찌비나 이써꾸, 저: 천수굴 저: 일구뚱내-애두 거기 한 집 이써꾸, 토지가 마나:-써, 우리 위터가.134)

- 마나서 천:부 그르캐 에: 하나 메지가 한:- 메 천 평씩 가주구 이써꾸, 그러캐서 머, 그러캐 가주서 산지기더럴 두구서 다 해 해:따구.

- 그 사람배끼 움써따고 세낑 거슨 딴 상이여.135)

- 그르카구선 딴 사라미, 딴 승은 이떨136) 아내써요.

- 건재 이 글:래 와서 그거뚜 움써저 버리꾸 산지기두 움:써 ***, 위터두 다: 움써져 뻐리구 에: 지금 마라자머넌 에: 인재 딴 사람더리 와서 시방 사:넌 사람더리 박씨내하:고 거기 또 또 딴 데서 온 사람덜 메 찝 살:구 이따구 우리 동내가.

- 개 지금 에 지그믄 내가 메톤지 잘: 몰라요.

- 어 빈: 지비 마:느잉깨.

그러면 그: 박, 다른대서 드러와 사는 사람드른 대청땜 수몰되면서 그랜내요, 대청땜 때무내?

- 그러찌요, 그 즘: 박씨내 두: 찌번 수몰되면서 그리 와:찌요.

그저내는 다 임씨내가 살:구...

- 그런데 이제 거기에 딴 사람이 섞인 것은 에 그때 당시에는 딴 사람이 섞인 것은 우리네 산지기.

- 우리네 그 말하자면 산지기 저 거시기 해 주는 것 말하자면 윗대 산소들 가서 벌초해 주고 시사 차려 주고 하는 산지기.

- 그러면 그때는 그 사람들이 무슨 결혼식이나 무슨 이런 저 흉사나 흉, 길흉사 간에 전부 그 사람들이 모여서 다 치다꺼리 다 해주지 딴 사람은 안 했거든.

- 어 저기 우리 일가들 사람은 이제 거기에 손님으로 가서 있지, 안 하고 전부 그 산지기들이, 산지기들이 한 댓 집 되었으니까.

- 저 건너에도 두 집이나 있었고 이 건너에도 세, 두 집이나 있었고, 저 천수굴 저기 1구 동네에도 거기 한 집 있었고, 토지가 많았어, 우리 위토가.

- 많아서 전부 그렇게 에 한 묘지가 한 몇 천 평씩 가지고 있었고, 그렇게 해서 뭐, 그렇게 해 가지고 산지기들을 두고 다 해 했다고.

- 그 사람밖에 없었다고 섞인 것은 다른 성은.

- 그렇게 하고는 다른 사람이, 딴 성(姓)은 있지 않았어요.

- 그런데 이 근래에 와서 그것도 없어져 버리고 산지기도 없어 ***, 위토도 다 없어져 버리고 에 지금 말하자면 에 이제 다른 사람들이 와서 지금 사는 사람들이 박씨네하고 거기 또, 또 딴 데서 온 사람들 몇 집 살고 있다고 우리 동네가.

- 그래 지금 에 지금은 내가 몇 호인지 잘 몰라요.

- 에 빈 집이 많으니까.

그러면 그 박 다른 데서 들어 와 사는 사람들은 대청댐 수몰되면서 그랬네요, 대청댐 때문에?

- 그렇지요, 그 지금 박씨네 두 집은 수몰되면서 그리로 왔지요.

그전에는 다 임씨네가 살고...

- 예: 예예, 저: 그저낸 전:부 다 우리 임-가만 살:구 타승이라구[137] 하
녕 거년 고거배끼 웁써따고.

- 개 지그먼 거기에 무슨: 으: 딴 승 된 사람덜두 더러 와서 인녕 개
비여.[138]

- 글 머 이 글래애 와 보잉깨 빈: 지비 시방 사람이 드러웅 건, 드르강
거뚜 이꾸 한:대 인재: 동:내 그저내 내가 동:내 일두 내가 마:니 해 보구
마니 해:찌마넌 지그먼 그렁 거 상: 노쿠 디다보덜[139] 아나닝깨 누가 와
서 어트개 사:넌지 누:[140] 지비 멀: 하는지 제: 모른다고.

- 가 디다볼 피료두 웁꾸: 또 그 아라봐짜구: 그르잉깨 안, 보덜 아낭
거여.

지금 동내:가 멷-토나 되는지 며싸람 정도 사는 지두 잘 모르시갠내 지
그믄?

- 어?

지그믄...

- 으:.

멷 싸라미나 사:는지 며토나 되는지 잘 모르시내요?

- 건 잘 몰:라요.

그래두 머: 그때 백이:시포 정도 대먼 지금 배코 정도는 살:지 앙캐써요?

- 지그:-ㅁ 배코두 안 되지이:.

- 지금 재 에: 그: 시방 빈: 집떨 인넌 집떨도: 그 아덜래가, 아덜래가
나가서 인재 아:덜래가 저: 객찌 나가서 이꾸: 으: 부모내가 주긍깨 빈: 지
비 되구 이르캐 됭 거뚜 이꺼덩.

- 그래서 그 수:짜넌 모르지.

어르시니 어려쓸 때 이짜나요?

- 예:.

어려쓸 때하구 지금 동내하구 비교해 보먼 어떤 저미 어뜨캐 달라져써요?

― 예 예예, 그전에는 전부 다 우리 임가만 살고 타 성이라고 하는 것은 고것밖에 없었다고.

― 그래 지금은 거기에 무슨 에 다른 성을 가진 사람들도 더러 와서 있는 가봐.

― 그 뭐 이 근래에 와서 보니까 빈 집이 지금 사람이 들어온 것, 들어간 것도 있고 한데 이제 동네 그전에는 내가 동네 일도 내가 많이 해 보고 많이 했지만 지금은 그런 것을 삭 놓고 들여다보지를 않으니까 누가 와서 어떻게 사는지 누구네 집이 무엇을 하는지 죄다 모른다고.

― 가 들여다 볼 필요도 없고 또 그거 알아보았자 그러니까 (들여다)보지를 안 하는 거야.

지금 동네가 몇 호나 되는 지 몇 사람 정도 사는 지도 잘 모르시겠네요, 지금은?

― 응?

지금은…

― 응.

몇 사람이나 사는 지 몇 호나 되는 지 잘 모르시네요?

― 그것은 잘 몰라요.

그래도 뭐 그때 백이십 호 정도 되면 지금은 백 호 정도는 살지 않겠어요?

― 지금 백 호도 안 되지.

― 지금 이제 에 그 지금 빈 집들 있는 집들도 그 아들네가, 아들네가 나가서 이제 아들네가 저 객지에 나가서 있고 에 부모가 죽으니까 빈 집이 되고 이렇게 된 것도 있거든.

― 그래서 그 숫자는 모르지.

어르신께서 어렸을 때 있잖아요?

― 예.

어렸을 때하고 지금 동네하고 비교하면 어떤 점이 어떻게 달라졌어요?

- 아: 말:두 모:다개 달라저찌요, 달라지기야.

- 여려씰 째하구, 어려씰 쩌갠 우리 동내, 아까두 얘기 해찌만 우리 동내년 에: 기양 이르캐 독짜갈바시라[141] 또랑이라[142] 독짜갈바시라 지개 두 질머지 맘: 노쿠 모:또라 댕겨써:.

- 그르칸댄대 인재 박쫑히 대통녕 나오면서 새마을사업 하면서 그걸 제[143] 뚜걸 맨드러가주구서 도:럴 싸 가주서 뚜걸 싸: 가주서 지럴 맨드라서 댕기구 저 또랑언 이르캐 내구 이르키 내:써다고.

- 그런대 인재 포장얼 할라구 보닝깨 지리 조바서 할 쑤가 업써:. 그래서 인재, 인재 이: 기관설랑언 내:바지[144] 이: 미태서부텀 저:: 끄태미꺼지[145] 노쾅 이런 노멀 가따 노쿠 그 다: 복개해 내려쿵 거여[146] 그개.

- 게 인재 그거만 봐두 얼, 엄청나개 다라징 거지.

농사진:는 거뚜 달라져쓰꺼 아니요?

- 농사진넝 거뚜 달라저찌요:.

- 농사진넝 거뚜 그때년 에 콩농사나 지:꾸 버리농사나 지꾸 모나 싱구구[147] 그르캐 해찌:. 지금마냥 포도농사 머: 저런 저 차뫼농사 거틍 거 수방농사 거틍 건 그렁 건 전여 머, 근 옌:나래 우리 쪼고망콤할 쩌개 수방농사 진넝 거 보면 수바기 요망콤 해써다고. 그래이 그개: 질 쭝 얼 몰라서 그래따고:. 근대 지그면 요: 글래애 나두 좀 지얼 나두 좀 수박 지어찌만 칠 키로 팔 키로 나가(능)개 하:다분하다고 칠 키로 팔 키로 중하이 그: 그릉:- 거뚜 나두 지어 봐따구 그러캐, 칠 키로 팔 키로 나가능 거뚜.

- 아 말도 못하게 달라졌지요, 달라지기야.

- 어렸을 제하고, 어렸을 적엔 우리 동네, 아까도 얘기 했지만 우리 동네는 에 그냥 이렇게 돌자갈밭이어서 도랑이어서 돌자갈밭이어서 지게도 짊어지고 마음 놓고 못 돌아다녔어.

- 그렇게 하는데 이제 박정희 대통령 나오면서 새마을사업 하면서 그것을 죄다 둑을 만들어가지고 돌을 쌓아 가지고 둑을 쌓아 가지고 길을 만들어서 다니고 저 도랑은 이렇게 내고 이렇게 내었었다고.

- 그런데 이제 포장을 하려고 보니까 길이 좁아서 할 수가 업서. 그래서 이제, 이제 이 기관에서 내리받이 이 밑에서부터 저 끝에까지 토관 이런 놈을 갖다 놓고 그 다 복개해서 내려온 거야 그게.

- 그래 이제 그것만 봐도 얼, 엄청나게 달라진 것이지.

농사짓는 것도 달라졌을 것 아니에요?

- 농사짓는 것도 달라졌지요.

- 농사짓는 것도 그때는 에 콩 농사나 짓고 보리농사나 짓고 모나 심고 그렇게 했지. 지금처럼 포도농사 뭐 저런 저 참외농사 같은 것 수박농사 같은 것은 그런 것은 전혀 뭐, 그 옛날에 우리 조그마할 적에 수박농사 짓는 것 보면 수박이 요만큼 했었다고. 그러니 그게 (수박농사를) 지을 줄을 몰라서 그랬다고. 그런데 지금은 요 근래에 나도 좀 지었, 나도 좀 수박(농사) 지었지만 칠 킬로그램 팔 킬로그램 나가는 것이 허다하고. 칠 킬로그램 팔 킬로그램 중하니 그 그런 것도 나도 지어 봤다고 그렇게, 칠 킬로그램 팔 킬로그램 나가는 것도.

1.3 협동 조직

옌:나래 동내에서 게:두 하구 그래짜나요?

― 어?

― 계:.

― 게: 거틍 거...

호닝께 머 이렁 거...

― 아, 호닝께 하구 저: 거시기 에: 저기 이찌 저: 위친깨:,148) 위친깨:
넌 옌:나랜 게:속 이서 나가써찌.

― 그런대 지그면 다: 읍서저찌요.

위칭깨가 머요?

― 위친깨 내내 이 저 마라자면 동내 어떤 부모예 대항 거, 부모예 대
한 게:여. 그러면 부모가 도라가씨머넌 그 게이군더리149) 와설랑언 전부
그날 일 다 봐주넝 거여.

― 에: 뭐: 거시기 하넝 게라등가 이거 전부 거기서 다 봐: 주넝 거여.

― 그 그 위친깨에서 생겨걷, 생여150) 거텅 거면 그렁 거 미:능 거뚜
그 게:에서 다 미:구 가구 그르카능 거여.

― 그거는 사:문151) 이썼넌대 그거 읍서진 지두 발쎄 어: 오래 돼:써:.
한 이심 년 넹기 돼써:. 그 그거 게: 읍써진 지두.

호닌깨는 업써서요? 호닌깨.

― 호:닌깨 그렁 건 업:써써요.

― 그렁 거뚜 여자드리 핸:능간: 몰라두 호닝깨라구 하넝 건 별루 모:봐
따구 우리가.

― 글래, 글래예 와서루 글래 와서 절믄 사람더리 그렁 거 하넝 건 몰
라두 그렁 건 우리 이실 쩌갠 호닝깨라구 하넝 건 읍써서.

옛날에 동네에서 계도 하고 그랬잖아요?

― 어?

― 계.

― 계 같은 것...

혼인계 뭐 이런 것...

― 아, 혼인계하고 저기 거시기 에 저기 있지 저 위친계, 위친계는 옛날에는 계속 이어 나갔었지.

― 그런데 지금은 다 없어졌지요.

위친계가 뭐예요?

― 위친계는 내내 이 저 말하자면 동네 어떤 부모에 대한 것, 부모에 대한 계야. 그러면 부모가 돌아가셨으면 그 계꾼들이 와서 전부 그날 일을 다 봐주는 거야.

― 에 뭐 거시기 하는 것이라든가 이것을 전부 거기에서 다 봐 주는 거야.

― 그 그 위친계에서 상여 같(은), 상여 같은 것이면 그런 것 메는 것도 그 계에서 다 메고 가고 그렇게 하는 거야.

― 그것은 사뭇 있었는데 그것이 없어진 지도 벌써 어 오래 되었어. 한 이십 년 넘게 되었어. 그 그것 계 없어진 지도.

혼인계는 없었어요? 혼인계.

― 혼인계 그런 것은 없었어요.

― 그런 것도 여자들이 했는가는 몰라도 혼인계라고 하는 것은 별로 못봤다고 우리가.

― 근래, 근래에 와서 근래에 와서 젊은 사람들이 그런 것 하는 것은 몰라도 그런 것은 우리 있을 적엔 혼인계라고 하는 것은 없었어.

- 위친깨라구 하넝 거 그거만 이써찌.

- 건 동:내 전채가 다: 드러옹 거지 누구하구 누구하구 안 하넝 개 아
니여써.

- 동:내 살:먼 다 위친깨에 다: 드러오개 돼: 이써.

예.

당개나 송:개나 머 이렁 건 업써요?

- 어?

송:개 당개 그럼 마른 이써요?

- 송:개 당개가 머여.

그쌔유 저두, 그런 게:가 이써때는대?

- 아:: 송:, 손:개 단 게: 게: 게통얼?

예.

- 그렁 건 업써써요.

그렁 건 업써꾸.

- 그렁 건 업써. 그렁 건 모:빠써요 우리가.

- 위친계라고 하는 것 그것만 있었지.
- 그것은 동네 전체가 다 들어온 것이지 누구하고 누구하고 안 하는 것이 아니었어.
- 동네에 살면 다 위친계에 다 들어오게 되어 있어.

예.

당계나 송계나 뭐 이런 것은 없어요?

- 어?

송계 당계 그런 말은 있어요?

- 송계 당계가 뭐야.

글쎄요 저도, 그런 계가 있었다는데?

- 아, 손, 손계 단계 계 계통을?

예.

- 그런 것은 없었어요.

그런 것은 없었고.

- 그런 것은 없어. 그런 것은 못 봤어요 우리가.

1) '돌꼬지'는 충북 옥천군 동이면 세산2구 석화리에 해당하는 우리말 지명 '돌꽂이'의 음성형이다. 제보자인 임봉호 할아버지는 '돌꼬지'의 어원을 '석화(石花)'의 우리말 표기인 '돌꽂'에서 비롯된 말로 이해하고 있었다. 마을의 유래와 관련하여 한자 지명인 '석화(石花)'에서 우리말 지명 '돌꽂이'가 유래한 것인지 반대로 우리말 지명 '돌꽂이'에서 한자지명 '석화(石花)'를 유추한 것인지는 확인하지 못했다. '돌꽂이'가 '돌곳(石花)'에서 유래한 것이라면 '돌곳+이'로 분석될 것이고 '돌+곳이'에서 유래한 것이라면 '돌(石)+고지(串)'로 분석될 것이다. 제보자가 어렸을 때는 '가너매'라고 불렀다는 점을 감안하면 '석화(石花)'는 일제 강점기 때 한자화한 지명이 아닌가 한다. 마을의 지형을 고려할 때 '돌(石)+고지(串)'에서 유래한 것으로 보는 것이 타당해 보인다.

2) '서콰'는 '석화(石花)'의 음성형으로 동이면 세산리 2구 석화리를 가리킨다. '석화리'의 우리말 지명은 '돌꽂이'다.

3) '우리덜'은 표준어 '우리들'에 대응하는 충청도 방언형이다. 복수를 나타내는 접미사 '-덜'이 2인칭에 쓰이면 '느:덜'이 되고 3인칭에 쓰이면 '자:덜'이 된다.

4) '쪼망크말'은 '쪼만큼할'의 음성형으로 '쪼만큼하다'의 활용형이다. 충청도 방언에서 '쪼만큼하구, 쪼만큼하지, 쪼만큼해니깨, 쪼만큼해개'와 같이 활용하는 '쪼만큼하다'는 크기가 작음을 나타낼 때도 쓰이고 분량이 적을 때도 쓰이는 형용사다. '쪼만큼하다'와 비슷한 말로 '쪼만하다'가 쓰이는데 '쪼만하다'는 '쪼만하구, 쪼만해지, 쪼만해서, 쪼만해니깨' 등과 같이 활용하며 크기를 나타낼 때에만 쓰인다는 점에서 '쪼만큼하다'와 다르다.

5) '그르캐따고'는 '그릏캐 했다고'의 축약형 '그릏갰다고'의 음성형이다. '그릏다'는 중앙어 '그렇다'에 대응하는 충청도 방언형으로 '그릏다, 그릏구, 그릏지, 그릏개, 그르니깨' 등과 같이 활용한다.

6) '워디'는 중앙어 '어디'에 대응하는 충청도 방언형인다. 충청도 지역에서 '어디'를 '워디'로 실현시키는 지역은 충청남도와 인접한 남부 지역이다. 충북 청주시를 포함한 청원 서부지역과 옥천 등 충청남도 남부 지역에 인접한 지역에서 이런 어형이 주로 관찰된다. '워디' 형이 쓰이는 지역에서는 중앙어 '어느, 어떤, 어떻게' 등에 대하여도 각각 '워디, 워너/워느, 워떤/워짠, 워트개' 등과 같이 실현된다.

7) '디'는 중앙어 '데'에 대응하는 충청도 방언형인데 충남의 아산 이남 지역과 충북의 청주를 포함한 청원 서부지역 및 충남 남부 지역에 인접한 옥천 등지에서 주로 관찰되는 어형이다. 이와 평행하게 처격 조사 '-에'도 '-이'로 실현되어 '집에 간다'가 '집이 간다'로 실현된다.

8) '거먼'은 중앙어 '고 하면'에 대응하는 옥천 방언이다.

9) '웂써'는 중앙어 '없다'에 대응하는 이 지역 방언형 '읎다'의 활용형이다. '읎다'는

'읇다[읍ː따], 읇구[읍ː꾸]~[우ː꾸]), 읇지[읍ː찌]), 읇어([읍ː써]), 읇는([음ː는]))' 등과 같이 활용한다. 충청도 방언에서는 '읎다' 외에 '읇다'와 '읇다'도 관찰된다. 요즈음에는 '없다'도 쓰이는데 이는 표준어의 영향으로 보인다. 학교에서 공교육을 받은 장년층 이하의 젊은 사람들은 '없다'를 주로 쓰고 '읇다'나 '읇다'는 노년층에서 주로 쓴다.

10) '날쑹 내려온'은 '날쑥 내려온'의 음성형이다. '날쑥'은 공간적으로 '밋밋하다가 갑자기 불쑥' 정도의 의미로 쓰이는 충청도 방언형이다.

11) '차개차개'는 중앙어 '차곡차곡'에 대응하는 이 지역 방언형이다.

12) '거마냥'은 중앙어 '것처럼'에 대응하는 충청도 방언형이다. 충청도 방언에서는 모양이 서로 비슷하거나 같음을 나타내는 격 조사로 '-마냥'을 주로 쓴다. 중앙어 '-처럼'에 대응하는 충청도 방언형으로 '-마냥' 외에 '-치름'이 쓰이는데 '-치름'은 '먹는 거치름 한다'에서와 같이 뒤에 주로 '하다'를 동반하는 경향이 있다.

13) '구듬태재'는 옥천군 동이면에서 이원면으로 넘어가는 재(고개) 이름이다.

14) '뚬능 개'는 중앙어 '뚫는 게'에 대응하는 충청도 방언형 '뚫는 개'의 음성형이다. '뚫는'은 중아어 '뚫다'에 대응하는 충청도 방언 '뚧다'의 활용형이다. '뚧다'는 '뚧대[뚬따], 뚧구[뚬꾸/뚜꾸], 뚧지[뚬찌], 뚧는[뚬는], 뚧어[뚤버]' 등과 같이 활용한다.

15) '미꾸녀기'는 중아어 '밑구멍-이'에 대응하는 충청도 방언형 '밑구녁-이'의 음성형이다. '밑구녁'은 '밑+구녁'으로 분석할 수 있다. '밑'은 물건의 아랫부분이나 밑바닥을 뜻하고 '구녁'은 파내거나 뚫린 자리를 뜻하는 충청도 방언형인데 예문에서의 '밑구녁'은 굴의 아랫부분이나 밑바닥을 뜻하는 말로 쓰였다.

16) '꼬시'는 중앙어 '꽃'에 대응하는 충청도 방언형 '꼿'의 주격형이다. 중아어 '꽃'이 이 지역 방언에서는 '꼿이[꼬시], 꼿을[꼬슬], 꼿애[꼬새], 꼿두[꼳뚜], 꼿만[꼰만]' 등과 같이 곡용하기도 하고 '꽃이[꼬치], 꽃을[꼬틀/꼬츨], 꼍애[꼬태], 꽃두[꼳뚜], 꽃만[꼰만]'과 같이 결합되는 조사에 따라 다른 음성형으로 곡용하기도 한다.

17) '독쩨기'는 '독짝'에 주격조사 '-이'가 결합된 '독짝이'의 움라우트형이다. '독'은 커다란 돌덩어리를 뜻하고 '짝'은 그러한 돌덩어리 하나하나를 가리키는 말로 이해된다. 따라서 '똑짝'은 커다란 돌덩어리 하나하나를 가리키는 말이라고 할 수 있다.

18) '강뚜짝ː꺼찔'은 '강뚝짝겉질'의 음성형이라고 할 수 있다. '강뚝짝겉질'은 '강뚝짝+겉질'로 분석할 수 있고 '강뚝짝'은 다시 '강+뚝짝'으로 분석할 수 있어 보인다. '강'은 넓고 길게 흐르는 큰 물줄기를 뜻하고 '뚝짝'은 '독짝'의 음성형으로 '돌덩어리'를 가리킨다. '겉질'은 중앙어 '같지를'에 대응하는 충청도 방언형이다. 따라서 '강뚝짝겉질'은 '강독짝겉질'에 대응하는 말이고 '강의 돌덩어리 같지를'의 뜻으로 쓰이는 것이라고 할 수 있다. '질'은 '지를'의 준말이다. '지를'은 용언의 어간에 붙어 그 움직임이나 상태를 부정하거나 금지하려 할 때 쓰이는 연결 어미 '-지'에 강조를 나타내는 보조사 '-를'의 결합된 말로 뒤에는 주로 부정하는 말이 온다.

19) '찌ː드란해요'는 중아어 '기다래요'에 대응하는 충청도 방언형이다. '찌드란하다'는 '끼드란하다'의 구개음화형이고 '찌드란하다, 찌드란하구, 찌드란해지, 찌드란해서' 등과 같이 활용한다.

20) '짜개먼'은 충청도 방언형 '짜개다'의 활용형이다. 충청도 방언에서 '짜개다'는 두 가지 의미로 쓰인다. 하나는 종이와 같이 얇은 물건을 '찢다'의 뜻으로 쓰이는 것이고 다른 하나는 예문에서와 같이 굵은 것을 '쪼개다'의 뜻으로 쓰이는 것이다.

21) 예문에서 쓰이는 '야물다'는 중앙어와 얼마간의 의미 차이가 있다. 중앙어에서는 '과실이나 곡식 따위가 알이 들어 단단하게 잘 익다'의 뜻으로 쓰이지만 예문에서는 '몹시 굳고 단단하다'의 뜻으로 쓰였다.

22) 충청도 방언에서의 '양지말'은 '양지 마을'이 어휘화한 것으로 볼 수 있다. 왜냐하면 충청도 방언에서는 주로 '양짓말[양짐말]'과 같이 발음되기 때문이다. 즉 두 어휘가 합성될 때 사이시옷이 개재한다는 데서 알 수 있다.

23) '재실꼬랭이라구'의 '재실'은 무덤이나 사당 옆에 제사를 지내기 위하여 지은 집을 가리키고, '꼬랭'은 두둑한 땅과 땅 사이에 길고 좁게 들어간 곳을 가리키는 '고랑'의 움라우트형인 '고랭'의 음성형이다. 즉 '재실꼬랭이라구'는 재실이 있는 고랑(골짜기)이라는 뜻으로 쓰이는 말이다. 참고로 국어사 자료에서 '고랑'이 소급하는 최초의 형태는 16세기의 '고랑'이다. 18세기에 나타나는 '골항'은 유성음 사이에서 'ㅎ'이 유성음이 되고나서 탈락한 현상 때문에 나타날 수 있었던 표기이다. 그리고 19세기부터 나타나는 '고랑'은 'ㆁ(옛이응)'을 받침에 사용하지 않았기 때문에 나타난 표기이다.

16세기의 '고랑'은 '골(谷)+-앙(작음)'으로 분석된다. <훈몽자회>에서 '고랑'은 '평성+거성'으로 되어 있고 '골'은 상성으로 되어 있다. 그러나 <훈몽자회>에서 상성으로 표시되어야 할 것들이 평성이나 거성으로 나타나는 예들이 있다는 사실로 미루어, '고랑'의 성조는 별로 문제가 되지 않을 것으로 보인다.(2007 한민족 언어정보화 프로그램 참조.)

24) '돌꼬지'는 충북 옥천군 동이면 세산2구 석화리에 해당하는 우리말 지명 '돌꽃이'의 음성형이다. 제보자인 임봉호 할아버지는 '돌꼬지'의 어원을 '석화(石花)'의 우리말 표기인 '돌꽃'에서 비롯된 말로 이해하고 있었다. 마을의 유래와 관련하여 한자 지명인 '석화(石花)'에서 우리말 지명 '돌꽃이'가 유래한 것인지 반대로 우리말 지명 '돌꽃이'에서 한자지명 '석화(石花)'를 유추한 것인지는 확인할 수 없었다. '돌꽃이'가 '돌곶(石花)'에서 유래한 것이라면 '돌곶+이'로 분석될 것이고 '돌+곶이'에서 유래한 것이라면 '돌(石)+고지(串)'로 분석될 것이다. 제보자가 어렸을 때는 '가너매'라고 불렸다는 점을 감안하면 '석화(石花)'는 일제 강점기 때 한자화한 지명이 아닌가 한다. 마을의 지형을 고려할 때 '돌(石)+고지(串)'에서 유래한 것으로 보는 것이 타당해 보인다.

25) '짜그러저서'는 '짜그러지다'의 활용형이다. '짜그러지다'는 '짓눌려서 여기저기 고르지 아니하게 우그러지다'의 뜻으로 쓰이는 중앙어 '찌그러지다'에 대응하는 이 지역 방언형이다. 예문에서는 '건물이 오래되어 여기저기 고르지 아니하게 우그러지고 허물어지다'의 뜻으로 쓰였다.

26) '시사(時祀)'는 음력 10월에 5대 이상의 조상 무덤에 지내는 제사를 지내는 것을 가

리키는 말로 '시항(時享) 또는 시제(時祭), 묘사(墓祀)'라고도 한다.

27) 여기에서의 '아ː덜'은 '아이들'의 뜻으로 쓰였다. 충청도 방언에서 '아ː덜'이라고 하면 '아이들'의 뜻으로 쓰이고 단모음 '아덜'이라고 하면 '아들'의 뜻으로 쓰인다.

28) '으ː런'은 중앙어의 '어른'에 대응하는 충청도 방언 음성형이다. 충청도 방언에서 '으ː런' 외에 '으ː른'도 쓰인다. '으런'과 '으른'은 각각 '어런'과 '어른'의 어두음절 위치의 장모음 '어'가 '으'로 고모음화한 것이다. 충청도 방언에서 어두음절의 모음이 '어'이고 장모음일 때는 '거ː지→그ː지, 점ː심→즘ː심, 거ː머리→그ː머리, 설ː→슬ː, 서ː럽다→스ː럽다' 등에서와 같이 '어'가 고모음화 하여 '으'로 실현되는 경향이 있다. '으른'과 '으런'도 각각 '어른'과 '어런'이 고모음화한 것이다.

29) 여기에서의 '틀'은 떡을 찌기 위해 육면체 모양으로 만든 본이 되는 물건을 뜻하는 말이다. 즉 떡을 찌는 틀은 장정이 지게에 질 수 있을 정도의 크기로 만드는 것이 보통이다.

30) '가매'는 음식 등 물건을 나르기 위해 만든 '가마'를 뜻하는 말이다. 즉 음식을 나르는 가마를 뜻한다.

31) 중앙어에서의 '장군'은 물, 술, 간장 따위의 액체를 담아서 옮길 때에 쓰는 그릇을 뜻하는 말로 쓰인다. 오지로 만들기도 하고 나뭇조각으로 통 메듯이 짜서 만들기도 하는데 중두리를 뉘어 놓은 모양으로 한쪽 마구리는 편평하고 다른 한쪽 마구리는 반구형(半球形)으로 만드는데 작은 아가리가 위쪽에 있다. 그런데 농촌에서는 '장군'이 액체 분뇨를 져 나르는 데 쓰는 용기를 가리키는 말로 쓰인다. 액체를 담는다는 점에서는 중앙어와 기능이 같으나 내용물에서는 큰 차이를 보인다. 농촌에서는 액체로 된 분뇨를 나르는 도구로만 쓰이기 때문이다.

32) '과방'은 혼례식이나 장례식 등 큰일을 치를 때 음식을 준비해 놓았다가 손님이 오면 그때그때 차려 내가는 곳을 뜻한다.

33) '멍칭이'는 양이나 정도가 아주 지나침을 뜻하는 중앙어 '엄청'에 대응하는 이 지역 방언형이다. 충청도 방언형으로 '멍칭이' 외에 '엄청나게'의 뜻으로 '멍칭이'와 '엄칭이' 등도 쓰인다.

34) '요마큼배끼'는 중앙어 '요만큼밖에' 또는 '요만큼씩밖에'에 대응하는 충청도 방언 음성형이다. 이 지역 방언형으로 '그 수량이나 크기로 나뉘거나 되풀이됨'의 뜻을 더하는 중앙어 접미사 '씩'에 대응하는 '큼'이 있는데 예에서와 같이 이미 같은 발음의 음절이 있을 때는 표면으로 나타나지 않는 것으로 보인다. 그리고 예에서 '배끼'는 '그것 말고는', '그것 이외에는'의 뜻으로 쓰이는 중앙어 '밖에'에 대응하는 충청도 방언형이다. '배끼' 뒤에는 반드시 부정을 나타내는 말이 따른다. '배끼'는 '밖이'의 움라우트형이 굳어진 것으로 보인다. 이는 이 지역 방언에서 처격조사 '-에'가 '-이'로 실현되는 것과 관련이 있어 보인다.

35) '멍청하잉깨'는 이 지역 방언형 '멍청하다'의 활용형이다. '멍청하다'는 '멍청+하다'로 분석할 수 있다. '멍청'은 중앙어 '엄청'에 해당하는 이 지역 방언형이다. '멍청하다'는 여기에 형용사를 만드는 접미사 '-하다'가 결합된 것으로 '양이나 정도가

아주 지나치다'의 뜻으로 쓰인다. '-잉깨'는 중앙어 '-니까'에 대응하는 충청도 방언 형으로 앞말이 뒷말의 원인이나 근거, 전제 따위가 됨을 나타내는 연결 어미로 쓰인다.

36) '노나'는 중앙어 '나누다'에 대응하는 충청도 방언형 '논다'의 활용 음성형이다. 충청도 방언형 '논다'는 '논다개[논:따가], 논구[논:꾸/농:꾸], 논지[논:찌], 논으면[노느면], 논아[노나]'와 같이 활용한다. 충청도 방언에서 '나누다'의 뜻으로 '논다' 외에 '농구다'도 쓰인다. '농구다'는 '농구다, 농구구, 농구지, 농궈/농과/농고, 농구면' 등과 같이 활용한다.

37) '두닝기천년대'는 '두닝기+천년대'로 분석할 수 있어 보인다. '두닝기'는 '두넘기> 두넴기>두넹기>두닝기'나 '두넘기>두넴기>두님기>두닝기'의 과정을 거친 음성 형으로 보이고 '천년대'는 '치다'의 활용형 '쳤년대'의 음성형으로 파악된다. 그런데 '두닝기'가 무엇을 뜻하는지 분명히 알 수 없지만 '이리저리 팔아넘기다' 정도의 뜻으로 쓰였고 '치다'는 '속이거나 좋지 못한 행동을 하다'의 뜻으로 쓰인 접미사로 이해된다. 문맥을 고려할 때 '두닝기치다'는 '이익을 위해 이리저리 팔아넘기다' 정도의 뜻으로 이해된다.

38) '간종거려'는 '간종거리다'의 활용형이다. '간종거리다'는 흐트러진 일이나 물건을 가닥가닥 가리고 골라서 자꾸 가지런하게 하는 모양을 나타내는 말이다. 이와 관련된 충청도 방언형으로 '간종거리다' 외에 '간종간종하다'와 '깐총거리다', '깐총깐총 하다' 등이 쓰인다. '간종거리다'와 '깐총거리다'는 중앙어 '간종그리다'에 대응하는 충청도 방언형이다. '깐총깐총하다'도 '간종거리다'와 같은 뜻으로 쓰인다. '간종거리다'는 팟단의 뿌리부분이 가지런하지 않고 들쭉날쭉하면 '팟단 좀 간종거려 놔라'나 '팟단 좀 깐총거려 놔라'와 같이 쓸 수 있다.

39) '혀무만 저찌'는 '혐의만 졌지'의 음성형이다. 여기에서의 '혐의(嫌疑)'는 꺼리고 미워함을 뜻하는 말이고 '지다'는 어떤 좋지 아니한 관계가 되다의 뜻으로 쓰이는 말이다. 따라서 '혀무만 저찌'는 꺼리고 미워하여 서로 좋지 않은 관계가 되었다는 뜻을 갖는다. 충청도 방언에서 '혐무'는 '혐오'로도 쓰인다.

40) '종조 까내'는 '종족 간에'의 음성형이다. '종족'은 성(姓)과 본(本)이 같은 겨레붙이를 뜻하는 말이다. 따라서 '종조 까내'는 '동성동본 간에'라는 뜻이다.

41) '혀모만 지지'는 '혐의만 지지'의 충청도 방언 음성형이다. 서로 갈등이 생긴다는 말이다.

42) '종중'은 성(姓)이 같고 본(本)이 같은 한 겨레붙이의 문중, 즉 혈연관계가 있는 동성동본의 사람들로 이루어진 가까운 집안을 뜻한다.

43) '청만'은 '척만'의 음성형이다. '척(戚)'은 본래 성이 다르면서 일가가 되는 관계, 즉 고종(姑從), 외종(外從), 이종(姨從) 등을 이르는 말이다. 그런데 이 '척(戚)'이 어떤 좋지 아니한 관계가 된다는 뜻을 가진 '지다'와 함께 쓰이면 본래 성이 다르면서 일가가 되는 관계가 좋지 아니한 관계가 된다는 뜻이 된다.

44) '먹꺼니'는 '먹+거니'로 분석할 수 있다. '먹-'은 보조동사 '먹다'의 어간이다. '먹

다'는 일부 동사 뒤에서 '-어 먹다' 구성으로 쓰여 앞말이 뜻하는 행동을 강조하는 말로 쓰인다. '-거니'는 중앙어 '-든지'에 대응하는 뜻으로 쓰이는 이 지역 방언형으로 주로 그 행동이나 그 행동과 관련된 상황이 마음에 들지 않을 때 쓴다. 앞 절에서 설명한 내용이 뒤 절에서 설명하는 대상이나 내용과 상반되는 상황을 설명할 때에 쓰는 연결 어미다.

45) '느'는 중앙어 '너희'에 대응하는 충청도 방언형이다. 충청도 방언에서 2인칭 대명사 '너'의 복수형으로 '느:'와 '느:덜'이 주로 쓰이고 1인칭 대명사 '저'의 복수형으로는 '지:'와 '지:덜' 및 '즈:'와 '즈:덜'이 주로 쓰인다. 그리고 3인칭 대명사 '쟤'와 '자기'의 복수형으로 '자덜' 외에 '즈:'와 '즈:덜'이 주로 쓰인다. 충청도 방언에서 3인칭 대명사로 쓰이는 '즈:'와 '즈:덜'과 1인칭 대명사로 쓰이는 '즈:'와 '즈:덜'이 형태상으로는 구별되지 않고 문맥에 따라 선택된다.

46) '얼매'는 중앙어 '얼마'에 대응하는 충청도 방언형이다.

47) '이르칼라먼'은 중앙어 '이렇게 하려면'에 대응하는 충청도 방언형 '이륵할라먼'의 음성형이다. '이륵할라먼'은 '이륵하-+-ㄹ라먼'으로 분석할 수 있다. '이륵하-'는 '이륵하다'의 어간으로 중앙어 '이렇게 하-'에 대응하는 충청도 방언형 '이릏게 하'의 축약형이다. '-ㄹ라먼'은 받침 없는 용언의 어간이나 'ㄹ' 받침인 용언의 어간 또는 어미 '-으시-' 뒤에 붙어 '어떤 목적이나 의사를 실현시키려고 한다면'의 뜻을 나타내는 중앙어 연결어미 '-려면'에 대응하는 충청도 방언형이다. '-ㄹ라먼'은 충청도 방언에서 '-ㄹ라만'으로 실현되기도 한다.

48) '위기지'는 '우기다'의 활용형 '우기지'의 움라우트형이다.

49) '즈:두'는 중앙어 '저희도'나 '자기들도' 정도에 대응하는 충청도 방언형이다. '즈'는 앞에서 이미 말하였거나 나온 바 있는 사람들을 도로 가리키는 삼인칭 대명사로 '즈:가, 즈:넌, 즈:럴, 즈:두, 즈:꺼지' 등과 같이 곡용한다.

50) '할라구'는 중앙어 '하려고'에 대응하는 충청도 방언형이다. '할라구'는 '하-+ㄹ라구'로 분석할 수 있다. '-(으)ㄹ라구'는 받침이 없는 동사 어간이나 'ㄹ' 받침인 동사 어간 또는 어미 '-으시-' 뒤에 붙어 어떤 행동을 할 의도나 욕망을 가지고 있음을 나타내는 연결 어미로 쓰인다. 충청도 방언에서 '-(으)ㄹ라구' 외에 '-(으)ㄹ라고'도 쓰이는데 전자는 고형이고 후자는 신형이다.

51) '자자율천'이 무슨 뜻인지는 정확히 알기 어려우나 '다른 일에 관심 없이 조용하고 편한 모양'을 나타내는 뜻으로 쓰인 것으로 보인다.

52) '아부지써버틈'은 '아부지+써버틈'으로 분석할 수 있다. '-써부틈'은 다시 '-서+부틈'으로 분석할 수 있다. '-서'는 앞말이 출발점의 뜻을 갖는 부사어임을 나타내는 격 조사 '-에서'의 준말이고, '-부틈'은 중앙어 '-부터'에 대응하는 충청도 방언형으로 어떤 일이나 상태 따위에 관련된 범위의 시작임을 나타내는 보조사다. 충청도 방언에서 '-부틈' 외에 '-부팀'과 '-버터', '-버팀' 및 '-부터'도 같은 뜻으로 쓰인다.

53) '배와꼬'는 중앙어 '배웠고'에 대응하는 이 지역 방언형 '배왔고'의 음성형이다. '배왔고'는 기본형 '배우다'의 활용형이다. 이 지역에서 첫째음절이 양성모음이면 둘째

음절이 음성모음 '우'가 와도 과거시제 선어말어미 '-았'이 연결되는 특징이 있다. 따라서 '배왔고'는 '배우+았+고'로 분석할 수 있다. 그러나 대부분의 충청도 방언에서는 '배웠고'로 실현된다. 충청도 방언에서 이와 같은 양상을 보이는 또 다른 예로 '바꾸다'를 들 수 있다. 중앙어 '바꾸었다고'에 대응하는 이 지역 방언형으로 '바꽜다고'가 쓰인다. 중앙어에서는 '바꾸다'의 어간에 과거시제 선어말어미 '-었-'이 결합되면 '바꿨-'으로 실현되는데 반해 옥천을 비롯한 충청도 일부 방언에서는 과거시제 선어말어미 '-았'이 결합될 때 '바꽜-'으로 실현된다. 그러나 대부분의 충청도 방언에서는 '바꾸+어'가 '바꿔'나 '바꼬'로 실현된다. 이런 경우 '바꾸었다'는 '바꿨다'나 '바꽜다'로 실현된다.

54) '안돼:써두'는 '안되었어두'의 축약형 '안됐어두'의 음성형이다. '안되다'는 충청도 방언에서 '섭섭하거나 마음이 언짢다'의 뜻으로 쓰이는 말이다.

55) '골짝 띠기'의 '띠기'가 무엇인지는 분명하지 않으나 '뛰기'에서 비롯된 말로 보인다. '골짜기 건너' 정도의 뜻으로 쓰인 것을 알 수 있다.

56) '씬다고'는 중앙어 '쓸다'의 활용형 '쓴다'에 대응하는 충청도 방언형이다. 충청도 방언에서 모음 '으'에 마찰음이나 파찰음이 선행하면 '슬슬→실실, 층층대→칭칭대, 이층에→이칭에' 등에서와 같이 모음 '으'가 '이'로 전설모음화 하는 현상이 있는데 '씬다'도 그런 현상의 결과다.

57) '으너지다'는 중앙어 '무너지다'에 대응하는 충청도 방언형이다. 충청도 방언에서 '으너지다'는 쌓여 있거나 자리 잡고 있던 것이 허물어져 저절로 내려앉다의 뜻으로 쓰인다.

58) '나댕기구'는 중앙어 '나다니고'에 대응하는 충청도 방언형이다. '나댕기구'는 '나다([出])'와 '댕기다([行])'가 합성된 말이다. '댕기다'는 중앙어 '다니다'에 대응하는 충청도 방언형이다. 중앙어의 '다니다'는 15세기 국어 '돋니다'가 '돈니다 > 돈니다 > 드니다'의 과정을 거쳐 이루어진 것으로 설명되지만 충청도 방언형 '댕기다'는 17세기 국어 이후에 나타나기 시작하는 '돈기다'에서 비롯된 것으로 보인다. 즉 돈기다> 단기다'의 과정을 거쳐 움라우트와 자음동화에 의해 실현된 것으로 파악된다. '댕기다'는 '댕기다, 댕기구, 댕기지, 댕기니깨/댕기닝깨, 댕기민서, 댕겨'와 같이 활용한다.

59) 충청도 방언에서 '일꾼'은 부정기적으로 일을 해 준 대가로 품삯을 받고 남의 일을 해 주는 사람의 뜻으로도 쓰이기도 하고 남의 집에 들어가 그 집에 기거하면서 숙식을 제공받고 사경을 받아 일 년 이상 장기 고용되어 일을 해 주는 사람의 뜻으로도 쓰인다. 후자의 뜻으로만 쓰일 때는 '일꾼'보다는 주로 '머슴'이라는 말을 쓴다고 한다. '일꾼'이 '머슴'의 뜻으로 쓰이면 '그때는 일꾼을 두고 일했지'에서와 같이 '일꾼을 두다'와 같이 '두다'가 연어로 쓰인다.

60) '머섬'은 중앙어 '머슴'에 대응하는 충청도 방언형이다. 충청도 방언형으로 '머섬'형 외에 '머슴'이나 '머심'형도 쓰인다. '일꾼'이 부정기적으로 일을 해 준 대가로 품삯을 받고 남의 일을 해 주는 사람의 뜻으로 쓰이는 경우가 많은데 비해 '머섬'은 주

로 농가에 일 년 이상 장기 고용되어 그 집의 농사일과 잡일을 해 주고 대가로 사경을 받는 사내를 뜻하는 말로 쓰이는 것이 보통이다. 머슴은 주로 고용된 집에 기거하며 숙식을 제공받는다. '머섬'은 주로 '두다'와 연어 관계를 이룬다. 남의 집에 머슴으로 고용되어 사는 것을 뜻하는 충청도 방언형으로는 '머섬살이', '머슴살이', '머심살이' 등이 쓰인다. '머섬'의 처지에서 보면 '살다'와 함께 쓰여 '머섬 살다'에서와 같이 '살다'와 연어 관계를 이룬다.

61) '다마서'는 중앙어 '담가서'에 대응하는 충청도 방언형이다. 중앙어 '담그다'에 대응하는 충청도 방언형으로는 '담다'와 '당구다'가 쓰인다. 충청도 방언형 '담다'는 문맥에 따라 중앙어 '담다'와 '담그다'의 뜻으로 쓰이는데 비해 '당구다'는 중앙어의 '담그다'의 뜻으로만 쓰인다.

62) '서거항'은 한 고장에 대대로 산다는 뜻의 중앙어 '세거하다'의 활용형 '세거한'에 대응하는 음성형이다. '서거항'은 '세거항'으로 발음해야 하는데 '세거'를 잘 몰라 '서거'로 발음한 것으로 보인다. 예문에 쓰인 '서거하다'는 중앙어에서와 같이 '한 고장에 대대로 사는' 것을 의미하기보다 '한 고장에 살기 위해 정착하다' 또는 '한 고장에 자리잡다'의 뜻으로 쓰였다.

63) '시그먼'은 중앙어 '지금은'에 대응하는 충청도 방언 음성형이다. '지그먼'이라고 해야 할 것을 잘못 발음한 것으로 보인다.

64) '안즌 제가'는 중앙어 '앉은 지가'에 대응하는 충청도 방언형이다. '앉은 제가'는 선대가 이주하여 '자리 잡은 지가'라는 뜻으로 쓰였다.

65) '싱이'는 '성(姓)이'에 대응하는 음성형으로 제보자 개인어로 보인다. 충청도에서는 '성(姓)'을 주로 '승' 또는 '씅'으로 발음한다. '싱이'는 '승이'의 움라우트형으로 보이는데 대부분의 충청도 방언에서는 움라우트화된 어형으로 실현되지 않는 것이 보통이다.

66) '승'은 중앙어 '성(姓)'의 충청도 방언 음성형이다. 충청도 방언형으로 '승' 외에 '씅'도 쓰인다.

67) '증:가'는 중앙어 '정가'에 대응하는 충청도 방언 음성형이다. 장모음으로 발음하는 '증:가'는 '鄭哥'를 뜻하고, 단모음으로 발음하는 '정가'는 '丁哥'를 뜻한다고 한다.

68) '모르거따고'는 중앙어 '모르겠다고'에 대응하는 충청도 방언형 '모르것다고'의 음성형이다. 중앙어 '모르다'는 예문에서 보듯이 충청도 방언에서 두 가지 방언형을 가지고 있다. 하나는 기본형이 '모르다'로서 '모른다, 모르구, 모르지, 몰라'와 같이 불규칙 활용하는 것이고 다른 하나는 기본형이 '몰른다'로서 '몰른다, 몰르구, 몰르지, 몰라서'와 같이 규칙 활용하는 것이다. 그런데 화자에 따라 '모르다'의 활용형과 '몰른다'의 활용형을 혼용하여 쓰기도 한다는 점에서 불규칙 용언 '모르다'가 규칙 용언 '몰른다'로 변화하는 과정에 있는 것으로 보인다.

69) '때우먼서'는 '세우먼서'라고 해야 할 것을 잘못 발음한 것으로 보인다.

70) '고그'는 중앙어 '거기'에 대응하는 이 지역 방언형이다. 중앙어 '거기'에 대응하는 충청도 방언형으로 '고그' 외에 '고기'와 '거기'도 쓰인다.

71) '우예'는 중앙어 '위에'에 대응하는 충청도 방언 음성형이다. 충청도 방언에서 '우예' 외에 '위예'도 쓰인다. 충청도 방언에서 '上'을 뜻하는 '우'는 '우예/우예, 우루'와 같이 쓰이고 이에 대립되는 '下'를 뜻하는 말로는 '아래, 알루'가 쓰인다.

72) 여기에서의 '지리'는 '풍수지리'를 뜻하는 말로 쓰였다.

73) '양택'은 풍수지리에서 살아 있는 사람의 집터를 뜻하는 말이다. 특히 개인의 주거 건조물을 이르며 양택에서는 대문, 안방, 부엌의 방위가 서로 어울려야 좋다고 한다.

74) '발가진다고'는 '밝아진다고'의 음성형으로 드러나지 않거나 알려지지 않은 사실이나 내용, 생각 따위가 드러난다는 뜻으로 쓰였다. 중앙어 '환해진다고' 정도에 대응하는 이 지역 방언형이다.

75) '지야'는 중앙어 '짓다'의 활용형 '지어야'에 대응하는 충청도 방언형이다. 충청도 방언형 '짓다'는 중앙어와 마찬가지고 '짓다, 짓구, 짓지, 지야, 지서, 진'과 같이 불규칙 활용한다.

76) '댕기두'는 '댕기지두'의 준말이다. 충청도 방언에서 용언 어간에 어미 '-지'와 보조사 '두'가 결합되면 '먹두 않구', '듣두 보두 못했다' 등에서와 같이 어미 '-지'가 생략되고 '두'만 남기는 경향이 있다.

77) '절챙이라'는 땅이 질어서 질퍽질퍽하게 된 곳을 뜻하는 중앙어 '진창이라'를 잘못 발음한 것으로 보인다.

78) '거스개서'는 '거슥해서'의 충청도 방언 음성형이다. '거슥해서'는 '거슥하다'의 활용형이다. 충청도 방언형 '거슥하다'는 중앙어 '거시기하다'에 대응하는 충청도 방언형으로 '거석하다'로도 쓰인다. '거슥하다'는 하려는 말이 얼른 생각나지 않거나 바로 말하기가 거북하다는 뜻으로 쓰이는 말이다. 예문에서는 문맥으로 볼 때 '젊어서' 정도의 단어를 써야 하는데 생각이 안 나서 한 말로 보인다.

79) '독짝'은 큰 돌덩이를 뜻하는 충청도 방언형이다. 하천을 정비하거나 길을 낼 때 둑이 허물어지지 않도록 쌓기 위한 큰 돌덩이를 '독짝'이라고 한다.

80) '질끄럼'은 사람이나 수레 또는 차가 다닐 수 있는 길을 가리키는 충청도 방언형이다. 충청도 방언에서 '질끄럼에 나가 서 있다', '질끄럼을 썰었다'와 같이 쓰인다. 충청도 방언으로 '질끄럼' 외에 '질꺼름', '질꺼럼', '질까람' 등도 쓰인다. 지역에 따라 '질깝'이 쓰이기도 한다.

81) '또ː랭이라 놔ː서'는 '또랑이라 놔서'의 음성형이다. '또랭'은 '또랑'이 움라우트된 어형이다. '이라 놔서'의 '이라'는 '이다'의 이형태이고 '놔서'는 '놓아서'의 준말이다. '이라 놔서'는 중아어 '이어서'나 '이기 때문에' 정도에 대응하는 충청도 방언형이다. '놔서'는 '너머 마이 먹어 놔서(너무 많이 먹어서)'나 '사람이 워낙 진국이라 놔서'에서와 같이 '-어 놔서'나 '-이라 놔서'의 꼴로 쓰인다.

82) '노꽝'은 중앙어 '토관'에 대응하는 일본어식 발음이다. 자갈과 모래에 시멘트를 섞어 반죽한 다음 원통형 틀에 넣어 굳힌 시멘트 관을 '노꽝'이라고 한다. 하수도를 묻거나 작은 하천을 묻을 때 주로 많이 사용한다.

83) '야지리'는 하나도 빠짐없이 차례대로 모두의 뜻으로 쓰이는 일본말이다. '풀을 야

지리 뽑았다'와 같이 쓰인다.

84) '때미내'는 중앙어 '때문에'에 대응하는 충청도 방언형이다. 충청도 방언형으로 '때미내' 외에 '또래'와 '또래미', '때매' 등도 같은 뜻으로 쓰인다.

85) '서사택'은 양택 풍수에서 집의 향(대문의 향)이 乾.坤.艮.巽方으로서 각각 안방이 팔방위가 있으므로 4×8=32택이 되는 것이다. 서사택 중 제일 좋은 상길(上吉)의 주택은 연년택(延年宅)이다. 토금상생에 부부정배가 되기 때문이다. 서사택 중 다음 좋은 중길(中吉)의 주택은 천을택(天乙宅)이다. 순양 또는 순음에 해당하기 때문이다. 서사택 중 다음의 차길(次吉)의 주택은 생기택(生氣宅)이다. 상극이 되기 때문이다. 서사택 중 위 삼길택으로서 택주(宅主, 집주인)의 본명과 생합비화(生合比和)된다면 최상의 주택으로 부귀쌍전하고 대길대리하다. 주택의 길흉이 나타나는 것은 짧게는 1년 내에 나타나고 길게는 삼사십년 후에라도 반드시 나타난다고 한다. 제보자는 단순히 서쪽에서 동쪽으로 바라본 집의 대문이 동쪽으로 나 있으면 '서사택'이라고 설명하였다.

86) '서사택'은 동향집으로 대문이 동쪽으로 나 있는 집을 뜻한다.

87) 동사택은 집의 향(대문의 향)이 坎·離·震·巽方으로서 각각 안방이 팔방위가 있으므로 4×8=32택이 되는 것이다. 동사택 중 제일 좋은 상길(上吉)의 주택은 생기택(生氣宅)이다. 수목상생에 목화통명이 되기 때문이다. 동사택 중 다음 좋은 중길(中吉)의 주택은 연년택(延年宅)이다. 부부정배를 얻었으나 금목상극, 수화상전, 궁성상극이기 때문이다. 동사택 중 차길(次吉)의 주택은 천을택(天乙宅)이다. 순음·순양이기 때문이다. 동사택 중 위 삼길택으로서 택주(宅主, 집주인)의 본명과 생합비화(生合比和)된다면 최상의 주택으로 부귀쌍전하고 대길대리하다. 제보자는 '동사택'을 동쪽에서 서쪽을 바라보고 지은 집이고 서쪽으로 대문이 나 있는 집이라고 설명하였다.

88) '보시짜너'는 중앙어 '보셨잖아'에 대응하는 충청도 방언형 '보싰잖아'의 음성형이다. 충청도 방언에서 어간이 모음 '이'로 끝나는 경우 연결어미 '-어'가 오면 그 '-어'를 생략하는 특징이 있다. 이 경우 어미 '-어'가 생략되는 대신 보상적으로 장모음화 하는 것이 일반적이다. 예의 '보싰잖아'는 '보시+었+잖아'와 같이 분석할 수 있다. 중앙어의 경우라면 '보시+었'은 '보셨'이 되었을 것인데 예에서는 '어'가 생략되고 '보싰'이 된 것이다. 이와 궤를 같이 하는 예로 '기어 간다, 이기었다/이겼다, 지었다/졌다(作)' 등이 각각 '기: 간다, 이깄:다, 짔:다' 등으로 실현되는 것을 들 수 있다. 이러한 현상은 경상도 방언의 한 특징이기도 한다.

89) '찌:드라차나'는 중앙어 '기다랗잖아'에 대응하는 충청도 방언형 '찌드랗잖아'의 음성형이다. '찌드랗다'는 중앙어 '기다랗다'에 대응하는 충청도 방언형이다.

90) '워넌'은 중앙어 '원은'에 대응하는 충청도 방언형 '원언'의 음성형이다. '원'은 '원래(元來/原來)'의 준말이다. 따라서 '원언'은 '원래는'의 뜻으로 쓰인다.

91) '지쿠서'는 중앙어 '짓고서'에 대응하는 이 지역 방언형이다. '지쿠서'의 기본형은 '짛다'로 '짛구, 짛지, 지니깨, 지서'와 같이 활용한다. 충청도 방언에서 '짛다' 외에 '짓귀[지꾸], 짓지[지찌], 지면서, 지서, 지닝깨'와 같이 활용하는 '짓다'가 일반적으로 쓰인다.

92) '지켜따고'는 중앙어 '짓게 했다고'에 대응하는 이 지역 방언형이다. '지켜따고'는
'지켰다고'의 음성형으로 '짓다'의 어간 '짓-'에 사동 파생 접미사 '-키-'가 연결된
'짓키다'의 활용형으로 판단된다. 따라서 '지켰다고'는 '짓+키+었+다고'로 분석
할 수 있다.

93) '어따'는 중앙어 '어디에' 또는 '어디에다'에 대응하는 충청도 방언형이다.

94) '드나댕기넌'은 중앙어 '드나다니는'에 대응하는 이 지역 방언형이다. '드나댕기넌'
은 '드나댕기다'의 활용형이다. '드나댕기넌'은 일차적으로 '드나+댕기다'로 분석
할 수 있다. '드나'는 '들다'와 '나다'의 어간이 합성된 것이고 '댕기다'는 중앙어
'다니다'에 대응하는 충청도 방언형이다. '드나댕기다'는 '들고 나다니다' 정도의
뜻으로 쓰이는 말이다. 중앙어의 '다니다'는 15세기 국어 '돈니다'가 '돈니다 > 돈니
다 > 드니다'의 과정을 거쳐 이루어진 것으로 설명되지만 충청도 방언형 '댕기다'
는 17세기 국어 이후에 나타나기 시작하는 '돈기다'에서 비롯된 것으로 보인다. 즉
돈기다> 단기다'의 과정을 거쳐 움라우트와 자음동화에 의해 실현된 것으로 파악
된다. '댕기다'는 '댕기다, 댕기구, 댕기지, 댕기니깨/댕기닝깨, 댕기민서, 댕겨'와
같이 활용한다.

95) '필리하개'는 '필리하다'의 활용형이다. '필리하다'는 중앙어 '편리하다'에 대응하
는 충청도 방언형이다.

96) '호래미'는 중앙어 '홀어미'에 대응하는 충청도 방언형 '홀애미' 음성형이다. 예문
에서의 '홀애미'는 남편을 잃고 혼자 지내는 여자, 즉 과부(寡婦)를 뜻하는 '홀에미'
가 변한 말이다. 충청도 방언에서 '홀애미' 외에 '홀이미', '홀에미', '과부', '과수',
'과택' 등도 같은 뜻으로 쓰인다.

97) '지비서'는 중앙어 '집에서'에 대응하는 충청도 방언형 '집이서'의 음성형이다. 충
청도 방언에서는 처소를 나타내는 격조사 '-에'나 '-에서'가 '-이서'로 실현되는 경
향이 있다.

98) '나씽깨'는 중앙어 '낳았으니까'에 대응하는 충청도 방언형이다.

99) '호래비'는 중앙어 '홀아비'에 대응하는 충청도 방언형 '홀애비'의 음성형이다. '홀
애비'는 아내를 잃고 혼자 지내는 남자를 뜻하는 말로 쓰인다.

100) '호래미'는 '호래비'로 발음해야 할 것을 잘못 발음한 것이다.

101) '처년'은 '도무지, 완전히'의 뜻으로 쓰이는 '전연'의 음성형 '저년'이라고 발음해
야 할 것을 강조하여 발음한 것이다.

102) '아무태나'는 '아무캐나'로 발음해야 할 것을 잘못 발음한 것으로 보인다. '아무캐
나'는 중앙어 '아무렇게나'에 대응하는 충청도 방언형이다. '아무캐나'는 '아무렇개
나'가 축약된 형태다.

103) '글러루'는 중앙어 '그리로'에 대응하는 충청도 방언형이다. '글러루'는 '그쪽으로'
나 '그곳으로'의 뜻으로 쓰인다. '글러루'는 화자와 청자에게서 그리 멀지 않은 곳
을 가리킨다. 이에 비해 화자와 가까운 곳을 나타낼 때는 '일러루'가 쓰이고 화자
와 청자에게서 먼 곳을 가리킬 때는 '절러루'가 쓰인다. 충청도 방언에서 '일러루,

글러루, 절러루'와 평행하게 각각의 축약형 '일루, 글루, 절루' 외에 '이리, 그리, 저리'도 쓰인다. '글러루'의 이형태로 '글로루'가 쓰이고 '일러루'와 '절러루'의 이형태로 각각 '일로루'와 '절로루'가 쓰인다.

104) '파라꺼늘'은 '팔았거늘'의 음성형이다. '-거늘'은 앞의 사실을 인정하면서 그와 맞서는 사실을 이어 주는 연결 어미다.

105) '시금'은 중앙어 '지금'에 대응하는 이 지역 방언형이다.

106) '세상읎써두'는 중앙어 '세상없어도'에 대응하는 충청도 방언형 '세상읎어두'의 음성형이다. 중앙어에서는 '세상없다'가 '세상에 다시없다' 또는 '비할 데 없다'의 뜻으로 쓰이지만 예문에서는 '세상읎다'의 어간에 가정이나 양보의 뜻을 나타내는 연결 어미 '-어도'가 연결되어 '어떻게 하든지' 또는 '무슨 수를 써서라도' 정도의 뜻으로 쓰였다. 이와 같이 '세상읎다'의 어간에 가정이나 양보를 나타내는 어미 '-어도'가 붙으면 뒤에는 부정을 나타내는 말이 온다.

107) '틀리야'는 '틀다'의 사동사 '틀리다'의 활용형이다. '틀리다'는 '틀다'의 어간에 사동 파생접미사 '-리-'가 결합된 말이다. '틀리다'는 '방향이나 목표를 바꾸게 하다'의 뜻으로 쓰인다.

108) '전판'은 하나도 남김 없는 전체를 뜻하는 말이다.

109) '날등'은 산의 큰 줄기에서 갈라진 작은 줄기의 등마루가 되는 부분을 가리키는 충청도 방언형이다. 주로 야산이나 구릉, 언덕 따위의 등마루나 등성이를 가리킬 때 쓰인다.

110) '널룹따구'는 '널룹다구'의 음성형이다. '널룹다'는 공간이 두루 다 평평하고 넓다는 뜻으로 쓰이는 충청도 방언형이다. '널룹다'는 '널룹다, 널룹구, 널룹지, 널루워서'와 같이 활용한다.

111) '새터'는 집이나 건물을 짓기 위해 새로 마련한 자리를 뜻하는 말인데 집이나 건물을 짓고 난 다음에도 그대로 새터라고 하는 것이 보통이다. 제보자는 예문에 보듯이 터가 평평하고 조금 너르다고 해서 새터라고 했다고 하는데 이는 잘못된 설명이다.

112) '바래넌'은 '바래다'의 활용형으로 중앙어 '바라는'에 대응하는 이 지역 방언형이다. 충청도 방언에서 '바래다'가 몇 가지 의미로 쓰이는데 예문에서는 '어떤 것을 향하여 보다'의 뜻으로 쓰였다. 충청도 방언에서 '바래다'가 명사적으로 쓰일 때는 '맞은 바래기'와 같이 쓰인다. 중앙어의 '맞은편'에 해당한다고 할 수 있다.

113) '싱과따'는 중앙어 '심다'에 대응하는 충청도 방언형 '싱구다'의 활용형이다. 충청도 방언형 '싱구다'는 '싱구다가, 싱구구, 싱구지, 싱궈/싱과'와 같이 활용한다. '싱구다'는 '심구다'의 역행동화형이 굳어져 어휘화한 것으로 판단된다. '싱구다'의 어간에 어미 '-아/어'가 연결되면 음성 모음형 '싱궈'가 되는 것이 일반적인데 예문에서는 특이하게 양성 모음형 '싱과'로 나타났다. 이것이 제보자의 개인적인 특성인지 이 지역의 일반적인 특성인지에 대하여는 좀더 자세한 조사가 필요하다.

114) '까시낭구'는 중앙어 '가시나무'에 대응하는 충청도 방언형이다. '낭구'는 '나무'의

고어형이다. 장년층 이하의 젊은층 화자들에게서는 '낭구'형을 듣기 어렵고 70세 이상은 되어야 들을 수 있다. '낭구'는 15세기 국어의 '낢'과 관련이 있다. 국어사 자료에서 '나무'가 소급하는 최초의 형태는 15세기의 '낢~나모'인데, 단순 모음 앞에서는 '낢'으로 실현되고 그 이외의 환경에서는 '나모'로 실현된다. 이러한 교체는 20세기 문헌에도 나타나는데, 모음 앞에서 '낢'으로 실현되지 않는 예는 19세기부터 나타난다. 16세기에 나타나는 '나무'는 모음 체계의 재정립 과정에서 '나모'의 제2음절 모음 'ㅗ'가 'ㅜ'로 바뀐 것인데, 이러한 변화는 15세기 말부터 나타나기 시작하는 것이다. '나무'가 소급하는 형태들은 19세기에 제2음절이 'ㅜ'로 굳어졌다. 17세기와 19세기에 나타나는 '남우'는 '나무'를 분철한 것이며, 19세기에 나타나는 'ㄴ무'는 18세기에 어두음절의'·'가 'ㅏ'로 바뀐 결과 나타날 수 있었던 표기이다.(2007 한민족 언어 정보화 통합 검색프로그램 중 어휘 역사 프로그램 참조)

115) '멍청이'는 양이나 정도가 아주 지나침을 뜻하는 중앙어 '엄청'에 대응하는 이 지역 방언형이다. 이 지역 방언형 '멍청이' 외에 '엄청나게'의 뜻으로 '멍청이'가 쓰인다. 충청도 방언에서는 주로 '엄청'과 '엄칭이'가 쓰인다.

116) '멍청하닝깨'는 이 지역 방언형 '멍청하다'의 활용형이다. '멍청하다'는 '멍청+하다'로 분석할 수 있다. '멍청'은 중앙어 '엄청'에 해당하는 이 지역 방언형인데 여기에 형용사를 만드는 접미사 '-하다'가 결합된 '멍청하다'는 '양이나 정도가 아주 지나치다'의 뜻으로 쓰인다.

117) '뿌링이'는 중앙어 '뿌리'에 대응하는 충청도 방언형이다. 충청도 방언형으로 '뿌링이' 외에 '뿌래기, 뿌래이, 뿌랭이, 뿌래기, 뿌링이, 뿌렁가지' 등이 쓰인다. '뿌래이, 뿌랭이, 뿌링이, 뿌리이' 등은 주로 한반도 남부 지역에서 많이 쓰이는 어형으로 알려져 있고 '뿌래기'는 충남 지역 외에 남한 및 북한 지역에서도 폭넓게 쓰이는 것으로 알려져 있다. '뿌링이, 뿌랭이, 뿌래이'형은 '뿌리'와 '-앙이'가 결합된 것으로 분석할 수 있고 '뿌래기' 형은 '뿌리'와 '-아기'가 결합한 것으로 분석할 수 있다.

118) '떼짱거치'는 중앙어 '뗏장같이'에 대응하는 충청도 방언형 '뗏장겉이'의 음성형이다. '뗏장'은 흙이 붙어 있는 상태로 뿌리째 넓적하게 떠낸 잔디를 가리키는 말이다. '겉이'는 중앙어 '같이'에 대응하는 충청도 방언형이다. 충청도에서 '뗏장'은 '뜬다'고 한다. 따라서 '뗏장 뜨러 가자'와 같이 쓴다.

119) '틍크럭'은 굵은 나무를 베고 남은 그루터기를 뜻하는 이 지역 방언형이다. 중앙어에서 '그루터기'가 풀이나 나무 또는 곡식 등 식물의 종류나 크기를 가리지 않고 베고 남은 밑동을 가리키는 데 비해 '틍크럭'은 굵은 나무를 베고 남은 밑동을 가리킨다는 점이 다르다. 충북 괴산에서는 '틍크럭'과 형태가 비슷한 '등크럭'이 쓰이는데 옥천 방언의 '틍크럭'과는 의미가 다르다. 충북 괴산에서 쓰이는 '등크럭'은 굵고 큰 나무를 베어 가지를 쳐 내고 남은 굵은 나무토막을 가리키는 말로 쓰인다. 괴산에서는 같은 의미로 '등크럭'과 함께 '등걸'도 쓰인다.

120) '될꺼트먼'은 중앙어 '될 것 같으면'에 대응하는 이 지역 방언형 '될 거 겉으먼'이 축약된 '될겉으먼'의 음성형으로 판단된다. 의존명사 '거'와 '겉다'의 어간 '거'가

축약되어 하나로 실현된 형태로 파악된다. 말을 빨리 할 때 이런 현상이 나타나기도 한다.

121) '풍장 치구'는 '풍장치구'와 같이 하나의 단어로 처리할 수도 있어 보인다. '풍장 치다'를 하나의 단어로 처리할 것인지 구로 처리할 것인지에 대하여는 좀 더 면밀한 조사와 검토를 해 보아야 할 것이다. 다만 '풍장을 친다'고 할 때의 '풍장'은 '친다'를 고려할 때 타악기일 것이다. ≪표준 국어 대사전≫에는 '풍장'을 '풍물놀이'의 잘못이라고 설명했는데 '치다'를 고려하면 '풍물놀이'이기는 어려워 보인다. '풍장 치다'는 '풍물놀이하다'의 뜻과 가깝다. 규모가 큰 풍물놀이에는 나발, 날라리, 소고, 꽹과리, 북, 장구, 징 등이 이용되지만 농촌에서 농삿일을 할 때는 일손도 부족하고 하여 주로 '꽹과리, 북, 장구, 징'만을 이용하는 것이 보통이다. 충청도에서 '풍장 친다'고 하면 농촌에서 농부들 사이에 행하여지는 우리나라 고유의 놀이를 포괄적으로 뜻한다고 할 수 있다. 정월 보름이나 칠월 백중 때와 같이 동네 사람들이 모여 나발, 날라리, 소고, 꽹과리, 북, 장구, 징 따위를 불거나 치면서 노래하고 춤추며 노는 것을 가리키기도 하고, 모름 심거나 논매기를 할 때 꽹과리, 북, 장구, 징을 쳐서 일꾼들을 위로하는 것을 가리키기도 한다. '풍장 치다'는 본래 후자의 의미로 쓰이던 것이 전자의 의미로 확대된 것이 아닌가 한다.

122) '낭쿠'는 '나무'의 이 지역 방언형이다. '낭쿠'는 '나무'의 고어형이 잔재로 남아 있는 것이다. 충청도 방언에서는 '낭쿠'보다 '낭구'를 더 많이 쓴다. 그러나 장년층 이하의 젊은층 화자들에게서는 '낭구'형을 듣기 어렵고 70세 이상은 되어야 들을 수 있다. '낭구'는 15세기 국어의 '남(木)'과 관련이 있다.

123) '그러카구'는 중앙어 '그렇고'와 같은 뜻으로 쓰이는 충청도 방언형 '그럭하구'의 음성형이라고 할 수 있다. '그럭하구'는 '그럭하다'의 활용형이고, '그럭하다'는 '그렇게 하다'가 축약된 형태로 파악된다. '그럭하다'는 '그럭하다가, 그럭하구, 그럭하면, 그럭하지, 그럭해서'와 같이 활용한다.

124) '기과내설라무내서루'는 중앙어 '기관에서' 정도의 뜻으로 쓰이는 말이다. '기과내설라무내서루'는 일차적으로 '기관+애설라무내서루'로 분석할 수 있을 것이다. '-애설라무내서루'는 '-애설라무내'와 함께 앞말이 이유나 근거가 됨을 나타내는 뜻으로 쓰이는 격 조사다. '서울에설라무내'나 '많이 먹어설라무내' 등과 같이 쓰인다.

125) '나하개로'는 '나한태로'를 잘못 말한 것으로 보인다.

126) '수캉'은 아저씨뻘이 되는 항렬을 가리키는 중앙어 숙항(叔行)의 이 지역 방언형 '숙항'의 음성형이다.

127) '쥔'은 '주인'의 충청도 방언형이다.

128) '바꽈따고'는 중앙어 '바꾸었다고'에 대응하는 충청도 방언형 '바꿨다고'의 음성형이다. 중앙어에서는 '바꾸다'의 어간에 과거시제 선어말어미 '-었'이 결합되면 '바꿨-'으로 실현되는데 반해 충청도 일부 방언에서는 과거시제 선어말어미 '-았'이 결합되어 '바꽜-'으로 실현된다. '말리다'에 연결어미 '-아'나 과거시제 선어말어미 '-았'이 결합되어 각각 '말르꽈'나 '말료 ㅑ ㅆ'으로 실현되는 것도 궤를 같이 하는 것

이다. 그러나 대부분의 충청도 방언에서는 '바꿔'나 '바꼬', '말려'로 실현된다.

129) '버문산'은 '보문산'을 잘못 발음한 것이다.

130) '모디야'는 중앙어 '못해'의 충청도 방언형이다. 중앙어 '못해'가 충청도 지역에서는 '[모디야]' 외에 '[모대]'로도 실현된다. 충북의 청원군과 옥천군 등 충남과 인접한 일부 지역에서는 예에서와 같이 평폐쇄음 ㄷ과 ㅎ이 연결될 때 유기음화가 일어나지 않고 'ㅎ'이 탈락하여 평음으로 실현된다. 이런 현상이 일어나는 조건은 선행 음절의 말음이 주로 평음 'ㄷ'이거나 'ㅂ'이고 뒤에 '하다'가 연결될 때다. 예를 들면 '못 하구[모다구], 못 하지[모다지], 못 해[모대]'나 '떡하구 밥하구[떠가구 바바구]' '밥하구 국하구[바바구 구가구]' 등과 같이 실현된다.

중앙어의 '못해'가 충청도 방언에서 '모디야'로 실현되는 현상은 충북의 청원군과 옥천군 등 충남과 인접한 일부 충청도 지역에서 중앙어 종결형 '해, 패, 개, ,배, 래, 깨' 등이 '히야/햐, 피야/퍄, 기야/갸, 비야/뱌, 리야/랴, 끼야/꺄'와 같이 실현되는 것과 궤를 같이한다.

131) '데루'는 중앙어 '도로'에 대응하는 충청도 방언형이다.

132) '깨:따카먼'은 '깨딱하면'의 음성형으로 중앙어 '까딱하면'에 대응하는 충청도 방언형이다. 비슷한 의미와 용법을 가진 충청도 방언형으로 '까뜻하면, 까딱하면, 자칫하면' 등이 있다.

133) '시다꺼리'는 중앙어 '치다꺼리'에 대응하는 이 지역 방언형이다. 중앙어에서는 '치다꺼리'가 일을 치러내는 일 또는 남을 도와 거드는 일을 뜻하는데 충청도 방언에서는 일을 치러내거나 남을 도와 거드는 일 등을 모두 포괄하는 의미로 쓰인다. 충청도 방언에서는 '시다꺼리'보다 '치다꺼리'가 더 일반적으로 쓰인다.

134) '위터'는 '위토'의 이 지역 방언형이다.

135) '상'은 중앙어 '성(姓)'을 잘못 발음한 것이다. 충청도 방언에서는 중앙어 성(姓)을 주로 '승' 또는 '씅'으로 발음하는 것이 보통이다.

136) '이떨'은 '있덜'의 음성형으로 '있+덜'로 분석할 수 있다. 충청도 방언형 '덜'은 중앙어에서 용언의 어간에 붙어 그 움직임이나 상태를 부정하거나 금지하려 할 때 쓰이는 연결 어미 '-지'에 강조하는 뜻을 나타내는 보조사 '를'이 결합된 '지를'에 대응하는 말이다.

137) '타승'은 성씨가 다른 성을 뜻하는 '타성(他姓)'의 충청도 방언형이다.

138) '개비여'는 중앙어 '가봐'에 대응하는 충청도 방언형이다. '개비여'는 '갑이여'에서 비롯된 것으로 파악되지만 충청도 방언에서 '갑'이 단독형으로 쓰이는 예는 관찰하기 어렵다. '개비여'가 '개비다, 개비구, 개비지, 개벼' 등과 같이 굳어진 채로 쓰이기 때문이다. 즉 '개비다'는 의존명사 '갑'에 서술격 조사 '-이다'가 결합된 '갑이다'의 움라우트형이 어휘화하여 굳어진 형태로 쓰이는 것이라고 할 수 있다. 의존명사 '갑'에 대하여는 이승재(1982)를 참조.

139) '디다보덜'은 '디다보다'의 어간 '디다보-'에 중앙어 '-지를'에 대응하는 충청도 방언형 '-덜'이 결합된 것이다. 충청도 방언형 '-덜'은 중앙어에서, 용언의 어간에 붙

어 그 움직임이나 상태를 부정하거나 금지하려 할 때 쓰이는 연결 어미 '-지'에 강
조하는 뜻을 나타내는 보조사 '-를'이 결합된 '-지를'에 대응하는 말이다. '디다보
다'는 중앙어 '들여다보다'에 대응하는 충청도 방언형으로 '디다보구, 디다보지, 디
다보면, 디다보닝깨, 디다봐'와 같이 활용한다.

140) '누'는 중앙어 '누구의'에 대응하는 충청도 방언형이다. 특정한 사람이 아닌 막연
한 사람을 가리키는 인칭 대명사 '누구'가 충청도 방언에서는 연결되는 조사에 따
라 얼마간의 변화를 보인다. '누구'가 주격조사 '-가'와 결합되면 '누'로 실현 되고
목적격 조사 '-를'이 결합되면 '누구'로 실현되며, 관형격 조사 '-의'가 결합되면
'누'로 실현된다. 예문에서는 '누구'가 관형격 조사 '-의'와 결합되어 '누:'로 실현
된 것이다.

141) '독자갈바시라'는 '독자갈밧이라'의 음성형이다. '독자갈밧'은 '독자갈+밧'으로 분
석할 수 있다. '독자갈'은 다시 '독+자갈'로 분석되는데 '독'은 돌멩이를 뜻하는
충청도 방언형이고 '자갈'은 중앙어와 마찬가지로 '잔돌'을 가리키는 뜻으로 쓰인
다. 따라서 '독자갈'은 '굵은 자갈' 정도로 이해할 수 있다. '밧'은 중앙어 '밭'에
대응하는 충청도 방언형이다. 충청도 방언에서 '밧' 외에 '밭'도 나타난다. '밧'은
'밧이[바시], 밧에[바세], 밧을[바슬], 밧맨[반만/밤만], 받뚜[받뚜]'와 같이 곡용한
다. 중앙어의 '밭'에 대응하는 충청도 방언형 '밧'은 주격 조사가 결합하면 '밧'으
로 실현되는 경향이 크고 처격 조사가 결합하면 '밭에[바테]'와 같이 '밭'으로 실
현되는 경향이 강하다.

142) '또랑'은 중앙어 '도랑'에 대응하는 충청도 방언형이다. ≪표준 국어 대사전≫에는
'도랑'을 매우 좁고 작은 개울이라고 설명되어 있고 '개울'에 대하여는 골짜기나
들에 흐르는 작은 물줄기라고 설명되어 있다. 사전적인 설명으로는 '도랑'이 얼마
나 좁고 작은 것인지와 개울과의 관계에 대하여 이해하기 어렵다. 사전적인 설명
으로 보면 '도랑'이 '개울'보다 작은 것으로 보인다. 충청도 방언에서도 '또랑'은
'개울'보다 규모가 작은 것을 가리키는 것이 보통이다. '또랑'은 폭이 30cm 정도의
작은 물줄기에서부터 약 50m 정도 폭의 물줄기를 가리키는 말로 쓰인다. 이에 비
해 '개울'은 폭이 20~30m 정도 되는 물줄기에서부터 약 100m 정도 되는 폭의 물
줄기를 가리키는 말로 쓰인다. '강'은 '개울'보다 큰 물줄기를 가리키는 말로 쓰인
다. '또랑'과 '개울' 외에 '개천'과 '내'가 쓰이기도 한다. ≪표준 국어 대사전≫에
는 '개천'에 대하여 '개골창 물이 흘러 나가도록 길게 판 내'라고 설명되어 있으나
충청도 방언의 '개천'은 중앙어와 달리 충청도 방언의 '개울' 정도의 크기에 해당
하는 물줄기를 가리키는 말로 쓰인다. 이에 비해 '내'는 크고 작음보다 물이 흘러
가는 곳에 초점이 있다는 점에서 약간의 차이가 있다.

143) '제'는 남김없이 모조리의 뜻으로 쓰이는 중앙어 '죄다'에 대응하는 충청도 방언형
이다. 충청도 방언형으로 '제' 외에 '재' 또는 '지', '죄'도 쓰인다.

144) '내바지'는 '내받이'의 음성형으로 중앙어 '내리받이'에 대응하는 말로 쓰였다. '내
받이'는 본래 어떤 공간에서 나가는 방향을 뜻하는 말인데 예문에서는 제보자가

거주하는 동네의 지형으로 볼 때 그리고 제보자의 설명으로 볼 때 비탈진 곳의 내려가는 방향을 뜻하는 말로 쓰였다. 충청도 방언형으로 '내리받이' 외에 '내리닫이'도 쓰인다.

145) '끄태미'는 '끝'에 접미사 '-애미'가 붙은 말로 분석된다. 충청도 방언에서 '끝'을 나타내는 말로 '끝'이나 '끄태미' 외에 '끄티미'도 쓰인다.

146) '내려쿵 거여'는 '내려쿤 거여'의 음성형이다. '내려쿤 거여'는 '내려쿠-+-ㄴ-+-거여'로 분석할 수 있어 보인다. '내려쿠다'는 '내리다'의 어간 '내리-'에 사동파생 접미사 '-쿠-'가 결합된 것이고, '-ㄴ-'은 동사 어간 뒤에 붙어 앞말이 관형사 구실을 하고 동작이 과거에 이루어졌음을 나타내는 어미다. '-거여'는 의존명사 '거(것)'에 강조를 나타내는 충청도 방언형 보조사 '-이여'가 결합된 것으로 이해된다. 따라서 예문의 '내려쿤다'는 어떤 일을 위에서 아래까지 도달하도록 해 나간다는 뜻으로 쓰였다. 충청도 방언형 '내려쿠다'는 '실겅(시렁) 우에 있는 꿀단지를 내려쿤다'에서와 같이 공간적으로 위에 있는 물건을 아래 바닥으로 내리다의 뜻으로도 쓰인다.

147) '싱구구'는 중앙어 '심다'에 대응하는 충청도 방언형 '싱구다'의 활용 음성형이다. '싱구다'는 '싱구구, 싱구지, 싱궈/싱고, 싱구닝깨, 싱궜어' 등과 같이 활용한다. '싱구다'는 '심구다'의 역행동화형이 굳어져 어휘화한 것으로 판단된다. 충청도 방언형 '싱구다'는 15세기 국어 '심ㄱ-'에 소급한다. 국어사 자료에서 '심구-'가 소급하는 최초의 형태는 15세기의 '심ㄱ-~시므'인데, 단순 모음 앞에서는 '심ㄱ-'으로 실현되고 그 이외의 환경에서는 '시므'로 실현된다.

148) '위친깨'는 '위친계'의 음성형이다. '위친계(爲親契)'는 부모의 초상 따위를 당했을 때 서로 도움을 주기 위하여 조직하는 계로 일체의 일을 이 계에서 해 준다. 마을마다 차이가 있기는 하지만 예전과 같이 주민의 이동이 적었던 시절에는 같은 동네에 사는 사람들은 거의 빠짐없이 이 계에 들었다고 한다.

149) '게이군더리'는 '계이군덜이'의 음성형이다. '계이군'은 계에 속해 있는 사람을 뜻하는 '계꾼'의 이 지역 방언형이다. 환갑잔치를 하거나 초상이 나면 계에 속한 사람들이 일을 해 주기 위해 모이는데 이렇게 모인 계원(契員)들을 '계꾼'이라고 한다.

150) '생여'는 중앙어 '상여'에 대응하는 충청도 방언형이다. 충청도 방언에서 '생여' 외에 '상여'와 '행여', '행상' 등도 쓰인다. '행상 나간다', '행상 미구 간다'와 같이 쓰인다.

151) '사뭇'은 '사못'의 음성형이다. '사못'은 '내내 끝까지'의 뜻으로 쓰이는 말이다. 충청도 방언형으로 '사뭇' 외에 '사무', '상긋', '상구' 등이 쓰인다.

O2 일생 의례

2.1 제보자

하라버님 함짜가?

― 임봉:호.

예.

― 에:.

어디:, 본과니 어디시죠?

― 에 에, 여 거시기.[1]

― 예, 풍천.

풍천?

― 에.

할머니 쩌기 연새가 멷치예요?

= <u>흐흐</u>히 나이 마나요, 팔씹 둘:.

팔씹 둘:?

= 예:.

무슨 띠신대…

= 토끼띠.

토끼띠:.

= 예.

할머니 쩌기 이르믄?

= 김순남.

김순남 할머니시구.

= 예:.

월래 고향이 어디셔요, 친정?

= 칭정, 쩌어:: 우살리라넌[2] 대 저::기.

할아버님 함자가?

― 임봉호.

예.

― 에.

어디, 본관이 어디시지요?

― 에 에, 여 거시기.

― 예, 풍천.

풍천?

― 예.

할머니 저기 연세가 몇이세요?

＝ <u>흐흐흐</u> 나이 많아요, 팔십 둘.

팔십 둘?

＝ 예.

무슨 띠신데요…

＝ 토끼띠.

토끼띠.

＝ 예.

할머니 저기 이름은?

＝ 김순남.

김순남 할머니시고.

＝ 예.

원래 고향이 어디세요, 친정?

＝ 친정, 저 우산리라는 데 저기.

우살리?

= 아:래, 그맘니 저 우살리 저:기, 우살리 거기서 살, 일루3) 시집 와찌.

여기 하라버지는 여기 월래 토배기구?

= 예:, 여기 토배기, 오서방내 여기 토배기.

하라버지는 그러면 언:재 만나셔써요?

= 나여?

예.

= 난: 예래덜베.

그때 일루 시집 오셔써요?

= 예, 예래덜 쌀 머거서.

그름 여기 와서 머하셔써요, 농사지셔써요?

= 농사저찌 뭐 해유, 농사지치유.

= 엔:나래나 머 우리 시지바 가난해 가주구 머 여기가 말:두 모대써요.

= 시방언 인자 다: 부:자 대찌만, 그저내는 그저내는 왜눔더리 빼:사 가이 또래4) 그르캐 가난해찌유 뭐:.

= 그눔덜 빼:사 가기, 빼:사 가구 배:급 주기 또래 가:난해:찌 그저 내는.

학꾜는?

= 으?

학꾜는 다니셔써유?

= 학꾜 안 댕겨써. 궁민핵꾜두 안 당겨떠. 핵꾜 마당 가 보두 아 내떠.

제가: 여기 머 그저:내부터 이르캐 인재 사시등 거: 저쪼개 세산니, 세산니 가서 인재 하라버지들한태 농사진능 거는 마:니 무러바써요.

= 예:.

우산리?

= 아래, 금암리 저기 우산리 저기, 우산리 거기에서 살(다가), 이리로 시집 왔지.

여기 할아버지는 여기 원래 토박이이고?

= 예, 여기 토박이, 오 서방네 여기 토박이.

할아버지는 그러면 언제 만나셨어요?

= 나 말이야?

예.

= 나는 열여덟에.

그때 이리로 시집 오셨어요?

= 예, 열여덟 살 먹어서.

그럼 여기 와서 뭐 하셨어요, 농사지으셨어요?

= 농사지었지 뭐 해요, 농사지었지요.

= 옛날에 뭐 우리 시집 와(서) 가난해 가지고 뭐 여기가 말도 못 했어요.

= 지금은 이제 다 부자가 되었지만, 그전에는, 그전에는 왜놈들이 빼앗아갔기 때문에 그렇게 가난했지요 뭐.

= 그놈들이 빼앗아 갔기(때문에), 빼앗아 가고 배급 주기 때문에 가난했지, 그전에는.

학교는?

= 응?

학교는 다니셨어요?

= 학교 안 다녔어, 국민학교도 안 다녔어, 학교 마당에 가 보지도 않았어.

제가 여기 뭐 그전에부터 이렇게 이제 사시던 것, 저쪽에 세산리, 세산리 가서 이제 할아버지들한테 농사짓는 것은 많이 물어봤어요.

= 예.

2.2 출생과 성장(제보자 1)

그르며는 면 년 생이셔요, 무슨 띠애요?

– 멘 녀내부텀 이썬느냐고?

아니, 면 년 생이시냐구.

– 내가?

예.

– 아::.

– 천구백 이시보년.

– 천구백 이시보년 으: 사멀 시빌 생이여.

사멀 시빌 생.

– 에.

그러면 띠:루는 무슨 띠가 되나요?

– 쥐띠.5)

쥐띠.

– 응, 갑짜생.

금 거기서 태어나시구?

– 예.

거기서 사싱 거네요?

– 에:.

그러면 그 위때: 드른뇨, 위때는 어디서 사셔써요?

– 고 위때:는 에:: 잘 모르지요.

– 에:, 우리 동내가...

그래잉까 선친, 어르, 그래잉까 아번님 하라번니믄 어디서 (사셨어요?)

그러면 몇 년 생이세요, 무슨 띠세요?

― 몇 년부터 있었느냐고?

아니, 몇 년생이시냐고.

― 내가?

예.

― 아.

― 천구백이십오 년.

― 천구백이십오 년 음, 삼월 십일 생이야.

삼월 십일 생.

― 예.

그러면 띠로는 무슨 띠가 되나요?

― 쥐띠.

쥐띠.

― 응, 갑자생.

그러면 거기에서 태어나시고?

― 예.

거기에서 사신 거네요?

― 예.

그러면 그 윗대들은요, 윗대는 어디에서 사셨어요?

― 그 윗대는 에 잘 모르지요.

― 에, 우리 동네가...

그러니까 선친, 어르(신), 그러니까 아버님의 할아버님은 어디에서 (사셨어요?)

- 내내 그 양반덜두 거그서 상: 거만 알지, 그 우애넌 몰라요.

예:.

- 그 우리 지비 옌:날쩝 거기 살 쩌개 내나6) 우리 징:조하라부지가7) 그 지여따넌 지비여.

- 근대8) 그 지번 인재 발쌔9) 에: 머여 뜯, 근 이 저저 모두 지벙 개량 하먼서 읍써, 읍쌔구설랑언10) 새:루 지어찌요.

네.

- 그 이쪼개 시방11) 두, 시방 내가 사:넌 지비 두: 번채 징:거요.

- 내가 함 번 칠씨비년도에 지언넌대:, 에: 그때두 이 공구리12) 찌비루 마라자먼 벽똘지비루13) 진녕 건 저 공구리 벽뚤루 진: 지븐 그때 내가 젤: 먼저 지어써, 칠씨비년도에 여 고근방애서.14)

- 젤: 먼저 지언는대 에: 뭐여: 인재 이 시방 요요 글래 와설랑은15) 아:더리16) 인재 크구 이르카니까:17) 어: 지비 조바, 에: 방이 아:덜 거처할 떼가.

- 그래설랑언 인재 아:더리 그눔 떠러내구18) 새루 지어찌요.

그러머는 그 위에 어르신들두 농사지셔써요, 거기서?

- 그르치요.

그: 하라번니믄 학꾜는 어트개 다니셔써요?

하꾜는.

- 어:. 아 우리 아번님?

아니.

- 아 하라버지?

아니요.

- 나:?

예.

- 나 학꾜 댕깅 거, 학꾜는 안 댕겨씨요.

하나두 안 다녔(어요?)

- 내내 그 양반들도 거기에서 산 것만 알지, 그 윗대는 몰라요.

예.

- 그 우리 집이 옛날 집 거기에 살 적에 내내 우리 증조할아버지가 그 지었다는 집이야.

- 그런데 그 집은 이제 벌써 에 뭐야 뜯(고), 그 이 저저 모두 지붕 개량하면서 없어, 없애고는 새로 지었지요.

네.

- 그 이쪽에 지금 두(번), 지금 내가 사는 집이 두 번째 지은 거예요.

- 내가 한 번 칠십이 년도에 지었는데, 에 그때도 이 콘크리트 집으로 말하자면 벽돌집으로 지은 것은 저 콘크리트 벽돌로 지은 집은 그때 내가 제일 먼저 지었어, 칠십이 년도에 여기 가근방에서.

- 제일 먼저 지었는데 에 뭐야 이제 이 지금 요 근래에 와서는 아이들이 이제 크고 이러니까 에 집이 좁아, 에 방이 아이들 거처할 데가.

- 그래서는 이제 아이들이 그것을 떨어내고 새로 지었지요.

그러면 그 위의 어르신들도 농사지으셨어요?

- 그렇지요.

그 할아버님은 학교는 어떻게 다니셨어요?

학교는.

- 어 아 우리 아버님?

아니요.

- 아 할아버지?

아니요.

- 나?

예.

- 나 학교 다닌 것, 학교는 안 다녔어요.

하나도 안 다니(셨어요)?

- 에: 왜정 때:, 왜정 때 그: 특뻴 연상소라고,[19] 특뻴 연상소라고 그 거 일련간 댕겨찌요.[20]

- 일련간 댕기구서 어: 그 이듬해 또 할 껀대, 에: 조회루 일번 조회루 끌려 가따구.

- 그래설랑은 그 이듬해 모다구서는[21] 인재 그만 조회 가서 일런 하, 거 가서, 어: 그래닝께[22] 사월 따래 가 가주구 동지따래 나와써, 호까이 도[23] 가서.

- 그란대 나와, 나와 가이서넌[24] 에: 그 이드매 해방 되찌요, 바로.

- 그 내가 그그 가따 나와서 바:루 어: 병:이 생겨 가주고 내 일녀늘 고상해따고.

- 일런 고상하넌데 이 내:종으루다[25] 일려늘 고상하넌대:, 이: 대전 도리뼝원, 병:워니 그때 움써꺼덩.

- 대전 도리뼝워네:를 가서 이버늘 하구 인넌대, 에: 미국 삐행기 간사이가 간사이끼가 날라와따구 전부 병실 인넌 사람 전:부 나가라 구래서 나간넌대 그 도리뼝원 울따리 미티[26] 가서 전:부 이써따구.

- 그때 거가서 인재 꾸부리구 안자서 이르:캐[27] 처다보잉깨 대전 그 상공애 그냥 거 비이시꾸가 빤짝:빤짝 별마냥 뵈이더라고.

- 그 소리는 자꾸 웅웅 쏘리가 쪼꿈씩 디끼고,[28] 별:마냥 이거 처다보 잉깨 별마냥 빤짝빤짝 뵈이넌대 그냥 그러카구[29] 가찌 머 폭껴카거나 그 렁 건 업써따고.

아까 머 **특뻴** 머애 다니셔따구요? **특뻴**...

- 특 특뻴 연성소라구 이써요. 도꾸배쓰 린세이쇼라구,[30] 이 왜정 때.

연 연 연...

- 연성소.

연성소.

- 어:.

- 에 왜정 때, 왜정 때 그 특별 연상소라고, 특별 연상소라고 그거 일 년간 다녔지요.

- 일 년 동안 다니고서 에 그 이듬해 또 할 건데, 에 조회로 일본 조회로 끌려갔다고.

- 그래서는 그 이듬해 못 하고서 이제 그만 조회 가서 일 년 하(고), 거기에 가서, 에 그러니까 사월 달에 가 가지고 동짓달에 나왔어, 홋가이도에 가서.

- 그런데 나와, 나와 가지고서는 에 그 이듬해 해방 되었지요, 바로.

- 그 내가 거기 갔다 나와서 바로 에 병이 생겨 가지고 내가 일 년을 고생했다고.

- 일 년 고생하는데 이 내종으로 일 년을 고생하는데, 이 대전 도립병원, 병원이 그때는 없었거든.

- 대전 도립병원에 가서 입원을 하고 있는데, 에 미국 비행기 간사이기가 간사이기가 날아왔다고 전부 병실(에) 있는 사람 전부 나가라고 해서 나갔는데 그 도립병원 울타리 밑에 가서 전부 있었다고.

- 그때 거기에서 이제 구부리고 앉아서 이렇게 처다보니까 대전 그 상공에 그냥 거기 B-29가 반짝반짝 별처럼 보이더라고.

- 그 소리가 자꾸 웅웅 소리가 조금씩 들리고, 별처럼 이것을 처다보니까 별처럼 반짝반짝 보이는데 그냥 그렇게 하고 갔지 뭐 폭격하거나 그런 것은 없었다고.

아까 뭐 특별 뭐에 다니셨다고요? 특별…

- 특 특별연성소라고 있어요. 도구베쓰 린세이쇼라고, 이 왜정 때.

연 연 연…

- 연성소.

연성소.

- 응.

- 그개 뭐:냐 하머넌 에: 학꾜 안 댕긴 사람더리 그거 갈킹 거여.

- 학꾜 안 댕긴 사라멀, 어: 그때마내도 핵꾜 안 댕긴 사라미, 우:리 또래마내두 핵꾜 안 댕긴 사라미 만:치요.

- 근대 그때 인재 동이먼 그 강: 면:별루다 이써꺼덩, 으: 동:, 면 면별루다 이썬넌대 그 때두 이: 구니 왜정 때 우리나라: 싸라미 일번 군대애 지워내서 간 사람더리 에: 곧쪼, 군소 모두 이러캐 된 사람더리 그 홀려널 알켜따고.31)

- 근대 그 홀:려널, 일번 그 홀려널 일런 바다꺼니,32) 그 일 일려늘 바다꺼니 일런 반년 동아내 그 정신 상태나 모:둥개 내가 부저니:33) 남보다 먼지 전쟁애 가고 저분34) 생개기 전:부 그르기 다: 들더라고.

- 근대: 에: 고러카고선35) 내가 에: 우리 한:국꾸내 또 인재 한:국꾸늘 가따구.

하라부지 쩌긴 태어나서, 첨 태어나서 지금까지 사, 사라오신 얘기를 쭈:칸 번 줌 해조 보(세요), 해 보세요.

- 카루36) 구구하지유 그땐.

- 나 월래가 오래 그저내: 에: 하라부지 쩌개는 에: 살리미 그냥 여구와 그냥, 그냥 산:다구 사라따넌대:.

- 에: 중가내 와서 아본니미 이: 마라자면 에: 좀 나매: 나매 마:럴 좀 잘 듣꾸: 하기 때미내 나매 말 듣꾸 하다가서 비시 저 가주구 그거럴 에: 자기 머 그때 당시 무슨 돈: 버리가 이써 어째 옌:날 으:런더런 개 장마내 가주구 사라, 사라찌만.

- 그누멀 어: 그양 전다벌 전부 다: 팡 기여.

- 파라설랑언 인재 걸 해:겨라구서 그두: 인재 도:저이 살 또리가 업씅깨 아분니미 일버널 드러강 기여.

- 일번 왜정 때 일버널 두: 버니나 드러가따 와따구.

- 드러가따 와꺼니37) 거기 가따 와설랑언 도:널 모:뺄구 그냥 와따구.

― 그것이 무엇이냐 하면 에 학교 안 다닌 사람들에게 거기에서 가르친 거야.

― 학교 안 다닌 사람을, 아 그때만 해도 학교 안 다닌 사람이, 우리 또래만 해도 학교 안 다닌 사람이 많지요.

― 그런데 그때 이제 동이면 그 각 면별로 있었거든, 음 동, 면 면별로 있었는데 그때도 이 군이 왜정 때 우리나라 사람이 일본 군대에 지원해서 간 사람들이 에 **, ** 모두 이렇게 된 사람들이 그 훈련을 가르쳤다고.

― 그런데 그 훈련을, 일본 그 훈련을 일 년 받았는데, 그 일 일 년을 받았는데 일 년 받는 동안에 그 정신 상태나 모든 것이 내가 무단히 남보다 먼저 전장에 가고 싶은 생각이 전부 그렇게 다 들더라고.

― 그런데 에 그렇게 하고서는 내가 에 우리 한국군에 또 이제 한국군을 갔다고.

할아버지 저기 태어나서 처음 태어나서 지금까지 살아오신 얘기를 죽 한 번 한 번 좀 해줘 보(세요), 해 보세요.

― ** 구구하지요 그때.

― 나 원래 오래 그전에 에 할아버지 적에는 에 살림이 그냥 여기와 그냥, 그냥 산다고 살았는데.

― 에 중간에 와서 아버님이 이 말하자면 에 좀 남의 말을 좀 잘 듣고 하기 때문에 남에 말 듣고 하다가 빚을 져 가지고 그것을 에 자기 뭐 그때 당시 무슨 돈벌이가 있어 어째 옛날 어른들은 그렇게 장만해 가지고 살았(지), 살았지만.

― 그놈을 에 그냥 전답을 전부 다 판 거야.

― 팔아서 이제 그걸 해결하고서 그래도 이제 도저히 살 도리가 없으니까 아버님이 일본을 들어간 거야.

― 일본 왜정 때 일본을 두 번이나 들어갔다 왔다고.

― 들어갔다 왔는데 거기 갔다 와서는 돈은 못 벌고 그냥 왔다고.

- 가구 어: 모미 머여 건강하질 모대설랑언 그때두 내, 내 지금 생가캐 보면 그리여.

- 건강아질 모:대서 가서 시리 시리 저러 이:럴 제대루 모:당 기여.

- 그르가구 옌:나래 어 아분님 그러이드런 이: 글 글 배우러 도러댕겨찌, 이:럴 어려서 아:내받따 이마리여.

- 그러잉깨 에: 이: 그냥 이:배:서 품 파라 먹꾸선 몬: 싼단마리여.

- 그러잉깨 일버널 가서,두 일번 가서 가잉깨 일번 가두 가서 노가다 일38) 거틍 거 머 하야 대구 그러치 머 별다릉 거 할 깨 웁씽깨 도:늘 모: 뻴구 그냥 옹 거여.

- 와설랑언 에: 그저 불가 한 일련 이따가설랑언, 우리개넌 옌:나래 머가 유망하냐 하면 가마니가 젤:, 젤: 마니 쳐써요.

- 이 옥천, 전국쩌구루 해두 옥천 에: 땅애는 가녀매39) 가, 가녀매 가마이라구 하면 아주 유:명행 거여, 그래설랑언 이: 청주 대회나 이른 도: 대회나 군: 대회 나가면 이 우리개 싸라멀 모:땅해따고 가마이40) 치구 산내끼41) 꼰넌대.

- 산내끼, 그때는 왜정 때는 새끼 꼰넌42) 거뚜 대양얼 해:꾸, 가마이 치능 거뚜 대양얼 해:꾸 그르캐 해따구. 그른대 우리개 싸라믈 모:땅해따고, 언재든지 일뜽 해따고.

- 그런대 아부지가 나와써두 그때두 머 우린 농사꺼리두 우꾸 하니깨 머, 어: 멀: 해머꾸 살: 끼 웁씽깨 가마이를 처야 파라서 좁싸리래두 파라 멍는다고43).

- 그래 아분니미 에: 저 와씽깨 에 가마이 인재 집, 지비서 쪼곰 짐 농사징 거니깨 그 메깨 안대잉깨 인재 지비 다 떠러지면44) 집 빠드러45) 댕기능 기여.

- 저: 그때 싸람더런 순저니 지개루다설랑언 저리 글러루 가마이 안 치넌대 가마이 안 치넌대 저 저 저 촌: 거튼대 이 저 저 촌: 장터 거튼대 글러루 이 청주 쪼구루 가서 지벌 마:이 바다와따고.

‒ 그리고 에 몸이 뭐야 건강하지 못해서 그때도 내, 내가 지금 생각해 보면 그래.

‒ 건강하지 못해서 가서 실히 실히 저래 일을 제대로 못한 거야.

‒ 그리고 옛날에 아버님 그런 이들은 글 글을 배우러 돌아다녔지, 일을 어려서 안 해봤다 이 말이야.

‒ 그러니까 그냥 입에서 품 팔아 먹고는 못 산단 말이야.

‒ 그러니까 일본을 가서도, 일본 가서 가니까 일본 가두 가서 막일 같은 거 뭐 해야 되고 그렇지 뭐 별다른 것 할 게 없으니까 돈을 못 벌고 그냥 온 거야.

‒ 와서는 에 그저 불과 한 일 년 있다가는, 우리한테는 옛날에 뭐가 유망했느냐 하면 가마니가 제일, (가마니를) 제일 많이 쳤어요.

‒ 이 옥천, 전국적으로 해도 옥천 땅에는 가너매 가, 가너매 가마니라고 하면 아주 유명한 거야, 그래서 이 청주 대회나 이런 도 대회나 군 대회에 나가면 이 우리네 사람을 못 당했다고, 가마니치고 새끼 꼬는데.

‒ 새끼, 그때는 왜정 때는 새끼 꼬는 것도 시합을 했고, 가마니 치는 것도 시합을 했고 그렇게 했다고. 그런데 우리 쪽 사람을 못 당했다고, 언제든지 일등 했다고.

‒ 그런데 아버지가 나왔어도 그때도 뭐 우리는 농사 거리도 없고 하니까 뭐, 에 뭘 해먹고 살 것이 없으니까 가마니를 쳐야 팔아서 좁쌀이라도 사먹는다고.

‒ 그래 아버님이 에 저 왔으니까 에 가마니 이제 짚, 집에서 조금 짚 농사지은 것이니까 그것이 몇 개 안 되니까 이제 짚이 다 떨어지면 짚을 받으러 다니는 거야.

‒ 저 그때 사람들은 순전히 지게로 저리 그리로 가마니 안 치는 데 가마니 안 치는 데 저 저 저 촌 같은 데 이 저 저 촌 장터 같은 데 그리로 이 청주 쪽으로 가서 짚을 많이 받아 왔다고.

- 개 인저 우리내가 인재, 우리는 그때 쪼망크매쩌만 열따서 쌀 예레서 싸리닝깨 그 지불 질머지먼 메, 메 따나나 질머저, 그러커니46) 가서 다:만 여남47) 다니래두 더:러 질머지먼 좀 수월하자나.

- 마장얼, 마중얼 저: 거시기꺼지 가써따구.

- 여여 지냐기라구48) 하넌대, 에 모두 대전 너머 가능 그 충청남도 경개 찌경애49) 거꺼지 가따고, 마중얼.

- 그럼 거가설랑 인재 거멍넌대 거기서 조꼼씩 갈:러 질머지구 와서 오구 그르캔는대, 한 번 그러카다가설랑언 보매: 사:월 따리여.

- 사월 따래넌 지그무루 마라머넌 에: 사월 따래 아주: 대그날50) 때라고

- 어: 참 보리꼬개여 그때가.

- 그런대 금:사느루 지불 바드루 가따구 금산느루.

- 금:사느루 지벌 바드러 간는대, 금:산 갈라구 하머넌 금:산 갈라구 하면 여기서 저: 사목째라고51) 여기 여여 장녕사니 이써 큰 산 서대산 미태.

- 그: 그 날망얼52) 너머간다고 너머가서 그런 고갤 두:갤 너머간다고.

- 두:갤 너머가머넌 거기 너머가면 거가 인재 저: 어: 마저니53) 나오고 글러루 그기라고 개 마전 들파니 그 줌 들파니 이써설랑언 그 머여 지벌, 거가 지비 마:니 이따고.

- 근대: 거기 싸람더런 가마이럴 안 칭깨: 지비 그냥 인녕 기여.

- 그래 거가서 집 빠드루 가따고.

- 아번니미 거기럴 집 빠드러 가따가서루 내가 마중얼 여: 거시기꺼지 그 산미태꺼지 간는대: 딴54) 사람더런 다: 오넌대 아번니미 아놔:.

- 근대 인재 아분니마구 또래 되넌 사람더리 '야 느:55) 아부지 시방 저 배가 아푸다구 저:기 셔:썬는대 빨리 가 봐라 얘' 그려, '오능가 아노능가 몰라' 이르개서 아: 가면서 가면서 보닝(깨) 아:논다내.

- 가면서 가 보먼 사:무 그 산날망꺼지 가두락56) 그 집 찌미 안 떨어지능 기여. 연:신57) 일찍 오넌 사람 느깨 오넌 사람 자:꾸 인녕 기여.

- 그래 이제 우리들이 이제, 우리는 그때 조그만 했지만 열다섯 살, 열여섯 살이니까 그 짚을 짊어지면 몇 몇 단이나 짊어져, 그 그러니 가서 다만 여남은 단이라도 덜어 짊어지면 조금 수월하잖아.

- 마중을, 마중을 저 거시기까지 갔었다고.

- 여 여기 진약이라고 하는 데, 에 모두 대전 넘어가는 그 충청남도 경계 지경에 거기까지 갔다고, 마중을.

- 그러면 거기에 가서 이제 거먹는 데 거기에서 조금씩 갈라 짊어지고 와서 오고 그렇게 했는데, 한번은 그렇게 하다가 봄에 사월 달이야.

- 사월 달이면 지금으로 말하면 에 사월 달에 아주 힘들 때라고.

- 에 참 보릿고개야 그때가.

- 그런데 금산으로 짚을 받으러 갔다고 금산으로.

- 금산으로 짚을 받으러 갔는데, 금산 가려고 하면 금산 가려고 하면 여기에서 저 사목재라고 여기 여여 장녕산이 있어 큰 산 서대산 밑에.

- 그 그 산마루를 넘어 간다고 넘어 가서 그런 고개를 두 개를 넘어 간다고

- 두 개를 넘어가면 거기 넘어가면 거기가 이제 저 어 마전리가 나오고 그리로 거기라고 그래 마전 들판이 그 좀 들판이 있어서 그 뭐야 짚을, 거기가 짚이 많이 있다고.

- 그런데 거기 사람들은 가마니를 안 치니까 짚이 그냥 있는 거야.

- 그래 거기에 가서 짚을 받으러 갔다고.

- 아버님이 거기에 짚을 받으러 갔다가 내가 마중을 여기 거시기까지 그 산 밑에까지 갔는데 딴 사람들은 다 오는데 아버님이 안 와.

- 그런데 이제 아버님하고 또래가 되는 사람들이 '야 너희 아버지 지금 저 배가 아프다고 저기 쉬었었는데 빨리 가 봐라 얘' 그래, '오는지 안 오는지 몰라' 이래서 아 가면서 가면서 보니까 안 온다고 하네.

- 가면서 가 보면 사뭇 그 산마루까지 가도록 그 짚 짐이 안 떨어지는 (끊어지는) 거야. 연방 일찍 오는 사람 늦게 오는 사람 자꾸 있는 거야.

─ 무러 보잉깨 시방 아무대 시방 저: 거시기 마전서 쪼끔 너무면 추부면이라구[58] 하넌 데가 이써 지그면 추부면이라구 하지만 그저내 에 거기 서대산 미태여 바로.

─ 거기 시방 이썬넌대 오넝가 아노넝가 몰라 빨리 가보라구 그리야.

─ 해가 다: 지찌[59] 그때, 해가 다: 너머가써.

─ 해가 다: 너머간넌대 인재 여기서 장녕산 너머갈라구 해:두 어: 거기 두 머:러, 장녕산 골짝뚜 엄청 멀:다고.

─ 그때마내두 그냥 내겹쏭언 꽉: 뜨러선넌대 거기럴 그냥 막:: 뛰어설랑 가따고.

─ 뛰어서 고갤 너무잉깨, 고갤 너뭉깨 저 건내 바라보니깨 저 건내 고개가 인넌대 저 고갤 또 너머가야 된다넝 기여.

─ 그 인재 거기 가잉깨 해가 딱 떠러전넌대 치무리핸대:[60] 거기럴 막: 뛰어 내리가 가주서 또 그 고갤 또 올라가따고.

─ 올라가설랑언 이르캐 내리다봉깨 그 아::래 동내가 이써. 저 동내라고 하넝 기여.

─ 그 저 집 찜 하넌대, 저 동내 느 아부지가 저 동내 이씽개 가보라고.

─ 그 인재 그리 가보닝깨 인재 해가 너머가서 저녁들 머두 다: 머거써. 그애 뛰어: 가꺼니[61] 그리여.

─ 그애 다: 머꾸 그르캐 핸는데: 아분님 어디 인너냐 하면 나무 지배 아래채얘 소:막[62] 그 소: 여물 쓰러설랑 가서 담넌대, 여물 쓰러다 다마노쿠 거:서 다마다 인재 소:, 쇠죽 끄리주구 하넌 여물통, 그 그 지비 가서 이뜨라고.

─ 집 찌믄 해서 거 고사태[63] 베찝 바처 노코.

─ 개 거기설랑얼 가 보잉깨 그냥 막:: 딩굴더라고, 중 나 중는다고 하면서 배가 아푸다고.

─ 배가 아푸다고 막:: 둥구넌대 가서 구경이나 할 따르미지 뭐 뭐 아라?

- 물어 보니까 지금 아무 데 지금 저 거시기 마전리에서 조금 넘으면 추부면이라고 하는 데가 있어 지금은 추부면이라고 하지만 그전에는 에 거기가 서대산 밑이야 바로.
- 거기에 지금 있었는데 오는지 안 오는지 몰라 빨리 가보라고 그래.
- 해가 다 졌지 그때, 해가 다 넘어갔어.
- 해가 다 넘어갔는데 이제 여기에서 장녕산 넘어가려고 해도 에 거기도 멀어, 장녕산 골짜기도 엄청 멀다고.
- 그때만 해도 그냥 낙엽송은 꽉 들어섰는데 거기를 그냥 막 뛰어서 갔다고.
- 뛰어서 고개를 넘으니까, 고개를 넘으니까 저 건너 바라보니까 저 건너 고개가 있는데 저 고개를 또 넘어가야 된다는 거야.
- 그 이제 거기에 가니까 해가 딱 떨어졌는데 어둑어둑한데 거기를 막 뛰어 내려가 가지고 또 그 고개를 또 올라갔다고.
- 올라가서는 이렇게 내려다보니까 그 아래 동네가 있어. 저 동네라고 하는 거야.
- 그 저 짚 짐 하는데, 저 동네에 너희 아버지가 저 동네에 있으니까 가보라고
- 그 이제 그리 가보니까 이제 해가 넘어가서 저녁들 모두 다 먹었어. 그래서 뛰어 갔는데 그래.
- 그래 다 먹고 그렇게 했는데 아버님이 어디에 있느냐 하면 남의 집에 아래채에 외양간 그 소 여물 썰어서 갖다 담는 데, 여물 썰어다 담아 놓고 거기에서 담아다가 이제 소, 쇠죽 끓여주고 하는 여물간, 그 그 집에 가서 있더라고.
- 짚 짐은 해서 거기 고샅에 볏짚 받쳐 놓고.
- 그래 거기에서 가 보니까 그냥 막 뒹굴더라고, 죽(는다고) 나 죽는다고 하면서 배가 아프다고.
- 배가 아프다고 막 뒹구는데 가서 구경이나 할 따름이지 뭐 뭐 알아?

- 가서 우트가야 오르냐고. 그애 보니깨 그 동내 싸람더리 조:타넝 걸
마:니 가따 해다 메기더라고, 뭐 바콰도 해다 메기고 뭐 해따고 그리야.

- 바콰두 저 여르맨 가, 박콰두 저 된다구 하면설랑언 바콰두 해:다
메기구 그르캐 해따 구리야.

- 그거 머그나 마나고 그냥 망태뱅꾸걸 미야.

- 그러니 인자 거기 발쌔 가기럴 발쌔 삼심 니 이상 간넌대:, 한 오심
니 끼럴 간넌대:, 해넌 너머가서 인재 깡까만하지.

- 그른대 그때 다리 이써써.

- 근대 지빌 오야 돠. 지비 와설랑언 누굴 으:런덜 누굴 데리구 와설
랑 아부지럴 모시구 가야지 우트개볼⁶⁴⁾ 도리가 웂짜나. 내가 도:니 이써
뭐가 이써. 거기서 아: 쭘 철랄 때 거트먼 도:니 이씨머넌 거기서 인부럴
사 가지구서루 워따⁶⁵⁾ 태워 가지구래두 오지만 그뚜 모:다고.

- 그냥 그질루 또 거기서 컹커만대 그냥 그 산, 사널 두: 고개럴 막::
뛰어설랑언 사:문⁶⁶⁾ 뛰어 가주구설랑언 고개 두: 갤 너머와따고 서대산...

- 그른대 한: 고갠 서대산, 서대산 쭐기 그: 고개고 하나넌 이 장녕산
꼬개고 그리여. 거기서 네려가서 올라가고 이러카넌대.

- 그 인재 머여 막:: 뛰어서 인재 지비럴 오닝깨, 지비럴 오닝깨 지그
무루 아마 한 열:씨나 이르캐 넹기 되:떵 개비여,⁶⁷⁾ 열:씨나 여란시나가
되:떵 개비여.

- 그르니 내가 지비 우:리넌 우리 임가더리 거기 마:니 이르캐 사라
찌만 나는 팔 때애서부틈, 아까두 먼저두 얘:기해찌만 우리 구대 하라부
지가 사 삼형잰대 맏 젤:: 마지가 에: 인재 팔 때여. 팔 때, 팔 때 하라부
지애:-애가 젤:: 크니까 치령제럴 나써. 치령잴 나서 전부 치령재 패더럴
마려.

- 근대 우리넌 고: 어: 구대 하라부지애 바루 머여 저 팔 때 하라부지
애 둘째 찌비라구.

– 가서 어떻게 해야 옳으냐고 그래 보니까 그 동네 사람들이 좋다는 것을 많이 갖다가 해서 먹이더라고, 뭐 박하도 해다 먹이고 뭐 했다고 그래.

– 박하도 저 여름에는 가, 박하도 저 된다고 하면서 박하도 해다 먹이고 그렇게 했다고 그래.

– 그것 먹으나 마나고 그냥 망태뱅국을 매.

– 그러니 이제 거기 벌써 가기를 벌써 삼십 리 이상 갔는데, 한 오십 리 길을 갔는데, 해는 넘어가서 이제 깜깜하지.

– 그런데 그때 달이 있었어.

– 그런데 집에 와야 돼. 집에 와서 누구 어른들 누구를 데리고 와서 아버지를 모시고 가야지 어떻게 해 볼 도리가 없잖아. 내가 돈이 있어 뭐가 있어. 거기에서 아 좀 철이 났을 때 같으면 돈이 있으면 거기에서 인부를 사 가지고 어디에다 태워 가지고라도 오지만 그것도 못 하고.

– 그냥 그 길로 또 거기에서 컴컴한데 그냥 그 산, 산을 두 고개를 막 뛰어서 사뭇 뛰어 가지고 고개 두 개를 넘어왔다고 서대산을...

– 그런데 한 고개는 서대산, 서대산 줄기 그 고개고 하나는 이 장녕산 고개고 그래. 거기에서 내려가서 올라가고 이렇게 하는 데.

– 그 이제 뭐야 막 뛰어서 이제 집에 오니까, 집에 오니까 지금으로 아마 한 열 시나 이렇게 넘겨 되었던 가봐, 열 시나 열한 시나 되었던 가봐.

– 그러니 내가 집에 우리는 우리 임가들이 거기 많이 이렇게 살았지만 나는 8대에서부터, 아까도 먼저도 얘기했지만 우리 9대 할아버지가 삼 삼형제인데 맏(이) 제일 맏이가 에 이제 8대야. 8대, 8대 할아버지가 제일 큰 이가 칠형제를 낳았어. 칠형제를 낳아서 전부 칠형제 패들을 말이야.

– 그런데 우리는 고 에 9대 할아버지의 바로 뭐야 저 8대 할아버지의 둘째 집이라고.

- 개 세째 찌비 또 이꼬. 겐대 둘째 찌번 우리배끼 읍써. 아:무두 읍써. 친처기 읍써. 그 친척 야:무, 삼 사춘두 우꾸 친처기 읍써. 다: 멀지.

- 그러니 누구보구[68] 가자구 할 쑤두 우꾸 노불[69] 으들 쑤두 우꾸 에: 우리 고모보가 그 위똥내 사라따고 고모가. 고모가 위똥내 사넌대 우리 고모보가 그때마내두 나이가 마나써써.

- 그른대 고모보가: 인넌대 거기배끼 갈 따가 읍써.

- 개 거길 바매 올라가설랑언 고모보한태[70] 가 얘:길 해설랑언 여길 가야건넌데:, 그때마내두 머 어머이두 그러쿠 그래서 인재 크너머이가 한태[71] 사라꺼덩, 크너머이도.

- 그른대 크너머이배끼 갈, 갈 싸라미 읍써.

- 개 재 크너머이가 크너머이하구 고모, 고모보하구 나하구 스:이[72] 인재 밤 열뚜 시 너먼넌대 거기 떠낭 거여 거길 갈라고.

- 떠나넌대[73] 인재 그: 저 장녕산 골짜걸 드러싱, 드러선넌대 나겹썽이 꽉:: 우거전넌대: 가다 보면 질꺼르미[74] 이르개 쪼븐대 가다 보면 독째기[75] 불꾼불꾼 선넌대.

- 그리두 사라미 위기애 닥칭깨: 그런 무순 짐승 거틍 거 그거 무섭가미 읍떠라고. 근대 올라가다 보면 누가 쭈구리구 안자인능 거마냥 이르키 이써. 거 보머넌 방:구가[76] 이르캐 이꾸 이꾸 그리여.

머가 이써요?

- 근대, 네 바매.

머가 이써요?

- 어? 바우, 바우 큰...

- 암:석 암:서기 질까라매 이르캐 이씨먼 그거시 무슨 짐성거치,[77] 쭈구리구 안중 거마냥 그러캐 뵈여.

바매.

- 음.

― 그래 셋째 집이 또 있고. 그런데 둘째 집은 우리밖에 없어. 아무도 없어. 친척이 없어. 그 친척 아무, 삼 사촌도 없고 친척이 없어. 다 멀지.

― 그러니 누구보고 가자고 할 수도 없고 놈을 얻을 수도 없고 에 우리 고모부가 그 윗동네 살았다고 고모가. 고모가 윗동네 사는데 우리 고모부가 그때만 해도 나이가 많았었어.

― 그런데 고모부가 있는데 거기밖에 갈 데가 없어.

― 그래 거기를 밤에 올라가서 고모부한테 가서 얘기를 해서 여기를 가야겠는데, 그때만 해도 뭐 어머니도 그렇고 그래서 이제 큰어머니가 함께 살았거든, 큰어머니도.

― 그런데 큰어머니밖에 갈, 갈 사람이 없어.

― 그래 이제 큰어머니가 큰어머니하고 고모, 고모부하고 나하고 셋이 이제 밤 열두 시가 넘었는데 거기로 떠난 거야 거기에 가려고.

― 떠났는데 이제 그 저 장녕산 골짜기를 들어섰(는데), 들어섰는데 낙엽송이 꽉 우거졌는데 가다보면 길이 이렇게 좁은데 가다가 보면 돌멩이가 불끈불끈 섰는데.

― 그래도 사람이 위기에 닥치니까 그런 무슨 짐승 같은 것 그것 무섭증이 없더라고. 그런데 올라가다 보면 누가 쭈그리고 앉아있는 것처럼 이렇게 있어. 그것 보면 바위가 이렇게 있고 있고 그래.

뭐가 있어요?

― 그런데, 네 밤에.

뭐가 있어요?

― 응? 바위, 바위 큰...

― 암석 암석이 길 가에 이렇게 있으면 그것이 무슨 짐승같이, 쭈그리고 앉은 것처럼 그렇게 보여.

밤에.

― 음.

- 그러커니[78] 별루, 스:이 강개 그런지 으짠지 몰라두 미선 매미 웁써. 거기서 바매 내가 열뚜 시 거진 댄대 내가 바매 혼자 거길 너머와 씽깨.

- 그르이 그르캐 사라미 위기애 닥치머넌 미서웅 걸 몰라요.

- 그래설랑언 인저 거기럴 너머가잉깨 새벼기여. 거저 밤, 지그무루 한 네: 시쩜 고기 어디 되:떵 개비여.

- 가 보잉깨 그때꺼지 둥구녕 기여. 그때꺼지 막:: 내배꿀라구 둥구녕 거여.

- 그르니 머 우트개볼 도리가 업써.

- 그때 어디 병워내 가 이쓰서 병워내 갈 쭈럴 아라 멀: 아라.

- 그이 야걸, 그리두 지비 와여 하:냑빵이래두 가서 야걸 저다가[79] 디리지. 그리니 머여 지비럴 올 쑤가 업써.

- 그래 그때마내두 크너머니나, 크너머이가 그때 따루 사러써.

- 에: 우리는 따루 살구 크너머인 살림나 따루 사라따구, 따루 사런넌대 크너머이두 크나부지가 아주 바보라고 바보라나 아:무 거뚜 몰라.

- 그런대 인재 거기넌 또 딸만 인내. 딸만 형제가 이써써. 내 밑, 나보담 한 살씩 즈:긍 개.

- 그런대 거기 인재 따로 고로캐 크너머이가 샤:넌대 크너머이넌 가마이럴 처 가주구 식꾸가 업씨닝깨 가마이럴 처 가주구 모디켜서[80] 착:착: 모대서 도:널 모디켜써.

- 돈 메켜서 그때 또느루 아마 한, 한 멛 시번-이나 되:뜽 개비여.

- 그래서 그 간, 우리 크너머이가 도:널 가지가 가주구 도:널 쪼굼 가주 가서 거기 가서루 에: 인부럴 네: 사라멀 사써.

- 교대루 미:구 오야지 나바지[81] 그 사람내가[82] 몬 미구 오거덩. 싱기애[83] 태워 가주구 가마애다 태워 가주구 오넌대. 네: 사라멀 그때 네: 사람 품 저: 거기 주넌대 이런 팔씹쩌닝가 드러써. 이런 팔씹쩐.

- 그렇지만 별로, 셋이 가니까 그런지 어쩐지 몰라도 무서운 마음이 없어. 거기에서 밤에 내가 열두 시 거의 되었는데 내가 밤에 혼자 거기를 넘어왔으니까.

- 그러니 그렇게 사람이 위기에 닥치면 무서운 것을 몰라요.

- 그래서 이제 거기를 넘어가니까 새벽이야. 거 저 밤, 지금으로 한 네 시쯤 거기 어디 되었던 가봐.

- 가 보니까 그때까지 뒹구는 거야. 그때까지 막 ***** 뒹구는 거야.

- 그러니 뭐 어떻게 해 볼 도리가 없어.

- 그때 어디 병원이 있어서 병원에 갈 줄을 알아 뭘 알아.

- 그래 약을, 그래도 집에 와야 한약방이라도 가서 약을 지어다가 드리지. 그러니 뭐야 집에를 올 수가 없어.

- 그래 그때만 해도 큰어머니나, 큰어머니가 그때 따로 살았어.

- 에 우리는 따로 살고 큰어머니는 살림나서 따로 살았다고, 따로 살았는데 큰어머니도 큰아버지가 아주 바보라고 바보라나서 아무 것도 몰라.

- 그런데 이제 거기는 또 딸만 있네. 딸만 형제가 있었어. 내 밑, 나보다 한 살씩 적은 것이.

- 그런데 거기 이제 따로 그렇게 큰어머니가 사는데 큰어머니는 가마니를 쳐 가지고 식구가 없으니까 가마니를 쳐 가지고 모아놓아서 착착 모아서 돈을 모아놓았어.

- 돈 모아서 그때 돈으로 아마 한, 한 몇 십 원이나 되었던가 봐.

- 그래서 그 갖(고), 우리 큰어머니가 돈을 가지고 가서 돈을 조금 가지고 가서 거기에 가서 에 인부를 네 사람을 샀어.

- 교대로 메고 와야지 내리 그 사람들이 못 메고 오거든. 신개에 태워 가지고 가마에다 태워 가지고 오는데. 네 사람을 그때 네 사람 품 저 거기 주는 데 일 원 팔십 전인가 들었어. 일 원 팔십 전.

- 이런 팔씹쩌니머넌 에: 그때 말루 쌀 두: 말 꺼리여.[84]
- 근대: 에: 네: 사라멀 사 가주구서루 바매 시꾼 태워 가주 너머와서 지비 완, 지비 와따라서두 머 야걸 아라 머라라, 어트기 햐.
- 그래서 인재 이:원[85] 약빵 하:냑빵애 가서 야걸 다려서 에: 막 급파개 다려서 막 쭈구 이르캐두 야:무 소용이 업써.
- 그러다 인재 ***** 나:중애 차츰차츰 일, 하루 띠워서[86] 이틀 되닝깨 배가 이르캐 불러지드라구.
- 그 머냐먼 이개 복쑤가 채이능 기여. 근대 배가 이르캐 불러지드니 도라가시자나.
- 그래서 사:월 예레쌘 나리 지사여.
- 그래 그 도라, 도라가시구서넌 내가 그 때가 메 싸린너냐먼 예레서 싸리여 예레서 쌀.
- 예레서 싸린대 내 동생언 에: 잉깨 열뚜 사리구.
- 또 내 여동생 하나넌 에: 그때 열, 여서싸링가배끼 안 돼:써.
- 그른대 인저 어머이하구 올캐 사:넝 기여.
- 그르니 나넌 핵꾜 핵꾜 갈라, 갈 헹편두 안 되구:, 머글깨 움넌대 우티개 핵꾜를 가.
- 그르니 그러쿠, 그러나 에: 동생언 그 때 야:하걸 그때가 쪼꼼씩 해:넌대 그 해:봉깨 동생언 쪼꼼 머리가 나보다 조와. 그래서 더 잘 하더라고.
- 그런대 가치 인재 야:학 쪼꼼 댕기다가 내: 동생언 우짤 쑤 읍씨 학꾜럴 쪼금 느:야 되거써.
- 내가 인, 내가 생가걸 항 거여.
- 나넌 몬, 모빼워찌만 동생이래두 줌 배워야거따 해는 생개기 이써설랑은 내가 인재 학꾜럴 보낼라고, 그때마내두 여기 옥천 일러루[87] 학꾜가 읍써따고.
- 이:원[88] 학꾜두 고 동:이두[89] 학꾜가 읍써따고.

- 일 원 팔십 전이면 에 그때 말로 쌀 두 말 거리야.

- 그런데 에 네 사람을 사 가지고 밤에 싣고 태워 가지고 넘어와서 집에 왔, 집에 왔더라도 뭐 약을 알아 뭘 알아, 어떻게 해.

- 그래서 이제 이원(면) 약방 한약방에 가서 약을 달여서 에 막 급하게 달여서 막 주고 이렇게 해도 아무 소용이 없어.

- 그러다 이제 ***** 나중에 차츰차츰 이(틀), 하루 띄워서 이틀 되니까 배가 이렇게 불러오더라고.

- 그 뭐냐 하면 이것이 복수가 차이는 거야. 그런데 배가 이렇게 불러지더니 돌아가시잖아.

- 그래서 사월 열엿새 날이 제사야.

- 그래 그 돌아, 돌아가시고서 내가 그 때가 몇 살이었냐 하면 열여섯 살이야 열여섯 살.

- 열여섯 살인데 내 동생은 에 그러니까 열두 살이고.

- 또 내 여동생 하나는 에 그때 여, 여섯 살인가밖에 안 되었어.

- 그런데 이제 어머니하고 올캐가 사는 거야.

- 그러니 나는 학교 학교 가려고, 갈 형편도 안 되고, 먹을 것이 없는데 어떻게 학교를 가.

- 그러니 그렇고, 그러나 에 동생은 그 때 야학을 그때 조금씩 하는데 그 해보니까 동생은 조금 머리가 나보다 좋아. 그래서 더 잘 하더라고.

- 그런데 같이 이제 야학을 조금 다니다가 내 동생은 어쩔 수 없이 학교를 조금 넣어야 되겠어.

- 내가 이(제), 내가 생각을 한 거야.

- 나는 못, 못 배웠지만 동생이라도 좀 배워야 되겠다 하는 생각이 있어서 내가 이제 학교를 보내려고, 그때만 해도 옥천 이쪽으로 학교가 없었다고.

- 이원 학교도 고 동이(면)에도 학교가 없었다고.

- 여그 옥처내 어떤 핵꾜가 이썬냐 하면 여그 읍내 구:우배 여기 주캉 해꾜라구 이써. 그거 배끼 읍써따고.

- 거기럴 우리 동내 싸라미 두:리 댕기넌대 아까 얘기한 그 우리동내 저 경노당 지어준 사람 천주니라구 하넌 사라미 글러루90) 핵꾜 댕기따고.

- 그 지밴 살:기가 괜차나따고.

- 근대 그:하구 여기 댕기넌대, 여그 와서 시허멀 봔넌대 저: 사망년 시어멀 봐써.

- 저 사망년 드르갈 껄 시허멀 봔넌대 하껴걸 해써.

- 개 두:리 하껴캐써, 고러 고런 사람더리.

- 개서 내 동생하구, 내 동생하고 그 사람내하구 서너시91) 여그 댕기 넌대 그때마내두 개다92) 항 커리 사 주머넌 함 번 가따 오면 굽 하나두 읍써, 기양 빤때기가 돼 뼈려.

- 그거뚜 반::천 맨발루 댕기구 그래여 돼. 아 거그서 이:심니 삼심니 끼를 순저니 거러 댕깅깨 그개 그럴 꺼 아니여.

- 개 시:니라군 구경두 모:다고 운둥와 가틍거 이렁건 구경두 모:다고. 그때 인재 그 왜정 때 배그부루 바느루다가서 동:내루다 항 커리나 두 커 리 나오거덩.

- 그개 워:디가 달란지 아라. 바라보지두 모:다구 시:니라능 건 우꼬.

- 게 인재 제: 거스카면 인재 내가 신 사마서 더러 주구, 집썬 사마서 주구, 집썬 싱꾸 댕기구덜 그르캐 해찌.

- 그 인재 주로: 게다릴 사면 게다두 그눔 반:천 들구 댕기따넝 기여 들구 댕겨꺼니 함 번만 가따오면 구비 요러캐 내밍 거시 하:나두 읍씨 빤 때기가 돼 뼈려.

- 거면 그 이튼날 시늘라고 보면 빤때기라 신:떨93) 모댜.

- 그른대 그르캐설랑언 어:- 유캉녀널 댕기넌대 한 다리며넌 한 다리 면 결썩카넝 거시 보러미 너머 삼시비리.

- 여기 옥천에 어떤 학교가 있었느냐 하면 여기 읍내 구읍에 여기 죽향(초등)학교라고 있어. 그것밖에 없었다고.

- 거기를 우리 동네 사람이 둘이 다니는데 아까 얘기한 그 우리 동네 저 경로당 지어준 사람 천준이라고 하는 사람이 그리로 학교 다녔다고.

- 그 집은 살기가 괜찮았다고.

- 그런데 그이하고 여기 다니는데, 여기 와서 시험을 봤는데 저 삼학년 시험을 봤어.

- 저 삼학년으로 들어갈 것을 시험을 봤는데 합격을 했어.

- 그래 둘이 합격 했어, 고런 고런 사람들이.

- 그래서 내 동생하고, 내 동생하고 그 사람들하고 서넛이 여기를 다니는데 그때만 해도 게다 한 켤레 사 주면 한 번 갔다 오면 굽이 하나도 없어, 그냥 판때기가 되어 버려.

- 그것도 절반은 맨발로 다니고 그래야 돼. 아 거기에서 이십 리 삼십 리 길을 순전히 걸어 다니니까 그게 그럴 것 아니야.

- 그래 신이라고는 구경도 못 하고 운동화 같은 것 이런 것은 구경도 못 하고. 그때 이제 그 왜정 때 배급으로 반으로 동네로 한 켤레 두 켤레 나오거든.

- 그것이 어디에 가 닿을는지 알아. 바라보지도 못 하고 신이라는 것은 없고

- 그래 이제 정히 거시기하면 이제 내가 신을 삼아서 더러 주고, 짚신을 삼아서 주구, 짚신 신고 다니고들 그렇게 했지.

- 그 이제 주로 게다를 사면 게다도 그놈을 반쯤은 들고 다녔다는 거야 들고 다녔는데도 한 번만 갔다 오면 굽이 요렇게 내민 것이 하나도 없이 판때기가 되어 버려.

- 그러면 그 이튿날 신으려고 보면 판때기라 신지를 못 해.

- 그런데 그렇게 해서 에 육학년을 다니는데 한 달이면 한 달이면 결석하는 것이 보름이 넘어 삼십 일이(삼십 일 중에서).

- 근대 왜 그르캐 결써걸 하느냐.

- 바벌 머그야 가넌대: 순저나개 버리쌀 쌀마설랑은 해: 주넌대: 버리쌀 쌀마서 해 주넌대 싸리랑 건 구경 모:다구 버리쌀 쌀마서 해주넌대`그나마두 그거만 어머이가 하면서 하지만 나무 지배 인재 푸마시하루94) 머여 가마이 처 주러 가머넌 그 사람 가서 처 주구 그 사람두 우리 지비 와서 처 주자너.

- 게 그거 하루 가설랑언, 새복부텀 가거덩.

- 가머넌 인재 바배 지비 바파능 거선 에: 어머이가 다: 안처 노쿠 이러캐 가면 내가 불 때서 해서 주구 하다 보면 느저.

- 느즈먼 모:까넝 기여 핵꾜럴, 느저서 모:까지.

- 또 낼: 모래 언재가 쟁인대95) 메 깨를 처 가주 가야 하넌대 마라자먼 스무 개럴 처 가주 가야 하넌대 스무 개럴 채울라머넌 산내끼를 꽈: 주는 사래미 이써야 스무 개 치지 산내끼96) 웁씨먼 날덜97) 모다거덩.

- 그 인재 산내끼 꽈: 줄 사라미 웁씽깨 그거 꽈: 주기 위애서 부뜰구 모:까개 하넝 기여.

- 그 인재 그 까, 거그 안자서 꽈:서 하 한 닙98) 한 닙 치머넌 한 님내기99) 꽈: 가주구서 나라서 치구 하넌대.

- 그래서 한:다리머넌 그저 마::니 댕기야 시벼 일 람지타기 댕기여 하꾜럴.

- 그라다 나중애 인재 그거뚜 모:까설랑언 그거뚜 월급, 그때 월싸그미100) 그때: 에: 이시보저닝가 얼맨대 월싸그멀 모:쭈넝 기여.

- 월싸그문 모:쭈넌대 월싸그먼 가주 오라고 하지, 월싸그먼 가주 오라고 하지, 월싸금 통지가 나오지 도:넌 웁찌 갈 쑤가 업짜나.

- 앙 가써 한 다링가 앙 가써.

- 앙 간넌대 나랑 동갑땐사람 그 천주니라구 하넌 사라미 우리집 바루 미티 찌비 사라.

- 그넌 여기서 댕길 째 그때마내두 자정거 타구 댕겨써.

- 그런데 왜 그렇게 결석을 하느냐.
- 밥을 먹어야 가는데 순전히 보리쌀 삶아서 해 주는데 보리쌀 삶아서 해 주는데 쌀이라는 것은 구경(도) 못 하고 보리쌀 삶아서 해주는데 그나마도 그것만 어머니가 하면서 하지만 남의 집에 이제 품앗이하러, 뭐야 가마니 쳐 주러 가면 그 사람들 가서 쳐 주고 그 사람도 우리 집에 와서 쳐 주잖아.
- 그래 그것 하러 가서는, 새벽부터 가거든.
- 가면 이제 밥에 집에서 밥 하는 것은 에 어머니가 다 안쳐 놓고 이렇게 가면 내가 불을 때서 해 주고 하다 보면 늦어.
- 늦으면 못 가는 거야 학교를, 늦어서 못 가지.
- 또 내일 모레 언제가 장인데 몇 개를 쳐 가지고 가야 하는데 말하자면 스무 개를 쳐 가지고 가야 하는데 스무 개를 채우려면 새끼를 꽈 주는 사람이 있어야 스무 개를 치지 새끼가 없으면 (날을) 날지를 못 하거든.
- 그 이제 새끼 꽈 줄 사람이 없으니까 그것 꽈 주기 위해서 붙들고 못 가게 하는 거야.
- 그 이제 그 꽈, 거기에 앉아서 꽈서 하 한 장 한 장 치면 한 장 분량 꽈 가지고 날아서 치고 하는데.
- 그래서 한 달이면 그저 많이 다녀야 십여 일 남짓하게 다녀 학교를.
- 그러다 나중에 이제 그것도 못 가서 그것도 월사금, 그때 월사금이 그때 에 이십오 전인가 얼마인데 월사금을 못 주는 거야.
- 월사금은 못 주는데 월사금은 가지고 오라고 하지, 월사금은 가지고 오라고 하지, 월사금 통지가 나오지 돈은 없지 갈 수가 없잖아.
- 안 갔어 한 달인가 안 갔어.
- 안 갔는데 나랑 동갑되는 사람 그 천준이라고 하는 사람이 우리 집 바로 밑에 집에 살아.
- 그이는 여기에서 다닐 때 그때만 해도 자전거 타고 다녔어.

- 줌 잘 거, 어: 형덜두 이꾸 다: 잘 쌀링깨.

- 그른대 그가 이 담당 선생이 누구냐 하면 일번 싸라미써.

- 저 한:국싸람 이씰 쩌개넌 또박또박 다: 내꼬 일번 싸라민대 일번 싸라만태 '이 지비넌 이르캐 이르캐 가나나구 이래설랑언 월싸그멀 몬: 내서 핵꿀 몬: 나온다' 이르캐 애:길 하닝깨 그: 일번 싸라미 '내가 인넌 동아내 월싸금 안 바들탱깨 오너라' 이르캐 해서.

- 그래설랑언 그 인재 그 말 드꾸 가써. 그럼 일런내 그냥 월싸금 안 내구 댕겨찌.

- 댕견는, 댕견는대 월싸금 달라 쏘리 안 히야.

- 그르카넌대 인재 오:항녀닝가 얼매 올라간넌대 오항녀닝가 유캉녀내 올라간넌대 그때 가서루 선생이 배껴는대 항:국 싸라미 드러와써.

- 인재 자꾸 월싸금 가주 오라닝 거여.

- 무: 어트갈 쑤 웁써서 그때마내두 인재 내가 쪼꿈 컹:깨 내가 가마이두 나서 치기, 치기 처서 마이 가주구 그래잉깨 걸 워티캐 워티개설랑 걸 월싸그멀 두: 달치씩 한 달치씩 한 달반치씩 이르캐 해서 다: 해결대 따고.

- 해:서 해: 가주서 조리벌 해따고.

- 핸:는대 나넌 인재 머 농사꺼리넌 논 수:마지기배끼 웁:써꼬 그냥 그 거나 하구 크르캐 핸넌대 동생언 인재 거기 댕기다가서 인재 조리패찌.

- 조리파구설랑언 그때 당시애 얼마 이따가서 동:내 그 글, 한:글 하: 낙 쫌 하넌 사래미 이써써.

- 그:한때 명심보:가멀 그: 이 사람내두 그때 됭깬 나이가 줌 대가리 가[101] 커지닝깨 나이가 한 에: 열칠팔째:- 이 이르캐 되잉깨, 대가리 크잉 깨 에: 고, 고런 사람더리 한 여나무니 모여서 그 저: 하:나걸 명심보감 이걸 배와따고.

- 그 인재 거기두 또 내가 거기두 또 댕기라구 해서 댕겨따고.

‑ 좀 잘 가, 에 형들도 있고 다 잘 사니까.

‑ 그런데 그가 이 담당 선생이 누구냐 하면 일본 사람이었어.

‑ 저 한국사람 있을 적에는 꼬박꼬박 다 냈고 일본 사람인데 일본 사람한테 '이 집은 이렇게 이렇게 가난하고 이래서 월사금을 못 내서 학교를 못 나온다.' 이렇게 얘기를 하니까 그 일본 사람이 '내가 있는 동안에 월사금 안 받을 테니까 오너라.' 이렇게 했어.

‑ 그래서 그 이제 그 말을 듣고 갔어. 그래서 일 년 내내 그냥 월사금 안 내고 다녔지.

‑ 다녔는(데), 다녔는데 월사금 달라는 소리를 안 해.

‑ 그렇게 하는데 이제 오학년인가 얼마 올라갔는데 오학년인가 육학년에 올라갔는데 그때 가서 선생이 바뀌었는데 한국 사람이 들어왔어.

‑ 이제 자꾸 월사금을 가지고 오라는 거야.

‑ 뭐 어떻게 할 수 없어서 그때만 해도 이제 내가 조금 크니까 내가 가마니도 놔서 치기, 치기 쳐서 많이 가지고 그러니까 그것을 어떻게 어떻게 해서 그것을 월사금을 두 달치씩 한 달치씩 한 달 반치씩 이렇게 해서 다 해결 되었다고.

‑ (그렇게)해서 해 가지고 졸업을 했다고.

‑ 했는데 나는 이제 뭐 농사거리는 논 수마지기밖에 없었고 그냥 그거나 하고 그렇게 했는데 동생은 이제 거기 다니다가 이제 졸업했지.

‑ 졸업하고서 그때 당시에 얼마 있다가 동네에 그 글, 한글 한학을 좀 하는 사람이 있었어.

‑ 그이한테 명심보감을 그 이 사람들도 그때가 되니까 나이가 좀 머리가 커지니까 나이가 한 에 십칠팔 세 이 이렇게 되니까 머리가 크니까 에고, 고런 사람들이 한 여남은이 모여서 그 저 한학을 명심보감 이것을 배웠다고.

‑ 그 이제 거기에도 또 내가 거기에도 또 다니라고 해서 다녔다고.

- 그런대 고개 한: 일련두 모뙤개꺼니 큰:: 보태미 되더라고.

- 건대: 그러카다가설랑 인재 나이가 한 이십쌀 가까이 되잉깨 경찰 시허미 이써 경찰 시험.

- 경찰 시허미 이따구 그걸 드꾸설랑언 시험 보러 간다구.

- 우:리 동내서 고 또래가, 어: 지금 이씨먼 팔썹 하나썩 하나여. 근대 그 또래가 시방 다: 주거꺼던 하나 나마따고.

- 건대 그 또래가 여더리 가따고, 시험 보러 청주로.

- 간넌대 내 동생이 거기럴 하껴걸 해써.

- 저 인재 또 하나, 하나 해꾜 대, 하껴칸 사라면 여기 저: 그저내 농어패꾜라구 이써써, 고등해꾜. 저 이: 년간 농어패꾜. 그: 댕긴, 그때마내 두 그거만 댕기먼 홀:룽한 사라미여써.

- 근대 이 농어패꾜 이: 년 댕긴 사람 그: 사라마고 내 동생하구 둘:배 끼 해껴기 안돼써 다: 떠러지고.

- 그래서 인재 경찰해꾜 가서 홀:런 바꼬 그르카구서 경찰생왈 하다가 하넌대 인재 메태 쪼끔 이써찌:. 여 오천경찰써애 좀 이따가 저: 파추쏘애 군:소가 좀 나가 이따가 하넌대...

- 그란대 유고가, 유기오가 나딴 마리여 군:소애 인넌대. 개 군:소, 군소 지서루 서대사내 공비더리 마:넌대 그 사람내가 와서 막 습껴걸 해 짜나.

- 그 머리를 피해 가서 나와, 저 나와 가주서 그질루 인재 피낭 가서 피난, 그질루 인재 소개영이 내려서 피난 가따구.

- 가선 내 동생이 나가설랑언 인재 피:난 나가 가주설랑언 아노더라고 딴 사람 다 오넌대 아노넌대 나중애 편지가 오넌대 보잉깨 유:앤구내 드 러가떠라고 유:앤구내.

- 유:앤구내 드러가설랑언 에: 근무하구서 한넌대[102] 나:중애 완넌대 아:주 사:라미 달라져떠라고.

- 그런데 고것이 한 일 년도 못 되는데 큰 보탬이 되더라고.
- 그런데 그렇게 하다가 이제 나이가 한 이십 살 가까이 되니까 경찰 시험이 있어 경찰 시험.
- 경찰 시험이 있다고 그것을 듣고서 시험 보러 간다고.
- 우리 동네에서 고 또래가, 에 지금 있으면 팔십 하나씩 하나야. 그런데 그 또래가 지금 다 죽었거든 하나 남았다고.
- 그런데 그 또래가 여덟이 갔다고, 시험 보러 청주로.
- 갔는데 내 동생이 거기를 합격을 했어.
- 저 이제 또 하나, 하나 학교 다닌, 합격한 사람은 여기 저 그전에 농업학교라고 있었어, 고등학교. 저 이 년 동안 (다니는) 농업학교. 거기 다닌, 그때만 해도 그것만 다니면 훌륭한 사람이었어.
- 그런데 이 농업학교 이 년 다닌 사람 그 사람하고 내 동생하고 둘밖에 합격이 안 되었어 다 떨어지고.
- 그래서 이제 경찰학교 가서 훈련 받고 그렇게 하고서 경찰생활 하다가 하는데 이제 몇 해 좀 있었지. 여기 옥천경찰서에 좀 있다가 저 파출소에 군소에 좀 나가 있다가 하는데...
- 그런데 육이오가, 육이오가 났단 말이야 군소에 있는데. 그래 군소, 군소 지서로 서대산에 공비들이 많은데 그 사람들이 와서 막 습격을 했잖아.
- 그런 일머리를 피해서 나와, 저 나와 가지고 그길로 이제 피난 가서 피난, 그길로 이제 소개령이 내려서 피난 갔다고.
- 가서 내 동생이 나가서 이제 피난 나가 가지고는 안 오더라고 딴 사람은 다 오는데 안 오는데 나중에 편지가 오는데 보니까 유엔군에 들어갔더라고 유엔군에.
- 유엔군에 들어가서 에 근무하고서 했는데, 나중에 왔는데 아주 사람이 달라졌더라고.

- 그래설랑 거그서 이따가 나와서 다시 복꾸해 가주서 내 동생언 에:
옥청경찰써애서 좀 이따가 옥청경찰서에서 이따가서 청주- 어: 경찰구개
가서 좀 이따가서 거기서 또 그 순저니 동생언 그 행정 수사과애 사무103)
이써꺼덩.

- 그래서 고렁 걸 알:구설랑언 서우리 또 서울루 가개 돼:서 서울루
가따고.

- 개 서울 가서 서울 동...

- 그래서 내동생언 그 그러카구 이따가서 서울써 이따가서 그질루 인
재 마포경찰서 이따 거그서 제대하구서 시방 서:울 산다고.

- 그 인재 서울 사넌대 인재 동생언 작녀내 도라가시따고.

- 그르가구 인재 저: 조카딸, 딸만 이써 거기넌 딸만 다서시여.

- 딸만 인넌대 시방 내 제수씨하고 시방 인넌대 딸더리 전부 대해꾜
다: 나오고 이캐가주설랑언 어: 서, 하나 시방 큰따런 청주에 무슨 해꾜애
시방 선생이여.

- 그러쿠 인자 하나넌 서우래 그 유치원 선생이구.

- 그 거기서 다: 이꾸. 그 조카사우더런 전부 목싸내 보잉깨 교회 목
싸여.

- 개 내 그 사람내하구서 한참 떠러 어: 더러 다투넌대 뭔:지 알구 그
걸 그러캐 일:삼녀냐구. 내가 막 저 메라구 그거 그 철, 정치 처라걸 가주
구서 그걸 몰르구 그르카너냐구.

- 아: 이 그, 그 그 큰 큰사우넌 그 대해꾜 다: 나온 사람더리라고: 거
잘 모르더라고:.

- 그래설랑언 그 정치처래긴대 그걸 몰:르구서 전:부 거기 미처 가주
구서 그냥 머두 그르카넌대 그 너머 그러카지 말라고. 댕기긴 댕기넌대
사:람 되넌대: 그 너머 거기애 치, 거스카지 말:라구. 내 치우치지 말:라구
내 해:찌만.

- 그래서 거기에서 있다가 나와서 다시 복귀해 가지고 내 동생은 에 옥천경찰서에서 좀 있다가 옥천경찰서에서 있다가 청주경찰국에 가서 좀 있다가 거기에서 또 그 순전히 동생은 그 행정 수사과에 사뭇 있었거든.

- 그래서 고런 것을 알고서 서울이 또 서울로 가게 되어서 서울로 갔다고.

- 그래 서울 가서 서울 동...

- 그래서 내 동생은 그 그렇게 하고 있다가 서울에 있다가 그길로 이제 마포경찰서에 있다가 거기에서 제대하고 지금 서울에 산다고.

- 그 이제 서울 사는데 이제 동생은 작년에 돌아갔다고.

- 그리고 이제 저 조카딸, 딸만 있어 거기는 딸만 다섯이야.

- 딸만 있는데 지금 내 제수씨하고 지금 있는데 딸들이 전부 대학교 다 나오고 이렇게 해가지고 에 서, 하나 지금 큰딸(맏딸)은 청주에 무슨 학교에 지금 선생이야.

- 그렇고 이제 하나는 서울에 그 유치원 선생이고.

- 그 거기에 다 있고. 그 조카사위들은 전부 목사네 보니까 교회 목사야.

- 그래 내가 그 사람들하고도 한참 더러 에 더러 다투는데 무엇인지 알고 그것을 그렇게 일삼느냐고. 내가 막 저 뭐라고 그거 그 철, 정치 철학을 가지고 그것을 모르고 그렇게 하느냐고.

- 아 이 그, 그 그 큰 큰사위는 그 대학교 다 나온 사람들인데도 그 잘 모르더라고.

- 그래서 그 정치철학인데 그것을 모르고 전부 거기에 미쳐 가지고 그냥 모두 그렇게 하는데 그 너무 그렇게 하지 말라고. 다니기는 다니는데 사람 되는데 그 너무 거기에 치(우치지), 거시기하지 말라고. 내(가) 치우치지 말라고 내가 했지만.

2.3 출생과 성장(제보자 2)

할머니 지금까지 태어나서부터: 지금까지 사라옹 거 얘기 좀 해조 보셔유.

= 흐흐흐 흐.

= 머 시방꺼지 사러옹 거 말:두 모다지유.

= 엔:나래 웁써서 가:난해서 머, 사느라구 고상은 머, 사내 고:사리 꺼 끄루 댕기느라구 머 주글: 뚱, 그래 다리가 이르캐 아풍 겨.

= 고:사리 꺼꺼다 아:들 학삐 줄라구, 그르캐 해서 고사리 꺼꺼 날리찌.

= 또 여기는 양 맨드러써유, 이르캐 약:.

야기요?

= 으:, 뚱구라캐 양 맨드러써.

= 그르캐 저: 약풀 저::기 청성 가서 약풀 뜨더다 말:려서 저 기개예 가 빠서 와104) 가주구 그 가루루 양 맨드러서 그래 그거 팔:구.

기개루다가, 빠:셔요?

= 예, 기개루 약까루 빠셔 와요, 저 밀까루 빠시던. 그르캐 빠셔다 그 거 응, 그르캐 사러찌유 뭐 상 거 뭐 흐헤헤헤헤 헤.

태, 그러먼 나:신 대는 어디요 태어나신 대?

= 나 태이난 대? 저:: 우살리 지:매.

우살리?

= 우살리 지매.

거기두 동이면이구요?

= 거기두 동이메누루 부터써유.

예, 우살리.

= 지:매.

할머니 지금까지 태어나서부터 지금까지 살아온 것 얘기 좀 해 줘 보세요.

= 흐흐흐 흐.

= 뭐 지금까지 살아온 것 말도 못 하지요.

= 옛날에 없어서 가난해서 뭐, 사느라고 고생은 뭐, 산에 고사리 꺾으러 다니느라고 뭐 죽을 둥, 그래서 다리가 이렇게 아픈 거야.

= 고사리 꺾어다 아이들 학비 주려고, 그렇게 해서 고사리 꺾어 날랐지.

= 또 여기는 약 만들었어요, 이렇게 약.

약이요?

= 응, 동그랗게 약 만들었어.

= 그렇게 저 약풀 저기 청성 가서 약풀 뜯어다가 말려서 저 기계에 가서 빻아와 가지고 그 가루로 약 만들어서 그래 그것 팔고.

기계로, 빻아요?

= 예, 기계로 약가루를 빻아 와요, 저 밀가루 빻듯. 그렇게 빻아다 그것 응, 그렇게 살았지요 뭐 산 것 뭐 흐헤헤헤헤 헤

태, 그러면 낳으신 데는 어디예요 태어나신 데?

= 나 태어난 데? 저기 우산리 지매.

우산리?

= 우산리 지매.

거기도 동이면이고요?

= 거기도 동이면으로 붙었어요(속해 있어요).

예, 우산리

= 지매.

지매.

= 지매 애:, 우살리 지매라는 대서 나 태이나 가주 욜:루 시지봐써.

열려덜 싸래 이쪼그루 오시구?

= 예:.

그러먼 부모님-은 머 하셔써요?

= 우리 친정?

예.

= 우리 친정 부모님 머 다 도라가셔찌:.

= 나 세, 세:살 머거서 우리 아부지는 오:월 따래 주꾸 우리 어머이는 파럴 따래 주꾸 일려내. 다: 주거띠야, 그러캐.

세 살 때?

= 세: 살 머거서.

= 그래 우리 할무이가 키우너라 고상 해:찌. 할무이 하라부지가 에 고 상해:찌.

왜 그르캐 일찍 도라가셔써요?

= 그저내는 저:기 맹장, 급썽 맹장으루 그러캐 시강: 내 배 아푸다구 해: 가주구, 그저낸 병워니나 이써?

= 병원 올라먼 여 옥천 오넌대 올 쌔두 움씨 주거찌. 주거때유 그냥 갑:짝씨리.

하라부지는 여기 그맘 월래 여기 토배기시고?

= 우리 응:감님?105)

예.

= 예:, 여기 토배기여.

하라버지 성하믄 머여써요?

= 오:씨, 오영:타:기지.

아 오영탁.

지매.

= 지매 응, 우산리 지매라는 데에서 나 태어나 가지고 요리로 시집 왔어.

열여덟 살에 이쪽으로 오시고?

= 예.

그러면 부모님은 뭐 하셨어요?

= 우리 친정?

예.

= 우리 친정 부모님 뭐 다 돌아가셨지.

= 나 세, 세 살 먹어서 우리 아버지는 오월 달에 죽고 우리 어머니는 팔월 달에 죽고 일 년에. 다 죽었대 그렇게.

세 살 때?

= 세 살 먹어서.

= 그래서 우리 할머니가 키우느라 고생했지. 할머니 할아버지가 에 고생했지.

왜 그렇게 일찍 돌아가셨어요?

= 그전에는 저기 맹장, 급성 맹장으로 그렇게 시각 내 배 아프다고 해 가지고, 그전에는 병원이나 있어?

= 병원 오려면 여기 옥천으로 오는데 올 사이도 없이 죽었지. 죽었대요 그냥 갑작스레.

할아버지는 여기 금암 원래 여기 토박이시고?

= 우리 영감님?

예.

= 예, 여기 토박이야.

할아버지 성함은 뭐였어요?

= 오 씨, 오영탁이지.

아 오영탁.

= 예, 오영탁.

이 이 동내 오씨가 만태요?

= 여긴 다 오:씨유.

= 쩌 딴: 승언 두: 찝 세: 찝 네: 찝-빼끼 웁써유.

= 조 서방내하고 김 서방내하고 네: 찝빼끼, 그라고 다: 오씨내유, 여기.

여기가 며토나 되요?

= 거기가 요기 요:: 너매 똥내 요기 여:: 너매 똥내 해서 뭐 메토라더
만 난 끄뚜 몰르거써유, 인자 몰:라유.

= 예, 오영탁.

이 이 동네에 오 씨가 많데요?

= 여기는 다 오 씨예요.

= 저 딴 성(姓)은 두 집 세 집 네 집밖에 없어요.

= 조 서방네하고 김 서방네하고 네 집밖에, 그리고 다 오 씨네요, 여기.

여기가 몇 호나 돼요?

= 거기가 요기 요 넘어 동네 요기 여 넘어 동네 해서 뭐 몇 호라더구
먼 난 그것도 모르겠어요, 이제 몰라요.

2.4 가족

지금 저:기 가조근 어트개 돼요?

― 가: 가조건: 지금 이: 아:더리 다서신대 딸 하나고:.

― 그러면 융남매라고.

손자들두 망캔내요.

― 으:?

손자들두 망캐써요.

― 어 손자덜:, 근대 지그먼: 아 저 아:덜 하나콤배끼106) 안 나니깨.

― 전부: 어: 지빈년 아:두 딸 둘 나터이 아덜 하나 나쿠선 다식 고만
나치.

― 하나 더 나야 한대두 안 히야, 그르치.

― 또: 요기, 요그 와 시방 내 둘째가 요그 사라:. 옥천, 요기 사:넌대
가:두107) 딸 둘 라쿠 아:덜 하나 인넌대, 그거 하나지.

― 또: 여 저: 내 크나가 내 크나더리 시방 저: 에: 경기도 수워내 산다
고 수워내.

― 수워내 사넌대 거기두 딸만, 머 다: 그리여. 딸만 내리 둘:라코 미티
가서 세:채 가설랑은 아:덜 난넌대 거기두 에: 딸만 둘:하구 아덜 하나구.

― 인재 에: 세:째, 세:째가 늑깨::사 저 군대 가따 오구 늑깨:사 장갤
간넌대 가:가 아덜만 형재여.

― 아덜만108) 형잰대 야가 운주사어벌,109) 이 저저 거시기 차럴 끌구
댕기먼서 에: 택뺄-차럴 끄러써.

― 그런대 여: 대전 에: 신도안 사넌대 거기설랑은 그 택배차 끄는 사,
그 차를 가주구서 처난이 원 회:산대 처나내설랑언 물겨니 드러오머넌 시:
꾸서 언재든지 울싸널 가따 울싸널 댕기여 야:가.

지금 저기 가족은 어떻게 되세요?

– 가, 가족은 지금 에 아들이 다섯인데 딸 하나고.

– 그러면 육 남매라고.

손자들도 많겠네요.

– 응?

손자들도 많겠어요.

– 어 손자들, 그런데 지금은 아 저 아들 하나씩밖에 안 낳으니까.

– 전부 아 집에 있는 아이도 딸 둘 낳더니 아들 하나 낳고서는 자식 그만 낳지.

– 하나 더 낳아야 한다고 해도 안 해, 그렇지.

– 또 여기, 여기 와서 지금 내 둘째가(둘째 아들이) 요기 살아. 옥천 요기에 사는데 걔도 딸 둘 낳고 아들 하나 있는데, 그것 하나지.

– 또 여 저 내 큰애가 내 큰아들이 지금 저기 에 경기도 수원에 산다고 수원에.

– 수원에 사는데 거기도 딸만, 뭐 다 그래. 딸만 내리 둘 낳고 밑에 가서 셋째에 가서 아들 낳았는데 거기도 딸만 둘하고 아들 하나고.

– 이제 에 셋째, 셋째가 늦게야 저 군대 갔다 오고 늦게야 장가를 갔는데 걔가 아들만 형제야.

– 아들만 형제인데 얘가 운수사업을, 이 저저 거시기 차를 끌고 다니면서 에 택배차를 끌었어.

– 그런데 여기 대전 이 신도안에 사는데 거기에서 그 택배차 끄는 사, 그 차를 가지고 천안이 원 회사인데 천안에서 물건이 들어오면 싣고서 언제든지 울산을 갔다 울산을 다녀 얘가.

- 울싼 가따가 오먼 와:설랑언 와 오다 드르닝깨 그 처난 와서 드르닝깨 그: 칭구 아:부지가 주거써.

- 아부지가 주거따구 인재 드르잉깨 거기부틈[110] 가 인재 지빌 아노구서 거기부틈 강 거여.

- 거: 가서 문상아구 나와설랑은 쪼끔 안자떠이만 인재 구데:, 무데기무데기 안저서 화토치구 모두 이러카구 노:넌대 거: 가서 디다보구[111] 이떠라능 기여.

- 근대 거기 디다보구 이써두 상:재넌[112] 알지만 딴 사라믄 하나두 모르넌 사람 아냐 디다보넌 봐:찌만, 근대 거그서 안저 디다보더이마넌 실그만치 드룬:누떠라능 기여.

- 그래서 드룬눈넌대 머여: 쪼꼬미따 일라더이마넌[113] 바눌 줌 달라구라드라능 기여.

- 그애 왜 그르카냐 그래이깨 아 바늘 줌 달라구...

- 바느럴 주이깨 제 발꼬라걸 막: 이 송꾸락 끄태미하구[114] 막: 바늘루 찔르드라능[115] 기여.

- 그러더니 그양 노쿠서 그냥 그대루 씨러징 겨.

- 근디 인재 딴 사람더리 볼 쩌개는 칭구덜 거트머넌 '야 너 왜 그리야'[116] 하구 무러봐:찌만 전부 모르넝 거닝깨 그냥 자닝깨 자녕 건 줄만 알구, 두러눠썽깨 자녕 건 줄만 알구 내비두구[117] 그냥: 망: 거여.

- 나:중애 보닝깨 아닐라내. 보잉깨 주거써:.

- 그냥 그대루 주거따구.

- 그래설랑언 여 통지가 왇, 그러캐 통지가 와써.

- 아이 우짠 니리여, 그런대 오:디 아풍 거뚜 우:꾸 알껀두 움:넌대, 그 문상하구 나와설랑언 제:우 핸넌대 그냥 오죽 땁따패야 지:가 바늘 달라구 해서 막: 발꾸락 끄태미하구 송 끄태미하구 막: 바눌루 찔르드리야.

- 그애두 피가 안 나오더라넝 기여:.

- 울산 갔다가 오면, 와서는 와 오다가 들으니까 그 천안 와서 들으니까 그 친구 아버지가 죽었어.
- 아버지가 죽었다고 이제 들으니까 거기부터 가(서) 이제 집엘 안 오고서 거기부터 간 거야.
- 거기에 가서 문상하고 나와서 조금 앉았더니만 이제 ** 무더기 무더기 앉아서 화투를 치고 모두 이렇게 하고 노는데 거기에 가서 들여다보고 있더라는 거야.
- 그런데 거기 들여다보고 있어도 상제는 알지만 다른 사람은 하나도 모르는 사람 아니야 들여다보기는 봤지만, 그런데 거기에 앉아서 들여다보더니만 슬그머니 드러눕더라는 거야.
- 그래서 드러누웠는데 뭐야 조금 있다가 일어나더니마는 바늘 좀 달라고 그러더라는 거야.
- 그래 왜 그렇게 하느냐 그러니까 아 바늘 좀 달라고.
- 바늘을 주니까 제 발가락을 막 이 손가락 끄트머리하고 막 바늘로 찌르더라는 거야.
- 그러더니 그냥 놓고서 그냥 그대로 쓰러진 거야.
- 그런데 이제 다른 사람이 볼 적에는 친구들 같으면 '야 너 왜 그래' 하고 물어봤지만 전부 모르는 거니까 그냥 자니까 자는 것인 줄만 알고, 드러누웠으니까 자는 것인 줄만 알고 내버려두고 그냥 둔 거야.
- 나중에 보니까 안 일어나네. 보니까 죽었어.
- 그냥 그대로 죽었다고.
- 그래서 여기 통지가 왔(어), 그렇게 통지가 왔어.
- 아니 어찌된 일이야, 그런데 어디 아픈 것도 없고 앓은 것도 없는데, 그 문상하고 나와서 겨우 했는데 그냥 오죽 답답했어야 자기가 바늘을 달라고 해서 막 발가락 끄트머리하고 손 끄트머리하고 막 바늘로 찌르더래.
- 그래도 피가 안 나오더라는 거야.

— 그래 해설랑 그 여패서 본 사라미 피가 안 나오더라능 기여 막 찔러두.

— 그러더이 그냥 드러눕떠라능 기여. 그양 자넝 줄만 아러찌 누가 중년 질[118] 아런냐 이기여.

— 그기 칭구가 야:넌 사라미 이씨면, 어 너 야 안 되거따 야, 너 줌 빨리 병워내 가야거따 하구서 에 차: 불러서, 아 처난 시:내니깨 병워느루 가씨면 어떨란지[119] 모르넌대 그냥 내비둥 겨. 그냥 그대루 그대루 주굼 기여.

— 그래설랑언 통지가 완넌대 그에 난 가보두[120] 모:다구 인재 야:덜 크나덜 저 서우린넌 아:하구 여긴넌 아:더리 죽:캐서 머여 가서 보니깨 발쌔 인재 병워내 가따 이송시겨서 병워내 가따 유치해 놧넌대, 개 뭐 부거내, 부검 해 본다구 머 어짜구 한대...

— 할, 그렁 거 할 피료 우:꾸 그거 해: 봐야 아무 거뚜 아니구 할 피료 우꾸 그냥 바로 그냥 데리구 여여 옥천 여 장이사루 가따 가주구 와떠라고.

— 개 와설랑 그냥, 그냥 화장해서 그냥 납꼴당만 시방 거 저:기다 가따 매껴 놔찌.

— 그 인재 거긴 아:덜만 형제여.

— 그 시방 신도안 산다구:, 그 메누리하구 가 아:덜 둘: 데리구.

— 그 하나넌 중핵꾜 댕기고 하나넌 어: 초등핵꾜 유캉녀니구 그리여.

— 그 이 시방 크나덜 크나덜 손자넌 시방 대해꾜 댕기구:, 이 둘째 아더런 고등해꾜 저: 고등핵꾜 인재 사망년 조리팔 때가 돼:꾸.

— 그 인재 여:이 둘째 아:, 둘째 딸래 하나넌 이: 중구거럴, 중구거를 배우넌대 에 중국 유:학 가따 와찌.

— 그러카구 그 인재 고 미태는 인재 고등해꾜 나와 가주서 인재 더: 더: 해꾜 암 보내구, 그 지빈는 아:덜두 시방 하나 시방 크나는 여그 저: 대전 처 처 처:냥병워니여[121] 무슨 병워니여, 처 청냥병워니라구 하넌대 논산 이따넌대 시방 그 대해꾜 거기 드러가서 시방 댕긴다구.

- 그렇게 해서 그 옆에서 본 사람이 피가 안 나오더라는 거야 막 찔러도

- 그러더니 그냥 드러눕더라는 거야. 그냥 자는 줄만 알았지 누가 죽는 줄 알았느냐 이거야.

- 그게 친구가 아는 사람이 있으면, 어 너 야 안 되겠다 야, 너 좀 빨리 병원에 가야겠다 하고서 에 차를 불러서, 아 천안 시내니까 병원으로 갔으면 어떨는지 모르는데 그냥 내버려둔 거야. 그냥 그대로 그대로 죽은 거야.

- 그래서 통지가 왔는데 그래 난 가보지도 못 하고 이제 아들 큰아들 저 서울 있는 애하고 여기 있는 아들이 죽 해서 뭐야 가서 보니까 벌써 이제 병원에 갖다 이송시켜서 병원에 갖다가 안치해 놨는데, 그래 뭐 부검해 부검을 해 본다고 뭐 어쩌고 하는데...

- 할, 그런 것 할 필요 없고 그것 해 봐야 아무것도 아니고 할 필요 없고 그냥 바로 그냥 데리고 여기 여기 옥천 여기 장의사로 갖다 가지고 왔더라고.

- 그래 와서는 그냥, 그냥 화장해서 그냥 납골당에만 지금 거 저기에 다 갖다가 맡겨 놨지.

- 그 이제 거기는 아들만 형제야.

- 그래 지금 신도안 산다고, 그 며느리하고 걔 아들 둘 데리고.

- 그 하나는 중학교 다니고 하나는 에 초등학교 육학년이고 그래.

- 그 이 지금 큰아들 큰아들 손자는 지금 대학교 다니고, 이 둘째 아들은 고등학교 저 고등학교 이제 삼학년 졸업할 때가 되었고.

- 그 이제 여기 둘째 아이, 둘째 딸네 하나는 이 중국어를, 중국어를 배우는데 에 중국 유학 갔다가 왔지.

- 그리고 그 이제 그 밑에는 이제 고등학교 나와 가지고 이제 더 더 학교 안 보내고, 그 집에 있는 아이들도 지금 하나 지금 큰애는 여기 저 대전에 건 거 건양병원이야 무슨 병원이야, 건양병원이라고 하는데 논산 있다는데 지금 그 대학교 거기 들어가서 지금 다닌다고.

- 그르가구 인재 그 미태 인넌 아:넌 여기 고등해꾜 댕기고.
- 또 지비 에: 머시마 손자넌 옥천중해꾜 시방 사망녀니라구.

그개 며째 아드리예요, 지배: 계신 부니?

- 에?

지배 인는 부니 며째 아드리요?

- 그개 네:째요, 네:째.
- 세:째가 죽꼬.
- 그 인재 다섣째가 읻써:. 다서째 망내 망내가 인넌대 망내넌 지금 머여 살:기는 대전 사넌대 에: 저 시방 뭘: 하넌지 시방 어: 저 처난느루 댕긴디야 처나느루.
- 처나느루 머 이:라루 댕긴다 구리야.
- 그 이 머여 가:두 머리가 조:아썬넌대:, 참 공부 잘 해썬넌대 그만 친구더리 자::꾸 차자오넌 바라매 공부럴 그만 포:기해 뻬리구설랑언, 그 이:상하개 팔짼지 어짼지 몰라두.
- 지비다 놔:두닝깨 지비다 노쿠서 공, 여기 고등해꿀 댕기넌대 자::꾸 아:더리 차자와서 저거 공부도 모다구, 아:덜 또래미[122] 공부두 모다구 안 되거써.
- 그래 여그다 가따 하수걸 씨기따구:.
- 여그다 가따 방을 으더다 하수걸 시켜떠이만, 여그 와 하먼 저 혼차 공부할 티지 하구 핸넌대, 아: 이개 나중애 알구 보잉깨 잘 하는 줄 아런넌대 나중애 보잉깨 우리 지비 차자와떤 아:더리 그 학쌩더리 전:부 그리...
- 그 꿜: 찌비서 얘:길 하더라고.
- 어짼 학쌩더리 마::니 차자드러 온다구 마리여.
- 거그서 그만 공부 모당 기여.
- 그래가주설랑언 머여 대해꾜두 모:까구서 그냥 고등해꾜서 끈나구 마러따구.

- 그렇게 하고 이제 그 밑에 있는 아이는 여기 고등학교 다니고.
- 또 집에 에 머슴애 손자는 옥천중학교 지금 삼학년이라고.

그게 몇째 아들이에요, 집에 계신 분이?

- 예?

집에 있는 분이 몇째 아들이에요?

- 걔가 넷째예요, 넷째.
- 셋째가 죽고.
- 그 이제 다섯째가 있어. 다섯째 막내 막내가 있는데 막내는 지금 뭐야 살기는 대전에 사는데 에 저 지금 무엇을 하는지 지금 어 저 천안으로 다닌대 천안으로.
- 천안으로 뭐 일하러 다닌다고 그래.
- 그 이 뭐야 걔도 머리가 좋았었는데, 참 공부 잘 했었는데 그만 친구들이 자꾸 찾아오는 바람에 공부를 그만 포기해 버리고서, 그 이상하게 팔자인지 어쩐지 몰라도.
- 집에다 놔두니까 집에다 놓고 공(부), 여기 고등학교를 다니는데 자꾸 아이들이 찾아와서 저거 공부도 못 하고, 아이들 때문에 공부도 못 하고 안 되겠어.
- 그래서 여기에 갖다 하숙을 시켰다고.
- 여기에다 갖다 방을 얻어다 하숙을 시켰더니만, 여기에 와서 하면 저 혼자 공부할 테지 하고 했는데, 아 이것이게 나중에 알고 보니까 잘하는 줄 알았는데 나중에 보니까 우리 집에 찾아 왔던 아이들이 그 학생들이 전부 그리...
- 그 주인집에서 이야기를 하더라고.
- 어떤 학생들이 많이 찾아들어 온다고 말이야.
- 거기에서 그만 공부 못 한 거야.
- 그래가지고는 뭐야 대학교도 못 가고 그냥 고등학교에서 끝나고 말았다고.

- 그 인재 가:가 여: 거시기 주유소 쪼꼼 하다가: 또 주유소두 그이 안
될라이 주유소두 하다가설랑은 도:늘 쪼꿈 버러써:.

- 버러서 핸:년대 에: 저: 진:처닝가 어디루 가 가주구설랑언 주유솔
하년대, 그 주유소 하년 그 장소가 에: 나무[123] 주유솔 가서 인재 저 경영
핸년대 이개 지:가[124] 인재 차지해 하구서 하는대, 할라구[125] 하년대 이
개 보니깨 터가가 천: 메평인대 글로루[126] 도로가 나가더라넝 기여.

- 도로가 나가설랑 이 주유소가 헐리개 뒤야, 그릉개 여기서 떠나야
뒤야, 그른대 떠나서 인재 딴: 두로[127] 가두대.

- 주유소가 쪼고만 주유소넌 이 땡끄가[128] 땡끄가 마::너야 되넌대 지
름 땡끄가 마::너야 자:꾸 반년대:, 지름[129] 땡끄가 돈:, 거기서 이 지름
땡그가 얼마 안 되니깨 인재 지르면 자꾸 사야 되구 하잉깨.

- 지름 배달 해: 주넌 사람더리 이써, 지름 배달 해: 주넌 사람더리.

- 지름 배달 해: 주넌 사람더리, (사람)한티다가 그냥 돈: 생기넌 대루
그리 다: 줘써: 그냥.

- 인재 그름 하이간 그때 시새 시새 해서 가따 뭐: 돌라구[130] 하먼서
전포만 띠어 노쿠 도년 그 다: 중 기여.

- 이기 워:트개[131] 된느냐 하면 그 회:사가, 그 회:사가 망해 가주구서
마리지 야:만[132] 그 그르캐 됭 기, 그 그쪼그루 인는 그 메 깨 주유소럴
전:부 그개 거더 모아 가주구서 마리지.

- 메 메씨베기랴, 메씨벅 해: 가주서 그냥 도망얼 가 뻐리써.

- 워디가 미:구그루 가띠야. 그러니 도:니 한 푼두 웂씨니 할 쑤가 이써.

- 돈:, 지럼 가[133] 대준 노면 발쌔 도망가 뻐리구 도:넌 글로루 다 드
러가 뻐리구.

- 그 거기서 그냥 퐁: 망해 가주구서 나왇, 나와따고:.

- 그애 집뚜 팔구 시바[134] 나무 세:찌비 산다구.

- 그르 개 그르 그러 이: 사:회 다 나가 도러댕기먼 시방 우리나라넌

- 그 이제 걔가 이 거시기 주유소를 조금 하다가 또 주유소도 그 안 되니 주유소도 하다가는 돈을 조금 벌었어.
- 벌어서 했는데 에 저 진천인가 어디로 가서 주유소를 하는데, 그 주유소 하는 그 장소가 에 남의 주유소를 가서 이제 저 경영했는데 이것이 제가 이제 차지해 하고서 하는데, 하려고 하는데 이것이 보니까 터가 천 몇 평인데 그리로 도로가 나가더라는 거야.
- 도로가 나가서 이 주유소가 헐리게 돼, 그러니까 여기에서 떠나야 돼, 그런데 떠나서 이제 딴 데로 가야 돼.
- 주유소가 조그마한 주유소는 이 탱크가 탱크가 많아야 되는데 기름 탱크가 많아야 자꾸 받는데, 기름 탱크가 돈, 거기에서 이 기름 탱크가 얼마 안 되니까 이제 기름은 자꾸 사야 되고 하니까.
- 기름 배달을 해 주는 사람들이 있어, 기름 배달을 해 주는 사람들이.
- 기름 배달 해 주는 사람들이, (사람)한테다가 그냥 돈이 생기는 대로 그리 다 주었어 그냥.
- 이제 그러면 하여간 그때 시세 시세를 따져서 갖다 부어 달라고 하면서 전표만 떼어 놓고 돈은 그 다 준 거야.
- 이게 어떻게 되었느냐 하면 그 회사가, 그 회사가 망해 가지고서 말이지, 얘만 그 그렇게 된 게 (아니라) 그 그쪽으로 있는 그 몇 개 주유소를 전부 그렇게 걸어 모아 가지고서 말이지.
- 몇 몇십 억이래, 몇십 억 해 가지고 그냥 도망을 가 버렸어.
- 어디가 미국으로 갔대. 그러니 돈이 한 푼도 없으니 할 수가 있어.
- 돈, 기름 걔에게 대준 놈은 벌써 도망 가 버리고 돈은 그리로 다 들어가 버리고.
- 그래 거기에서 그냥 폭 망해 가지고서 나와, 나왔다고.
- 그래서 집도 팔고 지금 남의 셋집에 산다고.
- 그렇(게) 그래 그렇(게) 그렇게 이 사회에 나가서 돌아다니면 지금 우리나라는

그래 그러타구. 이르키[135] 소김수 또래미내[136] 모:싼다구. 깨:따카먼[137]
크:일 난다구.

— 찬:부[138] 우리나라넌 우리나라 싸라먼 자::꾸 나멀 쇠겨서만 어트개
든지 살:라구 하구:.

— 또 우리나라 싸라먼 또 외:국 싸람한탠 전:부 소가서 가서 머이든
가조 오구.

— 시방 중국써 시방 가주 온 물견두[139] 전:부 소가서 가따가서 암:짜
개두[140] 모:씨능 거 가따 해놔서 쓰두 모다구 쪼끔 가주구 이따가 내뻐리
구 내뻐리구 이르키 된다구.

— 게 이거시: 참: 문재라고.

— 그러먼 이: 우리나라가 평:생 이런 시기루만 살: 꺼시냐, 똑빠루 모:
싸러보구 이런 시기루만 살: 꺼시냐. 항:시 난 이 내 걱쩡이여.

— 일번 싸람거치 착착 아주 차근차근 아주 순:서 이깨 사러나가야 되
구, 모가 가치 이깨 사라나가야 되넌대.

— 그개 아니구서 그냥 질팡갈팡 남 쇠기구 막 이르캐 살:다가 주그먼
고마이구. 기양 이르캐 산:다구.

— 그르먼 전:채 우리나라 궁미니 전:패[141] 그런 시기라구.

— 근대 그르캐두 살:구 저러캐두 사:넝 거지만 그르나 사회라넝 개 일
개 가정두 간중간중해:[142] 가주 잘:: 다도꺼려서 사넌 사라미 해:서 펴나
가고 질팡갈팡 술먹꼬 노리마고 막 이르캐서 어디 가서 나무 돈 이 딱,
따기두 하구 훔치기두 하구 해서 살:구 하넌 사람두 그냥 하기넌 하넝 개
지만 그르치만 사:람 노르선 모다넝 거 아니여.

— 그래 우리나라 사라미 전부 시방 그런 시기루 살:구 이따고.

— 자: 그래 이개 원:재꺼지 이르캐 살: 꺼시냐, 나넌 이 내 생개기 그리여.

— 에: 저런 마라자먼 정치인덜 좀 그: 메시[143] 안자서 더러 그 정치:토
로니나 이렁 거 하는대 그런대 좀 함 번 챙견해 봐씸 조커따고.

그래 그렇다고. 이렇게 속임수 때문에 못 산다고. 까딱하면 큰일 난다고.

― 전부 우리나라는 우리나라 사람은 자꾸 남을 속여서만 어떻게든지 살려고 하고.

― 또 우리나라 사람은 또 외국 사람한테는 전부 속아서 가서 무엇이든 가져 오고.

― 지금 중국에서 지금 가져 온 물건도 전부 속아서 갖다가 아무짝에도 못 쓰는 것을 갖다 해놔서 쓰지도 못 하고 조금 가지고 있다가 내버리고 내버리고 이렇게 된다고.

― 그래 이것이 참 문제라고.

― 그러면 이 우리나라가 평생 이런 식으로만 살 것이냐, 똑바로 못 살아보고 이런 식으로만 살 것이냐. 항상 난 이것이 내 걱정이야.

― 일본 사람같이 착착 아주 차근차근 아주 순서 있게 살아나가야 되고, 뭐가 가치 있게 살아나가야 되는데.

― 그게 아니고 그냥 갈팡질팡 남을 속이고 막 이렇게 살다가 죽으면 그만이고. 그냥 이렇게 산다고.

― 그러면 전체 우리나라 국민이 전부 그런 식이라고.

― 그런데 그렇게도 살고 저렇게도 사는 것이지만 그러나 사회라는 것이 일개 가정도 가지런하게 해 가지고 잘 다독여서 사는 사람이 해서 펴나가고 갈팡질팡 술 먹고 노름하고 막 이렇게 해서 어디 가서 남의 돈 따, 따기도 하고 훔치기도 하고 해서 살고 하는 사람도 그냥 하기는 하는 거지만, 그렇지만 사람 노릇은 못 하는 것 아니야.

― 그래 우리나라 사람이 전부 지금 그런 식으로 살고 있다고.

― 자 그래 이게 언제까지 이렇게 살 것이냐, 나는 이 내 생각이 그래.

― 에 저런 말하자면 정치인들 좀 그 몇이 앉아서 더러 그 정치토론이나 이런 것 하는 데 그런 데 좀 한 번 참견해 봤으면 좋겠다고.

- 갸:설랑언 좀 그런 얘기 줌 해구 접따구.

- 정치 개혁걸 해 가주구설랑언 완:저니 우리나라 이: 정치 이뻐비 이거 정치가 아니여 정치럴 할 찌럴144) 몰르구145) 이써:.

- 정치가 뭔:지두 몰르구.

- 그런대 일:번 싸람들마냥 고러캐 옌:나래 하던 식 고대:루 차자서 차개차개 해 나가야 사:라미 점부 되구, 에: 인간썽이 조와지넌대: 우리나라 싸라먼 인간썽이 아:주 말두 모디야.

- 참말루 눈 읍씨먼 코 벼146) 가.

- 정신 똑빠루 차려야 살:지 으썰피 하면 나만태 전:부 소가만 사녕 기여.

- 그르이깨 그러치 또 통채저그루147) 봐선 우리나라 싸람 전부 외국 싸라만태 자꾸 소가만 살지.

- 일번써 일번늠, 일번 싸람한탠 또 얼매나 소가 사라.

- 일번 싸람한태 이: 우, 테래비서뚜 보구 더러 더러 보먼 마리여, 그 일번써 그저내 그 무슨 도라무깡애다148) 암:짜개두 모씨넝 거 해 가이서 수:백 깨 가따가설랑언 에: 그뚜 수이패 와따구 해다 암:짜개두 모씨넝 거다: 내비리짜나.

- 지금 중구개서 가저 오녕 개 다: 그러타구 시방.

- 시방 자정거 거틍 거 시방 그 우리나라깬 주 알:구 나서는 난 할 쑤 읍씨 인재 그 오도바인 모타구 해서 자중거애149) 충전시켜설랑언 하는 개 뿌탕 개150) 이따고.

- 그걸 하나 사따구 육씸마눤 주구.

- 아: 이누무 걸 산넌대 첩뼈내넌 우:리 동내가 여:가 팔 키로여, 옥천서 우:리 동내가 여기가 팔 키론대 여그 와따 가따 해따고.

- 그런대 아이 쪼끔 이씨, 쪼꿈 타잉깨 메 뻔 타잉깨 마리여 전다벌 모까:, 여길 모돠.

- 여기를 와따가 여기 오머는 끌:구 가야 햐.151)

- 가서 좀 그런 얘기 좀 하고 싶다고.
- 정치개혁을 해 가지고 완전히 우리나라 이 정치 입법이 이거 정치가 아니야 정치를 할 줄을 모르고 있어.
- 정치가 무엇인지도 모르고.
- 그런데 일본 사람들처럼 고렇게 옛날에 하던 식 고대로 찾아서 차근차근 해 나가야 사람이 전부 되고 에 인간성이 좋아지는데 우리나라 사람은 인간성이 아주 말도 못 해.
- 정말로 눈 없으면 코 베어 가.
- 정신 똑바로 차려야 살지 어설프게 하면 남한테 전부 속아만 사는 거야.
- 그러니까 그렇지 또 총체적으로 봐서는 우리나라 사람 전부 외국 사람한테 자꾸 속아만 살지.
- 일본에서 일본 놈, 일본 사람한테는 또 얼마나 속아 살아.
- 일본 사람한테 이 우, 텔레비전에서도 보고 더러 더러 보면 말이야, 그 일본에서 그전에 그 무슨 드럼통에다 아무짝에도 못 쓰는 것 해 가지고 수백 개 갖다가 에 그것도 수입해 왔다고 하다가 아무짝에도 못 쓰는 것 다 내버렸잖아.
- 지금 중국에서 가져 오는 것이 다 그렇다고 지금.
- 지금 자전거 같은 거 지금 그 우리나라 것인 줄 알고 나서는 난 할 수 없이 이제 그 오토바이는 못 타고 해서 자전거에 충전시켜서 하는 가벼운 것이 있다고.
- 그것을 하나 샀다고 육십 만원 주고.
- 아 이놈의 것을 샀는데 첫 번에는 우리 동네가 여기가 팔 킬로미터야, 옥천에서 우리 동네가 팔 킬로미터인데 여기를 왔다 갔다 했다고.
- 그런데 아니 조금 있으(니까), 조금 타니까 몇 번 타니까 말이야 전답에 못 가, 여기를 못 와.
- 여기를 왔다가 여기에 오면 끌고 가야 해.

- 그르키 안돼52) 이기, 그래 좀 곤칠라구 좀 이기 맨든 회:살 차질라
구 해서 어디든지 내가 차자 갈라 그러능 기여. 차자 갈라구 핸넌대 찬,
움:써 회:사가.

- 개 대전 가설랑 전:부 도러댕기며 보잉깨 항 군대 보잉깨 그개 마:
니 인넌대 무러보잉깨 그기 중국써 가저옹 거리야.

- 그래서 우리 동네, 우리나라애서 맨드능153) 개 아니구 중국써 가저
옹 기라나설랑은154) 부:속뚜 모:싸구 모:꼬친다능 기여.

- 그러면 그래 이거 타두 아나구 돈:만 마이 주구 타두 모다구 그냥
내:떤지야 되자나.

- 그래 이러니 그래, 이: 외:국 싸라만태 소가 가주구 항:국 싸람 제나
라 싸람한태 쇠겨서 파라 가주구 끄태 가서 중넝 거는 우리 서민측배깨
웁짜느냐.

- 참: 한심하다고.

- 그런대 또: 함 버넌 저 청주 에: 시각, 내가 시각짱애 이 눈이 이래
서 시각짱애: 사:그비여.

- 그런대 거길 또 함 번 가자구 해서 간넌대: 그: 시각짱애 그 회:장이
가자구 해서 간넌대.

- 거기 가잉깨 시각짱애덜만 마:니 완넌대: 거기 기념푸무루다가서 몽:
가 요망크망 걸 하나끔155) 죽: 쭈구 지팽이 하나끔 주구 그라드라구.

- 근대 몽:가 이르캐 생견는대 조와 뵈여. 이개 뭔:지 알 쑤가, 아무
리 봐두 알: 쑤가 업써. 이리 뜨더 봐두 몰르구 저르캐 뜨더 봐두 몰:란
는대: 인재 지비 가주구 와서 아:더를 뵈이니깨 그개 뭐:라구 가저완느
냐 그리야.

- 개 아이 그냥 조:서156) 가주와따구 그러니깨, 그거 중국싸닌대 그
저 춤추넌 사람덜 여기다 꼬꾸서루 춤추면 멥 뽀 뛰넝 거 여기 나오넝 거
그거라넝 기여.

- 그렇게 안 돼 이게, 그래서 좀 고치려고 좀 이것을 만든 회사를 찾으려고 해서 어디든지 내가 찾아 가려고 그러는 거야. 찾아 가려고 했는데 찾, 없어 회사가.

- 그래 대전에 가서 전부 돌아다니며 보니까 한 군데 보니까 그게 많이 있는데 물어 보니까 그것이 중국에서 가져온 거래.

- 그래서 우리 동네, 우리나라에서 만드는 게 아니고 중국에서 가져온 것이라서 부속도 못 사고 못 고친다는 거야.

- 그러면 그래 이것을 타지도 않고 돈만 많이 주고 타지도 못 하고 그냥 내던져야 되잖아.

- 그래 이러니 그래, 이 외국 사람한테 속아 가지고 한국사람 제 나라 사람한테 속여서 팔아 가지고 끝에 가서 죽는 것은 우리 서민층밖에 없지 않느냐.

- 참 한심하다고.

- 그런데 또 한 번은 저 청주 에 시각, 내가 시각장애 이 눈이 이래서 시각장애 4급이야.

- 그런데 거기엘 또 한 번 가자고 해서 갔는데, 그 시각장애 그 회장이 가자고 해서 갔는데.

- 거기에 가니까 시각장애인들만 많이 왔는데 거기 기념품으로 무엇인가 요만큼한 것을 하나씩 죽 주고 지팡이 하나씩 주고 그러더라고.

- 그런데 뭔가 이렇게 생겼는데 좋아 보여. 이것이 뭔지 알 수가, 아무리 봐도 알 수가 없어. 이리 뜯어 봐도 모르고 저렇게 뜯어 봐도 몰랐는데 이제 집에 가지고 와서 아들에게 보이니까 그게 뭐라고 가져왔느냐고 그래.

- 그래 아니 그냥 줘서 가져왔다고 그러니까, 그거 중국산인데 그 저 춤추는 사람들 여기에다 꽂고 춤을 추면 몇 보 뛰었는지 여기 나오는 거 그거라는 거야.

- 그르니 그개, 그기 우리가 무슨 피료가 이써 그개.

- 멘 뽀 하:두 저 춤추넌 사라미 해:전157) 뛰먼 멘 뽀 멘 만 보럴 띠연 너냐 하넝 거 여기 그거 거기 나온다넝 기여.

- 그르니 그렁 거시 인재 우리나라애서넌 비싸닝깨: 중구개 가 보잉깨 그거 멩:칭이158) 맨드라 노쿠 암 파닝깨 우리나라 사라만태 쇠겨서넝깅 겨.159)

- 기리 이늠, 이너멀 가따 그냥 전바라곤 선:물루 주더라고.

- 그 뭔:지두 몰르구 그냥 바더 가주 와서 그르이깨 그거여.

- 개 이, 그래 이:러캐 소그니 외:국 사라만태 이러캐 소그니 끄태 가서 중넝 건 우리 서민츠기다.

- 이기, 이거뚜 돈: 주구 파라쓸 꺼 아니냐 이기여.

- 어 우리 그때 장애이니라구 그냥 줘:찌만 이기 돈: 주, 돈: 주구 사간 사라먼 허꺼 아니냐 이기여.

- 그래: 살:....

언재 누니 나빠지셔써요?

- 내가 이거 어: 이르칸 지가 한 한 육칠 런 되:써요.

- 근대:.

다치셔써요?

- 어:, 어이 그저:내 내가 여 함 번 저: 거시기 찔린 디가 이써꺼덩.

- 수수때이루160) 폭: 찔린 디가 이써. 폭: 찔려 가주서 누니 두 동가리가161) 나써써.

- 두 동가리 난:넌대 이르키 바라보머넌 저 물채가 두: 개로 뵈여. 이기, 이기 두: 개루 갈라 뵈여 갈라짜너.

- 근대 이거럴 곤천넌대:162) 에: 병워내 대니머 곤천넌대: 인재 근 팬차넌넌대 나:중애 우째 이르캐 모미, 누니 이르캐 아푸기 시자카더이만 응::163) 안 나사.164)

- 그러니 그게, 그게 우리에게 무슨 필요가 있어 그게.

- 몇 보 하도 저 춤추는 사람이 하루 종일 뛰면 몇 보 몇 만 보를 뛰었느냐 하는 것이 여기에 그게 거기에 나온다는 거야.

- 그러니 그런 것이 이제 우리나라에서는 비싸니까 중국에 가 보니까 그것을 엄청나게 만들어 놓고 안 팔리니까 우리나라 사람한테 속여서 넘긴 거야.

- 그래 이놈, 이놈을 갖다가 그냥 전부 선물로 주더라고.

- 그 무엇인지도 모르고 그냥 받아 가지고 와서 보니까 그거야.

- 그래 이, 그래 이렇게 속으니 외국 사람한테 이렇게 속으니 끝에 가서 죽는 것은 우리 서민측이다.

- 이것, 이것도 돈 받고 팔았을 것 아니냐 이거야.

- 에 우리는 그때 장애인이라고 그냥 주었지만 이게 돈 주(고), 돈 주고 사간 사람은 헛것 아니냐 이거야.

- 그래 살...

언제 눈이 나빠지셨어요?

- 내가 이거 에 이렇게 된 지가 한, 한 육칠 년 되었어요.

- 그런데.

다치셨어요?

- 어, 에 그전에 내가 여기에 한 번 저 거시기 찔린 데가 있었거든.

- 수숫대로 폭 찔린 데가 있어. 폭 찔려 가지고 눈이 두 동강이 났어.

- 두 동강이 났는데 이렇게 바라보면 저 물체가 두 개로 보여. 이게 이게 두 개로 갈라져 보여 갈라졌잖아.

- 그런데 이것을 고쳤는데 에 병원에 다니면서 고쳤는데 이제 그것은 괜찮았는데 나중에 어째 이렇게 몸이, 눈이 이렇게 아프기 시작하더니 영 안 나아.

― 개 대전 대학뻥워내 가설랑언 한 이: 주일 간 거기서루 이뷔나라 구래서 이번해:서 이: 주일 간 치료럴 해: 보더이마넌 안 된다넝 기여.

― 안돼:, 아파 죽꺼써.

― 근대 내가 인재 나중애 아니 아파 죽꺼씨니 이개 아파 죽꺼씨니 안 아푸개나 줌 해 도라[165] 그라잉깨 안 아푸개 하넝 거슨 인재 수술배끼 웁따능 기여.

― 아 수수리래두 해 줘, 그러먼 완저이 실명된다넝 기여.

― 아 실명되두 나 아파 죽꺼씨니 어트갸. 그래 이걸 머여 그냥 머여 참뜬 모다자나.

― 그러니깨 그럼 수수리래두 하자. 이르개서 수술 해:따구.

― 핸:는대 완저니 그 인재 수술 하니깨루 그 마라자먼 동공 거기럴 수술 하닝깨 거기예 고르미 재퍼써.[166]

― 개 그누미, 그눔 빼 내, 그눔 빼 내구 이걸 하닝깨 완저니 실명이 대뻐리능 기여.

― 개 아프던 아나드라구, 그래 그질루 나싱 겨.

― 그 아픙 건 아나지만 완저니 실명됭 기여 이게.

― 예, 그르기 돼써요.

- 그래 대전 대학병원에 가서 한 이 주일 간 거기에서 입원하라고 해서, 입원해서 이 주일 간 치료를 해 보더니만 안 된다는 거야.

- 안 돼, 아파 죽겠어.

- 그런데 내가 이제 나중에 '아니 아파 죽겠으니 이것이 아파 죽겠으니 안 아프게나 좀 해 달라' 그러니까 안 아프게 하는 것은 이제 수술밖에 없다는 거야.

- 아 수술이라도 해 줘, 그럼 완전히 실명된다는 거야.

- 아 실명이 되어도 내가 아파 죽겠으니 어떻게 해. 그래 이것을 뭐야 그냥 뭐야 참지는 못 하잖아.

- 그러니까 그러면 수술이라도 하자. 이렇게 해서 수술을 했다고.

- 했는데 완전히 그 이제 수술을 하니까 그 말하자면 동공 거기를 수술 하니까 거기에 고름이 잡혔어.

- 그래 그놈이, 그놈을 빼 내고, 그놈을 빼 내고 이것을 하니까 완전히 실명이 되어 버리는 거야.

- 그래 아프지는 안하더라고, 그래 그 길로 나은 거야.

- 아프지는 않지만 완전히 실명이 된 거야 이게.

- 예, 그렇게 됐어요.

2.5 군대 생활

군대는 어트개 하셔써요?

- 어?

군대.

- 우: 우리나라 군대:?

아니 머 전채. 예.

- 우리나라 군대:는 인재 해방된 후에, 에: 내가 여라옵 쌀 먹, 아이 스무라옵 쌀 머거서 군밸 가써요.

느깨 가션네요.

- 아:주 느깨 가찌요.

- 에:, 우리 우리: 우리: 후:루눈 나이 머근 사람 앙 가따고, 우리가 마지막 가따고.

- 근대 그건 내가, 군대: 가 가주구서루 논산 백씹, 저 논산 홀:련소애서 홀:려널 바다따고.

- 그 홀:련 바꾸설랑은 어: 트꽈:167) 구니해꾜럴 어 거시기를 바다따고.

- 인재 그 인재 이:중으로 인재 그때 인재 홀:련 반는 중인대, 그 인재 구니해꾜 마:산 구니해꾜루 가따구.

면년: 하셔써요? 그럼.

- 으? 그래서 어:.

- 으아 연쑤로넌 오:년 가난대 개월 쑤넌 꼭 오:십 깨워럴 해따고.

근무는 어디서 해써요, 논산서 훌련바꼬?

- 예, 논산서 훌련 바꼬 에: 마:산 구니해꾜 가 가주구 에: 거기서루 인재 조리파구설랑언 에: 수도상황168) 수도사다느루 명녕이 나넌대 한::참 즌:쟁169) 할 때라고.

군대는 어떻게 하셨어요?

- 응?

군대.

- 우 우리나라 군대?

아니 뭐 전체. 예.

- 우리나라 군대는 이제 해방된 후에, 아 내가 열아홉 살 먹…, 아니 스물아홉 살 먹어서 군대를 갔어요.

늦게 가셨네요.

- 아주 늦게 갔지요.

- 에, 우리 우리 우리 후로는 나이 먹은 사람은 안 갔다고, 우리가 마지막으로 갔다고.

- 그런데 그것은 내가, 군대 가 가지고서 논산 백십, 저 논산 훈련소에서 훈련을 받았다고.

- 그 훈련 받고서는 에 특과 군의학교를 에 거시기를 받았다고.

- 이제 그 이제 이중으로 이제 그때 이제 훈련 받는 중인데, 그 이제 군의학교 마산 군의학교로 갔다고.

몇 년 하셨어요? 그러면.

- 응? 그래서 어:.

- 아 연수로는 오 년 간인데 개월 수로는 꼭 오십 개월을 했다고.

근무는 어디에서 하셨어요, 논산에서 훈련 받고?

- 예, 논산에서 훈련 받고 에 마산 군의학교 가 가지고 에 거기에서 이제 졸업하고서는 에 수도사단 수도사단으로 명령이 나는데 한창 전쟁 할 때라고.

- 한::참 휘전 무러비라고.
- 그언대 어: 강언도 춘처느루 올라간넌대 춘천 가설랑은 인재 이 하:
루 쩌녁 자넌대 그날 쩌녀개 내가 병:이 나따고.
- 그날 왜 병이 난녀냐하면 에: 그날 저 여기서 올라가니까 해가 쪼끔
나만넌대 미:군부대예서 사:익뻥 나오라고 해설랑은 거길 나가딴 마리여.
- 나간는대 보니깨 천:부170) 무기거 뿌서진 거설 가따 그 창고예다가
서171) 싼넌대, 그 창고가 머냐 하먼 천:부 함세기여.172)
- 이 벼름빠기구173) 천장이구 전::부 함서긴대, 파뤌 따래 최::고 뜨거
울 땐대:.
- 드러싱깨174) 불떵어리 쏘:개 드러가넝 거 거터.
- 개 미:구니 고 무나캐175) 안자설랑 큰:: 에: 선풍기럴 돌리구서 미구넌
그거 안자꾸, 인재 그 아:내 드러가서 우리넌 자접, 그누멀 싼:넝 기여.176)
- 큰대 이냥 따:미 말::두 모다개 막: 흘르넌대,177) 나오니깨 머여 무
리 켜서178) 모쩐디거써, 무리 먹꾸 저버.
- 그래 무럴 자꾸 머거바야179) 자::꾸 갈쫑이 나.
- 그래서 할 수 움씨 인재 에: 해가 인재 다: 되설랑언180) 에: 우리 원
부대 춘천 인재 보충대 그리 인재 대도라오넌대 거그 와서 저녀글, 저녕
머글 때가 된는대 거그 완넌대 인재 머 저녀기구 머구 상181) 모:기 타구
소:기 다라서 모쩐디거써.
- 그래서 할 쑤 움씨 주벙애 가서루 에: 그 때 술, 그 때마내두 술 머
글 때거덩. 수럴 이: 홉182) 짜리 함 병을 사설랑은 머거따구.
- 그누멀 머긍깨 갈쫑이 가라안자.
- 갈쫑이 가란넌대 올라갈 쩌개 올라갈, 우리가 부산써 저: 거 춘천꺼
지 가넌대 이 차: 아:내설랑은, 그때마내두 이런 곱빼차지183) 이런 객차가
업써따구.
- 곱, 차: 아:내서 곱빼차루 이틀 사흐를 가따구.

- 한창 휴전 무렵이라고.

- 그런데 에 강원도 춘천으로 올라갔는데 춘천에 가서는 이제 이 하루 저녁을 자는데 그날 저녁에 내가 병이 났다고.

- 그날 왜 병이 났느냐하면 에 그날 저 여기에서 올라가니까 해가 조금 남았는데 미군 부대에서 사역병 나오라고 해서 거기에 나갔단 말이야.

- 나갔는데 보니까 전부 무기가 부서진 것을 갖다가 그 창고에다 쌓았는데, 그 창고가 뭐냐 하면 전부 함석이야.

- 그 벽이고 천장이고 전부 함석인데, 팔월 달에 최고 뜨거울 때인데.

- 들어서니까 불덩어리 속에 들어가는 것 같아.

- 그래 미군이 고 문 앞에 앉아서는 큰 에 선풍기를 돌리고서 미군은 거기에 앉아 있고, 이제 그 안에 들어가서 우리는 작업, 그놈을 쌓는 거야.

- 그런데 그냥 땀이 말도 못하게 막 흐르는데, 나오니까 뭐야 물이 켜서 못 견디겠어, 물이 먹고 싶어.

- 그래 물을 자꾸 먹어봐도 자꾸 갈증이 나.

- 그래서 할 수 없이 이제 에 해가 이제 다 되어서 에 우리 원 부대 춘천 이제 보충대 그리로 이제 되돌아오는데 거기 와서 저녁을, 저녁 먹을 때가 됐는데 거기 왔는데 이제 뭐 저녁이고 뭐고 삭 목이 타고 속이 달아서 못 견디겠어.

- 그래서 할 수 없이 주방에 가서 에 그때 술, 그때만 해도 술 먹을 때거든. 술을 이 홉 짜리 한 병을 사서 먹었다고.

- 그놈을 먹으니까 갈증이 가라앉아.

- 갈증이 가라앉는데 올라갈 적에 올라갈, 우리가 부산에서 저 거기 춘천까지 가는데 이 차 안에서는, 그때만 해도 이런 화물차지 이런 객차가 없었다고.

- 곱, 차 안에서 화물차로 이틀 사흘을 갔다고.

- 그르캐 교통이 나빠써.

- 사:흐럴 가서 거기 가서 떠러전넌대 사:흘 똥아내 바비라넝 건 몸:머꼬, 가넌 올라가넌대 바비라넝 건 웁써꼬.

- 가 싸른 가주 가찌만 어디가 밥 해 머글 때가 웁써, 거 저 인:솔짜가 싸런 가주 가서 어디 가서 바벌 해: 주야 되넌대, 해: 머글 때가 웁쓰닝깨 그냥 내바치 가면서 감빵만184) 함: 봉씩 줘:따고, 하루.

- 그 인재 거 순:저이 멍능다능 감빵배끼 암 머궁 거여.

- 그거 인재 돈: 인넌 사람더런 중간: 중가내 가서 역쩌내 스:며넌, 거 그서 에: 인저 이동 주보:더란태185) 가서 떡뚜 사 먹꾸 해찌만 도:눕는 사라믄 그거뚜 모:대따구.

- 우린 도:니 웁써서 그렁 거뚜 모:대따고.

- 그래 거 가설랑언 그 감빵만 머꾸 난 대다가설랑186) 그 무:럴 자::꾸 켜찌 수럴 머거찌 이라니깨 그날 바매 자넌대 소:기 헐리기187) 시자카넌대 막: 끄냥 내리 쏘다따고.

- 소:개서 막: 내리 쏟떠라고.

- 그래 머 첩뻐내넌 화장시래 가찌만 나중애 자::꾸 쏘다지는대는 화장실두 모까구 그냥 거 복또예 끄냥...

- 왜 여꺼지 침:대 이르캐, 침:대 치 아:무대래두 무리 찔겅찔겅188) 나넌데두 그냥 침:대 치구선 호리가다189) 파: 언구서 거그따가 자리때기190) 깔구서 담:뇨 깔구 그냥 자거던.

- 그런대 고:기서 일라서191) 그냥 고기 내려스설랑언 그 복또애다가설랑 그냥 그냥 싸:찌, 나갈 쌔가 업써따고.

- 그 양:짜기 문 저: 거 보초가 서따고.

- 나가들192) 모디야,193) 나갈 쌔 웁씨 막 싸:넝 거여, 그양 거그다 싸:찌.

- 거: 나중애 어트개 겨: 나가구 인재 자꾸 겨: 나가구 이러캐서 바까태 간 인넌대, 그때 바매넌 몰라찌만 머:가 자::꾸 이르캐 흘러나올치가,

- 그렇게 교통이 나빴어.

- 사흘을 가서 거기에 가서 떨어졌는데 사흘 동안에 밥이라는 것은 못 먹고, 가는(데) 올라가는데 밥이라는 것은 없었고.

- 쌀은 가지고 갔지만 어디에 가서 밥을 해 먹을 데가 없어, 그 저 인솔자가 쌀은 가지고 가서 어디에 가서 밥을 해 줘야 되는데, 해 먹을 데가 없으니까 그냥 내쳐 가면서 건빵만 한 봉지씩 줬다고, 하루에.

- 그 이제 그 순전히 먹는다는 것이 건빵밖에 안 먹은 거야.

- 그거 이제 돈 있는 사람들은 중간 중간에 가서 역전에 서면, 거기에서 에 이제 이동 주모들한테 가서 떡도 사 먹고 했지만 돈 없는 사람은 그것도 못 했다고.

- 우리는 돈이 없어서 그런 것도 못 했다고.

- 그래 거기에 가서는 그 건빵만 먹고 난 데에다가 그 물을 자꾸 켰지 술을 먹었지 이러니까 그날 밤에 자는데 속이 훑이기 시작하는데 막 그냥 내리쏟았다고.

- 속에서 막 내리쏟더라고.

- 그래 뭐 첫 번에는 화장실에 갔지만 나중에 자꾸 쏟아지는 데는 화장실도 못 가고 그냥 그 복도에 그냥...

- 왜 여기까지 침대 이렇게, 침대 치 아무데라도 물이 질척질척 나는 데도 그냥 침대를 치고서 홈을 파 엎고서 자리때기 깔고 담요 깔고 그냥 자거든.

- 그런데 고기에서 일어나서 그냥 고기에 내려서서는 그 복도에다가 그냥 그냥 쌌지, 나갈 사이가 없었다고.

- 그 양쪽에 문 저 거기에 보초가 서 있다고.

- 나가지를 못 해, 나갈 사이가 없이 막 싸는 거야, 그냥 거기에다 쌌지.

- 그 나중에 어떻게 기어 나가고 이제 자꾸 기어 나가고 이렇게 해서 바깥에 가 있는데, 그때 밤에는 몰랐지만 뭐가 자꾸 이렇게 흘러나올 것

나올 끼 움:넌대, 인재 쏘들껀 다: 쏘던넌대 에: 그 이튼날 아치미 이르캐 나리 샌넌대 보니깨 천:부 피여.

– 창자가 막 흘려나오넝 기여, 그 뜨 뜨 흘려나오넝 기여.

– 천:부 피여.

– 하하:: 이개 그려, 대:벼널 발째[194] 어쩌역[195] 다: 쏘들 째[196] 다: 쏘:꾸 순저니 창자가 헐려 나오능 기여.

– 그냥: 가서 쪼마끔씩 쪼마끔씩 쏘다징개 보닝깨 천:두[197] 피라드라구.[198]

– 그러카구서넌[199] 겨: 드러와설랑은, 겨: 드러와서 드러눠는대 아치먼 인재 아침 먹꾸 출똥할 끼여, 인재 수도 사다느루 올라갈 끼여.

– 건대 아침:: 식싸럴 하넌대 나넌 일라두[200] 모다구 정시늘 이 아주 혼수상태예 드러가능 기여.

– 게 몰:란넌대 보잉깨 두러눠:넌대 밤 머그라구 하지. 바미 머 생각뚜 움꾸[201] 뵈이지두 앙쿠 핸넌대, 개 인재 가마::니 드르닝깨 이사람 여기 중넌다고 마리여, 에: 빨리 저 으:무대 소리하라구[202] 그라더라고.[203]

– 그랑깨 쪼꼼 이씽깨 으:무대서 엠부랜차가[204] 오드라구.

– 그러드니만 주서[205] 싱꾸 가서 야:전병워내 가서루, 저 야:전병워느루 후:송얼 댄:넌대, 거기 가닝깨 그: 그런 환자가 나 거튼 환자가 마::니 와써.

– 그 그 다: 올라가면서 다: 그르캐 다: 굴문 사람드리닝깨.

– 건대 완:넌대 거:개가 다: 죽떠라고, 나 한: 호시래 인넌대.

– 머여 거:개가 다: 중넌대 나넌 가마::이 생가걸 하잉깨 거기서 인재 닝개를[206] 놔: 주닝깨 쪼꼼 정시넌 도러나넌대 이: 대벼넌 안 멈춰, 끄치덜[207] 안 히야.

– 그 야걸 주기넌 줄 낀대 야걸 안 줘.

– 그래설랑언 에: 가마이[208] 생가걸 하잉깨 무:럴 머그면 머 대반 직싸여, 물 머그면 죽꺼써.

이, 나올 것이 없는데, 이제 쏟을 것은 다 쏟았는데 에 그 이튿날 아침에 이렇게 날이 샜는데 보니까 전부 피야.

　－ 창자가 막 훑이어 나오는 거야, 그 뜨 뜨 훑이어 나오는 거야.

　－ 전부 피야.

　－ 아: 이게 그래, 대변을 벌써 어제 저녁에 다 쏟을 때 다 쏟고 순전히 창자가 훑이어 나오는 거야.

　－ 그냥 가서 조그만큼씩 조그만큼씩 쏟아진 것을 보니까 전부 피더라고 하더라고.

　－ 그렇게 하고는 기어 들어와서, 기어 들어와서 드러누웠는데 아침은 이제 아침 먹고 출동할 거야, 이제 수도 사단으로 올라갈 거야.

　－ 그런데 아침 식사를 하는데 나는 일어나지도 못 하고 정신을 이 아주 혼수상태에 들어가는 거야.

　－ 그래 몰랐는데 보니까 드러누웠는데 밥을 먹으라고 하지. 밥은 뭐 생각도 없고 보이지도 않고 했는데, 그래 이제 가만히 들으니까 이 사람 여기에서 죽는다고 말이야, 에 빨리 저 의무대 연락하라고 그러더라고.

　－ 그러니까 조금 있으니까 의무대에서 앰뷸런스가 오더라고.

　－ 그러더니만 주워 싣고 가서 야전병원에 가서, 저 야전병원으로 후송이 되었는데, 거기에 가니까 그 그런 환자가 나 같은 환자가 많이 왔어.

　－ 그 그 다 올라가면서 다 그렇게 다 곪은 사람들이니까.

　－ 그런데 왔는데 거개가 다 죽더라고, 나와 한 호실에 있는데.

　－ 뭐야 거개가 다 죽는데 나는 가만히 생각을 하니까 거기에서 이제 링거를 놔 주니까 조금 정신이 돌아나는데 이 대변은 안 멈춰, 그치지를 않아.

　－ 그 약을 주기는 줄 텐데 약을 안 줘.

　－ 그래서 에 가만히 생각을 하니까 물을 먹으면 뭐 대번에 즉사야, 물 먹으면 죽겠어.

- 게 침:대 이르캐 드러눠설랑언 전:부 보닝깨 무럴 달라가서209) 막
뻘떡뻘떵 멍년대 나넌 저걸 머그먼 중넌다, 이 생가글 하구설랑은 에: 그
무럴 암 머꾸설랑은 그 무래다가 손쑤거내다가서210) 추겨 가주211) 꼭::
짜 가주구서 그눔만 세빠다개다212) 대:구서 빠라따구.

- 어 무런 안 너머가자나. 그르닝깨 생명얼 유지해따고.

- 개213) 이재 사흘마내 또 구니과니 와서 진찰 하넌대, 에: 야걸 멍너
냐: 암멍냐 묻떠라고, 아 나 야걸 안 조, 안 조따구 닝개루만214) 만넌다구
하닝깨 대반 거기 담당 담당 기간뇨워널 불르드라구.215)

- 불러서 이사람 약 우:쟂느냐구,216) 이 사람 약 안 암 머거따넌대 어:
쟂너냐구 그라닝까 가주오라구.

- 그래니께 그: 중산데:, 인재 구니과니 그라잉깨 야걸 가주오드
라구.

- 가주완는대 그때 오:려마이싱이라구,217) 미구개서 나완 눔 오:려마
이싱이 참:: 조:와.

- 근대 그개 열뚜 개:럴 가따 주더라고.

- 근대 워낭 그거시 열뚜 개가 아이라 에: 원 수:짜넌 에: 사밀 겨
늘218) 떼:씽개 그개 아마 한: 여라오 깨나 메 깨 거이 될 끼여. 근대 열뚜
개럴 가따주넌대.

- 그누멀 대:번 인재 그 머 쪼꼼씩 신죽219) 꺼틍 거 쪼꼼씩 느는대 머
그누멀 머그닝깨 대반 하나 머그닝깨 바람 씨::개220) 불다 바람 자녕 거
마냥 소:기 잔:자나개 착:: 까라안녕 거시 배가 아풍 개 그거시 움써지머
서 착:: 까라안자.

- 그래 두: 번 머그잉깨 완:저니 살거써. 인재 누니 뜨구 해써. 그래서
인재 머여 나와 도러댕기기두 하구 이러캐따구.

- 거그서 인재 그누멀 서너 번 머그잉깨 완:저니 다: 나서.

- 개 마이싱이 그개 인재 에: 열뚜 갤 주넌대 미깨가 나마따구.

- 그래서 침대에 이렇게 드러누워서 전부 보니까 물을 달라고 해서 막 벌떡벌떡 먹는데 나는 저것을 먹으면 죽는다, 이 생각을 하고서 에 그 물을 안 먹고서는 그 물에다가 손수건을 축여 가지고 꼭 짜 가지고서 그놈만 혓바닥에다 대고 빨았다고.

- 에 물은 안 넘어가잖아. 그러니까 생명을 유지했다고.

- 그래 이제 사흘 만에 또 군의관이 와서 진찰을 하는데, 아 약을 먹느냐 안 먹느냐 묻더라고, 아 나 약을 안 췄, 안 췄다고 링거만 맞는다고 하니까 대번에 거기 담당 담당 기관요원을 부르더라고.

- 불러서 이 사람 약 어쨌느냐고, 이 사람 약 안 안 먹었는데 어쨌느냐고 그러니까 가져오라고.

- 그러니까 그 (사람이) 중사인데, 이제 군의관이 그러니까 약을 가져오더라고.

- 가져왔는데 그때 오려마이신이라고, 미국에서 나온 놈이 오려마이신이 참 좋아.

- 그런데 그것을 열두 개를 갖다 주더라고.

- 그런데 워낙 그것이 열두 개가 아니라 에 원래 숫자는 에 삼일 간을 떼었으니까 그게 아마 한 열아홉 개나 몇 개 거의 될 거야. 그런데 열두 개를 가져다주는데.

- 그놈을 대번에 이제 그 뭐 조금씩 흰죽 같은 것 조금씩 넣었는데 뭐 그놈을 먹으니까 대번에 하나 먹으니까 바람 세게 불다가 바람 자는 것처럼 속이 잔잔하게 착 가라앉는 것이 배가 아픈 게 그것이 없어지면서 착 가라앉아.

- 그래 두 번 먹으니까 완전히 살겠어. 이제 눈을 뜨고 했어. 그래서 이제 뭐야 나와서 돌아다니기도 하고 이렇게 했다고.

- 거기에서 이제 그놈을 서너 번 먹으니까 완전히 다 나아.

- 그래 마이신이 그게 이제 에 열두 개를 주었는데 몇 개가 남았다고.

- 이르:캐 존:221) 야건 내가 세:상애 츰: 봐씅깨 이거슨 내가 저 간수
하야거따222) 해 가주구, 그누멀 싸: 가주구서 빤쓰 끄내다가 해서 여그다
해서 가 대구 꾸매구 야주223) 댕겨따구.

- 마냐개 사::분자하믄 이걸 또 머그야 하그따 하능 생으.

- 근대: 뭐여 그거럴 가주 도러댕기잉깨 내가 해필 어: 마라자믄 거그
서 내 또 저 에: 퇴워널 시키넌, 퇴워 퇴워널 시키넝 개 아이라 워낙 사:
라미 쇠야캐저씅깨 육꾼병워느루 후:송얼 시키더라고.

- 그때 육꾼병워니 어:디 이쓴냐믄224) 여 오:냥 온처내 이써따고.

- 오:냥 온처내 백, 백꾸 유꾼다니여, 백꾸 유꾼병워느루 후:송얼 시키
넌대 거그 와서: 이씅깨 바::쌍 말라쓰잉깨, 하이간225) 명태마냥 말라쓰잉
깨 페:뼁으루 치그벌 해:뜨라구.

- 그래 가주설랑은 거그설랑은 에: 한 삼십 일 이씅깨 사리, 대번 모
매 해 배끼면서 사리 막 올라.

- 사리 이르캐 올라써.

- 사리 올란넌대 머여, 인자 에: 고그서 쪼끔 더 수용하다 머여 이씅
깨, 이: 병:워내: 근무할 싸람 나오너라 이르카더라구.226)

- 전방 앙 가구 이: 병워내서 근무할 싸람 나오너라. 근무할 쑤 인넌
사람 나오너라 이러카더라구.227)

- 가마::이 생가걸 하잉깨 전방애 가넝 거보다 거그서 근무하믄 조을
꺼 거터. 우리두 기왕애 이 으생병이구228) 하니깨.

- 그래설랑은 나가찌.

- 나가뜨이마는 그개, 그개 꾀임쑤지 거그다 근무하능 개 아니여, 보
니깨.

- 그냥 머여, 그냥 모둘트려229) 가주구서 거기 나간 사라믄, 모둘트러
가주구서 그냥 전방이여, 또.

- 게, 전방인대 나넌 에: 용:아개230) 이: 거시기: 이 빠저따구.

─ 이렇게 좋은 약은 내가 세상에서 처음 봤으니까 이것은 내가 저 간수해야 하겠다 해 가지고, 그놈을 싸 가지고 팬티 끈에다가 해서 여기에다 해서 대고 꿰매서 가지고 다녔다고.

─ 만약 사분자하면 이것을 또 먹어야 하겠다 하는 생각으로.

─ 그런데 뭐야 그것을 가지고 돌아다니니까 내가 하필 에 말하자면 거기에서 내가 또 저 에 퇴원을 시키는, 퇴원 퇴원을 시키는 게 아니라 워낙 사람이 쇠약해졌으니까 육군병원으로 후송을 시키더라고.

─ 그때 육군병원이 어디 있었느냐하면 여기 온양 온천에 있었다고.

─ 온양 온천에 백... 백구 육군단이야, 백구 육군병원으로 후송을 시키는데 거기에 와서 있으니까 바싹 말랐으니까, 하여간 명태처럼 말랐으니까 폐병으로 취급을 했더라고.

─ 그래 가지고 거기에서 에 한 삼십 일 있으니까 살이, 대번에 몸이 해 바뀌면서 살이 막 올라와.

─ 살이 이렇게 올랐어.

─ 살이 올랐는데 뭐야, 이제 에 거기에서 조금 더 수용하다가 뭐야 있으니까, 이 병원에서 근무할 사람 나오너라 이렇게 하더라고.

─ 전방에 안 가고 이 병원에서 근무할 사람 나오너라. 근무할 수 있는 사람 나오너라 이렇게 하더라고.

─ 가만히 생각을 하니까 전방에 가는 것보다 거기에서 근무하면 좋을 것 같아. 우리도 기왕에 이 위생병이고 하니까.

─ 그래서 나갔지.

─ 나갔더니마는 그것이, 그것이 꾐수지 거기에서 근무하는 게 아니야, 보니까.

─ 그냥 뭐야, 그냥 한데 모아 가지고 거기 나간 사람은, 한데 모아 가지고 그냥 전방이야, 또.

─ 그래 전방인데 나는 에 용하게 이 거시기 이 빠졌다고.

- 빠저설랑언 어: 그 전방얼 안 가구설랑은 어: 그때예 거그서 줌 우중해서 에: 저: 마:산 수도유꾼병워느루 가따구.

- 수도유꾼병워내 가서 인넌대 그냥 한::참 즌:장231) 막캐설랑은 막 끄냥 막 하루사리루 중넌대, 우리랑 가치 간 사라미 거그서 막: 그냥 명:충이232) 간넌대 그 사람내가233) 전부 신고하다 모두 당하구 이러칸234) 사람더럴...

- 나랑 가치 한 소대에 가치 이떤 사라미 머리럴 얼구럴 폭: 싸씨닝깨 난 안 뵈이지, 나넌 인재 환자으일235) 이꾸 마당애 이르캐 도라댕기면서 보닝깨 실, 실래예 드러갈 띠가236) 읍씽깨, 실래엔 드러갈 띠가 읍써 전부 마당애다 당가애다237) 쪽:: 가따 뉘피 나써따구.

- 그러는대 머리넌 폭 싼 사라미 손찌슬 날:보구238) 이르카드라구.

- 개 내가 나:마리냐구 그라니깨 그러타구 오라 구리야. 가닝깨 소널 꽉 부쩜넌대 마:럴 하더라구.

- 너는 대:복 티여따.

- 우리 간 사람 다:: 죽꾸 나넌 시방 폭타내 날라가 가주설랑은 에: 폭탄애 날라가서넌 부상당애서 여그 내려와따 구리야.

- 근대 열뚜리 가설렁어넌239) 항꺼버내 열뚜리 가서 싱:고하다가 저짝 적타내 에: 포:타내 명중당애서 다: 주거따능 기여, 그 자기두 주글건대 에: 날라가넌, 날라가240) 멀리가 떠러지면설랑언 에: 그래두 생명언 유지하구 다치기만 해따 구라더라구.

- 그라문서 소널 꽉 부짜부먼서 그러더라구 그러냐구.

- 그이 거기서 이따가설랑언 이재 퇴:원 해 가주구서, 머여: 아 저 퇴원 하넌대 오:디루 간냐하면 보:충대루 와 가주설랑언, 보충대설랑언 에: 근: 한 달 똥안 거기 대:기하구 이써따구.

- 근대 왜: 거그다 모디키너냐241) 하머넌: 그때 논산 백씸유꾼병워니 읍:써써. 환:자넌 그 홀:련소 환:자넌 명:청이242) 나오넌대 육꾼병워니 우:

- 빠져서 에 그 전방을 안 가고서 에 그때에 거기에서 좀 위중해서 에 저 마산 수도육군병원으로 갔다고.

- 수도육군병원에 가서 있는데 그냥 한창 전쟁 막 해서는 막 그냥 하루살이로 죽는데, 우리랑 같이 간 사람이 거기에서 막 그냥 엄청나게 갔는데 그 사람들이 전부 신고하다가 모두 당하고 이렇게 한 사람들을…

- 나랑 같이 한 소대에 같이 있던 사람이 머리를 얼굴을 폭 쌌으니까 나는 안 보이지, 나는 이제 환자복을 입고 마당에 이렇게 돌아다니면서 보니까 실, 실내에 들어갈 데가 없으니까, 실내에는 들어갈 데가 없어 전부 마당에다 들것에다 죽 갖다 눕혀 놨었다고.

- 그런데 머리는 폭 싼 사람이 손짓을 나에게 이렇게 하더라고.

- 그래 내가 나 말이냐고 그러니까 그렇다고 오라고 그래. 가니까 손을 꽉 붙잡는데 말을 하더라고.

- 너는 대복이 트였다.

- 우리 갔던 사람 다 죽고 나는 지금 폭탄에 날아가 가지고서 에 폭탄에 날아가서 부상당해서 여기 내려왔다고 그래.

- 그런데 열둘이 가서 한꺼번에 열둘이 가서 신고하다가 저쪽 적탄에 에 포탄에 명중당해서 다 죽었다는 거야, 그래 자기도 죽을 건데 에 날아가는, 날아가 멀리 가 떨어지면서 에 그래도 생명은 유지하고 다치기만 했다고 그러더라고.

- 그러면서 손을 꽉 붙잡으면서 그러더라고 그러냐고.

- 그래 거기에 있다가는 이제 퇴원을 해 가지고, 뭐야 아 저 퇴원하는데 어디로 갔느냐 하면 보충대로 와 가지고는, 보충대에서는 에 거의 한 달 동안 거기에서 대기하고 있었다고.

- 그런데 왜 거기에다 모았느냐 하면 그때 논산 백십 육군병원이 없었어, 환자는 그 훈련소 환자는 엄청나게 나오는데 육군병원이 없고

꾸 으:무대예 이써다고.

－ 으:무대선 감당얼 모디야.243)

－ 그래닝깨 거기설랑은 에: 전방어서 내려오넌 사람, 홀:런 바든 사람, 위생병얼 전부 모디키더라고.

－ 그래선 거기선 모디켜서 내가 거기설랑언 한 칠씸 명 거기 인재 모디키저써.

－ 그 인재 전송얼 가넌대 보닝깨 오:디루 가능가 보닝깨, 첩뻐낸 몰:라찌.

－ 가봉깨 논사니여, 논산 백씸유꾼병원 창:서리여.

－ 창서린대 거:가 어디냐 하머넌 에: 논사내 포료수용소 자리여, 포료 포료수용 짜리...

－ 뚱:그러캐 포료수용소 짜린대, 포료수용소 그: 지비 전부 벽똘루, 흑 뻭똘루 싼: 저:서 진: 지빈대 우선 가서 드르가서 거:가 이써꾸, 거 거기두 안 되넌 데넌 천막치구서 거기애 이따가 거그서 인재 새루 콘새틀 지어 가주구 이써서...

－ 거그서 일런 이따가, 일런 이따가서 그: 구니관더란태 내가 퍽: 사랑얼 바다따고. 그 내가 보넌 대루 다 하니깨.

－ 그래설랑언 나럴 꼭: 뿌짜꾸서 아:무 디두 암 보내구, 거기서두 저눠러 **** 사라미 마:넌대, 난 모:까개 해서는 양: 가구서 이썬넌대, 내가 잘 모태 가주설랑은 그때두 보급팀대루 가개 되따구.

－ 개 저: 취사장에 가따 오다가설랑언 명:녕 수령 하넝 거럴, 우리 동기생더리 거기서 명녕 수령얼 하구 인넌대 무어: 하능 깅가244) 하구 이르캐 너머다 바따구.

－ 너머다봔넌대 원장시래설랑언 그 병원장시래서 병원쟁이 안자서 바라보닝깨, 명:녕수령 하넌대 중:한 명녕 수령 하넌대 사병이 가서 딴 사라미 가서 너머다 보닝깨 대:번 나와서 무나캐245) 서서 소리럴 벽력가치246) 질르더라구.247)

의무대에 있었다고.

— 의무대에서는 감당을 못 해.

— 그러니까 거기에서는 에 전방에서 내려온 사람, 훈련 받은 사람, 위생병을 전부 모으더라고.

— 그래서 거기에서 모아서 내가 거기에서 한 칠십 명 이제 모아졌어.

— 그 이제 전송을 가는데 보니까 어디로 가는가 보니까, 첫 번에는 몰랐지.

— 가 보니까 논산이야, 논산 백십 육군병원 창설이야.

— 창설인데 거기가 어디냐 하면 에 논산에 포로수용소 자리야, 포로 포로수용소 자리...

— 둥그렇게 포로수용소 자리인데, 포로수용소 그 집이 전부 벽돌로, 흙벽돌로 쌓은 지어서 지은 집인데 우선 가서 들어가서 거기에 가 있었고, 거기 거기도 안 되는 데는 천막치고서 거기에 있다가 거기에서 이제 새로 콘센트를 지어 가지고 있어서.

— 거기에서 일 년 있다가, 일 년 있다가 그 군의관들한테 내가 퍽 사랑을 받았다고. 그것은 내가 보는 대로 다 하니까.

— 그래서 나를 꼭 붙잡고서 아무 데도 안 보내고, 거기에서도 ***
**** 사람이 많은데, 난 못 가게 해서 안 가고 있었는데, 내가 잘 못해 가지고는 그때도 보충대로 가게 되었다고.

— 그래 저 취사장에 갔다 오다가는 명령 수령하는 것을, 우리 동기생들이 거기에서 명령 수령을 하고 있는데 뭐 하는 것인가 하고 이렇게 넘겨봤다고.

— 넘겨다봤는데 원장실에서는 그 병원장실에서 병원장이 앉아서 바라보니까, 명령 수령 하는데 중요한 명령 수령 하는데 사병이 가서 다른 사람이 가서 넘겨다보니까 대번에 나와서 문 앞에 서서 소리를 벽력같이 지르더라고.

- 저: 명녕 수령 하년대 저 디다보는248) 눔 누구 어떤 누미 자바 오라구.

- 그르이 대번 사병이 쪼차오더니마넌 머여 명차럴 뜨더 가주 가드라구 명차럴.

- 명찰 뜨더 가주 가서, 뜨더 간는대 그 이튿날 아치매 우:리 구니과니 에: 아치매 그 저: 참모회: 하거던, 아치매 하거던.

- 조이 어 그 참모회: 하년대, 거기애 가넌대 이 사람 전방애 보내라고 이르캐써.249)

- 게 인재 그: 구니과니, 내가 가머넌 치료할 싸람두 이:꾸 또: 주:사놀 싸라미 읍써 처째.

- 그래설랑은 사:정얼 항 거여, 병원장한태 이 사라미 가면 우리 으:무대설랑 움지기덜 모다니 좀 빼: 돌라고.250)

- 이건 안 된다. 버벌 위반해끼 때매 이건 안 된다넝 기여.

- 그래 할 쑤 읍씨 그때예도 전부 전방으루 간는대, 그러면 후방으루 해주라구 해서 게 대구 보충대루 가따구.

- 게 대구 보:충대 가설랑은 에: 제일 보충대 가서 에: 인넌대, 거기 으:무대쟁이 머냐하면 으: 경상북또 으:꽈대학 부:속뼝원 교:수여.

- 어: 문 중녕이라구 문 중녕이라구, 근대 동해안: 갑뿌리야.

- 이런대 내:우가 또까치 으:사드라구.251)

- 그런대 그: 거그다가서 대구애 그 동, 에: 거 삼덕똥애다가 동생이워이라:구 크:개 하구 인넌대, 안: 그: 부이넌 아내 지비설랑 그 거시기 병원 경영하구 자기는 하꾜가서 그 강:, 강:이하고 그라드라구.

- 두: 군대럴 거기서 근무하드라구, 으:무대두 근무하구 거기두 근무하구.

- 거기두 오짤 쑤 읍씨 그 가야 뒤야, 그사라미.

- 그래 인재 거기 하다보닝까 나년 주사두 잘로치, 인재 약 꺼틍 거뚜

- 저 명령 수령하는데 저 들여다보는 놈이 누구(냐고) 어떤 놈(인지) 잡아 오라고.

- 그러니 대번에 사병이 쫓아오더니만 뭐야 명찰을 뜯어 가지고 가더라고 명찰을.

- 명찰 뜯어 가지고 가서, 뜯어 갔는데 그 이튿날 아침에 우리 군의관이 에 아침에 그 저 참모회의를 하거든, 아침에 하거든.

- 조회 에 그 참모회의를 하는데, 거기에 가는데 이 사람 전방에 보내라고, 이렇게 했어.

- 그래 이제 그 군의관이, 내가 가면 치료할 사람도 있고 또 주사를 놓을 사람이 없어 첫째.

- 그래서 사정을 한 거야, 병원장한테 이 사람이 가면 우리 의무대가 움직이질 못 하니 좀 빼 달라고.

- 이것은 안 된다. 법을 위반했기 때문에 이것은 안 된다는 거야.

- 그래 할 수 없이 그때에도 전부 전방으로 갔는데, 그러면 후방으로 해주라고 해서 그래서 대구 보충대로 갔다고.

- 그래 대구 보충대에 가서는 에 제1 보충대에 가서 있는데, 거기 의무대장이 뭐냐하면 에 경상북도 의과대학 부속병원 교수야.

- 어 문 중령이라고 문 중령이라고, 그런데 동해안 갑부래.

- 이런데 내외가 똑같이 의사더라고.

- 그런데 그 거기에다가 대구에 그 동, 에 그 삼덕동에 동산의원이라고 크게 하고 있는데, 안 그 부인은 안에 집에서 그 거시기 병원을 경영하고 자기는 학교에 가서 그 강(의) 강의하고 그러더라고.

- 두 군데를 거기에서 근무하더라고, 의무대도 근무하고 거기도 근무하고.

- 거기도 어쩔 수 없이 가야 돼, 그 사람이.

- 그래 이제 거기에서 하다보니까 나는 주사도 잘 놓지, 이제 약 같은

자기가 시켜 주먼 다: 알지, 그라니깨 머여 나럴 꼭 가노원 거치, 거기 이,
이군 사령부가 대구애가 그때 그저낸 육꾼본부 육꾼사령부 오광구사령부
전:부 거기다 이써따구.

　― 별짜리가[252] 거기 다: 이써따구, 대구예.

　― 그런대 그 사람내가 그 병:원두 그때 즉:꾸 하니깨 가족떠리 병:이
나머넌 이 사라멀 불르넝 기여.

　― 불르머넌 날: 데루[253] 가넝 기여.

　― 나럴 데루 가면 뭐:머 너: 가주구 가자구 하머서 자기 쩝차 타구서
가면, 그 인재 뭐머 놔: 주라구, 그 가족떨 뭐:머 놔: 주라구 시키머넌 내
가 인재 놔: 주구 그르캐 해써.

　― 그래니 그 그런 대서 내가 군대 생화럴 그러캐서 펴:나개 해쓰요.[254]

것도 자기가 시켜주면 다 알지, 그러니까 뭐야 나를 꼭 간호원 같이, 거기 이(군), 이군 사령부가 대구에서 그때 그전에는 육군본부에 육군사령부 오 관구사령부 전부 거기에 다 있었다고.

 － 별짜리가 거기에 다 있었다고, 대구에.

 － 그런데 그 사람들이 그 병원도 그때는 적고 하니까 가족들이 병이 나면 이 사람을 부르는 거야.

 － 부르면 나를 데려 가는 거야.

 － 나를 데려 가면 뭐뭐 넣어 가지고 가자고 하면서 자기 지프차 타고 서 가면, 그 이제 뭐뭐 놔 주라고, 그 가족들 뭐뭐 놔 주라고 시키면 내가 이제 놔 주고 그렇게 했어.

 － 그러니 그 그런 데서 내가 군대 생활을 그렇게 해서 편하게 했어요.

2.6 사회 생활

- 하구설랑언 지비 나오닝까 난 월래 이: 내가 시즌 *** 파등기 읍써.
- 난 예레세쌀255) 머거서 내가, 에: 아부지 도라가시구서 참 지꼬랭이256) 하낭거만치두 내가 토지: 내가 *개 바등개 읍따구.
- 그냥 나 혼:자 참 게: 에: 거시기257) 인넌데:.
- 그 나오니 머 먹꾸 살:, 해: 먹꾸 살: 끼 읍짜너.
- 아:무 거뚜 그때 무슨 공쟁이 이써 머 이써, 오:디258) 가 돈뻐리두 읍쓰이.
- 그래설랑언 그 사람들 가따구, 에: 그 두: 달잉가 속: 따링가 이따 그 사람한텔 차자가따고.
- 내가 사회 나가 보니: 이 아:무 거뚜 할 껀 우:꾸 농사꺼리두 우꾸:, 어: 머꾸 살: 끼리 읍써:. 그르니 오디 취직 쫌 시켜 주시오.
- 그때애두 대구애두 공쟁이라닝 건 읍:넌대 거기 담:배, 여기 신탄진 마냥 담:배 공쟁이 이써써 대구애.
- 거기 점 드러가고 저분259) 생가기 이써, 거기 점 너: 돌라구 하니깨, 누널 까망까망하개 생가가니 거기 여가내 어려꾸 안 된다구 그라드이마 넌 도:널 월:매 가주완느냐구 이르캐 무러.
- 그래설랑언 나 여기 시방 여비하구서 돈 이:처넌배끼 읍따고 이:처 넌 가주와따구 하잉깨,260) 가자구 따라 가자구 저녕 먹꾸서, 자기내 지비 서 저녕 먹꾸 자기내 지비서 자닝깨 그럼 저 외:출 나가자구 가:.
- 그래 가드이마넌 으:료 기구 파넌대 데리 가드라구.
- 가:설랑언 무조껀 청진기하구 머: ***기 머 *** 전:부 주서261) 내 노쿠서 주사끼 주서 내노쿠 이거 사라능 기여.
- 게 따저 보잉깨, 그래 그 이:처넌두 큰: 도니여 그 때루 마라면, 따

- 하고서 집에 나오니까 난 원래 이 내가 ** *** 받은 게 없어.

- 난 열여섯 살 먹어서 내가, 에 아버지 돌아가시고서 참 쥐꼬리 하나 만큼도 내가 토지 내가 넘겨받은 것이 없다고.

- 그냥 나 혼자 참 그래 에 거시기가 있는데.

- 그래 나오니 뭐 먹고 살, 해 먹고 살 것이 없잖아.

- 아무 것도 그때 무슨 공장이 있어 뭐가 있어, 어디에 가서 돈벌이도 없으니.

- 그래서 그 사람들한테 갔다고, 에 그 두 달인가 석 달인가 있다가 그 사람한테 찾아 갔다고.

- 내가 사회에 나가보니 아무 것도 할 것은 없고 농사거리도 없고, 에 먹고 살 길이 없어, 그러니 어디에 취직 좀 시켜 주십시오.

- 그때에도 대구에도 공장이라는 것은 없는데 거기 담배, 여기 신탄진 처럼 담배 공장이 있었어 대구에.

- 거기에 좀 들어가고 싶은 생각이 있어, 거기에 좀 넣어 달라고 하니 까, 눈을 깜박깜박하고 생각하더니 거기 여간해서 (들어가기) 어렵고 안 된다고 그러더니만 돈을 얼마 가져왔느냐고 이렇게 물어.

- 그래서 나 여기 지금 여비하고 돈 이천 원밖에 없다고 이천 원 가져 왔다고 하니까, 가자고 따라 가자고 저녁 먹고서 자기네 집에서 저녁 먹 고 자기네 집에서 자니까 그럼 저 외출 나가자고 가.

- 그래 가더니만 의료 기구 파는 데에 데려 가더라고.

- 가서는 무조건 청진기하고 뭐 ***기 뭐 *** 전부 주워 내놓고 주사 기 주워 내놓고 이것들을 사라는 거야.

- 그래 따져 보니까, 그래 그 이천 원도 큰 돈이야 그 때로 말하면, 따

저 보잉깨, 그르카구서 그래 야걸 이:런 과기 항, 큰 과기 인넌대 이개 에:
한 과개 백 깨 드릉 기여 주사야.

　－ 그거 강:기 주사야기여.

　－ 게 그눔 항:곽카구 사서 주면서 이거 가설랑언 시방 초:내 으사가
웁씨닝깨: 에: 임봉호씨넌 가서 하면 이거 하면 제대루 될 끼요.

　－ 그른대 그때:는 머 버비라넝 개 마라자먼 위바닌:지 그거뚜 몰라찌,
내가 첩뻐내는.

　－ 개 와 보닝깨 이 저 부릉개 똥내에: 에: 참 무며너 으사루, 돌파리
으사루 하넌 사라미 한 사람 이뜨라구.

　－ 인넌대 에: 그 사래미 인재 치료하러 댕기넌대 내가 쪼끔 걸 거서가
닝깨262) 날:떠러263) 와:보라 구리야. 좀 와:돌라 구리야.

　－ 중한 환:자럴 볼 쩌개는 와돌라 그리야, 그 가보머넌 내가 보머넌,
저거 참:: 위험한 지설 하넝구나 저거 안 되넌대 크닐 나넌대.

　－ 그래 수:럴 잔뜩 먹꾸 그르키야. 그래서 더이 이 사라미 보닝깨 삼:
파두 하구 그르카넌대.

　－ 그래 어르나264) 치료하넌대, 내가 하넌대 어르나 깐나배기265) 치료
하넌대, 아:주 으중하닝깨 지가 그걸로쿠서두 거비 나니깨 그라는지 날
와보라능 거여.

　－ 마라자먼 증이늘 세우넝 거지 지가 저 저는, 난 글 몰르구서266) 그
냥 한사구 오라구 해기267) 때매 가써.

　－ 아: 가서 보닝깨 아: 요거마난 어리나안태다가서268) 으:런 냥얼 주
사야개 병애 이르캐 드런넌대 에: 옌:나래 개 저: 크시탑마이싱, 아이 저
오무라마이싱이라구 이써써, 그개 함 병이 인넌대.

　－ 아 이누멀 다: 노겨서 항꺼버내 다: 논내. 게 내가 아: 이사람 정신
움냐. 아 이 어리나이더 으 으르나 사:십뿌내 이리여.

　－ 사:십뿌내 이린대 어리나한티다가설랑 그래 이 저 거시기 으:른 냥

져 보니까, 그렇게 하고서 그래 약을 이런 곽이 한, 큰 곽이 있는데 이게에 한 곽에 백 개 들어 있는 거야 주사약.

– 그게 감기 주사약이야.

– 그래 그놈 한 곽하고 사서 주면서 이것 가서 지금 촌에 의사가 없으니까 에 임봉호 씨는 가서 하면 이거 하면 제대로 될 거요.

– 그런데 그때는 뭐 법이라는 것이 말하자면 위반인지 그것도 몰랐지, 내가 첫 번에는.

– 그래 와 보니까 이 저 부르니까 동네에 에 참 무면허 의사로, 돌팔이 의사로 하는 사람이 한 사람 있더라고.

– 있는데 에 그 사람이 이제 치료하러 다니는데 내가 조금 그것을 거시기하니까 나보고 와보라고 그래. 좀 와달라고 그래.

– 위중한 환자를 볼 적에는 와달라고 그래, 그래 가보면 내가 보면, 저것 참 위험한 짓을 하는구나 저거 안 되는데 큰일 나는데.

– 그래 술을 잔뜩 먹고 그렇게 해. 그래서 또 이 사람이 보니까 산파도 하고 그렇게 하는데.

– 그래 어린아이를 치료하는데, 내가 하는데 어린아이 갓난아기를 치료하는데, 아주 위중하니까 자기가 그것을 놓고서도 겁이 나니까 그러는지 날 와보라는 거야.

– 말하자면 증인을 세우는 거지 자기가 저 저는, 난 그것을 모르고서 그냥 한사코 오라고 하기 때문에 갔어.

– 아 가서 보니까 아 요것만한 어린아이한테다가 어른 양을 주사약이 병에 이렇게 들어있는데 에 옛날에 그래 저 그시탑마이신, 아이 저 오무라마이신이라고 있었어, 그게 한 병이 있는데.

– 아 이놈을 다 녹여서 한꺼번에 다 놓네. 그래 내가 아 이 사람아 정신이 없느냐. 아 이 어린아이한테 어(른) 어른의 사십 분의 일이야.

– 사십 분의 일인데 어린아이한테다가 그래 이 저 거시기 어른 양을

을 다: 느먼 그 전디여?

— 그라잉깨 아: 이르캐 놔야 히야.269)

— 크닐라, 안 돼270).

— 아:이나 달러, 삽짝꺼리271) 나와서 쪼꿈 이 미태 고샅272) 쪼꿈 내러 오닝깨 대번 우:년 소리 나자녀.

— 직싸여, 그냥.

— 그러: 그 저거 일: 크::닐 마:이 저지르구 댕겨꾸나.273)

— 그래 인재 나:중애 차춤: 차춤 핸대 내가 인재, 나는 그렁 거 전:부 참자카구 다 해:서 치료럴 해: 보닝깨, 내가 돈: 버능 개 고마웅 개 아니라 사:람 낙꾸능274) 거시, 낙꽈설랑언 싱기하개 이러나능 거시 가장 싱기하구 고맙, 그런 생개기 이써설랑은 자꾸 고개 재미가 나드라구.

— 게 이르캐 어려운 환자두 내가 나꾸구 이르캐 나으냐니깨275) 거기애 재미가 나설랑언 난대, 그 사라먼 인재 소널 모:때찌, 손 그 사라먼 차자가넌 사래미 읍써.

— 급썽 패렴 거틍 걸 다룰 쭈를 몰라.

— 끄래가주설랑언 그 사람한태 인재 안 나구,276) 그 사라믄 뭘: 핸느냐 하머넌 산:파만 해써.

— 어르나 빠내는 산:파만.

— 그라구서 나넌 인재 그: 근방애 개 나중 재 알:구 보잉깨 나넌 이개 무며너 으사라기 때미내277) 버배 위바니여.

— 그래설랑은 에: 경찰한태만 자:꾸 피해 댕기넌대 그거시 경차른 별류 누널 안 뜨넌대 보:건소 찌궈니 누널 뜨구 댕기먼서 그걸 색출하드라구.

— 거그서 내가 가방얼 세: 버니나 빼:껴따고.

— 빼:껴써두 나 사고랑 건 요:거만치두 우꺼덩.

— 어이떤지 드르먼 참 나안태 오먼 다: 나꿔 가주 가찌 에: 그냥 간 사래미 업써.

다 놓으면 그걸 견뎌?

- 그러니까 아 이렇게 놔야 해.

- 큰일 나, 안 돼.

- 아니나 달라, 사립짝거리 나와서 조금 이 밑에 고샅 조금 내려오니까 대번에 우는 소리가 나잖아.

- 즉사야, 그냥.

- 그래 그 저것 일 큰일 많이 저지르고 다녔구나.

- 그래 이제 나중에 차츰 차츰 했는데 내가 이제, 나는 그런 것 전부 참작하고 다 해서 치료를 해 보니까, 내가 돈을 버는 것이 고마운 것이 아니라 사람을 낫게 하는 것이, 낫게 해서 신기하게 일어나는 것이 가장 신기하고 고맙(고) 그런 생각이 있어서 자꾸 그것이 재미가 나더라고.

- 그래 이렇게 어려운 환자도 내가 낫게 하고 이렇게 낫게 하니까 거기에 재미가 나서 나는데, 그 사람은 이제 손을 못 댔지, 손 그 사람은 찾아가는 사람이 없어.

- 급성 폐렴 같은 것을 다룰 줄을 몰라.

- 그래가지고는 그 사람한테는 이제 안 나고, 그 사람은 무엇을 했느냐 하면 산파만 했어.

- 어린아이 받는 산파만.

- 그리고서 나는 이제 그 근방에서 그래 나중에 이제 알고 보니까 나는 이것이 무면허 의사이기 때문에 법에 위반이야.

- 그래서 에 경찰만 자꾸 피해 다니는데 그것이 경찰은 별로 눈을 안 뜨는데 보건소 직원이 눈을 뜨고 다니면서 그것을 색출하더라고.

- 거기에서 내가 가방을 세 번이나 빼앗겼다고.

- 빼앗겼어도 내가 사고라는 것은 요것만큼도 없거든.

- 어디 있든지 들으면 참 나한테 오면 다 나아 가지고 갔지 에 그냥 간 사람이 없어.

- 아:주 어:려운 병두.
- 그런대 그래 그른 소릴 드꾸서 가방얼 빼선는대 내 히미루는 가방얼 모차자.
- 개 여기 에 옥처내 그저내 제일:약빵이라구 젤: 마:니 한 사라미 이써.
- 그 사라먼 여 사방 다 통히야.
- 보:건소구두 다: 통히야, 약빵을 크:개 하구 이씽:깨.
- 그 사라미 차자 주넝 기여. 그 사라미 가서 차자오구 차자.
- 그르캐서 내가 너머가써요.
- 그르캐서 너머가서 오늘날까지, 에: 그러칸재 참 밤짬두 내가 벨루 안 자구, 어: 글두 배워 글두 배워야 되거꾸, 이: 농사두 지:야 되거꾸 그 애더.
- 그르카다 보닝깨 내가 그냥 어트개 참 어: 해 가주서넌 에: 전다벌 약 한 오:천 평까량 내가 사찌.
- 사 가주서 그눔 가주 그눔 사서 농사진년대 인재 아:드리 인재 나: 가주 아:들 **** 인재, 그라다 보니깨 나넌 그런 경운기 거틍 거 이렁 거 설 나올 쩨, 나넌 내가 히미루 해찌 그런 기개룬 아나구 핸넌대.
- 인재 가:들278) 아:드리279) 크먼설랑은 경운기가 나오구 하닝깨 나는 경운기 소내 댈: 쌔가 웁짜나. 아:드리 자꾸 인재 지버서 하고 또 우리가 해보먼 두:나고.
- 그른대 인지 머여 그래서 내가 지금두 그 경운기럴 모대구, 모대요.
- 그 응:280) 모다구 마러써. 인재 아:더리 인재 즈:가281) 하구 그래지.
- 그래 머여: 이런대 시방 지금 와서: 이런대 놀러 나오닝 거뚜: 이: 오도바이 거틍 걸 탈 쭐 알면 오도바이 타구 나오먼 차비두 안 들구 내 맘대루 하건넌대: 그걸 몯타:.
- 자정거넌 내가 젤: 먼저 우리 동내서 사긴 산년대 자정거 타구 댕기

- 아주 어려운 병도.

- 그런데 그래 그런 소리를 듣고 가방을 빼앗았는데 내 힘으로는 가방을 못 찾아.

- 그래 여기 옥천에 그전에 제일약방이라고 제일 많이(오래) 한 사람이 있어.

- 그 사람은 여기에서 사방으로 다 통해.

- 보건소와도 다 통해, 약방을 크게 하고 있으니까.

- 그 사람이 찾아 주는 거야. 그 사람이 찾아오고 찾아.

- 그렇게 해서 내가 넘어갔어요.

- 그렇게 해서 넘어가서 오늘날까지, 에 그렇게 한 지 참 밤잠도 내가 별로 안 자고, 에 글도 배워 글도 배워야 되겠고, 에 농사도 지어야 되겠고 그래서.

- 그렇게 하다 보니까 내가 그냥 어떻게 참 에 해 가지고서 에 전답을 약 한 오천 평가량 내가 샀지.

- 사 가지고서 그놈 가지고 그놈을 사서 농사를 짓는대 이제 아이들을 낳아 가지고 아들 **** 이제, 그러다 보니까 나는 그런 경운기 같은 것 이런 것이 나올 때, 나는 내가 힘으로 했지 그런 기계로는 안 하고 했는데.

- 이제 걔들 아이들이 크면서 경운기가 나오고 하니까 나는 경운기를 손에 댈 사이가 없잖아. 아이들이 자꾸 이제 집에서 하고 또 우리가 해보면 둔하고.

- 그런데 이제 뭐야 그래서 내가 지금도 그 경운기를 못 하고, 못 해요.

- 그래 영 못 하고 말았어. 이제 아이들이 이제 저희가 하고 그러지.

- 그래 뭐야 이런 데 지금 지금 와서 이런 데 놀러 나오는 것도 이 오토바이 같은 것을 탈 줄 알면 오토바이 타고 나오면 차비도 안 들고 내 마음대로 하겠는데 그것을 못 타.

- 자전거는 내가 제일 먼저 우리 동네에서 사기는 샀는데 자전거를 타

넝 건 마이 탄넌대, 오도바이 안 타 봐서 모: 탄다고.

― 개 지끔 그걸 배워 볼라구 하잉깨 모: 빼워요. 절머씰 쩌갠 까이
꺼[282] 머 배울 꺼 머 할 꺼뚜 움넌대 지그먼 해: 보먼 안 뒈야, 되덜 아내
서 모:디야.

― 아:래[283] 하두[284] 답따파구 그래설랑은 여그서 세:발 달린 오도바이
럴 하나 사써.

― 산넌대 아: 타 보닝깨 나 올러안즈먼 가능 갠 줄 아러떠니 올러안저
서 타 보닝깨 그개 아니여.

― 아 이개 저 가구 접, 내가 가구 저분 대루 가넌대, 저 가고 저분 대
루, 오도바이 지가 가구 가구 저분 대루 가지 나 가구 자분[285] 댈 모:까.

― 아: 이기 이렁 기루구나, 아: 이거 모: 타거써. 대:반 가:설랑언 나
이거 모: 타잉깨 이거 물러 주시요.

― 기양 물러 버려따고 에 그개.

아까 저기 기차예:.

― 어?

기차아:.

― 기차?

예.

― 어.

곱빼라 그래짜너요?

― 어:.

곱빼가 어떵 걸 곱빼라 그래요?

― 거 짐차.

― 짐 신닝 거, 짐차.

이르:캐 저기 저.

― 어, 어.

고 다니는 것은 많이 탔는데, 오토바이는 안 타 봐서 못 탄다고.

 — 그래 지금 그것을 배워 보려고 하니까 못 배워요. 젊었을 적에는 까짓 것 뭐 배우고 뭐 할 것도 없는데 지금은 해 보면 안 돼, 되질 않아서 못 해.

 — 얼마 전에 너무 답답하고 그래서 여기에서 세 발 달린 오토바이를 하나 샀어.

 — 샀는데 아 타 보니까 나는 올라앉으면 가는 것인 줄 알았더니 올라 앉아서 타 보니까 그게 아니야.

 — 아 이것이 제가 가고 싶은, 내가 가고 싶은 데로 가야 하는데 제가 가고 싶은 데로 오토바이 제가 가고 가고 싶은 데로 가지 내가 가고 싶은 곳을 못 가.

 — 아 이게 이런 것이구나, 아 이것 못 타겠어. 대번에 가서는 나 이거 못 타니까 이것 물러 주시오.

 — 그냥 물러 버렸다고 에 그것을.

아까 저기 기차에.

 — 응?

기차.

 — 기차?

예.

 — 어.

곱배라 그랬잖아요?

 — 어.

곱배가 어떤 것을 곱배라고 그래요?

 — 그것 짐차.

 — 짐 싣는 것, 짐차.

이렇게 저기 저.

 — 응, 응.

- 객차년, 객차:넌 그: 사:람 타년 에: 이 그 저저 마라자먼 무궁아
와286) 가틍 거 이릉 거시 인재 에: 객차고:.

- 기양 짐만 신녕 거넌...

통, 통으루 댕 거?

- 통으루 됭 거, 네모 빤드타기 통으루 됭 거, 이거는 에:.

위애 뚜껑 어:꾸.

- 으: 위애 뚜껑 해서 다: 더꾸 항 거.

- 그거 해방 되구 바루 우리덜 군대 생활 할 쩌개는 이 객차: 벨루
안 댕겨짜나. 순:저나개 전:부 짐차루 마:이 시꾸 댕기니 사:람두 그거
마:이 시.

- 우리 병녁 내가 부산 이씰 쩌개 병녀걸 내가 저 원:주루 춘:처느루
여 대전두 내가 여:러 번 와따 가찌만.

- 그 모두 인솔하구 한 뱅명씩 내가 인솔해 가주 간, 데리다 주구 갈
쩌개두 객차라넝 건 읍써써.

- 전:부 그개 짐차, 짐차애다가설랑은 그냥 문 딱 다드면 부리 이써
머가 이써:. 그 인재 바미 되믄 문 딱 따꾸, 나잰대 여러 논넌대, 그이 거
기 타구 댕겨따구, 거기 인솔해 가주 댕겨따고.

- 고: 항 칸씩 항 카내다 이 저 여...

요새 왜 트러개 실:꾸 다니능 거가치 생깅 거 마리지요, 네모나개.

- 그러치요. 으:.

- 그 저: 콘태너 박스 시:꾸 댕기넝 거 저, 그르캐 댕깅 거287) 그렁 거
애다 식:, 그렁 거만 타구 댕겨찌 그때는.

아까 저:기 무릉개 동내래는 거는 어디가 무릉개 똥내예요?

- 어:?

무릉개 똥내.

- 어디?

- 객차는, 객차는 그 사람이 타는 에 이 그 저저 말하자면 무궁화호와 같은 것 이런 것이 이제 에 객차고.
- 그냥 짐만 싣는 것은...

통, 통으로 된 것?

- 통으로 된 것, 네모 반듯하게 통으로 된 것, 이것은 에.

위에 뚜껑 없고.

- 응, 위에 뚜껑 해서 다 덮고 한 것.
- 그거 해방 되고 바로 우리들 군대 생활 할 적에는 이 객차가 별로 안 다녔잖아. 순전히 전부 짐차로 많이 싣고 다니니 사람도 그것(으로) 많이 싣고.
- 우리 병력 내가 부산 있을 적에 병력을 내가 저 원주로 춘천으로 여기 대전도 내가 여러 번 왔다 갔지만.
- 그 모두 인솔하고 한 백 명씩 내가 인솔해 가지고 갈, 데려다 주고 갈 적에도 객차라는 것은 없었어.
- 전부 그렇게 짐차, 짐차에다가 그냥 문 딱 닫으면 불이 있어 뭐가 있어. 그 이제 밤이 되면 문 딱 닫고, 낮이면 열어 놓는데, 그 거기 타고 다녔다고, 거기 인솔해 가지고 다녔다고.
- 고 한 칸씩 한 칸에다 이 저 여...

요사이 왜 트럭에 싣고 다니는 것같이 생긴 것 말이지요, 네모나게.

- 그렇지요. 어.
- 그 저 컨테이너 박스 싣고 다니는 것 저, 그렇게 생긴 것 그런 것에다 싣, 그런 것만 타고 다녔지 그때는.

아까 저기 무릉개 동네라는 것은 어디가 무릉개 동네예요?

- 어?

무릉개 동네.

- 어디?

아까 얘:기하실 때 무릉개 똥내래면서요. 어떤 사라미 아까 머 애:기한태
주사 논: 사라미.

— 어:.

무릉개 똥내래는 대 사러요?

— 아 무슨 낸, 무슨 냐기냐고?

아니 무릉개 똥내, 동네.

— 아: 무슨 동내냐구?

예, 그 사라미.

— 아:까 내가 하구 댕긴대, 우리 동내서 해찌 머.

아니 그 사람 마리요.

— 으?

그...

— 그 사람 인년대 그 사람 문 중녕이라구 하년 사람?

아니 아니.

— 그 사라먼 포항 싸라미구.

아니 그 사람 말구.

동내예 또: 이써따 그래짜나요?

— 다 딴 동...

아까 왜 애기한태 나 줃, 주사 나조때는 사람.

— 아:: 그건 우:리 동내 싸라미지.

— 그때 당시 우리 동내 싸라미여.

— 그 이 이 우리 동내 싸라미여.

— 개 그 사람두 죽꾸, 그 사람두 다: 주거써.

— 그 끄끄 그 으:사 하든 그 사람두 주거따구.

— 개 나년: 나년: 그 질루: 인자 참 이 동생은 그냥 그르캐 해서 잘 풀
려찌만 나년 살: 끼리 읍짜나, 나년 살: 끼리 읍써.

아까 얘기하실 때 무릉개 동네라면서요. 어떤 사람이 아까 뭐 아기한테 주
사 놓은 사람이.

― 어.

무릉개 동네라는 데 살아요?

― 아 무슨 *, 무슨 약이냐고?

아니 무릉개 동네, 동네.

― 아 무슨 동네냐고?

예, 그 사람이.

― 아까 내가 하고 다닌 데, 우리 동네에서 했지 뭐.

아니 그 사람 말이에요.

― 어?

그...

― 그 사람 있는 데, 그 사람 문 중령이라고 하는 사람?

아니 아니.

― 그 사람은 포항 사람이고.

아니 그 사람 말고.

동네에 또 있었다고 그러셨잖아요?

― 다 다른 동...

아까 왜 아기한테 놔 주었, 주사 놔 주었다는 사람.

― 아 그것은 우리 동네 사람이지.

― 그때 당시 우리 동네 사람이야.

― 그 이 이 우리 동네 사람이야.

― 그래 그 사람도 죽고, 그 사람도 다 죽었어.

― 그 그그 그 의사 하던 그 사람도 죽었다고.

― 그래 나는 나는 그 길로 이제 참 이 동생은 그냥 그렇게 해서 잘 풀
렸지만 나는 살 길이 없잖아, 나는 살 길이 없어.

- 모: 해 머꾸 살 깨 웁써. 아까 먼징가 얘:기해찌만 대구 거기 차자가 가주설랑 그: 어: 문00 중녕이라구 그이 차자 가서 그거 해서 내가 동:내 와서 마라자먼 돌파리 으:사럴 시보 년 간 해:따고 시보 년 간.

- 시보 년 간 하넌 동아내 내가 도:늘 이런 병원거치 쪼꼼 나:서[288] 바등 거 거트머넌 부자 돼:찌.

- 그러치만 마:미 우린 그르키[289] 거문 마음 이르캐 나멀 거서카개[290] 하덜 아니야.

- 그저 원칙때루 약깝 고거만 바등 기여.

- 고건만 바다두 내가 싱기하고 조은 거선 저 사람 중:한 병얼 나꿍 거[291] 그개 싱:기해서 자꾸 해:지지 내가 돈: 버넌대 아까워서 항 거 아니여.

- 그른대 돈:두 안 바등 거 만:타구 그냥 해 중 거 만:타구.

- 가고 또 땡: 거두[292] 망:쿠 초니넌 전부 외:생이지 현금 주구 한 디가 웁써.

- 거 돈 바드루 가먼 그 지비 모: 쌀개 되설랑 나가구 하넌대 돈 바들 행피니 웁짜나.

- 개 이이 이렁 거뚜 내가 마:니 제껴찌마넌[293] 그 인재 그거 해 가주서 그래두 내가 그거 하면서: 에: 노동닐 하고 하면서: 해:서 그거뚜 내가 에 내 전다벌 한 오천평 내가 장만해따고.

- 개 인재 그눔 장만해서 열:씨미 인재 내가 해:나가넌대 아:덜 인재 생겨서 아:더리 크닝깨 어 아주 수월하더라고 일: 해기가.[294]

- 그래서 인잰 그라다 보잉깨 인재 이 경웅기가 나오고 기개가 나오고 하잉깨 나넌 할 쌔가 웁씨 인재 아:더리 인재 그거 소널 대닝깨 나넌 대: 보덜 아내찌.

- 그래설랑언 지금 머 꼭 하고넌 자버두[295] 어: 안대바끼 때매 함 번 들구 나서따가 크일 랄뻔 해따고 경웅기넌.

- 뭐 해 먹고 살 게 없어. 아까 먼저인가 얘기했지만 대구 거기 찾아 가 가지고서 그 에 문00 중령이라고 그이 찾아 가서 그거 해서 내가 동네에 와서 말하자면 돌팔이 의사를 십오 년 간 했다고 십오 년 간.

- 십오 년 간 하는 동안에 내가 돈을 이런 병원같이 조금 낫게 받은 것 같으면 부자 됐지.

- 그렇지만 마음이 우리는 그렇게 검은 마음 이렇게 남을 거시기하게 하지를 않아.

- 그저 원칙대로 약값 그것만 받은 거야.

- 고것만 받아도 내가 신기하고 좋은 것은 저 사람 위중한 병을 낫게 한 것 그게 신기해서 자꾸 해지지 내가 돈 버는 데 아까워서 한 게 아니야.

- 그런데 돈도 안 받은 것 많다고 그냥 해 준 것 많다고.

- 그리고 또 떼인 것도 많고 촌에는 전부 외상이지 현금 주고 하는 데가 없어.

- 그 돈 받으러 가면 그 집이 못 살게 되어서 나가고 하는데 돈 받을 형편이 없잖아.

- 그래 이이 이런 것도 내가 많이 제쳤지만 그 이제 그거 해 가지고 그래도 내가 그것 하면서 에 노동일 하고 하면서 해서 그것도 내가 에 내 전답을 한 오천 평 내가 장만했다고.

- 그래 이제 그놈 장만해서 열심히 이제 내가 해나가는데 아이들이 이제 생겨서 아이들이 크니까 에 아주 수월하더라고 일 하기가.

- 그래서 이제는 그러다 보니까 이제 이 경운기가 나오고 기계가 나오고 하니까 나는 할 사이가 없이 이제 아이들이 이제 그것에 손을 대니까 나는 대 보지를 않았지.

- 그래서 지금 뭐 꼭 하고는 싶어도 에 (손을)안 대봤기 때문에 한 번 들고 나섰다가 큰일 날 뻔 했다고 경운기는.

— 그래설랑언 이 소난대고 인재 그냥 잠 마랄 고:, 인재 나 인재 농사 일 농, 농 거뚜 발쌔 하:노 년 넘넌다고.

— 팔썹 때:꺼지넌 내가 머 움지겨써.

— 근대 인저 내가 그 이후루넌 나가봐야 하덜 모디야.296) 왜 그렁고 하니 그냥두 가서 자빠지넌대 멀 할라고 이르카머넌 어지루워 자빠저서 모단다고.

— 그래, 그래서 인재 개이 개이 지비 안저씸 머리야. 개이 여기 날:마 둥 여기 나와 놀:구 그냥 시주하넌297) 대 가 놀구 그르칸다구.

- 그래서 이 손을 안 대고 이제 그냥 참 말할 고, 이제 나 이제 농사일 놓, 놓은 것도 벌써 한 오 년 넘는다고.

- 팔십 때까지는 내가 뭐 움직였어.

- 그런데 이제 내가 그 이후로는 나가봐야 하지를 못 해 왜 그런고 하니 그냥도 가서 자빠지는데 뭘 하려고 이렇게 하면 어지러워 자빠져서 못 한다고.

- 그래, 그래서 이제 그래 그래 집에 앉아 있으면 뭘 해. 그래 여기 날마다 여기에 나와서 놀고 그냥 시조하는 데에 가 놀고 그렇게 한다고.

2.7 결혼 과정

그러먼 머 사:주나 머 이렁 거 다: 해써요, 야콘 가튼 거?

= 예애, 해:찌유.

그건 어티개 하능 거예요?

= 옌나래 그냥 게:론식 마당애 거시기[298] 해 노쿠 겨론시캐찌 모, 행: 니[299] 지내찌.

= 허허허허 허허.

그거 어티개 하능 건지 좀 가르쳐 주세요.

= 머 행:니 하능 거요?

예, 요새는 모: 뽀자나요. 저 하두 쪼꼬말 때 봐: 가주구 잘 모르개써요. 이 르캐 상 노쿠 머 하능 거 가뜬대.

= 요:새는 쩌기 머 마당애다 지:쌍[300] 쿵: 거 이르캐 발 달링 거 차려 노쿠 쩌:기 머 삼사실과 다: 노쿠 또 닥 짜바다가 양:짝 암딱 장딱[301] 올 려노쿠 그래 초뿔 켜: 노쿠...

= 초:나 이써 그땐? 그냥 거시기지. 대나무, 이런 병애다 대나무-하구 솔리파구 꺼꺼다 이르캐 꼬바 노쿠 끄르캐지유 머.

그르캐 하구서?

= 그럼 서루 그럼 저:라구 그러치유.

= 인재 거기서 시:기넌 사래미 인재 메: 뻔 해라, 머 메: 뻔 해라 이르 캐 씨기자나요.

= 사: 배, 사: 배까지 사: 배루 하라구. 그래서 해찌 옌:나랜. 시방 인재 그거 읍써유.

그러니까 무러보능 거요.

= 으 허허허허.

그러면 뭐 사주나 뭐이런 것 다 했어요, 약혼 같은 거?

= 예, 했지요.

그것 어떻게 하는 거예요?

= 옛날에 그냥 결혼식 마당에 거시기 해 놓고 결혼시켰지 뭐, 행례 지냈지.

= 허허허허 허허.

그것 어떻게 하는 것인지 좀 가르쳐 주세요.

= 뭐 행례 하는 거요?

예, 요즘은 못 보잖아요. 저는 너무 조그만할 때 봐 가지고 잘 모르겠어요. 이렇게 상 놓고 뭐 하는 것 같던데.

= 요즘은 저기 뭐 마당에다 초례상 큰 거 이렇게 발 달린 것 차려 놓고 저기 뭐 삼색실과 다 놓고 또 닭 잡아다가 양쪽에 암탉 수탉 올려놓고 그래 촛불 켜 놓고...

= 초나 있어 그때는? 그냥 거시기지. 대나무, 이런 병에다 대나무하고 솔잎하고 꺾어다가 이렇게 꽂아 놓고 그렇게 하지요 뭐.

그렇게 하고서?

= 그럼 서로 그럼 절 하고 그렇지요.

= 이제 거기에서 시키는 사람이 이제 몇 번 해라, 뭐 몇 번 해라 이렇게 시키잖아요.

= 사 배, 사 배까지 사 배로 하라고. 그래서 했지 옛날에는. 지금은 이제 그거 없어요.

그러니까 물어보는 거예요.

= 으 허허허허.

요새 애드리 인재 모:를 꺼란마리요.

= 어:, 그르캐 해-찌유 머. 마당이 거기 지:사 해일302) 첟 채알:303) 치구.

= 히히히.

떡뚜 해 논다면서요, 거기?

= 저기 행니: 하는 대요?

예.

= 예:, 떡뚜 다마다 노쿠 대추 밤: 쩌기 삼사실과 다: 노쿠 그르캐 해유.

떠근 그 무슨 떠기라 그래요?

= 젤편 인절미. 젤편 인절미.

= 그저낸 인절미 젤편, 젤펴니 엔나랜 젤편두 지비서 다: 맨들구 다: 저: 인절미두 지비서 저기 여기다 떡판 노쿠 막: 처 가주구서루 맨:드러짜 나유.

= 그저낸 그러캐 해써유. 방애까내 가 해: 올 찌두304) 몰라짜나. 그저 낸 방애까내서 하두 안: 하구 그저내는.

= 방애두 버리방애 쩌 머글라문 연자, 저 소:가 이르캐 해서 돌:맹이루 해 논 연자방애 그걸루 이르캐 방:애 찌어서 해: 머거짜나요.

= 디딜빵애, 디딜빵애 이르캐 찌쿠 그르캐 해서.

= 여기 버:리 뜨더다 보:까서 폽빠심305) 하머넌 디딜빵애다가서 막 찌 차나유.

폽빠시미 머애요?

= 인재 버리: 들: 리긍 거 웁:씨깨 인재 해: 머글, 끄려 머글라구 버리 일부 익뚜 아:나구 인재 누르름두 아:낭 거 막 뜨더다가 비벼 가주구 까불 러 가주구 소태다 보까유, 버리럴.

= 보까 가주구 인재 해: 가주구 방애애 가 막 쩌:. 찌먼 버리싸리 대요. 그르캐 해써. ·

머글깨 업써서 미:리 해 머긍 거내요?

요즘 아이들이 이제 모를 거란 말이에요.

= 응, 그렇게 했지요 뭐. 마당에 거기 제사 차일 쳤(어), 차일 치고.

= 히히히.

떡도 해 놓는다면서요, 거기?

= 저기 행례 하는 데요?

예.

= 예, 떡도 담아다 놓고, 대추, 밤, 저기 삼색실과 다 놓고 그렇게 해요.

떡은 그 무슨 떡이라고 그래요?

= 절편 인절미. 절편 인절미.

= 그전에는 인절미 절편, 절편이 옛날에는 절편도 집에서 다 만들고 다 저 인절미도 집에서 저기 여기에다 떡판 놓고 막 쳐 가지고 만들었잖아요.

= 그전에는 그렇게 했어요. 방앗간에 가 해 올 줄도 몰랐잖아. 그전에는 방앗간에서 하지도 않고 그전에는.

= 방아도 보리방아 찧어 먹으려면 연자, 저 소가 이렇게 해서 돌멩이로 해 놓은 연자방아 그것으로 이렇게 방아 찧어서 해 먹었잖아요.

= 디딜방아, 디딜방아 이렇게 찧고 그렇게 했어.

= 여기 보리 뜯어다가 볶아서 풋바심 하면 디딜방아에 가서 막 찧잖아요.

풋바심이 뭐예요?

= 이제 보리 덜 익은 것 (먹을 것이) 없으니까 이제 해 먹으(려고), 끓여 먹으려고 보리 일부 익지도 않고 이제 누르스름하지도 않은 것을 막 뜯어다가 비벼 가지고 까불러 가지고 솥에다 볶아요, 보리를.

= 볶아 가지고 이제 해 가지고 방아에 가 막 찧어. 찧으면 보리쌀이 돼요. 그렇게 했어.

먹을 것이 없어서 미리 해 먹은 거네요.

= 미:리 그르캐 막 바태서 뜨:더다가 익뚜 아낭 거 뜨:더다가 그르캐 보매 뜨:더다가 해: 머거짜너.

그걸 폼빠시미라 그래요?

= 그개 폼빠심이라 흐흐헤헤헤헤헤.

그거, 그거 그럼 보리, 버리떠근 머요?

= 인재: 버리 그누무루 또 버리떡 칼라먼 인재 그거 매:보까서 빠:셔:, 빠:셔서 저기 찌어 가주구 인재 그누멀 빠:셔서 인재 버리 보꾼 버리럴 인재 그르카먼 보리떼기여 그개: 내내 그개 버리떼기여.

= 그르캐 해:서 머꾸 옌:나래넌 상: 거306) 말두 모다지 머, 그르캐 해서 하하하하.

옌나래 그 결혼 할 때애 예, 예:물 준비하자나요?

= 옌:나래 예:무리 워디떠.

이불 거틍 거 안 해요?

= 이:불, 이불 그렁 건 하지. 퍼대기307) 이불 해: 가지 퍼대기 이부런.

퍼대기 이부리 머얘요, 퍼대기?

= 퍼대기([퍼]와 [포]의 간음) 요 요, 요:-하구 이부라구.

까:능 거?

= 으, 요:하구.

그걸 퍼대기라 그래요?

= 예, 이흐흐흐 퍼대기라.... 허허허 퍼대기라구두 하구 요:라구두 하구 허허허.

이불두 여르매 덤능 거 하구 겨우래 덤는...

= 에이 거: 한: 채 해두 모대 가넌대 그거 여러매 덤넝 거 겨우래 덤넝 걸 해요? 한 채두 모대 가넌대 옌:나래.

또 머리애 비:능 거 이렁 거뚜 다 해:야 되자나요.

= 비:개?

= 미리 그렇게 막 밭에서 뜯어다가 익지도 않은 것 뜯어다가 그렇게 봄에 뜯어다가 해 먹었잖아.

그것을 풋바심이라고 그래요?

= 그것이 풋바심이라 흐흐허허허허.

그거, 그거 그러면 보리, 보리떡은 뭐예요?

= 이제 보리 그놈으로 또 보리떡 하려면 이제 그거 매볶아서 빻아, 빻아서 저기 찧어 가지고 이제 그놈을 빻아서 이제 보리 볶은 보리를 이제 그렇게 하면 보리떡이야 그게 내내 그게 보리떡이야.

= 그렇게 해서 먹고 옛날에는 산 것 말도 못 하지 뭐, 그렇게 해서 허허허허.

옛날에 그 결혼할 때 예, 예물 준비하잖아요?

= 옛날에 예물이 어디 있어.

이불 같은 것 안 해요?

= 이불, 이불 그런 것은 하지. 포대기 이불 해 가지 포대기 이불은.

포대기 이불이 뭐예요, 포대기?

= 포대기 요 요, 요하고 이불하고.

까는 것?

= 응, 요하고.

그것을 포대기라고 그래요?

= 예, 흐흐흐 포대기라고... 허허허 포대기라고도 하고 요라고도 하고 허허허.

이불도 여름에 덮는 것 하고 겨울에 덮는...

= 아이고 한 채 해도 못해 가는데 그것 여름에 덮는 것 겨울에 덮는 것을 해요? 한 채도 못해 가는데 옛날에.

또 머리에 베는 것 이런 것도 다 해야 되잖아요.

= 베개?

예.

= 비:개넝 그냥 해: 가주 가지요.

그 껍띠기두 씨우지요?

= 예:, 호청,308) 호청 시짜너요.

그걸 호청이라 그래요?

= 예:, 호청이라구 해요.

이부른뇨, 이불두 그거...

= 이불두: 호:청 꾸매며, 꾸:매 가주구 소:개 인재 이르캐 꾸:매 가주구 인재 호청을 시:찌유.309)

= 진310) 딸구, 진 인재 물 디려서: 베: 하먼 물 디려 가주구 이르캐, 이르캐 찔:개 이르캐 이르캐 하:구, 인재 진 따넝 건 이르캐 해 가주구 이 물 디려 가주구 다러유.

이부래?

= 예, 이부래다.

보기 조으라구 하능 거얘요?

= 몰:라유. 엔:나래 뵈기 조으라구 하는지 워터간지 그건 몰르거때.

= 진 딴다구 그르캐 하대유 그르캐. ᄒᄒᄒ.

그 호청을 요러캐 씨우능 거지요, 끄태를?

= 예, 호청은 인재 시:방마냥 그르캐 씨우지요.

예, 호청을 씨우는대 진 따능 건 요기다 요로:캐 하능 거지요?

= 예:, 껍띠기다가311) 이불 껍띠기다 호청 식끼저내 인재 껍띠기하구 안: 하구 해: 가주구 뺑: 돌려서 인재 꼬매자나유.

예.

= 그라면 인저 호청은 또 시처. 어머이 어머나(그릇 넘어지는 소리에 놀라는 소리), 호청은 또 시처, 호청언. 아니여, 내가 하깨.

= 호청언 시처 인자 그래.

예.

= 베개는 그냥 해 가지고 가지요.

그 껍데기도 씌우지요?

= 예, 홑청, 홑청 시치잖아요.

그것을 홑청이라고 그래요?

= 예, 홑청이라고 해요.

이불은요, 이불도 그것…

= 이불도 홑청, 꿰매면, 꿰매 가지고 속에 이제 이렇게 꿰매 가지고 이제 홑청을 시치지요.

= 깃 달고, 깃 이제 물 들여서 베 하면 물 들여 가지고 이렇게, 이렇게 길게 이렇게, 이렇게 하고, 이제 깃 다는 것은 이렇게 해 가지고 이 물 들여 가지고 달아요.

이불에?

= 예, 이불에다.

보기 좋으라고 하는 거예요?

= 몰라요 옛날에 보기 좋으라고 하는지 어떻게 하는지 그것은 모르겠대.

= 깃 단다고 그렇게 하대요 그렇게. <u>흐흐흐.</u>

그 홑청을 요렇게 씌우는 거지요, 끝을?

= 예, 홑청을 이제 지금처럼 그렇게 씌우지요.

예, 홑청을 씌우는데 깃 다는 것은 요기에다 요렇게 하는 것이지요?

= 예, 껍데기에다가 이불 껍데기에다 홑청 씌우기 전에 이제 껍데기하고 안 하고 해가지고 삥 돌려서 이제 꿰매잖아요.

예.

= 그러면 이제 홑청은 또 시쳐. 어머나(그릇 넘어지는 소리에 놀라는 소리), 홑청은 또 시쳐, 홑청은. 아니야, 내가 할게.

= 홑청은 시쳐 이제 그래.

쏘다저써요.

= 그래서 지, 호청-이라군 인재 그건 실:꾸 인재 꼼, 호청만 뜨더 빨구 그건 다: 안 뜨더 빨지 인재.

= 좀 꺼:무야 인자 그거넌 우예 이:부런 뜨더 빨지. 껌 호칭, 인재 그러치요, 예.

= 호:청만 뜨더 빨:구, 빨:때마다.

= 메 뻔 그르캐 호청만 뜨더 빨구 인재 그 껍띠기 껌:꾸 안 껑:꾸 하머넌 인재 그건 저:기 뜨더 빨지.

여:르매 왜 저기 마당애서두 그저내 마니 자짜나요, 멍석...

= 빈:대가 뜨더서, 빈대 베:룩.

예.

= 빈:대 베룩 뜨더 마당이 가 자, 마:니 자찌요.

= 마당에 마:이 자면, 저: 고사태312) 가서두 저기 모:기 만타구 고사태 가서두 자넌 사람 이꾸 머.

= 마당애 흐흐 남자더런 저: 고사태 나무 미티 가 자.

고사태, 머를 고사태라 그래요?

= 저:기 고 질꺼럼313) 요: 질 란 대 저: 방성나무 미태 그런 대가 고사태라고..

큰: 나무 인는 대 거기?

= 예, 그저내는 그거 나무가 아니구 미:루나무여 미:루나무.

= 미:루나무가 큰:: 눔 인넌대 그 또랑, 또랑 처내 미루나무가 큰: 눔 인넌대 그 미태 가서 모두 자써요.

저건 그럼 나중애 시믕 거요?

= 인재 이거넌 싱군 지 메 태 안 돼써두 이르캐 커유.

= 그저낸 미:루나무가 이르기 그냥 컨: 누미 여기 스구 이쪼개 스구 이르캐 서써써요.

= 개서 모두 그 미티가 자:구 모두 그르캐 해: 가찌.

쏟아졌어요.

= 그래서 지, 홑청이라고 이제 그것은 시치고 이제 꿰매, 홑청만 뜯어 빨고 그것은 다 안 뜯어 빨지 이제.

= 좀 검어야 이제 그것은 위에 이불은 뜯어 빨지. 검(은) 홑청, 이제...
그렇지요, 예.

= 홑청만 뜯어 빨고, 빨 때마다.

= 몇 번 그렇게 홑청만 뜯어 빨고 이제 그 껍데기가 검고 안 검고 하면 이제 그것은 저기 뜯어서 빨지.

여름에 왜 저기 마당에서도 그전에 많이 잤잖아요, 멍석...

= 빈대가 뜯어서, 빈대 벼룩.

예.

= 빈대 벼룩이 뜯어서 마당에 가서 자, 많이 잤지요.

= 마당에 많이 자면, 저기 고샅에 가서도 저기 모기 많다고 고샅에 가서도 자는 사람 있고 뭐.

= 마당에 흐흐 남자들은 저기 고샅에 나무 밑에 가서 자.

고샅에, 뭐를 고샅에라고 그래요?

= 저기 고 길가 요기 길 난 데 저기 방석나무 밑에 그런 데가 고샅이라고..

큰 나무 있는 데 거기?

= 예, 그전에는 그 나무가 아니고 미루나무야 미루나무.

= 미루나무가 큰 놈이 있는데 그 도랑, 도랑 천에 미루나무가 큰 놈 있는데 그 밑에 가서 모두 잤어요.

저것은 그럼 나중에 심은 거예요?

= 이제 이것은 심은 지 몇 해 안 되었어도 이렇게 커요.

= 그전에는 미루나무가 이렇게 그냥 큰 놈이 여기에 서고 이쪽에 서고 이렇게 섰었어요.

= 그래서 모두 그 밑에 가서 자고 모두 그렇게 해 갔지.

2.8 전통 혼례

할머니가 여기 시집 오셔쓸 때: 시댁 식꾸드리 누구누구 이써써요?

= 시아:버이 시:누 시어:머이 참 시아:버이 시어:머이 시:누 시동상 그르캐 저기 이써찌요.

시동상은 머라구 불러써요 그때?

= 시동상언 '내:태기!' 하구 불러찌 내:태기 오:내태기.

이르미여써요?

= 예:.

아이 할머니가 불를 때.

= 으 시동생이지 머 시 시동상이지 머.

저:기 불, 저:기 인는 사람 불를 때 그럴 때 머라구 불러요?

= 머 으 그건 내: 불러 바써?

안 불러써요?

= 그럼, 시누가 가서 와서 밤 머그라구 하구 불르지.

시누:한태는 머라구 불러써요?

= 아가씨.

아가씨.

= 으, 아가씨.

아가씨: 이르캐 불르구, 밤… 아가씨 밤 머거: 이르캐?

= 으, ㅎㅎㅎ.

손아래여써요, 그럼 시누가?

= 예:, 손아래요.

끔 저기 시동생이 장개가자너요?

= 예.

할머니가 여기 시집 오셨을 때 시댁 식구들이 누구누구 있었어요?

＝ 시아버지 시누이 시어머니 참 시아버지 시어머니 시누이 시동생 그렇게 저기 있었지요.

시동생은 뭐라고 불렀어요 그때?

＝ 시동생은 '내택이!' 하고 불렀지 내택이 오내택이.

이름이었어요?

＝ 예.

아니 할머니가 부를 때.

＝ 응 시동생이지 뭐 시 시동생이지 뭐.

저기 부를 저기 있는 사람 부를 때 그럴 때 뭐라고 불러요?

＝ 뭐 그것은 내가 불러 봤어?

안 불렀어요?

＝ 그럼, 시누이가 가서 와서 밥 먹으라고 하고 부르지.

시누이한테는 뭐라고 불렀어요?

＝ 아가씨.

아가씨.

＝ 응, 아가씨.

아가씨 이렇게 부르고, 밥... 아가씨 밥 먹어 이렇게?

＝ 응, <u>흐흐흐</u>.

손아래였어요, 그러면 시누이가?

＝ 예, 손아래요.

그럼 저기 시동생이 장가가잖아요?

＝ 예.

그러먼 머라구 불러야 돼요?

= 서방님.

그땐 서방님?

= 으.

아 불를 때두 서방님 그래구?

= 주거써유, 시동상 구닌 가서.

절머쓸 때?

= 으, 구닌 가서 주거써.

= 구닌 가서 다: 하구 나와 가주 저 부산 무슨 항? 거그 와서 주건, 거: 와서 거시기 하다 주거띠야 싸우다.

으음.

= 부산- 와 가주구 다: 살구 나와 가주구 거기 와 가주구 그르캐.

유기오 때 그랜나버요?

= 유:개 때.

시누가 이써꾸. 그 아:재라구는 안 불러써요?

= 아:재?

서방니멀 도령, 되 되린님?

= 응.

그르캐는 암 불러써요?

= 왜요, 그르캐두 불러찌 데린니미라구.

데린님?

= 으.

지그문 시댁식꾸드리 누가 이써요 여기?

= 시댁 식꾸덜 머 저기 동세: 큰동세.

= 큰동세아구 개이 큰시아주버이는 죽꾸: 우리 응:감두314) 죽꾸 시아주버이두 죽꾸 동:세는 이꾸 조카덜 하구 그러치 머.

그러면 뭐라고 불러야 돼요?

= 서방님.

그때는 서방님?

= 응.

아 부를 때도 서방님 그러고?

= 죽었어요, 시동생 군인 가서.

젊었을 때?

= 응, 군인 가서 죽었어.

= 군인 가서 다 하고 나와 가지고 저기 부산 무슨 항? 거기에 와서 죽었(어), 거기 와서 거시기 하다가 죽었대 싸우다가.

응.

= 부산 와 가지고 다 살고 나와 가지고 거기에 와 가지고 그렇게.

육이오 때 그랬나 봐요?

= 육이오 때.

시누이가 있었고. 그 아재라고는 안 불렀어요?

= 아재?

서방님을 도련, 도 도련님?

= 응.

그렇게는 안 불렀어요?

= 왜요, 그렇게도 불렀지 도련님이라고.

도련님?

= 응.

지금은 시댁 식구들이 누가 있어요, 여기?

= 시댁 식구들 뭐 저기 동서 큰동서.

= 큰동서하고 그래 큰시아주버니는 죽고 우리 영감도 죽고 시아주버니도 죽고 동서는 있고 조카들하고 그렇지 뭐.

그러먼 여기 하라버지가 둘짼가부지요?

= 예, 둘:째요 둘:째여.

엔:나래 그 할머니 저:기 겨론식 할 때 오:디짜나요 옫.

= 으

그렁 거 이런대 머 머리하구 이렁 거뚜 이찌요?

= 쪽또리.

예, 그렁 거 머머 해써요. 오, 오슨 어트개 이꾸?

= 쪽:또리아구 원삼-하구 그르치 머.

쪽또리하구 원삼?

= 음.

실: 가틍 거뚜 머 일, 이때먼서요?

= 실:?

예, 청실 머...

= 청:실 홍시런 여:기 행내 지내넌 데다 그 대:나무 이르캐 해서 꼬바
논대다 거:러노치이:.

아 그겅 거기다 하능 거요?

= 응:, 거그다 거:러 노치요.

그 상, 상이라 그래요? 그 머:라 그래요 그 차려 논능 거.

= 상, 지:쌍.315)

지:쌍?

= 으, 지:쌍.

그럼 처음: 그 시지본 사라믈 머라 그래요?

= 새닥.

새닥?

= 새대기라구 하지 머.

그때 저기 오슨 원삼? 원삼- 거태 임는 개 원사미자나요?

그러면 여기 할아버지가 둘째신가 보지요?

= 예, 둘째예요 둘째야.

옛날에 그 할머니 저기 결혼식 하실 때 옷 있잖아요 옷.

= 응.

그런 것 이런 데 뭐 머리하고 이런 것도 있지요?

= 족두리.

예, 그런 것 뭐뭐 하셨어요. 옷, 옷은 어떻게 입고?

= 족두리하고 원삼하고 그렇지 뭐.

족두리하고 원삼?

= 응.

실 같은 것도 뭐 있, 있다면서요?

= 실?

예, 청실 뭐...

= 청실 홍실은 여기 행례 지내는 데에다 그 대나무 이렇게 해서 꽂아 놓은 데에다 걸어 놓지.

아 그것은 거기에다 하는 거예요?

= 응, 거기에다 걸어 놓지요.

그 상, 상이라 그래요? 그 뭐라 그래요 그 차려 놓는 것을.

= 상, 초례상.

초례상?

= 응, 초례상.

그럼 처음 그 시집 온 사람을 뭐라고 그래요?

= 새댁.

새댁?

= 새댁이라고 하지 뭐.

그때 저기 옷은 원삼? 원삼은 겉에 입는 것이 원삼이잖아요?

= 예:, 온니꾸.

소:개 임능 건.

= 소:개는 치매조고리.

치매저고리.

= 조고리 치매 바:지 단소꼳. 흐히히헤헤헤

그개 어트개 달라요?

= 어:?

바지하구 단속꼬타구 어트개 달라요?

= 단속꼬선 이르캐 가랭이 이르캐 널룹깨 하:구 널룹깨 하:구 이꾸 이 저기 소:개 임녕 건 바:지, 바:지구.

단속꼳 아, 소:개 임능 거요?

= 으, 단속꼳 속:, 인재 바:지넌 소:개 이꾸 단속꼬선 질: 위애다 이꾸 까구 치:매 이꾸 그러치요 머.

치매는 어떤 치매 이버요? 처, 청 청홍 머 이런...

= 아 인재 그거야 친 조, 저 치:매넌 인재 꺼:멍물 디릴라면 디리구 부:농물 디릴라면 디리구 물: 디려서 그저내 해:짜나요, 물:깜 사다가.

= 그르캐 해서 명지애 명:지로 인재 물디려 가주구 치매, 치맨 노랑 물 디리먼 또 부:농물 디릴라먼 디리구 그르캐 해 가주 이버쩌요 머 엔: 나래.

그럼, 명지: 그르자나요?

= 응.

명지 그러먼 처:늘 명지라 그래요?

= 응, 명지...

짜: 농 거.

= 짜: 농 거 명지, 으.

짜:기 저내는 명지실?

= 예, 옷 입고.

속에 입는 것은.

= 속에는 치마저고리.

치마저고리.

= 저고리 치마 바지 단속곳. 흐히히헤헤헤

그것이 어떻게 달라요?

= 응?

바지하고 단속곳하고 어떻게 달라요?

= 단속곳은 이렇게 가랑이를 이렇게 넓게 하고 넓게 해서 입고 이 저기 속에 입는 것은 바지, 바지고.

단속곳은 아, 속에 입는 거예요?

= 응, 단속곳 속, 이제 바지는 속에 입고 단속곳은 제일 위에다 입고 그렇게 하고 치마 입고 그렇지요 뭐.

치마는 어떤 치마 입어요? 처, 청 청홍 뭐 이런...

= 아 이제 그것이야 치(마) 죠(고리), 저 치마는 이제 검은물 들이려면 들이고 분홍물 들이려면 들이고 물을 들여서 그전에는 했잖아요, 물감 사다가.

= 그렇게 해서 명주에 명주로 이제 물들여 가지고 치마, 치마는 노랑물 들이려면 (들이고) 또 분홍물 들이려면 들이고 그렇게 해 가지고 입었지요 뭐 옛날에.

그러면, 명주라고 그러잖아요?

= 응.

명주라고 그러면 천을 명주라고 그래요?

= 응, 명주...

짜 놓은 것.

= 짜 놓은 것을 명주, 응.

짜기 전에는 명주실?

= 응.

= 그르캐서 그르캐 그냥 그르캐 해 이버찌요 머.

= 엔:나래넌 머 지비서 다: 베:구 명지구 그르캐 해:서 이버짜나.

= 머 이: 가서 뜨기를 히야 머럴 히야. 인주럴 떠 인주 워:디 가서 떠 그걸.

인주?

= 인조.

인조.

= 비단, 비단.

비단.

인조하구 비단하구 가틍 거지요?

= 어.

= 으, 엔:나랜 그르캐찌유 머.

신항이라 그래나요 신행? 신행 간다고?

= 으, 그르치요.

그건 어트개 하능 거요?

= 신행 가먼 쟁:찔316) 가능 거지 머 처가찌비 가능 거 인재 시집 와 가주구 처가찌비 가능 거.

처:매?

= 응.

언재 가요 그거?

= 낼:, 사흘마내 가구 시지본 사흘마내 쟁찔 간다구 거 가자나요.

쟁찔?

= 으, 그르캐, 그저내는 각씬 안 따라댕, 실:랑만 가따 오자나.

= 각씬 앙 가구 시방만, 시방잉깨 실랑 각씨 이르캐 가 댕기지 그저내 넌 실랑만 가떠. 쟁찔 가따 온다구.

= 응.

= 그렇게 해서 그렇게 그냥 그렇게 해 입었지요 뭐.

= 옛날에는 뭐 집에서 다 베고 명주고 그렇게 해서 입었잖아.

= 뭐 이 가서 뜨기를 해 뭐를 해. 인조를 떠 인조(를) 어디 가서 떠 그걸.

인조?

= 인조견.

인조견.

= 비단, 비단.

비단.

인조견하고 비단하고 같은 것이지요?

= 응.

= 응, 옛날에는 그렇게 했지요 뭐.

신행이라고 그러나요 신행? 신행 간다고?

= 응, 그렇지요.

그것은 어떻게 하는 거예요?

= 신행 가면 재행 가는 것이지 뭐 처갓집에 가는 것 이제 시집 와 가지고 처갓집에 가는 것.

처음에?

= 응.

언제 가요 그거?

= 내일, 사흘 만에 가고 시집 온 사흘만에 재행 간다고 거기 가잖아요.

재행?

= 응, 그렇게, 그전에는 각시는 안 따라다(니고) 신랑만 갔다 오잖아.

= 각시는 안 가고 지금만, 지금이니까 신랑 각시 이렇게 가 다니지 그전에는 신랑만 갔어. 재행 갔다 온다고.

그럼 그날 가따 그날 와요?

= 그날 오기두 하구 자구 오기두 하구 그르치요.

혼자 가요?

= 그럼, 엔:나래 혼자 가찌 누가 데루구 가?

아이 각씨두 데리구 가이지.

= 에헤헤헤헤.

= 엔:나랜 그르캐 하두 아내써요.

페:배근?

= 응?

폐백, 피박?

= 피바꾸, 피바근 해 오지요, 닥 자바서.

고건 어트개 하능 거얘요, 자새히...

= 머 엔:나랜 그냥 닥 짜바 느쿠 밤: 대추 도방구리예다317) 밤: 대추 느쿠 닥 짜바 느쿠 그러치 머가 이써.

그래구서 어트가능 거요?

= 그래 가주 가지 머 더퍼서 그냥 가주 가능 거지.

어딜로?

= 시지배 올 때 시지볼 때 피:바캐 오자나.

그래닝까 저:기 지청애서 겨론식 하고 그 때 가주 오능 거요? 그날?

= 음.

= 아이, 장개럴 장개 오넌 사람 부:자찌비나 장개가지318) 가나난 지빈 장개두 아노자나 여자가 시직 끄냥 가자나.

아 그저내 그개 또 달릉 거요?

= 으어.

그럼 고걸, 고거쭘 가르처 줘 바유.

= 아이...

그럼 가날 갔다가 그날 와요?

= 그날 오기도 하고 자고 오기도 하고 그렇지요.

혼자 가요?

= 그럼, 옛날에 혼자 갔지 누가 데리고 가?

아니 각시도 데리고 가야지.

= 에헤헤헤헤.

= 옛날에는 그렇게 하지도 않았어요.

폐백은?

= 응?

폐백, 폐백?

= 폐백, 폐백은 해 오지요, 닭 잡아서.

고것은 어떻게 하는 거예요, 자세히…

= 뭐 옛날에는 그냥 닭 잡아 넣고 밤 대추를 고리에다 밤 대추 넣고 닭 잡아 넣고 그렇지 뭐가 있어.

그리고서 어떻게 하는 거예요?

= 그래 가지고 가지 뭐 덮어서 그냥 가져가는 거지.

어디로?

= 시집에 올 때 시집 올 때 폐백해 오잖아.

그러니까 저기 초례청에서 결혼식 하고 그 때 가져오는 거예요? 그 날?

= 응.

= 아니, 장가를 장가오는 사람은 부잣집이나 장가가지 가난한 집에는 장가도 안 오잖아 여자가 시집 그냥 가잖아.

아 그전에 그것이 또 다른 거예요?

= 응.

그럼 고것, 고것 좀 가르쳐 줘 보세요.

= 아니…

장개가는 거하구 시집까능 거하구.

= 어 부:자찌비더런 인재 실랭이 장개가자나 글루.

= 인재 각씨 찌비럴 장개가서 거: 실, 저 각씨 찌비서 행:니 지내구 그르카구 오:자나요.

= 인재 하루빰 자구: 오개 대면 그르캐 날, 인재 옌:나랜 머 차사해서 다: 날 바짜나요? 그래서 인재 봐: 가주 자구 오넌 기 되면 자구 오고 몰짜구 오넌 사람 댕일치기319) 하, 댕일치기 하구. 옌:나랜 댕일치기 하구 그르캐 해찌요 머.

인재 실랭이 가서...

= 으:, 행:니만 지내구 인재 오고.

행니만 지내서...

= 크내기320) 찌비서 마당 빌려준다능 개요, 그개 인재.

으음:.

= 그르캐 해구, 인재 움:넌 사라면 냥 크내기가 시지벌 실랑 찌비루 오넝 거여 그냥. 그르캐 해찌요 머.

그러면 장개가면 저:기 크내기 찌배 가서 행니 지내구?

= 어:.

크내기를 데리구 오능 거가요?

= 웅, 예예, 그르카면 장:개가능 거여 그건.

그개 장개가능 거구?

= 으 으

= 그럼 인재 움:넌 사라면 크내기가 시지보구321) 실랑 찌비루 오구.

크내기가 실랑 찌부루 가구.

= 어 으

그때 머 타구 가구 그래자나요?

= 가:매, 가:매 타구 댕기구 그저내 가:매 타찌 머 타.

장가가는 것하고 시집가는 것하고.

= 응, 부잣집들은 이제 신랑이 장가가잖아 그리로.

= 이제 각시네 집으로 장가가서 그 신(랑), 저 각시 집에서 행례 지내고 그렇게 하고 오잖아요.

= 이제 하룻밤 자고 오게 되면 그렇게 날, 이제 옛날에는 뭐 차사해서 다 날을 받잖아요? 그래서 이제 봐 가지고 자고 오는-게 되면 자고 오고 못 자고 오는 사람은 당일치기 하(고), 당일치기 하고. 옛날에는 당일치기 하고 그렇게 했지요 뭐.

이제 신랑이 가서…

= 응, 행례만 지내고 이제 오고.

행례만 지내서…

= 처녀 집에서 마당 빌려준다는 거예요, 그게 이제.

아아.

= 그렇게 하고, 이제 없는 사람은 그냥 처녀가 시집을 신랑 집으로 오는 거야 그냥, 그렇게 했지요 뭐.

그러면 장가가면 저기 처녀 집에 가서 행례 지내고?

= 응.

처녀를 데리고 오는 건가요?

= 응, 예예, 그렇게 하면 장가가는 거야 그것은.

그게 장가가는 것이고?

= 응 응.

= 그러면 이제 없는 사람은 처녀가 시집오고 신랑 집으로 오고.

처녀가 신랑 집으로 가고.

= 응 응.

그때 뭐 타고 가고 그러잖아요?

= 가마, 가마 타고 다니고 그전에 가마 탔지 뭘 타.

실랑은?

= 실랑 가:매 타구 장개 오자너.

실랑두?

= 응 그러문 인재 행:니 지내먼 인재 거기서 또 각씨 찌비서루 가:매 해... 그 가 따루따루 그 실랑 따루 각:씨 따루 이르캐 가매 타구 와요.

그 미:는 사라문 머라 그래요?

= 그 하인, 하인.

예?

= 하인.

하:인.

= 으, 하인더리 미:자너.

= 그저내는 다: 이 저:기 하머년 거시기 하인덜 따루 둬:짜너요. 그 사람내 데려다가 인재 땅 거틍 거 줘:서 하인: 집, 인재 산직찝322) 그르캐 둬:서 산직찌배 살:먼 그사람내가 해:구 가:매 미:구 그르캐...

= 사:람 주그먼 그 사람내가 부:고 써 가주구 돌리구 흐흐흐. 그저내 머 저:놔가 이써 머가 이써 직쩜 가따 주야지.

예.

= 그르캐 해서루 그르캐 부:고 돌리구 그르카지유 머.

천날 빠매는 어트개 해써요?

= 천날 빠매 뭐 어트개 장... 그...

옌:나래 머 문두 뚤꾸 막 그래자나요?

= 인재 기, 실랑 각씨 거시기 그 쪽또리 쪽또리 쓰:자나:, 쪽또리 베끼고 인재 그르카능... 쪽또리 베끼고 오꼬름 끌르구 이르카능 거 볼라구 그르캐 문 뜨꾸323) 디다바짜나.

그거 그러면서 머 재미인는 일: 업써써요? 이동내 머 이써떵 거 머 재미... 누구내 지배서 무슨 니리 이꾸 머 이래따능 거 이쓰먼 함 번 줌 얘기해 조 보세요.

신랑은?

＝ 신랑 가마 타고 장가 오잖아.

신랑도?

＝ 응 그러면 이제 행례 지내면 이제 거기에서 또 각시 집에서 가마 해서 그 가(마) 따로따로 그 신랑 따로 각시 따로 이렇게 가마 타고 와요.

그 메는 사람은 뭐라고 그래요?

＝ 그 하인, 하인, 하인.

예?

＝ 하인.

하인.

＝ 응, 하인들이 메잖아.

＝ 그전에는 다 이 저기 하면 거시기 하인들을 따로 두었잖아요. 그 사람들 데려다가 이제 땅 같은 것을 줘서 하인들 집, 이제 산지기집 그렇게 돼서 산지기집에 살면 그 사람들이 하고 가마 메고 그렇게...

＝ 사람 죽으면 그 사람들이 부고 써 가지고 돌리고 흐흐흐. 그전에 뭐 전화가 있어 뭐가 있어 직접 갖다 줘야지.

예.

＝ 그렇게 해서 그렇게 부고 돌리고 그렇게 하지요 뭐.

첫날 밤에는 어떻게 했어요?

＝ 첫날 밤에 뭐 어떻게 해 장... 그...

옛날에 뭐 문도 뚫고 막 그러잖아요?

＝ 이제 그 신랑 각시 거시기 그 족두리, 족두리 쓰잖아, 족두리 벗기고 이제 그렇게 하는... 족두리 벗기고 옷고름 끄르고 이렇게 하는 거 보려고 그렇게 문 뚫고 들여다봤잖아.

그거 그렇게 하면서 뭐 재미있는 일 없었어요? 이 동네에서 뭐 있었던 것 뭐 재미 누구네 집에서 무슨 일이 있고 뭐 이랬다는 것 있으면 한 번 얘기해 줘 보세요.

= 하이구 나 몰라요 그릉 거넌. 앙, 안 댕기머 봐:서 몰라. 그른 댄 앙:
가 봐서.

그때는 음시글 어떤 어떵 걸 준비해써요?

= 머 도래야... 저기, 저걸 멍:청324) 꿔: 가주 기양 적:325) 쓰러서루 손,
그 손님 대접파지 적:.

밀까루루?

= 으, 밀까루 적 꿔 가주구. 그래서 접씨예다 요러캐 나뭉때기 접씨다
요르캐 쓰:러서 놔: 가주서루, 인재 시방 과:이리 마능깨 과:일루 노쿠 막
이르카지만 그저낸 머 그렁 개 이써.

= 정:만 쓰러다 이냥 머 골파적 배차적 무수적 이르캐 그렁 거만 꿔:
가주구 해:찌.

무수저근 어트개 하능 거요?

= 무수: 채칼루 처 가주구 그거 이:겨서 꾸차나326) 그라면 무수저기지.

으음:.

= 시방 무수적뚜 안 꾸채이. 흐흐흐.

글쌔요, 요새 모:빠써요.

= 으, 무수적 앙 꿔 시방은.

배차저근 배차 이러:캐...

= 으:, 골파저카구.

골파는 파 요러:캐 논능 거구.

= 음, 그르캐 하능 거예유.

그루구 사람들 오만 또 머 항 그륻씩 주자너요?

= 국씨.

= 국씨하구 그 적 쓰러 농 거 하구 인재 머 저 과:일 저기 해 능 거
감:두 그런 호두 머 그렁 거. 그렁 거 인재 해서 한 접씨-씩카구 인재 적
쓰러 노쿠 그러치 머. 국씨 마라 내자나 국씨.

= 아이고 나는 몰라요 그런 것은. 안, 안 다니며 봐서 몰라. 그런 데는 안 가봐서.

그때는 음식을 어떤 어떤 것을 준비했어요?

= 뭐 ***... 저기, 부침개를 엄청나게 구워 가지고 그냥 부침개를 썰어서 손(님), 그 손님 대접하지 적.

밀가루로?

= 응, 밀가루 부침개 구워 가지고. 그래서 접시에다 요렇게 나무 접시에다 요렇게 썰어서 놔 가지고, 이제 지금은 과일이 많으니까 과일을 놓고 막 이렇게 하지만 그전에는 뭐 그런 게 있어.

= 부침개만 썰어다 그냥 뭐 골파부침개 배추부침개 무부침개 이렇게 그런 것만 구워 가지고 했지.

무부침개는 어떻게 하는 거예요?

= 무를 채칼로 쳐 가지고 그것을 이겨서 굽잖아 그러면 무부침개지.

으음.

= 지금은 무부침개도 안 굽잖아. 허허허.

글쎄요, 요즘은 못 봤어요.

= 응, 무부침개는 안 구워 요즘은.

배추부침개는 배추 이렇게...

= 응, 골파부침개하고.

골파는 파 요렇게 놓는 것이고.

= 응, 그렇게 하는 거예요.

그리고 사람들 오면 또 뭐 한 그릇씩 주잖아요?

= 국수.

= 국수하고 그 부침개 썰어 놓은 거하고 이제 뭐 저 과일 저기 해 넣은 것 감도 그런 호두 뭐 그런 것. 그런 것 이제 해서 한 접시씩하고 이제 부침개 썰어 놓고 그렇지 뭐. 국수 말아 내잖아 국수.

= 잔치면 국씨가...

국씨예다가 우예다가 머 이러캐 올리...

= 꾸미.327)

= 인재 게:란, 게:란 이르캐 부쳐 가주구 쓰:러 가주구 고추 실:거치 쓰:러 가주구 그거하구 꾸미 노차나.

그걸 꾸미라 그래요?

= 으, 그거 꾸미.

저기 고기 가틍 거는 안 너요?

= 왜유 돼지괴기 하지.

= 돼:지넌 돼:지는 메깅깨 잡:찌. 잔치 지내면 그저낸 직쩝 돼:지 미깅깨 돼:지 자바요.

= 돼:지 자바서 고기 그거 하지, 노치 왜. 한 접씨씩 그거 한 접씨 적: 한 접씨 머 그거 흐흐 과:일 그렁 건 이쓰면 그렁 거 노쿠.

돼:지 잠능 거 보셔써요?

= 그럼뇨.

어트개서 자버요?

= 아이 돼:지 물, 모가 목 찔러 가주고 피 빼: 가주고 물 펄:펄 끄려 가주 가따 언처 가주 털 칼루 문태자나.

= 칼루 이르캐 털 글그면 제적 글거져요. 그르캐 자버 노치 머.

그래구서?

= 그래 싸:물, 인재 다: 빼끼면 배 갈라 가주구 인재 창사구 빼:구 인 재 이르캐서 또 창사구넌 창사구대루 또 하구 해:서 모 쌀마서 그르캐 먹 지요 머 양.

그거뚜 다리두 띠:구 머 이러캐 하자나요?

= 다리 띠지요. 다리 띠구 등태 띠구 다: 하자나. 뒤따리 압따리 다: 띠:구 등뻬는 등뻬대루 하구 대가린 대가리대루 하구.

= 잔치면 국수가...

국수에다가 위에다가 뭐 이렇게 올리...

= 꾸미.

= 이제 계란, 계란 이렇게 부쳐 가지고 썰어 가지고, 고추를 실같이 썰어 가지고 그것하고, 꾸미를 놓잖아.

그것을 꾸미라고 그래요?

= 응, 그거 꾸미.

저기 고기 따위는 안 넣어요?

= 왜요 돼지고기 하지.

= 돼지는 돼지는 먹이니까 잡지. 잔치 지내면 그전에는 직접 돼지를 먹이니까 돼지 잡아요.

= 돼지를 잡아서 고기 그거으로 하지, 놓지 왜. 한 접시씩 그거 한 접시 부침개 한 접시 뭐 그거 흐흐 과일 그런 것은 있으면 그런 것 놓고.

돼지 잡는 거 보셨어요?

= 그럼요.

어떻게 해서 잡아요?

= 아니 돼지 물, 모가(지) 목을 찔러 가지고 피를 빼 가지고 물을 펄펄 끓여 가지고 갖다가 얹혀 가지고 털을 칼로 문대잖아.

= 칼로 이렇게 털을 긁으면 죄다 긁어져요. 그렇게 잡아 놓지 뭐.

그리고서?

= 그래 삶을, 이제 다 벗기면 배를 갈라 가지고 이제 창자 빼고 이제 이렇게 해서 또 창자는 창자대로 또 하고 해서 뭐 삶아서 그렇게 먹지요 뭐 그냥.

그것도 다리도 떼고 뭐 이렇게 하잖아요?

= 다리 떼지요. 다리 떼고 등뼈 떼고 다 하잖아. 뒷다리 앞다리 다 떼고 등뼈는 등뼈대로 하고 머리는 머리대로 하고.

그 젙 젙 내장 그 창자도...

= 그거뚜 다 거시기 배 갈러 가주 이르깨 따: 가주 하구 피창328) 맨들라면 그 피 빼:능 거 목 찔러다 피 빼:능 거 피창 맨들먼 그거 피창애다가 여:러 가지 양님 해: 가주구 너: 가주구 인재 피창 그: 맨들지요. 똥뿌, 똥뽀 맨드러, 그거 맨들자나.

피창이 머요 피창이? 순대?

= 으: 순:대.

그개 피창이예요?

= 으, 순대 그거 해: 가주구 그르캐 해:요.

아 그러면 피창이라 그래능 개,

= 응:.

돼지 목 따 가주구 피 나옹 거 하구,

= 어:.

양념하구:,

= 으:.

그걸 그...

= 양:니마구 인재 그: 두부, 두부 느쿠, 두부 깨:송 찔러 느쿠 양님 하 가주구 파:두 쓰러 느쿠 머 골파 쓰러 느쿠 이렁 거 해 가주구 피: 저서 가주구 창사구예 그기다 느:차나.

예, 그걸 피창이라 그래요?

= 으, 피창.

창사구애 능 거?

= 예.

고거 쌀머 가꾸 이르캐 쓰러 멍능 거자나요.

= 예, 그 마시써, 그러면 그개.

저두 쪼끄말 때 함 번 바써요, 그르캐 하능 거.

그 저 저 내장 그 창자도...

= 그것도 다 거시기 배 갈라 가지고 이렇게 따 가지고 하고 순대 만들려면 그 피 빼는 것 목 찔러서 피 빼는 것 순대 만들면 그거 순대에다 여러 가지 양념 해 가지고 넣어 가지고 이제 순대 그것을 만들지요. 똥보 똥보 만들어, 그거 만들잖아.

피창이 뭐예요 피창이? 순대?

= 응, 순대.

그게 피창이예요?

= 응, 순대 그거 해 가지고 그렇게 해요.

아 그러면 피창이라고 하는 것이,

= 응.

돼지 목 따 가지고 피 나온 것하고,

= 어.

양념하고,

= 응.

그걸 그...

= 양념하고 이제 그 두부, 두부 넣고, 두부 계속 찔러 넣고 양념 해 가지고 파도 썰어 넣고 뭐 쪽파 썰어 넣고 이런 것 해 가지고 피에 저어 가지고 창자에 거기다 넣잖아.

예, 그걸 순대라고 그래요?

= 응, 순대.

창자에 넣은 것?

= 예.

고것 삶아 가지고 이렇게 썰어서 먹는 거잖아요.

= 예, 그게 맛있어, 그러면 그것이.

저도 조그만할 때 한 번 봤어요, 그렇게 하는 것.

= 그거 그르캐 하는대, 시방은 초내서 대:지 안 자버. 저 사오, 자끼 무섭따구 직쩝 사: 오지.

= 잔치 지내두 사와 마처 가주구. 잡끼 검난다구 안 히야.

짐:두 이짜나요 짐:. 국쑤 저 국씨 위애다가...

= 으: 짐 뿌려 너. 지:미 워디 그르캐 이써 엔:나래? 그거뚜 움찌. 짐두 옵:써 별루. 그래서 지:사나 지낼라면 짐: 사오까 머 사와 비싸서?

그런 음식 맨들 때: 잔치애 쓸 음식 맨들 때: 어트개 만드러요? 혼자 몬: 맨들자나요?

= 모:타지요:. 동내 싸람 다: 오지:. 다: 와 가주 머, 엔:나랜 두부두 지비서 매:예다329) 매예다 콩 가러 가주구.

매:가 머요?

= 매:.

요러캐 돌리능 거?

= 응, 이르캐 돌리넝 거, 돌:려서 거기다 콩 가라.

똥그랑 거 위 아래 인능 거, 이러:캐 돌리능 거?

= 으: 으:.

= 거기다 콩 가:러 가주 가매소태 끄리 가주구 촘물330) 길, 짜: 가주구 또 자루예다 짜: 가주구 또 퍼:버 가주구 순물,331) 간수 질러서 인재 또 그르캐 해서 모, 두부 맨들지.

그래서 꽁: 눌러 노치요?

= 그럼, 눌러 노면 땍때카개 되자나요.

두부는 그르캐 맨들구, 또?

= 머여, 머이...

저근, 저근 어트개 꿔:요?

= 정: 머 저 마당애다 불 때구 철, 소두방뚜껑에332) 가따 노쿠 불 때서 적 꿔찌 머.

= 그것을 그렇게 하는데, 지금은 촌에서 돼지 안 잡아. 저 사오, 잡기 무섭다고 직접 사 오지.

= 잔치 지내도 사와 맞춰 가지고. 잡기 겁난다고 안 해.

김도 있잖아요 김. 국수 저 국수 위에다가...

= 응 김 부셔 넣어. 김이 어디 그렇게 있어 옛날에? 그것도 없지. 김도 없어 별로. 그래서 제사나 지내려면 김 사 올까 뭐 사와 비싸서?

그런 음식 만들 때 잔치에 쓸 음식 만들 때 어떻게 만들어요? 혼자 못 만들잖아요?

= 못 하지요. 동네 사람 다 오지. 다 와 가지고 뭐, 옛날에는 두부도 집에서 맷돌에다, 맷돌에다 콩을 갈아 가지고.

매가 뭐예요?

= 맷돌.

요렇게 돌리는 것?

= 응, 이렇게 돌리는 것, 돌려서 거기에다 콩을 갈아.

동그란 것 위 아래 있는 것, 이렇게 돌리는 것?

= 응 응.

= 거기에다 콩을 갈아 가지고 가마솥에 끓여 가지고 간수 질러, 짜 가지고 또 자루에다 짜 가지고 또 퍼부어 가지고 순물, 간수 질러서 이제 또 그렇게 해서 뭐, 두부 만들지.

그래서 꼭 눌러 놓지요?

= 그럼, 눌러 놓으면 딱딱하게 되잖아요.

두부는 그렇게 만들고, 또?

= 뭐, 뭐...

부침개는 부침개는 어떻게 구워요?

= 부침개 뭐 저 마당에다 불 때고 철(판), 소댕 뚜껑을 갖다 놓고 불을 때서 부침개를 구웠지 뭐.

소두방 뚜껑?

= 그럼, 소두방뚜껑.

그거 디지버 가주구...

= 어 흐흐 흐.

저기 머여 기름 둘러 가꾸...

= 야.

= 그거 지럼 옌:나래 지럼두 귀해서 돼:지지럼, 대:지지럼 그누무루 막: 발라서 적 꿔짜나. 요망큼 띠어서 노쿠 막 발라.

지름:두 요새, 요새는 머: 만:치요 머?

= 하이구 시방 시꿍 기름 머 그거 멍청하자나요? 그렁 거 항깨 머 들 지러무루 적 앙꿔.

= 그저낸 기림, 농사져서 들깨지럼333) 짜:다가 짜:서, 그저낸 지럼두 짜:능 거뚜 지비서 이르캐 찌::드라캐 거시기 지럼틀 한 대다가 지비서 짜 짜나요.

저 그렁 거 모:빠써요.

= 지럼, 이르캐 나무: 빤때기츠 찔:개...

깅 거.

= 으:?

찌:드망 거.

= 응, 찌:드마캐 해 가주구 인재 **으루 똥:그라캐 요르캐 해: 가주 똥: 그라캐 인재 이거 파 가주고 인재 고기다 해 가주구 인재 가따 지름 소태 다가 인재 그 꽤: 보까서 도구통애334) 찌어 가주구 가따 짐: 올려서 인재 보재기다 싸 가주 거그다 가따가 막: 돌맹이럴 인저 올려놔: 가주구 매: 매짝,335) 매짝 돌맹이 그릉 거 가따 올려놔: 가주 지럼, 그라먼 지러미 나 오자나요.

= 그저낸 그르캐 짜: 머거짜나유.

소댕 뚜껑?

= 그럼, 소댕 뚜껑.

그것 뒤집어 가지고...

= 어 흐흐 흐.

저기 뭐야 기름 둘러 가지고...

= 예.

= 그것 기름 옛날에는 기름도 귀해서 돼지기름, 돼지기름 그놈으로 막 발라서 부침개를 구웠잖아. 요만큼 떼어서 놓고 막 발라.

기름도 요즘, 요즘은 뭐 많지요 뭐?

= 아이고 지금 식용 기름 뭐 그것 엄청나잖아요? 그런 것으로 하니까 뭐 들기름으로 부침개 안 구워.

= 그전에는 기름, 농사지어서 들기름 짜다가 짜서, 그전에는 기름도 짜는 것도 집에서 이렇게 기다랗게 거시기 기름틀을 해놓은 데다가 집에서 짰잖아요.

저 그것 못 봤어요.

= 기름, 이렇게 나무 판때기처럼 길게...

긴 것.

= 응?

기다란 것.

= 응, 기다랗게 해 가지고 이제 **으로 동그랗게 요렇게 해 가지고 동그랗게 이제 이거 파 가지고 이제 고기에다 해 가지고 이제 갖다가 기름 솥에다가 이제 그 깨를 볶아서 절구통에 찧어 가지고 갖다가 김 올려서 이제 보자기에다 싸 가지고 거기에다 갖다가 막 돌멩이를 이제 올려놓아 가지고 맷돌 매짝, 매짝 돌멩이 그런 것을 갖다가 올려놓아 가지고 기름, 그러면 기름이 나오잖아요.

= 그전에는 그렇게 짜 먹었잖아요.

꿩 눌러서?

= 응:.

위애 무거웅 거?

= 어:.

= 그르캐 짜 머거찌유, 지럼 그저내년. 워디 지럼트리 이써?

= 뭐여?

≡ 고구마 쩌기 외가찌비서 가주 옹 개 다 써거써.

= 으하하.

≡ 아까 저기 가니, 차애 가니까 주무시대요?

예, 아까...

≡ 그래서 저 음뇨수 시워나개 잡쑤라고 가따 논는대:...

예애, 예.

하유...

= 지비서 이르캐 해 놔써?

≡ 으:.

= 그리야, 저 우리 손자따리 즈 아부지넌 해 논능 개비라구336) 하더이 권서니가 와따 가따구.

≡ 아니: 선생님 완, 난 여: 계신지 알구: 시워난 음뇨수하구 가주 와뜨니 앙 게셔. 그래서 보니까 저 우리 형부 마 마당애 게시드라구.

≡ 형님 그거 저거 이거 자주감자여. 이거 저 세산 썽이 중 건대 쩌드셔.

= 먹꾸 가, 왜 가 그래.

≡ 나?

= 으.

≡ 집 치우다가 와써 지금. 고구마 그거 으더다 옹 거 정니하구 마늘까구...

꾹 눌러서?

= 응.

위에 무거운 것?

= 응.

= 그렇게 짜 먹었지요, 기름을 그전에는. 어디 기름틀이 있어?

= 뭐야?

≡ 고구마 저기 외갓집에서 가져 온 것이 다 썩었어.

= 으하하.

≡ 아까 저기 가니(까), 차에 가니까 주무시데요?

예, 아까…

≡ 그래서 저 음료수 시원하게 잡수시라고 갖다 났는데…

예, 예.

아이고…

= 집에서 이렇게 해 났어?

≡ 응.

= 그래 저 우리 손녀딸이 저희 아버지가 해 놓았는가 보라고 하더니 권선이가 왔다 갔다고.

≡ 아니 선생님이 왔, 나는 여기 계신 줄 알고 시원한 음료수하고 가져 왔더니 안 계셔. 그래서 보니까 저기 우리 형부 마 마당에 계시더라고.

≡ 형님 그것 저것 이것 자주감자야. 이거 저 세산리 형님이 준 것인데 쪄 드셔.

= 먹고 가, 왜 가 그래.

≡ 나?

= 응.

≡ 집 치우다가 왔어 지금. 고구마 그거 얻어 온 것 정리하고 마늘 까고…

= 고구, 고구마 잡싸 바요.

예 예, 드새요.

= 귀:하자나.

그러캐 붇, 저기 저근 그러캐 꾸꾸.

= 으

들지름– 하고, 지름두 들지름두 이꾸 또…

= 찬지름, 참꽤 짜능 거.

참깨, 창꽤?

= 응, 창꽤, 찬지럼.

옌:나래 여기서 그 저, 그저내 홀래식 하자너요, 행녜 지내자나요? 그럴 때
머 동내애서 재미이써떤 닐 머 그렁 거 업써써요?

= 왜유, 그르캐 하만 옌:나래 그르카만 막: 인재 놀:구 잔치 지내면 막:
놀:구 머: 가:매두 태이구 별지설 다하지요.

누가, 누가 가매두 태워요?

= 아 인재 모두 청년더리 그저낸 청년덜 만:치, 시방언 개끼루337) 다:
나가 읍:짜나.

= 그저닌 청년더리 마:능깨 막: 가매 태여주구 막: 그러캐…

누굴 태워 조요?

= 인재: 그 지비 인재 시어:머이 시아:버이내 인재 모두 그르캐 태이
주고 그르카지요 머.

재미이써깬내요, 그럼?

= 그때는 지, 그때가 그리두 재미떵 개비여 시방보다요. 으허
허허.

사람들두 마:니 살구.

= 사람덜두 마:니 오고.

= 지비서 잔치 지 지비서 국씨 마라 잔치 지냉깨 지비루 다: 옹깨 이

= 고구, 고구마 잡쉬 봐요.

예 예, 드세요.

= 귀하잖아.

그렇게 부(침개) 저기 부침개는 그렇게 굽고.

= 응.

들기름 하고, 기름도 들기름도 있고 또...

= 참기름, 참깨로 짜는 것.

참깨, 참깨?

= 응, 참깨, 참기름.

옛날에 여기에서 그 저, 그전에 혼례식 하잖아요, 행례 지내잖아요? 그럴 때 뭐 동네에서 재미있었던 일 뭐 그런 것 없었어요?

= 왜요, 그렇게 하면 옛날에 그렇게 하면 막 이제 놀고 잔치 지내면 막 놀고 가마도 태우고 별짓을 다 하지요.

누가, 누가 가마도 태워요?

= 다 이제 모두 청년들이 그전에는 청년들 많지, 지금은 객지로 다 나가서 없잖아.

= 그전에는 청년들이 많으니까 막 가마 태워주고 막 그렇게...

누구를 태워 줘요?

= 이제 그 집에 이제 시어머니 시아버지네 이제 모두 그렇게 태워 주고 그렇게 하지요 뭐.

재미있었겠네요, 그럼?

= 그때는 지(금), 그때가 그래도 재미있었던 가봐 지금보다요. 으허허허.

사람들도 많이 살고.

= 사람들도 많이 오고.

= 집에서 잔치 지(-내니까) 집에서 국수 말아서 잔치 지내니까 집으로

냥 사:래미 버글버글하자나. 엄청하자나 사:라미.

= 막: 저런대 청첨 내:서 오니깨 더 만:치. 잔치 지낸다구 청첨 내서...

그저:내 저:기 새실랑이 저 처가찝 오구 그러먼 머 꺼꿀루 매다라 노쿠 그
래때면서요?

= 쟁:찔.338)

쟁찔?

= 응, 쟁:찔 가먼 그르카자너요?

그거 머하능 거요. 그거 머라 그래요?

= 실:랑 다룬다고 그르카지요.

실랑 다룬다구?

= 으:, 그르개서 막:...

쟁찔 가먼 그 동내 싸람드리 그래능 거예요?

= 그럼 동내 싸라미.

그 어트개 하능 거얘요?

= 막 그 쟁찔 가먼 꺼꿀루 막, 그저낸 실경따래가339) 이짜나 실경따래.

= 실경따래예 이쓰니까 막 다라 매구 막 술: 내라구 그러면 술:, 그래
그 내내 그 쟁:찌비서340) 수럴 머 함 파내기341) 가따 주지.

= 그저낸 막 술:, 누룩342) 띠워 가주구 술 해 느차나요:, 술:.

근 어트개 하능 거예요, 수른?

= 인재 꼬두, 저 쌀 당과따 꼬두밥343) 찌어서 인재 누루카구 인재 막
버무려 가주구 시쿼 가주구 가따 단:지다 막: 버:서 물부꾸 해면 수리 버
글버글버글 되자나요. 그라면 다 되면 인재 용수344) 바가서 인재 맬간 물
좀 떠: 노쿠서 인재 걸러 그냥 채루.

= 막 여러시 걸러 가주구서, 그거지 머 마껄리.

용수: 방능 건 머요. 어트개 하능 거요?

= 술 딴지예다 인재 이르캐 용:수라구 이르캐 저기 맨등 개 이써

다 오니까 그냥 사람이 버글버글하잖아. 엄청나잖아 사람이.

= 막 저런 데 청첩 내서 오니까 더 많지. 잔치 지낸다고 청첩 내서...

그전에 저기 새신랑이 저 처갓집 오고 그러면 뭐 거꾸로 매달아 놓고 그랬다면서요?

= 재행.

재행?

= 응, 재행 가면 그렇게 하잖아요?

그것이 뭐하는 거예요. 그것을 뭐라고 그래요?

= 신랑 다룬다고 그렇게 하지요.

신랑 다룬다고?

= 응, 그렇게 해서 막...

재행 가면 그 동네 사람들이 그러는 거예요?

= 그럼 동네 사람이.

그거 어떻게 하는 거예요?

= 막 그 재행 가면 거꾸로 막, 그전에는 시렁이 있잖아 시렁.

= 시렁이 있으니까 막 달아 매고 막 술 내라고 그러면 술(내오고), 그래 그 내내 그 장인 집에서 술을 뭐 한 자배기 갖다 주지.

= 그전에는 막 술을 누룩 띄워 가지고 술을 해 넣잖아요, 술.

그것은 어떻게 하는 거예요, 술은?

= 이제 고두(밥) 저 쌀 담갔다가 고두밥을 쪄서 이제 누룩하고 이제 막 버무려 가지고 식혀 가지고 갖다가 단지에다 막 부어서 물을 붓고 하면 술이 버글버글 되잖아요. 그러면 다 되면 이제 용수를 박아서 이제 말간 물 좀 떠 놓고서 이제 걸러 그냥 체로.

= 막 여럿이 걸러 가지고, 그것이지 뭐 막걸리.

용수 박는 것은 뭐예요. 어떻게 하는 거예요?

= 술 단지에다가 이제 이렇게 용수라고 이렇게 저기 만든 것이 있어

요. 이르깨 똥:그라캐 용:수.

멀:루 맨드러써요?

= 머: 저기 그저내는 우리 초:내는 장:대미루 맨드러찌 장:대미345) 장:
대미 끄:너다.

= 장:대미 요롱 거 요롱 거...

아아 이런 줄, 줄 이르캐 쭉: 까능 거?

= 어, 이르캐 요롱 거 줄, 장대미 이릉 거 끄너다가 용:수 맨들구.

= 시방 인재 그거뚜 안 맨들구 사:두 사:먼 그 대나무루 맬끔346) 맨드
러서 팔자나요.

아 그거 요러:캐 망가치 맨드러서 요러캐 지버너쿠...

= 응:, 요러캐 쩔:개 인재 이르캐 쩔:개 맨드러. 그럼 술 딴지애 가따
풍 느먼 인자 맬:가캐 그 가라안꾸, 고눔 뜨먼 그거는 약:쭈라구347) 하구.

= 인재 쪼끔 그거 쪼끔매 떠:, 마이두 안 떠:. 인재 막껄리, 막껄리루
하지, 그건 줌 거시기루 하:구.

노:랑 거?

= 응, 그거넌 인재 그르캐 가주 막 체:루 막 바쳐 가주 그거 함 파니기
는348) 떠: 노먼 체:루 막 걸러서 그 막껄리루 맨들자나요. 엔:나랜 그러캐
써. 버:리술두349) 하구 머 별거 다해써.

버리술두?

= 버리쌀 그거 술: 해짜나, 버리술.

= 쌀, 쌀 머 워디 그르캐 이써, 쌀: 수리? 고두밥 쪄 가주 그르캐.

요. 이렇게 동그랗게 용수.

무엇으로 만들었어요?

= 뭐 저기 그전에는 우리 촌에는 장대미로 만들었지 장대미 장대미 끊어다가.

= 장대미 요런 것, 요런 것...

아 이런 줄, 줄 이렇게 쭉 벋어나가는 것?

= 응, 이렇게 요런 것 줄, 장대미 이런 것 끊어다가 용수 만들고.

= 지금은 이제 그것도 안 만들고 사도 사면 그 대나무로 모두 만들어서 팔잖아요.

아 그거 요렇게 망같이 만들어서 요렇게 집어넣고...

= 응, 요렇게 길게 이제 이렇게 길게 만들어. 그럼 술 단지에다가 갖다 푹 넣으면 이제 말갛게 그 가라앉고, 그놈 뜨면 그것은 약주라고 하고.

= 이제 조금, 그거 조금만 떠, 많이도 안 떠. 이제 막걸리, 막걸리로 하지, 그것은 좀 거시기로 하고.

노란 것?

= 응, 그것은 이제 그렇게 해 가지고 막 체로 막 바쳐 가지고 그것 한 자배기는 떠 놓으면 체로 막 걸러서 그 막걸리로 만들잖아요. 옛날에는 그렇게 했어. 보리술도 하고 뭐 별것 다했어.

보리술도?

= 보리쌀 그거 술 했잖아, 보리술.

= 쌀, 쌀이 뭐 어디 그렇게 있어, 쌀 술이? 고두밥 쪄 가지고 그렇게.

2.9 환갑잔치

나이가 들자나요.

― 예.

그러면 인재 그 태어난 해애서부터 다시 이르캐 갑짜가 도라간다 그르지요?

― 예.

육씹깝짜.

― 예.

다 도라가면 고때 또 잔치하지요?

― 저, 육씸년 되먼 인재 저 항:갑짠치 하자나.

그거:는 어트캐 해요?

항갑짠치 때는 멀: 어떠캐 준비하고 어떤 절차, 절차가 머예요, 어트개 해요?

― 항:갑짠치넌 머 어 그저내 지비서 할 쩌개넌 그냥 저 지비서 참 국씨 사다 쌀마 노코: 내내 그르캐 이렁 거 적350) 꺼틍 거 꾸꾸351) 모두 싱녕 거틍 거 해: 가주고 모두 그렁 거 해다 그눔 가주구 침, 접씨 맨드러서352) 거 접씨다 전부 해서 손님 하나 오면 하나 언저 주구 주구 이르캐, 이르캐서 잔치 해쩌요.

― 그른대 지그먼 그개 아이자나.

― 지그먼 항:갑, 항:갑 또라오머넌 지비서 하녕 개 아니여, 무순 잔치구 전부 이, 거시기 와서 한다고 부패 거틍 거루 가서.

― 전부 이른대 와서넌 거그서 다 해 주나구353) 그냥 거그서. 그냥 돈:만 주면 되넝 기여.

― 그 인재 지그먼 잔치 지비서 하넌 사라미 아:무두 웁짜너.

나이가 들잖아요.

— 예.

그러면 이제 그 태어난 해에서부터 다시 이렇게 갑자(甲子)가 돌아간다 그러지요?

— 예.

육십갑자.

— 예.

다 돌아가면 그 때 또 잔치하지요?

— 저, 육십 년 되면 이제 저기 환갑잔치를 하잖아.

그것은 어떻게 해요?

환갑잔치 때는 무엇을 어떻게 준비하고 어떤 절차, 절차가 뭐예요, 어떻게 해요?

— 환갑잔치는 뭐 에 그전에 집에서 할 적에는 그냥 저 집에서 참 국수 사다가 삶아 놓고 내내 그렇게 이런 것 부침개 같은 것 굽고 모두 식량 같은 것 해 가지고, 모두 그런 것 해다가 그놈 가지고 침, 접시 만들어서 거기 접시에 전부 해서 손님 하나 오면 하나씩 얹어 주고 주고 이렇게, 이렇게 해서 잔치했지요.

— 그런데 지금은 그것이 아니잖아.

— 지금은 환갑, 환갑이 돌아오면 집에서 하는 게 아니야, 무슨 잔치고 전부 이, 거시기가 와서 한다고 뷔페 같은 것으로 가서.

— 전부 이런 데 와서는 거기에서 다 해 준다고 그냥 거기에서. 그냥 돈만 주면 되는 거야.

— 그래 이제 지금은 잔치를 집에서 하는 사람이 아무도 없잖아.

- 저: 거시기 항갑짠치 거 지비서 하는 사람 아:무두 웁따고.
- 전:부 여 옥츤 거튼대 이른대 나와서 하고 이르캐 한다고.
- 근대 그거시: 도:넌 마이 주넝 거 거티두 페나구 돈: 들 드러가.
- 이 저 거 지비서 잔치하능 기 돈: 더 드러간다고.
- 그 잔재비354) 그거 머여 전:부 장얼 볼라면 메칠 간 보자나. 거이
자 여러 가지 이거 뜨구355) 저거 뜨구 전::부 볼라면 그르캐 할라구 하면
그거뚜 머여 참 정신 쓰야 되고: 에: 도:니 마이 드러간다고 그거뚜.
- 근대: 차라리 여기 에 이른대다 노쿠설랑언 한 사라마패 얼마꼼356)
증애 가주 한 끼애 얼마꼼 증애 가주서 하면 그개 쉬긴 나따고.
- 장:사, 시방 사람 주거서 장:사 지내능 거뚜 그리여.

고거뚜 이따가 제가 또 무러보깨요, 장사 지내능 거.

- 예.

항갑찐, 항갑 할 때 나만태 인재 알려야 되자나요, 그저내?

- 그르치요.

어트개 알려써요, 예저내는?

- 근, 저 알래짱얼 보내자나요.
- 거 저 가 갑, 자기 아:는 대루 전:부 알래짱얼 보내자나.

그저내는 다 저 사라미 가꾸 다녀짜나요?

- 옌:나래, 옌:나래 거 사:래미 가주 댕길 쩌개넌 오래 돼:찌.
- 근대 지그먼 이 우편배다래 거기다 가따 노먼 거기서 다: 돌려 주
자너.

그러니까 옌:나래 마리요, 옌:나래.

- 옌:나랜 전부 사:래미 쪼차다니머 줘어띠야.
- 부:고두 그르캐짜너. 사람 주금 부:고두 전:부 그 상가찌비설랑언 하:
인 해서 보내머넌 너넌 어디 가따 워디 워디 워디꺼지 가따오구 너넌 어
디 어디 어디 어디꺼지 가따오구 전:부 시켜짜나. 이르캐서 가찌.

- 저 거시기 환갑잔치를 그 집에서 하는 사람은 아무도 없다고.
- 전부 여기 옥천 같은 데 이런 데 나와서 하고 이렇게 한다고.
- 그런데 그것이 돈은 많이 주는 것 같아도 편하고 돈도 덜 들어가.
- 이 저 그 집에서 잔치하는 것이 돈이 더 들어간다고.
- 그 잔잡이 그거 뭐야 전부 장을 보려면 며칠 간 보잖아. 그래 저 여러 가지 이것 뜨고 저것 뜨고 전부 보려면 그렇게 하려고 하면 그것도 뭐야 참 정신 쏟아야 되고 에 돈이 많이 들어간다고 그것도.
- 그런데 차라리 여기 에 이런데 놓고서 한 사람 앞에 얼마씩 정해 가지고 한 끼에 얼마씩 정해 가지고 하면 그게 훨씬 낫다고.
- 장사, 지금 사람 죽어서 장사 지내는 것도 그래.

그것도 이따가 제가 또 물어 볼게요, 장사 지내는 것.
- 예.

환갑 진(갑), 환갑을 할 때 남한테 이제 알려야 되잖아요, 그전에?
- 그렇지요.

어떻게 알렸어요, 예전에는?
- 그것은, 저기 안내장을 보내잖아요.
- 그 저기 갑, 자기 아는 대로 전부 안내장을 보내잖아.

그전에는 다 저기 사람이 가지고 다녔잖아요?
- 옛날에, 옛날에 그 사람이 가지고 다닐 적에는 오래 되었지.
- 그런데 지금은 이 우편배달이 거기에다 갖다 놓으면 거기에서 다 돌려 주잖아.

그러니까 옛날에 말이에요, 옛날에.
- 옛날에는 전부 사람이 쫓아다니면서 줬대.
- 부고도 그렇게 했잖아. 사람 죽으면 부고도 전부 그 상갓집에서 하인을 해서 보내면 너는 어디 갔다가 어디 어디 어디까지 갔다가 오고 너는 어디 어디 어디 어디까지 갔다가 오고 전부 시켰잖아. 이렇게 해서 갔지.

- 개 지그믄 그냥 우채구개 가따 땅 느면 다: 글로루357) 다 전달되자나.

그러먼 항갑짠치 할 때 머, 거 항갑짠치 할라먼 인재 준비해야 되자
나요?

- 준비해야지요.

머: 머를 어떠캐 준비해요?

- 건 음:시기지 머 땅 껀 웁찌 뭐.

- 음:시기고 인자 에: 가족떠리 인자 그 때얘 항갑짠치 할 쩌개 자이
질래358) 메늘래359) 모두 해서 온뚜 그때 새루 모두 해 이꼬 또 항갑 또라
오넌 사람 온뚜 전부 에: 새루 싹: 해 주고 그르캐 모두 하자나.

- 그 인재 항:갑 때 해이븐 오시 모두 마:니 이찌.

- 항:갑 때 에: 이 해 준 그 양보기라덩가 두루매기라덩가 이렁 거 전
부 다 그렁 거 가주구 쓰지.

- 그르가고 인재 그 메눌래 아덜래두 그때는 바지조고리 다: 해 주구
머여 메늘래두 치매조고리 다: 해 주자나.

지들 꺼, 자기들 꺼?

- 에, 에.

- 자기, 자기 에: 치매저고리 저 메늘래 꺼 전부 다 해 주자나.

- 인재 행편대루, 인재 모:다넌 사람두 이찌:.

- 걸 모 히미 안 다서 모:다넌 사람 만, 마니 이찌:.

- 개 이재 히미 단넌 사라먼 대개 다: 그르캐 다: 해 준다고.

- 겨:론식 때두 그르차나. 겨론식 때두 거 시아바이360) 오설 함 벌 해
준다덩가 시어머이 오슬 함 벌 해 준다덩가 이거 다: 해 가주 가자나 지
금. 그르키 다: 한다고.

상:두 차리자나요?

- 상:두 차리지요.

멀, 멀 어트개 차려요, 그건?

- 그래 지금은 그냥 우체국에 가서 딱 넣으면 다 그리로 다 전달이 되잖아.

그러면 환갑잔치 할 때 뭐, 그 환갑잔치 하려면 이제 준비해야 되잖아요?

- 준비해야지요.

무엇 무엇을 어떻게 준비해요?

- 그것은 음식이지 뭐 딴 것은 없지 뭐.

- 음식이고 이제 에 가족들이 이제 그 때에 환갑잔치 할 적에 ***네 며느리네 모두 해서 옷도 그때 새로 모두 해 입고 또 환갑 돌아오는 사람 옷도 전부 에 새로 싹 해 주고 그렇게 모두 하잖아.

- 그 이제 환갑 때 해 입은 옷이 모두 많이 있지.

- 환갑 때 에 해 준 그 양복이라든가 두루마기라든가 이런 것 전부 다 그런 것들 가지고 쓰지.

- 그렇게 하고 이제 그 며느리네 아들네도 그때는 바지저고리 다 해 주고 뭐야 며느리들도 치마저고리 다 해 주잖아.

저희들 것, 자기들 것?

- 예, 예.

- 자기, 자기 에 치마저고리 저기 며느리네 것 전부 다 해 주잖아.

- 이제 형편대로, 이제 못 하는 사람도 있지.

- 그것을 뭐 힘이 안 닿아서 못 하는 사람 많(이), 많이 있지.

- 그래 이제 힘이 닿는 사람은 대개 다 그렇게 해 준다고.

- 결혼식 때도 그렇잖아. 결혼식 때도 그 시아버지 옷을 한 벌 해 준다든가 시어머니 옷을 한 벌 해 준다든가 이것을 다 해 가지고 가잖아 지금. 그렇게 다 한다고.

상도 차리잖아요?

- 상도 차리지요.

뭘, 뭘 어떻게 차려요, 그것은?

- 상언, 아 내내 상언 인재 큰, 그 옏:나래 항갑짠치 때 큰상361) 차리
넌 대는, 큰상 차리, 큰:상 이른 이른 큰:상얼 노쿠서루 거그다가 한:부
닥362) 꽤:지.

- 한: 자씩363) 이상 괴지.

- 여 저 거시기 과자두 괴구, 밤: 대추 저 잔: 머 이렁 거 전:부 으낭
해서 저 꽤서 족:: 차려 노코 음식뚜 떡뚜 해서 고래 족:: 해서 꽤 가주구
해 노쿠, 해 노쿠 그르캐 차려 노쿠 사진 찍꾸 그르카자나.

- 지그먼, 옏나랜 전부다 개인 지비서 그르캐 핸넌대 지그먼 그개 아
니구 저 시장애 전부 다 그 해 농 기 이짜나.

- 꿈 세:만364) 주먼 그냥 가따 노쿠 사진 찌꾸서 그냥 보내능 거여.

- 그러구서 인재, 인재 음:시캐서 그냥 손님덜 잔치만 하넝 거여, 지그
먼. 그러잉깨 간따낭 거지.

- 옏:나랜 그거 할라먼 갱:쟁이 힘드러따고.

- 아 거기 제 제대루 된 상 할라구 하먼 큰상 할라구 하먼 거기 잔:뚜
이만치 괴야지 저 으낭두 이만치 괴야지 다식 꾀야지 과:자 괴야지 머 과
일 다: 괴야지 떡: 이르캐 괴야지 그 적깔 머 이르캐 해구 전:부 다 괴야
되거덩. 뵈기 조캐 다 괴야 되넝(거여).

- 그 과:방365) 하는 사래미 따루 이쓰짜나. 옏나래두 아무나 하능, 그
과:방두 아무나 하넝 개 아니여.

- 떡 꾀넝 거 그거뚜 아무나 괴넝 개 아니여. 그냥 아무러캐나 이르캐
노믄 괴:지능 개 아이라고.

- 그개 다: 그 사라매 솜씨애 달려써.

- 저 떡 꺼틍 거 이렁 거뚜 뵈기 조::캐 잘 괴넌 사래미 이꼬 그런대
암:만 자랄라구 해두 안 되넌 사라믄 안 돠.

- 그러먼 밤: 거틍 거 그거 보매 봐서 나무 볼 찌개넌 그 그냥 그거
올려 놔찌 하지만 바:미 그개 괴기가 엄:청 어려웅 거여.

- 상은, 에 내내 상은 이제 큰(상), 그 옛날에 환갑잔치 때 큰상 차리는 데는, 큰상 차릴, 큰상 이런 이런 큰 상을 놓고서 거기에 한가득 괴지.

- 한 자씩 이상 괴지.

- 이 저 거시기 과자도 괴고 밤, 대추 저기 잣 뭐 이런 것 전부 은행해서 저기 괴어서 죽 차려 놓고 음식도 떡도 해서 고렇게 죽 해서 괴어가지고 해 놓고, 해 놓고 그렇게 차려 놓고 사진 찍고 그렇게 하잖아.

- 지금은, 옛날에는 전부 다 개인 집에서 그렇게 했는데 지금은 그것이 아니고 저 시장에 전부 다 그것을 해 놓은 것이 있잖아.

- 그러면 세(임대료)만 주면 그냥 갖다 놓고 사진 찍고서 그냥 보내는 거야.

- 그리고서 이제, 이제 음식 해서 그냥 손님들 잔치만 하는 거야, 지금은. 그러니까 간단한 것이지.

- 옛날에 그거 하려면 굉장히 힘들었다고.

- 아 거기 제 제대로 된 상을 하려면 큰상 하려면 거기에 잣도 이만큼 괴어야지, 저기 은행도 이만큼 괴어야지, 다식 괴어야지, 과자 괴어야지 뭐 과일 다 괴어야지, 떡 이렇게 괴어야지, 그 부침개 뭐 이렇게 하고 전부 다 괴어야 되거든. 보기 좋게 다 괴어야 되는 거야.

- 그 과방 하는 사람이 따로 있었잖아. 옛날에도 아무나 하는(게 아니고), 그 과방도 아무나 하는 게 아니야.

- 떡 괴는 것 그것도 아무나 괴는 것이 아니야. 그냥 아무렇게나 이렇게 놓으면 괴어지는 것이 아니라고.

- 그게 다 그 사람의 솜씨에 달렸어.

- 저 떡 같은 것 이런 것도 보기 좋게 잘 괴는 사람이 있고 그런데 아무리 잘 하려고 해도 안 되는 사람은 안 돼.

- 그러면 밤 같은 것 그거 보기에는 남이 볼 적에는 그 그냥 그것 올려 놓았지 하지만 밤이 그것이 괴기가 엄청나게 어려운 거야.

- 대:추년, 대:추두 그 이 똥골똥고랑 거 요렁 거슬 가설랑언 전:부 가따 고개 싸:서 이만치 한 자썩 낄라면 마리여 갱:장이 품366) 드넝거라구 그개.

- 거 전부 폭: 쌀마 가주구 폭: 쌀마 가주구서 쩌 가주구설랑언 요러 캐 주물르머넌 요렁요렁 주물르머넌 요개 네모가 빤드타개 돠, 꼭:꼭 주 물르먼.367)

- 개 요놈 네모빤드타개 되먼 고기다 땅 노코 또 해서 노코 그러카구 서 인재 요그다 인재 다문다문368) 노쿠설랑언 조:이 끄너서 가운대 딱 더 꾸서 또 인재 고 한 채369) 노코 또 한 채 노코 사무 그르캐 올러가자너.

- 전:부 그르캐 괸:다고 밤:두 그러쿠.

종이를 하나씩 이르캐 노면서요?

- 예.

- 조:이럴, 에 문쫑이럴 창호지럴 해:서 이르개 똥::그라캐 끄너 논다구.

- 끄너 노쿠설랑언 괘:, 괘: 올러갈 쩌개 한 채 땅: 노쿠 거그다 에 안 빠지개 해 노쿠서 고놈 가따 물, 무럴 가상이다370) 적씬다고. 이 똥:그랑 거 가생애371) 무럴 적쪄 가주구서. 그냥 하먼 뜨자나.

- 개 이거 무럴 적쪄 가주서 가따가 따건즈먼 딱 뜨러 부꺼덩. 그 머 이거 딱 뜨러 부트머는 인재 여그다 또 싸능 기여. 이개시 부뜰기 이기 심쭈리라. 이개 부뜰구 이씨잉깨 쉬:깨 안 너머가지. 이거 웁씨먼 대번 와 그르 한다구. 그럼. 밤:두 그러쿠.

- 밤:두 그개 보매372) 봐선 아무 거뚜 아닝 거 가찌만 깡:넌 대 주사 이다, 깡:넌대.

- 잘:: 까까서 또::까치 까까야 그거시 싸:지지 너머 크구 너머 삐따카 구 하먼 안 싸진다고.

- 그래 그렁 거시 엔:나래 고렁 거뚜 전무느로 하넌 사래미 이쩌따고.

- 과:방 거틍 거 하넌 사래미 이쩌따고 옌나래. 자라넌 사래미 이쩌따 고 그르캐.

- 대추는, 대추도 그 이 동글동글한 것 요런 것을 가지고 전부 갖다가 고 걸 쌓아서 이만큼 한 자씩 괴려면 말이야 굉장히 품이 드는 것이라고 그게.

- 그 전부 폭 삶아 가지고 폭 삶아 가지고 쪄 가지고서 요렇게 주무르면 요렇게 요렇게 주무르면 요것이 네모가 반듯하게 돼, 꼭꼭 주무르면.

- 그래 요놈이 네모반듯하게 되면 고기에다 딱 놓고 또 해서 놓고 고렇게 하고 이제 요기에다 이제 드문드문 놓고서 종이를 끊어서 가운데 딱 덮고 또 이제 고기에 한 켜 놓고 또 한 켜 놓고 사뭇 그렇게 올라가잖아.

- 전부 그렇게 괸다고 밤도 그렇고.

종이를 하나씩 이렇게 놓으면서요?

- 예.

- 종이를, 에 문종이를 창호지를 해서 이렇게 동그랗게 끊어 놓는다고

- 끊어 놓고서 괴어, 괴어 올라갈 적에 한 켜 딱 놓고 거기에다가 안 빠지게 해 놓고서 그놈을 갖다가 물, 물을 가에다 적신다고. 이 동그란 것 가에 물을 적셔 가지고 (한다고). 그냥 하면 뜨잖아.

- 그래 이것을 물을 적셔 가지고 갖다가 딱 얹으면 딱 달라붙거든. 그 뭐 이것이 딱 달라붙으면 이제 여기에다 또 쌓는 거야. 이것이 붙들고 이 것이 힘줄이라. 이것이 붙들고 있으니까 쉽게 안 넘어가지. 이게 없으면 대번에 와르르 한다고. 그럼. 밤도 그렇고.

- 밤도 그것이 보기에는 봐서는 아무 것도 아닌 것 같지만 깎는 데 주산이다, 깎는 데.

- 잘 깎아서 똑같이 깎아야 그것이 쌓아지지 너무 크고 너무 삐딱하면 안 쌓아진다고.

- 그래 그런 것이 옛날에는 그런 것도 전문으로 하는 사람이 있었다고.

- 과방 같은 것 하는 사람이 있었다고 옛날에. 잘 하는 사람이 있었다고 그렇게.

- 대:개 옌:나래 여자더리 마:니 핸넌대 남자더리 마:니 해따고 그저내.

- 이 떡 꺼틍 거 이거 괴:고 하넌대, 나:두 그렁 거 내가 마:니 해따고.

- 밤: 대:추 이렁 거 막 괴구. 우리:는 우리 풍천 임가는 거기애 그르캐 살: 쩌개 시사 차리구 할 쩌개 떠걸 이르캐 괴구 밤: 대:추 이러캐 괴야 햐 해써.

- 건대 하루 쩌녀개 인재 과:방얼 할라먼 거 차릴라구 하머넌 에: 내가 인재 거기 이:럴 보러 가머넌 사람 뒐:373) 데루 가야 된다고, 딴 사라멀.

- 가서 인재 그 뒤모도374) 해 주야 되닝깨. 그 데루가설랑언 이제 그 싸꼬 그르캐 해따고, 개 내가 그렁 거 마:니 해따고, 그저내.

- 그런대 나이가 머그먼 안돠. 이::상항 거여.

- 나이가 머그머넌 그저내 잘:: 해떵 거뚜 해 보먼 세::상 웂써두 안 돠.

- 그앤 이 근, 근 요: 나이 머근 뒤애 글, 근자애 와설랑언 그걸 저: 함 번 그걸 해:볼라구375) 해: 보잉깨 안 돠.

- 뵈기 조캐 되도 아나고 드르가따 나와따 하고, 안 돠.

- 대:추두 괘 봉깨376) 대:추두 앙 괴어지구 밤:두 해 봉깨 밤:두 잘 안, 안 되구, 안 되드라고.

- 아니 왜 이기 안 돠., 이:상하지 참.

- 개 아::무리 할라개두 안 돠.

아까 항갑, 항갑쌍 차리능 거는 인재 머 이걷쩌걷 막 괴: 가주구 한 자썩 괴:서 이르캐 차린다 그르자나요?

- 예.

그러캐 인재 차려 노코 그 다으맨 어트개 해요, 그 다으맨?

- 그 다매넌 거 인재 머 당버닌덜 그거 고그 안자서 자손더리 인재 전부 절:하고 인사하자나.

술두 한잔썩 올리구?

‒ 대개 옛날에 (음식은) 여자들이 많이 했는데 (과방은) 남자들이 많이 했다고 그전에.

‒ 이 떡 같은 것 이것 괴고 하는데, 나도 그런 것을 내가 많이 했다고.

‒ 밤 대추 이런 것 막 괴고. 우리는 우리 풍천 임가는 거기에 그렇게 살 적에 시사(時祀) 차리고 할 적에 떡을 이렇게 괴고 밤 대추 이렇게 괴어야 해 했어.

‒ 그런데 하룻저녁에 이제 과방을 하려면 그 차리려고 하면 에 내가 이제 거기에 일을 보러 가면 사람을 두엇 데려 가야 된다고, 딴 사람을.

‒ 가서 이제 그 뒤모도 해 주어야 되니까. 그 데려가서 이제 그 쌓고 그렇게 했다고, 그래 내가 그런 것을 많이 했다고, 그전에.

‒ 그런데 나이를 먹으면 안 돼. 이상한 거야.

‒ 나이를 먹으면 그전에 잘 했던 것도 해 보면 세상없어도 안 돼.

‒ 그래 이 그건, 그건 요 나이 먹은 뒤에 그것을, 근자에 와서 그것을 저 한 번 해 보려고 해 보니까 안 돼.

‒ 보기 좋게 되지도 않고 들어갔다 나왔다 하고, 안 돼.

‒ 대추도 괴어 보니까 대추도 안 괴어지고 밤도 해 보니까 밤도 잘 안, 안 되고, 안 되더라고.

‒ 아니 왜 이게 안 돼, 이상하지 참.

‒ 그래 아무리 하려고 해도 안 돼.

아까 환갑, 환갑상 차리는 것은 이제 뭐 이것저것 막 괴어 가지고 한 자씩 괴어서 이렇게 차린다고 그러잖아요?

‒ 예.

그렇게 이제 차려 놓고 그 다음에는 어떻게 해요, 그 다음에는?

‒ 그 다음에는 그 이제 뭐 당본인들 그것 거기에 앉아서 자손들이 이제 전부 절하고 인사하잖아.

술도 한 잔씩 올리고?

- 응.

- 그기다 노코 전부 인재 자손더리 거기 야:지리377) 하자나.

- 어: 아더리 먼저 하고 인재 고 다매 손자덜 딸래 자꾸 연신 따라서 이개 하자나.

딴 사라미 항갑짠치애 오라구: 항가배 초대하자너요?

- 어: 응.

그럼 가지요?

- 으:.

어트개, 그냥 가요? 어트개 가서 어트개 해요?

- 어: 가먼 그냥, 그냥 앙 가지:. 다: 봉투 다: 해 가주 가지.

엔:나래두 그래써요?

- 그럼 엔:나래두 다: 해 가주 가찌.

- 고기에 에: 인재 저 부주한다 구라지. 근대 에 봉투:-에다가 에: 이: 마너니먼 이:마넌 삼마너니먼 삼마넌 해서 느쿠, 느:설랑언 해: 가주 가지.

- 장:사찌빌378) 가두 그러쿠: 에: 상가찌빌 그런 상가찌비379) 거튼대 겨론애 가두 다: 그러쿠 그개 다 품마시여, 엔:나래.

- 그에 에 저 사라미 안 와씨먼 나두 앙 가구 저 사라미 와씨먼 나두 가구 그기 그렁 거라구.

- 근대 그렁 거설 그렁 거설 잘 차자서 댕기넌 사라먼 잘 댕기고 또 그런 댈 회피하넌 사래미 이써 앙 갈라고 회피하넌 사래미.

- 근 왜 그르냐, 도:니 아까워서 모 까능 기여 도:니 아까워서.

- 그이 그런 사라먼 그런 사라먼 쫌 들: 존 사라미여.

- 그: 서루 그러캐 도와주넝 건대 그 대그날 째 도와주넝 건대 그른 사라먼 들: 존 사라미여 그런 사래미 이써, 보먼 트키 그런 사래미 이따고.

- 우리내가 버녀니380) 보넌대 머 그렁 거.

― 응.

― 거기에다 놓고 저부 이제 자손들이 거기 모조리 하잖아.

― 에 아들이 먼저 하고 이제 그 다음에 손자들 딸들 자꾸 연신 따라서 이렇게 하잖아.

딴 사람이 환갑잔치에 오라고 황갑에 초대하잖아요?

― 응 응.

그럼 가지요?

― 응.

어떻게, 그냥 가요? 어떻게 가서 어떻게 해요?

― 응, 가면 그냥, 그냥 안 가지. 다 봉투를 다 해 가지고 가지.

옛날에도 그랬어요?

― 그럼 옛날에도 다 해 가지고 갔지.

― 거기에 에 이제 저 부조한다고 그러지. 그런데 에 봉투에다가 에 이만 원이면 이만 원 삼만 원이면 삼만 원을 해서 넣고, 넣어서 해 가지고 가지.

― 장삿집에 가도 그렇고 에 상갓집을 그런 상갓집 같은데 결혼에 가도 다 그렇고 그게 다 품앗이야, 옛날에는.

― 그래 에 저 사람이 안 왔으면 나도 안 가고 저 사람이 왔으면 나도 가고 그게 그런 거라고.

― 그런데 그런 것을 그런 것을 잘 찾아서 다니는 사람은 잘 다니고 또 그런 데를 회피하는 사람이 있어 안 가려고 회피하는 사람이.

― 그것은 왜 그러냐, 돈이 아까워서 못 가는 거야 돈이 아까워서.

― 그래 그런 사람은 그런 사람은 좀 덜 좋은 사람이야.

― 그 서로 그렇게 도와주는 것인데 그 대근할 때 도와주는 것인데 그런 사람은 덜 좋은 사람이야 그런 사람이 있어, 보면 특히 그런 사람이 있다고.

― 우리네가 뻔히 보는데 뭐 그런 것을.

- 그러캐 앙, 장사찌비두 저지빈 가머넌 뭐가 조금 생기녕 개 이꾸 저 지빈 가먼 나 돈:만 쓰넌 지비다, 앙 가 그런 지배를.

- 그러 그렁 개 이따고. 그런 사라미 이따고. 참 얄버요381) 고렁 거 보머넌. 저: 아무거신382) 보머는 저 인넌 집 장:사얘넌 가두 움넌집 장사얘넌 앙 간다.

- 거긴 가먼 그래두 다만 하다모태 담배래두 항 곽 생기넌대: 저런 지빈 가바야 내가 돈:만 써찌 에 생기녕 개 웁따 이런 생각 하구 앙 가능 기여.

- 이르캐 바라보면 아주 현:저하개 누내 띠인다고 아주 얄밉따고 보머넌 그렁 건.

- 개 그개 으:리럴 모르넝 기여 그개.

- 그렇게 안, 장삿집에도 저 집에는 가면 뭐가 조금 생기는 게 있고 저 집은 가면 내 돈만 쓰는 집이다 (그러면) 안 가 그런 집은.

- 그런 그런 게 있다고. 그런 사람이 있다고. 참 얄미워요 그런 것을 보면. 저 아무개는 보면 저 있는 집 장사에는 가도 없는 집 장사에는 안 간다.

- 거기는 가면 그래도 다만 하다못해 담배라도 한 갑 생기는데 저런 집에는 가 봐야 내가 돈만 썼지 에 생기는 것이 없다 이런 생각하고 안 가는 거야.

- 이렇게 바라보면 아주 현저하게 눈에 뜨인다고 아주 얄밉다고 보면 그런 것은.

- 그래 그게 의리를 모르는 거야 그게.

2.10 장례 절차

사라미 주그믄요, 인재 장:사 지내자나요?

　－ 응.

그 옌:나랜 어트개 해써요. 맨: 처매 주그먼 인재 거 하능 개 절차가 아주 복짜파드라구요?

　－ 그르치요.

고거 함 번 자세:히 줌 알려주세요.

　－ 그거넌 첩뻐내 주그머넌 어: 인저: 숨:-질 쩌개 숨질 쩌개 대:개 누널 뜨거덩 누널 이르개 두지버씨거덩.383)

　－ 그때 인재 에 자손더리 누늘 이개 씨다드머 더퍼주고 인재 수미 딱 떠러지머넌 인재 혼니불로 딱 더퍼주자녀.

　－ 더퍼주구서 이눔 구끼 저내 이눔 **빤빠타개** 굳끼 저내 전:부 이눔 손 발 해서 여꺼서 이 발꾸라카구 여꺼서 한태다 이르캐서 딱: 빤드타개 빤드타개 자바설랑언 가따 해야 어 음,

　－ 단:따니 해놔야 나중애 인제 음:384) 음:할 쩌개 온 끄틍 거 이피구 음:할 쩌개 조치:. 그냥 놔두먼 이르캐 오그리구 주그먼 요대:루 이따고 암 뻐치진다고 안 뻐처지능 기여 구더 가주구.

　－ 암 뻐처지잉깨 이거 이필 쑤가 업짜나. 그거 또 뙹일라구385) 뙹일 쑤가 어꼬. 그래 인재 고개 에: 초유미라386) 구라지 이 초 초 초류멀387) 그걸 하야된다고.

　－ 그 초려미, 초려멀 가따 머라구 하넌대.

　－ 그 음: 음:만다 그르카넌대 인재 고거시 고러캐서 잘 해 노쿠서루 에:,

　－ 옌:나래넌, 지그먼 그렁 개 움찌만 옌:나랜 그르캐 해 노쿠서 인재 그사람 맹:이내 적쌈 적쌈 가따가서 지벙애 가따 던지면서 가상388) 에:

사람이 죽으면요, 이제 장사 지내잖아요?

― 응.

그 옛날에는 어떻게 했어요. 맨 처음에 죽으면 이제 그 하는 절차가 아주 복잡하더라고요.

― 그렇지요.

그것 한 번 자세히 좀 알려 주세요.

― 그것은 처음에 죽으면 에 이제 숨질 적에 숨질 적에 대개 눈을 뜨거든 눈을 이렇게 뒤집어쓰거든.

― 그때 이제 에 자손들이 눈을 이렇게 쓰다듬어서 덮어주고 이제 숨이 딱 떨어지면 이제 홑이불로 딱 덮어주잖아.

― 덮어주고 이놈이(신체가) 굳기 전에 이놈이 빳빳하게 굳기 전에 전부 이놈 손 발 해서 엮어서 이 발가락하고 엮어서 한데다 이렇게 해서 딱 반듯하게, 반듯하게 잡아서 갖다가 해야 어 음,

― 단단하게 해놓아야 나중에 이제 염, 염할 적에 옷 같은 것 입히고 염 할 적에 좋지. 그냥 놔두면 이렇게 오그리고 죽으면 요대로 있다고 안 뻗쳐진다고 안 뻗쳐지는 거야 굳어 가지고.

― 안 뻗쳐지니까 이것을 입힐 수가 없잖아. 그리고 또 동이려고 해도 동일 수가 없고. 그래 이제 그게 에 초렴이라고 하지 이 초 초 초렴을 그것을 해야 된다고.

― 그 초렴이, 초렴을 갖다가 뭐라고 하는데.

― 그 염, 염 한다고 그렇게 하는데 이제 그것을 그렇게 해서 잘 해 놓고서 에,

― 옛날에는, 지금은 그런 것이 없지만 옛날에는 그렇게 해 놓고 이제 그 사람 망인의 적삼 적삼을 갖다가 지붕에 갖다 던지면서 가령 에 옥천,

옥천, 옥처느루 장개가쓸 옥천 냥반 하머넌 '옥천 냥반! 옥천 냥반!' 세:
버널 불러 가주구 온 까주 가라구 소리 질르먼서389) 지붕애다 떤진다구
지버 떤진다구.

— 그러머넌 그개 획 찌버던저설랑언 저: 우루 썩 올러가먼 명:이 다:
서390) 주궁 개고 그거시 끄티미 가서 걸치먼 명:이 안 당 기 주거따넝 거
여. 그기 그르캐 치그벌 해따고 옌:나래.

— 그애 아이 실쩍 떤전넌대 저:기루 썩 올러가능 거 이써 그러먼 아:
근 완저이 병:, 명:이 다:서 주거따 이 이르개 하넝 거구.

— 그애 암:만 떤저두 안 올러가고 끄티미 가서 걸치고 걸치고 하넝 개
이따고. 게 이렁 거슨 아 이건 명이 안 당걸 주거꾸나 이르키 치그판다고.

— 그 인재 그르카구선 인재 이르카구서 그거 인재 나중애 음:할 쯔개
전:부 인재 오설 이펴 가주구서루 으:마자나.

— 개 인재 가:장 그: 이: 시방 장:뻐비391) 지금 시방 이: 저 장:이사애
서 장:이사애 해넝 거넌 그걸 안 지키넌대: 개 안 지키걸래392) 그걸 안 지
키걸래 시간얼 안 지켜.

— 안 지키걸래 내가 그 시간, 시간 조건풀 내 해:다 줘따고.

— 꼭 이걸 보구서 시가널 지키라.

— 왜: 그러너냐. 이: 시가널 안 지키머넌 이: 저: 으:마넌 시가이나, 으:
마넌 시가나고 으:마넌 시가내서 첨뻐내 과내 드르가넝 거 입꽌, 입꽌 시
입꽌 시가 가:장 중요항 기여.

— 건대 시꽌,393) 입꽌 시럴 안 지키머넌 천하읍씨 조은 디다 가따 써
두 바래미 안 나와.

— 이 왜 그러냐. 이 입꽌 시럴 안 지키거나 이거시 장:뻐비 틀리머넌
배넌 인넌대 도때가 업따고 해따고.

— 배가 떤넌대 도때가 읍씨먼 우티기 가 그르이 가덜 모단다넝
거지.

옥천으로 장가갔으면 옥천 양반 하면, '옥천 양반! 옥천 양반!' 세 번을 불러 가지고 옷을 가지고 가라고 소리를 지르면서 지붕에다 던진다고 집 어 던진다고.

 - 그러면 그것을 휙 집어 던져서 저 위로 썩 올라가면 명이 닿아서 죽은 것이고 그것이 끝에 가서 걸치면 명이 안 닿은 것이 죽었다는 거야. 그것을 그렇게 취급을 했다고 옛날에.

 - 그래 아니 슬쩍 던졌는데 저기로 썩 올라가는 게 있어 그러면 아 그것은 완전히 명, 명이 다해서 죽었다 이 이렇게 하는 것이고.

 - 그래 아무리 던져도 안 올라가고 끝에 가서 걸치고 걸치고 하는 게 있다고 그래 이런 것은 아 이것은 명이 안 닿은 것이 죽었구나 이렇게 취급한다고

 - 그 이제 그렇게 하고서 이제 이렇게 하고서 그것 이제 나중에 염 할 적에 전부 이제 옷을 입혀 가지고 염하잖아.

 - 그래 이제 가장 그 이 지금 장법이 지금 시방 이 저 장의사에서 장 의사에 하는 것은 그것을 안 지키는데 그래 안 지키기에 그것을 안 지키기에 시간을 안 지켜.

 - 안 지키기에 내가 그 시간, 시간 조견표를 내가 해다가 주었다고.

 - 꼭 이것을 보고 시간을 지켜라.

 - 왜 그러냐. 이 시간을 안 지키면 이 저 염하는 시간이나, 염하는 시간하고, 염하는 시간에서 첫 번에 관에 들어가는 것 입관, 입관 시(時) 입 관 시가 가장 중요한 거야.

 - 그런데 입관, 입관 시를 안 지키면 천하 없이 좋은 데에다 갖다가 (묘를) 써도 바람이 안 나와.

 - 이것이 왜 그러냐. 이 입관 시를 안 지키거나 이게 장법이 틀리면 배는 있는데 돛대가 없는 것이라고 했다고.

 - 배가 떴는데 돛대가 없으면 (배가) 어떻게 가 그러니 가지를 못 한 다는 거지.

- 그릉깨 시럴, 가장: 화보건 시:애 인녕 거여 조코 나징 거선 시얘 이 따고.
- 날짜넌 벨거 아니여. 날짜넌 에: 마라자먼 중상일만 빼 노머넌 아무 나리나 해도 되넌대 요 시가넌 고날 일찌내[394] 따라서 시가넌 꽁 마처야 되넝 거여.
- 건대 지금 여기 시방 장니사애서 그냥 마카걸래 내가 '왜 이 시간 암 마추너냐' 그르니.
- '마출 쑤가 웁쎄요.'
- '아니 그러먼 그: 보닌더리 마라자먀넌 에 기대하고 인녕 거시 그걸 마:니 기대하고 인넌대 시가널 잘 맞추능 걸 기대하고 인넌대 아 암 마처 주먼 어터가너냐.'
- '암마, 거시 하루 세: 개두 하구 네: 개두 하넌대 어트개 그 시, 그이 걸 다: 시개 마추너냐' 이개여.
- 그르킨 그리여.
- 그래 내가 그걸 잘 모르넝 거 거태서 몰:라서 모다넝 거 거태서루 고:, 고 날짜애 마라자먼 일찌늘 봐서 고 날짜애 치뤌 따래 치뤌 시꾸이리 먼 치뤌 시꾸일 일찌니 뭔대 요기넌 멛 씨가 무슨 시가 피료하다 에: 사: 시가 피료하다 진시가 피료하다 요기 이써.
- 그러먼 고걸 조견표 맨드러놓 개 이따고 고걸 내가 해:다 줘따고.
- 해서 해, 다: 해: 가주구설랑얼 저: 거시기 학쌩사애[395] 가서나 코: 팅해서 가따 줘따구, 코팅해서.
- 그냥 종이루 주먼 바루 찌저 내빙깨 코팅해서 생전 찌저지지두 아나 구 지두 아나거딩. 코팅해서 '요대루 보구 요대루 보구머넌 요 틀림웁씽 깨 이대루 하라' 이르캐닝깨 '아이구 그거 모대요, 하루 둘:두 걸리구 신: 뚜 걸리넌대 어트개 그 시간 다 마처요'.
- '아니 고거 봐: 가주서 어느 정도넌 마추야 되지 안너냐' 내가 인재

- 그러니까 시를, 가장 화복은 시에 있는 거야 좋고 나쁜 것은 시에 달려 있다고.

- 날짜는 별것 아니야. 날짜는 에 말하자면 중상일만 빼 놓으면 아무 날이나 해도 되는데 요 시간은 그날 일진에 따라서 시간은 꼭 맞춰야 되는 거야.

- 그런데 지금 여기 지금 장의사에서 그냥 막하기에 내가 '왜 이 시간을 안 맞추느냐' 그러니까.

- '맞출 수가 없어요.'

- '아니 그러면 그 본인들이, 말하자면 에 기대하고 있는 것이 그것을 많이 기대하고 있는데, 시간을 잘 맞추는 것을 기대하고 있는데 아 안 맞춰 주면 어떻게 하느냐.'

- '안 맞(추는 것이) 하루 세 건도 하고 네 건도 하는데 어떻게 그 시, 그 그것을 다 식에 맞추느냐' 이거야.

- 그렇기는 그래.

- 그래서 내가 그것을 잘 모르는 것 같아서 몰라서 못 하는 것 같아서 고, 고 날짜에 말하자면 일진을 봐서 그 날짜에 칠월 달에 칠월 십구 일이면 칠월 십구 일 일진이 무엇인데 요기는 몇 시가 무슨 시가 필요하다 사시(巳時)가 필요하다 진시(辰時)가 필요하다, 요것이 있어.

- 그러면 그것을 조견표로 만들어 놓은 것이 있다고 그것을 내가 해다 줬다고

- 해서 해, 다 해 가지고 저 거시기 학생사에 가서 코팅을 해서 갖다 줬다고, 코팅해서.

- 그냥 종이로 주면 바로 찢어 내버리니까 코팅을 해서 (주면) 생전 찢어지지도 않고 지워지지도 안 하거든. 코팅해서 '요대로 보고 요대로 보고 하면 틀림없으니까 이대로 해라' 이렇게 하니까 '아이고 그거 못 해요, 하루에 둘도 걸리고 셋도 걸리는데, 어떻게 그 시간을 다 맞춰요.'

- '아니 그것을 봐 가지고 어느 정도는 맞춰야 되지 않느냐' 내가 이제

이르캐 얘길 핸넌대 몸: 마춘다고 하더라고.

─ 근대 그 장:뻐비라고 하넝 거시 에: 우리내가 시방 아무 거뚜 모르넌 사람더런 그 머 날짜만 저 존:날 하먼 되지 이르카지만 날짜넌 벨거 아니여 날짜넌 트기 웁써.

─ 그르나 시:넌 트기 이따고 시넌. 시애서 화보기 온다고.

─ 어 보기, 보걸 바들라면 시애서 바꼬 해가 될라면 시애서 해가 된다고

─ 그래 이 시:럴 지키라 하넝 건대 그 지금 보면 그냥 마:칸다구.

─ 그르잉깨 누느루 암 뵈이넝 게구 넹큼 안, 나타나지 안능 기잉깨 그 양 하넝 거여, 나타나지 아나닝깨.

─ 에 그개 일봉 나타나넝 게구 누느루 보이넝 거 거트면 쇠길 쑤가 업찌.

─ 그르치만 이건 네, 일방 나타나넝 개 아이자나.

─ 이개 서:서이 가면설랑언 해:럴 볼라면 해:럴 보고 이:럴 볼라면 이:럴 보넝 거구 거기서 보기 오넝 기여.

─ 그래 지금 그러타고.

─ 개 음: 해 가주구 어: 음: 해 가주구 첩뻐내 그 음: 할 쩌개 는넌 과내, 인재 목꽈널 쓰넌 사람, 목꽈널 써설랑 그냥 사내 가따 그대루 무들 싸라면 진짜 과녈 가따 노쿠서 하고.

─ 또 이, 이 사내다가서 과늘 맨드라 논 사래미 이써, 저: 공구리루다가,396) 저 독짜그루397) 맨드라논 사라미 이써. 그런 사람더런 인재 여기서만 그 임:시 과녈 맨드라서 에: 사내꺼지 가넌대꺼지만 다마 가주 가지 여그 와선 빼:내빌거덩.

─ 근대 빼내빌머넌 인재, 요거 또 하관 시:가 이따고 하관 시:.

─ 하:관 시킬 째 하관 시:가 가장:: 중요항 기여.

─ 고 시:럴 잘모타머넌 크닐 나능 기여. 사람두 주글 쑤두 이꾸, 고 시:가 하장:398) 중요항 기여.

더러 이렇게 얘기를 했는데 못 맞춘다고 하더라고.

− 그런데 그 장법이라고 하는 것이 에 우리네가 지금 아무 것도 모르는 사람들은 그 뭐 날짜만 저 좋은 날 하면 되지 이렇게 하지만 날짜는 별것 아니야 날짜는 특이 없어.

− 그러나 시(時)는 특이 있다고 시는. 시에서 화복(禍福)이 온다고.

− 아 복이, 복을 받으려면 시에서 받고 해가 되려면 시에서 해가 된다고

− 그래서 이 시를 지켜라 하는 것인데 그 지금 보면 그냥 막한다고.

− 그러니까 눈으로 안 보이는 것이고 닝큼 안(나타나니까), 나타나지 않는 것이니까 그냥 하는 거야, 나타나지 않으니까.

− 에 그것이 일방 나타나는 것이고 눈으로 보이는 것 같으면 속일 수가 없지.

− 그렇지만 이것은 네, 일방 나타나는 것이 아니잖아.

− 이것이 서서히 가면서 해를 보려면 해를 보고 이를 보려면 이를 보는 것이고 거기에서 복이 오는 거야.

− 그래 지금 그렇다고.

− 그래 염을 해 가지고 에 염 해 가지고 처음에 그 염 할 적에 넣는 관에, 이제 목관을 쓰는 사람, 목관을 써서 그냥 산에 갖다 그대로 묻을 사람은 진짜 관을 갖다가 놓고 하고.

− 또 이, 이 산에다가 관을 만들어 놓은 사람이 있어, 저기 콘크리트로, 저 돌로 만들어 놓은 사람이 있어. 그런 사람들은 이제 여기에서만 그 임시 관을 만들어서 에 산에까지 가는 데까지만 담아 가지고 가지 여기 와서는 빼내버리거든.

− 그런데 빼내버리면 이제, 이것 또 하관(하는) 시가 있다고 하관 시.

− 하관할 시킬 때 하관 시(時)가 가장 중요한 거야.

− 고 시(時)를 잘못하면 큰일 나는 거야. 사람도 죽을 수도 있고, 그 시(時)가 가장 중요한 거야.

- 그런대 지금 여그 시방 모르넌 사람더런 야 이러캐두 괜잔태 저러캐
두 팬자녀, 아 누느루 암 보이닝깨 갠잔치, 그러치만 안 그렁 기여.

- 거 채개 볼 꺼 거트면 옌:나래 다: 그 도선국싸가 도선국싸라구 하
먼 옌:나래 에: 영웅더리여, 도선국싸라구 하먼.

- 도선국싸가 옌:날 얘기 이짜녀, 도선국싸 저 무악때사 거튼 사람 워:
노대사 거튼 사람 이개 도선국싸여.

- 그런 도선국싸가 전:부 그개 하누래서 어 지, 지도해서 그 다: 도통
한 사람더리거덩.

- 그래서 화::낭 개거덩. 그 사람내가 다:: 해 농 거여.

- 건대 왜 그걸 에기너냐 이기여.

- 그래 시방 그거 보넌 사래미 아::무두 웂써. 나넌 그 채글 가주구 이
따고.

- 나넌 그 채글 가주구 이써설랑언 도선국싸가 에: 도선국싸, 도선국
싸가 그 얘:기 항개 거기 전::부 다 이따고.

- 그러먼 그 아버지가 또 그런 도선국싸여.

- 그 아부지가 아더리 가마:이 보잉깨 아더리 그걸 제대루 몰:라. 몰:
러서 그, 그 아부지가 아주 그개 환:한대 주거씨니 알키 줄 쑤가 업짜나.
허시니 나타나넝 기여. 나타나 가이설랑언 에: '니:가 이거럴 소용이 하
넌대 이렁 거 이렁 거 아너냐' '잘 모릅니다. 알키 주십씨오' 죄: 알키 준
다고.399)

- 알키 주구서넌 그냥 시지부지 웂써지넝 기여.

- 그랜대 그이 이써. 에: 그개 보머넌 그 채기 그렁 기 다: 이따고.

- 그래서 그르캐 영웅더리 맨드라 농 거설 무시해쓰마, 요거만치두 틀
링 개 웂써.

- 그럼 그 사람내가 예:언 항 거뚜 예:언 해 농 거두 우리 시대가 도라
가넌대 예:언 한 거뚜 다: 이따고.

- 그런데 지금 여기 지금 모르는 사람들은 '야 이렇게 해도 괜찮대, 저렇게 해도 괜찮아' 아 눈으로 안 보이니까 괜찮지, 그렇지만 안 그런 거야.

- 그 책에서 볼 것 같으면 옛날에 다 그 도선국사가 도선국사라고 하면 옛날에 에 영웅들이야, 도선국사라고 하면.

- 도선국사가 옛날 얘기에 있잖아, 도선국사 저기 무학대사 같은 사람 원효대사 같은 사람 이것이 도선국사야.

- 그런 도선국사가 전부 그것이 하늘에서 어 지, 지도해서 그 다 도통한 사람들이거든.

- 그래서 환한 것이거든. 그 사람들이 다 해 놓은 거야.

- 그런데 왜 그것을 어기느냐 이거야.

- 그래 지금 그것을 보는 사람이 아무도 없어. 나는 그 책을 가지고 있다고.

- 나는 그 책을 가지고 있어서 도선국사가 에 도선국사, 도선국사가 그 얘기한 것이 거기에 전부 다 있다고.

- 그러면 그 아버지가 또 그런 도선국사야.

- 그 아버지가 아들을 가만히 보니까 아들이 그것을 제대로 몰라. 몰라서 그, 그 아버지가 아주 그게 환한데 죽었으니 알려 줄 수가 없잖아. 허신이 나타나는 거야. 나타나 가지고 에 '네가 이것을 소중히 하는데 이런 것 이런 것을 아느냐' 하니, '잘 모릅니다. 알려 주십시오' 죄다 알려 준다고.

- 알려 주고서 그냥 흐지부지 없어지는 거야.

- 그런데 그게 있어. 에 그게 보면 그 책에 그런 것이 다 있다고.

- 그래서 그렇게 영웅들이 만들어 놓은 것을 무시했지만, 요것만큼도 틀린 것이 없어.

- 그럼 그 사라들이 예언한 것도 예언해 놓은 것도 우리 시대가 돌아가는데 예언한 것도 다 있다고.

- 그러면 에: 그저내 에 거시기 서산대사라구 하넌 사람 그런 사람더런 귀신거치 앙: 거 아니여.

- 우리나라가 언쟁가넌 해뱅이 되설랑언 아: 저: 해뱅이 되넌대 그때도 에: 한:강 으 우이루 두 동가리가400) 나 가이설랑언 이부개넌 에 쏘런서 오랑캐가 와 오, 오랑캐가 나서설랑언 지배럴 하고 이나매년 미구개서 지배럴 한다 이르키 얘기가 되야따고.

- 그런대 틀:림웁씨 그르캐 돼:짜나. 누가 그럴 찔401) 아러? 함 번 해방되면 그냥 다 통일 돼서 해방댈 쭈402) 아러찌 누가 그르캐 될 찌 아러써.

- 그래는대 딱 해방돼구 나잉깨 중국, 중구카구 쏘런 눔더리 이부걸 차지해 가주서 이건 우리가 꽐리한다 해서 거그서 해서 그래서 거 갈라징 거 아녀.

- 그거시 서산대사가 이:워내서403) 다, 다: 알구 이써떵 거여. 그러, 개 그러키 야:넌대 그런 사람더리 전::부 다 맨드라 농 건대 그걸 무시하면 안 됀다 이개여.

- 근대 내가 제껴봐도404) 문대기만치두 틀리능 개 웁써, 다: 마자.

- 서산, 아 그런 사람더런 엔:나래 다 영웅덜, 참 말 이짜나 '안자서 철리 보구 머 서서 말리 보구 한다' 그 다 그런 사람덜 그 사:래미 아니여, 그거넌. 전부 에: 땅 쏘개서 저 땅 쏘개설랑언 그 공부하고 땅 쏘개설랑언 거시기 도:통한 사람더리라고 그런 사람더런.

아까 그러캐 해 가주구 염:한다 그러지요 요거, 염?

- 어 염.

스븐 머요, 습?

- 어?

습, 염습?

- 음:습.

- 그러면 에 그전에 에 거시기 서산대사라고 하는 사람 그런 사람들은 귀신같이 안 것 아니야.

- 우리나라가 언젠가는 해방이 되어서 에 해방이 되는데 그때에도 한강 위로 두 동강이 나 가지고 이북에는 에 소련에서 오랑캐가 와 오, 오랑캐가 나서 가지고 지배를 하고 이남에는 미국에서 지배를 한다 이렇게 얘기가 되었다고.

- 그런데 틀림없이 그렇게 되었잖아. 누가 그럴 줄 알아? 한 번 해방되면 그냥 다 통일이 되어서 해방될 줄 알았지 누가 그렇게 될 줄 알았어.

- 그랬는데 딱 해방되고 나니까 중국, 중국하고 소련 놈들이 이북을 차지해 가지고 이것은 우리가 관리한다 해서 거기서 해서 그래서 그 갈라진 것 아니야.

- 그것이 서산대사가 예언해서 다, 다 알고 있었던 거야. 그렇(게), 그래 그렇게 아는데 그런 사람들이 전부 다 만들어 놓은 것인데 그것을 무시하면 안 된다 이거야.

- 그런데 내가 겪어봐도 먼지만큼도 틀리는 것이 없어, 다 맞아.

- 서산, 아 그런 사람들은 옛날에 다 영웅들, 참 말이 있잖아 '앉아서 천리 보고 뭐 서서 만리 보고 한다' 그 다 그런 사람들 그 사람이 아니야, 그것은. 전부 에 땅 속에서 저 땅 속에서 그 공부하고 땅 속에서 거시기 도통한 사람들이라고 그런 사람들은.

아까 그렇게 해 가지고 염 한다고 그러지요 요것을, 염?

- 응, 염.

습은 뭐예요, 습?

- 어?

습, 염습?

- 염습.

- 음:스비여 그기 염스비라고.

그러캐 해서 옫 이피구 과내 너어서 그 다매 인재 바루 앙 가자나요, 사느
루. 하루 이틀 지배 이짜나요.

- 그르치.

- 그땐.

그땐 또 머: 어트개 해요?

- 글 그때넌 인재 음: 해 가주설랑언 딱 캐서 딱 더퍼서 해 노코서 뒤
이다 미러노코 평풍으루 더퍼놔따가 평풍으로 더퍼놔따가서 에 장산날
또 내다가서 생애애다405) 실:꾸406) 가자나, 그르카자나.

- 개 그렁.

그거 저기 방애서, 관 과니라구 그러나요?

- 관.

느:리라 그래요?

- 늘:, 응.

그 느리라 그래요, 과니라 그래요?

- 어, 과니라고.

시채 능 거.

- 어:, 과니라고 한다고.

관?

- 관.

느:리라군 안 해요?

- 옌:나랜 느리라구두 해:찌. 으 과니라구 하지 대:개.

- 옌:나래넌 지비서 모두 관, 그 저 느:럴407) 짜 가주구 온칠하고 그르
캐 해서 해 놔짜나.

- 근대 지그먼 이: 저 그렁 거 아주 전무느로 맨드라서 이 장:니사애
서 다 맨드라 노쿠 이짜나.

─ 염습이야 그게 염습이라고.

　그렇게 해서 옷 입히고 관에 넣어서 그 다음에 이제 바로 안 가잖아요, 산으로. 하루 이틀 집에 있잖아요.

　─ 그렇지.

　─ 그때는.

　그때는 또 뭐 어떻게 해요?

　─ 그 그때는 이제 염 해 가지고 딱 해서 딱 덮어서 해 놓고서 뒤에다 밀어놓고 병풍으로 덮어놨다가 병풍으로 덮어놨다가 에 장삿날 또 내다가 상여에다 싣고 가잖아, 그렇게 하잖아.

　─ 그래 그런.

　그거 저기 방에서, 관, 관이라고 하나요?

　─ 관.

　널이라고 그래요?

　─ 널, 응.

　그 널이라고 그래요, 관이라고 그래요?

　─ 응, 관이라고.

　신체 넣은 것.

　─ 응, 관이라고 한다고.

　관?

　─ 관.

　널이라고는 안 해요?

　─ 옛날에는 널이라고도 했지. 어 관이라고 하지 대개.

　─ 옛날에는 집에서 모두 관, 그 저 널을 짜 가지고 옻칠하고 그렇게 해서 해 놨잖아.

　─ 그런데 지금은 이 저 그런 것 아주 전문으로 만들어서 이 장의사에서 다 만들어 놓고 있잖아.

그럼 인재 그걸 바끄루 내:올 때 그 여러시 인재 들구 오자나요. 근대 그 묵, 묵뜨라구요 끄느루. 근대 쫌매능 개 아니구 이르캐 나중애 다 푸러질 쑤 이깨 그러캐 한대면서요?

— 어:.

일곱, 일곱 마디,

— 아니 그 과:나내 드른 신채넌 고대루 뙹이고 뙹여서 여 고 여기다 꼬깔씨워, 꼬까럴 가따 족:: 열뚜 갤 노차나.

— 노쿠서 이러캐 뙹여 논 그 매등가리럴408) 고 매, 요로캐 뙹여서 배:트러서 꼼는 매등가리럴 요 꼬깔 요러캐 뙹거시 요 매등가릴 고누미 전부 다 덤는다고, 요러캐 요러캐 요러캐 요로캐 덤는다고.

— 더퍼 내려오머넌 싹 다 더퍼 노먼 뵈기도 조타고.

— 고 여 또 버스시거치 생깅 거시 여기 족:: 이르캐 인넝 기.

— 인재 고거넌 고대루 문넝 기여.

매등가리가 그럼 열뚜 개얘요?

— 이 고 매등가리럴 고 꼬깔루 꼬깔 요러, 요러캐 뙹 걸루 호떡 두지버서 덥, 더프 덤는다구 요러캐. 그래서 고 그 매등가리 어 이르캐 무꿍개 매등 암 보이지 이걸루 더퍼 놔서.

— 그러캐 해 가주서루 곤 고대루 과내 드르가면 고대루 해서 관 그대루 문넝 기구 또 이 과늘 빼내머넌 이 과는 모씨넌 과니구 여기 광:중애다409) 해논 관 이씨머넌 요 신채만 드러서 고기다 는넝 기여 고기다.

그런대 고 고 매등가리가 열뚜 개얘요?

— 어?

열두 매등가리가 열뚜 개얘요?

꼬까리 열뚜 개래면서요?

— 어, 그 그,

매등가리두 열뚜 갱가요?

그러면 이제 그것을 밖으로 내올 때 그 여럿이 이제 들고 오잖아요. 그런데 그 묶, 묶더라고요 끈으로. 그런데 졸라매는 것이 아니고 이렇게 나중에 다 풀어질 수 있게 그렇게 한다면서요?

　－ 응.

일곱, 일곱 마디,

　－ 아니 그 관 안에 들어 있는 신체는 그대로 동이고, 동여서 여 고 여기에다 고깔을 씌워, 고깔을 가져다가 족 열두 개를 놓잖아.

　－ 놓고서 이렇게 동여 놓은 그 매듭을 고 매(고), 요렇게 동여서 비틀어서 꽂는 매듭을 요 고깔 요렇게 된 것이 요 매듭을 그놈이 전부 다 덮는다고, 요렇게 요렇게 요렇게 요렇게 덮는다고.

　－ 덮어 내려오면 싹 다 덮어 놓으면 보기도 좋다고.

　－ 고 여기 또 버섯같이 생긴 것이 여기 족 이렇게 있는 것이.

　－ 이제 고것은 그대로 묻는 거야.

마디가 그럼 열두 개예요?

　－ 이 고 매듭을 그 고깔로 고깔 요렁(게), 요렇게 된 것으로 홀딱 뒤집어서 덮(고), 덮으(면) 덮는다고 요렇게. 그래서 고 그 매듭을 에 이렇게 묶으니까 매듭이 안 보이지 이것으로 덮어 놔서.

　－ 그렇게 해 가지고 그것은 그대로 관에 들어가면 그대로 해서 관에 그대로 묻는 것이고 또 이 관을 빼내면 이 관은 못 쓰는 관이고 여기 광중에다 해놓은 관이 있으면 요 신체만 들어서 거기에다 넣는 거야 거기에다.

그런데 고 고 매듭이 열두 개예요?

　－ 어?

열두 매듭이 열두 개예요?

고깔이 열두 개라면서요?

　－ 응, 그 그,

매듭도 열두 개인가요?

- 그 내내 그: 아홈 매쟁이라구410) 하지 아홉 구 구매.

- 근대 열, 열뚜 개두 하년 수가 이따고, 열뚜 개두. 근대 아홉 깨 대개 아홉, 아호 깨 아홈 매쟁.

꼬깔, 꼬깔두 아홉 깨요, 그러면?

- 음 꼬가럴 꼬 꼬가럴 게 꼬가런 고기다가 딱 하나콤411) 넌는다고 요러캐.

- 하나 노쿠서 여그다 됭이면 됭이구설랑언 요러캐서 이거설 요노멀 요러캐 두지부머넌 요러캐 두지부면 요기 됭인 거시 요기 다: 무치자나. 그애 또 요짜기 요기 또 무꼬서 또 요렁 거슬 더꾸 또 이 무꾸 해서 더꾸 이 야지, 야:지리412) 더퍼 나가면 그라먼 조::캉 기 그거뚜 뵈기두 조타고.

- 고러캐 해서 인재 고거넌 이 과는 모씨너, 여기 응: 안 씨넌 누멀 할 꺼 거트먼 여기 과니 드러 이씨머넌 에 과는 빼내빌구서 신채만 고기다 는녕 기구.

- 인재 여기 관 아내 노쿠서 목쫘널 쓴다구 헐 꺼 거트머넌 아주 조은 과느루 해 가주서 고대루 가따 문녕 거여.

관두 묵짜나요, 들구 갈 때?

- 어?

관두 무꺼서 들구 가자나요?

- 아 그 거기 저 거시기 **마냥 이르캐 끈마냥 이르캐 해 농 거 이짜나. 그 그걸루 이르캐 올가 가주구서루 에 올가 가주구서 고누멀 들지. 양짜개서 들개 해노치.

- 그 애초애 그 음:해서 내놀 쩨 그르캐 해논 내논다고. 그럼 생여애다 시를 쩌개두 그르캐 내노코 그래 고놈 이르캐 한대 모뎌413) 놔따가 고놈 들구서 드르간다고.

거기에 몯 모찔 하능 거뚜 아니라면서요?

- 모다던 아나지.

- 그 내내 그 아홉 매듭이라고 하지 아홉 구 구매(듭).

- 그런데 열, 열두 개를 하는 수가 있다고, 열두 개도. 그런데 아홉 개야 대개 아홉, 아홉 개 아홉 매듭.

고깔, 고깔도 아홉 개예요, 그러면?

- 응 고깔를 꼬, 고깔을 그래 고깔은 고기에다가 딱 하나씩만 넣는다고 요렇게.

- 하나 놓고서 여기에다 동이면 동이고서는 요렇게 해서 이것을 요놈을 요렇게 뒤집으면 요렇게 뒤집으면 요기 동여맨 것이 요기가 다 묻히잖아. 그래 또 요쪽에 요기를 또 묶고 또 요런 것을 덮고 또 이 묶고 해서 덮고 이 모조리 모조리 덮어 나가면 그러면 족한 것이 그것도 보기도 좋다고.

- 그렇게 해서 이제 그것은 이 관은 못 쓰는, 여기 영 안 쓰는 놈으로 할 것 같으면 여기 관이 들어 있으면 에 관은 빼내버리고 신체만 거기에다 넣는 것이고.

- 이제 여기 관을 안에 놓고서 목관을 쓴다고 할 것 같으면 아주 좋은 관으로 해 가지고 그대로 갖다가 묻는 거야.

관도 묶잖아요, 들고 갈 때?

- 어?

관도 묶어서 들고 가잖아요?

- 아 그 거기 저 거시기 **처럼 이렇게 끈처럼 이렇게 해 놓은 것이 있잖아. 그 그것으로 이렇게 옭아 가지고 에 옭아 가지고 그놈을 들지. 양쪽에서 들게 해놓지.

- 그 애초에 그 염해서 내놓을 때 그렇게 해놓은 내놓는다고. 그러면 상여에다 실을 적에도 그렇게 내놓고 그래 그놈 이렇게 한데 모아 놨다가 그놈을 들고 들어간다고.

격에 못, 못질하는 것도 아니라면서요?

- 못하지는 안 하지.

다: 나무로 이가 맏깨...

　― 그럼 순저니 나무로만 하닝 기여, 모찔 아난다구.

　― 근대, 옌:날 사람덜 잘 씬 뫼럴 보머넌 잘 씬 뫼를 볼 꺼, 잘 씬 뫼럴 볼 꺼 거트머넌 과니 두: 개여.

　으음.

　― 두 개여. 왜 그런고 하니 에: 배깥 배까태 과니 이러:캐 크:개 이른 두:꺼운 누무루다 이르캐 배까태 과널 이르캐 하나 해:노코: 여기다가 또 인재 진짜 과널 오치란 누멀 여기다 또 해서 는넌다고.

　― 이르캐 해 놔따고. 근대 여기넌 보닝깨 여기넌 쇠럴 바가뜨라고.

　― 이개 안 아눕지기개 할라먼 쇠럴 바가야 하자나. 쇠모설 이르캐 지: 드라캐 해가주구서 바가뜨라고.

　― 그 저: 옌:날 뫼 파 보잉깨 그렁 개 이써.

　― 으 지그먼 그렁 거 안 히야, 지그먼.

　근대 그거 저기 어 방, 방애서 관 바끄로 나가능 거를 머 머한다 그래요. 그거 그걸 머 천, 천구한다 그래나요?

　― 으?

　천구? 관 바끄로 가꾸 나가능 거.

　― 관 나가넝 거.

　― 그걸 그기 머라구 하드라. 잘 모르건내.

　천구? 천구라그래요?

　― 천궁가 하이가내 머라구 하는 말리 이써 어.

　나갈 때 저기 바가지?

　― 응.

　바가지 어퍼노쿠 그거...

　― 발바.

　발꾸 깨 나가지요.

다 나무로 이가 맞게...

― 그럼, 순전히 나무로만 하는 거야, 못질 안 한다고.

― 그런데 옛날 사람들 잘 쓴 묘를 보면 잘 쓴 묘를 볼 것, 잘 쓴 묘를 볼 것 같으면 관이 두 개야.

으음.

― 두 개여. 왜 그런가 하니 에 바깥, 바깥에 관이 이렇게 크게 이런 두꺼운 놈으로 이렇게 바깥에 관을 이렇게 하나 해놓고 여기에다가 또 이제 진짜 관을 옻칠한 놈을 여기에다 또 해서 넣는다고.

― 이렇게 해놓았다고. 그런데 여기는 보니까 여기는 쇠를 박았더라고.

― 이것이 안, 안 움직이게 하려면 쇠를 박아야 하잖아. 쇠못을 이렇게 기다랗게 해가지고 박았더라고.

― 그 저 옛날 묘를 파보니까 그런 것이 있어.

― 지금은 그런 것 안 해, 지금은.

그런데 그것 저기 에 방, 방에서 관이 밖으로 나가는 것을 뭐 뭐한다고 해요. 그것을 그것을 뭐 천, 천구한다 그러나요?

― 응?

천구? 관을 밖으로 가지고 나가는 것.

― 관이 나가는 것.

― 그것을 그게 뭐라고 하더라. 잘 모르겠네.

천구 천구라고 해요?

― 천구인가 하여간에 뭐라고 하는 말이 있어.

나갈 때 저기 바가지?

― 응.

바가지 엎어놓고 그것...

― 밟아.

밟아 깨고 나가지요.

- 고건 방애서 하넝 거지.

방애서 그쌔 나갈 때.

- 방애서 나갈 쩌개 나갈 째 문찌방애서 나갈 쩌개.

예 예.

- 고:때 하넝 기여.

- 그건 뭐가 잘못 되면 그거 뱅여한다넝⁴¹⁴⁾ 기여 그게 뱅여하넝 기여.

- 거기서, 거기서 깨넝 기여 발바서 차칵 발바서.

- 또 그거뚜 하고 문찌방얼 저 도키루 세: 버널 찌거서 나옹넝 거뚜 이꾸.

- 그개 머가 잘못 되면 고개 에 뱅여루 한다넝 기여 그개.

뱅여?

- 건대 나넌 아직 그 그거 하는 방버븐 채개 나옹 개 웁써 그렁 거넌, 채개 나옹 개 웁따고.

- 그것은 방에서 하는 것이지.

방에서 글쎄 나갈 때.

- 방에서 나갈 적에 나갈 때 문지방에서 나갈 적에.

예 예.

- 그때 하는 거야.

- 그것은 뭐가 잘못 되면 그것을 뱅여한다는 거야 그게 뱅여하는 거야.

- 거기서, 거기서 깨는 거야 밟아서 꽉 밟아서.

- 또 그것도 하고 문지방을 저 도끼로 세 번을 찍어서 나오는 것도 있고

- 그게 뭐가 잘못되면 그것이 에 뱅여로 한다는 거야 그것이.

뱅여?

- 그런데 나는 아직 그 그것 하는 방법은 책에 나온 것이 없어 그런 것은, 책에 나온 것이 없다고.

2.11 제사

장녜 절차애 대해서 무러반는대...

— 음?

장:녜.

— 장, 장녜식:.

오너런 제:사.

— 응.

제:사애 대해서...

— 제:사애.

예.

제사넌 또 종뉴가 또 여러 가지가 이짜너요?

— 그러치요.

어떵 개 이써요?

— 지산 인재 에: 방아내 인저 어제 삼년상꺼지 핻:찌.

예.

— 그른대 인재 그르캐 인재 방안 지:사루 드르가넝 거지 에: 방안
찌사.

— 인재 머 우:애넝 거넌 여:러 군대 우애구415) 머이 하넝 거슨 여:러
군대 하넝 거 그거선 머 참 그건 머 제:사가 아니구:.

— 어 그냥 우리나라 옌:날부텀 해: 내려오넝 건 인재 그렁 거넌 에 제:
사가 아니구 하다 하다가두 아나는 수두 이꾸. 하 머여 아나다가두 하는
수두 이꾸. 머여 그렁 개 만:치요.

근대 일련마다 이르:캐 도라오면서 함 번씩 지내는 제사 있지요?

— 어?

장례 절차에 대해서 물어봤는데...

— 음?

장례.

— 장, 장례식.

오늘은 제사.

— 응.

제사에 대해서...

— 제사에.

예.

제사는 또 종류가 또 여러 가지가 있잖아요?

— 그렇지요.

어떤 것이 있어요?

— 제사는 이제 에 방안에 이제 어제 삼년상까지 했지.

예.

— 그런데 이제 그렇게 이제 방안 제사로 들어가는 것이지 에 방안 제사.

— 이제 뭐 위하는 것은 여러 군데 위하고 뭐 하는 것은 여러 군데 하는 것은 그것은 뭐 참 그것은 뭐 제사가 아니고.

— 어 그냥 우리나라에 옛날부터 해 내려오는 것은 이제 그런 것은 에 제사가 아니고 하다가 하다가도 안 하는 수도 있고. 하 뭐야 안 하다가도 하는 수도 있고. 뭐야 그런 것이 많지요.

그런데 일년마다 이렇게 돌아오면서 한 번씩 지내는 제사가 있지요?

— 응?

해마다 지내는 제:사.

- 어, 어 해마다 지내넌 머여 조상덜 지내배끼 더햐.

그걸 무스 머라 그래요?

- 그 그르잉깨 근 기지사지:.

기지사.

- 응.

그 다매 저 명절 때 지내능 거는?

- 명절 땐 인재 차사라고 해지, 차사.416)

그거는 저 슬:하구 추석 때...

- 네:, 차사, 차사 지낸다 구라지.

그러구 인재 보통 가:으래 마:니 하지요 왜? 지반 시조들―부터 쭉: 위애 위때 지내능 거 그건 머라그래요?

- 주 근 건 시사417) 지내넌대 시월 다래 지내넝 거지:.

예예.

- 종 이르개서 시양418) 시양한다 구라지.

시양.

시양하구 시사하구 어트개 달러요?

- 내내 보통 이런대 시사 시새 지내루 간다구 이르카고.

- 그애 오넌419) 기양 그파개 마랄 찌갠 시양애 간다구 그르카지.

그기 가틈 마리에요?

- 네?

가튼 마리에요?

- 가튼 마리여.

연시제래능 거뚜 이써요, 연시제?

- 응?

연시제 연시.

해마다 지내는 제사.

─ 응, 어 해마다 지내는 (것은) 뭐야 조상들 (제사) 지내기밖에 더해.

그것을 무슨 뭐라고 해요?

─ 그 그러니까 그것은 기제사지.

기제사.

─ 응.

그 다음에 저 명절 때 지내는 것은?

─ 명절 때는 이제 차사라고 하지, 차사.

그것은 저 설하고 추석 때...

─ 예, 차사, 차사 지낸다 그러지.

그러고 이제 보통 가을에 많이 하지요 왜? 집안 시조들부터 죽 위에 윗대 지내는 것 그것은 무엇이라고 해요?

─ 죽 그것은 그것은 시사 지내는데 시월 달에 지내는 것이지.

예예.

─ 족 이렇게 해서 시향 시향한다 그러지.

시향.

시향하고 시사하고 어떻게 달라요?

─ 내내 보통 이런데서 시사 시사 지내러 간다고 이렇게 하고.

─ 그래 원래는 그냥 급하게 말할 적에는 시향에 간다고 그렇게 하지.

그게 같은 말이에요?

─ 예?

같은 말이에요?

─ 같은 말이야.

연시제라는 것도 있어요, 연시제?

─ 응?

연시제 연시(제).

― 연시?

예.

― 연:시 연시넌 뭘: 가주구 연시라구하까?

쩌:기 해마다 저 정초예 머 지내능 거 따루 머가 이써요? 그렁건 어꾸요?

그거 그냥 차사라구…

― 조 조상애 대한: 게선 아니지 그렁 거넌.

기지사는 어떠캐 지내요?

― 기지사넌 내내 방안 찌사럴 방아내 에: 밤 한 영시에 지내넝 걸 기지사라구 하지요.

그거 어트개 하는지 머 준비는 어트캐 하구:…

― 준:비는 내내 장 지사: 에 삼:사실과420) 인재 잘 할라구 하면 거그서 뭐: 참 이: 고기: 머어: 이러 이러젇 여러 가지 마:니 하지요.

― 그 인재 그 과:일두: 에 잘 할라구 하머넌 과일두 여러 가지 노코:.

― 게 지그먼 머 과일 그틍 거 이렁 거선 마:느잉깨 건 머여 엥가나먼다: 한다고.

― 머 ** 벨로 빠치넝 개 벨루 웁따구.

― 기지사예넌 에 별다릉 거 하넝 개 우꺼덩.

― 머: 이런 저: 시양애나 이런대거치 여:러시 하넝 거 거치 다식 바꼬머, 머이 자:시나 머 추자, 저 추자 거텅 거 이런 건 아:나지, 기지사예넌 대:개.

그러구서 인재 그렁 거-뚜 하구 또, 또 머: 해야 돼요.

― 기 기지사예두: 에: 엔:나래넌 그저 에: 마라자면 위때 고조하라 고조할마이서부틈 에 고조: 증조: 에 제 제 오:대 인재 기 이르캐 내러오먼서 지내넝 거선: 방안 찌사넌 고조서부틈 지내거덩.

― 인재 오:대루 올라가먼 시양우루 나가구.

－ 연시(제)?

예.

－ 연시 연시(제)는 무엇을 가지고 연시(제)라고 할까?

저기 해마다 저 정초에 뭐 지내는 것이 따로 뭐가 있어요? 그런 것은 없고요?

그것 그냥 차사라고...

－ 조, 조상에 대한 것은 아니지 그런 것은.

기제사는 어떻게 지내요?

－ 기제사는 내내 방안 제사를 방안에(서) 에 밤 한 영시에 지내는 것을 기제사라고 하지요.

그것 어떻게 하는지 뭐 준비는 어떻게 하고...

－ 준비는 내내 늘 제사 에 삼색실과 이제 잘하려고 하면 거기서 뭐 참이 고기 뭐 이런, 이런 여러 가지 많이 하지요.

－ 그 이제 그 과일도 에 잘 하려고 하면 과일도 여러 가지 놓고.

－ 그래 지금은 뭐 과일 같은 것 이런 것은 많으니까 그것은 뭐야 엔간하면 다 한다고.

－ 뭐 ＊＊ 별로 빠뜨리는 것이 별로 없다고.

－ 기제사에는 에 별다른 것 하는 것이 없거든.

－ 뭐 이런 저 시향이나 이런 데같이 여럿이 하는 것같이 다식 박고 뭐, 뭐 잣이나 뭐 호두 저 호두 같은 것 이런 것은 안 하지, 기제사에는 대개.

그러고서 이제 그런 것도 하고 또, 또 무엇 해야 돼요?

－ 기 기제사에도 에 옛날에는 그저 에 말하자면 윗대 고조할아(버지) 고조할머니에서부터 에 고조 증조 에 제 제 오대 이제 그 이렇게 내려오면서 지내는 것은 방안 제사는 고조에서부터 지내거든.

－ 이제 5대로 올라가면 시향으로 나가고.

— 근대 이재 고고년 에: 마라자면 그 옌:날 지그먼 한티다 다: 에 고조 하라부지서버틈 저: 증조꺼지 저: 어마 아부지꺼지 저 항꺼버내 다: 차려 노코: 제:방만⁴²¹⁾ 노코서 제:방만 이르캐 노코서 지내넌대:

— 옌:나래넌 가:상⁴²²⁾ 열, 여뤼럴 지내머넌 열위럴⁴²³⁾ 지내면 고조하 라부지 뫼지에 따루 전부 과일 사서 골고루 다: 노코 징:조하라부지 꺼 따루 노코 할마이 꺼 따루 노코 어, 어머이 아부지 꺼 따루 노코 전부 그르 카닝깨 그르기 멍:칭이 피료해떵 게여.

— 게 인재 지그먼 그르캐 아난다고.

— 그래 옌:나래는 우리 저 어: 쪼마끔 할 쩌개는 그런 시기루 해끼 때 미내 그러걸 주체럴 모대따고.

— 그런대 지그먼 아난다구 그거.

— 아나구 그냥 항꺼버내 한 한태, 한태 그냥 죽: 차리 노쿠서 그냥 지: 방만 써 부치구서 다: 지낸다구 지그먼.

지:방이요? 제:방?

— 제:방 지:방 쓰넝 거 이짜너 지:방.

그걸 지:방이라 그래요, 제:방이라 그래요?

— 그래 내내 지방언 내내 이, 이렁 걸 가주구...

써 부치능 거요, 그걸 이르멀 머:라 그래요?

— 써 부치넝 거.

예.

— 이 진:설 진:설뻡.

— 이개 인재 이개 고조부 어: 이기 고조 고조모 증조부 으: 이기 증:조 모 이건 에: 조부 어: 부모.

— 이기 내내 이기, 이기 지방 지방이여. 지방 써 부치 낭 기여.

그러구서 인잰— 절하구 그르자나요?

— 예.

- 그런데 이제 그것은 에 말하자면 그 옛날 지금은 한테다 다 에 고조 할아버지에서부터 저 증조까지 저 엄마 아버지까지 저 한꺼번에 다 차려 놓고 지방만 놓고 지방만 이렇게 놓고서 지내는데.

- 옛날에는 가령 열, 열위를 지내면 열위를 지내면 고조할아버지 묘지 에 따로 전부 과일을 사서 골고루 다 놓고 증조할아버지 것 따로 놓고 할머니 것 따로 놓고 어, 어머니 아버지 것 따로 놓고 전부 그렇게 하니까 그릇이 엄청나게 필요했던 거야.

- 그래 이제 지금은 그렇게 안 한다고.

- 그래 옛날에는 우리 저 에 조그마할 적에는 그런 식으로 했기 때문에 그릇을 주체하지 못했다고.

- 그런데 지금은 안 한다고 그것을.

- 안 하고 그냥 한꺼번에 한, 한테, 한테 그냥 죽 차려 놓고서 그냥 지방만 써 붙이고 다 지낸다고 지금은.

지방이요? 지방?

- 지방 지방 쓰는 것 있잖아 지방.

그것을 지방이라고 해요, 제방이라고 해요?

- 그래 내내 지방은 내내 이, 이런 것을 가지고...

써 붙이는 거요, 그것을 이름을 뭐라고 해요?

- 써 붙이는 것.

예.

- 이것 진설 진설법.

- 이게 이제 이게 고조부 에 이것이 고조 고조모 증조부 에 이것이 증조모 이것은 에 조부 에 부모.

- 이것이 내내 이것이, 이것이 지방 지방이야. 지방 써 붙여 놓은 거야.

그러고 이제 절하고 그러잖아요?

- 예.

고거 고거 순서를 함 번 쭉- 좀...

— 머?

절하자너요, 인재.

— 어:.

상 차, 차려 놓고 지방 이르캐 부처 노코...

— 으 지방 부처 노코 에.

그러구 인재 절하자너요?

— 그러치요.

고 고: 순:서는 어트개 돼요?

— 순서?

예.

— 순:서넌 에: 마라자먼 인재 전부 다: 차려 노코: 차려 노코서넌 인자 에: 제:일 그: 맏 마다덜 인재 젤: 젤: 마다더리 먼저 젤: 먼재424) 자널 디리지:.

— 꾸러안자설랑언 인재 거시기 상, 상불 질르고 이르카구서 인재 잔- 을 인재 거기다 놔 동개잉깨425) 잔 에 엽땡이는 서 인는 그 어: 집, 집싸 라 구라지 그 사람내가 인재 하노쿠멀426) 가따 주면 거뚜 바다서 어따427) 노쿠서 그 사래미 먼저 잔: 디려서 절하고 그 그 다:매 인재 고 미태 싸래 미 또 하구 고 다매 미태서 하구 세: 번 세 사라멀 하야 되거딩 세: 사람, 세: 사람.

게 머 처뻔째 하넝 걸 머 초헌 뭐 이른 말 쓰나요?

잔: 올리능 거?

— 또 어 두 번채 하넝 건 아, 아허니라구 해떵가 어트개 해찌:, 그라곤.

— 여기 그렁 거 다: 이따고.

그러구서 또 나중에 이캐 쫌 수를 더 부:짜너요, 자내다가?

— 전 인재 고러캐 노쿠 인재 시 세: 사라미 다: 잔 붜: 노먼 끄태 끄태 짜태넌 가뜩 안 분단다고428).

그것 그것 순서를 한 번 죽 좀…

─ 뭐?

절하잖아요, 이제.

─ 응.

상 차(려) 차려 놓고 지방 이렇게 붙여 놓고…

─ 응 지방 붙여 놓고 에.

그러고 이제 절하잖아요?

─ 그렇지요.

그 그 순서는 어떻게 돼요?

─ 순서?

예.

─ 순서는 에 말하자면 이제 전부 다 차려놓고 차려놓고는 이제 에 제일 그 만, 맏아들 이제 제일 제일 맏아들이 먼저 제일 먼저 잔을 드리지.

─ 꿇어앉아서는 이제 거시기 향, 향불 피우고 이렇게 하고서 이제 잔을 이제 거기다 놔 쌓으니까 잔 에 잔 옆에는 서 있는(사람을) 그 에 집(사) 집싸라 그러지 그 사람들이 한 움큼을 가져다주면 그것도 받아서 어디에다 놓고서 그 사람이 먼저 잔 드려서 절하고 그, 그 다음에는 그 밑에 사람이 또 하고 그 다음에 밑에서 하고 세 번 세 사람이 해야 되거든, 세 사람 세 사람.

그래 뭐 첫 번째 하는 것을 뭐 초헌 뭐 이런 말 쓰나요?

잔 올리는 것?

─ 또 에 두 번째 하는 것은 아, 아헌이라고 했던가 어떻게 했지, 그러고는.

─ 여기 그런 것 다 있다고.

그리고서 또 나중에 이렇게 좀 술을 더 붓잖아요, 잔에다가?

─ 전 이제 그렇게 놓고 이제 세, 세 사람이 다 잔에 (술을) 따라놓으면 끝에, 끝에 잔에는 가득 안 따른다고.

- 쪼:꼼 엥가:이 냉군다고[429] 그래노쿠 인재 나:중애 이재 마지막 잔 할 쩌개 첨주 한다고 첨주.

- 첨주하구서넌 인재 절하먼 인재 건 다:, 다: 지냉 기여.

- 가먼 옌: 그른대 지그먼 앙 그라자나. 옌:나랜 그르카구설랑언 다: 해 노쿠서 딱 다: 지내면 잔 부, 그 자늘 비운다고.

- 저: 제:군더리[430] 전부 나간다고 방안에.

- 게 마라자먼 헤 에: 혼신더리 싸 가주 가라닝 게리야.

- 그애 바까태 나간다고 전부 나가서 장꽌 이따가 드루와설랑언 철쌍 한다고.

- 옌:나랜 그르캐 해따고.

- 그른대 지그먼 그렁 거 아:니햐. 그냥 대번 그 사라먼 그냥 거서기 한다고.

추근 아닐거요? 축.

- 축? 축 인저 어 추건 처짠 지낼 쩌개 에: 마쌍재가 맏 마다더리 처 쌍 지낼 쩌개 잔: 딱 붜 노코 작 잔 처짠 디리구설랑언 고때 안자서 추깅 는다고[431] 축.

- 고때 인재 추기꾸서 에 거시기한다고.

그래서 철쌍하면 그 다매 쭉: 도라서서 한 잔씽 마시자나요?

- 그르치. 철쌍허먼 인재: 철 근대 마:런 이개 철쌍얼 얼렁 철쌍얼 해 야 된다넝 기여.

- 에 오래 놔: 두먼 안 된다넝 기여. 그런대 에: 철쌍얼 하머넌 다시 여기다 술상얼 차려 노쿠설랑언 인재 그: 잔 내러콰노쿠[432] 가 그거 음: 보카지 음복:.

- 음:보카넌대 인재 거기 인재 괴기 놓 거 쪼곰 쓰:러서 노코: 노쿠설 랑언 잔 붜:서 인저 지:사 지낸 사람 도러안자서[433] 인재 한 잔씩 음보카 넝 거여 그게.

- 조금 엔간히 남긴다고 그래놓고 이제 나중에 이제 마지막 잔 할 적에 첨주한다고 첨주.

- 첨잔하고는 이제 절하면 이제 그것은 다, 다 지낸 거야.

- 그렇게 하면 옛, 그런데 지금은 안 그러잖아. 옛날에는 그렇게 하고서 다 해놓고 딱 다 지내면 잔 붓, 그 잔을 비운다고.

- 저 제사꾼들이 전부 나간다고 방안에서.

- 그래 말하자면 헤 에 혼신(魂神)들이 싸 가지고 가라는 거래.

- 그래 바깥에 나간다고 전부 나가서 잠깐 있다가 들어와서 철상한다고.

- 옛날에는 그렇게 했다고.

- 그런데 지금은 그런 것 안 해. 그냥 대번 그 사람은 그냥 거시기 한다고.

축은 안 읽어요? 축.

- 축? 축은 이제 에 축은 첫 잔 지낼 적에 에 맏상제가 맏 맏아들이 첫 상 지낼 적에 잔 딱 부어 놓고 작 잔 첫 잔 드리고 그때 앉아서 축 읽는다고 축.

- 그때 이제 축 읽고서 에 거시기한다고.

그래서 철상하면 그 다음에 죽 돌아서서 한 잔씩 마시잖아요?

- 그렇지. 철상하면 이제 철(상) 그런데 말은 이것이 철상을 얼른 철상을 해야 된다는 거야.

- 에 오래 놔두면 안 된다는 거야. 그런데 에 철상을 하면 다시 여기에다 술상을 차려 놓고서 이제 그 잔을 내려놓고 가서 그것을 음복하지 음복.

- 음복하는데 이제 거기 이제 고기 놓은 것 조금 썰어서 놓고 놓고서 잔에 (술을) 따라서 이제 제사 지낸 사람들이 돌라앉아서 이제 한 잔씩 음복하는 거야 그게.

그건 머 음보카넝 거는 또 따른 절차가 인나요?

— 즐 절찬: 별루 웂찌 그게 안자, 그개 고거넌 지반끼리 안자썽깨 젤: 으:러니 먼저 하구: 그 다:매 또 고 다:매 에 나즌 사라미 하구 그애 순:서 그르캐 내려가지.

— 아 으:러니 인넌대 야:더리 먼저 사널,434) 자널 모 뜰자나: 인재 그 르캐 내내 근 그 순서넌 그르캐 내려가넝 거지.

그 제:사 음시근 누가:- 준비해요, 주로?

— 어?

음식.

— 어:.

누가 준비해요?

— 아 지비: 인재: 아 지비는 마라자면 아:내서: 거: 메눌래가 다: 하넝 거지 자이 자이질래가.

머머: 어떵 걸 준비해요?

— 별다른 증:-찌, 머: 내내 이 기지사애는 에 바파고: 내내 콩나물 보 꼬: 무수나물 보꼬: 인재 이른 저: 고사리 거틍 거 이렁 거 해서 나무 새:435) 마라자면 나 나무새: 이르캐 해:노코,

— 인재 고기애 저: 거시기 탕: 인재 고 다매 저깔 거틍 거 적436) 뿌칭 거 노쿠: 또 거 인재 맨: 아패 이재 과일 한 줄 로쿠 그르캐 하지요.

— 그기 순:서여.

과:이른 어뜽 거 놔:요?

과:이른 어떵 거, 어떵 거 놔요?

— 어?

과:이른 어떵 거 놔요?

— 과:이런 내내 내내 그리여. 삼사실과 밤: 대추 에: 에 밤: 대추 모두 인재 그렁 거 인재: 사과 배: 그렁 거여.

그것은 뭐 음복하는 것은 또 다른 절차가 있나요?

― 절 절차는 별로 없지 그것이 앉아, 그것이 그것은 집안끼리 앉았으니까 제일 어른이 먼저 하고 그 다음에 또 고 다음에 에 낮은 사람이 하고 그래 순서가 그렇게 내려가지.

― 아 어른이 있는데 아이들이 먼저 잔을, 잔을 못 들잖아 이제 그렇게 내내 그것은 그 순서는 그렇게 내려가는 것이지.

그 제사 음식은 누가 준비해요, 주로?

― 어?

음식.

― 응.

누가 준비해요?

― 아 집에 이제 아 집에는 말하자면 안에서 그 며느리들이 다 하는 것이지, ** ***들이.

무엇 무엇 어떤 것을 준비해요?

― 별다른 준, 뭐 내내 이 기제사에는 에 밥하고 내내 콩나물 볶고 무나물 볶고 이제 이런 저 고사리 같은 것 이런 것 해서 나물 말하자면 나나물 이렇게 해놓고,

― 이제 거기에 저 거시기 탕 이제 그 다음에 젓갈 같은 것 부침개 부친 것 놓고 또 그 이제 맨 앞에 이제 과일 한 줄 놓고 그렇게 하지요.

― 그것이 순서야.

과일은 어떤 것을 놓아요?

과일은 어떤 것, 어떤 것을 놓아요?

― 어?

과일은 어떤 것을 놓아요?

― 과일은 내내 내내 그래. 삼색실과 밤 대추 에 에 밤 대추 모두 이제 그런 것 이제 사과 배 그런 거야.

- 으 별다른 이 이 때는 별다른 무순 저: 거시기 호두나: 어: 이래 으
낭: 머 거시기 잔 이렁 건 아난다고.

- 에헤헤음.

- 그냥 밤: 대추 삼:사실과애만 되넝 거요.

- 게: 사과 배 밤: 대추 산:자 그라먼 되넝 기여.

생선두 올려노차너요?

- 어?

생선.

- 생선.

예.

- 생선두, 생선두 인재 이: 적 꾼넌대437) 인재 포가 이찌.

- 여기 포 노코 에: 생선 생서널 자: 이거넌 꿔:서 논녕 저 적, 적 꿀
쩌개: 에: 거시기 깔구설랑언 거기다 생선 노쿠서루 그눔 가마쇠루 꿔: 가
주구 이기 논는다구.

- 어 생 생선, 생선저기여.

적 꿀쩌개,

- 어:, 적 뿌칠 쩌개. 나사: 만든다고 적 뿌칠 쩌개.

- 그래서 인재 요르캐 함 마리씩 캐서루 노는다구 생서널.

그 조기 논나요?

- 조, 조기두 노쿠 인재 여기예.

- 이거 이 이: 생선 그 저거 부처서 해 농 거뚜 이꾸: 인재 이: 에 마
라자면 반찬 쭈래 가서 인재 거시기두 이꾸 저: 조기 조기두 해:노쿠 김:
두 노쿠 내내 김: 거틍 거 이렁 건 채:수예 드러가넝 거잉깨.

- 이건 이기 탕: 쭈리잉깨.

- 이건 탕:쭈리여 이거 이건 채:소 쭈리구.

- 탕:두 이개 어: 오:탕 이꾸 삼탕 삼탕-이구 인재 할 그 재료가 이쓰

― 응 별다른 이 이 때는 별다른 무슨 저 거시기 호두나 에 이래 은행 뭐 거시기 잣 이런 것은 안 한다고.

― 에헤헤음.(기침소리)

― 그냥 밤 대추 삼색실과야만 되는 거예요.

― 그래 사과 배 밤 대추 산자 그러면 되는 거야.

생선도 올려놓잖아요?

― 어?

생선.

― 생선.

예.

― 생선도, 생선도 이제 이 부침개 굽는데 이제 포가 있지.

― 여기에 포 놓고 에 생선 생선을 이제 이것은 구어서 놓는 저 적, 적 구을 적에 에 거시기 깔고서 거기에다 생선을 놓고서 그놈 가마쇠로 꿔 가지고 이것을 놓는다고.

― 응, 생 생선, 생선적이야.

부침개 구을 적에,

― 응, 부침개 부칠 적에. 낮게 만든다고 부침개 부칠 적에.

― 그래서 이제 요렇게 한 마리씩 해서 놓는다고 생선을.

그 조기를 놓는가요?

― 조, 조기도 놓고 이제 여기에.

― 이것 이 이 생선 그 저것 부쳐서 해 놓은 것도 있고 이제 이 에 말 하자면 반찬 줄에 가서 이제 거시기도 있고 저 조기 조기도 해놓고 김도 놓고 내내 김 같은 것 이런 것은 채소에 들어가는 것이니까.

― 이것은 이게 탕 줄이니까.

― 이것은 탕 줄이야 이것 이것은 채소 줄이고.

― 탕도 이것이 에 오탕(五湯)이 있고 삼탕(三湯), 삼탕이고 이제 할 그 재료가

머넌 오:탕얼 한다구 사:탕언 안 한다구.

- 에: 닽 다서깨 탕어루 한다고.

머머 해요, 탕으루?

- 이개 이근 내내 마라자먼 백탕이라구[438] 하넝 거선 마라자먼 두부 이렁 거 해서 고거만 하고, 인재 멸:치 에 너:서 멸치 해:설랑언 거기다 해:서 너 노면 인재 큰 큰 게 이꼬, 인재 또 저: 동태 거틍 거 해서 끄너서 하넌 탕:이 이꼬 인재 거이스 마라자먼 저저 피등어[439] 이 자랄라구 하면 인재 피등어 드르가:. 피등어 탕: 드르가구 합짜[440] 드르가구 이 시:사예는 그르카는대 지금 지:사예는 그룽 거 안 쓴다고 그렁 그렁 거 다: 할라면 엄청하거덩 시사예 그치 해 놀라먼.

피등어가 머요?

- 피등어에 저 바다예 나오넌 피등어 이짜나 왜 저 쓰:르매[441] 거치 생깅 거 발 이르캐 이르캐 달링 거 무너, 무너, 무너.

아: 다리 여러 개 달링 거요?

- 음, 다리 무너.

- 무너 그눔 해:서 노쿠 어: 떡, 떡 우예다가서 그 무너다리 무너다리럴 해서 오려 가주구서 떠구얘다 이르캐 올려노차나, 그거넌.

합짜...

- 그르가구 그 미태 이 그 지 여기 남:넝 걸루 해:서 여기 탕, 탕 만든다고.

합짜, 합짜두 이써요?

- 합짜두 저 시사 거튼대 합짜 꼭 쓰지요.

합짜는 멀: 합짜라그래요?

- 거시기:.

- 거 합짜:넌 이개 꼬:깡거치: 이러캐 저 그 그거 마라자먼 꼬:깡거치 이르키 쪼마크망 거 이써:. 말링 기여 말링 개 해서 에: 꼬:깜마양 이러개

있으면 오탕을 한다고 사탕(四湯)은 안 한다고.

－ 에 다, 다섯 개 탕으로 한다고.

무엇 무엇 해요, 탕으로?

－ 이게 이것은 내내 말하자면 백탕이라고 하는 것은 말하자면 두부 이런 것 해서 그것만 하고, 이제 멸치 에 넣어서 멸치 해서 거기에다 해서 넣어 놓으면 이제 그 그게 있고, 이제 또 저 통태 같은 것 해서 끓어서 하는 탕이 있고, 이제 거 말하자면 저저 문어 이 잘 하려고 하면 이제 문어 들어가. 문어 탕 들어가고 합자 들어가고 이 시사에는 그렇게 하는데 지금 제사에는 그런 것 안 쓴다고.

피등어가 뭐예요?

－ 피등어 저 바다에 나오는 피등어 있잖아 왜 저 오징어 같이 생긴 것 발 이렇게, 이렇게 달린 것 문어, 문어, 문어.

아 다리 여러 개 달린 거요?

－ 응, 다리 문어.

－ 문어 그놈 해서 놓고 에 떡, 떡 위에다가 그 문어다리 문어다리를 해서 오려 가지고 떡 위에다 이렇게 올려놓잖아, 그것은.

합자…

－ 그렇게 하고 그 밑에 이 그 여기 남는 것으로 해서 여기 탕, 탕 끓인다고.

합자, 합자도 있어요?

－ 합자도 저 시사 같은데 합자를 꼭 쓰지요.

합자는 무엇을 합자라고 해요.

－ 거시기.

－ 그 합자는 이게 곶감같이 이렇게 저 그 그것 말하자면 곶감같이 이렇게 조그마한 것 있어. 말린 거야 말린 게 해서 에 곶감처럼 이렇게

뀌어 놓 게 이따고.

─ 게 그노멀 사다가 탕:애 한다고.

그 생선 종뉴요?

─ 어 그기 그거 한다고 저 합, 건대 이: 시방 지그먼 저 기지사예 그렁 거 안 쓴다고:.

─ 그렁 거 할라구 하면 인재 가추라고 하면 여러 가지럴 마니 가춰야 되거덩.

그 합짜라구 하능개: 생선 종뉴에요?

─ 머 합짜, 생선 바다애서 나오넝 거지요.

바다에서 나능 거.

─ 어:.

옌, 옌:나래: :는 아까 말쓰마신거처럼 머 각 위:마다 이르키 그르슬 놔따는 그래짜나요?

─ 응.

그른대 요즈매는 그렁 개 인재 다 항꺼버내 한담마리지요?

─ 항꺼버내 해지요.

─ 그저내는 전부 위(단모음 [위])마다 따루 따루 요거 하 한 도씩 따루 따루 다: 해따고, 옌나래넌.

─ 근대 인재 그거럴 할라구 하잉깨 그레기 엄:청 마이 드르가자나:. 이 요새 저 저 봉지사보더442) 바뜨넌 사람덜 엥가나면 한 열: 끄럭씩 이르캐 되거덩.

─ 그 열 위럴 다: 할라면 엄청하자나 그러기. 그럭뚜 엄청하구 그애 그저내넌 에: 이: 쟁반 이런 접시 거틍 거 이렁 거 해설랑언 큰: 궤:짜개 다 하나큼443) 해 놔짜나. 그애 인재 지:사지넬 째만 내:서 쓰구 그 해짜나.

─ 게 지그먼 그거 안 한다구 다: 웁써저꾸: 다: 옵:쌔꾸 발쌔 그렁 거.

─ 옌:나랜 그르키 지내따구 그개 원:치건 그개 원치기여.

꿰어 놓은 것이 있다고.

— 그래 그놈을 사다가 탕에 넣는다고.

그게 생선 종류예요?

— 어 그것이 그것을 한다고 저 합, 그런데 이 지금 지금은 저 기제사에 그런 것 안 쓴다고.

— 그런 것 하려고 하면 이제 갖추려고 하면 여러 가지를 많이 갖추어야 되거든.

그 합자라고 하는 것이 생선 종류예요?

— 뭐 합자, 생선 바다에서 나오는 것이지요.

바다에서 나는 것.

— 응.

옛, 옛날에는 아까 말씀하신 것처럼 뭐 각 위마다 이렇게 그릇을 놓았다고 그랬잖아요?

— 응.

그런데 요즈음에는 그런 것을 이제 다 한꺼번에 한다는 말이지요?

— 한꺼번에 하지요.

— 그전에는 전부 위마다 따로 따로 요것 한, 한 도씩 따로 따로 다 했다고, 옛날에는.

— 그런데 이제 그것을 하려고 하니까 그릇이 엄청나게 많이 들어가잖아. 이 요새 저 저 봉제사보다 받드는 사람들 엔간하면 한 열 그릇씩 이렇게 되거든.

— 그 열 위를 다 하려면 엄청나잖아 그릇이. 그릇도 엄청나고 그래 그전에는 에 이 쟁반 이런 접시 같은 것 이런 것을 해서 큰 궤짝에다 하나씩 해 놓았잖아. 그래 이제 제사지낼 때만 내서 쓰고 그렇게 했잖아.

— 그래 지금은 그것 안 한다고 다 없어졌고 다 없앴고 벌써 그런 것은

— 옛날에는 그렇게 지냈다고 그게 원칙은 그게 원칙이야.

- 따루따루 주야지 여기다 한티다 땅 노쿠 저 어 고조하라부지두 머꾸 하라부지두 머꾸 아부지두 머꾸 점부 이누멀 항꺼버내 다: 멍너 거 아니여.

- 그개 원:치건 그르카넝 개 옌:나래 그기 에: 항 기 원:치건 하지만 지금 그르개 아난다구.

저까리라 그래능 개 머요? 저까리라능 게...

- 저깔리라능 거 적 꾼넝 기여.

적 꾼넝 거?

- 어:.

- 적 내 이재 소두방애다[444] 노쿠설랑언 가:루 이겨서 해 가주 거기다 젼- 에 골:파두 하고: 김치:두 하고: 다시마두 꾸구 이르키 한다구.

그 음식 장만하능 거는 예저나구 요즈마구 좀 달라...

- 여자더리 대:개 하지요. 여자더리 대:개 해요, 대개. 여자더리 남자더런 손 안 대지요.

옌날하:구 요새하:구 제사 기지 기지 기제사 지낼 때,

- 어:.

머:가 달라져써요?

- 머가 달라지긴 그개 달라징 거지.

그검만 달라져써요?

- 에 그검만 달라지지.

음시근...

- 자기 인재 자기 성이지:.

- 머 여러 가지 인재 마:니 하넝 거 즈:깨 하넝 거선 자기 성이지.

예:.

- 또 풍부한 사라면 에: 재사니 풍부하개 인넌 사라면 에: 마:니 여러 가지 마:니 하고: 에: 움넌 사라면 그르캐도 모다고 지그먼 인는 사람덜두 풍부하개 이써두 그르캐 안: 히야. 옌날거치 그릉 거 아:니야.

- 따로따로 줘야지 여기에다 한데다 딱 놓고 저 어 고조할아버지도 먹고 할아버지도 먹고 아버지도 먹고 전부 이놈을 한꺼번에 다 먹는 것 아니야.
- 그게 원칙은 그렇게 하는 것이 옛날에 그것이 에 한 것이 원칙이기는 하지만 지금은 그렇게 안 한다고.

적갈이라고 하는 것이 뭐예요? 적갈이라는 것이...
- 적갈이라는 것은 부침개 굽는 거야.

부침개 굽는 것?
- 응.
- 적 내 이제 솥뚜껑에다 놓고서 가루 이겨서 해 가지고 거기에다 저에 쪽파도 하고 김치도 하고 다시마도 굽고 이렇게 한다고.

그 음식 장만하는 것은 예전하고 요즈음하고 좀 달라...
- 여자들이 대체로 하지요. 여자들이 대체로 해요, 대개. 여자들이 남자들은 손 안 대지요.

옛날하고 요새하고 제사 기제(사), 기제 기제사 지낼 때,
- 응.

뭐가 달라졌어요?
- 뭐가 달라지기는 그것이 달라진 것이지.

그것만 달라졌어요?
- 어 그것만 달라졌지.

음식은...
- 자기 이제 자기 성의지.
- 뭐 여러 가지 이제 많이 하는 것 적게 하는 것은 자기 성의지.

예.
- 또 풍부한 사람은 에 재산이 풍부하게 있는 사람은 에 많이 여러 가지 많이 하고 에 없는 사람은 그렇게도 못하고 지금은 있는 사람들도 풍부하게 있어도 그렇게 안 해. 옛날같이 그런 것 안 해.

■ 주석

1) '거시기'는 이름이 얼른 생각이 나지 않거나 바로 말하기가 곤란한 사람이나 사물을 가리킬 때 또는 하려는 말이 얼른 생각나지 않거나 바로 말하기가 거북할 때 쓰는 군소리로 쓰인다. 이 '거시기'와 함께 쓰이는 충청도 방언형으로 '거시끼'와 '거시키'가 있다. '거시기'와 비슷한 충청도 방언으로 '머시기'가 있다. '머시기'는 '머시끼', '머시키'와 함께 사람이나 사물의 이름이 얼른 생각나지 않을 때나 하려는 말이 얼른 생각나지 않거나 바로 말하기가 거북할 때 쓰는 말이다.
2) '우살리'는 충북 옥천군 동이면 금암리의 자연마을 '우산리'의 음성형이다.
3) '일루'는 중앙어 '이리로'에 대응하는 충청도 방언형이다. '일루'는 '이쪽으로'나 '이곳으로'의 뜻으로 쓰인다. '일루'는 화자와 가까운 곳을 가리킨다. 이에 비해 화자와 멀고 청자와 가까운 곳을 나타낼 때는 '글루'가 쓰이고 화자와 청자에게서 먼 곳을 가리킬 때는 '절루'가 쓰인다. 충청도 방언에서 '일루, 글루, 절루'와 평행하게 '일로루/일러루, 글로루/글러루, 절로루/절러루'와 '이리, 그리, 저리'가 쓰인다.
4) '또래'는 중앙어 '때문에'에 대응하는 충청도 방언형이다. 충청도 방언형으로 '또래' 외에 '떠래'와 '또래미', '또래미내' 등도 쓰인다.
5) '쥐'는 단모음 [cü](쥐)로 발음된다.
6) '내나'는 '내내'와 함께 옥천 방언형으로 쓰인다. 중앙어에서는 '내내'가 '처음부터 끝가지'의 의미로 쓰이지만 여기에서는 간투사처럼 쓰였다.
7) '징:조하라부지'는 중앙어 '증조할아버지'에 대응하는 옥천 방언 음성형이다.
8) '근대'는 중앙어 '그런데'에 대응하는 충청도 방언형 '그른대'의 축약형으로 이해된다.
9) '발쌔'는 중앙어 '벌써'에 대응하는 충청도 방언형인데 충청도 방언형으로 '발쌔' 외에 '발싸'와 '벌써'도 쓰인다.
10) '읎쌔구설랑언'은 중앙어 '없애고는' 또는 '없애고서는' 정도에 대응하는 충청도 방언형이다. '읎쌔구설랑언'은 '읎애다'의 활용형이다. '읎애다'는 중앙어 '없애다'에 대응하는 충청도 방언형이다. '읎애다'는 '읎다'에 사동접미사 '-애-'가 결합된 것이다. '읎다'는 '읎다([읍:따]), 읎구([읍:꾸]~[우:꾸]), 읎지([읍:찌]), 읎어([움:써]), 읎는([움:는])' 등과 같이 활용한다. 충청도 방언에서는 '읎다' 외에 '읎다'와 '읎다'도 나타난다. 요즈음에는 '없다'가 자주 쓰이는데 이는 표준어의 영향으로 보인다. 학교에서 공교육을 받은 장년층 이하의 젊은 사람들은 '없다'를 주로 쓰고 '읎다'나 '읎다'는 노년층에서 주로 쓰고 젊은층에서는 거의 쓰지 않는다.
11) '시방'은 '지금'과 같은 뜻으로 쓰이는데 요즈음 젊은 사람들은 주로 '지금'을 쓰고 '시방'은 잘 쓰지 않는다.
12) '공구리'는 '콘크리트'의 방언형으로 일본어식 발음의 잔재형이다.
13) '지비루'는 '집이루'의 방언 음성형이다. '-이루'는 어떤 물건의 재료나 원료를 나타

내는 중앙어 격 조사 '-으로'에 대응하는 이 지역 방언형이다.

14) '고근방'은 일정한 지점을 중심으로 한 그 부근 일대를 뜻하는 중앙어 '가근방'과 같은 말로 쓰였다. 여기에서는 제보자의 집을 중심으로 그 부근 일대에서는 가장 먼저 콘크리트 벽돌집을 지었다는 말을 하는 것이다.

15) '-설랑은'은 동사 어간에 붙어 앞뒤 절의 두 사실 간에 계기적인 관계가 있음을 나타내는 연결 어미다. 충청도 방언에서 '-설랑은' 외에 '-설랑언'도 쓰인다. 중앙어 '-서는' 또는 '-고서는' 정도에 해당하는 어미다. 충청도 방언에서 '-설랑은'과 비슷하게 '-설랑애'도 동사 어간에 붙어 앞뒤 절의 두 사실 간에 계기적인 관계가 있음을 나타내는 연결 어미로 쓰인다. 중앙어 '-서' 또는 '-고서' 정도에 해당하는 어미다. 제천 방언에서는 '-설랑애'와 '-설랑은'이 다 쓰이는데 쓰이는 문맥에 약간의 차이가 있다.

16) '아:더리'는 중앙어 '아이들이'에 대응하는 충청도 방언형이다. 충청도 방언에서 '아덜'이 '아:덜'과 같이 장음으로 발음되면 '아이들'의 뜻으로 쓰이고 '아덜'과 같이 단모음으로 발음되면 '아들(子)'의 뜻으로 쓰인다.

17) '이르카니까'는 중앙어 '이렇게 하니까'에 대응하는 충청도 방언형 '이릏게 하니까'의 축약형 '이륵하니까'의 음성형이다.

18) '떨어내다'는 의미상으로 보면 중앙어 '뜯어내다' 정도에 대응하는 말이다. 기존에 있던 집을 '헐어 없애다' 정도의 의미로 쓰이는 충청도 방언형이다.

19) '연상소'는 본래 '몸과 마음을 닦아서 일을 이루는 곳 또는 그런 기관'을 가리키는 '연성소(鍊成所)'를 잘못 발음한 것이다. 일제 강점기 때 여기에서 남자들에게는 문맹퇴치와 인력관리를 위해 마을의 공회당 같은 곳에서 글을 가르치기도 하였고, 여자들에게는 글을 가르치기도 하고 군 위안부로 데려가서 생활하던 '위안소(慰安所)'의 역할을 하기도 했다고 한다.

20) '댕기다'는 중앙어 '다니다'에 대응하는 충청도 방언형으로 '댕기구, 댕기지, 댕겨, 댕기닝깨' 등과 같이 활용한다.

21) '모다구서는'은 중앙어 '못 하고는' 정도에 대응하는 이 지역 방언형이다. 충북의 청원군과 옥천군 등 충남과 인접한 지역에서는 예에서와 같이 음절말 평폐쇄음이 뒤에 오는 'ㅎ'과 결합하여 유기음화가 일어나지 않고 평음으로 실현된다. 이런 현상이 일어나는 조건은 선행 음절의 말음이 주로 평음 'ㄷ'이나 'ㅂ'이고 뒤에 '하다'가 연결될 때다. 예를 들면 못하구[모다구], 못하지[모다지], 못해[모대]'나 '떡하구 밥하구[떠가구 바바구]' '밥하구 국하구[바바구 구가구]' 등과 같이 실현된다.

22) '그래닝깨'는 중앙어 '그러니까'에 대응하는 충청도 방언형이다.

23) '호까이도'는 일본의 '北海島'의 일본식 발음이다.

24) '가이서넌'은 중앙어 '가지고는' 정도에 대응하는 이 지역 방언형이다. '가지고'를 '가이고'형으로 발음하는 지역은 경상북도와 인접한 충북 지역인데 주로 경상도에서 이주한 사람들에게서 들을 수 있다.

25) '-으루다'는 중앙어 '-으로'에 대응하는 충청도 방언형이다. '-으루다'와 함께 '-으루'

도 거의 같은 뜻으로 쓰이는데 '-으루다'는 수단이나 도구 또는 원인 등을 명백히 하는 기능이 있다.

26) '미티'는 중앙어 '밑에'에 대응하는 이 지역 방언 음성형이다. 처격 조사 '-에'가 자음으로 끝나는 체언 아래 쓰이면 '-이'로 실현되는 현상이 옥천을 비롯하여 충남과 인접한 청원 지역 등에서도 관찰된다. '바티 간다(밭에 간다), 지비 간다(집에 간다)' 등에서와 같이 쓰인다.

27) '이르캐'는 중앙어 '이렇다' 대응하는 충청도 방언형 '이릏다'의 활용형이다. '이릏다'는 '이릏구[이르쿠], 이릏지[이르치], 이릏게[이르캐], 이릏니께[이르니께/이르닝께], 이래[이래]'와 같이 활용한다.

28) '디끼고'는 '듣다'의 충청도 방언 피동형 '듣기다'의 활용형 '듣기고'의 움라우트형 '딛기고'의 음성형이다.

29) '그러카구'는 중앙어 '그렇게 하고'에 대응하는 이 지역 방언형 '그렇게 하구'의 축약형으로 하나의 굳어진 단어로 표기해도 될 것으로 보인다. 축약형의 기저형은 '그럭하다'가 될 것이다. 왜냐하면 충북에서는 '그럭하다, 그럭하구, 그럭하지, 그럭하면, 그럭하닝께, 그럭해캐서'와 같이 활용하기 때문이다. 충청도에서는 '그럭하다' 외에 '그릏게 하다'의 축약형 '그륵하다'와 '고렇게 하다'의 축약형 '고록하다'도 쓰인다. '그륵하다'와 '고록하다'는 각각 '그륵하다, 그륵하구, 그륵하지, 그륵하면, 그륵하닝께, 그륵해서'와 '고록하다, 고록하고, 고록하지, 고록하면, 고록하닝께, 고록해서' 등과 같이 활용한다.

30) '린세이쇼'는 '연성소(鍊成所)'의 일본어식 발음이다.

31) '알켰다고'는 중앙어 '가르쳤다고'에 대응하는 충청도 방언형이다. 기본형은 '알키다'이고 '알키구, 알키지, 알키서, 알켜'와 같이 활용한다. '가르치다'의 뜻으로 '알켜주다'가 쓰이기도 하는데 '알켜주다'는 '알려주다'의 뜻으로도 쓰인다.

32) '-꺼니'는 중앙어 '-는데' 정도에 대응하는 이 지역 방언 어미다. '-꺼니'는 '-었-' 뒤에 붙어 이미 정해진 어떤 사실을 인정하면서 그것이 다른 사실의 전제나 조건이 됨을 나타내는 연결 어미로 쓰이는 말이다.

33) '부저니'는 '부전히'의 음성형으로 '아무 이유 없이'를 뜻하는 중앙어 '무단(無斷)'에 파생접미사 '-히'가 붙은 말로 이해된다.

34) '접분'은 '접다'의 활용형으로 중앙어 '싶다'에 대응하는 이 지역 방언형이다. '접다'는 앞말이 뜻하는 행동을 하고자 하는 마음이나 욕구를 갖고 있음을 나타내는 말로서 동사 뒤에서 '-고 접다' 꼴로 주로 쓰인다.

35) '고러카고선'은 '그렇게 하다'의 축약형 '고록하다'의 활용형으로 중앙어 '그렇게 하고는' 정도에 대응하는 충청도 방언형이다. 충청도 방언형 '고록하다'는 '고록하구, 고록하지, 고록하닝께, 고록해서' 등과 같이 활용한다. 충청도 방언형으로 '고록하다' 외에 '그럭하다'와 '그륵하다'도 쓰인다.

36) '카루'는 '아이고'의 뜻을 가진 '아유'나 '아이구' 정도로 발음해야 할 것을 잘못 발음한 것으로 보인다.

37) '와꺼니'는 '왔거니'의 음성형이다. '왔거니'는 '오-+-았-+-거니'로 분석할 수 있다. '-거니'는 동사 어간이나 과거시제 선어말어미 뒤에 연결되어 뒤 절에서 일어나는 어떤 일을 설명하기 위하여 그 대상과 상관되는 상황을 미리 말할 때 쓰는 연결 어미인데 주로 그 행동이나 그 행동과 관련된 상황이 마음에 들지 않을 때 쓰인다. 예문에서는 문맥으로 볼 때 중앙어의 '-는데' 정도에 대응하는 의미로 쓰이는 것으로 보인다.

38) '노가다'는 일본어 'どかた[土方]'에서 온 말이다. '노가다'는 공사판에서 막일을 하는 노동자를 이르는 일본말이다. 그런데 이것의 의미가 변하여 '막일' 또는 '공사판'의 뜻으로도 쓰인다.

39) '가녀매'는 옥천군 동이면 석화리를 가리키던 순우리말 지명이다.

40) '가마이'는 중앙어 '가마니'에 대응하는 충청도 방언형이다. 충청도 방언에서 단어의 말음절 모음이 '이'이고 그 모음에 선행하는 자음이 'ㅇ'이나 'ㄴ'이면 그 자음이 비음화하거나 탈락하는 현상이 있는데 '가마이'도 'ㄴ'이 모음 '이' 앞에서 탈락한 것이다. 이런 예는 '많이→마이, 어머니→어머이, 할머니→할머이'나 '호랑이→호랭이, 호맹이→호매이, 종이→조이' 등에서도 관찰된다.

41) '산내끼'는 중앙어 '새끼'에 대응하는 충청도 방언형이다. 충청도 방언형으로 '산내끼' 외에 '사내끼'와 '새끼'도 폭넓게 쓰인다.

42) '꼰넌'은 중앙어 '꼬다'의 활용형 '꼬는'에 대응하는 충청도 방언형 '꿇넌'의 음성형이다. 짚이나 삼 껍질 등의 가는 줄기 여러 가닥을 손바닥이나 자새로 엇갈아 비비면서 한 줄로 만드는 것을 중앙어에서 '꼬다'고 한다. 짚으로 꼰 것을 새끼라고 하고 삼 껍질로 꼰 것은 노끈이나 참바라고 한다. 노끈은 가늘게 꼰 것을 가리키고 참바는 어린아이 팔뚝 굵기만큼 굵게 꼰 것을 가리킨다. 중앙어 '꼬다'에 대응하는 충청도 방언형은 '꿇다'와 '꼬다'가 쓰인다. '꿇다'는 예문에서와 같이 '꿇다개[꼬타개], 꿇구[꼬쿠], 꿇지[꼬치], 꿇넌[꼰넌], 꽈'와 같이 활용하고 '꼬다'는 중앙어에서와 같이 '꼬다가, 꼬구, 고지, 꼬닝깨, 꼬는, 꽜다'와 같이 활용한다.

43) '파라멍는다'는 '팔아먹는다'의 음성형이다. 예문에서의 '팔아먹다'는 값을 주고 곡식을 사다 먹는다는 뜻으로 쓰였다. 충청도 방언에서 '팔다'가 곡식에 대해 쓰이면 돈을 주고 곡식을 사온다는 뜻으로 쓰이고 물건에 대해 쓰이면 돈을 받고 물건을 넘겨 주다의 뜻으로 쓰인다. '팔다'가 돈을 주고 곡식을 사온다는 뜻으로 쓰이는 지역에서는 돈을 받고 곡식을 넘겨준다는 뜻으로는 '내다'를 쓴다. 따라서 '쌀 팔루 갔다'고 하면 돈을 가지고 가서 쌀을 사러 갔다는 뜻이 되고 '쌀 내루 갔다'고 하면 쌀을 가지고 가서 돈으로 바꾸러 갔다는 뜻이 된다. 그런데 삽이나 괭이 같은 물건에 대하여는 '삽 사루 갔다'고 하면 돈을 주고 삽과 바꾸러 갔다는 뜻이고 '삽 팔루 갔다'고 하면 삽을 가져가서 돈으로 바꾸러 갔다는 뜻이 된다.

44) '떠러지먼'은 '떨어지다'의 활용형 '떨어지먼'의 음성형이다. 예문의 '떨어지다'는 '뒤를 대지 못하여 남아 있는 것이 없게 되다'의 뜻으로 쓰였다.

45) '집 빠드러'는 '짚 받으러'의 음성형이다. '짚 받다'는 '짚'과 '받다'로 분석된다. '짚'

은 볏짚, 즉 벼이삭을 떨어낸 줄기와 잎을 가리킨다. '받다'는 '다른 사람의 물건을 돈이나 물품을 주고 자기 것으로 하다'의 뜻으로 쓰이는 말이다. 예문의 '짚 받으러'는 '다른 사람에게 짚을 사기 위하여'의 뜻으로 쓰였다. 겨우내 가마니를 치려면 많은 양의 짚이 필요한데 자기가 농사지은 것으로는 부족하여 다른 사람들에게 짚을 사 온다는 뜻으로 '짚 받다'가 쓰였다.

46) '그러커니'는 '그렇+-거니'로 분석할 수 있다. '그렇-'은 '그렇다'의 어간이고 '-거니'는 중앙어 '-는데' 또는 '-지만'과 비슷한 뜻으로 쓰이는 이 지역 방언형이다. 앞 절에서 설명한 내용이 뒤 절에서 설명하는 대상이나 내용과 상반되는 상황을 설명할 때에 쓰는 연결 어미다.

47) '여남'은 열이 조금 넘는 수를 나타내는 '여남은'이 줄어든 말이다. 충청도 방언에서 '여남'과 '여남은'이 다 쓰인다.

48) '진약'은 옥천군과 대전의 접경 지역에 있는 지명이다.

49) '경개 찌경애'는 '경계 접경에'에 대응하는 방언 음성형이다. '경개'는 '境界'의 음성형이고 '찌경'은 '접경(接境)'을 뜻하는 방언형으로 '접경→젭경→젝경→직경'의 과정을 거친 것으로 파악된다.

50) '대그날'은 '대근할'의 음성형이다. '대근할'은 충청도 방언형 '대근하다'의 활용형이다. 충청도 방언형으로 '대근하다' 외에 '대간하다'도 쓰인다. '대근하다'나 '대간하다'는 일이 매우 힘들고 고단하다는 뜻으로 쓰이는 말이다. '대근하다, 대근하지, 대근하구, 대근하니께, 대근해서'나 '대간하다, 대간하구, 대간하지, 대간하니께, 대간해서' 등과 같이 활용한다.

51) '사목째'는 '사목재'의 음성형이다. '사목재'는 재(고개) 이름이다. 옥천에서 금산 방면의 장녕산을 넘어가는 고개다.

52) '날망'은 산 따위의 등성이를 이루는 줄기의 꼭대기 부분을 가리키는 충청도 방언형이다. 산등성이를 이루는 줄기의 꼭대기 부분을 흔히 '산날망'이라고 한다. 야산이나 구릉, 언덕 따위의 등마루를 가리키는 말로 쓰인다.

53) '마전'은 충청남도 금산군 추부면 마전리를 가리킨다.

54) '딴'은 '아무런 관계가 없는' 또는 '지금 문제가 되거나 해당되는 것 이외의 다른'의 뜻으로 쓰인다. '딴'은 의미상 '비교가 되는 두 대상이 서로 같지 아니하다'의 뜻으로 쓰이는 '다르다'에 대응하는 형용사 '따다'에서 비롯된 말이다. '따다'가 충청도를 비롯한 남한에서는 '딴'의 형태로만 쓰여 거의 관형사로 굳어져 있는 데 비해 중국 연변이나 함경북도에서는 '따다, 따지, 따요' 등과 같이 활용하는 형용사로 쓰인다. '딴 사람더런'은 '따다'의 관형사형에서 유래한 '딴'이 체언 '사람'을 수식하는 구조다.

55) '느'는 중앙어 2인칭 대명사 '너희' 또는 '너의'에 대응하는 충청도 방언형이다. '느'는 '느가, 느럴, 느두, 느만'과 같이 곡용한다.

56) '가두락'은 '가+-두락'으로 분석할 수 있다. '가-'는 동사 '가다'의 어간이고 '-두락'은 앞의 내용이 뒤에서 가리키는 사태의 목적이나 결과, 방식, 정도 따위가 됨을 나

타내는 중앙어 연결 어미 '-도록'에 대응하는 충청도 방언형이다. 따라서 '가두락'은 중앙어 '가도록'에 대응하는 말로 쓰이는 충청도 방언이다.

57) '연신'은 '잇따라 자꾸'의 뜻으로 쓰이는 충청도 방언이다. 중앙어 '연방'에 대응하는 말이다.

58) '추부면'은 충청남도 금산군 추부면을 가리킨다.

59) '지찌'는 '저찌'라고 해야 할 것을 잘못 발음한 것으로 보인다.

60) '치무리핸대'는 빛이 약하거나 멀어서 조금 어둑하고 희미한 모양을 나타내는 충청도 방언형 '치무리'에 형용사를 만드는 접미사 '-하다'가 결합된 말이다. 예문에서는 해가 넘어가서 어둑어둑한 상태를 나타내는 말로 썼다. '치무리핸대'는 '치무리'와 '해다'가 합성된 합성어 '치무리해다'의 활용형이다. '해다'는 중앙어 하다에 대응하는 충청도 방언형으로 '해다, 해구, 해지, 해닝깨, 했어' 등과 같이 활용한다. '치무리해다'는 중앙어 '아슴푸레하다'와 비슷한 뜻으로 쓰이는 말이다.

61) '가거니'는 '가+ㅆ+-거니'로 분석할 수 있다. '-거니'는 동사 어간이나 과거시제 선어말어미 뒤에 연결되어 뒤 절에서 일어나는 어떤 일을 설명하기 위하여 그 대상과 상관되는 상황을 미리 말할 때 쓰는 연결 어미인데 주로 그 행동이나 그 행동과 관련된 상황이 마음에 들지 않을 때 쓰인다. 예문에서는 중앙어의 '-지만, -는데' 정도에 대응하는 의미로 쓰였다.

62) 여기에서의 '소막'은 '여물간'을 가리키는 말로 쓰였다. 다음에 이어지는 말을 고려할 때 제보자가 '여물간'이 얼른 생각나지 않아서 '소막'이라고 말한 것으로 보인다.

63) '고사태'는 '고샅+-애'로 분석된다. '고샅'은 '고샅이[고사치], 고샅에[고사태], 고샅으루[고사트루]' 등과 같이 쓰인다. 《표준 국어 대사전》에는 '시골 마을의 좁은 골목길 또는 골목 사이'라고 뜻풀이 되어 있는데 충청도에서는 시골 마을에서, 집 주변으로 나 있는 길이나 집 주변 공터 또는 집 주변으로 나 있는 골목길이나 그 주변의 뜻으로 쓰인다. 골목길이나 골목 사이의 뜻보다는 집 근처라는 의미가 더 강하다.

64) '우트개볼'은 '우트개 해 볼'의 축약형으로 이해된다. '우트개'는 중앙어 '어떻게'에 대응하는 충청도 방언형이다. 따라서 '우트개볼'은 중앙어의 '어떻게 해 볼'에 대응한다고 할 수 있다.

65) '워따'는 중앙어 '어디에다'에 대응하는 충청도 방언형이다. '워따'는 '어디다'에 대응하는 충청도 방언형 '워디다'의 축약형으로 보인다. 중앙어 '어디다/어디에다'에 대응하는 충청도 방언형 '워따'가 실현되는 지역은 충북 청주와 청원을 포함한 충북 서부지역과 옥천 등 남부 지역 그리고 충남 및 전라 지역 등이다. '워따' 형이 쓰이는 지역에서는 중앙어 '어디, 어느, 언제, 어떤, 어째' 등에 대하여 각각 '워디, 워너/워느, 워면/워짠, 원재, 워떻개, 워째' 등으로 실현된다.

66) '사문'은 '사뭇'의 음성형이다. '사뭇'은 '내내 끝까지'의 뜻으로 쓰이는 말이다. 충청도 방언형으로 '사뭇' 외에 '사무', '상긋', '상구' 등도 쓰인다.

67) '개비여'는 중앙어 '가봐'에 대응하는 충청도 방언형이다. '개비여'는 '갑이여'에서

비롯된 것으로 파악되지만 충청도 방언에서 '갑'이 단독형으로 쓰이는 예는 관찰하기 어렵다. '개비여'가 '개비다, 개비구, 개비지, 개벼' 등과 같이 어휘화 하여 쓰이기 때문이다. 즉 '개비다'는 의존명사 '갑'에 서술격 조사 '-이다'가 결합된 '갑이다'의 움라우트형이 어휘화하여 굳어진 형태로 쓰이는 것이라고 할 수 있다. 의존명사 '갑'에 대하여는 이승재(1982)를 참조.

68) '누구보구'는 '누구에게', '누구한테'에 대응하는 충청도 방언형이다. '-보구'는 사람이나 동물을 나타내는 체언 뒤에 붙어 어떤 행동이 미치는 대상을 나타내는 충청도 방언형 격 조사다. 충청도 방언에서 '-보구'와 같은 뜻으로 쓰이는 조사로 '-보구' 외에 '-한태, -한티, -더러' 등도 쓰인다.

69) '노불'은 '놉+울'로 분석된다. '놉'은 음식을 제공받고 하루하루 일을 하고 품삯을 받는 품팔이 일꾼을 뜻한다. '-울'은 대격조사 '-을'이 양순음 아래에서 원순모음화 한 것이다. '노불'은 중앙어 '놉을'에 대응하는 충청도 방언형이다.

70) '고모보한태'는 '고모보+한태'로 분석된다. '고모보'는 중앙어 '고무부'에 대응하는 충청도 방언형이다. '-한태'는 사람이나 동물을 나타내는 체언 뒤에 붙어 어떤 행동이 미치는 대상을 나타내는 충청도 방언형 격 조사다. '고모보한태'는 '고모부한테' 또는 '고무부에게'의 뜻으로 쓰였다. 충청도 방언에서 '-한태'와 같은 뜻으로 쓰이는 조사로 '-한태' 외에 '-보구, -한티, -더러' 등도 쓰인다.

71) '한태'는 한 곳이나 한 군데를 뜻하는 중앙어 '한데'에 대응하는 충청도 방언형이다.

72) '스이'는 중앙어 '셋이'에 대응하는 충청도 방언형이다. '스이'는 '스/서'의 주격형인데 '서 되/스 되, 서 말/스 말'이나 '석 동/슥 동, 석 달/슥 달' 등에서와 같이 단위를 나타내는 말에 따라 '서/스' 또는 '석/슥' 등으로 실현된다. '스' 계열은 '서'가 장모음으로 실현되어 고모음화한 것으로 보인다.

73) '떠나년대'는 과거형으로 '떠난년대'라고 해야 할 것을 잘못 발음한 것이다.

74) 충청도 방언형 '질꺼르미'는 '질꺼름+이'로 분석할 수 있다. '질꺼름'은 사람이나 수레 또는 차가 다닐 수 있는 길을 가리키는 충청도 방언형이다. 충청도 방언에서 '질꺼름에 나가 서 있다', '질꺼름을 썰었다'와 같이 쓰인다. 충청도 방언으로 '질꺼름' 외에 '질끄럼', '질꺼럼', '질까람' 등도 쓰인다. 지역에 따라 '질깝'이 쓰이기도 한다.

75) '독쩨기'는 '독짝이'의 움라우트형인 '독쩍이'의 발음형이다. '독짝'은 바위보다는 작고 돌맹이보다는 큰 돌덩어리를 가리키는 충청도 방언형이다.

76) '방구가'는 '방구+가'로 분석할 수 있다. '방구'는 아주 커다란 돌덩어리를 뜻하는 중앙어 '바위'에 대응하는 충청도 방언형이다. 충청도 방언형으로 '방구' 외에 '바우'도 쓰인다.

77) '짐성거치'는 '짐성+겉이'로 분석할 수 있다. '짐성'은 중앙어 '짐승'에 대응하는 충청도 방언형으로 사람이 아닌 동물을 이르는 말로 쓰인다. '겉이'는 체언 뒤에 붙어 '앞말이 보이는 전형적인 어떤 특징처럼'의 뜻을 나타내는 중앙어 '같이'에 대응하는 충청도 방언형이다. '짐성'은 국어사 자료에서 15세기 국어 '즁싱'에 소급한다.

'즁슁'은 한자어 '중생(衆生)'을 그대로 표기한 것이다. 같은 15세기에 나타나는 '즘 슁'은 한자라는 의식이 없어진 어형으로 보인다. 그러나 제1음절의 '즁>즘'의 변 화는 현재로서는 설명하기 어렵다. 16세기에 나타나는 '즘승'은 비어두 음절의 '·>ㅡ' 변화에 따라 '즘슁>*즘슁'의 변화가 일어난 후에 제2음절의 음절부음이 탈락한 형태로 판단된다. 이러한 변화가 완료된 17세기부터 제2음절을 '싱, 생, 셩' 으로 표기한 '즘싱, 짐싱, 즘생, 즘셩, 김생, 짐생' 등은 적어도 제2음절의 어원이 '생(生)'이라는 것을 의식하고 표기한 것으로 판단된다. 한편 19세기에 나타나는 '김 생'은 '짐생'의 '지'가 '기>지'의 구개음화를 경험한 것으로 오분석한 표기로 보인 다. 그리고 같은 시기의 '짐생'은 '즘생'의 제1음절이 '즘>짐'의 변화를 경험한 결 과이며, '짐승'은 '즘승'의 제1음절이 이와 같은 변화를 경험한 결과다.

'즁슁'의 어원인 한자어 '중생(衆生)'을 생각하면 초기에는 이 말이 '생물'의 뜻이 었을 것으로 추측되지만, 이미 15세기부터 사람 이외의 동물을 가리키는 데 쓰 이고 있으며, 15세기 말에는 네 발이 달린 동물만을 가리키기 시작한 것으로 보 인다.(2007 한민족 언어정보화 프로그램, 국어의 어휘 역사 참조.)

78) '그러커니'는 '그렇+-거니'로 분석할 수 있어 보인다. '그렇-'는 '그렇다'의 어간이 고 '-거니'는 중앙어 '-는데' 또는 '-지만'과 비슷한 뜻으로 쓰이는 이 지역 방언형 이다. 앞 절에서 설명한 내용이 뒤 절에서 설명하는 대상이나 내용과 상반되는 상 황을 설명할 때에 쓰는 연결 어미다.

79) '저다가'는 중앙어 '짓다'의 활용형 '지어다가'가 줄어든 '져다가'에 대응하는 음성 형이다. '저다가'의 기본형은 '짓다'다. '짓다'는 여러 가지 재료를 섞어 약을 만든 다는 뜻으로 쓰이는 말로 '짓는다, 짓구, 짓지, 지다가/저다가, 짔다/졌다'와 같이 활 용한다.

80) '모디켜서'는 중앙어 '모아놓아서'에 대응하는 충청도 방언형이다. '모디켜서'는 '모 디키-+-어서'로 분석할 수 있다. '모디키-'는 '모디키다'의 어간이다. '모디키다'는 '몯다'의 어간에 사동파생 접미사 '-이키-'가 결합된 말로 파악된다. 이렇게 볼 수 있는 근거는 '몯다'의 활용형으로 '몯애서'가 쓰인다는 점을 들 수 있다. '몯다'는 '모으다'의 피동사 '모이다'의 옛말이다. '모디키다'는 '모디키구, 모디키지, 모디켜 서' 등과 같이 활용한다.

81) '나바지'는 '내바지'의 잘못으로 보인다. '내바지'는 '내받이'로 표기할 수 있는 말로 '줄곧 한결같이'의 뜻으로 쓰이는 중앙어 '내처'에 해당하는 충청도 방언이다.

82) '그사람내가'는 중앙어 '그사람들이'에 대응하는 충청도 방언형이다. '그사람내가'는 '그사람+내+가'로 분석할 수 있다. '내'는 사람을 뜻하는 일부 명사 뒤에 붙어 한 무리라는 뜻을 더하는 접미사로 15세기 국어에 소급한다. 예) 아자바님내끠 다 安否 ᄒᆞᅀᆞᆸ고 쏘 耶輸陁羅ᄅᆞᆯ 달애야 恩愛ᄅᆞᆯ 그쳐≪석상 6:1≫ 네 아ᄃᆞ리 各各 어마님내 뫼 ᅀᆞᆸ고 누의님내 더브러 ≪월석 2:6≫

83) '싱기얘'는 '신기+애'로 분석할 수 있다. '신기'는 가마나 상여의 뼈대가 되는 틀을 뜻하는 말로 바닥에 널을 얹을 수 있게 되어 있다. 강원도에서는 '가마'를 '신개'라 고도 하는데 '신기'도 가마를 뜻하는 말에서 유래한 것으로 보인다. '신기'는 본래

가마의 뚜껑을 얹지 않은 뼈대가 되는 틀을 가리키는 말로 쓰였다. 가마의 뼈대가 되는 틀을 충북 제천에서는 '신개바탕'이라고 한다.

84) '꺼리'는 얼마의 가치를 지닌다는 뜻을 더하는 의존명사로 쓰인다.

85) '이원'은 옥천군 이원면의 '이원'을 가리킨다.

86) '띠워서'는 중앙어 '건너서' 정도에 대응하는 말이다. 따라서 하루 띠워서는 하루 건너서의 뜻이다.

87) '일러루'는 중앙어 '이리로'에 대응하는 충청도 방언형이다. '일러루'는 '이쪽으로'나 '이곳으로'의 뜻으로 쓰인다. 충청도 방언에서 '일러루'는 화자와 가까운 곳을 가리킨다. 이에 비해 청자와 가까운 곳을 나타낼 때는 '글러루'가 쓰이고 화자와 청자에게서 먼 곳을 가리킬 때는 '절로루'가 쓰인다. 충청도 방언에서 '일러루, 글러루, 절러루'와 평행하게 '일루, 글루, 절루'와 '이리, 그리, 저리'도 쓰인다. '일루, 글루, 절루'는 '일러루, 글러루, 절러루'의 준말형태다. '일러루'의 이형태로 '일로루'가 쓰이고 '글로루'와 '절러루'의 이형태로 각각 '일로루'와 '절로루'가 쓰인다.

88) '이원'은 옥천군 이원면의 이원을 가리킨다.

89) '동이'는 옥천군 동이면의 동이를 가리킨다.

90) '글러루'는 중앙어 '그리로'에 대응하는 충청도 방언형이다. '글러루'는 '그쪽으로'나 '그곳으로'의 뜻으로 쓰인다. '글러루'는 화자와 청자에게서 그리 멀지 않은 곳을 가리킨다. 이에 비해 화자와 가까운 곳을 나타낼 때는 '일러루'가 쓰이고 화자와 청자에게서 먼 곳을 가리킬 때는 '절러루'가 쓰인다. 충청도 방언에서 '일러루, 글러루, 절러루'와 평행하게 '일루, 글루, 절루'와 '이리, 그리, 저리'도 쓰인다. '글러루'의 이형태로 '글로루'가 쓰이고 '일러루'와 '절러루'의 이형태로 각각 '일로루'와 '절로루'가 쓰인다.

91) '서너시'는 '서넛+이'로 분석된다. '서넛'은 셋이나 넷쯤 되는 수를 가리키는 말이다.

92) '개다'는 일본어 'げた[下駄]'의 우리말식 음성형이다. '개다'는 일본 사람들이 신는 나막신을 가리킨다.

93) '신떨'은 '신덜'의 음성형으로 중앙어 '신지를'에 대응하는 충청도 방언형이다. '신덜'은 '신-+-덜'로 분석할 수 있다. '신덜'은 동사 '신다'의 어간 '신-'에, 용언의 어간에 붙어 그 움직임이나 상태를 부정하거나 금지하려 할 때 쓰이는 연결 어미 '-덜'이 결합한 형태다. '먹덜 못하다', '좋덜 못하다', '가덜 말어', '웃덜 않는다' 등에서와 같이 흔히 '않다', '못하다', '말다' 따위가 뒤따른다. 충청도 방언에서 이 '덜'과 같은 뜻으로 '들'도 쓰인다. '덜'이나 '들'은 중앙어에서 용언의 어간이나 어미 '-으시-' 뒤에 붙어 그 움직임이나 상태를 부정하거나 금지하려 할 때 쓰이는 연결 어미 '-지'에 강조하는 뜻을 나타내는 보조사 '-를'이 결합된 '지를'에 대응하는 충청도 방언형이다.

94) '푸마시하루'는 '품앗이+하루'로 분석할 수 있다. '품앗이'는 힘이 드는 일을 할 때 서로 거들어 주면서 품을 지고 갚고 하는 일을 뜻한다. 내가 오늘 하루 저사람 집에 가서 일을 해 주면 저 사람도 우리 집에 와서 하루 일을 해 주는 것으로 품을 서로

지고 갚는 것을 품앗이라고 한다. '하루'는 '하다'의 어간 '하-'에 목적을 나타내는 어미 '-루'가 결합된 것이다. '-루'는 중앙어 '-러'에 대응하는 충청도 방언형이다. '하루'는 중앙어 '하러'에 대응하는 말이다.

95) '쟁인대'는 '장인대'의 움라우트형이다. '장(場)'은 '장날' 즉 장이 서는 날을 뜻하는 말이다. 보통 닷새 마다 장이 선다.

96) '산내끼'는 중앙어 '새끼'에 대응하는 충청도 방언형이다. 충청도 방언형으로 '산내끼' 외에 '사내끼', '산나끈', '사나끈', '새끼'도 쓰인다.

97) '날덜'은 '날-+-덜'로 분석된다. '날-'은 '날다'의 어간이다. '날다'는 베나 돗자리, 가마니 따위를 짜려고 베틀에 날을 걸다의 뜻으로 쓰이는 말이다. 즉 '날다'는 날 줄을 건다는 뜻이다. '날다'는 날다, 날구, 날지, 날아서, 날드라' 등과 같이 활용한다. '-덜'은 용언의 어간에 붙어 그 움직임이나 상태를 부정하거나 금지하려 할 때 쓰이는 연결 어미로 '먹덜 못하다', '좋덜 못하다', '가덜 말어', '웃덜 않는다' 등에서와 같이 흔히 '않다', '못하다', '말다' 등 부정적인 의미를 가진 말과 함께 쓰인다.

98) '한 닙'은 '한 닢'의 음성형이다. 예문의 '한 닢'은 가마니 한 장을 가리키는 말이다. '닢'은 납작한 물건을 세는 단위로 흔히 동전이나 가마니, 멍석 따위를 셀 때 쓴다.

99) '한 닙내기'는 '한 닢내기'의 음성형이다. '닢'이 납작한 물건을 세는 단위이고 '내기'는 일부 명사에 붙어 그 명사가 나타내는 단위의 뜻을 더하는 접미사다. 따라서 '한 닢내기'는 '한 닢 분량' 또는 '한 장 정도'의 뜻으로 쓰인다.

100) '월싸그미'는 '월싸금+이'로 분석할 수 있다. '월싸금'은 '월사금(月謝金)'의 음성형으로 예전에 다달이 학교에 내던 수업료를 일컫던 말이다.

101) '대가리'는 흔히 '머리'의 비칭으로 쓰이는 말이지만 충청도 방언에서는 예문에서와 같이 문맥에 따라 비칭의 의미가 없이 '머리'의 뜻으로 쓰이기도 한다.

102) '한넌대'는 '햇넌데'라고 해야 할 것을 잘못 말한 것으로 보인다.

103) '사무'는 '내내 끝까지'의 뜻으로 쓰이는 충청도 방언형이다. 충청도 방언형으로 '사무' 외에 '사뭇', '상굿', '상구' 등도 쓰인다.

104) '빠셔와'는 중앙어 '빨다'에 대응하는 이 지역 방언형 '빠시다'의 활용형 '빠셔'와 '오다'의 합성어다. '빠셔와'는 '빨아오다'의 활용형이다. '빠시다'는 '빠시구, 빠시지, 빠시덧, 빠셔' 등과 같이 활용한다.

105) '응:감'은 중앙어 '영감'에 대응하는 충청도 방언형이다. 충청도 방언에서는 어두음절 위치에서 이중모음 '여'가 장모음으로 실현되면 고모음화 하는 경향이 있는데 '응:감'은 어두음절의 장모음 '영:감'이 고모음화 하여 [yiːŋ]으로 발음된 것이다. 충청도 방언에서 이중모음 '여:'가 어두음절 위치에서 고모음화 하는 예로는 '연:애→은:애, 영:감→응:감, 연:적(硯滴)→은:적, 여치→으:치, 염:려(念慮)→음:려, 염(殮) →음:' 등을 들 수 있다. 장모음 '여:'가 [yiː]로 실현되는 것은 어두음절 위치의 장모음 '어:'가 '으:'로 고모음화 하는 것과 궤를 같이 하는 것이다. 즉 충청도 방언

에서는 어두음절 위치의 '어:'가 장모음일 때 '거:지→그:지, 거:머리→그:머리, 어:
른→으런, 없:다→읎:다, 설:움→슬:움' 등과 같이 '으'로 고모음화 하여 실현되는
경향이 있는데 이와 병행하여 어두음절 위치의 장모음 '여:'가 고모음화 하여 '으:'
로 실현된 것이다.

106) '하나콤배끼'는 중앙어 '하나씩밖에'에 대응하는 충청도 방언 음성형이다. '하나콤
배끼'는 '하나＋콤＋배끼'로 분석할 수 있다. '콤'은 '그 수량이나 크기로 나뉘거나
되풀이됨'의 뜻을 더하는 중앙어 접미사 '씩'에 대응하는 이 지역 방언형이다. '배
끼'는 '그것 말고는', '그것 이외에는'의 뜻을 나타내는 중앙어 '밖에'에 대응하는
충청도 방언형으로 반드시 뒤에 부정을 나타내는 말이 따른다. 충청도 방언에서
'배끼'는 '밖이'의 움라우트형이 굳어진 형태로 쓰인다. 이는 이 지역 방언에서 처
격조사 '-에'가 '-이'로 실현되는 것과 관련이 있어 보인다.

107) '가'는 중앙어 '그 아이'의 축약형 '걔'에 대응하는 충청도 방언형이다. '가'는 말하
는 이와 듣는 이가 아닌 사람을 가리키는 삼인칭 대명사로 말하는 이와 듣는 이에
게서 그리 멀리 떨어져 있지 않은 사람을 가릴 때 쓰인다. 이와 달리 충청도 방언
에서 듣는 이나 말하는 이에게서 멀리 떨어져 있는 사람을 가리키는 삼인칭 대명
사로는 '자'가 쓰이고 말하는 이와 듣는 이 가까이에 있는 사람을 가리키는 삼인칭
대명사로는 '야'가 쓰인다. 삼인칭 대명사 '야, 가, 자'는 남부 방언에서도 자주 쓰
이는 것으로 알려져 있다.

108) 이 지역 방언에서 '아덜'은 주로 '子'를 뜻하는 말로 쓰인다. '아덜'의 어두 음절이
장음으로 발음되면 주로 '아이들'이라는 뜻으로 쓰이고 단음으로 발음되면 주로
아들(子)이라는 뜻으로 쓰이는 것이 보통이다.

109) '운주사업'은 '운수사업'을 잘못 발음한 것으로 보인다.

110) '-부틈'은 어떤 일이나 상태 따위에 관련된 범위의 시작임을 나타내는 중앙어 보조
사 '-부터'에 대응하는 충청도 방언형이다. 충청도 방언에서 '-부틈' 외에 '-부텀'과
'-부터'도 쓰이는데 '-부터'는 근래에 쓰이기 시작한 어형이다.

111) '디다보구'는 중앙어 '들여다보다'에 대응하는 충청도 방언형 '디다보다'의 활용형이
다. '디다보다'는 '디다보구, 디다보지, 디다보닝깨, 디다봐서' 등과 같이 활용한다.

112) '상재'는 부모나 조부모가 세상을 떠나서 거상 중에 있는 사람을 뜻하는 중앙어
'喪制'에 대응하는 충청도 방언형이다. 그런데 충청도에서는 '상재'가 '상주(喪主)'
의 의미도 포함하고 있다. 따라서 '상재'와 '상주'를 구별하지 않고 '상재'라고 하
기도 하고 '상주'라고 하기도 하는 것이 보통이다.

113) '일라더이'는 중앙어 '일어나더니'에 대응하는 충청도 방언형 '일나더이'의 음성형
으로 '일나다'의 활용형이다. '일나다'는 '일어나다'가 줄어든 말로 '일나다, 일나
구, 일나지, 일나더이, 일나서' 등과 같이 활용한다. '일라더이'는 '일나더니'에서
유음화와 'ㄴ' 탈락을 겪은 결과다. 충청도 방언에서 말음절 모음이 '이'이고 그
말음절 모음 '이'에 선행하는 자음이 'ㄴ'이나 'ㅇ'이면 그 자음을 탈락하는 현상
이 있는데 '일나더이'도 '일나더니'에서 'ㄴ'이 탈락한 결과다. 충청도 방언에서 마

지막 음절이 모음 '이'이고 이 말음절 모음에 선행하는 자음이 'ㅇ'인 환경에서 'ㅇ'이 탈락하는 예들은 '고냉이→고내이(고양이), 방맹이→방매이(방망이), 호랭이→호래이(호랑이), 올챙이→올채이, 호맹이→호매이(호미), 알맹이→알매이' 등을 들수 있고, 말음절 모음에 선행하는 자음이 'ㄴ'인 환경에서 'ㄴ'이 탈락하는 예들은 '어머니→어머이, 가마니→가마이, 많이→마이' 등을 들 수 있다. 말음절 모음 '이' 앞에서 'ㅇ'이나 'ㄴ'이 탈락하면 '고:내~이, 호:래~이, 어머~이, 가마~이' 등과 같이 비모음화 하기도 한다.

114) '끄태미'는 중앙어 '끄트머리'에 대응하는 이 지역 방언형이다.

115) '찔르드라'는 중앙어 '찌르다'의 활용형 '찌르더라'에 대응하는 충청도 방언형이다. 이 지역에서는 '찔르드라'는 '찔르다, 찔른다, 찔르구, 찔르지, 찔러, 찔르닝깨'와 같이 규칙 활용한다.

116) '그리야'는 중앙어 '그래'에 대응하는 충청도 방언형이다. 중앙어 '그리야'가 충청도 지역에서 '[그리야]' 외에 '[그리여]'와 '[그랴]'나 '[그려]'로도 실현된다. 충북의 청원군과 옥천군 등 충남과 인접한 일부 지역에서 이런 현상이 주로 관찰되는데 양성 모음형으로 나타나는 지역과 음성 모음형으로 나타나는 지역으로 갈린다. 옥천군, 보은군, 영동군 등 충북의 남부 지역에서는 주로 양성 모음으로 나타나고 나머지 지역에서는 주로 음성 모음으로 나타나는 경향이 있다. 이런 현상은 충청도 방언에서 모음 '애'로 끝나는 종결형에서 폭넓게 나타난다. 예를 들면 중앙어에서 종결형으로 '해, 패, 개, ,배, 래, 깨'가 와야 할 자리에서 '히야/햐, 피야/퍄, 기야/갸, 비야/뱌, 리야/랴, 끼야/꺄'와 같이 실현되는 예들과 궤를 같이하는 것이다.

117) '내비두다'는 중앙어 '내버려두다'에 대응하는 충청도 방언형이다. '내비두다'는 '내비+두다'로 분석된다. '내비'는 중앙어 '내버리다'의 활용형 '내버려'에 대응하는 충청도 방언형 '내비리'의 축약형으로 보인다. 기본형은 '내비리다'로 '관심을 가지지 아니하고 돌보지 아니하다'의 뜻으로 쓰인다. 충청도 방언에서 '내비리다'는 '내비린다, 내비리구, 내비리지, 내비리닝깨, 내비려/내비리' 등과 같이 활용한다. '두다'는 동사 뒤에서 '-어 두다' 구성으로 쓰여 앞말이 뜻하는 행동을 끝내고 그 결과를 유지함을 나타내는 보조동사다. 주로 그 행동이 어떤 다른 일에 미리 대비하기 위한 것임을 보일 때 쓰인다. 충청도 방언에서 '내비두다'가 줄어든 '냅두다'도 쓰인다. '냅두다'는 '냅두구, 냅두지, 냅두라구, 냅둬/냅도' 등과 같이 활용한다.

118) '질'은 중앙어 의존명사 '줄'에 대응하는 충청도 방언형이다. 충청도 방언에서 '질' 외에 '줄'도 쓰인다.

119) '어떨란지'는 중앙어 '어떨는지'에 대응하는 이 지역 방언형이다. '-란지'는 '-난지' 가 선행하는 음절의 말음 'ㄹ'에 의해 유음화한 음성형으로 파악된다. 충청도 방언에서는 '가넌지, 오넌지, 먹넌지' 등에서와 같이 양성 모음형 '-난지'보다 음성 모음형인 '-넌지'가 더 일반적으로 쓰인다.

120) '가보두'는 중앙어 '가 보지도'에 대응하는 충청도 방언형이다. '보두'는 '보지두'

가 줄어든 말이다. '듣두 보두 못했다'와 같이 어간에 '-두'가 직접 연결된 형태가 쓰인다.

121) '처:냥병워니여'의 '처:냥병원'은 건양대학교 병원을 잘 몰라 그렇게 발음한 것이다. 다음 문장의 '청냥병원'도 '건양대학교 병원'을 잘 몰라 그렇게 발음한 것이다.

122) '또래미'는 중앙어 '때문에'에 대응하는 충청도 방언형이다. 충청도 방언에서 중앙어 '때문에'에 대응하는 방언형으로 '또래미' 외에 '때매'와 '때미내' 등도 쓰인다.

123) '나무'는 중앙어 '남의'에 대응하는 충청도 방언형이다. '나무'는 '남의>나믜>나무'의 과정을 거친 것으로 보인다.

124) '지:가'는 중앙어 '자기가'에 대응하는 충청도 방언형이다. 중앙어 '자기'는 앞에서 이미 말하였거나 앞에 나온 바 있는 사람을 도로 가리키는 삼인칭 대명사다. 흔히 재귀대명사라고 하는데 이 '자기'가 충청도 방언에서는 '지'로 나타난다. 충청도 방언에 쓰이는 삼인칭 대명사로는 '야, 가, 자'가 각각 근칭, 중칭, 원칭에 쓰이고 재귀대명사로 '지'가 쓰인다.

125) '할라구'는 중앙어 '하려고'에 대응되는 충청도 방언형이다. '할라구'는 어간 '하-'에 어떤 행동을 할 의도가 있음을 나타내는 연결 어미 '-르라구'가 결합된 것이다. 충청도 방언에서 중앙어 '-려고'에 대응하는 방언형으로 '-(으)르라구'가 쓰인다. '르' 이외의 받침이 있는 동사 어간에는 '-올라구'가 붙고 모음으로 끝나는 어간이나 어간 말음이 '르'일 때는 '-르라구'가 붙는다. 충청도 방언형 '-(으)르라구'와 거의 같은 용법으로 쓰이는 어미로 '-(으)르라'가 있다. '-(으)르라'는 어떤 행동을 할 의도나 욕망을 가지고 있음을 나타내는 연결 어미다. 모음으로 끝나는 동사 어간이나 어미 '-으시-' 또는 '르' 받침으로 끝나는 동사 어간 뒤에는 '-르라'가 붙고, '르' 이외의 자음으로 끝나는 동사 어간에는 '-올라'가 붙는다.

126) '글로루'는 중앙어 '그리로'에 대응하는 충청도 방언형이다. '글로루'는 '그쪽으로'나 '그곳으로'의 뜻으로 쓰인다. '글로루'는 화자와 청자에게서 그리 멀지 않은 곳을 가리킨다. 이에 비해 화자와 가까운 곳을 나타낼 때는 '일로루'가 쓰이고 화자와 청자에게서 먼 곳을 가리킬 때는 '절로루'가 쓰인다. 충청도 방언에서 '일로루, 글로루, 절로루'와 평행하게 '일루, 글루, 절루'와 '이리, 그리, 저리'도 쓰인다. '글로루'의 이형태로 '글러루'가 쓰이고 '일로루'와 '절로루'의 이형태로 각각 '일러루'와 '절러루'가 쓰인다. 충청도 방언형 '일루, 글루, 절루'는 각각 '일로루, 글로루, 절로루'가 축약된 형태다.

127) '딴 두로'는 중앙어 '딴 데로'에 대응하는 충청도 방언형이다. 중앙어에서는 '딴 데로'와 같이 구 구성을 이루지만 충청도 방언에서는 '딴 두로'가 하나의 어절처럼 인식되는 경향이 있다. '딴 두로'의 '딴'은 '아무런 관계가 없는' 또는 '지금 문제가 되거나 해당되는 것 이외의 다른'의 뜻으로 쓰인다. '딴'은 의미상 '비교가 되는 두 대상이 서로 같지 아니하다'의 뜻으로 쓰이는 '다르다'에 대응하는 형용사 '따다'에서 비롯된 말이다. '따다'가 충청도를 비롯한 남한에서는 '딴'의 형태로만 주로 쓰여 거의 관형사로 굳어져 있는 데 비해 중국 연변이나 함경북도에서는 '따다,

따지, 따요' 등과 같이 활용하는 형용사로 쓰인다. '딴 두로'는 '따다'의 관형사형에서 유래한 '딴'에 '두로'가 연결된 것이다. '두로'는 '두+로'로 분석될 수 있다. '두'는 중앙어에서 장소를 나타내는 말인 '데'에 대응하는 말이고 '-로'는 움직임의 방향을 나타내는 격조사다. '딴 두로'와 비슷하게 '한 곳으로'의 뜻으로 '한 두로'도 쓰인다.

128) '땡끄'는 영어 'tank'를 우리말로 발음한 음성형이다. '탱크'라고 발음하고 써야 올바른 외래어 사용법이다.

129) '지름'은 '기름'의 구개음화형이다. 여기에서는 '지름'이 '석유, 휘발유, 경유, 등유' 등을 모두 포괄하는 의미로 쓰였다.

130) '돌라구'는 중앙어 '달라다'에 대응하는 충청도 방언형 '돌라다'의 활용형이다. '돌라다'는 '돌라구, 돌라지, 돌라 그래, 돌래서' 등과 같이 활용한다.

131) '워트개'는 중앙어 '어떻게'에 대응하는 이 지역 방언형이다. 충북에서 '워트개'가 쓰이는 지역은 충남과 인접한 남부 지역이다. 충북 청주와 청원을 포함한 충북 서부지역과 충남 남부 지역에 인접한 옥천 등 지역에서 이런 어형이 관찰된다. '워트개' 형이 쓰이는 지역에서는 중앙어 '어디, 어느, 언제, 어떤' 등이 각각 '워디, 워너/워느, 워떤/워짠, 원재, 워떻개' 등과 같이 실현된다.

132) '야'는 중앙어 '이아이'의 축약형 '애'에 대응하는 충청도 방언형이다. '야'는 말하는 이와 듣는 이가 아닌 사람을 가리키는 삼인칭 대명사로 말하는 이와 듣는 이로부터 가까이 있는 사람을 가리킬 때 쓰인다. 이와 달리 충청도 방언에서 듣는 이나 말하는 이에게서 멀리 떨어져 있는 사람을 가리키는 삼인칭 대명사로는 '자'가 쓰이고 말하는 이와 듣는 이에게서 멀리 떨어져 있지 않은 사람을 가리키는 삼인칭 대명사로는 '가'가 쓰인다. 삼인칭 대명사 '야, 가, 자'는 남부 방언에서도 자주 쓰이는 것으로 알려져 있다.

133) '가'는 중앙어 '그아이'의 축약형 '개'에 대응하는 충청도 방언형이다. '가'는 말하는 이와 듣는 이가 아닌 사람을 가리키는 삼인칭 대명사로 말하는 이와 듣는 이에게서 그리 멀리 떨어져 있지 않은 사람을 가릴 때 쓰인다. 이와 달리 충청도 방언에서 듣는 이나 말하는 이에게서 멀리 떨어져 있는 사람을 가리키는 삼인칭 대명사로는 '자'가 쓰이고 말하는 이와 듣는 이 가까이에 있는 사람을 가리키는 삼인칭 대명사로는 '야'가 쓰인다. 삼인칭 대명사 '야, 가, 자'는 남부 방언에서도 자주 쓰이는 것으로 알려져 있다.

134) '시바'은 '시방'이라고 해야 할 것을 잘못 발음한 것이다.

135) '이르키'는 '이륵히'의 음성형으로 파악된다. '이르키'는 중앙어 '이렇게'에 대응하는 형태로 충청도 방언형 '이륵하다'의 활용형 '이륵헤'에서 비롯된 것으로 보인다. '이륵하다'는 중앙어 '이렇게 하다'에 대응하는 충청도 방언형 '이륳게 하다'가 축약된 형태로 보인다. 충청도 방언형 '이륵하다'는 '이륵하구, 이륵하지, 이륵하닝깨, 이륵헤, 이륵히' 등과 같이 활용한다. '이륵헤'와 '이륵히'는 모두 중앙어 '이렇게'에 대응하는 방언형이다. 충청도 방언에서 '이륵하다' 외에 '이럭하다'도 같은 뜻

으로 쓰인다.

136) '또래미내'는 중앙어 '때문에'에 대응하는 이 지역 방언형이다. 충청도 방언에서 중앙어 '때문에'에 대응하는 방언형으로 '또래미내' 외에 '또래미'와 '또래' 그리고 '때매', '때미내' 등도 쓰인다.

137) '깨:따카먼'은 '깨딱하다'의 활용형 '깨딱하면'의 음성형으로 중앙어 '까딱하다'의 활용형 '까딱하면'에 대응하는 충청도 방언형이다. '깨딱하면'은 '조금이라도 실수하면'의 뜻으로 쓰이는 말인데 이와 비슷한 의미와 용법을 가진 충청도 방언형으로 '까뜻하면, 까딱하면, 자칫하면' 등이 쓰인다.

138) '찬:부'는 중앙어 '전부'에 대응하는 말로 '천:부'로 발음해야 할 것을 잘못 발음한 것으로 보인다. '천부'는 제보자 개인어로 보인다.

139) '물건'은 중앙어 '물건'에 대응하는 충청도 방언형이다.

140) '암:짜개두'는 중앙어 '아무짝에도'에 대응하는 이 지역 방언형이다. '암:짜개두'는 충청도 방언형 '아무짝에두'의 축약형으로 파악된다.

141) '전패'는 '전체가 다'라는 뜻으로 쓰이는 이 지역 방언형이다.

142) '간중간종'은 흐트러진 일이나 물건을 가닥가닥 가리고 골라서 자꾸 가지런하게 하는 모양을 나타내는 중앙어 '간종간종'에 대응하는 충청도 방언형이다. '간종간종'은 흐트러진 일이나 물건을 가지런하게 하는 모양을 나타내는 '간종'이 중복된 말이다. 이와 관련된 충청도 방언형으로 '간종거리다'와 '깐총거리다', '깐총깐총하다'가 있다. '간종거리다'와 '깐총거리다'는 중앙어 '간종그리다'에 대응하는 충청도 방언형으로 '흐트러진 일이나 물건을 가닥가닥 가리고 골라서 자꾸 가지런하게 하다'의 뜻으로 쓰인다. '깐총깐총하다'도 '간종거리다'와 같은 뜻으로 쓰인다. 가령 팟단의 뿌리부분이 가지런하지 않고 들쭉날쭉하면 '팟단 좀 간종간종하게 해 놔라'나 '팟단 좀 깐총거려 놔라'와 같이 쓸 수 있다.

143) '메시'는 중앙어 '몇이'에 대응하는 충청도 방언형이다. 중앙어 '몇'에 대응하는 충청도 방언형으로는 '몇', '멧'이 주로 쓰인다. '몇'은 이중모음 '몇'이 단모음화한 형태로 '몇이[메치], 몇얼[메철], 몇에[메체], 몇만[멘만]' 등과 같이 곡용하고 '멧'은 '멧이[메시], 멧얼[메설], 멧에[메세], 멧만[멘만]' 등과 같이 곡용한다.

144) '할 찌럴'의 '찌'는 중앙어 의존명사 '줄'에 대응하는 충청도 방언형 '지'의 음성형이다. '찌'는 의존명사 '지'가 관형사형 어미 뒤에서 된소리로 발음된 것이다.

145) '몰르구'는 중앙어 '모르다'에 대응하는 충청도 방언형 '몰르다'의 활용형이다. 충청도 방언에서 '몰르다'는 '몰르다, 몰르구, 몰르지, 몰러, 몰렀다'와 같이 규칙 활용하는 형용사다. 중앙어의 '모르다'에 대응하는 충청도 방언형으로 '몰르다' 외에 '모르다'도 쓰인다. '모르다'는 '모르다, 모르구, 모르지, 몰러, 몰렀다'와 같이 불규칙 활용한다.

146) '벼'는 중앙어 '베다'의 활용형 '베어'에 대응하는 충청도 방언형이다. '벼'의 기본형은 '비다'로 '비다가, 비구, 비지, 비닝깨, 벼, 볐어'와 같이 활용한다.

147) '통채적으루'는 중앙어 '총체적으로'에 대응하는 충청도 방언형 '총채적으루'를 잘

못 발음한 것으로 보인다.

148) '도라무깡'은 '드럼(drum)'의 일본어식 발음 '도라무'에 양철로 만든 통을 뜻하는 '캔(can)'의 일본어식 발음이 합성된 말이다. '도라무깡'은 주로 기름 따위를 담기 위해 두꺼운 철판으로 원기둥 모양으로 만든 용기를 일컫는 말이다.

149) '자중거'는 중앙어 '자전거'에 대응하는 말로 '자정거'라고 발음해야 할 것을 잘못 발음한 것으로 보인다.

150) '개뿟탕 개'는 '개뿟한 개'로 분석된다. '개뿟한'은 중앙어 '가볍다'에 대응하는 '개뿟하다'의 활용형이고 '개'는 중앙어 '것이'의 준말 '게'에 대응하는 방언형이다. '개뿟하다'는 형태상으로 중앙어 '가붓하다'와 비슷한데 '가붓하다'가 '조금 가벼운 듯하다'의 뜻으로 쓰이는데 비해 '개뿟하다'는 '가볍다'는 뜻으로 쓰인다는 점에서 약간의 의미 차이가 있다.

151) '햐'는 중앙어 종결형 '해'의 충청도 방언형이다. 중앙어 '해'가 충청도 지역에서는 '[햐]' 외에 '[히야]'나 '[해]'로도 실현된다. 이런 현상은 충청도 방언에서 모음 '애'로 끝나는 종결형에서 폭넓게 관찰된다. 예를 들면 중앙어에서 문장의 종결형으로 '패, 개, 배, 래, 깨'가 와야 할 자리에서 충청도 방언에서는 '히야/햐, 피야/퍄, 기야/갸, 비야/뱌, 리야/랴, 끼야/꺄'와 같이 실현된다.

152) '돠'는 중앙어 종결형 '돼'에 대응하는 충청도 방언 음성형이다. 위의 각주에서와 같이 '돠'도 모음 '애'로 끝나는 종결형에서 모음 '애'가 '[야], [이야], [애]'로 실현되는 것과 궤를 같이한다.

153) '맨드능'은 중앙어 '만드는'에 대응하는 충청도 방언형이다. 중앙어 '만들다'에 대응하는 충청도 방언형은 '맨들다'다. 현대 충청도 방언형으로는 표준어형 '만들다' 외에 '맨들다', '맹글다', '맹길다' 등이 관찰된다. 이 방언형들은 크게 보아 '만들다'형과 '맹글다'형으로 나눌 수 있다. '만들다'에 대응하는 충청도 방언형 '맹글다'나 '맹길다'가 '맨들다'와 '만들다'보다 고어형이다. '맹글다'나 '맹길다'는 15세기 국어 '밍글다'의 후대형으로 볼 수 있고 '맨들다'는 16세기 이후에 나타난 '믄들다'의 후대형으로 볼 수 있기 때문이다. 충청도 방언의 노년층 화자들은 '맹글다'와 '맨들다'를 가장 널리 쓰고 '맹길다'도 자주 쓰는 편이다. 그러나 젊은층으로 갈수록 '맨들다'와 '만들다'를 쓴다. '만들다'는 표준어의 영향으로 특히 청소년과 장년층에서 많이 쓰이는 어형이고 '맨들다'는 표준어 '만들다'의 후광으로 중년층 이상에서 주로 쓰이는 어형으로 보인다. '맨들다'에 대응하는 15세기 어형은 '밍글다'였다. 이것이 16세기 문헌에는 '밍글다'도 나타나고, '믄들다'와 '민들다'로도 나타난다. <소학언해>에 나타나는 '밍돌다'는(<1586소학언,4,30b>) '밍글다'와 '믄들다'의 완전한 혼효형(混淆形)인데 17세기 문헌인 <마경언해>에 자주 보인다. 또한 17세기 문헌에는 '민글다'도 보인다. 15세기 어형 '밍글다'와 현대국어 '만들다'의 선대형으로 보이는 '믄들다'의 형태상 중요한 차이는 어중자음 'ㄱ'(연구개음)과 'ㄷ'(치조음)이다. 이들 자음 앞에 각각 선행하는 비음(鼻音)은 'ㅇ'(연구개음)과 'ㄴ'(치조음)인데 후행 자음과 각각 조음위치가 같다는 점이 주목된다. 어중자

음 'ㄷ'형은 16세기의 서울에서 또는 이보다 조금 앞서 서울과 그리 멀지 않은 곳에서 발생하여 16세기에 서울말에 들어 왔고 근대에 와서 마침내 어중자음 'ㄱ'형을 물리쳤으며, 나아가 주변 방언으로 널리 퍼진 것이라는 견해(이기문)가 있다.(한민족 언어정보화 국어 어휘의 역사 참조)

154) '기라나설랑은'은 중앙어 '것이라서' 정도의 의미를 가지는 이 지역 방언형이다. '기라나설랑은'은 '기+라+나설랑은'으로 분석할 수 있어 보인다. '기'는 중앙어 의존명사 '것'에 대응하는 충청도 방언형이고 '라'는 '라서'의 준말로 보이고 '설랑은'은 격조사 '서'에 보조사 'ㄹ랑'과 '은'이 차례로 결합한 말인데 '나'가 무엇인지는 알기 어렵다.

155) '하나큼'의 '큼'은 수량을 나타내는 명사 또는 명사구 뒤에 붙어 '그 수량이나 크기로 나뉘거나 되풀이됨'의 뜻을 더하는 중앙어 접미사 '씩'에 대응하는 이 지역 방언형이다.

156) '조서'는 중앙어 '주다'의 활용형 '줘서'에 대응하는 충청도 방언형이다. '조서'의 기본형은 '주다'다. '주다'는 '주다, 주구, 주지, 주닝깨, 조서, 줐어' 등과 같이 활용한다. 활용형 '조서'와 '줐어'는 각각 '주다'의 활용형 '줘서'와 '줬어'의 이중모음 '워'가 자음 아래에서 단모음화한 형태다. 충청도 방언에서는 '권투', '권씨' 등을 각각 '곤투', '곤씨'로 발음하는 것과 궤를 같이한다.

157) '해전'은 '하루종일'의 뜻으로 쓰이는 충청도 방언형이다. '하주종일'이라는 뜻의 '해전'은 본래 해가 지기 전이라는 뜻에서 비롯된 것으로 보인다. 충청도 방언에서는 '해전 놀았다', '해전 일만 한다'와 같이 쓰인다.

158) '멍:칭이'는 양이나 정도가 아주 지나침을 뜻하는 중앙어 '엄청'에 대응하는 이 지역 방언형이다. '멍:칭이'는 '엄청나게'의 뜻으로 쓰이는 충청도 방언형 '엄청이'와 바꾸어 쓸 수도 있다.

159) '닝깅 겨'는 중앙어 '넘긴 거야'에 대응하는 충청도 방언형이다. 중앙어 '넘기다'는 충청도 방언에서 '넘기다>넹기다>넹기다>닝기다'의 과정을 거친 것이다. 예문의 '닝깅'은 중앙어 '넘긴'에 대응하는 충청도 방언형이다. '겨'는 중앙어 '거야'에 대응하는 충청도 방언형으로 '기+어'로 분석할 수 있다.

160) '수수때이'는 수수의 줄기를 가리키는 중앙어 '수숫대'에 대응하는 충청도 방언형이다. '수수깡'에 대응하는 충청도 방언형으로 '수수때이' 외에 '수수깨이'와 '수수깽이'가 쓰이고 표준어형 '수숫대'도 쓰인다. '수수깽이'는 '수수깡'에 파생접미사 '-이'가 결합된 '수수깡이'가 움라우트된 형태고 '수수깨이'는 어말모음 '이' 앞에서 선행하는 자음 'ㅇ'이 탈락된 형태다.

161) '동가리'는 수량을 나타내는 말 뒤에 쓰여 짤막하게 잘라진 것을 세는 단위를 뜻하는 중앙어 '동강'에 대응하는 충청도 방언형이다. 주로 부피를 가진 긴 물건이 짤막하게 잘라진 부분이나 쓰고 남아 짤막하게 된 부분을 가리키는 말로 '동가리'가 쓰인다.

162) '곤천넌대'는 중앙어 '고쳤는데'에 대응하는 충청도 방언형이다. 중앙어 '고치다'에

대응하는 충청도 방언형으로 '고치다'에 'ㄴ'이 첨가된 '곤치다'가 쓰인다. '곤치다'는 '곤치다가, 곤치구, 곤치지, 곤치닝께, 곤친는대'와 같이 활용한다.

163) '읭'은 주로 부정하는 말과 함께 쓰여 전혀 또는 도무지를 뜻하는 중앙어 '영'의 충청도 방언 음성형이다. 충청도 방언에서는 어두음절 위치에서 이중모음 '여'가 장모음으로 실현되면 고모음화 하는 경향이 있는데 '읭:'은 장모음 '영:'이 고모음화 하여 [yi:ŋ]으로 발음된 것을 표기한 것이다. 충청도 방언에서 이중모음 '여:'가 고모음화 하는 예로는 '연:애→은:애, 영:감→읭:감, 연:적(硯滴)→은:적, 여치→으:치, 염:려(念慮)→읨:려, 염(殮)→읨:' 등을 들 수 있다. 장모음 '여:'가 [yi:]로 실현되는 것은 어두음절 모음 '어'가 장모음일 때 '으'로 고모음화 하는 것과 궤를 같이 하는 것이다. 즉 충청도 방언에서는 어두음절 모음 '어'가 장모음일 때 '거:지→그:지, 거:머리→그:머리, 어:른→으런, 없:다→읎다, 설:움→슬:움' 등과 같이 '으'로 고모음화 하여 실현되는 경향이 있는데 이와 병행하여 어두음절의 모음 '여'가 장모음일 때 고모음화 하여 '으:'로 실현된 것이라고 할 수 있다.

164) '나사'는 중앙어 '낫다'의 활용형 '나아'에 대응하는 이 지역 방언형이다. 이 지역 방언형 '나사'의 기본형은 '낫다'로 '낫다[나따], 낫구[나꾸], 낫지[나찌], 낫으닝께[나스닝께], 낫인[나신], 낫아[나사]'와 같이 규칙 활용한다.

165) '도라'는 중앙어 '달라다'의 활용형 '달라'에 대응하는 형태로 보인다. 그러나 문맥 의미나 활용 양상을 보면 '달라다'에 대응하는 방언형이라기보다 중앙어 '달다'에 대응하는 이 지역 방언형 '돌다'의 활용형으로 보는 것이 바람직해 보인다. '도라'는 '돌다'의 어간 '돌-'에 명령형 어미 '-라'가 결합된 다음 'ㄹ'탈락을 겪은 것으로 보인다. '도라'를 '돌라다'의 어간 '돌라-'에 명령형 어미 '-라'가 결합된 것으로 보면 '돌라지, 돌라고, 돌라니까, 돌라서, 돌랐다' 등과 같은 활용형이 관찰되지 않는다는 점에서 문제가 있다. 예문의 경우 '도라'가 동사 '하다' 뒤에서 '-어 도라'의 구성을 이루면서 말하는 이가 듣는 이에게 앞말이 뜻하는 행동을 해 줄 것을 요구하는 뜻을 나타낸다. '돌-'은 중앙어 '달다'에 대응하는 이 지역 방언형 '돌다'의 어간이고, '-라'는 명령형 종결어미다. '돌다'가 '-라' 이외의 다른 어미가 연결되어야 할 자리에서는 '돌라 그래지, 돌라 그랬어, 돌라 그라니까, 돌라 그라면' 등과 같이 보조용언 '그라다/그래다'를 후행시키고 보조용언의 어미를 바꾸는 방법으로 사용된다는 특징이 있다. 중앙어 '달라다'에 대응하는 방언형으로 '돌다'가 쓰이는 지역은 충청북도의 옥천군과 보은군 등 남부 지역이다.

166) '재펴써'는 고름 따위가 몸의 어떤 부위에 괴다의 뜻으로 쓰이는 중앙어 '잡히다'의 활용형 '잡혔어'에 대응하는 충청도 방언형이다. '재펴써'는 '잽혔어'의 음성형이다. '잽히다'는 '잡히다'의 움라우트형이다.

167) '트꽈'는 '특과(特科)'의 음성형이다.

168) '수도상황'은 '수도사단'이라고 해야 할 것을 잘못 말한 것이다.

169) '즌:쟁'은 '전쟁'의 충청도 방언형이다. 충청도 방언에서는 어두음절 모음 '어'가 장모음일 때 '거:지→그:지, 거:머리→그:머리, 어:른→으런, 없:다→읎다, 설:움→슬:

움' 등과 같이 '으'로 고모음화 하여 실현되는 경향이 강하다. 이와 병행하여 충청도 방언에서 어두음절의 모음이 '여'이고 장모음일 때는 고모음화하여 '으([yi:])'로 실현되는 예들이 관찰된다. 충청도 방언에서 이중모음 '여:'가 고모음화 하는 예로는 '연:애→은:애, 영:감→응:감, 연:적(硯滴)→은:적, 여치→으:치, 염:려(念慮)→음:려, 염(殮)→음:, 연하다→은:해다' 등을 들 수 있다.

170) '천부'는 중앙어 '전부'에 해당하는 말인데 이 제보자의 개인어로 보인다.

171) '창고얘다가서'는 '창고에'의 뜻으로 쓰인 충청도 방언형이다. '애다가서'는 일정한 위치를 나타내는 중앙어 '에다가'에 대응하는 충청도 방언이다. '에다가서'는 격조사 '에'에 보조사 '다가서'가 결합한 말로 분석된다.

172) '함세기여'는 '함석이여'의 움라우트형이다. '함석'은 표면에 아연을 도금한 얇은 철판을 일컫는데 충청도에서는 보통 '양철'이라고도 한다. '양철'은 표면에 주석을 도금한 얇은 철판을 가리킨다. 함석으로 이은 지붕을 함석지붕이라고 하는데 충청도에서는 함석과 양철을 같은 것으로 인식하여 함석지붕을 양철지붕이라고도 한다. 함석은 지붕을 이거나 양동이나 대야를 만드는 데 쓰이고 양철은 통조림통이나 석유통을 만드는 데 쓰인다.

173) '벼름빡'은 중앙어 '바람벽'에 대응하는 충청도 방언형이다. 충청도에서는 '벼름빡' 외에 '베름빡'이라고도 한다. '벼름빡'은 방이나 칸살의 옆을 둘러막은 둘레의 벽을 뜻하는 말이다.

174) '드러싱깨'는 중앙어 '들어서다'에 대응하는 충청도 방언형 '들어시다'의 활용형이다. '들어시다, 들어시구, 들어시지, 들어싱깨/들어시닝깨, 드러서서'와 같이 활용한다.

175) '무나캐'는 중앙어 '문 앞에'에 대응하는 충청도 방언형이다. '문 앞'을 고려하면 '문 앜애'로 분석할 수 있을 것이다. 이렇게 분석하면 중앙어 '앞'에 대응하는 충청도 방언형이 '앜'이 되는데 '앜'이 독립적으로 쓰이거나 다른 단어와 통합되어 쓰이는 예는 발견되지 않는다. '문'과 어울려 쓰일 때만 '문 앜애[무나캐]'와 같이 실현된다는 점에서 굳어진 형태로 볼 수 있지 않을까 한다. 단독으로 쓰이거나 '집'과 어울려 쓰이면 각각 '아패(앞에), 지바패(집 앞에)'와 같이 실현되기 때문이다.

176) '기여'는 중앙어 '것이야'의 구어체 '거야'에 대응하는 전형적인 충청도 방언형이다. 주로 동사나 형용사 어간 다음에 붙는 관형사형 어미 뒤에 와서 선행하는 말의 수식을 받는다. 이야기하는 시점에서 볼 때 사건이나 행위가 현재 일어남을 나타내는 어미 '-는' 뒤에 오거나 형용사 어간 붙어 관형사 구실을 하게 하는 어미 '-을' 뒤에 와서 앞에 언급한 사실을 확인하고 강조하는 기능을 한다.

177) '흘르넌대'는 중앙어 '흐르는데'에 대응하는 충청도 방언형이다. 중앙어 '흐르다'에 대응하는 충청도 방언형 '흘르다'는 '흘르다, 흘르구, 흘르지, 흘러서'와 같이 규칙 활용하는 것이 보통이다.

178) 예문의 '켜서'는 '켜이다'의 활용형 '켜이어서'의 축약형이다. '켜다'는 본래 '갈증이 나서 물을 자꾸 마시다'의 뜻으로 쓰이지만 예문에서와 같이 갈증이 나서 물이 자꾸 마시고 싶은 경우에도 쓰인다.

179) '-아야'는 중앙어 '-아도'에 대응하는 이 지역 방언형으로 끝 음절의 모음이 'ㅏ, ㅗ'인 어간에 붙어 가정이나 양보의 뜻을 나타내는 어미다.

180) '해가 다 되설랑언'은 '하루가 다 저물어서' 정도의 뜻으로 쓰였다.

181) '상'은 '마구'의 뜻으로 쓰이는 충청도 방언 '삭'이 뒤에 오는 '목'의 'ㅁ'에 동화되어 비음화한 것으로 이해된다.

182) '홉'은 부피의 단위로 곡식이나 가루, 액체 따위의 부피를 잴 때 쓴다. 한 홉은 한 되의 10분의 1로 약 180ml에 해당한다. 예전에는 도량형으로 척관법을 썼는데 지금은 미터뻡을 써서 부피의 단위로 '홉'은 잘 쓰지 않는다. 척관법에서는 길이의 단위로는 척(尺), 양의 단위로는 승(升), 무게의 단위로는 관(貫)으로 하는 도량형법을 말한다. 부피를 재는 단위로는 홉, 되, 말, 섬 등이 쓰인다. 척관법으로 열 홉이 한 되가 되고, 열 되가 한 말이 되며, 열 말이 한 섬이 된다. 길이를 재는 단위는 척관법으로 푼, 치, 자 등이 쓰인다. 열 푼이 한 치가 되고, 열 치([寸])가 한 자([尺])가 된다. 한 치는 미터법으로 약 3.33cm가 된다. 무게를 재는 단위로는 푼, 돈, 량, 관 등이 쓰인다. 열 푼은 한 돈이 되고 열 돈은 한 량이 되며, 열 량은 한 관이 된다. 한 돈은 미터법으로 약 3.75g이 된다. 귀금속이나 귀중한 한약재 따위의 무게를 잴 때는 푼이나 돈 또는 량 따위의 작은 단위를 주로 쓰고 돼지나 곡식 따위를 잴 때는 관이나 량과 같이 큰 단위를 주로 쓴다.

183) '곱빼차'는 중앙어에서 기차의 '화물차'에 대응하는 일본어식 표현으로 '곱배차'의 음성형이다. 기차의 화물차 가운데 직육면체로 되어 있고 위에는 뚜껑이 없고 바닥은 평평하게 되어 있는 화물칸을 뜻하는 말이다.

184) '감빵'은 중앙어 '건빵'에 대응하는 방언 음성형이다.

185) '이동주보'는 '이동 주모'의 잘못으로 보인다. 군인들이 이동할 때 같이 이동하면서 먹을 것을 팔거나 하는 여자들을 가리키는 말이다.

186) '머꾸 난 대다가설랑은'은 중앙어 '먹은 데에다가' 정도에 대응하는 이 지역 방언형이다. 중앙어에서는 용언 어간에 '-은 데에다가'가 직접 연결되어 쓰이지만 이 방언에서는 본용언 뒤에 보조용언 '나다'의 관형사형 '난'이 삽입되어 쓰인다는 점이 다르다. '난 대다가설랑은'이 연결되면 앞에 오는 용언의 동작이나 상태에 더하여 뒤에 오는 용언의 동작이나 상태를 더한다는 강조의 뜻을 나타내는 용법으로 쓰인다. 예문에서는 건빵만 먹은 데 더하여 물을 켜고 술을 마셨다는 뜻으로 쓰였다.

187) '헐리다'는 '속이 쓰리고 아프면서 속에 들어 있는 것이 씻겨 나오다' 정도의 뜻으로 쓰이는 충청도 방언이다. 중앙어에서 '속에 붙은 것을 깨끗이 다 씻어 내다'의 뜻으로 쓰이는 '훑다'의 피동사 '훑이다'에 대응하는 말이라고 할 수 있다. 지역에 따라서는 '헐리다'의 뜻으로 '훑이다'도 쓰인다. 속이 쓰리면서 갑자기 설사가 나는 것을 나타낼 때 쓰는 말이다.

188) '찔겅찔겅'은 물기가 많은 흙이나 천 따위를 밟거나 누를 때마다 그 흙이나 천에 배어 있던 물이 눌린 주변으로 올라왔다 스며드는 모양을 나타내는 충청도 방언이

다. 한 번 밟았을 때 물기가 위로 올라오거나 솟아오르는 모양을 나타내는 말로는 '찍:'이 주로 쓰인다.

189) '건물을 짓거나 하기 위해 땅을 좁고 길게 판 것을 뜻하는 일본말이다.

190) '때기'는 '잠바때기, 자리때기' 등에서와 같이 사물을 나타내는 몇몇 명사 뒤에 붙어 '비하'의 뜻을 더하는 접미사다.

191) '일라서'는 중앙어 '일어나서'에 대응하는 이 지역 방언형이다. '일어나서'의 뜻으로 '일라서'가 쓰이는 지역은 주로 경상도로 알려져 있다. '일라서'는 '일어나서'의 축약형 '일나서'의 음성형으로 파악된다.

192) '들'은 용언의 어간이나 어미 '-으시-' 뒤에 붙어 그 움직임이나 상태를 부정하거나 금지하려 할 때 쓰이는 연결 어미다. '먹들 못하다', '좋들 못하다', '가들 말어', '웃들 않는다' 등에서와 같이 흔히 '않다', '못하다', '말다' 따위가 뒤따른다. 충청도 방언에서 이 '들'과 같은 뜻으로 '딜'도 쓰인다. '들'이나 딜은 중앙어에서 용언의 어간이나 어미 '-으시-' 뒤에 붙어 그 움직임이나 상태를 부정하거나 금지하려 할 때 쓰이는 연결 어미 '-지'에 강조하는 뜻을 나타내는 보조사 '를'이 결합된 '지를'에 대응하는 충청도 방언형이다.

193) '모디야'는 중앙어 '못해'의 충청도 방언형이다. 중앙어 '못해'가 충청도 지역에서는 '[모디야]' 외에 '[모대]'로도 실현된다. 충북의 청원군과 옥천군 등 충남과 인접한 일부 지역에서는 예에서와 같이 평폐쇄음 ㄷ과 ㅎ이 연결할 때 유기음화가 일어나지 않고 평음으로 실현된다. 이런 현상이 일어나는 조건은 선행 음절의 말음이 주로 평음 'ㄷ'이거나 'ㅂ'이고 뒤에 '하다'가 연결될 때다. 예를 들면 '못 하구[모다구], 못 하지[모다지], 못 해[모대]'나 '떡하구 밥하구[떠가구 바바구]' '밥하구 국하구[바바구 구가구]' 등과 같이 실현된다.

중앙어 '못해'가 충청도 방언에서 '모디야로 실현되는 것은 충북의 청원군과 옥천군 등 충남과 인접한 일부 충청도 지역에서 중앙어의 종결형 '해, 패, 개, ,배, 래, 깨' 등이 '히야/햐, 피야/퍄, 기야/갸, 비야/뱌, 리야/랴, 끼야/꺄'와 같이 실현되는 것과 궤를 같이한다.

194) '발쌔'는 '예상보다 빠르게 어느새'의 뜻으로 쓰이는 중앙어 '벌써'에 대응하는 충청도 방언형이다. 충청도 방언에서 '발쌔' 외에 이형태들로 '발싸', '발쎄', '발써'도 쓰인다. '발쌔'와 같은 의미로 '하마', '하매' 등도 관찰된다. '하매'나 '하마'는 주로 경상도 지역에서 많이 쓰이는 데 강원도나 전북 지역에서도 쓰이는 것으로 알려져 있다. 충청도에서는 경상도와 인접한 지역에서 주로 쓰이는 것으로 관찰된다.

195) '어쩌역'은 중앙어 '어제저녁'의 준말 '엊저녁'에 대응하는 충청도 방언 음성형이다. '어쩌역'은 '엊저역'으로 표기할 수 있을 것이다. 충청도 지역에서는 중앙어 '저녁'에 대응하는 방언형으로 '저녁' 외에 '저역'이나 '지역', '지녁' 등도 쓰이기 때문이다.

196) '제'는 중앙어 '적에'가 줄어든 '제'에 대응하는 충청도 방언 음성형이다.

197) '천:두'는 중앙어 '전부'에 대응하는 제보자의 발음 '천부'라고 해야 할 것을 잘못 발음한 것이다.

198) '피라드라구'는 중앙어 '피라고 하더라고'에 대응하는 충청도 방언형이다. '피라드 라구'는 충청도 방언형 '피라구 하드라구'의 축약형이라고 할 수 있다. 모음으로 끝나는 체언이나 용언 어간에는 '-라드라구'가 쓰이고 자음으로 끝나는 체언이나 용언 어간에는 '-이라드라구'가 쓰인다.

199) '그러카구서넌'은 중앙어 '그렇게 하고서는'에 대응하는 충청도 방언형 '그릏게 하 구서넌'의 축약형 '그륵하구서넌'의 음성형으로 분석된다.

200) '일라두'는 중앙어 '일어나지도'에 대응하는 충청도 방언형 '일어나지두'의 축약형 '일나두'의 음성형이다.

201) '웂구'는 중앙어 '없고'에 대응하는 충청도 방언형 '웂구'의 음성형이다. '웂구'는 중앙어 '없다'에 대응하는 이 지역 방언형 '웂다'의 활용형이다. '웂다'는 '웂다 ([움:따]), 웂구([움:꾸]), 웂지([움:찌]), 웂어([움:써]), 웂는([움:는])' 등과 같이 활용한 다. 충청도 방언에서는 화자에 따라 '웂다' 외에 '읎다'와 '읍다'도 쓰인다. 요즈음 에는 '없다'도 쓰이는데 이는 표준어의 영향으로 보인다. 학교에서 공교육을 받은 장년층 이하의 젊은 사람들은 '없다'를 주로 쓰고 '웂다'나 '읎다', '읍다'는 거의 쓰지 않는다. '읎다'는 '읎다([읍:따]), 읎구([읍:꾸]~[우:꾸]), 읎지([읍:찌]), 읎어([읍: 써]), 읎는([읍:는])' 등과 같이 활용한다.

202) '소리하라구'는 '연락하라고'의 뜻으로 쓰였다.

203) '그라더라고'는 중앙어 '그러다'에 대응하는 충청도 방언형 '그라다'의 활용형이다. '그라다'의 어간에 '-더라고'가 연결된 형태다.

204) '엠부랜차가'는 중앙어 '앰뷸런스'에 대응하는 말로 제보자 개인어로 보인다. '엠부 랜차'는 구급차를 뜻하는 제보자 개인어형 '엠부랜'에 다시 '차'가 결합된 말로 이 해된다.

205) '주서'는 중앙어 '줍다'에 대응하는 충청도 방언 '줏다'의 활용형이다. 중앙어에서 는 '줍다'가 '줍다, 줍고, 줍지, 주워서, 주웠다'와 같이 불규칙 활용하지만 충청도 방언 '줏다'는 '줏다, 줏구, 줏지, 주서, 주섰다'와 같이 규칙 활용한다.

206) '닝개를'은 '닝갤을'의 음성형이다. '닝갤'은 중앙어 '링거(Ringer)'에 대응하는 충청 도 방언형이다.

207) '끄치덜'은 중앙어 '그치지를'에 대응하는 충청도 방언이다. '끄치덜'은 '끄치다' 의 어간 '끄치-'에 용언의 어간이나 어미 '-으시-' 뒤에 붙어 그 움직임이나 상태를 부정하거나 금지하려 할 때 쓰이는 연결 어미 '-덜'이 결합한 형태다. '먹덜 못하 다', '좋덜 못하다', '가덜 말어', '웃덜 않는다' 등에서와 같이 흔히 '않다', '못하 다', '말다' 따위가 뒤따른다. 충청도 방언에서 이 '덜'과 같은 뜻으로 '들'도 쓰인 다. '덜'이나 '들'은 중앙어에서 용언의 어간이나 어미 '-으시-' 뒤에 붙어 그 움직 임이나 상태를 부정하거나 금지하려 할 때 쓰이는 연결 어미 '-지'에 강조하는 뜻 을 나타내는 보조사 '를'이 결합된 '지를'에 대응하는 충청도 방언형이다.

208) '가마이'는 중앙어 '가만히'에 대응하는 이 지역 방언형이다. 충청도 방언에서 형태소가 모음 '이'로 끝나는 경우 모음 '이'에 자음 'ㄴ'이나 'ㅇ'이 선행하면 그 'ㄴ'이나 'ㅇ'이 탈락하는 경향이 있는데 '가마이'도 그런 예 가운데 하나다. 예문의 '가마이'는 '가만히→가만이→가마이'의 과정을 거친 것이다. 이런 현상은 형태소 내부에서도 관찰되고 형태소 경계에서도 관찰된다. '어머니→어머이, 늙은이→늘그이, 종이→조이, 호랑이→호래이, 호맹이→호매이(호미)' 등은 형태소 내부에서 관찰되는 예들이고, '많-이→마이, 눈-이→누이, 영선-이→영서이(인명), 종명-이→종머이(인명)' 등은 형태소 경계에서 관찰되는 예들이다.

209) '달라가서'는 중앙어 '달라고 해서'에 대응하는 이 지역 방언형이다. '달라가서'는 '달라가주서'의 축약형으로 보인다.

210) '-애다가서'는 중앙어 '-에다가'에 대응하는 충청도 방언형이다. '에다가서'는 일정한 위치를 나타내는 격 조사로 쓰인다. 격조사 '에'에 보조사 '다가'와 '에서'의 준말 '서'가 결합된 것으로 분석된다. '-에서'는 앞말이 행동이 이루어지고 있는 처소의 부사어임을 나타내는 격 조사로 쓰인다.

211) '가주'는 중앙어 '가지고'에 대응하는 충청도 방언형 '가지구'의 준말이다.

212) '세빠다개다'는 중앙어 '혓바닥에다'에 대응하는 충청도 방언형이다. '세빠다개다'는 '세빠닥+애다'로 분석할 수 있다. '세빠닥'은 '혓바닥'의 구개음화형이고 '애다'는 '애다가'의 준말로 중앙어 '에다가'의 준말인 '에다'에 대응한다.

213) '개'는 중앙어 '그래서'의 준말 '그래'에 대응하는 충청도 방언형이다. '개'는 앞의 내용이 뒤의 내용의 원인이나 근거, 조건 따위가 될 때 쓰는 접속 부사로 쓰인다.

214) '닝개루만'은 중앙어 '링거만'에 대응하는 충청도 방언형이다. 충청도 방언에서는 중앙어 '링거'를 '닝갤' 또는 '닝개루'로 발음하는데 '닝개루'는 '링거(Ringer)'의 일본어식 발음이다. '링거'는 '링거액'이라고도 하는데 삼투압, 무기 염류 조성, 수소 이온 농도 따위를 혈청과 같은 수준으로 만든 체액의 대용액을 일컫는 말이다. '링거(Ringer)'는 1882년 영국의 의학자 링거(Ringer, S.)가 만든 것으로 동물 생리학, 해부학, 의료의 여러 방면에 널리 사용한다.

215) '불르드라구'는 중앙어 '부르더라고'에 대응하는 충청도 방언형이다. 중앙어의 '부르다'가 충청도 방언에서는 '부르다'와 '불르다'에 대응한다. '불르다'는 '불르다, 불르구, 불르지, 불르면, 불러서, 불렀다'와 같이 활용하는 반면 '부르다'는 '부르다, 부르구, 부르지, 부르면, 불러, 불렀다'와 같이 활용한다. 제보자에 따라서는 '불르구~부르구, 불르지~부르지, 불르면~불르면, 불러, 불러서'와 같이 쌍형 어간으로 쓰이는 것을 관찰할 수 있다. 그런데 충청도 방언에서 젊은층 화자들일수록 규칙 활용하는 '불르다'를 쓰고 노년층일수록 불규칙 활용하는 '부르다'를 쓴다. 이는 불규칙 활용하는 동사 '부르다'가 점차 규칙 활용하는 동사 '불르다'로 바뀌어가고 있다는 것을 의미한다.

216) '우쨌느냐구'는 중앙어 '어쨌느냐고'에 대응하는 충청도 방언형이다. '우쨌느냐구'는 '우쨌느냐구'의 음성형이다. 중앙어 '어째서, 어떻게, 얼마나, 언제'에 대응하는

충청도 방언형은 각각 '우쩨서, 우떻개/우떻개/우티개/워티개/워트개, 울마나/울매
나'월매나, 운재/원재' 등인데 장년층 이하의 젊은층에서는 '어째서, 어떻개, 얼마
나, 언재'와 같이 중앙어형이 더 일반적으로 쓰인다. 장년층 이하의 연령층에서 이
러한 현상을 보이는 것은 표준어 교육의 결과로 보인다.

217) '오려마이싱'은 '오려마이신'의 음성형이다. '오려마이싱'은 '오려+마이싱'으로 분
   석되는데 '마이싱'은 '항생제'를 일상적으로 이르는 말인 '마이신(mycin)'의 방언
   음성형이고 '오려'는 마이신 종류를 나타낸다.

218) '사밀 겨늘'은 '삼일치를'이라고 해야 할 것을 잘못 말한 것으로 보인다.

219) '신죽'은 중앙어 '흰죽'에 대응하는 충청도 방언형이다. '신죽'은 '흰죽'이 구개음
   화한 어형이다.

220) '씨깨'는 중앙어 '세게'에 대응하는 충청도 방언형이다. 충청도 방언에서 어두음절
   모음이 '에'이고 장모음으로 실현되면 고모음화하여 '이'로 실현되는 현상이 있는
   데 '씨:개'도 그런 현상의 결과다. '씨게'는 '씨다'의 활용형이다. 중앙어 '세다'에
   대응하는 충청도 방언형 '씨다'는 '세:다>쎄:다>씨:다'의 과정을 거친 것으로 해
   석된다. 이런 예는 '세:다(算)>시:다'나 '메:다>미:다', '베:다>비:다' 등에서도 관
   찰된다.

221) '존:'은 '좋은'의 축약형이다.

222) '간수하야거따'는 '간수하야 하겄다'의 축약형 '간수하야겄다'의 음성형이다. '간수
   하야겄다'는 중앙어 '간수해야 하겠다'의 축약형 '간수해야겠다'에 대응하는 충청
   도 방언형이다. '간수하야겄다'가 '간수하야 하겄다'의 축약형이라는 것은 위 예문
   다음 문장의 '먹으야 하그따'를 통해 알 수 있다. '먹으야 하그따'는 '먹으야 하겄
   다'의 음성형으로 중앙어 '먹어야 하겠다'에 대응한다. '먹으야 하겄다'의 축약형은
   '먹으야겄다'가 될 것이다.

223) '야주'는 '그래가주'라고 해야 할 것을 잘못 말한 것으로 보인다.

224) '이쓴냐먼'은 '이썬냐먼'으로 발음해야 할 것을 잘못 발음한 것으로 보인다. '이썬
   냐먼'은 중앙어 '있었느냐 하면'에 대응하는 충청도 방언형 '있었느냐 하면'의 축
   약형이다.

225) '하이간'은 '어찌하든지 간에'의 뜻으로 쓰이는 중앙어 '하여간'에 대응하는 충청
   도 방언형이다.

226) '이르카더라구'는 '이륵하더라구'의 음성형이다. '이륵하더라구'는 중앙어 '이렇게
   하더라고'에 대응하는 충청도 방언형 '이릏게 하더라구'의 축약형이다. 충청도 방
   언형 '이륵하더라구'의 기본형은 '이륵하다'이고 '이륵하구, 이륵하지, 이륵하닝깨,
   이륵해서' 등과 같이 활용한다. 충청도 방언에서 '이륵하다' 외에 '이럭하다'도 같
   은 뜻으로 쓰인다.

227) '이러카더라구'는 '이럭하더라구'의 음성형이다. '이럭하더라구'는 '이럭하다'의 활
   용형이다. 위의 주에서 보듯이 충청도 방언에서 '이럭하다' 외에 '이륵하다'도 같
   은 뜻으로 쓰인다.

228) '으생병'은 '위생병'을 잘못 말한 것으로 보인다.

229) '모둘트려'는 충청도 방언형 '모둘트리다'의 활용형이다. '모둘트리다'는 '모둘트리구, 모둘트리지, 모둘트리닝깨, 모둘트려' 등과 같이 활용하는 충청도 방언형으로 '이것저것 있는 대로 모두 그러모아 한데 뭉치다' 정도의 뜻으로 쓰인다. 예문에서와 같이 사람에게도 쓰이지만 흩어진 곡식들을 그러모아 한데 뭉쳐 놓을 때도 쓰인다. '모둘트리다'와 비슷한 뜻의 충청도 방언형으로 '모디다'가 쓰인다. '모디다'는 '여기저기 흩어져 있는 것을 한데 그러모으다'의 뜻으로 쓰여 모으는 데 의미의 초점이 있는 말이라면 '모둘트리다'는 이것저것 균질적이지 않은 것까지 포함한다는 의미가 더 있는 말이다.

230) '용아개'는 중앙어 '용하개'에 대응하는 충청도 방언 음성형이다. 예문에서는 '매우 다행스럽게' 또는 '아주 운좋게' 정도의 뜻으로 쓰였다.

231) '즌:장'은 '전쟁(戰爭)'의 충청도 방언형이다. '즌:장' 외에 '즌:쟁'도 쓰인다. 충청도 방언에서는 어두음절 모음 '어'가 장모음일 때 '거:지→그:지, 거:머리→그:머리, 어:른→으런, 없:다→읎다, 설:움→슬:움' 등과 같이 '으'로 고모음화 하여 실현되는 경향이 강한데 '전:장→즌:장'도 같은 현상을 겪은 것이다. 이와 병행하여 충청도 방언에서 어두음절의 모음이 '여'이고 장모음일 때는 고모음화하여 '으([yi:])'로 실현되는 예들이 관찰다. 충청도 방언에서 이중모음 '여:'가 고모음화 하는 예로는 '연:애→은:애, 영:감→응:감, 연:적(硯滴)→은:적, 여치→으:치, 염:려(念慮)→음:려, 염(殮)→음:, 연하다→은:해다' 등을 들 수 있다.

232) '멍:충이'는 '양이나 정도가 지나치게'의 뜻으로 쓰이는 중앙어 '엄청'에 대응하는 이 지역 방언형이다.

233) '그사람내가'의 '내'는 사람을 뜻하는 일부 명사 뒤에 붙어 한 무리라는 뜻을 더하는 접미사다. 이 '내'는 "아자바님내믜 다 安否ᄒᆞᆸ고" <석 六1> "어마님내 뫼ᅀᆞᆸ고 누의님내 더브러" <月二 52> 등에서 보듯이 중세국어에서부터 쓰이던 것이다.

234) '이러칸'은 '이럭한'의 음성형이다. '이럭한'은 '이렇게 하다'의 활용형 '이렇게 한'의 축약형이다. '이럭한'의 기본형은 '이럭하다'이고 '이럭한'은 '이럭하다'의 관형사형이다. '이럭하다'는 '이렇게 하다'가 축약된 말로 '이럭하다, 이럭하구, 이럭하지, 이럭하닝깨, 이럭햐(이럭해)' 등과 같이 활용한다. 충청도 방언에서 '이럭하다' 외에 '이륵하다'도 같은 뜻으로 쓰인다. '이륵하다'가 고형이고 '이럭하다'가 신형이다.

235) '환자의일'은 '患者衣를'에 대응하는 이 지역 방언 음성형이다.

236) '띠'는 '곳'이나 '장소'를 나타내는 중앙어 '데'에 대응하는 충청도 방언형 '디'의 음성형이다. 중앙어에서와 마찬가지로 충청도 방언에서도 앞에 오는 음절이 관형사형 어미 '-(으)ㄹ'로 끝나고 뒤에 오는 음절의 첫 소리가 평자음일 때 이 평자음이 된소리로 발음나는 현상이 있는데 '띠'도 이런 현상의 결과다. 관형사형 어미 '-(으)ㄴ' 뒤에서는 '가는 디가', '사는 디는', '아무 디두 안 가구' 등에서와 같이 평음으로 실현된다.

237) '담가'는 '들것'을 뜻하는 한자어 '擔架'에서 온 말이다. '들것'은 환자나 물건을 실어 나르는 기구의 하나로 네모난 거적이나 천 따위의 양변에 막대기를 달아 앞 뒤에서 맞게 되어 있다.

238) '날:보구'는 '나를 보구'에서 비롯된 말로 보인다. 형태상으로만 보면 '날보구'는 '날 보구'로 띄어 쓰고 '나를 쳐다보고'의 뜻으로 해석해야 할 것이나 충청도 방언 에서는 '날보구'가 중앙어의 '나에게', '나한테'의 뜻으로 도 쓰이는데 이때는 붙여 서야 한다. 예문의 '날보구'도 '나에게' 또는 '나한테'의 뜻으로 쓰였다. '날보구'가 '나에게'나 '나한테'의 뜻으로 쓰이는지 '나를 보고'의 뜻으로 쓰이는지는 문맥으 로 파악할 수 있다. 예를 들어 "누가 널보구 그랬어?"라고 하면 "누가 너한테/너에 게 그랬어?"의 뜻이지만 "저 사람이 널보구 쫓아오드라."와 같이 쓰이면 '저 사람 이 너를 보고 쫓아오더라.'의 뜻이 된다.

239) '가설렁어넌'은 '가설랑언' 또는 '가설랑어넌(가설랑언언)'으로 말해야 할 것을 잘 못 말한 것으로 보인다.

240) '날라가'는 중앙어 '날아가다'에 대응하는 충청도 방언형 '날라가다'의 활용형이다. '날라가다'는 '날라가구, 날라가지, 날라가닝깨, 날라가서' 등과 같이 규칙 활용한다.

241) '모디키너냐'는 중앙어 '모으다'에 대응하는 충청도 방언형 '모디키다'의 종결형이 다. '모디키다'는 '여기저기 흩어져 있는 사람이나 사물 따위를 거두어 한곳에 모 으다'의 뜻으로 쓰인다. '모디키다'는 중앙어 '모으다'에 대응하는 충청도 방언형 '몯다'의 사동사다. '몯다'의 어간 '몯-'에 사동파생 접미사 '-이키-'가 결합된 것으 로 분석할 수 있다.

242) '멍청이'는 양이나 정도가 아주 지나침을 뜻하는 중앙어 '엄청'에 대응하는 이 지 역 방언형이다. 충청도 방언형 '멍청이' 외에 '엄청나게'의 뜻으로 '멍칭이'와 '엄 칭이'도 쓰인다.

243) '모디야'는 중앙어 '못해'의 이 지역 방언형이다. 중앙어의 '못하다'가 '모다다, 모 다고, 모다지, 모다닝깨, 모대/모디야'와 같이 활용한다. 중앙어 '못해'가 충청도 일 부 지역에서는 '[모디야]' 외에 '[모대]'로도 실현된다. 충북의 청원군과 옥천군 등 충남과 인접한 일부 지역에서는 예에서와 같이 평폐쇄음 ㄷ과 ㅎ이 연결될 때 유 기음화가 일어나지 않고 평음으로 실현된다. 이런 현상이 일어나는 조건은 선행 음절의 말음이 주로 평음 'ㄷ'이거나 'ㅂ'이고 뒤에 '하다'가 연결될 때다. 예를 들 면 '못하구[모다구], 못하지[모다지], 못해[모대]'나 '떡하구 밥하구[떠가구 바바구]' '밥하구 국하구[바바구 구가구]' 등과 같이 실현된다.

중앙어의 '못해'가 충청도 방언에서 '모디야'로 실현되는 것은 충북의 청원군과 옥 천군 등 충남과 인접한 일부 충청도 지역에서 중앙어 종결형 '해, 패, 개, ,배, 래, 깨' 등이 '히야/햐, 피야/퍄, 기야/갸, 비야/뱌, 리야/랴, 끼야/꺄'와 같이 실현되는 것 과 궤를 같이한다.

244) '깅가'는 중앙어 '것인가'에 대응하는 충청도 방언형 '기인가'의 축약형 '긴가'의 음성형이다. '기'는 관형어 뒤에서 '사물, 일, 현상 따위를 추상적으로 이르는 말'

의 뜻으로 쓰이는 의존명사다. 충청도 방언에서는 중앙어 '것'에 대응하는 의존명사로 '기' 외에 '거'도 자주 쓰인다.

245) '무나캐'는 중앙어 '문 앞에'에 대응하는 충청도 방언 음성형이다. '무나캐'는 '문 악+애'로 분석할 수 있다. '악'은 중앙어 '앞'에 대응하는 것으로 충청도 방언형으로 볼 수 있는데 중앙어에서는 '앞'이 '앞+이([아피]), 앞+에([아페]), 앞+으로([아프로]), 앞+도([압또]), 앞+만([암만])'과 같이 곡용한다. 그런데 '악'은 예문에서와 같이 '문악애([무나캐])'와 같이 '문'과 함께 쓰일 때만 나타나고 '악+이, 악+에, 악+으루, 악+도, 악+만' 등과 같이 '악'이 단독으로 쓰이는 예는 관찰하기 어렵다. 즉 충청도 방언에서는 중앙어 '문앞에'에 대응하는 말로 굳어진 형태인 '문악애([무나캐])'가 쓰인다.

246) '벽력'은 한자어 '霹靂'으로 벼락을 뜻하는 말이다.

247) '질르더라구'는 중앙어 '지르다'에 대응하는 충청도 방언형 '질르다'의 활용형이다. 충청도 방언형 '질르다'는 '질루구, 질르지, 질르닝깨, 질르더라, 질러서' 등과 같이 규칙 활용한다.

248) '디다보는'은 중앙어 '들여다보는'에 대응하는 충청도 방언형 '디다보다'의 활용형이다. '디다보다'는 '디다보구, 디다보지, 디다보닝깨, 디다보더라, 디다봐' 등과 같이 활용한다.

249) '이르캐써'는 중앙어 '이렇게 했어'에 대응하는 충청도 방언형 '이륵했어'의 음성형이다. '이륵했어'는 중앙어 '이렇게 하다'에 대응하는 '이릏게 하다'의 축약형 '이륵하다'의 활용형이다. '이륵하다'는 '이륵하구/이륵해구, 이륵하지/이륵해지, 이륵하닝깨/이륵해닝깨, 이륵해서, 이륵했어' 등과 같이 활용한다.

250) '돌라고'는 형태상으로만 보면 중앙어 '달라다'의 활용형 '달라고'에 대응하는 형태로 보인다. 그러나 문맥 의미나 활용 양상을 보면 '달라다'에 대응하는 방언형이 아니고 중앙어 '달다'에 대응하는 이 지역 방언형 '돌다'의 활용형이라는 것을 알수 있다. '돌라고'를 '돌라+고'로 분석한다면 '돌라다'의 활용형이라고 할 수 있겠지만 '돌라지, 돌라고, 돌라니깨, 돌라서, 돌랐다' 등과 같은 활용형이 나타나지 않는다는 문제점이 있다. 왜 어미 '-고'가 연결될 때만 '돌라고'로 실현되고 다른 어미가 연결된 활용형은 나타나지 않는지를 설명해야 한다. 그리고 문맥 의미로 볼 때도 앞말을 간접 인용하는 뜻으로 쓰였다는 점에서 '-고'를 연결어미로 보는 데에도 문제가 있다. 예문의 경우 '돌라고'가 동사 '빼다' 뒤에서 '-어 돌라'의 구성을 이루면서 말하는 이가 듣는 이에게 앞말이 뜻하는 행동을 해 줄 것을 요구하는 뜻을 나타내고, 여기에 종결 어미 '-다, -냐, -라, -자, -마' 따위 뒤에 붙어 앞말이 간접 인용되는 말임을 나타내는 격 조사 '-고'가 연결된 것이라고 보는 것이 자연스럽다. 이렇게 보면 '돌라고'는 '돌+라+고'로 분석된다. '돌-'은 중앙어 '달다'에 대응하는 이 지역 방언형 '돌다'의 어간이고, '-라'는 종결어미다. 여기에 앞말이 간접 인용되는 말임을 나타내는 격조사 '고'가 연결된 것이다. '돌다'는 중앙어 '달다'와 마찬가지로 불완전 동사다. '돌다'는 동사 뒤에서 '-어 돌라'의 구성으로만

쓰여 말하는 이가 듣는 이에게 앞말이 뜻하는 행동을 해 줄 것을 요구하는 용법으로 사용된다. '돌다'가 '-라' 이외의 다른 어미가 연결되어야 할 자리에서는 '돌라 그래지, 돌라 그랬어, 돌라 그라니깨, 돌라 그라면' 등과 같이 보조용언 '그라다/그래다'를 후행시키고 보조용언의 어미를 바꾸는 방법으로 사용된다는 특징이 있다. 중앙어 '달라다'에 대응하는 방언형으로 '돌다'가 쓰이는 지역은 충청북도의 옥천군과 보은군 등 남부 지역이다.

251) '으:사'는 '의사(醫師)'의 충청도 방언 음성형이다. 충청도 방언에서 이중모음 '의'가 어두음절 위치에서 장모음으로 실현될 경우 주로 '으:'로 실현되는데 '의사'도 그러한 예에 속한다. 충청도 방언에서 이러한 현상을 보이는 예로 '으:논(議論), 으:리(義理), 으:복(衣服), 으:원(議員)' 등이 있다. 그런데 장모음으로 실현되지 않을 경우에는 '으'로 실현되기도 하지만 주로 '이논(議論), 이복(衣服), 이원(議員)'과 같이 '이'로 실현되기도 한다. 그러나 '의리'에 대하여는 장모음으로 실현되든 단모음으로 실현되든 항상 '으'로만 난타난다.

252) '별짜리'는 장성급 장교를 일컫는 말이다.

253) '데루'는 중앙어 '데리다'의 활용형 '데리어'에 대응하는 충청도 방언형이다. 중앙어 '데리다'는 '데리고, 데리러, 데려'의 꼴로 쓰이는데 충청도 방언에서는 '데루/델구, 델러/델루, 델다가'와 같이 쓰이거나 '딜구, 딜루, 딜다가'와 같이 쓰이는 것이 일반적이다. '델구, 델루, 델다가'를 고려하면 기본형은 '델다'가 될 것이고 '딜구, 딜루, 딜다가'를 고려하면 기본형은 '딜다'가 될 것이다. '델다'는 '데리다'가 축약된 것으로 파악되고 '딜다'는 '디리다'가 축약된 것으로 파악된다.

254) '해쓰요'는 '해써요'로 발음해야 할 것을 잘못 발음한 것으로 보인다.

255) 충청도 방언에서 나이를 셀 때는 중앙어 '열여섯'에 대응하는 표현으로 '열여섯'과 '예레섯'이 쓰이는데 물건의 수를 셀 때나 단독형으로 쓸 때는 주로 '열여섯'이 쓰이고 나이를 셀 때는 '예레섯'이 쓰인다.

256) '지꼬랭이'는 중앙어 '쥐고리'에 대응하는 충청도 방언형이다. '지꼬랭이'는 일차적으로 '지+꼬랭이'로 분석할 수 있다. '지'는 '쥐'의 충청도 방언형인데 경상도와 인접한 지역에서 주로 쓴다. 대부분의 충청도 지역에서는 80대 이상의 화자들이라면 단모음 '위([ü])'로 발음하지만 경상도와 인접한 지역이나 일부 화자들은 경상도 방언에서와 마찬가지로 '이'로 발음하기도 한다. '꼬랭이'는 중앙어 '꼬리'에 대응하는 충청도 방언형으로 '꼬랑이'의 움라우트형으로 파악된다. '꼬랭이'는 '꼬래이'로도 발음된다. 충청도 방언에서 '꼬랭이' 외에 '꼬랑지'와 '꼬리', '꽁지'도 중앙어 '꼬리'에 대응하는 말로 쓰인다. '꼬랭이'와 '꼬랑지'는 주로 포유류의 꼬리를 나타내고 '꼬리'는 일반적으로 포유류와 조류에 다 쓰인다. '꼬리'는 중앙어에서 차용된 것으로 판단된다. '꽁지'는 충청도 방언에서 주로 깃털을 가진 닭이나 꿩, 비둘기 등의 조류의 꼬리를 뜻하는 말로 쓰이는 것이 일반적이지만 지역이나 화자에 따라서는 '돼지'나 '쥐'와 같은 포유류의 꼬리를 나타내는 말로도 쓴다. '꼬랭이'가 '꼬래이'로 발음되는 것은 충청도 방언에서 마지막 음절이 모음 '이'이

고 이 말음절 모음에 선행하는 자음이 'ㅇ'이면 선행하는 자음 'ㅇ'을 탈락시키는 현상과 관련이 있다. 이 환경에서 'ㅇ'이 탈락하는 예들은 '고냉이→고내이(고양이), 방맹이→방매이(방망이), 호랭이→호래이(호랑이), 올챙이→올채이, 호맹이→호매이(호미), 알맹이→알매이' 등과 같은 예들이 있다. 말음절 모음 '이' 앞에서 'ㅇ'이 탈락하면서 비모음화 하기도 한다. 이러한 현상은 '어머니→어머이, 가마니→가마이, 많이→마이' 등에서와 같이 말음절 모음이 '이'이고 선행음절의 말음이 'ㄴ'이면 그 'ㄴ'이 탈락하는 현상과 궤를 같이한다.

257) '거시기'는 이름이 얼른 생각이 나지 않거나 바로 말하기가 곤란한 사람이나 사물을 가리킬 때 또는 하려는 말이 얼른 생각나지 않거나 바로 말하기가 거북할 때 군소리로 쓰인다. 이 '거시기'와 함께 쓰이는 충청도 방언형으로 '거시끼'와 '거시키'가 있다. '거시기'와 비슷한 충청도 방언으로 '머시기'가 있다. '머시기'는 '머시끼', '머시키'와 함께 사람이나 사물의 이름이 얼른 생각나지 않을 때나 하려는 말이 얼른 생각나지 않거나 바로 말하기가 거북할 때 쓰는 말이다.

258) '오디'는 중앙어 '어디'에 대응하는 이 지역 방언형이다. 충북의 서부 지역이면서 충청남도와 인접한 지역에서는 '오디' 외에 '워디'형도 많이 쓰인다.

259) '접분'은 중앙어 '싶다'의 활용형 '싶은'에 대응하는 이 지역 방언형이다. '접다'는 앞말이 뜻하는 행동을 하고자 하는 마음이나 욕구를 갖고 있음을 나타내는 말로 주로 동사 뒤에서 '-고 접다'의 꼴로 쓰인다. '접다'는 '접다, 접고, 접지, 접어, 접으니깨' 등과 같이 활용한다.

260) '-잉깨'는 중앙어 '-니까'에 대응하는 충청도 방언형 '-닝깨'의 이형태다. 충청도 방언에서 모음 '이' 앞에 자음 'ㅇ'이나 'ㄴ'이 오면 이들 자음이 수의적으로 탈락하는 현상이 있는데 '-잉깨'도 그런 예들 가운데 하나다.

261) '주서'는 중앙어 '줍다'에 대응하는 충청도 방언형 '줏다'의 활용형이다. 충청도 방언형 '줏다'는 '줏다, 줏구, 줏지, 주워서'와 같이 활용하는 규칙 동사다.

262) '거서가닝깨'는 중앙어 '거시기하니까'에 대응하는 충청도 방언형 '거석하닝깨'의 음성형이다. '거석하닝깨'는 '거석+하닝깨'로 분석할 수 있다. 이 지역에서는 음절말 자음 'ㄱ, ㄷ, ㅂ' 등이 '하다'와 결합하면 'ㅋ, ㅌ, ㅍ'으로 유기음화하지 않고 'ㅎ'을 탈락시킨 다음 연음하여 발음하는 현상이 있는데 '거석하다'도 그런 예 가운데 하나다. '거석'은 '거시기'의 준말인 '거식'의 변이형이라고 할 수 있다. '거석하다'는 '거시기'에 접미사 '하다'가 결합된 형용사다. 따라서 사물이나 사람의 이름이 얼른 생각이 나지 않거나 바로 말하기가 곤란한 상태를 가리킬 때 또는 하려는 말이 얼른 생각나지 않거나 바로 말하기가 거북한 상태를 뜻하는 말이다. '거시기' 외에 충청도 방언형으로 '거시끼'와 '거시키'가 있다. '거시끼'와 '거시키'를 쓰는 화자들은 각각 '거시끼하다'와 '거시키하다'를 쓴다. '거시기'와 비슷한 충청도 방언으로 '머시기'가 있는데 '머시기'는 '머시끼', '머시키'와 함께 사람이나 사물의 이름이 얼른 생각나지 않을 때나 하려는 말이 얼른 생각나지 않거나 바로 말하기가 거북할 때 쓰이는 말이다. '거시기하다'와 마찬가지로 '머시기'와 '하다'와

결합한 '머시기하다'도 충청도 방언에서 쓰인다. '머시기하다'와 마찬가지로 '머시끼하다'와 '머시키하다'도 쓰인다.

263) '날떠러'는 중앙어 '나더러'에 대응하는 충청도 방언 음성형이다. '날떠러'는 '날+떠러'로 분석할 수 있다. '-떠러'는 사람이나 동물을 나타내는 체언 뒤에 붙어 어떤 행동이 미치는 대상을 나타내는 격 조사인데 이 조사가 일인칭 대명사 '나'나 이인칭 대명사 '너'와 결합하면 '나'와 '너'는 각각 '날떠러'와 '널떠러'와 같이 실현되기도 하고 '나떠러'와 '너떠러'와 같이 실현되기도 한다. 그러나 '그여자, 그이'와 '-떠러'가 결합되면 '그여자떠러'나 '그이떠러'와 같이 실현된다. 충청도 방언에서 '-떠러' 외에 '더러'도 쓰이기도 하는데 '-더러'도 '-떠러'와 마찬가지로 대명사에 따라 '날더러/나더러, 널더러/너더러'와 '그이더러, 그여자더러'와 같이 실현된다. 요즈음 장년층 이하의 젊은층 화자들은 '-더러'나 '-떠러'를 거의 쓰지 않는 대신 '-한테'를 주로 쓴다.

264) '어르나'는 중앙어 '어린아이'에 대응하는 충청도 방언 '어른아'의 음성형이다. 충청도 방언에서 '어른아' 외에 '언나'도 같은 뜻으로 쓰인다.

265) '깐나배기'는 태어난 지 얼마 안 되는 아이를 뜻하는 중앙어 '갓난아이'에 대응하는 이 지역 방언형이다. '깐나배기'는 '깟난백이'에서 온 말로 보인다. '갓난아이'의 뜻으로 쓰이는 충청도 방언형으로 '깟난백이' 외에 '깟난쟁이', '깟난재이'와 '깟난아', '깟난애기' 등도 쓰인다. 중앙어에서는 '갓난쟁이'가 '갓난아이'를 낮잡아 이르는 뜻으로 쓰이는데 비해 충청도 방언에서는 '깟난쟁이', '깟난재이'에 낮잡아 이르는 의미가 없다.

266) '몰르구'는 중앙어 '모르다'의 활용형 '모르고'에 대응하는 충청도 방언형이다. '몰르구'의 기본형으로 '몰르다'로 '몰르구, 몰르지, 몰르닝께, 몰러' 등과 같이 규칙 활용한다.

267) '해기'는 중앙어 '하다'의 활용형 '하기'의 충청도 방언형이다. 중앙어 '하다'는 충청도 방언에서 '하다'와 '해다'로 분화되어 쓰인다. '하다'는 '하다, 하구, 하지, 하면, 해' 등과 같이 활용하고 '해다'는 '해다가, 해구, 해지, 해닝께, 해' 등과 같이 활용한다.

268) '어리나안태다가서'는 '어리나+안태다가서'로 분석할 수 있는데 '어리나'는 '어린아이'의 축약형 '어린아'의 음성형이고 '안태다가서'는 '한태다가서'의 음성형인데 이는 다시 '한태+다가서'로 분석할 수 있다. '한태'는 어떤 행동이 미치는 대상임을 나타내는 중앙어 격조사 '-한테'에 대응하고 '-다가서'는 조사 '-한태'의 의미를 더 뚜렷하게 하는 보조사다. 중앙어 '어린아이한테다가'나 '어린아이한테다' 정도로 바꾸어 쓸 수 있다. 격조사 '-한태'는 이 지역 방언에서 '-한티'로도 나타난다. 이 지역에서는 '-한태'보다 '-한티'가 더 전형적인 방언형이다. '-한태'는 근래에 쓰이기 시작한 형태로 보인다.

269) '히야'는 중앙어에서 종결형으로 쓰이는 '해'의 충청도 방언형이다. 중앙어 '해'가 충청도 지역에서는 '[해]' 외에 '[히야]'나 '[햐]'로도 실현된다. 이런 현상은 충청

도 방언에서 모음 '애'로 끝나는 종결형에서 폭넓게 나타난다. 예를 들면 중앙어에서 문장의 종결형으로 '패, 개, ,배, 래, 깨'가 와야 할 자리에서 충청도 방언에서는 '히야/햐, 피야/퍄, 기야/갸, 비야/뱌, 리야/랴, 끼야/꺄'와 같이 실현된다.

270) '안돼'도 위의 주에서와 같이 모음 '애'로 끝난 경우에 해당한다. 충청도 방언형 '안돼'는 중앙어 '안 돼'에 대응하는 말이다.

271) '삽짝거리'는 '삽짝거리'의 음성형이다. '삽짝거리'는 '삽짝+거리'로 분석된다. '삽짝'은 '사립짝'의 준말로 나뭇가지를 엮어서 만든 문짝을 뜻한다. 예전에는 집을 짓고 싸릿가지나 나뭇가지를 얽거나 엮어서 담 대신 둘러 쳤는데 이것을 울타리라고 한다. 이렇게 울타리를 치고 집 안으로 드나들 수 있도록 문을 냈는데 그 문을 '삽짝'이라고 한다. '거리'는 본래 '길거리'라는 의미로 쓰이는 것이 보통이지만 충청도 방언에서는 '삽짝거리'에서와 같이 앞말이 뜻하는 근처나 주변을 뜻하기도 한다. 즉 '삽짝거리'는 삽짝이 있는 근처의 길거리로 집 문앞 길거리를 뜻한다.

272) '고샅'은 '고샅'의 음성형이다. '고샅'은 '고샅이[고사치], 고샅에[고사태], 고샅으루[고사트루]' 등과 같이 쓰인다. ≪표준 국어 대사전≫에는 '시골 마을의 좁은 골목길 또는 골목 사이'라고 뜻풀이 되어 있는데 충청도에서는 시골 마을에서 집 주변으로 나 있는 길이나 공터 또는 집 주변으로 나 있는 골목길이나 그 주변의 뜻으로 쓰인다. 골목길이나 골목 사이의 뜻보다는 집 근처라는 의미가 더 강하다.

273) '댕겨꾸나'는 중앙어 '다녔구나'에 대응하는 충청도 방언 음성형이다. 중앙어 '다니다'에 대응하는 충청도 방언형은 '댕기다'인데 '댕기다가, 댕기구, 댕기지, 댕기닝깨, 댕겨서'와 같이 활용한다.

274) '낙꾸능'은 중앙어 '고치다'나 '치료하다'의 뜻으로 쓰이는 '낫게 하다'에 대응하는 충청도 방언 음성형이다. '낙꾸능'은 '낫구다'의 활용 음성형이라고 할 수 있다. '낫게 하다'의 뜻으로 쓰이는 충청도 방언형 '낫구다'는 '낫구구[낙꾸구], 낫구지[낙꾸지], 낫구닝깨[낙꾸닝깨], 낫과[낙꽈]/낫궈[낙꿔], 낫과서[낙꽈서]/낫궈서[낙꿔서]'와 같이 활용한다.

275) '나으냐니께'는 '나으니께'를 잘못 발음한 것으로 보인다.

276) '안 나구'는 '안 가고'를 잘못 발음한 것으로 보인다.

277) '때미내'는 중앙어 '때문에'에 대응하는 충청도 방언형으로 '때민애'에서 비롯된 것으로 보인다. 중앙어 '때문에'에 대응하는 충청도 방언형으로 '때미내' 외에 '때매'가 더 폭넓게 쓰인다.

278) '가들'은 중앙어 '그애들'의 축약형 '걔들'에 대응하는 충청도 방언형이다. '가'는 중앙어 '그아이'의 축약형 '걔'에 대응하는 충청도 방언형이다. '가'는 말하는 이와 듣는 이가 아닌 사람을 가리키는 삼인칭 대명사로 말하는 이와 듣는 이에게서 그리 멀리 떨어져 있지 않은 사람을 가릴 때 쓰인다. 이와 달리 충청도 방언에서 듣는 이나 말하는 이에게서 멀리 떨어져 있는 사람을 가리키는 삼인칭 대명사로는 '자'가 쓰이고 말하는 이와 듣는 이 가까이에 있는 사람을 가리키는 삼인칭 대명사로는 '야'가 쓰인다. 삼인칭 대명사 '야, 가, 자'는 전라도 방언에서도 자주 쓰이

는 것으로 알려져 있다.

279) '아ː드리'는 중앙어 '아이들이'에 대응하는 충청도 방언형 '아들이'의 음성형이다. 아들을 '[아ː들]'과 같이 첫째 음절을 장음으로 발음하면 '아이들'의 뜻이 되지만 '[아들]'과 같이 단모음으로 발음하면 '아들(子)'의 뜻이 된다. 그런데 예문에서는 '아들'의 어두 음절을 장음으로 발음하여 '아이들'의 뜻을 내포하지만 이때의 '아이들'은 '우리아이들' 즉 '자식들'이라는 뜻으로 쓰인 것이다. '아ː들' 외에 '아ː덜' 도 같은 뜻으로 쓰인다. 마찬가지로 '아덜'도 단모음으로 발음하면 '아들(子)'의 뜻이 된다.

280) '응'은 중앙어 '영'에 대응하는 충청도 방언형이다. 충청도 방언에서 '응' 외에 '영' 도 쓰이는데 모두 장모음으로 실현된다. 충청도 방언에서는 어두음절 위치에서 이 중모음 '여'가 장모음으로 실현되면 고모음화 하는 경향이 있는데 예문의 '응ː'도 장모음 '영ː'이 고모음화 하여 [yiːŋ]으로 발음된 것을 표기한 것이다. 충청도 방언 에서 이중모음 '여ː'가 고모음화 하는 예로는 '연ː애→은ː애, 영ː감→응ː감, 연ː적(硯 滴)→은ː적, 여치→으ː치, 염ː려(念慮)→음ː려, 염ː(殮)→음ː, 영ː원히→응ː원이' 등을 들 수 있다. 장모음 '여ː'가 '[yiː]'로 실현되는 것은 어두음절 모음 '어'가 장모음일 때 '으'로 고모음화 하는 것과 궤를 같이 하는 것이다. 충청도 방언에서는 어두음 절 모음 '어'가 장모음일 때 '거ː지→그ː지, 거ː머리→그ː머리, 어ː른→으ː런, 없ː다→ 읎ː다, 설ː움→슬ː움' 등과 같이 '으'로 고모음화 하여 실현되는 경향이 있는데 이 와 병행하여 어두음절의 모음 '여'가 장모음일 때 고모음화 하여 '으ː'로 실현된 것 이라고 할 수 있다.

281) '즈ː가'는 중앙어에서 이미 앞에서 말하였거나 나온 바 있는 사람들을 도로 가리키 는 삼인칭 대명사 '저희'에 주격조사 '가'가 결합한 '저희가'에 대응하는 충청도 방 언이다. 예문에서는 의미상 '자녀들이' 또는 '자식들이' 정도의 뜻으로 쓰였다.

282) '까이꺼'는 중앙어 '까짓 것'에 대응하는 충청도 방언형이다. '까이꺼'는 '별것 아 닌 또는 하찮거나 중요하지 않은 것'의 뜻으로 쓰이는 충청도 방언형이다.

283) 충청도 방언에서 '아ː래'는 중앙어의 '그저께'나 '오래 되지 않은 과거의 어느 때' 를 가리키는 '접때'에 대응하는 말로 쓰인다. '아래'가 단모음으로 발음되면 '下'의 뜻을 갖는다.

284) '하두'는 중앙어에서 정도가 매우 심하거나 큼을 강조하여 이르는 '하'를 강조하는 말로 충청도 방언형 '하도'에 대응한다. 충청도 방언에서 '아주', '몹시'의 뜻을 나 타내는 '하두' 외에 '하도'도 쓰인다.

285) '자분'은 '잡운'의 음성형으로 중앙어의 보조용언 '싶다'의 활용형 '싶은'에 대응하 는 충청도 방언형이다. '잡운'은 '잡다'의 활용형 '잡은'이 원순모음화한 것이다. 기본형은 '잡다'고 '잡지, 잡구, 잡우닝깨, 잡아서/잡어서'와 같이 활용한다. 충청도 방언에서 보종용언으로 '잡다' 외에 '접다'도 쓰인다.

286) '무궁아'는 '무궁화'의 충청도 방언 음성형으로 예문에서는 '무궁화호 열차'의 뜻 으로 쓰였다.

287) '댕깅 거'는 '생깅 거'라고 발음해야 할 것을 잘못 발음한 것이다. '생깅 거'는 중앙어 '생긴 것'에 대응하는 방언형 '생긴 거'의 음성형이다.

288) '나서'는 '정도가 조금 낫게 또는 조금 많이'의 뜻으로 쓰이는 중앙어 '나우'에 대응하는 이 지역 방언형이다. 충청도 방언형으로 '나서'보다는 '나우'가 더 많이 쓰인다.

289) '그르키'는 중앙어 '그렇게'에 대응하는 충청도 방언형 '그릏기'의 음성형이다. '그릏기'는 '그릏다'의 활용형이다. '그릏다'는 '그릏다, 그릏구, 그릏지, 그릏기, 그르닝깨'와 같이 활용한다.

290) '거서카개'는 '거석하게'의 음성형이다. '거석하게'는 중앙어 '거시기'에 대응하는 '거석'에 접미사 '-하다'가 결합한 '거석하다'의 활용형이다. '거석'은 중앙어 '거시기'의 축약형으로 보인다.

291) '나꿍 거'는 중앙어 '낫게 하는 것'에 대응하는 충청도 방언형이다. '나꿍-'은 '낫군-'이 역행동화한 형태다. '낫군-'은 '낫구다'의 활용형이다. '낫구다'는 병이나 상처 따위가 치유되어 본래대로 되다의 뜻으로 쓰이는 동사 '낫다'의 어간 '낫-'에 사동파생 접미사 '-구-'가 결합된 사동사다. 충청도 방언에서 사동파생 접미사 '-구-'가 결합되어 사동사로 된 용언에는 '돋다→돋구다, 썻다→썻구다, 곯다→곯구다' 등이 있다.

292) '띵 거'는 중앙어 '떼인 것'에 대응하는 충청도 방언형이다. '띵-'은 '띤-'이 영행동화한 형태다. '띤-'은 '띠다'의 활용형이다. '띠다'는 남에게서 빌려 준 돈 따위를 돌려받지 못하다의 뜻으로 쓰이는 중앙어 '떼이다'에 대응하는 충청도 방언형이다. 충청도 방언형 '띠다'는 남에게서 빌려 온 돈 따위를 돌려주지 않다의 뜻으로 쓰이는 중앙어 '떼다'의 뜻으로도 쓰인다. 중앙어 '떼다'의 뜻으로 쓰이는 '띠다'는 '떼다→띠다'의 과정을 거친 것으로 파악되고, 피동사 '띠다'는 여기에 피동 접미사 '-이-'가 결합된 '띠이다'가 줄어든 형태로 파악된다.

293) '제껴찌마넌'은 '제꼈지마넌'의 음성형으로 '제끼-+-었지마넌'으로 일차 분석할 수 있다. '제끼-'는 '제끼다'의 어간이다. '제끼다'는 '일정한 대상이나 범위에서 빼다'의 뜻으로 쓰이는 중앙어 '제치다'에 대응하는 충청도 방언형이다. '-었지마넌'은 중앙어 '-었지마는'에 대응하는 충청도 방언형이다. 예문에서는 치료비용을 받아야 하는데 받을 대상에서 제외했다는 뜻으로 쓰였다.

294) '해기가'는 중앙어 '하기가'에 대응하는 충청도 방언형이다. '해기가'는 '해다'의 어간 '해-'에 명사형 어미 '-기'와 주격조사 '-가'가 차례로 결합된 것이다. 중앙어 '하다'에 대응하는 충청도 방언형으로 '하다'와 '해다'가 있다. '하다'는 중앙어와 같은 활용양상을 보이고 '해다'는 '해구, 해지, 해서, 해, 해기가' 등과 같이 활용한다. 노년층에서는 '해다' 형이 많이 쓰이고 젊은층에서는 '하다' 형이 많이 쓰인다.

295) '자버두'는 '잡어두'의 음성형이다. '잡어두'는 '잡다'의 활용형이다. '잡다'는 앞말이 뜻하는 행동을 하려고 하는 마음이나 욕구를 갖고 있음을 나타내는 중앙어 '싶다'에 대응하는 충청도 방언형이다. 기본형은 '잡다'고 '잡지, 잡구, 잡우닝깨, 잡아

서/잡어서'와 같이 활용한다. 충청도 방언에서 보종용언으로 '잡다' 외에 같은 뜻
으로 '접다'도 쓰인다.

296) '모디야'는 중앙어 '못하다'의 활용형 '못해'에 대응하는 충청도 방언형이다. 중앙
어 '못해'가 충청도 지역에서는 '[모디야]' 외에 '[모대]'로도 실현된다. 충북의 청
원군과 옥천군 등 충남과 인접한 일부 지역에서는 예에서와 같이 평폐쇄음 ㄷ과
ㅎ이 연결될 때 유기음화가 일어나지 않고 평음으로 실현되기도 한다. 이런 현상
이 일어나는 조건은 선행 음절의 말음이 주로 평음 'ㄷ'이거나 'ㅂ', 'ㄱ'이고 뒤에
'하다'가 연결될 때다. 예를 들면 '못하구[모다구], 못하지[모다지], 못해[모대]/[모
디야]'나 '떡하구 밥하구[떠가구 바바구]' '밥하구 국하구[바바구 구가구]' 등과 같
이 실현된다.

충북의 청원군과 옥천군 등 충남과 인접한 일부 지역에서는 '모디야'에서와 같이
종결형에서 모음 '애'로 끝날 경우 '[이야]'로 실현되거나 '[야]'로 실현된다. 이와
같이 중앙어의 '못해'가 충청도 방언에서 '모디야'로 실현되는 것은 중앙어의 종결
형 '해, 패, 개, ,배, 래, 깨' 등이 충청도 방언에서 '히야/햐, 피야/퍄, 기야/갸, 비야/
뱌, 리야/랴, 끼야/꺄' 등으로 실현되는 것과 궤를 같이한다.

297) '시주'는 '시조(時調)'라고 해야 할 것을 잘못 말한 것이다.

298) '거시기'는 하려는 말이 얼른 생각나지 않거나 바로 말하기가 거북할 때 하는 군소
리다.

299) '행나'는 중앙어 '행례(行禮)'에 대응하는 충청도 방언 음성형이다.

300) '지쌍'은 '제상(祭床)'에서 유래한 말로 보인다. 그런데 예문에서의 '지쌍'은 전통
혼례식에서 초례(醮禮)를 지낼 때 베풀어 놓는 큰상을 뜻하는 중앙어 '초례상'의
뜻으로 쓰였다.

301) '장딱'은 중앙어 '수탉'에 대응하는 충청도 방언형 '장닭'의 음성형이다.

302) '해알'은 충청도 방언형 '채알'이라고 해야 할 것을 잘못 말한 것이다. 충청도 방언
'채알'은 중앙어 '차일'에 대응한다.

303) '채알'은 중앙어 '차일'에 대응하는 충청도 방언형이다.

304) '찌두'는 중앙어 '줄도'에 대응하는 충청도 방언형 '지두'의 음성형이다. '지두'는
'지+-두'로 분석할 수 있다. '지'는 중앙어 의존명사 '줄'에 대응하는 충청도 방언
형이고 '-두'는 보조사다.

305) '풉빠심'은 중앙어 '풋바심'에 대응하는 충청도 방언형 '풋바심'의 음성형이다. '풋
바심'은 채 익기 전의 벼나 보리를 미리 베어다가 이삭을 비벼 가지고 열매를 까
불러서 솥에다 볶아 디딜방아에 찧어 밥을 해 먹는 것을 뜻하는 말이다.

306) '상 거'는 '산 거'의 음성형이다. '산'은 '살다'의 관형사형이다.

307) '퍼대기'는 중앙어 '포대기'에 대응하는 충청도 방언형이다. ≪표준 국어 대사전≫
에는 '포대기'를 어린아이의 작은 이불이라고 풀이하고, 덮고 깔거나 어린아이를
업을 때 쓴다고 설명하였다. 그런데 충청도에서는 '퍼대기'가 어린아이를 업을 때
쓰는 양쪽으로 끈이 달린 넓적한 천을 가리키는 말로 쓰인다.

308) '호청'은 베개나 요 또는 이불 따위의 겉에 씌우는 홑겹으로 된 껍데기를 이르는 충청도 방언이다.

309) '시쩌유'는 중앙어 '시치지요'에 대응하는 이 지역 방언형 '싳지요'의 음성으로 이해된다. 이 지역 방언형 '싳다'는 '싳기[식끼], 싳구[싣꾸], 싳지[싣찌], 싳어[시처]' 등과 같이 활용한다.

310) '짇'은 중앙어 '깃'에 대응하는 충청도 방언형 '짓'의 음성형이다. 충청도 방언에서 '짓'은 이불의 위쪽에 덧대는 천이나 베갯잇의 양쪽 마구리에 덧대는 장식 천을 뜻하는 말로 쓰인다.

311) '껍띠기'는 중앙어 '껍질'에 대응하는 충청도 방언형 '껍디기'의 음성형이다. '껍디기'는 '껍데기>껍디기'의 과정을 거친 것으로 보인다. 충청도 방언에서는 중앙어의 '껍데기'와 '껍질'을 구별하여 사용하지 않는 것이 일반적이다. 중앙어에서 '껍데기'는 달걀이나 조개 따위의 겉을 싸고 있는 단단한 물질을 가리키고, '껍질'은 딱딱하지 않은 물체의 겉을 싸고 있는 물질을 가리키지만 충청도 방언의 '껍디기'는 그 두 가지 의미를 다 가지고 있다. 따라서 '나무 껍디기', '조개 껍디기', '사과 껍디기' 등과 같이 쓸 수 있다. 충청도 방언에서 '껍디기' 외에 '껍대기'도 쓰인다. '껍디기'와 마찬가지로 충청도 방언형 '껍줄'이나 '껍질'도 중앙어의 '껍데기'와 '껍질'의 의미를 다 가지고 있다. '껍줄'은 '가죽'의 의미도 있어 '토끼 껍줄을 베겼다'와 같이 쓰기도 한다.

312) '고사태'는 '고샅+-애'로 분석할 수 있다. '고샅'은 '고샅이[고사치], 고샅에[고사태], 고샅으루[고사트루]' 등과 같이 쓰인다. ≪표준 국어 대사전≫에는 '시골 마을의 좁은 골목길 또는 골목 사이'라고 뜻풀이 되어 있는데 충청도에서는 시골 마을에서, 집 주변으로 나 있는 길이나 공터 또는 집 주변으로 나 있는 골목길이나 그 주변의 뜻으로 쓰인다. 골목길이나 골목 사이의 뜻보다는 집 근처라는 의미가 더 강하다.

313) 충청도 방언형 '질꺼럼'은 사람이나 수레 또는 차가 다닐 수 있는 길을 가리키는 충청도 방언형이다. 충청도 방언에서 '질꺼럼에 나가 서 있다', '질꺼럼을 썰었다'에서와 같이 쓰인다. 충청도 방언으로 '질꺼럼' 외에 '질끄럼', '질꺼름', '질까람' 등도 쓰인다. 지역에 따라 '질깝'이 쓰이기도 한다.

314) '응:감'은 중앙어 '영감'에 대응하는 충청도 방언형이다. 충청도 방언에서는 어두음절 위치에서 이중모음 '여'가 장모음으로 실현되면 고모음화 하는 경향이 있는데 '응:감'은 어두음절의 장모음 '여:'가 고모음화 하여 '영:'이 [yi:ŋ]으로 발음된 것이다. 충청도 방언에서 이중모음 '여:'가 어두음절 위치에서 고모음화 하는 예로는 '연:애→은:애, 영:감→응:감, 연:적(硯滴)→은:적, 여치→으:치, 염:려(念慮)→음:려, 염(殮)→음:' 등을 들 수 있다. 장모음 '여:'가 '[yi:]'로 실현되는 것은 어두음절 위치의 장모음 '어:'가 '으:'로 고모음화 하는 것과 궤를 같이 하는 것이다. 즉 충청도 방언에서는 어두음절 위치의 '어:'가 장모음일 때 '거:지→그:지, 거:머리→그:머리, 어:른→으런, 없:다→읎다, 설:움→슬:움' 등과 같이 '으:'로 고모음화 하여 실현되

는 경향이 있는데 이와 병행하여 어두음절 위치의 장모음 '여'가 고모음화 하여 '으:'로 실현된 것이라고 할 수 있다.

315) '지쌍'은 '제상(祭床)'에서 유래한 말로 보인다. 그런데 예문에서의 '지쌍'은 전통 혼례식에서 초례(醮禮)를 지낼 때 베풀어 놓는 큰상을 뜻하는 중앙어 '초례상'의 뜻으로 쓰였다.

316) '쟁찔'은 중앙어 '재행'에 대응하는 충청도 방언형이다. '쟁찔'은 '재행길'의 준말 인 '쟁길'의 구개음화형인 '쟁질'의 음성형으로 이해된다. '쟁질'은 혼인한 다음 신 랑이 처음으로 처가에 가는 것을 말하는데 충청도에서는 시집온 지 사흘만에 가는 것이 보통이다. 예문에서와 같이 이 지역에서는 재행갈 때 신랑이 혼자 갔다가 왔 다고 한다.

317) '도방구리'가 강원 방언에서는 '반짇고리'의 뜻으로 쓰인다. 그런데 충청도 방언에 서는 '도방구리'가 대오리나 싸릿가지로 결어 만든 일종의 그릇으로 크지 않은 것 을 가리키는 말로 쓰인다. 충청도 방언에서 '도방구리'는 중앙어의 '고리'와 비슷 한 뜻으로 쓰인다.

318) 산림이 넉넉한 부잣집에서는 신랑이 각시 집에 가서 행례를 지내고 신부를 데려오 게 되는데 이렇게 하는 것을 충청도 방언에서 '장개간다'고 한다. 이때 신랑은 하 룻밤 자고 오거나 사정이 여의치 못하면 그날 바로 오기도 한다. 충청도 방언형 '장개간다'는 중앙어의 '장가간다'에 대응하는 말이다. 이와 같이 신랑이 신부 집 에 가서 혼례를 치르고 각시를 데려오는 것을 '장개간다'고 하는 반면에 신부가 신 랑 집에 가서 혼례를 치르는 것을 '시집 간다'고 하고 신랑의 처지에서는 '시집 온 다'고 한다.

319) '댕일치기'는 '당일치기'의 움라우트형이다. '당일치기'는 어떤 일이 있는 바로 그 날 하루에 일을 끝내는 것을 뜻하는 말이다.

320) '크내기'는 '큰애기'의 음성형이다. '큰애기'는 전라도와 충청남도 지역에서 주로 '처녀'의 뜻으로 쓰이는 방언형인데 옥천 지역에서도 처녀의 뜻으로 쓰인다.

321) 살림이 넉넉하지 않은 집안에서는 각시가 신랑 집으로 와서 행례를 치르는데 이것 을 충청도 방언에서 '시집온다'고 한다. 반면에 산림이 넉넉한 집안에서는 신랑이 신부 집에 가서 혼례를 치르고 각시를 데려오는 데 이것을 충청도 방언에서 '장개 간다'고 한다.

322) '산직찝'은 '산직집'의 음성형이다. '산직집'은 산지기가 사는 집을 뜻하는 충청도 방언형이다. '산직집'은 '산직＋집'으로 분석할 수 있다. '산직'은 '산지기'의 준말 이다. 산지기는 예전에 집성촌의 종중에서 묘를 돌보며 산을 지키고 종중 일을 도 와주는 사람을 위해 산 아래 또는 동네 한편에 집을 마련해 주었는데 이런 집을 '산직집'이라고 한다. 산지기가 산다고 하여 붙여진 이름이다.

323) '뜨꾸'는 중앙어 '뚫다'에 대응하는 충청도 방언형 '뚧다'의 활용형이다. '뚧다'는 '뚧지[뚭찌], 뚧구[뚭꾸~뜨꾸], 뚧어[뚤버]' 등과 같이 활용한다.

324) '멍청'은 양이나 정도가 아주 지나침을 뜻하는 중앙어 '엄청'에 대응하는 이 지역

방언형이다. 충청도 방언형으로 '멍청' 외에 '멍청이'와 '엄청', '엄청이', '엄칭이'도 쓰인다.

325) 중앙어에서의 '적'은 생선이나 고기 따위를 양념하여 대꼬챙이에 꿰어서 불에 굽거나 지진 음식을 가리키지만 충청도 방언에서는 밀가루를 반죽하거나 녹두를 갈아 번철에 얇게 펴서 지진 음식을 뜻한다. 이때 김치나 파 등을 얹어 함께 지지기도 한다. 밀가루를 재료로 한 것을 '밀가루적'이라고 하고 녹두를 재료로 한 것을 '녹두적'이라고 한다. 충청도 방언에서 '적' 외에 '부치기'와 '부치개'라는 말도 쓴다. 적과 마찬가지로 밀가루를 재료로 한 것을 '밀가루부치기', '밀가루부치개'라고 하고 녹두를 재료로 한 것을 '녹두부치기', '녹두부치개'라고 한다. 서민들은 주로 밀가루나 녹두를 이용하여 '적'이나 '부치기'를 부쳐 먹었다. 기타 재료에 따라 '골파적, 배차적, 무수적'이라고 한다.

326) '꾸차나'는 중앙어 '굽다'의 충청도 방언형 '꿉다'의 활용형 '꿉잔항'의 음성형이다. '꿉다'는 '꿉구[꾸쿠], 꿉지[꾸치], 꿉잖아[꾸차나], 꿔~꼬'와 같이 활용한다.

327) 여기에서의 '꾸미'는 중앙어 '고명'에 대응하는 충청도 방언형이다. 중앙어에서 '꾸미'는 국이나 찌개에 넣는 고기붙이를 뜻하고 '고명'은 음식의 모양과 빛깔을 돋보이게 하고 음식의 맛을 더하기 위하여 음식 위에 버섯이나 실고추 지단, 대추, 밤, 호두, 은행, 잣가루, 깨소금, 미나리, 당근, 파 따위를 얹거나 뿌리는 것을 통틀어 이르는 말이다. 그런데 충청도 방언에서는 '고명'과 '꾸미'를 구별하지 않고 모두 '꾸미'라는 말로 쓰는 것이 보통이다.

328) '피창'은 중앙어 '순대'에 대응하는 이 지역 방언형이다. '피창'은 제주도에서도 순대의 뜻으로 쓰이는 것으로 알려져 있다. '피창'은 돼지 창자를 소금으로 깨끗이 씻은 다음 한쪽 끝을 묶고 그 속에 선지와 당면, 두부, 파, 골파 등 여러 가지 양념을 가득 채운 후 끝을 묶어서 삶아 만든다.

329) '매'는 중앙어 '맷돌'에 대응하는 이 지역 방언형이다. 예전에는 맷돌에 불린 콩을 갈아 그것으로 두부를 만들었다. 불린 콩을 맷돌에 간 다음 그 콩물을 가마솥에 넣고 끓여서 자루에 넣고 짜서 찌꺼기는 따로 두고 짜낸 국물을 도로 솥에 퍼 부은 다음 간수를 넣으면 엉기는데 그것을 넓적한 그릇에 부어 누르면 두부가 된다. 이것을 칼로 일정하게 자르면 두붓모가 된다. 예전에는 맷돌에 콩이나 팥을 타거나 쌀이나 보리를 갈기도 했다.

330) '촘물'은 '촛물'의 음성형이다. '촛물'은 습기가 찬 소금에서 저절로 녹아 흐르는 짜고 쓴 물을 뜻하는 중앙어 '간수'에 대응하는 충청도 방언형이다. 이 촛물을 끓인 콩물에 부으면 콩물이 엉기면서 두부가 된다.

331) '순물'은 두부를 만들 때 끓인 콩물에 간수를 넣으면 순두부가 엉기면서 나오는 누르스름한 물을 가리킨다.

332) '소두방뚜껑'은 '소두방'과 '뚜껑'으로 분석할 수 있다. '소두방'은 무쇠솥 뚜껑을 뜻하는 중앙어 '소댕'에 대응하는 충청도 방언형이다. 따라서 '소두방뚜껑'은 '뚜껑'이라는 의미가 중첩된 말이다.

333) '들깨지럼'은 중앙어 '들기름'에 대응하는 충청도 방언형이다. 들깨를 볶아 짠 기름인 '들깨기름'을 뜻한다. 충청도 방언형으로 '들깨지럼' 외에 '들지럼', '들지름', '뜰쩌럼', '뜰쩌름' 등이 쓰인다.

334) '도구통'은 중앙어 '절구'에 대응하는 충청도 방언형이다. 충청도 방언에서 '도구통'은 두 가지 의미로 쓰인다. 하나는 절구통과 절굿공이를 아우르는 의미로 쓰이는 것이고 다른 하나는 절구통의 의미로 쓰이는 것이다. 예문에서는 절구통과 절굿공이를 아우르는 의미로 쓰였다.

335) '매짝'은 맷돌의 한 짝을 뜻하는 충청도 방언형이다. 중앙어에서는 이것을 '망돌짝' 또는 '매돌짝', '매짝'이라고 한다.

336) '논능 개비라구'는 중앙어 '놓는 가보라고'에 대응하는 충청도 방언형이다. '논능 개비라구'는 '놓는 갭이라구'의 음성형이다. '개비라구'는 '갑이라구'에서 비롯된 것으로 파악되지만 충청도 방언에서 '갑'이 단독형으로 쓰이는 예는 관찰하기 어렵다. '개비라구'는 '갭이다'의 활용형으로 '개비다, 개비구, 개비지, 개벼' 등과 같이 움라우트형이 굳어진 채 쓰인다. 즉 '갭이다'는 의존명사 '갑'에 서술격 조사 '-이다'가 결합된 '갑이다'의 움라우트형이 어휘화하여 굳어진 형태라고 할 수 있다. 의존명사 '갑'에 대하여는 이승재(1982)를 참조.

337) '개끼'는 중앙어 '객지'에 대응하는 충청도 방언형 '객기'의 음성형이다. 충청도 방언에서 보통은 '객지'라고 한다. '객기'는 역구개음화형으로 보인다.

338) '쟁찔'은 중앙어 '재행'에 대응하는 충청도 방언형이다. '쟁찔'은 '재행길'의 준말 '쟁길'의 구개음화형인 '쟁질'의 음성형으로 이해된다. 혼인한 뒤에 신랑이 처음으로 처가에 가는 것을 '쟁질[쟁찔]'이라고 하는데 충청도에서는 혼인한 뒤 사흘만에 가는 것이 보통이다.

339) '실경따래'는 표준어 '시렁'에 대응하는 충청도 방언형 '실경'과 '다래'가 합성된 말로 분석된다. '시렁'은 방의 윗목 쪽 벽이나 마루의 안 쪽 벽에 구멍을 뚫어 지름이 약 10cm 정도 되는 두 개의 긴 나무를 약 20cm 간격으로 나란히 가로질러 박아 물건을 얹어 놓을 수 있게 만든 것을 가리킨다. 이때 시렁을 이루는 두 개의 긴 나무를 '실경다래'라고 한다. 선반이 기둥에 삼각형의 받침대를 박아 받침대 위에 널빤지를 올려놓고 물건을 얹어 놓을 수 있도록 만드는 데 비해 시렁은 두 개의 긴 나무 사이가 벌어져 있다. 시렁에는 선반에 비해 상대적으로 더 크고 무거운 물건을 올려놓을 수 있다.

340) '쟁찝'은 '쟁집'의 음성형이다. '쟁집'은 '장인 집'이 줄어든 말로 이해된다.

341) '파내기'는 둥글넓적하고 아가리가 넓게 벌어진 질그릇을 뜻하는 중앙어 '자배기'에 대응하는 충청도 방언형이다. 충청도 방언형으로 '파내기' 외에 '파니기'도 쓰인다.

342) '누룩'은 술을 빚는 데 쓰는 발효제로 밀이나 찐 콩 따위를 굵게 갈아 반죽하여 덩이를 만든 다음 띄워서 누룩곰팡이를 번식시켜 만든다. 밀이나 찐 콩 따위를 굵게 갈아 반죽한 덩이에 누룩곰팡이를 번식시키는 것을 '띄운다'고 한다. 따라서 '누룩'

은 '띄우다'와 연어 관계를 갖는다.

343) '꼬두밥'은 물을 적게 붓고 밥을 지어 밥이 아주 되고 고들고들한 밥을 뜻하는 중앙어 '고두밥'에 대응하는 충청도 방언형이다. 민간에서 술을 담글 때 이런 고두밥을 지어 누룩과 버무린 다음 단지에 넣고 물을 부은 뒤에 따뜻한 곳에 두고 발효시키면 술이 된다.

344) '용수'는 싸리나 대오리 따위로 결어 만든 둥글고 긴 통이다. 옥천 지역에서는 '장대미'로 만들었다고 한다. '장대미'는 냇가에 길게 벋는 풀의 일종이다. 담가 놓은 술이 발효가 될 때 용수를 박아 놓으면 발효가 된 맑은 술이 용수에 고이게 된다. 이것을 약주라고 하는데 약주를 거르기 위해 술 단지에 박아 놓는 것을 용수라고 한다. 용수를 거르고 남은 것을 지게미와 함께 체에 거르면 막걸리가 된다.

345) '장대미'는 들이나 개울가에 나는 긴 줄기 식물이다. 이것을 잘라다가 둥글고 길게 결어서 용수를 만들었다고 한다.

346) '맬끔'은 중앙어 '모두'에 대응하는 충청도 방언형이다. 충청도 방언에서 '맬끔' 외에 '말짱'도 쓰인다.

347) '약주'는 쌀과 누룩을 이용하여 술을 담가 놓으면 발효가 되면서 술이 되는데 이때 술 단지에 용수를 박아 놓으면 맑은 술이 용수에 고이게 된다. 이때 용수에 고인 맑은 술을 약주라고 한다.

348) '파니기'는 둥글넓적하고 아가리가 넓게 벌어진 질그릇을 뜻하는 중앙어 '자배기' 정도에 대응하는 충청도 방언형이다. 충청도 방언형으로 '파니기' 외에 '파내기'도 쓰인다.

349) '버리술'은 '버리'와 '술'의 합성어다. '버리'는 중앙어 '보리'에 대응하는 충청도 방언형이다. '버리술'은 보리쌀로 담근 술을 가리킨다.

350) 중앙어에서의 '적'은 생선이나 고기 따위를 양념하여 대꼬챙이에 꿰어 불에 굽거나 지진 음식을 가리키지만 충청도 방언에서는 밀가루를 물로 반죽하거나 녹두를 갈아 번철에 얇게 펴서 지진 음식을 뜻한다. 이때 김치나 파 등을 얹어 함께 지지기도 한다. 밀가루를 재료로 한 것을 '밀가루적'이라고 하고 녹두를 재료로 한 것을 '녹두적'이라고 한다. 충청도 방언에서 '적' 외에 '부치기'와 '부치개'라는 말도 같은 뜻으로 쓴다. 적과 마찬가지로 밀가루를 재료로 한 것을 '밀가루부치기', '밀가루부치개'라고 하고 녹두를 재료로 한 것을 '녹두부치기', '녹두부치개'라고 한다. 서민들은 주로 밀가루나 녹두를 이용하여 '적'이나 '부치기'를 부쳐 먹었다.

351) '꾸꾸'는 중앙어 '굽다'에 대응하는 충청도 방언형 '꿋다'의 활용형이라고 할 수 있다. 충청도 방언형 '꿋다'는 '꿋다[꾸따], 꾸구[꾸꾸], 꿋지[꾸찌], 꿔/꼬' 등과 같이 'ㅅ'불규칙활용을 한다. 충청도 방언형으로 '꿋다' 외에 '꿓다'도 쓰인다. '꿓다'는 '꿓다가[꾸타가], 꿓구[꾸쿠], 꿓지[꾸치], 꿔/꼬'와 같이 활용한다.

352) 예문의 '접씨 맨드러서'는 '여러 가지 음식을 접시에 담아 차려서'의 뜻으로 쓰였다. 즉 '접시에 음식을 담아서'의 뜻으로 쓰였다.

353) '주나구'는 '준다구'라고 해야 할 것을 잘못 말한 것으로 보인다.

354) '잔재비'는 '잔잡이'의 움라우트형이다. '잔잡이'는 잔치의 주인공이라는 뜻으로 쓰였다.

355) '뜨구'는 '뜨다'의 활용형이다. '뜨다'는 '큰 것이나 많은 데에서 일부를 떼어 사다'의 뜻으로 쓰이는 충청도 방언형이다. '옷감을 떠 왔다', '포를 떴다', '돼지고기를 떠 왔다' 등과 같이 쓰인다.

356) '얼마꼼'의 '-꼼'은 수량을 나타내는 명사 또는 명사구 뒤에 붙어 '그 수량이나 크기로 나뉘거나 되풀이됨'의 뜻을 더하는 중앙어 접미사 '-씩'에 대응하는 이 지역 방언형이다. 충청도 방언에서 '-꼼' 외에 '-콤'또 쓰인다.

357) '글로루'는 중앙어 '그리로'에 대응하는 충청도 방언형이다. '글로루'는 '그쪽으로'나 '그곳으로'의 뜻으로 쓰인다. '글로루'는 화자와 청자에게서 그리 멀지 않은 곳을 가리킨다. 이에 비해 화자와 가까운 곳을 나타낼 때는 '일로루'가 쓰이고 화자와 청자에게서 먼 곳을 가리킬 때는 '절로루'가 쓰인다. 충청도 방언에서 '일로루, 글로루, 절로루'와 평행하게 '일로루, 글로루, 절로루'의 축약형으로 각각 '일루, 글루, 절루'가 쓰이고 '이리, 그리, 저리'도 쓰인다. '글로루'의 이형태로 '글러루'가 쓰이고 '일로루'와 '절로루'의 이형태로 각각 '일러루'와 '절러루'가 쓰인다.

358) '자이질래'는 '아덜래'라고 해야 할 것을 잘못 말한 것으로 보인다. '아덜래'는 '아덜내(아들네)'의 음성형이다. '아덜내'는 '아들들' 또는 '아들 식구들' 정도의 뜻으로 쓰이는 충청도 방언형이다.

359) '메늘래'는 '메늘내'의 음성형이다. '메늘내'는 중앙어 '며느리네'에 대응하는 충청도 방언형이다. '메늘내'는 '며느리들' 또는 '며느리네 식구들' 정도의 뜻으로 쓰이는 충청도 방언형이다. 충청도 방언형으로 '메늘내' 외에 '메눌내'도 쓰인다.

360) '시아바이'는 중앙어 '시아버지'에 대응하는 충청도 방언형이다. '시아바이'는 '시(媤)+아바이'로 분석할 수 있다. '아바이'는 '아버지'에 대응하는 방언형으로 강원도, 경상도, 함경도 평안도 등지에서 주로 쓰이는 말이다. '아바이'는 본래 호칭어인 '아바님'에서 비롯된 것으로 파악된다. 이와 관련하여 2007 한민족 언어정보화 어휘역사 검색프로그램의 다음 설명이 참고된다.
아버님'이라는 단어는 15세기에 '아바님'(龍飛御天歌 90)으로 처음 보인다. 이 '아바님'은 '아바'(이응태묘출토간찰)에 접미사 '-님'이 결합된 구조이다. '아바'는 '父'를 뜻하는 평칭의 호칭어이다. 평칭의 지칭어인 '아비'와 쌍을 이룬다. 평칭인 '아바'와 '아비'가 먼저 구비된 상태에서, 존칭형을 만들 때에 평칭의 호칭어 '아바'를 이용하여 이것에 접미사 '-님을 결합하여 '아바님'을 만든 것이다. '아바'를 포함하고 있다는 점에서 '아바님'의 일차적인 기능은 호칭이었으나 지칭의 기능도 겸하였다. 존칭 체계에는 지칭 기능의 다른 친족 어휘를 두지 않은 것이 평칭 체계와 다른 점이다. 15세기의 '아바님'은 19세기 후반 이후 '아/어' 교체에 의해 '아버님'으로 나타나기 시작한다. 이는 '母'의 '어마님'이 '어머님'으로 변한 것과 같은 양상이다. 한편 '아바님'은 '아바니'로 변하기도 한다. '아바니'라는 단어가 "왕의 아바니 무슉왕의게 쳥호야"(女四書諺解 4:31)(1736)에서 확인된다. '아바니'는 '아바님'에서 제3음절의 말음 'ㅁ'이 탈락한 어형이다. '어마님'에서 '어마니'가 만들어 지는 과정과 같다. '아바니'는 존칭형에서 변형된 것이지만 평칭의 자격을 보인다. '아바니'는 19세기 말 이후 '아버니'로 변하여 20세기 초까지 용례를 보이다가 사라진다. 동일한 자격을 가지고 있던 '아바지>아버지'에 밀려나 소실된 것이다. 그리하여 '母' 쪽의 '어머니'와 대응되는 것은 '아버니'가 아니라 '아버지'이다.

361) 예문에서는 '큰상'이 두 가지 의미를 포괄하는 의미로 쓰였다. 즉 '잔치 때 주인공을 대접하기 위하여 특별히 많은 음식으로 크게 차리는 상'이라는 뜻과 '크기가 큰 상'이라는 뜻을 포괄한다. 전자의 의미로 쓰이면 '큰상'과 같이 붙여 쓰고 후자의 의미로 쓰이면 '큰 상'과 같이 띄어 쓰는 것이 원칙이다.

362) '한부닥'은 '꽉 차도록 가득'이라는 뜻의 중앙어 '한가득'에 대응하는 말로 쓰였다. '한가득'을 잘못 발음한 것으로 보인다.

363) '자'는 척(尺)을 뜻하는 말이다.

364) 예문에서는 '세'가 빌려 쓴 대가로 지불하는 '사용료'의 뜻으로 쓰였다. 충청도 방언에서 '세'가 '사용료'의 뜻으로 쓰이는 예는 '전기세, 수도세' 등에서도 관찰할 수 있다.

365) '과방'은 큰일을 치를 때 여러 가지 음식을 차려 놓고 손님이 올 때마다 음식을 접시에 담아 상을 차려 내가는 곳을 가리킨다. 예전에는 큰일을 치를 때 잔칫집이나 상가의 창고나 광 또는 사랑채에 손님들에게 대접할 음식들을 마련해 놓고 손님이 올 때마다 손님 수에 따라 음식을 접시에 고루 담아 상을 차려 손님에게 대접하였다. 이렇게 차린 상을 손님상이라고 하고 그 손님상을 차리는 곳을 '과방'이라고 한다.

366) '품'은 어떤 일에 드는 힘이나 수고를 뜻하는 말이다.

367) '주물르먼'은 중앙어 '주무르다'에 대응하는 충청도 방언형 '주물르다'의 활용형이다. 충청도 방언에서 '주물르다'는 '주물르다, 주물르구, 주물르지, 주물르면, 주물러'와 같이 규칙 활용한다.

368) '다문다문'이 중앙어에서는 '공간적으로 배지 아니하고 사이가 좀 드문 모양'을 뜻하는 말로 쓰이지만 예문에서는 반대로 공간적으로 사이가 밴 모양을 뜻하는 말로 쓰였다.

369) '한 채'는 '한 켜'의 뜻으로 쓰였다.

370) '가상이다'는 '가상+-이다'로 분석할 수 있다. '가상'은 중앙어 '가(邊)'에 대응하는 충청도 방언형이고 '-이다'는 중앙어 '-에다'에 대응하는 충청도 방언형이다. '-에다'는 일정한 위치를 나타내는 처격 조사 '-에'에 보조사 '다가'의 준말 '-다'가 결합한 말이다. '-에다'는 '에다가'로도 쓰인다. 충청도 방언에서 '가상' 외에 '가생이', '가상이'도 쓰인다. '가생이'나 '가상이'의 '-이'는 주격조사가 파생접미사화한 것으로 보인다.

371) '가생애'는 '가생+애'로 분석할 수 있다. '가생'은 중앙어 '가(邊)'에 대응하는 충청도 방언형이고 '-애'는 일정한 위치를 나타내는 처격 조사다. 충청도 방언에서 '가

생'이 단독으로 쓰이는 경우는 거의 찾아보기 어렵다. 예문에서와 같이 '가생애'나 주격형인 '가생이' 꼴로 굳어져 쓰인다.

372) '보매'는 '봄에'에 해당하는 충청도 방언형 '봄애'의 음성형이다. '봄애'는 '겉으로 보기에'의 뜻으로 쓰이는 중앙어 '보기에'에 대응하는 말이다.

373) '뒽'은 둘쯤 되는 수를 뜻하는 중앙어 '두엇'에 대응하는 충청도 방언형 '됫'의 음성형이다. '됫'은 '두엇'이 줄어든 말이다.

374) '뒤모도'는 일을 주관해서 하는 사람의 보조역할을 하는 사람을 가리키는 말이다. '모도'는 일본말에서 온 말이다.

375) '해볼라구'는 중앙어 '해보려고'에 대응하는 충청도 방언형이다. '해볼라구'는 '해보-+-ㄹ라구'로 분석할 수 있다. '해보-'는 '하다'와 '보다'의 어간이 합성된 합성 어간이고 '-ㄹ라구'는 어떤 행동을 할 의도가 있음을 나타내는 연결 어미다. 중앙어 '-려고'에 대응하는 '-(으)ㄹ라구'가 'ㄹ' 이외의 받침이 있는 동사 어간에는 '-을라구'가 붙고 모음으로 끝나는 어간이나 어간 말음이 'ㄹ'일 때는 '-ㄹ라구'가 붙는다. 충청도 방언형 '-(으)ㄹ라구'와 거의 같은 용법으로 쓰이는 어미로 '-(으)ㄹ라'가 있다. '-(으)ㄹ라'는 '먹을라 그랜다(먹으려 한다), 갈라 그랜다(가려 한다)'에서와 같이 어떤 행동을 할 의도나 욕망을 가지고 있음을 나타내는 연결 어미다. 모음으로 끝나는 동사 어간이나 어미 '-으시-' 또는 'ㄹ' 받침으로 끝나는 동사 어간 뒤에는 '-ㄹ라'가 붙고, 'ㄹ' 이외의 자음으로 끝나는 동사 어간에는 '-을라'가 붙는다.

376) '봉깨'는 '보-+-ㅇ깨'로 분석할 수 있다. '보-'는 '보다'의 어간이고 '-ㅇ깨'는 어떤 사실을 먼저 진술하고 이와 관련된 다른 사실을 이어서 설명할 때 쓰는 중앙어 연결 어미 '-니까'에 대응하는 충청도 방언형이다. 충청도 방언형으로 '-ㅇ깨' 외에 '-잉깨'와 '-으잉깨'도 쓰인다. '-잉깨'는 모음으로 끝난 어간에 연결되고 '-으잉깨'는 자음으로 끝나는 어간에 연결되어 쓰인다.

377) '야지리'는 '차례대로 빠짐없이'의 뜻으로 쓰이는 충청도 방언형이다.

378) '장:사쩨빌'은 '장삿집 일'의 음성형이다. '장삿집'은 죽은 사람을 땅에 묻거나 화장하는 일을 하는 집을 뜻한다. 이에 비해 '상갓집'은 사람이 죽어 장례를 치르는 집을 뜻한다. '상갓집'은 '상가'라고도 한다. '장삿집'은 장례를 치르는 날의 '상갓집'을 이르는 말이다. 상가는 장례를 치르는 기간 전체를 가리키는 말이지만 장삿집은 장사를 지내는 날만을 가리킨다는 점에서 차이가 있다. '일'은 어떤 목적을 달성하려고 몸이나 머리를 쓰는 활동을 뜻한다.

379) '상가쩨비'는 '상갓집이'의 음성형이다. '상갓집'은 사람이 죽어 장례를 치르는 집을 뜻한다. '상갓집'은 '상가'라고도 한다. 이에 비해 장삿집은 죽은 사람을 땅에 묻거나 화장하는 일을 하는 집을 뜻한다. '장삿집'은 장례를 치르는 날의 '상갓집'을 이르는 말이다. '상가'는 장례를 치르는 기간 전체 기간 동안에 가리키는 말이지만 장삿집은 장사를 지내는 날만을 가리킨다는 점에서 차이가 있다.

380) '버녀니'는 '번연히'의 음성형이다. '번연히'는 어떤 일의 결과나 상태 따위가 훤하

게 들여다보이듯이 분명하다는 뜻으로 쓰이는 '번연하다'에서 파생된 말이다. '번
연하다'는 '번하다'의 본말이다. '번연히'는 '뻔히'와 바꾸어 쓸 수 있는 말이다.

381) '얄버요'는 '얇어요'의 음성형이다. '얇어요'는 '얇다'의 활용형으로 중앙어 '얄밉
다'의 뜻으로 쓰이는 이 지역 방언형이다.

382) '아무거시'는 어떤 사람을 가리킬 때 구체적인 이름 대신 이르는 말이다. '아무거
시'는 중앙어 인칭 대명사 '아무개'에 대응하는 '아무것이'의 음성형이다. '아무것
이'는 '아무것'에 주격조사 '-이'가 결합되어 어휘화 한 것으로 보인다. '아무것이'
는 '아무것이가, 아무것이넌, 아무것이럴' 등과 같이 곡용한다.

383) '두지버씨거덩'은 중앙어 '뒤집어쓰다'에 대응하는 충청도 방언형 '두집어씨다'의
활용형이다. 예문의 '두집어씨다'는 중앙어 '뒤집다'에 대응하는 말로 쓰인다. '두
집어씨다'는 주로 모자나 수건, 천 따위를 머리에 덮어 쓰다의 뜻으로 쓰이지만
예문에서와 같이 '눈'과 함께 쓰이면 '눈을 홉뜨다'의 뜻으로 쓰인다.

384) '음'은 중앙어 '염(殮)'에 대응하는 충청도 방언형이다. 충청도 방언에서 '염'이 '음'
으로 실되는 것은 음장과 관련이 있다. 충청도 방언에서 어두음절의 모음이 '어'이
고 장모음으로 실현되면 '으'로 고모음화 하는 현상이 있는데 이와 평행하게 어두
음절의 이중모음 '여'가 장모음이면 '으:'로 실현되는데 '염:→음:'도 이런 현상의
하나다. 어두음절 위치에서 장모음 '여'가 '으'로 고모음화 하는 예는 '영:감→응:
감, 연:애→은:애, 연:적→은:적, 연:하다→은:하다' 등에서도 찾을 수 있다.

385) '뒹일라구'는 '동일라구'의 움라우트형이다. '동일라구'는 '동이다'의 어간 '동이-'
에 어떤 행동을 할 의도나 욕망을 가지고 있음을 나타내는 연결 어미 '-ㄹ라구'가
결합된 것으로 분석할 수 있다. '동이다'는 중앙어와 마찬가지로 '끈이나 실 따위
로 감거나 둘러 묶다'의 뜻으로 쓰인다.

386) '초유미라'는 '초윰이라'의 음성형이다. '초윰'은 처음 염을 하는 것을 뜻하는 '초
렴(初殮)'의 이 지역 방언형이다. '초렴'은 사람이 죽으면 대렴할 때 하기 쉽도록
신체가 굳기 전에 신체를 반듯하게 누이고 옷을 입히고 손발을 가지런히 하는 등
우선적으로 염을 하는 것을 일컫는 말이다. 이에 비해 대렴(大殮)은 소렴을 한 다
음날 송장에 옷을 거듭 입히고 이불로 싸서 베로 묶는 일을 뜻하는 말이다.

387) '초류멀'은 '초륨얼'의 음성형이다. '초륨'은 처음 염을 하는 것을 뜻하는 이 지역
방언형이다.

388) '가상'은 중앙어 '가령'에 대응하는 충청도 방언형이다.

389) '질르먼서'는 중앙어 '지르다'에 대응하는 충청도 방언형 '질르다'의 활용형이다.
'질르다'는 '질르다, 질르구, 질르지, 질러, 질르잉깨' 등과 같이 활용한다.

390) '명이 다서'는 '명이 닿아서'에 대응하는 충청도 방언형이다. '명'은 '목숨', 또는
'수명'을 뜻하는 말이고 '닿다'는 어떤 범위에 다다르다, 즉 '이르다'나 '다하다'의
뜻으로 쓰인다. 따라서 '명이 닿아서'는 '수명이 다해서' 또는 '목숨이 다해서'의
뜻으로 쓰인다. 충청도 방언에서 '닿다'는 '닿서, 당걸, 닿니깨'와 같이 활용한다.

391) '장뻬비'는 '장법이'의 음성형이다. '장법(葬法)'은 장사(葬事)를 지내는 예법을 뜻하

는 말이다.

392) '지키걸래'는 '지키-+-걸래'로 분석할 수 있다. '-걸래'는 '이다'의 어간이나 용언의 어간 또는 어미 '-으시-', '-었-' 뒤에 붙어 원인이나 근거를 나타내는 중앙어 연결 어미 '-기에'에 대응하는 충청도 방언형이다. 충청도 방언형으로 '-걸래' 외에 '-글 래'도 쓰인다.

393) '시꽌'은 '입관'을 잘못 발음한 것으로 보인다.

394) '일찌내'는 '일진에'에 대응하는 말이다. '일진(日辰)'은 날의 간지(干支)를 뜻한다.

395) '학쌩사'는 '학생사'의 음성형이다. '학생사'는 복사도 하고 코팅도 해 주는 문구점 이름이다.

396) '공구리'는 외래어 '콘크리트'의 일본어식 발음이다.

397) '독짜그루'는 '독짝+으루'로 분석할 수 있다. '독짝'은 큰 돌덩이를 뜻하는 충청도 방언형이다. 하천을 정비하거나 길을 낼 때 둑이 허물어지지 않도록 쌓을 정도의 큰 돌덩이를 '독짝'이라고 한다.

398) '하장'은 '가장'을 잘못 발음한 것으로 보인다.

399) '알키 준다'는 중앙어 '알려 준다'나 '가르쳐 준다'에 대응하는 충청도 방언형이다. '알키'는 '알키다'의 활용형이다. '알키'의 기본형은 '알키다'이고 '알키구, 알키지, 알키서, 알켜'와 같이 활용한다. '가르치다'의 뜻으로 '알켜주다'가 쓰이기도 하는 데 '알켜주다'는 '알려주다'의 뜻으로도 쓰인다.

400) '동가리'는 중앙어 '동강'에 대응하는 충청도 방언형이다. '동가리'는 수량을 나타 내는 말 뒤에 쓰여 짤막하게 잘라진 것을 세는 단위로 쓰인다.

401) '그럴 찔'은 '그럴 지를'의 준말 '그럴 질'의 음성형이다. '그럴 질'은 중앙어 '그럴 줄'에 대응하는 충청도 방언형이다. 그런데 충청도 방언형 '그럴 질'의 '질'은 '지 +-ㄹ'로 분석할 수 있다. '지'는 어떤 방법이나 셈속 따위를 나타내는 중앙어 의존 명사 '줄'에 대응하는 충청도 방언형이다. 충청도 방언형으로 의존명사 '지' 외에 '쭈'도 쓰인다.

402) '쭈'는 어떤 방법이나 셈속 따위를 나타내는 중앙어 의존명사 '줄'에 대응하는 충 청도 방언형이다. 충청도 방언형으로 의존명사 '쭈' 외에 '지'도 쓰인다.

403) '이워내서'는 '예언해서'를 잘못 발음한 것으로 보인다. 중앙어 '예언해서'에 대응 하는 충청도 방언 음성형이다.

404) '제껴봐도'는 중앙어 '겪어봐도'에 대응하는 충청도 방언형 '적어봐도'를 잘못 발 음한 것으로 보인다.

405) '생애'는 중앙어 '상여(喪輿)'에 대응하는 충청도 방언형 '생여'를 잘못 발음한 것 이다. 충청도 방언에서 '생여' 외에 '상여'와 '행여', '행상' 등도 '상여(喪輿)'의 뜻 으로 쓰인다. '행상 나간다', '행상 미구 간다'와 같이 쓰인다.

406) '실꾸'는 중앙어 '싣다'의 활용형 '싣고'에 대응하는 충청도 방언형이다. '실꾸'의 기본형은 '싫다'로 볼 수 있다. '싫다'는 '싫구[실꾸], 싫지[실찌], 싫넌[실런], 싫어 [시러]'와 같이 활용한다.

407) '느럴'은 '늘얼'의 음성형이다. '늘얼'은 '늘+-얼'로 분석할 수 있다. '늘'은 시체를 넣는 관이나 곽 따위를 통틀어 이르는 말로 중앙어 '널'에 대응하는 충청도 방언형이다. '늘'은 '널:→늘:'의 과정을 거친 것이다. 충청도 방언에서는 어두음절 위치에서 장모음 '어'가 '으'로 고모음화 하는 현상이 있는데 '널:'이 '늘:'로 실현되는 것도 이런 예의 하나다. 충청도 방언에서는 어두음절 모음이 '어'이고 장모음인 경우 고모음화 하여 '으'로 실현되는 예로 '거:머리→그:머리, 거:지→그:지, 어:런→으:런, 설:→슬:' 등을 들 수 있다.

408) '매등가리'는 중앙어 '매듭'에 대응하는 충청도 방언형이다. 충청도 방언에서 '매등가리'가 '매듭' 외에 '마디'의 뜻으로 쓰이기도 한다.

409) '광중(壙中)'은 시체가 놓이는 무덤의 구덩이 부분을 이르는 말이다.

410) '매쟁이라구'는 중앙어 '매듭이라고'에 대응하는 충청도 방언형 '매장이라고'의 음성형이다. '매장'은 중앙어 '매듭'에 대응하는 충청도 방언형이다.

411) '하나콤'은 '하나+콤'으로 분석할 수 있다. '콤'은 수량을 나타내는 명사 또는 명사구 뒤에 붙어 '그 수량이나 크기로 나뉘거나 되풀이됨'의 뜻을 더하는 중앙어 접미사 '-씩'에 대응하는 이 지역 방언형이다. '하나콤'은 중앙어 '하나씩'에 대응하는 충청도 방언형이다.

412) '야지리'는 차례대로 빠짐없이의 뜻으로 쓰이는 충청도 방언형이다.

413) '모뎌'는 '모디다'의 활용형이다. 충청도 방언형 '모디다'는 '몯다'의 어간 '몬-'에 사동파생 접미사 '-이-'가 결합된 말로 '모디다, 모디구, 모디지, 모뎌' 등과 같이 활용한다. 충청도 방언형 '모디다'는 '사람이나 사물 따위를 한 곳으로 모으다'의 뜻으로 쓰인다. 충청도 방언에서 '모디다' 외에 '모디키다'도 쓰인다.

414) '뱅여한다'는 '방여한다'의 움라우트형이 굳어져 어휘화한 것으로 파악된다. '뱅여한다'는 역병이나 돌림병에 걸리지 않게 해 달라거나 액운이 들어오지 못하게 해 달라고 일정한 의식을 차려 미리 대비하는 일을 뜻하는 말 '뱅여'에 동사를 만드는 접미사 '-하다'가 결합된 말이다. 과학이 발달하지 않았던 과거에는 일종의 미신으로 이런 일을 많이 했다고 한다.

415) '우애구'는 중앙어 '위하다'에 대응하는 충청도 방언형 '우해다'의 활용형 '우해구'의 음성형이다. 충청도 방언형 '우해다'는 물건이나 사람을 소중하게 여기다의 뜻으로 쓰이며 '우해구, 우해지, 우해잖어, 우했어'와 같이 활용한다.

416) '차사'는 명절날 낮에 지내는 제사를 이르는 말이다. '차례'라고도 한다.

417) '시사'는 음력 10월에 5대 이상의 조상 무덤에 지내는 제사를 뜻하는 말로 '시향(時享)'이라고도 한다.

418) '시앙'은 음력 10월에 5대 이상의 조상 무덤에 지내는 제사를 뜻하는 '시향(時享)'의 음성형으로 '시사'라고도 한다.

419) '오넌'은 '원언'의 음성형이다. '원언'은 '원+-언'으로 분석할 수 있다. '원'은 '본래의' 또는 '바탕이 되는'의 뜻으로 쓰이는 말이고 '-언'은 보조사 '-은'에 대응하는 말이다. 예문에서는 '오넌'이 '원래는' 또는 '본래는' 정도의 뜻으로 쓰였다.

420) '삼사실과'는 중앙어 '삼색실과'의 충청도 방언형이다. '삼사실과'는 제사지낼 때에 상에 올려놓는 세 가지 과실로 밤, 대추, 잣 또는 밤, 대추, 감을 이르는 말이다. 중앙어에서는 '삼색실과'라고 하기도 하고 '삼색과실'이라고 하기도 한다.

421) '제방'은 종잇조각에 지방문을 써서 만든 신주(神主)를 뜻하는 중앙어 '지방'에 대응하는 충청도 방언형이다. 충청도 방언에서 '제방' 외에 '지방'도 쓰인다.

422) '가상'은 중앙어 '가령'에 대응하는 충청도 방언형이다.

423) '위'는 신주(神主) 또는 위패(位牌)로 모신 신을 세는 단위를 뜻하는 말이다.

424) '먼재'는 '먼저'를 잘못 발음한 것으로 보인다.

425) '동개잉깨'는 '동개다'의 활용형이다. 충청도 방언형 '동개다'는 '장작이나 그릇 등을 차곡차곡 포개 쌓다'의 뜻으로 쓰인다. '동개잉깨'는 중앙어 '동개니까'에 대응하는 충청도 방언형이다.

426) '하노쿠멀'은 '한 오쿰얼'의 음성형이다. '한 오쿰얼'은 '한 오쿰+얼'로 분석할 수 있다. '한 오쿰'은 그 수량이 하나임을 나타내는 '한'이 손으로 한 줌 움켜쥘 만한 분량을 세는 단위를 나타내는 중앙어 '움큼'에 대응하는 충청도 방언형 '오쿰'을 수식하는 구성으로 되어 있다. '오쿰'은 '한 오쿰, 두 오쿰'과 같이 항상 수를 나타내는 말과 함께 쓰인다. '하노쿠멀'은 중앙어 '한 움큼을'에 대응하는 충청도 방언형이다.

427) '어따'는 중앙어 '어디에다'가 줄어든 '어따'에 대응하는 충청도 방언형이다. '어따'가 장소와 관련된 말이므로 이 말 뒤에는 장소와 관련된 용언이 쓰이는 것이 보통이다.

428) '분단다고'는 '붓는다고'의 음성형 '분는다고'라고 발음해야 할 것을 잘못 발음한 것으로 보인다. 여기에서 '붓는다'는 '술을 따른다'는 뜻으로 쓰였다.

429) '냉군다고'는 '냉군다+-고'로 분석할 수 있다. '냉군다'는 중앙어 '남기다'의 활용형 '남긴다'에 대응하는 충청도 방언형이고 '-고'는 앞말이 간접 인용되는 말임을 나타내는 격조사다. '냉구다'는 '남다'에 사동 접미사 '-기-'가 결합된 '남기다'의 움라우트형 '냄기다[냉기다]'가 다른 사동형 '솟구다(솟기다), 돋구다(돋우다), 농구다(나누다), 낫구다(낫게하다), 싱구다(심다)' 등에 유추되어 사동 접미사를 '-구-'로 바꾼 것이라고 할 수 있다.

430) '제군'은 제사를 지내기 위하여 모인 사람을 뜻하는 중앙어 '제꾼'에 대응하는 충청도 방언형이다.

431) '추깅는다고'는 '축 읽는다고'의 음성형이다. '축'은 제사 때 읽어서 신명(神明)께 고하는 글인 '축문'을 뜻한다. 그런데 '읽는다'는 예에서 보듯이 이 방언에서 '[잉는다]'로 발음된다. '읽다'가 이 방언에서는 '읽다[익따], 읽구[익꾸], 읽지[익찌], 읽어[일거]'와 같이 활용한다. 그런데 충청도 방언에서는 지역이나 화자에 따라 '읽다[일따], 읽구[일꾸], 읽지[일찌], 읽어[일거]'와 같이 활용하기도 한다. 전자와 같은 활용을 보이는 화자들은 노년층이고 후자와 같은 활용을 보이는 화자들은 장년층 이하의 젊은이들이거나 경상도와 인접한 지역 화자들이다. 이는 '읽다'와 같

이 ㄹ계 자음군이 활용할 때 자음군단순화가 'ㄱ'을 남기던 것에서 점차 'ㄹ'을 남기는 쪽으로 변하고 있으며, 지역적으로는 남부 방언 특히 동남방언에서부터 북상하는 것이라고 할 수 있다.

432) '내려콰노쿠'는 중앙어 '내리다'에 대응하는 이 지역 방언형 '내려쿠다'의 활용형 '내려콰'와 어떤 물건을 일정한 곳에 두다는 뜻으로 쓰이는 '놓다'의 활용형 '노쿠'가 합성된 말이다. '내려콰놓구'는 중앙어 '내려놓다'의 활용형 '내려놓고'에 대응하는 이 지역 방언형이다. 이 지역 방언에서는 중앙어 '내리다'에 대응하는 말로 '내려쿠다'가 쓰이는데 '내려쿠다, 내려쿠구, 내려쿠지, 내려콰, 내려콰라'와 같이 활용한다.

433) '도러안저서'는 중앙어 '돌아앉다'의 활용형 '돌아앉아서'에 대응하는 충청도 방언형 '돌어앉어서'의 음성형이다. 예문에서의 '돌아앉다'는 여럿이 동그랗게 앉는다는 뜻으로 쓰였다.

434) '사널'은 '자널'이라고 발음해야 할 것을 잘못 말한 것이다.

435) 충청도 방언에서는 '나무새'가 밭에서 기르는 채소와 산에서 채취하는 나물을 통틀어 이르는 말로 쓰인다. '나무새'는 주로 채소나 산나물의 잎이나 줄기를 가리키는데 이것을 다듬어서 요리한 반찬도 '나무새'라고 한다. '나무새'가 줄어든 말이 '남새'다.

436) 중앙어에서의 '적'은 생선이나 고기 따위를 양념하여 대꼬챙이에 꿰어 불에 굽거나 지진 음식을 가리키지만 충청도 방언에서는 밀가루를 반죽하거나 녹두를 갈아 번철에 기름을 두르고 얇게 펴서 지진 음식인 '부침개'를 뜻한다. 이때 김치나 파 등을 얹어 함께 지지기도 한다. 밀가루를 재료로 한 것을 '밀가루적'이라고 하고 녹두를 재료로 한 것을 '녹두적'이라고 한다. 충청도 방언에서 '적' 외에 '부치기'와 '부치개'라는 말도 쓴다. 적과 마찬가지로 밀가루를 재료로 한 것을 '밀가루부치기', '밀가루부치개'라고 하고 녹두를 재료로 한 것을 '녹두부치기', '녹두부치개'라고 한다. 서민들은 주로 밀가루나 녹두를 이용하여 '적'이나 '부치기'를 부쳐 먹었다.

437) '꾼년대'는 중앙업 '굽다'에 대응하는 충청도 방언형 '꿋다'의 활용형이다. 충청도 방언형 '꿋다'는 '꾼년, 꾸꾸, 꾸찌, 꿔, 꿔서'와 같이 활용한다. 충청도 방언형으로 '꿋다' 외에 '꿇다'도 쓰인다. '꿇다'는 '꿇다가[꾸타가], 꿇구[꾸쿠], 꿇지[꾸치], 꿇년[꾼년], 꿔/꾸, 꾸서/꿔서' 등으로 활용한다.

438) '백탕'은 고춧가루나 파 따위의 양념을 넣지 않고 맹탕으로 끓인 탕국을 뜻하는 말이다.

439) '피둥어'는 '문어'를 이르는 말이다.

440) '합짜'는 '합자(蛤子)'의 음성형이다. '합자'는 홍합이나 섭조개를 말린 어물을 뜻한다.

441) '쓰르매'는 중앙어 '오징어'에 대응하는 일본어식 표현이다.

442) '봉지사'는 중앙어 '봉제사'에 대응하는 충청도 방언형이다. 중앙어에서는 '봉제사'가 조상의 제사를 받들어 모시는 일을 뜻하는 말이지만 충청도 방언에서의 '봉지

사'는 조상들에 대한 제사를 뜻하는 말로 쓰인다.

443) '하나큼'은 중앙어 '하나씩'에 대응하는 이 지역 방언형이다. '-큼'은 중앙어 '-씩'
에 대응하는 이 지역 방언형이다. 예문의 '하나큼'은 '하나 가득씩' 정도의 뜻으로
쓰였다.

444) '소두방'은 무쇠솥의 뚜껑을 이르는 충청도 방언형이다. 충청도에서는 밀가루를 물
에 반죽하거나 녹두를 갈아 무쇠솥 뚜껑을 뒤집어 놓고 기름을 두른 다음 얇게 펴
서 지진다. 이렇게 지진 음식은 '적' 또는 '부치기'나 '부치개'라고 한다.

03 출산과 산후조리

3.1 결혼과 신혼살림

할머니 겨론한 후애: 겨론한 다으매: 신혼살림 이짜나요?

= 어:.

어떵 걸 마련해서 해써요. 맨: 처매 신혼살림 할 때 머 머 준비해써요?

= 이히히히.

= 우리 머 살림나능 거나 살림난다능 애:기하먼 머 기구시럽찌요[1] 머.

= 살림난다구 천날 서 살림지, 지:벌 우리 읃:가미 이 사니 가서 나무 비어다가 그짜는 집 쩌 가주구 쑤:때기루[2] 벽, 쑤:때기루 여꺼서 흐그루 발라짜나.

네.

= 그르캐 벼: 가주구 집 쩌 가주 살림나써요.

= 그르캐 가주군 살림나넌 날 쌀 다뙤[3] 버리쌀 다뙤 그거 가주구 살림 나와써.

= 그래서 인재 살림나따구 그날 저녀개 해머긍깨 머:가 나마. 쌀 한: 되넌 낭:꾸 버리쌀 한 되넌 남:쩌.

= 그래서 우리 읃:가미 그냥 나무 해다 팔:구 머 그르캐서 양석 파라[4] 먹꾸. 그저낸 또 칠거지, 사내 가 칠:거지 캐:다가 우린 그냥 그거 지비서 찌처서 떵메루 막: 찌어 가주구 인재 소태다 푹:푹 쌀마 가주구 짜:.

= 짜: 가주구 그거 달콰[5] 가주구 그거 곰:냐기라구[6] 가따 야:기라고 가따 옥천 장애 파라 가주구 그렁 걸루 해: 가주 쌀 파라 먹꾸 사라써.

그거 조태는 대요, 모매 조응 거라는 대요.

= 어:, 칠거지가 칙:뿌랭이 그 조:차너.

= 술뺑 난 사람 술만 머그먼 조쿠.

할머니 그 철 처대: 크내: 가저서 날: 때까지 머 입, 입떠태꺼나 머 머꾸

할머니 결혼한 후에 결혼한 다음에 신혼살림 있잖아요?

= 응.

어떤 것을 마련해서 했어요. 맨 처음에 신혼살림 할 때 뭐 뭐 준비했어요?

= 이히히히.

= 우리 뭐 살림나는 것이나 살림난다는 얘기하면 뭐 기구하지요 뭐.

= 살림난다고 첫날 살림집, 집을 우리 영감이 이 산에 가서 나무를 베어다가 그 자는 집을 지어 가지고 수숫대로 벽, 수숫대로 엮어서 흙으로 발랐잖아.

네.

= 그렇게 베어 가지고 집을 지어 가지고 살림났어요.

= 그렇게 해 가지고 살림나는 날 쌀 닷 되 보리쌀 닷 되 그것 가지고 살림 나왔어.

= 그래서 이제 살림났다고 그날 저녁에 해먹으니까 뭐가 남아. 쌀 한 되는 남고 보리쌀 한 되는 남지.

= 그래서 우리 영감이 그냥 나무 해다가 팔고 뭐 그렇게 해서 양식 사 먹고. 그전에는 또 칡, 산에 가서 칡뿌리 캐다가 우리는 그냥 그거 집에서 찧어서 떡메로 막 찧어 가지고 이제 솥에다 푹푹 삶아 가지고 짜.

= 짜 가지고 그것을 달여 가지고 그것을 곰약이라고 갖다가 약이라고 갖다가 옥천 장에 팔아 가지고 그런 것으로 해 가지고 쌀 사 먹고 살았어.

그거 좋다는 대요, 몸에 좋은 거라는데요.

= 응, 칡이 칡뿌리 그 좋잖아.

= 술병 난 사람 술만 먹으면 좋고.

할머니 그 첫 첫 아이 큰애 가져서 낳을 때까지 뭐 입, 입덧했거나 뭐 먹고 십꺼나 머 이렁 거 이써짜나요.

= 몰라요. 그저내는 읍써. 깨 입떠뚜 아내구 나는 그냥 아:무 구기나 구기나 나물뀌기 그냥 머그니 궁만 끄리먼 그냥 머꾸 사라써. 그냥 입떠뚜 아나구.

입떠다나시구?

= 응, 궁만 이쓰먼 머거써.

≡ 엄마 이거 앙 끌구 댕길 꺼지?

= 머:?

≡ 이거.

= 안 뜨더:.

≡ 안 쓸 꺼 아녀:.

= 왜:?

≡ 가따 내삐리개.

= 왜 내삐러:?

≡ 머 햐,[7] 이걸.

= 머 햐, 고기 도:, 머 시러 날러두 조와 그건.

= 머 시러 날라두 조와.

= 우리 손자따리 허리 아푼대 그 그거 가 끌:구 댕기라구 가따 줘써. 허허허.

아이 저내 저기 장녀내 충주애서 보니까 거 할머니가 허리 아푸구 그래니까 저거 끌구 이러:캐…

= 아니 시방 장애 가면 마:니 끌:구 댕겨요. 할먼내딜 저거 허:리 아푸다고.

= 그랑깨 나 허리 아푼대 끌구 댕기라구 가따 중 거야.

그러먼 할머니는 저 입떠뚜 아나구 펴나개 애가 선, 선내요?

= 예, 그르캐 해써요. 처다는 처단 키우도 모다고 주거써요.

싶거나 뭐 이런 것 있었잖아요.

= 몰라요. 그전에는 없어. 그래 입덧도 안 하고 나는 그냥 아무 국이나, 국이나 나물국을 그냥 먹으니까 국만 끓이면 그냥 먹고 살았어. 그냥 입덧도 안 하고.

입덧 안 하시고?

= 응, 국만 있으면 먹었어.

≡ 엄마 이것 안 끌고 다닐 거지?

= 뭐?

≡ 이것.

= 안 뜯어.

≡ 안 쓸 것 아니야.

= 왜?

≡ 갖다 내버리게.

= 왜 내버려?

≡ 뭐 해, 이것을.

= 뭐 해 거기 둬, 뭐 실어 날라도 좋아 그것은.

= 뭐 실어 날라도 좋아.

= 우리 손녀딸이 허리 아픈데 그 그것 끌고 다니라고 가져다 줬어. 허허허.

아니 전에 저기 작년에 충주에서 보니까 거기 할머니가 허리 아프고 그러니까 저거 끌고 이렇게...

= 아니 지금 장에 가면 많이 끌고 다녀요. 할머니들이 저것을 허리 아프다고.

= 그러니까 나 허리 아픈데 끌고 다니라고 갖다 준 거야.

그럼 할머니는 저기 입덧도 안 하고 편하게 아기가 섰, 섰네요.

= 예, 그렇게 했어요. 첫 아이는 첫 아이는 키우지도 못 하고 죽었어요

나:서 바로?

= 시: 살 머그면 호녁, 그녀느 호녀기라구 이짜나. 시: 살 머그면 호녁 드루와서 죽꾸: 죽꾸 니:설 주겨써.

아이구.

= 처단 아: 날 때마둥 니: 설. 호녁 뜨루오, 삼 년망콤 호녀기 드루오자나. 그러면 시: 살 머그면 죽꾸 시: 살 머그면 죽꾸 시: 살 머그면, 니: 설 주겨써.

= 그러카구 니찌지, 크나덜 이거 나:서 간시니 부짜바써.

요새는...

= 호녀기 웁짜나.

주사 마꼬 머 업찌요?

= 호녀기 웁써. 시방언 호녁뚜 아나자나.

예.

= 엔:나래년 삼 년망콤 거 호녀기 드러오닝깨 그르캐 하구, 왜손님8) 드러오먼 이망코망거 드러오먼 또 그러쿠.

왜손님?

= 왜손니미라구 얼구리 이망코마개 콩:거치.

이런대 곰보 생기능 거.

= 응:, 곰보지능 거. 그래서 엔:나랜 그릉 거뚜 그르캐 해써.

그릉 거뚜 만트라구요. 여기 이르:캐 분:넝 거뚜 이꾸.

= 그거는 항:아리손님.9)

항아리손님.

그름 애기 날:때 누, 누가 바 조써요?

= 애기날: 때 무 누가 봐 줘. 처다 날: 때넌 시어머이가 봐: 주구, 나중이 살림나서능 그냥 응:가미 보구 그래찌 머.

사 사 머 삼 갈른다 그래나요, 산 산 갈른다구?

낳아서 바로?

= 세 살 먹으면 홍역, 그놈의 홍역이라고 있잖아. 세 살 먹으면 홍역이 들어와서 죽고, 죽고 넷을 죽였어.

아이고.

= 첫 아이는 아이 낳을 때마다 넷을. 홍역 들어오(면) 삼 년만큼 홍역이 들어오잖아. 그러면 세 살 먹으면 죽고 세 살 먹으면 죽고 세 살 먹으면, 넷을 죽였어.

= 그렇게 하고 넷째지, 큰 아들 이것 낳아서 간신히 붙잡았어.

요즘은…

= 홍역이 없잖아.

주사 맞고 뭐 없지요?

= 홍역이 없어. 지금은 홍역도 안 하잖아.

예.

= 옛날에는 삼 년만큼 그 홍역이 들어오니까 그렇게 하고. 왜손님(마마) 들어오면 이만큼한 것 들어오면 또 그렇고.

왜손님(마마)?

= 왜손님(마마)라고 얼굴이 이만큼하게 콩같이.

이런 데 곰보 생기는 것.

= 응, 곰보 되는 것. 그래서 옛날에는 그런 것도 그렇게 했어.

그런 것도 많더라고요. 여기 이렇게 붓는 것도 있고.

= 그것은 항아리손님(볼거리).

항아리손님.

그럼 아기 낳을 때 누, 누가 봐 줬어요?

= 아기 낳을 때 뭐 누가 봐 줘. 첫 아이 낳을 때는 시어머니가 봐주고, 나중에 살림나서는 그냥 영감이 보고 그랬지 뭐.

사 사 뭐 삼 가른다고 그러나요, 삼 삼 가른다고?

= 삼 갈른다. 그 태 태쭐. 태쭐 이르캐, 이르캐 홀:터서 짬:매 가주구 끈능 거.

고건 어트개 하능 거요?

= 그냥 이르캐 태쭐 인재 노먼 이이 이르캐 애:기 이르캐 배 인는 드루 이르캐 이르캐 시: 번 홀터 느쿠서 요기 꼭 짬매 가주구 끈치요. 그르캐...

아: 밸, 밸 애기 쪼그루다가 홀터 는능 거요?

= 태:번 이르캐 인재 요르캐 가주 요르캐 요르캐 요르캐 세: 번 홀터나 가주구 꼭 짬매 가주구 실:루 짬매 가주 끈:치유 머 그르키.

그 요쪼갠, 요쪼개 인재 그럼 배꼬비 되능 거자나요?

= 음.

저쪼개는 머가, 머얘요?

= 요긴 태: 태: 태 떵어리.

그건 어트개 해써요?

= 그양 가따가 여 왱:개뿔 로쿠 태우지 머.

= 태:워서 씨러다 내뻐리지.

= 애, 고구마 먹꾸 햐.

드러오셔유.

= 방애 찔라구.

방애?

쌀?

= 쌀 쌀.

≡ 고구만 누가 쪄써?

= 서울래.

= 을:때, 문 장궈써 저 을:때?

애: 가져쓸 때 머 어렵꺼나 그렁 건 업써써요?

= 읍써써유.

할머니가 겅강하시구 그르션나 부다.

= 삼 가른다. 태 탯줄. 탯줄 이렇게, 이렇게 훑어서 졸라매 가지고 끊는 것.

고것은 어떻게 하는 거예요?

= 그냥 이렇게 탯줄 이제 낳으면 이 이렇게 아기 이렇게 배 있는 데로 이렇게, 이렇게 세 번 훑어 넣고서 요기를 꼭 졸라매 가지고 끊지요. 그렇게...

아 배를, 배를 아기 쪽으로 훑어 넣는 거예요?

= 대번 이렇게 이제 요렇게 가지고 요렇게 요렇게 요렇게 세 번 훑어 놓아 가지고 꼭 졸라매 가지고 실로 졸라매 가지고 끊지요 뭐 그렇게.

그 요쪽에는 요쪽에 이제 그럼 배꼽이 되는 거잖아요?

= 응.

저쪽은 뭐가, 뭐예요?

= 요기는 태 태 태 덩어리.

그것은 어떻게 했어요?

= 그냥 갖다가 여기 왕겻불 놓고 태우지 뭐.

= 태워서 쓸어다가 내버리지.

= 애 고구마 먹고 해.

들어오세요.

= 방아 찧으려고.

방아?

쌀?

= 쌀, 쌀.

≡ 고구마는 누가 쪘어?

= 서울네.

= 열쇠, 문 잠갔어, 저 열쇠?

아기 가졌을 때 뭐 어렵거나 그런 것은 없었어요?

= 없었어요.

할머니는 건강하시고 그러셨나 보다.

3.2 산후조리

사:누조리는 어트개 하능 거요?

＝ 사:내조리 머 방아내서 뜨뜨:탄대 두러붠넝 개 사누조리지요 허허.
뜨뜨:타개 이불 더꾸 두러붠넝 개 사:내 조리지 머 별라?

산, 산 무슨 조리?

＝ 사:내조리.

사내조리?

＝ 음 사:람 삭씬10) 아나풍 거.

그때 머 먹, 또 먹꾸 그르자나요?

＝ 미여꾹:.

미여꾹?

＝ 예. 바파구 미여꾸카구지유, 머.

그거 처꾸빠비라 그래나요?

＝ 츠:매 끄리넝 건 처꾹빱.

그름 메칠 똥안 그르캐 해구 이써요?

＝ 일:쭈일.

일쭈일?

＝ 일쭈이리요.

그개, 그걸 삼치리리라 그래능 거요?

＝ 으:.

삼치릴?

＝ 그러치요 머.

일쭈일?

＝ 일쭈일 **.

산후조리는 어떻게 하는 거예요?

= 산후조리는 뭐 방 안에서 뜨뜻한 데 드러눕는 것이 산후조리지요 허허. 뜨뜻하게 이불 덥고 드러눕는 것이 산후조리지 뭐 별나?

산, 산 무슨 조리?

= 산후조리.

산후조리?

= 응 사람 삭신 안 아픈 것.

그때 뭐 먹(고) 또 먹고 그러잖아요.

= 미역국.

미역국?

= 예. 밥하고 미역국이지요, 뭐.

그것을 첫국밥이라고 하나요?

= 처음에 끓이는 것은 첫국밥.

그럼 며칠 동안 그렇게 하고 있어요?

= 일주일.

일주일?

= 일주일이요.

그것, 그것을 삼칠일이라고 그러는 거예요?

= 예.

삼칠일?

= 그렇지요 뭐.

일주일?

= 일주일 **.

애들 저:기 배기리나 돌잔치는 어트개 해요?

= 돌잔치두 안 해 줘써요:, 엔:나래 움써써.

= 돌잔치두 안 해 줘써. 허허허 허.

= 그냥 돌: 도러오먼 미역꿍만 끄리구 바팡그러캐, 삼신깨라구[11] 떠다 노치.

머라구요?

= 삼싱깨.

= 삼신할마라고.

아: 삼신.

= 미여꾸카:고 저:기 바파고 떠다 노치 머. 간, 장:물 물 떠다노쿠.

어따가요?

= 저: 삼싱깨라구 저 구서캐...

= 시방 그릉 거뚜 움씨깨 조:차나요? 그르개 움써 시방.

애들 저기: 또 자라는 지분 상두 차리구 그르자나요?

= 돌? 돌잔치 부룸:: 푸:지개[12] 하지.

근 어트개 하능거요?

= 머어: 떠카굼 열매아굼 머 그르캐두 아:덜 돌잔치 푸:지개 해가:.

= 미여꿈 끄리구 머. 지그먼 쇠꾀기 사다 너서 미역꿈뚜 끄리구 머 그르치 엔:날 거티여? 시방언 잘해 줘?

자식 키우면서 제일 기어개 남는 거 이쓰먼 머 하나 얘기해 조 보세요. 어떨 때...

= 머 기어개 남닝 개 이써? 자석 키움, 자싱이, 그거나 아덜-을 딸 잘: 크능 거 그거나...

처으매 그러면 애기 처으매 나서 키우다가 실패해쓸 때 참 속 속 마:니 상해셔깼어요.

= 속쌍하지만 누구한태 머 말할 띠두 나만태...

아이들 저기 백일이나 돌잔치는 어떻게 해요?

= 돌잔치도 안 해 줬어요, 옛날에 없었어.

= 돌잔치도 안 해 줬어. 허허허 허.

= 그냥 돌이 돌아오면 미역국만 끓이고 밥 한 그릇 해(서) 삼신 것이라고 떠다 놓지.

뭐라고요?

= 삼신 것.

= 삼신할머니라고.

아 삼신.

= 미역국하고 저기 밥 하고 떠다 놓지 뭐. 간, 장물 물 떠놓고.

어디에다가요?

= 저 삼신 것이라고 저 구석에...

= 지금 그런 것도 없으니까 좋잖아요? 그런 게 없어 지금은.

아이들 저기 또 잘하는 집은 상도 차리고 그러잖아요?

= 돌? 돌잔치 부르면, 푸지게 하지.

그것은 어떻게 하는 거예요?

= 뭐 떡하고 열매하고 뭐 그렇게 해도 아들 돌잔치 푸지게 해가.

= 미역국 끓이고 뭐. 지금은 소고기 사다 넣어서 미역국도 끓이고 뭐 그렇지 옛날 같애? 지금은 잘해 줘?

자식 키우면서 제일 기억에 남는 것 있으면 뭐 하나 얘기해 줘 보세요. 어떨 때...

= 뭐 기억에 남는 게 있어? 자식 키우면, 자식이 그거나 아들 딸 잘 크는 것 그것이나...

처음에 그러면 아기 처음에 낳아서 키우다가 실패하셨을 때 참 속 속 많이 상하셨겠어요.

= 속상하지만 누구한테 뭐 말할 데도 남한테...

글쎄, 그때는 마:니 다:들 마:니 그래찌요, 동내 싸람드리?

= 마:니 그래찌.

한 번 동내 이르캐 지나가먼 다: 그래짜너요?

= 음, 다 그래써. 민 남:뚜13) 아니야. 호녁 뜨러오먼 멘 남뚜 아니야.

그거는 호녀근 머 언재 아러두 함 번 아러야 댄다 그러대요?

= 음.

= 근디 시방 아날차, 아:나자나.

예.

요샌 저기 주사 마짜너요, 미리.

= 끔매 주사 마즈깨 아니라구.

그르면 처:매 인재 시집 와 가주구 시댁 시어른들 게시자나요.

= 콩이여, 매예 타14) 농 거.

= 느:15) 아부지 지:사 때 고물 한다구 타 놔써. 떡 안 해서루. 흐흐이.

= 떡 아내서 그 나뭉 거여.

이거 잡쑤꾸 하셔요.

≡ 아유 드세요.

아이 저기 마:능 걸 머...

= 머꾸 해 얘.

≡ 잘 암 머거.

= 어?

≡ 잘 암 머거.

할머니 드셔유.

= 예, 잡쑤새요.

드셔유.

= 서울래가16) 까까다 놔띠야.

≡ 아아:.

글쎄, 그때는 많이 다들 많이 그랬지요. 동네 사람들이.

= 많이 그랬지.

한 번 동네 이렇게 지나가면 다 그랬잖아요?

= 응, 다 그랬어. 몇 남지도 안 해. 홍역 들어오면 몇 남지도 않아.

그것은 홍역은 뭐 언제 앓아도 한 번 앓아야 된다고 그러대요?

= 응.

= 그런데 지금은 안 앓잖(아), 안 하잖아.

예.

요사이는 저기 주사 맞잖아요, 미리.

= 그러게, 주사 맞을 게 아니라고.

그러면 처음에 이제 시집 와 가지고 시댁 시어른들 계시잖아요.

= 콩이야, 맷돌에 타 놓은 것.

= 너희 아버지 제사 때 고물 한다고 타 놨어. 떡을 안 해서. 흐흐이.

= 떡 안 해서 그거 남은 거야.

이거 잡수시고 하세요.

≡ 아니 드세요.

아니 저기 많은 걸 뭐...

= 먹고 해 애.

≡ 잘 안 먹어.

= 응?

≡ 잘 안 먹어.

할머니 드세요.

= 예, 잡수세요.

드세요.

= 서울네가 깎아다 놨대.

≡ 아아.

드셔유, 예.

= 아니 잡싸, 잡싸유 잡써.

예 예, 아이 할머니 드셔유.

= 음 잡써 바, 아니 여기 여기 이쓰면...

≡ 여보세요

≡ 아주 가녕 걸루 두 개:.

드세요, 예.

= 아니 잡숴, 잡숴요 잡숴.

예 예, 아니 할머니 드세요.

= 응 잡숴 봐, 아니 여기 여기 있으면...

≡ 여보세요.

≡ 아주 가는 것으로 두 개.

■ 주석

1) '기구시럽찌요'는 중앙어 '기구하다'에 대응하는 충청도 방언형 '기구시럽다'의 활용형이다. '기구시럽다'는 세상살이가 순탄하지 못하고 이리저리 어려움이 있다는 뜻으로 쓰인다.

2) '쑤때기'는 중앙어 '수숫대' 또는 '수수깡'에 대응하는 이 지역 방언형이다. 이 지역 방언형으로 '쑤때기' 외에 '쑤수때기'도 쓰인다. 중앙어 '수숫대'에 대응하는 충청도 방언형으로 '수수깽이'와 '수수깨이'도 쓰인다.

3) '다뙤'는 '닷 되'의 음성형이다. '닷'은 '되', '말', '냥' 따위의 단위를 나타내는 말 앞에 쓰여 그 수량이 다섯임을 나타내는 말이다.

4) '파라'는 '팔다'의 활용형이다. '팔다'는 '팔구, 팔지, 팔루, 팔아'와 같이 활용한다. 그런데 '팔다'가 옥천 방언에서는 '사다(買)'의 의미로도 쓰이고 '팔다(賣)'의 의미로도 쓰인다. '팔다'가 '사다(買)'의 의미로 쓰일 때는 목적어로 곡식이나 양식 또는 곡식의 이름이 오고, '팔다'가 '팔다(賣)'의 의미로 쓰일 때는 목적어로 물건이나 곡식 이외의 사물이 온다. 따라서 예문의 '나무 해다 팔구'에서는 팔다(賣)의 뜻으로 쓰인 것이고 '양석 팔아 먹구'에서는 양식을 사 먹는다는 사다(買)의 뜻으로 쓰인 것이다.

5) '달콰'는 중앙어 '달이다'에 대응하는 이 지역 방언형 '달쿠다'의 활용형이다. 옥천 방언에서 '달쿠다'는 '달쿠구, 달쿠지, 달콰'와 같이 활용한다.

6) '곰냑'은 칡뿌리 달인 진액을 뜻하는 이 지역 방언형 '곰약'의 음성형이다. '곰약'은 칡뿌리를 캐다가 물로 깨끗이 씻은 다음 적당한 길이로 잘라서 절구에 넣고 찧거나 떡판에 놓고 떡메로 찧은 것을 가마솥에 넣고 물을 부어 푹 삶고 달인 다음 즙을 짜서 만든다.

7) '햐'는 중앙어 종결형 '해'에 대응하는 충청도 방언형이다. 충청도 일부 지역에서는 중앙어의 문말 종결형이 모음 '애'로 끝날 때 그 모음 '애'가 이중모음 '야'나 '이야'로 실현되는 현상이 있는데 예문의 '햐'도 그런 예 가운데 하나다. 문말 위치에서 모음 '애'가 '야'나 '이야'로 실현되는 현상은 충북의 청원군과 옥천군 등 충남과 인접한 지역에서 관찰된다. 이 지역에서는 중앙어의 종결형 '해, 패, 개, ,배, 래, 깨' 등이 '히야/햐, 피야/퍄, 기야/갸, 비야/뱌, 리야/랴, 끼야/꺄'와 같이 실현되는 특징이 있다.

8) '왜손님'은 중앙어 '천연두'에 대응하는 이 지역 방언형이다. '왜손님'은 '손님'이라고도 한다.

9) '항아리손님'은 중앙어 '볼거리'에 대응하는 충청도 방언형이다. 양쪽 볼 또는 한 쪽 볼이 항아리같이 부어오른다고 하여 붙여진 이름이라고 한다.

10) '삭씬'은 '삭신'의 음성형이다. '삭신'은 몸의 근육과 뼈마디를 뜻하는 말이다.

11) '삼신깨'는 아기를 점지하고 산모와 산아(産兒)를 돌보는 세 신령에게 바치는 음식을 이르는 말이다. 산모가 아이를 낳으면 밥과 미역국을 간장과 함께 방 한쪽 구석에 차려 놓는 것을 '삼신깨'라고 한다.

12) '푸지다'는 '매우 많아서 넉넉하다'의 뜻으로 쓰인다.

13) '남뚜'는 중앙어 '남다'의 활용형 '남지도'에 대응하는 충청도 방언형 '남두'의 음성형이다. '남두'는 '남-+-두'로 분석할 수 있다. 예문의 '-두'는 중앙어 '-지도'에 대응하는 충청도 방언형이다. 충청도 방언형 '-두'는 그 움직임이나 상태를 부정하거나 금지하려 할 때 쓰이는 연결 어미 '-지'와 보조사 '-두'가 결합된 '-지두'의 축약형으로 '먹두 않구', '가두 않구', '들두 보두 못했다'에서와 같이 주로 '않다', '못하다', '말다' 따위가 뒤따른다.

14) '타'는 '콩, 팥 따위를 맷돌에 갈아서 알알이 쪼개다'의 뜻으로 쓰이는 '타다'의 활용형이다. '타다'는 '타구, 타지, 타닝깨, 타, 탔어' 등과 같이 활용한다.

15) '느'는 중앙어 '너희'에 대응하는 충청도 방언형이다. 충청도 방언에서 2인칭 대명사 '너'의 복수형 '너희'에 대응하는 충청도 방언형으로는 '느:'와 '느:덜'이 쓰이고, 1인칭 대명사 '저'의 복수형 '저희'에 대응하는 충청도 방언형으로는 '지:'와 '지:덜' 및 '즈:'와 '즈:덜'이 쓰인다. 그리고 3인칭 대명사 '쟤'와 '자기'의 복수형으로 '자덜' 외에 '즈:'와 '즈:덜'이 주로 쓰인다.

16) '서울래가'는 중앙어 '서울네'에 대응하는 충청도 방언형 '서울내'의 음성형이다. '서울내'는 '서울+-내'로 분석된다. 이때의 '-내'는 사람을 지칭하는 대다수 명사 뒤에 붙어 '그 사람이 속한 무리의 출신'이라는 뜻을 더하는 접미사다. 따라서 '서울내'는 서울출신의 사람이라는 뜻으로 쓰인다.

04 생업 활동

4.1 논밭 갈이

─ 그건뿐만 아니여. 나이가 머그먼 옌:나래 농사지떵 거 저 훌째~이
질[1] 하고 반 매닝 거 이거뚜 훌째~이질두 그기 기수링 기여.

─ 훌째~이질 잘 하머넌 홀찡이럴 자랄 꺼 거트먼 꼬:꼬타개 자래 가
주구설랑언 생가래가[2] 움써서 씨 분, 씨아, 씨 가따 느키가 조코 잘 모타
넌 사래미 할 꺼 거트먼 전:부 생가래 나서 호맹이루 파야 싱귀:,[3] 잘 모
타먼.

─ 게 인재 자라는 사라미 할 꺼 거트먼 꼬:꼬타개 나가멘서두 흐기 마
나설랑언 그냥 실쩍 가따 노쿠 실쩍 무꾸 실쩍 가따 이 막 해나가넌대 이
거 할 쭈 모르넌 사람 거트먼 전부 생가래라 호매~이루[4] 파야 는넌다고,
이:르캐 개 이따구.

─ 그른데 나이가 머그잉깨 안 되더라고.

─ 내가 인재 그걸 언 그저낸 내간- 그 밭 까틍거 가넌대, 이렁 건 참,
이런 내기 내가 자:랑 거찌마넌 그렁 거 내가 뽀펴 댕겨따고 바지 거틍
거 잘 간다고.

─ 그애 딴, 나넌 할 쌔가 엄넌대 이걸 할: 싸라미 움따고 와서 에 딴
사래미 하먼 씨럴 모: 뿌치니[5] 좀 해돌라고 하먼 오짤 쑤 움씨 간다고 내
해 모다더란대도.

─ 건대 그르캐 하덩 거럴 아이 글:래와서 해보잉깨 안 돼돼, 모디야.

─ 스:, 왜 이키 안 되까, 아::무리 할라구 해두 안 돼.

─ 이::상하다, 그래 이른 저: 책 꺼튼대 보닝깨: 그렁개 나와 '나이가
머그먼 옌:나래 하던 니를 모단다' 이캐 돼 이따고.

─ 거기 이른, 그른 채기 나온다고 그렁개. '아하 이개 이렁 개로구나'
하능 개 그래 아라따고.

- 그것뿐만 아니야. 나이를 먹으면 옛날에 농사짓던 거 저 극젱이질 하고 밭 매는 것 이것도 극젱이질도 그게 기술인 거야.

- 극젱이질 잘 하면 극젱이를 잘 할 것 같으면 꼿꼿하게 잘 해 가지고 생가래가 없어서 씨를 부을(때), 씨 씨를 갖다가 넣기(뿌리기)가 좋고 잘 못하는 사람이 할 것 같으면 전부 생가래가 나서 호미로 파야 심어, 잘못 하면.

- 그래 이제 잘 하는 사람이 할 것 같으면 꼿꼿하게 나가면서도 흙이 많아서 그냥 슬쩍 갖다 놓고 슬쩍 묻고 슬쩍 갖다 응 막 해나가는데 이거 할 줄 모르는 사람 같으면 전부 생가래라서 호미로 파야 (씨를)넣는다고, 이렇게 되어 있다고.

- 그런데 나이를 먹으니까 안 되더라고.

- 내가 이제 그것을 에 그전에는 내가 그 밭 같은 것 가는데 이런 것 은 참 이런 얘기는 내가 자랑 같지만 그런 것은 내가 뽑혀 다녔다고 밭 같은 것 잘 간다고.

- 그래 다른, 나는 할 새가 없는데 이것을 할 사람이 없다고 와서 에 딴 사람이 하면 씨를 못 붙이니 좀 해달라고 하면 어쩔 수 없이 간다고 내 것을 못 하더라도.

- 그런데 그렇게 하던 것을 아니 근래에 와서 해보니까 안 돼, 못 해.

- 음, 왜 이렇게 안 될까, 아무리 하려고 해도 안 돼.

- 이상하다, 그래서 이런 저 책 같은 데에서 보니까 그런 것이 나와 '나이를 먹으면 옛날에 하던 일도 못 한다' 이렇게 되어 있더라고.

- 그게 이런 그런 책에 나온다고 그런 것이. '아하 이것이 이런 게로 구나' 하는 것을 그래서 알았다고.

─ 안 돼, 세:상웁써두 안 돼. 그애 지금 뭐 하라구 하먼 모:디야.

생가래가 머얘요, 생가래가?

─ 어?

생가래.

─ 쩌저 거시기 가래:?

예.

─ 어:.

─ 가래넌 고개 가래넌 그게 저 거시기 옌:나래 이 논뚜개 논, 논뚝 이르캐 인넌대 아패럴 여가 까끄머넌 여기 막 꺼깨잉6) 구녁뚜 이꾸 쥐가 구녁뚜 내구 하자나.

─ 그 여길 가라 가주서 이 흐걸 가따 여그다 부처서 여그다 발라 부치야 되자나.

─ 그래 발라 부치넌대 이거슬 이 혼자 사부루 떠 부처서 할라구 하먼 대그나자나.7)

─ 옌:나랜 가래를 하나가 대:머넌 저그서 두:리 가래 두:리 자부댕긴다고

─ 자부댕깅께 가따 요곰만 조정해서 가따 부치면 되넝 거여. 시는 가따 대:기만 하먼 저기서 자부댕깅께 히미 안 드넝 기여. 개서 가따 부치구, 부치구 그기 그래서 그 가래, 가래질 한다구 그라자너.

─ 압:뚝8) 빨르넝 거 가래질 한다 구런다구.

─ 개 그개,

아까 훌칭이질 할 때 생가래 생기능 건 그건 먼, 뭐라, 멀: 생가래라 그래요?

─ 그 저 훌찡이질 할 때 생가래지넝 거넌 글쌔 근 골: 진넌대9) 잘모타면 생가래가 난다고 그르캐. 잘 할 쭐 모르머넌 이 흐걸 훌찡이 이거 쥘:쩌개 이거 잘몯 쥐어서 잘몯 때머넌 이기 전부 생가래가 된다고.

생가래?

－ 안 돼, 세상없어도 안 돼. 그래 지금 뭐 하라고 하면 못 해.

생가래가 뭐예요, 생가래가?

－ 어?

생가래.

－ 저 저 거시기 가래?

예.

－ 어.

－ 가래는 고것이 가래는 그것이 저기 거시기 옛날에 이 논둑에 논, 논둑 이렇게 있는데 앞을 여기 깎으면 여기 막 무너진 구멍도 있고 쥐가 구멍도 내고 하잖아.

－ 그래 여기를 갈아 가지고 이 흙을 갖다가 여기에다 붙여서 여기에다가 발라 붙여야 되잖아.

－ 그래 발라 붙이는데 이것을 이 혼자서 삽으로 떠 붙여서 하려고 하면 대근하잖아.

－ 옛날에는 가래를 하나가 대면 저기에서 둘이 가래를 둘이 잡아당긴다고

－ 잡아당기니까 갖다가 요것만 조정해서 갖다가 붙이면 되는 거야. 힘은 갖다가 대기만 하면 저기에서 잡아당기니까 힘이 안 드는 거야. 그래서 갖다가 붙이고, 붙이고 그것이 그래서 그 가래, 가래질 한다고 그러잖아.

－ 앞둑(을) (흙으로) 바르는 것을 가래질 한다고 그런다고.

－ 그래 그것이.

아까 극젱이질 할 때 생가래 생기는 것은 그것은 무슨, 무엇이라, 무엇을 생가래라고 그래요?

－ 그 저기 극젱이질 할 때 생가래 지는 것은 글쎄 그것은 골 짓는데 잘못하면 생가래 생긴다고 그렇게. 잘 할 줄 모르면 이 흙을 극젱이 이것을 쥘 적에 이것을 잘못 쥐어서 잘못 대면 이게 전부 생가래가 된다고.

생가래?

- 생가래넌 앙 갈링 개 되넝 기여. 흐기 읍써 흐기, 흐기.
- 인재 잘하머넌 흐기 생가래 읍씨 잘 하머넌 흐기 망:코, 흐기 마나서 그냥 호, 소시랭, 저 그 꽹이루 머 씨갑씨10) 싱굴 쩌개두 호, 호맹이루 그 엽땡이루11) 이러카구서 이르캐 느꾸, 느꾸루(두) 하지만 이개 잘 안 되면 전부 쌩그라나설랑언12) 호맹이루 다: 떠 글거서 구녁, 흐걸 맨드러야 여기 는넌다고.
- 그래 그거시 이: 그 훌쨍이질 하넝 거뚜 기술짜라고.
- 그개 자라는 사래미 이꾸 모다넌 사래미 이써. 모다 아주 모다넌 사라먼 응: 모디야.

그걸 머라 그래요, 생가리라 그래요, 생가래라 그래요?
- 에 새, 그래잉깨 인재 이거넌 아 땅이 안 닉, 안 파징 거넌 생가리라고 하고.

생가리?
- 생가리.
- 생, 안 니거따넌 내기여. 마라자먼 땡이 안 니거따넌 내기여, 생가리.

생가리.
- 으, 생가리.
- 가고 인재, 재 잘, 잘:됭 거넌 에: 참 잘, 잘:됭 거슨 잘 이긍 거지 마라자믄.
- 생가리 갈:기 생가리 되기 갈:머넌 씨럴 모: 뿌친다13) 이개여.
- 그래서 인재 이렁 거 할 쩌개넌 이렁 거 자라넌 사라멀 자:꾸 차자 댕기머 그 사라멀 으:들라구 한다고.
- 이:리 배가 빨른, 빨른대. 이: 자라넌 사라미 해노먼 이:랄 끼 읍써.
- 근대 모다넌 사라미 하머넌 칭:일 해두 얼마 모다넝 거여. 전부 호맹이루다 파야 되닝깨.
- 게 그렁 거여 그개.

- 생가래는 안 갈린 것이 되는 거야. 흙이 없어 흙이, 흙이.

- 이제 잘 하면 흙이 생가래 없이 잘 하면 흙이 많고, 흙이 많아서 그냥 호(미), 쇠스랑, 저 그 괭이로 뭐 씨를 심을 적에도 호, 호미로 그 옆을 이렇게 하고서 이렇게 넣고, 넣고 하지만 이게 잘 안 되면 전부 생가래가 나서는 호미로 다 또 긁어서 구멍, 흙을 만들어야 여기 넣는다고.

- 그래 그것이 에 그 극젱이질 하는 것도 기술자라고.

- 그것을 잘하는 사람이 있고 못하는 사람이 있어. 못하(는) 아주 못하는 사람은 영 못 해.

그것을 뭐라고 해요, 생갈이라고 해요, 생가래라고 해요?

- 에 새, 그러니까 이제 이것은 아 땅이 안 익(은), 안 파진 것은 생갈이라고 하고.

생가리?

- 생갈이.

- 생, 안 익었다는 얘기야. 말하자면 땅이 안 익었다는 얘기야, 생갈이는.

생갈이.

- 응, 생갈이.

- 그리고 이제, 이제 잘, 잘된 것은 에 참 잘, 잘된 것은 잘 익은 것이지 말하자면.

- 생갈이 갈게 생갈이가 되게 갈면 씨를 못 붙인다 이거야.

- 그래서 이제 이런 것 할 적에는 이런 것을 잘하는 사람을 자꾸 찾아다니면서 그 사람을 얻으려고 한다고.

- 일이 배가 **빠른(데)**, 빠른데. 이 잘하는 사람이 해놓으면 일할 것이 없어.

- 그런데 못하는 사람이 하면 종일 해도 얼마 못하는 거야. 전부 호미로 파야 되니까.

- 그래 그런 거야 그것이.

4.2 포도농사

그:: 그: 서콰리는 석콰:, 서콰에 돌꼬지애서는 주로 어떤 니:를 마:니 해
써요, 이:를 할때. 농촌-이자너요?

 － 농초내 지금: 하는 저 농사진넝 거?

예.

 － 농사진넝 건 에: 그저내넌, 옌:나래넌 거시기 머여, 베농사하고 버리
농사배끼 움써찌만: 인재 글:래 와서 포도농사럴 하지요.

 － 글:래 와서 포도농사가 시방 천:부 포도농사여.

 － 그개 왜, 이 옥천구:내 포도가 젤: 먼저 시자칸 데가 거기예요.

얼마나 대써요, 포도 시문지가?

 － 에? 어.

얼마나 되:써요, 포도 농사 한지가?

 － 포도:: 한 이거야...

 － 한 삼심 년, 사:심 년 이상 돼... 한, 보자 우리가 한 사:심 년 이상
돼따고.

옌:나래는 저 베농사...

 － 사:심 년, 사:심 년 이상 돼:따고.

옌:나래는 인제...

 － 그: 저내는 전부 저 베농사 지꾸 머여 버리농사배끼 안 지어따고.

 － 인자 고:, 고 새가내[14] 요: 포도농사 하기 저내: 에: 해방 되구서 인
재 차뫼농살 더러덜 해:찌.

 － 차뫼 농사, 수방 농사 그라고선 인재 그건 머여:, 얼매 안 해:따고.
아나구서 인재 포도 시자카먼서 전부 포도농사 지어찌.

그 그 석화리는 석화, 석화, 돌꼬지에서는 주로 어떤 일을 많이 했어요, 일을 할 때. 농촌이잖아요?

─ 농촌에 지금 하는 저 농사짓는 것?

예.

─ 농사짓는 것은 에 그전에는, 옛날에는 거시기 뭐야, 벼농사하고 보리농사밖에 없었지만 이제 근래에 와서 포도농사를 하지요.

─ 근래에 와서 포도농사가 지금 전부 포도 농사야.

─ 그게 왜, 이 옥천군에 포도를 제일 먼저 시작한 데가 거기예요.

얼마나 되었어요, 포도 심은 지가?

─ 예? 응.

얼마나 되었어요, 포도 농사 한 지가?

─ 포도 한 이거야...

─ 한 삼십 년, 사십 년 이상 되었... 한, 보자 우리가 한 사십 년 이상 되었다고.

옛날에는 저 벼농사...

─ 사십 년, 사십 년 이상 되었다고.

옛날에는 이제...

─ 그 전에는 전부 저 벼농사 짓고 뭐야 보리농사밖에 안 지었다고.

─ 이제 고, 고 사이에 요 포도농사를 하기 전에 에 해방이 되고서 이제 참외농사를 더러 했지.

─ 참외 농사, 수박 농사 그리고는 이제 그것은 뭐야, 얼마 안 했다고. 안 하고서 이제 포도 시작하면서 전부 포도농사 지었지.

4.3 논농사

예:저내 저기 이제 쪼꼼 또 다릉 거 이제 농사진:능 거 여쭤 보깨요.

- 어?

농사진:능 거.

- 어:.

벼:가 이 익, 잉는 게 일찌깅능 거뚜 이꾸 느깨 잉능 거뚜 이꾸 그르치요?

- 베?

예.

- 그르치요.

그:거 이르미 다르지요?

- 그건 인재 조:생종 인재 만생종 그르치.

머가 일찍 잉능 거요?

- 근대 에: 지금:: 아: 그저내넌 그저내 이 우 우리나라 통일벼 하기 저내넌 머 엔:나래 엔:나래 사무 해 내러오덩 거 다마그미라덩가15) 아구 뻬라덩가16) 이렁 기 이써써.

- 건대: 지그먼 그거 싹: 읍써저꼬: 싹 읍써저꼬 인재 그 통일베: 그 통일베루 농사지닝깨 수작 수해기 엄청하자나.

- 그 인재 그개 인재 엔:날거치 모쌀고 엔:날거치 배가 고풀 때 가트 먼 그눔 마:니 하지만 지그먼 전부 가춰:구 마신닝 걸루 해 머글라구 하니 깨 그 농사 인재 암:두 아나자나.

- 아나넌대 현:재 지금 농사진닝 걸 보머넌 농사** 이: 그 바벌 해 머 거 보머넌 나라건17) 꺼태 봐선 나라긴대 싸런 싸린대: 마시 읍써.

- 마시 우꾸 에: 그전거치 이르캐 해: 노먼 번들번드라개 지르미 흘르 들 안 한다고 끄실끄시랑 기가18) 이따고.

예전에 저기 이제 조금 또 다른 것 이제 농사짓는 것 여쭈어 볼게요.

― 어?

농사짓는 것.

― 응.

벼가 이 익. 익는 것이 일찍 익는 것도 있고 늦게 익는 것도 있고 그렇지요?

― 벼?

예.

― 그렇지요.

그것 이름이 다르지요?

― 그것은 이제 조생종 이제 만생종 그렇지.

뭐가 일찍 익는 것이예요?

― 그런데 에 지금 아 그전에는 그전에 이 우, 우리나라 통일벼 하기 전에는 뭐 옛날에, 옛날에 사뭇 해 내려오던 것 다마금이라든가 아구벼라든가 이런 것이 있었어.

― 그런데 지금은 그것이 싹 없어졌고, 싹 없어졌고 이제 그 통일벼 그 통일벼로 농사지으니까 수학 수학이 엄청나잖아.

― 그 이제 그게 이제 옛날같이 못 살고 옛날같이 배가 고플 때 같으면 그놈 많이 하지만 지금은 전부 갖추고 맛있는 것으로 해 먹으려고 하니까 그 농사 이제 아무도 안 하잖아.

― 안 하는데 현재 지금 농사짓는 것을 보면 농사** 이 그 밥을 해 먹어 보면 나락은 겉으로 봐서는 나락인데 쌀은 쌀인데 맛이 없어.

― 맛이 없고 에 그전같이 이렇게 해 놓으면 번들번들하게 기름이 흐르지를 않고 가실가실한 기가 있다고.

- 그거시 뭐냐: 마라자먼 그 수화걸 망:캐 하기 위해설랑언 에: 그전
옌:날 그 조혼 아끼바래라19) 이런 게예다가설랑언 통일베럴20) 교배시켜
가주서 잡쫑얼 맨드러 농 거여.

- 그래니 키가 요망크마자나. 시방 그래 그거뚜 왜 그거뚜 인재 자기
가 아 자기가 모짜리럴 해서 자기가 농사진년 사라먼: 에: 잘 가좌서 자기
마, 마신녕 걸루다가서 에 아끼바래 씨럴 종자럴 귀해21) 가주 그누멀 해
서 싱구고, 그걸 자기 소느루 모다구서 순저나개 그: 모심년 사람한티다
가 매끼머넌 그 사람내년 어트카넝고 하니 이: 오째든지간 일: 능뉴럴 올
리기 위해설랑언 키 자:근 노멀 자꾸 한다고.

- 그러면 빌: 쩌개 키 쿵 거넌 빌 쩌개 배:가 히미 드러 기개가.

- 그러쿠 싱굴 쩌개두 싱갱이22) 나뿌고 에: 뒤여 소도칼 째23) 나뿌고.

- 이 키 자궁 거넌 소도카기두 조쿠: 타자카는대두 기양 대번 뭐여 비
년 아주 수워라고 이러니깨 전부 키 요르캐 자궁 걸루 한다고.

- 근대 인재 그거시: 그전 나락뽀단24) 수화건 마:나, 마:나두 밤마시
읍써:.

- 옌:나래 에: 또 그 그저:, 그저내년 아급뻬25) 머 어 토목쪼26) 머 이
렁 기 이써찌만 그렁 건 간 지가 오래고: 이 글래애 나와설랑언 또 조:타
고 하녕 게 아끼바리라구27) 하녕 게 이게 그애 일번써 종자 가주와따넝
거여.

- 근대 그거뚜 조:커던 조은대 인재 그거뚜 안 한다고.

- 그거뚜 키가 크자나. 그래 그거루 하머넌 이 사람내가 기개 가주구
와서 나중애 즈:가28) 다: 비:넝 게잉깨 심드러.

- 그라니깨 그걸 아나능 거여 아나구서 전부 키 자궁 걸루 싹: 싱궈준
다고.

아까 저기 일찍 수학하는 거:는 머라구 해써요?

- 조생종?

― 그것이 뭐냐 말하자면 그 수확을 많이 하기 위해서 에 그전 옛날 그 좋은 아끼바레나 이런 것에다가 통일벼를 교배시켜 가지고서 잡종을 만들어 놓은 거야.

― 그러니 키가 요만큼 하잖아. 지금 그래 그것도 왜 그것도 이제 자기가 아 자기가 못자리를 해서 자기가 농사를 짓는 사람은 에 잘 갖춰서 자기 마, 맛있는 것으로 에 아끼바레(추청벼) 씨를 종자를 구해 가지고 그놈을 해서 심고, 그것을 자기 손으로 못 하고 순전히 그 모심는 사람한테 맡기면 그 사람들은 어떻게 하는고 하니 이 어쨌든간에 일의 능률을 올리기 위해서 키 작은 놈을 자꾸 한다고.

― 그러면 벨 적에 키 큰 것은 빌 적에 배의 힘이 들어, 기계가.

― 그렇고 심을 적에도 *** 나쁘고 에 뒤에 소독할 때 나쁘고.

― 이 키가 작은 것은 소독하기도 좋고 타작하는데도 그냥 대번 뭐야 베는 아주 수월하고 이러니까 전부 키가 요렇게 작은 것으로 한다고.

― 그런데 이제 그것이 그전 벼보다 수확은 많아, 많아도 밥맛이 없어.

― 옛날에 에 또 그 그전, 그전에는 아급벼 뭐 어 토목조 뭐 이런 것이 있었지만 그런 것은 간지가 오래고 이 근래에 나와서 또 좋다고 하는 것이 아끼바리라고 하는 것이 이것이 그래 일본에서 종자를 가져왔다는 거야.

― 그런데 그것도 좋거든 좋은데 이제 그것도 안 한다고.

― 그것도 키가 크잖아. 그레 그것으로 하면 이 사람들이 기계 가지고 와서 나중에 저희가 다 베는 것이니까 힘들어.

― 그러니까 그것을 안 하는 거야 안 하고서 전부 키가 작은 것으로 싹 심어준다고.

아가 저기 일찍 수확하는 것은 뭐라고 했어요?

― 조생종?

느깨 하능개...

- 느 느깨 하녕 일찌카녕 거년 조:생종이구 만생 저 거시기 느깨 하녕 건 만생종이고.

그 중간쯤 하녕 건뇨?

- 그 인재 그 근대 여기년 거:쟨 다: 에 조생종으로 다 일찍 다 해뻐려.

- 에: 중생종이야 하지.

- 에: 그른대 보잉깨 저:런 산꼬래 마라자먼 산꼬래 에 이른 산꼴 저 다냥 거튼 그른 산꼴짜개 어: 태양 얼:매 모:빤년대 이런댄 아:주 조생종 으로 한다고.

- 그래설랑언 지금: 쪼꼼 이씨먼 그런 데년 나락 패서 누러캐 잉넌다고.

- 그개 인재 그기 조:생종이여. 근대 그거시: 그거뚜 나년 수하건 거진 나오넌대 밤마시 웁띠야 그개.

- 그러커니 에: 옌:나래 좁싸리나 보리밥보단 나:짜나 우째껀.

그 벼농사진는 과정 이짜너요?

- 응.

고거줌 함 번 처음부터 어트개 하는지 씨, 씨부터 인재 하자너요?

- 그르지요.

거기서부터 쭉: 캐서 저기 타자카는 대까지 함 번 순서대루 죽: 얘기해 주세요.

- 헤헤헤헤 그래 그래.

머 논 갈구 머 머 매:구 이렁 거 다 하이튼 씨 씨:...

- 예예예:

- 처뻐내 인자: 그째 처뻐내 인재 종자:럴 어 종자럴 언재든지 씬나라 건29) 따루 해 는다고, 에 씬나락 따루 해 놔따가서 거슨 고놈 씬나라캐설 랑언 에: 마라자머넌 소곰무래다가 이래 소고멀 노겨 가주구서 소곰무래 다가설랑언 게라널 요로캔- 당과설랑언 게라니 돈짱만:치 뵈이머넌 뜨능 개 돈짝만치 뵈이머넌 요기다가서 나라걸 불 꺼 거트먼 엉가난 쭈그랭

늦게 하는 것이...

－ 늦, 늦게 하는, 일찍하는 것은 조생종이고 만생, 저 거시기 늦게 하
는 것은 만생종이고.

그 중간쯤 하는 것은요?

－ 그 이제 그 그런데 여기는 거지반 다 에 조생종으로 다 일찍 다 해버려.

－ 에 중생종이야 하지.

－ 에 그런데 보니까 저런 산골에 말하자면 산골에 에 이런 산골 저 단
양 같은 그런 산골짝에 어 태양 얼마 못 받는데 이런 데는 아주 조생종으
로 한다고.

－ 그래서 지금 조금 있으면 그런데는 벼가 패서 누렇게 익는다고.

－ 그것이 이제 그것이 조생종이야. 그런데 그것이 그것도 나는 수학은
거지반 나오는데 밥맛이 없대 그게.

－ 그렇지만 에 옛날에 좁쌀이나 보리밥보다는 낫잖아 어쨌거나.

그 벼농사짓는 과정 있잖아요?

－ 응.

그것 좀 한 번 처음부터 어떻게 하는지 씨, 씨부터 하잖아요?

－ 그렇게 하지요.

거기서부터 죽 해서 저기 타작하는 데까지 한 번 순서대로 죽 얘기해 주세요.

－ 헤헤헤헤 그래 그래.

뭐 논 갈고 뭐 뭐 매구 다 하이튼 씨 씨...

－ 예예예.

－ 첫 번에 이제 글세 첫 번에 이제 종자를 에 종자를 언제든지 볍씨는
따로 해 넣는다고, 에 볍씨 따로 해 놓았다가 그것은 그놈 볍씨를 해서
에 말하자면 소금물에다가 이렇게 소금을 녹여 가지고 소금물에다가 계
란을 요렇게 담가서 계란이 돈짝만큼 보이면 뜨는 것이 돈짝만큼 보이면
여기에다가 볍씨를 부을 것 같으면 엔간한 쭉정이는 다 떠, 다 뜨고 이제

이 다 떠, 다 뜨구 인재 조은 놈만 미꾸녀개30) 가라안녕 기여.

― 조은 놈 가라앙꾸 인재 이눔 다: 건저 내뿌리구설랑언 조은 놈만 가려 논 고놈만 뭐여 씨처31) 가주서루 고놈만 인저 당군다고32) 당과서 인재 한 삼사일 당과 놔따가서 모짜리 하구서 모짜리 가따 뿌리구서: 뿌려서 인재 모짜리 하지요, 그걸루.

― 그러면 인재 엔:나랜 지그면 저 기개루 하잉깨 기개가 기개 파니다 모두 하잉깨 그냥 하지만 엔:나랜 그르캐서넌 가딸- 기양 모파내다가 가서 막 뿌려서 해: 가주서루 그눔 식쩌내 가서 전:부 쩌.

― 에 기양 한 여나무니 가서 전부 그누멀 쩌33) 가주구 식쩌내 해:전34) 싱굴 꺼 식쩌내 다: 쩌야 되닝깨 식쩌내 다: 쩌 가주설랑언 무꺼서 전:부 해 노쿠서 인재 삼:년대루 자꾸 한쪼개선 살머 나가잉깨 삼:년대루 가따 지버 느머넌 모싱구넌 사람 따라댕기머 자꾸 인재 여:러시 따라댕기머 싱궈찌요, 그르캐.

― 싱구머넌 인재 그눔 싱궈서 에: 사:시빌...

거 무꿍걸 머:라 그래요?

― 머.

― 쩌:서 무꿍 거.

― 무꿍 거 모춤.

모춤.

― 음, 모춤.

― 익 무꿍 거 모추미라구 하지.

― 그거 인재 그눔 무꺼서 저기 해: 노쿠서...

그거 아무러캐나 이르캐 뭉능 게 아니지요?

― 아:무캐나 뭉능 기, 아:무캐나 무꾸면 빼:기가 나빠.

그래니까요.

― 그르잉깨 고고뚜 요로캔- 빼: 가주, 인재 그:뚜 이 일:꾼더리나 그러

좋은 놈만 밑에 가라앉는 거야.

— 좋은 놈 가라앉고 이제 이놈 다 건져 내버리고서 좋은 놈만 가려 놓은 그놈만 뭐야 씻어 가지고서 그놈만 이제 담근다고 담가서 이제 한 삼사일 담가놓았다가 못자리 하고서 못자리에 갖다 뿌리고서 뿌려서 이제 못자릴 하지요, 그것으로.

— 그러면 이제 옛날에는 지금은 저 기계로 하니까 기계가 기계 판에다 모두 하니까 그냥 하지만 옛날에는 그렇게 해서는 갖다 그냥 모판에다가 가서 막 뿌려서 해 가지고 그놈 식전에 가서 전부 쪄.

— 에 그냥 한 여남은 명이 가서 전부 그놈을 쪄 가지고 식전에 하루 종일 심을 것을 식전에 다 쪄야 되니까 식전에 다 쪄서는 묶어서 전부 해 놓고서 이제 삶는 대로 자꾸 한쪽에서는 삶아 나가니까 삶는 대로 가져다가 집어넣으면 모 심는 사람을 따라다니며 자꾸 이제 여럿이 따라다니며 심었지요, 그렇게.

— 심으면 이제 그놈 심어서 에 사십일...

그 묶은 것을 뭐라고 해요?

— 뭐.

— 쪄서 묶은 것.

— 묶은 것 모춤.

모춤.

— 응, 모춤.

— 이것 묶은 것 모춤이라고 하지.

— 그것 이제 그놈 묶어서 저기 해 놓고서...

그것 아무렇게나 이렇게 묶는 것이 아니지요?

— 아무렇게나 묶는 것이, 아무렇게나 묶으면 빼기가 나빠.

그러니까요.

— 그러니까 그것도 요렇게 빼가지고. 이제 그것도 이, 일꾼들이나 그

캐 하지 지금 머여 거시기 심:마이더렁35) 그걸 모:디야:.

― 그냥 아:무캐나 쩌서 그냥 망 무꺼버리여. 건대 엔:나래 이:를 계속
에 죽: 해 해온 사람더런 딱: 찌머넌 요렁요렁 찌머넌 쩌설랑언 요로캐 노
쿠 노쿠 해서 요거 세, 세: 개럴 느먼 한, 한 추미 디야.

― 세: 개 노먼 요로캐 꽈:서 요로캐 가따 무끄니까 꼭 한 주먹씩 쏙쏙
빼이머넌 흐트러지덜 안 한다고.

― 그런대 지그먼 그냥 한태 그냥 항꺼버내 막 이르캐 쩌 가주구 이르
카먼 마리여 빼만 이개 흐트러진다고.

― 그래 흐트러지머넌 싱:구기가 나뿌자나. 게 그저내넌 고로캐서 세,
세: 개럴 이르캐 한 추매다 이르캐 세, 세: 버널 해서 이르캐 무꺼노먼 따
루따루 가새지개36) 이르캐 무꺼 노잉깨 고놈 쏙 빼머넌 하나두 안 흐트
러지구 고대루 이꾸 또 이눔 쏙 빼버리구 고래서 싱:구기가 조:치.

― 고로캐 해설랑언 에: 해:꼬: 지그먼 그르캐 하넌 사람 웁:써:.

그저내 그 씨:는 저 소도근 안 해요? 소금무래 그거 당구구 나서?

― 아: 그저내두 저 어: 씬:나락 당굴 쩌개 그 인재 그 아까 소금무래다
가 당과설랑언 인재 건저낸 눔 당과서 거시기 인재 씨처서 당굴 쩌개 그
때 인재 소독, 소도칸다구.

― 그 때 인재 소동냥 사다가 고기애서 저 얼매 물 얼매 타라구 하는
냥이 이써. 고놈 타 가주서 얼매먼 얼매 타야 되구 하넌 상이 이따고.

― 그눔 인재 고기다가서 타 가주설랑언 그 당군 무래다가 분넝 기여
부어서 회회 전녕 기여. 저꾸서 거기서 당구넝 기여.

― 그라먼 하루 쩌녀글 뒤:따 이십사시가널 뒤:따 그 이튼날 이재 깨:끄
시 또 씨처서 다시 새루 또 당군다구.

― 소독 소도캉 걸 소동 무럴 싹 깨끄시 시처낸다고.

― 그르키 인재 하고 인저 다:....

몰 모짜리는 어티개 맨드러요?

렇게 하지 지금 뭐야 거시기 신참들은 그것을 못해.

― 그냥 아무렇게나 쪄서 그냥 막 묶어 버려. 그런데 옛날에 일을 계속에 죽 해온 사람들은 딱 지면 요렇게 요렇게 찌면 쪄서 요렇게 놓고 놓고 해서 요것 세, 세 개를 넣으면 한, 한 춤이 돼.

― 세 개 놓으면 요렇게 꽈서 요렇게 갖다 묶으니까 꼭 한 주먹씩 쏙쏙 빼면 흐트러지지 않는다고.

― 그런데 지금은 그냥 한데 그냥 한꺼번에 막 이렇게 쪄가지고 이렇게 하면 말이야 빼면 이것이 흐트러진다고.

― 그래 흐트러지면 심기가 나쁘잖아. 그래 그전에는 그렇게 해서 세, 세 개를 이렇게 한 춤에다 이렇게 세, 세 번을 해서 이렇게 묶어 놓으면 따로따로 가새지게 이렇게 묶어 놓으니까 그놈 쏙 빼면 하나도 안 흐트러지고 그대로 있고 또 이놈 쏙 빼버리고 그래서 심기가 좋지.

― 그렇게 해서 에 했고 지금은 그렇게 하는 사람 없어.

그전에 그 씨는 저 소독은 안 해요? 소금물에 그것 담그고 나서?

― 아 그전에도 저 어 볍씨 담글 적에 그 이제 그 아까 소금물에다가 담가서 이제 건져 낸 것 담가서 거시기 이제 씻어서 담글 적에 그 때 이제 소독, 소독한다고.

― 그 때 인제 소독약 사다가 거기에서 저 얼마 물 얼마 타라고 하는 양이 있어. 그놈 타가지고 얼마면 얼마 타야 되고 하는 양이 있다고.

― 그놈 이제 거기에다 타가지고 그 담근 물에 붓는 거야 부어서 휘휘 젓는 거야. 젓고서 거기다가 담그는 거야.

― 그러면 하루 저녁을 두었다가 이십사시간을 두었다가 그 이튿날 이제 깨끗이 또 씻어서 다시 새로 또 담근다고.

― 소독 소독한 것을 소독 물을 싹 깨끗이 씻어낸다고.

― 그렇게 이제 하고 이제 다...

못, 못자리는 어떻게 만들어요?

- 어?

모자리.

- 모자리는 머여 가라 가주구서루 가라 가주구선 인재 옌:나래넌 소루 전부 살마짜나.

- 소루 살마서 모짜리 살마 가주구설랑언 파널 딱:딱 끄너서 에 이르 캐 한 판씩 끄녀 가주설랑언 에 그럼.

요로:캐 요로캐,

- 그러치요.

그개 파니예요, 함 판.

- 어 고로캐 이르캐 끈넌다고.

- 한 한 번 싹: 살마 노쿠서루 살마 노쿠서 뺑:: 도로가면서 파 올린다 고 흐걸.

- 파올리머넌 에: 인재 이 무리 이런대 인넌 무리 양 또랑으루 전부 해서 싹 빠저나가자나. 그러면 인재 범버-그틍검만 남녕 거여. 범버-그틍 거만 나무만 여기다 줄 대구 양짜개서 사라미 이짜개 하나씩 시구서 줄 대구서 딱딱 서서 끄녀. 끄녀서 인재 파널 맨드닝 기여.

- 능: 짜 파이면 능: 짜 판 슥: 짜 파이면 슥: 짜 파널 맨드닝 기여.

- 맨드러 가주서 인저 고래 노쿠서 인재 말리지.

고기 저 줄 대구 끄늘 때 거기 이르캐 파 가주구 골: 맨드능 거지요?

- 그르지요.

- 이 이 끄늘 쩌갠 이눔 줄 대구 딱 끄느면 마리지 삽 꽹이 가주구서 삭삭삭 끄러 올리구 *** 또랭이 지퍼저. 이 저 사무.

- 그라면 인재 이거, 요노면 파널 요러캐서 인재 이르키 번지루다 다 저 나가면 반::드타개 된다고.

- 그라면 인재 고로캐설랑언 이거 건딜면 안 되지 거 울털울털해[37] 안 되잉깨 고대::루 말리닝 기여.

ㅡ 어?

못자리.

ㅡ 못자리는 뭐야 갈아 가지고 갈아 가지고는 이제 옛날에는 소로 전부
삶았잖아.

ㅡ 소로 삶아서 못자리 삶아 가지고 판을 딱딱 끊어서 에 이렇게 한 판
씩 끊어 가지고 에 그럼.

요렇게 요렇게.

ㅡ 그렇지요.

그게 판이예요, 한 판.

ㅡ 어 그렇게 이렇게 끊는다고.

ㅡ 한, 한 번 싹 삶아 놓고서 삶아 놓고서 뻥 돌아가면서 파 올린다고
흙을.

ㅡ 파 올리면 에 이제 이 물이 이런 데 있는 물이 양 도랑으로 전부 해
서 빠저 나가잖아. 그러면 이제 범벅 같은 것만 남는 거야. 범벅 같은 것
만 남으면 여기에다 줄 대고 양쪽에서 사람이 이쪽에 하나씩 서고서 줄
대고 딱딱 서서 끊어. 끊어서 이제 판을 만드는 거야.

ㅡ 넉 자 판이면 넉 자 판 석 자 판이면 석 자 판을 만드는 거야.

ㅡ 만들어 가지고 이제 그렇게 해 놓고서 이제 말리지.

고기 저 줄을 대고 끊을 때 거기 이렇게 파 가지고 골 만드는 거지요?

ㅡ 그렇지요.

ㅡ 이이 끊을 적에는 이놈을 줄 대고 딱 끊으면 말이지 삽과 괭이를 가
지고 삭삭삭 끌어 올리고 *** 도랑이 깊어져. 이 저 계속.

ㅡ 그러면 이제 이것, 요놈은 판을 요렇게 해서 이제 이렇게 번지로 다
져 나가면 반듯하게 된다고.

ㅡ 그러면 이제 그렇게 해서는 이것을 건드리면 안 되지. 그것이 울퉁
불퉁해서 안 되니까 그대로 말리는 거야.

- 마똥38) 말리머넌 에: 바쏭39) 말려서 어너 정도 말르머넌40) 인재:- 인재 물 댄다고.

- 물 대:머넌 인재 무리 맬:가치.

- 그냥 대:먼 흑텅무리 되지만 이누먼 바쌍 말라씨잉깨 배, 무리 드러오넌 무리 기양 말:가캐 댄:다구 대: 노쿠 인재 오, 낼: 아치매 씨:나락 뿌릴라구 하면 오놀 대:설랑언 해 노쿠설랑언 물 마:치마깨 해 노쿤 낼 아치매 가서 씨:- 뿌린다고.

- 게 이거뚜 에: 아치매 썰물41) 드러올 쩌개 썰물 썰물 드러올 째 고시가니 지그무루 한 일곱씨: 다서씨: 일곱씨 바이나 여서씨 반 고로캐 되먼 그 썰무리 바다애 썰무리 들랑날락 한디야. 근대 고때애 잘 모타머넌 씬나라기 다 몰려 뻐리여. 몰려 버려 막 한태루 이르캐 망 몰처42) 버려 그럼 새루 하야 히야. 게 그르카면 날려 가주고, 이:상항 거지.

- 게 아:무 거뚜 흔들지두 아난는대 그르캐 한트루 자:꾸 몰려 뻐린다구 한트루 뚤뚤뚤뚤 몰려 뻐려. 그럼 모짜리가 안 되자나.

- 게 인재 고것설 어: 비해설랑언 인재 헌치 헌처서43) 또:까치 해 노코 나중애 인재 키우먼 그눔 쩌:서 싱구넌대, 인재 다: 싱궈 노머넌, 엔:나랜 전부 줄 대구서 이르캐 싱궈설랑언 해 노코서, 에: 그저낸 전부 푸마시 해서 한 번 누 집 모럴 싱구루 간다고 하머넌 가머넌 한: 열댄 명씩 한: 이심 명씩 항꺼버내 몰려 댕기거덩.

- 이거 혼자 서너시넌 모다거덩 이기 워내.

- 이개 그르캐 해서 딱: 싱궈 노쿠서루 인저 한 사:시빌 사시빌 저 한, 한 달 한 달찜 인재 되머넌 한 달찜 되먼 인재 땅내마터서44) 검실검실 항45) 게 포기두 요망큼 벌:구 그리야.

- 그라면 그 때애 인재 논매지. 그 때는 전부 호매~이로 매:짜너 전부 호매~이로.

- 호매~이로 매: 가주고 에: 약 이트리나 사밀 뒈따가서 인재 홈:친다구46).

- 바싹 말리면 에 바싹 말려서 어는 정도 마르면 이제, 이제 물 댄다고.
- 물 대면 이제 물이 말갛지.
- 그냥 대면 흙탕물이 되지만 이놈은 바싹 말랐으니까 배, 물이 들어오면 물이 그냥 말갛게 댄다고 대놓고 이제 오(늘), 내일 아침에 볍씨 뿌리려고 하면 오늘 대서 해 놓고 물 마침맞게 해 놓고는 내일 아침에 가서 씨 뿌린다고.
- 그래 이것도 에 아침에 썰물 들어올 적에 그 시간이 지금으로 한 일곱 시, 다섯 시, 일곱 시 반이나 여섯시 반 그렇게 되면 그 썰물이 바다에 썰물이 들락날락 한대. 그런데 그 때 잘못하면 볍씨가 다 몰려 버려. 몰려 버려 막 한데로 이렇게 막 몰려 버려 그러면 새로 해야 해. 그래 그렇게 하면 날려 주가지고, 이상한 것이지.
- 그래 아무 것도 흔들지도 않았는데 그렇게 한데로 자꾸 몰려버린다고 한데로 뚤뚤뚤뚤 몰려 버려. 그러면 못자리가 안 되잖아.
- 그래 이제 그것에 에 비해서 이제 흩뿌려 흩뿌려서 똑같이 해놓고 나중에 이제 키우면 그놈을 쪄서 심는데, 이제 다 심어 놓으면, 옛날에는 전부 줄 대고 이렇게 심어서 해놓고, 에 그전에는 전부 품앗이해서 한 번 누구네 집에 모를 심으러 간다고 하면 가면 한 열댓 명씩 한 이십 명씩 한꺼번에 몰려다니거든.
- 이것이 혼자(나) 서넛이는 못하거든 이것이 워낙.
- 이것이 그렇게 해서 딱 심어놓고서 이제 한 사십 일 사십 일 저 한, 한 달 한 달쯤 이제 되면 한 달쯤 되면 이제 땅내맡아서 검실검실한 것이 포기도 요만큼 벌고 그래.
- 그러면 그 때 이제 논매지. 그 때는 전부 호미로 매었잖아 전부 호미로.
- 호미로 매어 가지고 에 약 이틀이나 삼일 두었다가 이제 훔친다고.

- 훔처서 점점 풀 커틍 거 죄 주서 내서 해 노쿠서 물 쪽 빼구 나먼 에 모짜리마냥 그러캐 되넝 기여 모짜리마냥 범벙마냥 반:드타개 되넝 기여.

- 그러먼 인재 풀두 하나두 우꾸, 그러먼 인재 또 말리넝 기여 바:싹, 바:쌍 말리야 이누미 발빠대기 안 드러가두룩 말러야 나라기 된다고, 추지만47) 안 된다고.

- 갬 바:쌍 말르머넌 다: 말라서 웅그리미48) 압뚜개넌49) 웅그리미 척척 가구 이르카머넌 인재 또 그 때 물 댄:다고.

- 물 대:서 인재 비:루 헌치구 에 비:루 헌치구설랑언 인재 그 인재 물, 물 대:구설랑 물 대:구선 인재 물 대:구서, 엔:나래넌 엔:날 싸람더런 에: 마라자머넌 이 물 대:기 저내 마르이루 가따 비:루 헌처따고.

- 건대 지그먼 이이 농촌지지서50) 지도서에설랑 전부 교:육 하기, 게 전부 농사진넌 버비 조꼼 달라져찌.

- 그애 지그먼 그르캐 바쌍 말려 노쿠 무럴 대: 노쿠 물럴 조은 무럴 까러 노쿠 비루루 헌친다구.

- 그래이 엔:날...

머를 언처요?

- 어?

머를 언처요?

- 비:류 비:류 비:류 비류.

- 인재 그 때 비:류 주야 되자너. 비:류 준대 그 때애 인재 물 대: 가 주설랑언, 에: 물 대:기 저내, 엔:나래넌 물, 논 말려 노코서 그 우예다가 그냥 비:루 언치구 무럴 대:따고.

- 그라머넌 어트개 되너냐 이거넌 함 번 헌치머넌 그개 기개가 아닌 이상 마:니 떠러지넌대 이꾸 즉깨 떠러지넌대 이꾸 이르차나. 그럼 마:이 떠러진대넌 너머 되고51) 즉:깨 떠러진대넌 안 되고 움평둠평 움평둠평 이르차너. 쪽: 고르게 안 되고 게 인재 지그먼 에: 빠쌍 말려 가주구 무럴

− 훔쳐서 풀같은 것 죄다 주어내서 해 놓고서 물 쪽 빼고 나면 에 못 자리처럼 그렇데 되는 거야 못자리처럼 범벅처럼 반듯하게 되는 거야.

− 그러면 이제 풀도 하나도 없고, 그러면 이제 또 말리는 거야 바싹, 바싹 말려야 이놈이 발바닥이 안 들어가도록 말러야 나락이 된다고, 추지면 안 된다고.

− 그래 바싹 말르면 다 말라서 응그름이 앞둑에는 응그름이 척척 가고 이렇게 하면 이제 또 그 대 물 댄다고.

− 물 대서 이제 비료 뿌리고 에 비료 뿌리고서 이제 그 이제 물, 물 대고서 물대고서는 이제 물 대고서, 옛날에는 옛날 사람들은 에 말하자면 이 물 대기 전에 마른 채로 비료 뿌렸다고.

− 그런데 지금은 이이 농촌지도소 지도서에서 전부 교육 하기, 에 전부 농사짓는 법이 조금 다, 달라졌지.

− 그래 지금은 그렇게 바싹 말려 놓고 무을 대놓고 물을 좋은 물을 깔아놓고 비료를 뿌린다고.

− 그러니 옛날.

뭐를 얹어요?

− 응?

뭐를 얹어요?

− 비료 비료 비료 비료.

− 이제 그 때 비료 주어야 되잖아. 비료 준 데 그 때 이제 물 대가지고, 에 물 대기 전에, 옛날에는 물, 논 말려 놓고서 그 위에다 그냥 비료 뿌리고 물을 대었다고.

− 그러면 어떻게 되느냐 이것은 한 번 뿌리면 그것이 기계가 아닌 이상 많이 떨어지는 데 있고 적게 떨어지는 데 있고 이렇잖아. 그러면 많이 떨어진 데는 넘어 되고 적게 떨어진 데는 안 되고 울룩불룩 울룩불룩 이렇잖아. 족 고르게 안 되고 그래 이제 지금은 에 바싹 말려 가지고 물을

조은 무럴 싹 까라 노쿠 전부 또:까치 까라 노쿠설랑언 그 우애다가 가따
늘 꺼 거트먼 암마널 마:니 막 헌치구 도라댕겨써두 이 무래서 노가 가주
서 전부 펴:지닝깨 또:까치 소하미 난다고.

　- 머이 더 되고 들 되넌 데가 웁씨 **** 게 시방 그 고시 에: 지도소
에 지도한 그: 덕태기 그르캐 한다고.

　- 지금두 모:르넌 사라먼 엔:날 시기루 하넌 사람이 이써:.

　- 여기 시방 저 어 어저깨 나 내 여패 안자떤 사람 그 사라미 이 시려
기 나뻐서 자 자 에: 장애이닌대 그 사람 머여 접:때52) 뻐내 인재 논 말려
가주서 비:류 흔친다구 하넌대 바쌍 마른 디다 가따 인재 헌친다구 그르
카글래 아 오트개 헌치글래 그르카느냐 그래잉깨 아 인재 노널 말려쓰닝
깨 비:류 헌치구 물 대야 되지 안 너냐 이거여.

　- 어: 그르카먼 안 된다고 그기 이냥 그르캐전느냐잉깨 그르캐 되따능
기여.

　- 그러캐 되머넌 중넌 데넌 주꾸 너머 되 가주서 중넌 데넌 주꾸 안
되넌 데넌 안 되구 이르캐 되면 수화기 웁써:.

　- 그르 그르카능 게 아니구 왜 지금 지도소에서 다: 얘기해서 사:문-53)
비, 바쌍 말라씨먼 무럴 쪽: 까라노코 그 위예다 가따 비류럴 헌칠 꺼 거
트머넌 마:니 떠러저껀 즉:깨 떠러지꺼니54) 항꺼버내 다: 거기 항꺼버내
노가서 무리 피어지닝깨 또:까치 소하미 나닝 기여. 그 인재 그르캐 헌치
여. 게 오:래는 그 사람 내가 인재 그르캐 얘기럴 해떠니, 월래 그개 조커
따고 하먼서 올핸 그르캐 헌처따고. 아:래55) 헌처띠야.

　- 게 시방 그르, 그르키 인재 하지. 그르카구서 인재- 인재 소도건 중
간 중간 인재 소도카고.

　- 도열뼝-이 나리 비가 막 저: 장마가 지구 비가 자꾸 이르캐 오곤 나
리 땡끈땡끈하면 도열뼝 생기그덩. 그애 도열뼝 예:방야카고 살충재 쓰고
이르캐 가주서 인재 찌면 나:중애 빌 쩌개넌, 뭐여 그저내넌 전:부 사람더

좋은 물을 싹 갈아놓고 전부 또 같이 갈아 놓고서는 그 위에 갖다 넣을 것 같으면 아무리 많이 막 흩뿌리고 돌아다녀도 이 물에서 녹아 가지고 전부 펴지니까 똑같이 효험이 난다고.

- 뭐 더 되고 덜 되는 데가 없이 **** 그래 지금 그 곳이 에 지도소에서 지도한 그 덕택이 그렇게 한다고.

- 지금도 모르는 사람은 옛날 식으로 하는 사람이 있어.

- 여기 지금 저 어, 어저께 나 내 옆에 앉았던 사람 그 사람이 이 시력이 나빠서 자, 자 에: 장애인인데 그 사람 뭐야 접대 번에 이제 논 말려 가지고 비료 뿌린다고 하는데 바싹 마른 데다 갖다 이제 뿌린다고 그렇게 하기에 아 어떻게 뿌리기에 그렇게 하느냐 그러니까 아 이제 논을 말렸으니까 비료 뿌리고 물을 대어야 되지 않느냐 이거야.

- 아, 그렇게 하면 안 된다고 그게 그냥 그렇게 되었느냐니까 그렇게 되었다는 거야.

- 그렇게 되면 죽는 데는 죽고 너무 되어 가지고 죽는 데는 죽고 안 되는 데는 안 되고 이렇게 되면 수확이 없어.

- 그렇, 그렇게 하는 것이 아니고 왜 지금 지도소에서 다 얘기해서 계속 비, 바싹 말랐으면 물을 죽 깔아놓고 그 위에다 갖다 비료를 뿌릴 것 같으면 많이 떨어졌건 적게 떨어졌든지 한꺼번에 다 거기 한 번에 녹아서 물이 펴지니까 똑같이 효험이 나는 거야, 그 이제 그렇게 뿌려. 그래 올해는 그 사람 내가 이제 그렇게 얘기를 했더니, 원래 그게 좋겠다고 하면서 올해는 그렇게 뿌렸다고. 아래 뿌렸대.

- 그래 지금은 그렇, 그렇게 이제 하지. 그렇게 하고서 이제 이제 소독은 중간 중간에 이제 소독하고.

- 도열병이 날이 비가 막 저 장마가 지고 비가 자꾸 이렇게 오고 날이 따끈따끈하면 도열병이 생기거든. 그래 도열병 예방약하고 살충제 쓰고 이렇게 해가지고 이제 찌면 나중에 벨 적에는, 뭐야 그전에는 전부 사람

리 다 베:짜나.

─ 저 지그먼 저 기개가 다: 비:닝께 그릉깨: 쪼꼼 할 쑤 인넌 능녀글 가춰써두 자기 혼자잉께 모다닝 거여 어:.

─ 그저내넌 전부 도라가먼서 어 서루 푸마시루다서 도라가먼서 해:찌만 지그먼 나 혼자넌 내가 할 쑤 인넌 재산 재려글 가춰찌마넌 모다능 기여 혼잔 모다잉께.

─ 그래잉께 그냥 기개루 다: 매기능56) 기여 자라든지 모다든지.

옌:나래는 저:기 그거 할라면 가:러짜나요?

─ 가:러찌요.

멀루 가러요?

─ 쟁기, 쟁기루 갈:구 홀쩡이루 갈:구.

쟁기하구 흘쩡이하구 어티개 달라요?

─ 쟁기는 그거시: 에: ─ 옌:나래넌 우리나라예 쟁기가 웁써찌:.

─ 쟁기넌 그기 일번 싸람더리 인재 그거 발명해서 맨드라서 해 가주구서 우리나라예서 그누멀 쟁기루 마니 쓰고 핸넌대 그러커니두 어: 그 쟁기예 쓸 쩌개두 우리나라에서 홀쩽이 잘 맨들머넌 홀쩡이루 가넝 게 더 조와. 땅이 잘:리거.57) 땅이 골고루 갈려져.

─ 근대 쟁기넌 골고루 갈려지닝 개 아니고 에: 쟁기넌 쟁기두 착: 갈머넌 골고루 갈려지지만 가라 어푸머넌 싹: 까까서 요르캐 요르캐 어퍼노키 때매 흐트러지덜 안 히야.

─ 상:끼가 나빠. 홀쩡이는 갈:머넌 이르캐 설먼 이르캐 소사 가주구 털퍽털퍽 떠러지잉께 깨:저 가주구서 이뉘미 써그머넌58) 홀찌 저 쓰:레루 도러댕기먼 부드러워서 잘 펴진다고.

─ 그른대 쟁기 이렁 거넌 잘 안 펴진다고 이 덩어리가 돼:서 그냥 고대:루 너머 배켜 이끼 때미내.

─ 그래 근대 그러커니 시:미 안 들자나 쟁기넌 소가 수워라고 홀쩡이

들이 다 베었잖아.

─ 저 지금은 저 기계가 다 베니까 그러니까 조금 할 수 있는 능력을 갖추었어도 자기 혼자니까 못하는 거야 어.

─ 그전에는 전부 돌아가면서 어 서로 품앗이로 돌아가면서 했지만 지금은 나 혼자는 내가 할 수 있는 재산 재력을 갖췄지만 못하는 거여 혼자는 못하니까.

─ 그러니까 그냥 기계로 다 매기는 거야 잘하든(자) 못하든지.

옛날에는 저기 그것을 하려면 갈았잖아요?

─ 갈았지요.

무엇으로 갈아요?

─ 쟁기, 쟁기로 갈고 극젱이로 갈고.

쟁기하고 극젱이하고 어떻게 달라요?

─ 쟁기는 그것이 에 옛날에는 우리나라에 쟁기가 없었지.

─ 쟁기는 그것이 일본 사람들이 이제 그것을 발명해서 만들어서 해 가지고 우리나라에서(는) 그놈을 쟁기로 많이 쓰고 했는데 그렇지만 어 그 쟁기에 쓸 적에도 우리나라에서 극젱이 잘 만들면 극젱이로 가는 것이 더 좋아. 땅이 잘 익어. 땅이 고루 갈려져.

─ 그런데 쟁기는 골고루 갈려지는게 아니고 에 쟁기는 쟁기도 착 갈면 골고루 갈려지지만 갈아엎으면 싹 깎아서 요렇게 요렇게 엎어놓기 때문에 흐트러지지를 안해.

─ 삶기가 나빠. 극젱이는 갈면 이렇게 설면 이렇게 솟아 가지고 털썩 털썩 떨어지니까 깨져가지고 이놈이 썩으면 극젱이 저 써레로 돌아다니면 부드러워서 잘 펴진다고.

─ 그런데 쟁기 이런 것은 잘 안 펴진다고 이 덩어리가 되어서 그냥 그대로 넘어 박혀 있기 때문에.

─ 그래 그런데 그렇지만 힘이 안 들잖아 쟁기는 소가 수월하고 극젱이

는 사:람두 대그나고 홀쩡이는 사:람두 대그나고 소두 대그나고.

— 그런대 에: 그러커니두 에: 홀쩡이루 해서 쓰넌 사람두 마:니 이써따고 쟁기 아나고.

논:-은 그럼 언재 가라요?

— 논?

예, 언제쯤...

— 노넌: 그리잉깨 에 사뭘 딸 사뭘 딸 이재 그른대 지그먼 갸:넝 거뚜 그냥 항꺼버내 마라자먼 에 모싱굴 꺼시 에: 오:월 따래 싱군다구 할 꺼 거트먼 에: 사:월 한 칠파릴 경 가설랑언 기냥 기양 노:타리루59) 기양 문대뼈리구서 그냥 항꺼버내 다 싱궈 버리자나.

— 그 이재 그저내넌 에: 한 사뭘 초승깨 아시럴60) 간:다고 아시럴 아시럴 푸리 이러캐 나거던. 그래 앙 갈머넌 푸리 이러캐 나잉깨 이등61) 갈쩌개 그눔 그냥 가라 가주구서 살물라구 하머넌 푸리 이르캐서 상:끼가 엄청 힘들지.

— 그르잉깨 인재 에: 한 사뭘 따래:-쯤 이르캐서 아시 가러 봐따가 인재: 인재 오:월따래 이르캐 모 싱굴라구 할 꺼 거트먼 한 사:월 그뭉깨쯔 매설랑언 이드멀 간다고. 인재 이듬 가넌대 이듬 갈:먼 인재 땅이 부드러워지지. 그래 노쿠서 인재 인재 그 때 풀두 다: 움써저 뼈리구 그 인재 살머 가주구서 싱구넝 거여. 그르캐 해서 푸럴 제거하기 위해서.

아까 그 모자리는,

— 응.

전체 큰 논 하나를 모자리라 그래구,

— 응.

고기 요로:캐 하나씩...

— 고: 모판.

그개 모파니지요?

는 사람도 대근하고 극젱이는 사람도 대근하고 소도 대근하고.

　― 그런데 에 그렇지만 에 극젱이로 해서 쓰는 사람도 많이 있었다고 쟁기(가) 아니고.

　논은 그러면 언제 갈아요?

　― 논?

　예, 언제쯤...

　― 논은 그러니까 에 삼월 달 삼월 달 이제 그런데 지금은 가는 것도 그냥 한꺼번에 말하자면 에 모 심을 것이 에 오월 달에 심는다고 할 것 같으면 에 사월 한 칠팔일 경에 가서 그냥, 그냥 노타리로 그냥 문대버리고 그냥 한꺼번에 다 심어 버리잖아.

　― 그 이제 그전에는 에 한 삼월 초승께 아이를 간다고 아이를, 아이를 풀이 이렇게 나거든. 그래 안 갈면 풀이 이렇게 나니까 이듬 갈 적에 그놈 그냥 갈아가지고서 삶으려고 하면 풀이 이렇게 되어서 삶기가 엄청나게 힘들지.

　― 그러니까 이제 에 한 삼월 달에 쯤 이렇게 해서 아이 갈아 놓았다가 이제, 이제 오월 달에 이렇게 모 심으려고 할 것 같으면 한 사월 그믐께 쯤에 가서 이듬을 간다고. 이제 이듬 가는데 이듬 갈면 이제 땅이 부드러워지지. 그래놓고서 이제, 이제 그 때 풀도 다 없어져 버리고 그 이제 삶아가지고서 심는 거야. 그렇게 해서 풀을 제거하기 위해서.

　아가 그 못자리는,

　― 응.

　전체 큰 논 하나를 못자리라고 하고,

　― 응.

　거기 요렇게 하나씩...

　― 그것 모판.

　그것이 모판이지요?

－ 응 모판.

하나하나를 모파니라구…

－ 하나하나 모판.

전체는 모짜리.

－ 전파넌 전체넌 모짜리라고 하고 하나하나넌 모판 하나하나 - 하날
모파니라고,

거기다 인재 씨를 - 나라글

－ 그르치요.

뿌리자나요?

－ 예.

그럼 이게 크자나요?

－ 응.

그럴 때 물 대:구,

－ 응.

또 머 뽀바주구 머 이르캐 키우지 안나요?

－ 그르치 거 인재 그 때 인재 그르캐 해서 해 노쿠서루 물 대 놔두면
잘 커, 장딴 큰다고.

그러면 그 머뚜 뽀바주구 그르자나요, 풀 가틍 거.

－ 응?

풀.

－ 어.

뽀바 조야 되자너요.

－ 그르잉깨 아까 얘기 해짜나.

－ 식쩌내, 식쩌내 한 여나무니 가서 인재 모럴 싱굴라고 하닝깨 식
쩌내:,

그건 찌능 거구.

－ 응 모판.

하나하나를 모판이라고…

－ 하나하나 모판.

전체는 못자리.

－ 전판은 전체는 못자리라고 하고 하나하나는 모판 하나하나 하나를 모판이라고,

거기에다 이제 씨를 나락을,

－ 그렇지요.

뿌리잖아요?

－ 예.

그러면 이것이 크잖아요?

－ 응.

그럴 때 물 대고,

－ 응.

또 뭐 뽑아주고 뭐 이렇게 키우지 않나요?

－ 그렇지 거 이제 그 때 이제 그렇게 해서 해 놓고서 물을 대어 놓아 두면 잘 커, 잠깐 큰다고.

그러면 그 무엇도 뽑아 주고 그러잖아요, 풀 같은 것.

－ 응?

풀.

－ 응.

뽑아 줘야 되잖아요.

－ 그러니까 아까 얘기 했잖아.

－ 식전에, 식전에 한 여남은 명이 가서 이제 모를 심으려고 하니까 식전에,

그것은 찌는 것이고.

- 응 찌넝 건 식쩌내 다 쩌 놔:.

찌넝 거 말구 모를 질러야 되자너요, 모 질러야지,

- 응.

질러야지 나중애 찌자나요.

- 응.

그러면 고때 모: 질를 때,

- 그르치.

거기 인재 보면 어떵 거는 더 커구 이르캐,

- 그르치유.

풀두 나지요.

- 더 큰 눔두 이꼬.

풀두 나자너요 풀.

- 그르치.

고거 뽀바 조야 되자너요.

- 그럼 어 피 거기 피: 인재 피두 올라오고: 풀두 나구 하넝 거. 그건 찔 무럽 찔 무러배 인재 에 한 메치리따 모: 싱굴라고 하머넌 수시루 뽐넝 기여. 풀 누내 띠:먼 드르가서 뽀꾸 뽀구 하넝 기여.

- 그르가먼 피두 이씨먼 피두 다: 뽀바내구 이르카넝 기여.

- 게 지그먼 이 기개가 하잉깨 그렁 기 웁써:.

그 피 뽑넝 걸 머 피사리라 그래요?

- 피사리라 구라지요, 피사리. 피 뽑넝 걸 피사리라구.

- 여기 이 모짜리얘 피 뽑넝 거넌 머: 별거 아니구 인재 논빼미 - 논빼미 이듬 하고 이르캐 해 가주설랑언 인재 비:루 언처서 인재 섬: 날 쩌개 빠짱 말러서 살 째 그때 가서 피사리하먼 마리여 잘: 뽀바진다고 뿌래이가 아주 안 내려꺼덩. 가서 뽀부먼 잘 뽀바지넌대 인재 메칠 느저서 소늘 느추 머넌62) 그누미 뿌링이 꽉: 바가 노먼 모:끄너. 모:뽀바. 인재 나시루 끈뜬지

─ 응, 찌는 것은 식전에 다 쪄 놓아.

찌는 것 말고 모를 길러야 되잖아요, 모 길러야지,

─ 응.

길러야지 나중에 찌잖아요.

─ 응.

그럼 그 때 모 기를 때,

─ 그렇지.

거기 이제 보면 어떤 것은 더 크고 이렇게,

─ 그렇지요.

풀도 나지요.

─ 더 큰 놈도 있고.

풀도 나잖아아요 풀.

─ 그렇지.

그것 뽑아 줘야 되잖아요.

─ 그럼 어 피 거기 피 이제 피도 올라오고 풀도 나고 하는 것. 그것은 찔 무렵 찔 무렵에 이제 에 한 며칠 있다가 모 심으려고 하면 수시로 뽑는 거야. 풀 눈에 띄면 들어가서 뽑고 뽑고 하는 거야.

─ 그렇게 하면 피도 있으면 피도 다 뽑아 내고.

─ 그래 지금은 이 기계가 하니까 그런 것이 없어.

그 피 뽑는 것을 뭐 피사리라고 그래요?

─ 피사리라고 그러지요, 피사리. 피 뽑는 것을 피사리라고.

─ 여기 이 못자리에 피 뽑는 것은 뭐 별것 아니고 이제 논뺴미 논뺴미 이듬 하고 이렇게 해가지고 이제 비료 없혀서 이제 수염 날 적에 바싹 말라서 살 쩨 그때 가서 피사리하면 말이야 잘 뽑아진다고. 뿌리가 아주 안 내렸거든. 가서 뽑으면 잘 뽑아지는데 이제 며칠 늦어서 손을 늦추면 그 놈이 뿌리를 꽉 박아 놓으면 못 끊어. 못 뽑아. 이제 낫으로 끊든지 해야

해이지 그르타고 그기 피사리 하넝 거여 그기 피사리한다고 하지.

그러구서 이재 가서 심꾸…

— 응:.

아 시물 때 아까 그: 사멀 따래 아시 갈구.

— 응:.

한 사월 그뭄 때 이듬 갈구.

— 응:.

그 다매 인재 모 시물라먼…

— 어 오:월 따래 가서 인재.

오월 따래 인재 물 대구.

— 응.

이러:캐 생긴 걸루다가 또…

— 갈:지고.

저기하지요 이 저 다리: 다리 인능 걸루…

— 어 사 사 살마.

예, 그거 머얘요.

— 인재 쓰:레,

쓰래 .

— 쓰:레루 삼:는다고 쓰:레 근 쓰:레여.

그래구서 팬:하개 또 하지요 이러:캐.

— 에:.

거기 쓰래얘 대 가주…

— 쓰레:는 이르캐 에 그개 바리,

발 달링 거.

— 어 이르캐 해서 근 인재 글래예 와서넌 쇠루두 마:니 맨드라 써지만 엔:나랜 소루63) 맨들 생각뚜 모다고 전부 지비서 에: 대:목떠리64) 짜 가

지 그렇다고. 그것이 피사리 하는 거야.

그리고서 이제 가서 심고…

— 응.

아 심을 때 아까 그 삼월 달에 아이 갈고,

— 응.

한 사월 그뭄 때 이듬 갈고,

— 응.

그 다음에 이제 모 심으려면…

— 어 오월 달에 가서 이제,

오월 달에 이제 물 대고,

— 응.

이렇게 생긴 것으로 또,

— 갈지고.

저기하진요 이 저 다리 다린 있는 것으로…

— 어 사 사 살마.

예, 그것이 뭐예요.

— 이제 써레.

쓰레.

— 써레로 삶는 다고. 써레 그것은 써레여.

그러고나서 팬하게 또 하지요, 이렇게.

— 응.

거기 써레에 대어 가지고…

— 써레는 이렇게 에 그것이 발이,

발 달린 것.

— 어 이렇게 해서 그건 이제 근래에 와서는 쇠로도 많이 만들어 썼지만 옛날에는 쇠로 만들 생각도 못하고 전부 집에서 에 대목들이 짜 가지

주구서 해찌:. 구녁 뚤버서65) 짜 가주구 핻 저 쓰레빨 다 해서 바가 가주구 그 인재 그거뚜 야문 야무루 해야 되거덩 밤:나무나 이르캐 야문 나무루 바럴 해야 된다고 암 뿌러지개.

― 그러 그러커니두 어디 가서 잘 모껠리먼 독:짜꺼튼 대 잘 모껠리먼 바리 뿌러진다고.

그러구서 인재 나중애 패:나개 골르지요?

― 어?

패:나개 골라요.

― 그르치요.

고건 멀:루 골라요? 쓰래루, 쓰래 말구 고다매 또.

― 쓰레:-루 싹: 그르잉깨 다: 도라댕기고 흑떵이가 다: 쑤서 배키씨먼 번지가 이써 번지, 뻔지 지:드란 번지. 번지예다 인재 쓰:레예다가 번지럴 다라 가주구서 그눔 대:구서 눌러. 눌루구서 따라가먼 빤::드타개 골라지지 그양 또::까치 인재 지푼대 나진대 움씨 또:까치 골라진다고, 그르카넝 거여.

그개 송판 대능 거지요, 그거?

― 어?

송판. 번지는.

― 송판 응 번지.

― 지그먼 번지두 다: 웁서저따구.

― 옌:나래넌 사람 주그머넌 사람 주그먼 초염하기66) 저내 그 번지: -누 저 더그매예67) 어디 언저 농 거 그눔 으드다가서 번지루 먼지 가따까라 노코 하자나:. 초염할 쩌개, 초염할 쩌개 번지 그 때 무순 송파니 이써?

― 그르잉깨 인재 번지 가따 번지를 가따 노코설랑언 그래 거스가머넌 저거 번, 번지뜬질68) 하여야 해 이르카자나 헤헤헤.

고서 했지. 구멍 뚫어서 짜 가지고 했, 저 써레 발 다 해서 박아가지고 그 이제 그것도 야문 나무로 해야 되거든 밤나무나 이렇게 야문 나무로 발을 해야 된다고 안 부러지게.

　－ 그렇, 그렇지만 어디 가서 잘못 걸리면 큰 돌덩어리 같은 데 잘못 걸리면 발이 부러진다고.

　그러고나서 이제 나중에 팬하게 고르지요?

　－ 어?

　팬 하게 골라요.

　－ 그렇지요.

　그것은 무엇으로 골라요? 써레로, 써레 말고 그 다음에 또.

　－ 써레로 싹 그러니까 다 돌아다니고 흙덩이가 다 쑤셔 박혔으면 번지가 있어 번지, 번지 기다란 번지. 번지에다 이제 써레에다 번지를 달아가지고 그놈을 대고서 눌러. 누르고서 따라가면 반듯하게 골라지지. 그냥 똑같이 이제 깊은 데 낮은 데 없이 똑같이 골라진다고, 그렇게 하는 거야.

　그게 송판 대는 거지요?

　－ 어?

　송판. 번지는.

　－ 송판 응 번지.

　－ 지금은 번지도 다 없어졌다고.

　－ 옛날에는 사람 죽으면 사람 죽으면 초렴하기 전에 그 번지 누구네 저 더그매에 어디 얹어 놓은 것 그놈 얻어다가 번지로 먼저 가져다가 깔아 놓고 하잖아. 초렴 할 적에, 초렴 할 적에 번지 그 대 무슨 송판이 있어?

　－ 그러니가 이제 번지 가져다 번지를 가져다 놓코서는 그래 거시기하면 저것 번, 번지뜸질을 해야 해 이렇게 하잖아 헤헤헤.

― 그래 그랜대 번지예다가서 초염 해서 번지예 가따 언저 농 거 딱 무꺼 놔따가 인재 고다:매 음:할 쩌개년 인재 칠썽판[69] 저: 상포가넌 데서 칠썽판 - 사간, 간 대번 가주구 오거덩. 그래 인재 칠썽파느루다 으:마는 데다 미티다 느쿠 하자나 그르캐.

― 그 야:나먼 꼬부라지잉깨.

예, 번지 가틍 거능 어따가 놔: 둬요, 쓰구 나서 놀: 때?

― 그저낸 번지 거틍 거 글쌔 그러니깨 그저낸 번지 거틍 거 아래채 가튼 디가 아래채 거튼 기 허까니 이쓰야 돼써:. 게 그른 데다 전부 보관하야 되고 의장도[70] 마니 보관하야 되고 그른대 지그먼 그렁 거 아내두: 그런 눔 보관 아내두 허까니 여러 가지 쓰넝 게 마나:.

― 지금 인재 기개 우리두 시방 여기 저거뚜 허깐이구 이짝뚜 허간 맨 등건대 저짜개는 시방 그, 그 꼬추 말리능 기개가 드르안자찌 이쪼개는 시방 농:약 머 기개:애 부속품 머 이렁 게 가뜩 드르안자따구 이짜개.

― 인재 마라자면 양:수기라덩가 위선 분부기라덩가 이것이 이짜개 가 뜩 드르안자따고.

― 게: 그개 전부다 돈: 아니여 전부 그냥.

그러구서 인재 모 쪄서 시물 노느루 가주가자나요?

― 응.

그래먼 가까우먼 소느루 이르캐 미깨씩 들구 가먼 되는대 멀먼...

― 멀:먼 지개애다 지구 가이지.

어떧, 지개 어트개 저요?

― 지개 절- 지개애다가 바:소고리[71] 이 바:소고리라구 이써, 엔:나랜. 지그먼 움찌만, 이르캐 뙹 거. 저 싸리나무루 사내가 싸리나무 쪄다가서 여꺼 가주구서 바소고리 이르캐 맨든다고. 그러먼 지개애다 다라 가주구서 그 위예다가 모춤... 게 엔:나래 저 헤헤 엔:나래 그른 얘기가 이짜나 저: '모진애비한태루[72] 시지까라만 앙 간다구. 저거뚜 사:래미냐'구 한다자나.

– 그래 그런데 번지에다가 초럼 해서 번지에다 가져다 얹어 놓은 것 딱 묶어 놓았다가 이제 그 다음에 염할 적에는 이제 칠성판 저 상포하는 데서 칠성판 사가지고, 가져 대번 가지고 오거든. 그래 이제 칠성판으로 염하는데 밑에다 넣고 하잖아 그렇게.

– 그 안 하면 꼬부라지니까.

예, 번지 같은 것은 어디에다가 놓아 둬요, 쓰고 나서 놓을 때?

– 그전에는 번지 같은 것 글쎄 그러니까 그전에는 번지 같은 것 아래 채 같은데가 아래채 같은 것이 헛간이 있어야 되었어. 그래 그런데다 전 부 보관해야 되고 연장도 많이 보관해야 되고 그런데 지금은 그런 것 안 해도 그런 놈 보관 안 해도 헛간이 여러 가지 쓰는 것이 많아.

– 지금 이제 기계 우리도 지금 여기 저것도 헛간이고 이쪽도 헛간 만 든 것인데 저쪽에는 지금 그, 그 고추말리는 기계가 들어앉았지 이쪽에는 지금 노약 뭐 기계 부속품 뭐 이런 것이 가득 들어앉아 있다고 이쪽에.

– 이제 말하자면 양수기라든가 우선 분무기라든가 이것이 이쪽에 가 득 들어앉아 있다고.

– 그래 그것이 전부다 돈 아니야 전부 그냥.

그리고서 이제 모를 쪄서 심을 논으로 가져가잖아요?

– 응.

그러면 가까우면 손으로 이렇게 몇 개씩 들고 가면 되는데 멀면…

– 멀면 지게에다 지구 가야지.

어떻, 지게 어떻게 져요?

– 지게 저 지게에다가 발채 이 발채라고 있어, 옛날에는. 지금은 없지 만, 이렇게 된 것. 저 싸리나무로 산에 가서 싸리나무를 쪄다가 엮어가지 고 발채 이렇게 만든다고. 그러면 지게에다 달아 가지고 그 위에다 모춤… 그래 옛날에 저 헤헤 옛날에 그런 얘기가 있잖아 저 '모진애비한테 시집 가라고 하면 안 간다고 저것도 사람이냐'고 한다잖아.

− 거 아 거 무럴 두지버씨잉깨 그 흑텅무럴 두지버씽개 볼 쑤가 웁찌 사라미.

− 그래놓, 그러커니 인재 거기다가 지개애다가 절 그 때는 머 지금마냥 비니루가 이써 머 으찌야 도랭이라구 이써 도랭이73) 맨든대 지비루 맨등 거뚜 이꾸 엔:나래 상꼬래서넌 띱, 띠 까까다가 그누멀 도랭이 맨드넌대 도랭이럴 인재 뒤다 대:구서 대:구서 지개예다 느머넌 무리 떠러지먼 그리 해서 다 흘러 나가거덩, 오새 안 저꾸.

− 그르캐서 마:니 핸넌대 그러커니 사:래미 그눔 그누멀 질머지구 흑 또개서 그누멀 질물라 뜨잉깨74) 사:람 거떨 아나거덩. 그래 저거뚜 사:래미냐구 한다 헤헤 해따구 그른 얘기가 이따고.

아 그걸 모지내비라 그래요?

− 모진애비라넝 거여.

그러구서 맬 때: 세 번 매요 두 번 매요, 싱꾸 나서?

− 저 거시기 논?

예.

− 논 아시 매고 이드마고 두 번 매지요.

− 그런대 지그먼 하:나두 안 매자나. 암 매구 그냥 하자나.

빌 때는 어트개 벼요?

− 그 때넌 노널 암 매면 나래기 안 된다 구래써:. 그런대 지그먼 암 매두 잘 되자나.

− 그저내넌 논 암 매머넌 나락 농사 버린다 그래꺼덩. 그런대 그럴 쑤 배끼:. 왜 그러냐 하머넌 푸:리 멍:청이75) 나거덩. 그래 암 매, 호매~이루 암 매면 그 푸럴 뽀바낼 쑤가 도:리가 웁따고. 그래잉깨 호매~이루 전부 파 두지버서 어퍼 놓코 어퍼서 놔따가 아 한 일쭈일 이르캐 놔 둘 거 거트먼 그 소개서 인재 푸런 썽는 눔 써꾸 위루 소슨 눔먼 소꾸 그눔 인재 훔처 내넝 기여, 훔처 내넝 기여.

- 그 아 거 물을 뒤집어쓰니까 그 흙탕물을 뒤집어쓰니까 볼 수가 없지 사람이.

- 그렇게 해놓고, 그렇지만 이제 거기에다가 지게에다가 저 그 때는 뭐 지금처럼 비닐이 있어 뭐 어째, 도롱이라고 있어. 도롱이 만드는데 짚으로 만든 것도 있고 옛날에 산골에서는 띠, 띠를 깎아다가 그놈을 도롱이 만드는데 도롱이를 이제 뒤에다 대고서, 대고서 지게에다 넣으면 물이 떨어지면 그리 해서 다 흘러 나가거든, 옷에 안 젖고.

- 그렇게 해서 많이 했는데 그렇지만 사람이 그놈 그놈을 짊어지고 흙 속에서 그놈을 짊으려 드니까 사람 같지를 않거든. 그래 저것도 사람이냐고 한다고 헤헤 했다고 그런 얘기가 있다고.

아 그것을 모진애비라고 해요?

- 모진애비라는 거야.

그러고서 맬 때 세 번 매요 두 번 매요 심고 나서?

- 저 거시기 논?

예.

- 논 아이 매고 이듬하고 두 번 매지요.

- 그런데 지금은 하나도 안 매잖아. 안 매고 그냥 하잖아.

벨 때는 어떻게 베어요?

- 그 때는 논을 안 매면 벼가 안 된다 그랬어. 그런데 지금은 안 매도 잘 되잖아.

- 그전에는 논 안 매면 벼 농사 버린다고 그랬거든. 그런데 그럴 수밖에. 왜 그러냐 하면 풀이 엄청나게 나거든. 그래 안 매, 호미로 안 매면 그 풀을 뽑아낼 수가 도리가 없다고. 그러니까 호미로 전부 파 뒤집어서 엎어 놓고 엎어서 놓았다가 아 한 일주일 이렇게 놓아둘 것 같으면 그 속에서 이제 풀은 썩는 놈 썩고 위로 솟은 놈은 솟고 그놈 이제 훔쳐 내는 거야 훔쳐 내는 거야.

- 그 풀.

그기 이드미지요.

- 어:. 그거 전부다 홈처 내넝 기여. 홈처서 인재 땅 쏘개다 막 발바 처느치.

- 그개 엄청 대그내따고 그기.

- 이지 지금 싸사람더런 그렁 거 안 해 봐찌:

- 우리더런 매일가치 그저내 사문 농사지어 그르캐 해따고 엄:청 대그니야 그개:.

- 아 더웁끼나 조금 더워? 최:고 더울 때 요새 인재 쪼꼼 이씨먼 인재에 직, 지그먼 인재 기개모닝깨76) 지금 저 쪼꼼 빨르잉깨 그르치 그저내 이르캐 한:참 더울 쩌개 논매구 그렁 거 해따고:.

- 카먼 업뜨려씨머넌 장:니배77) 홀치지: 누내 땀 드르가지: 말:두 모다지. 그애 대근해기는 하지, 인재 거기다가 인재 에: 엔:나래 무슨 수리나 조응 거 이써, 지비서 전부 버리술 항 거 버리쌀술 항 거 그눔 가주오면 그눔 한 대접씩 머그먼 그리두 그눔 머그야 소니 개벼워 호맹이가 개벼꾸.

장:니배 훌친다구요? 장니비 머요?

- 어?

장니배 훌친다구요?

- 장:니배 장:니비 이르캐 서짜나 그 노내 드르가면 인재 이만, 이망큼 나라기 커씨닝깨.

저 나락 이파리?

- 그러치. 이르캐 커씨닝깨 이르캐 드르가머넌 이르캐 업뜨리머넌 업뜨리먼 그 장:니비 막 실치자나:78) 게 그누미 실처서 따굽기두 하고 저기 장:니배 눈 찔려 가주 누널 버리는 사람두 마나:.

- 장:니배 그 아 이르캐 하다 이르캐 수구리다가서79) 장:닙 그 뻬쪼캉 거 찔리먼 누넌 상처가 난다고.

- 그애 거기설랑언 어: 누널 버리넌 사람두 마니 있다고.

- 그 풀.

그거이 이듬이지요.

- 응. 그것을 전부 다 훔쳐 내는 거야. 훔쳐서 이제 땅 속에다 밟아 쳐넣지.

- 그것이 엄청나게 대근했다고 그것이.

- 이 지금 사람들은 그런 것 안 해 봤지.

- 우리들은 매일같이 그전에 계속 농사지어도 그렇게 했다고 엄청나게 대근해 그게.

- 아 덥기는 조금 더워? 최고 더울 때 요새 이제 조금 있으면 이제 에지, 지금은 이제 기계 모니까 지금 저 조금 빠르니까 그렇지 그전에 이렇게 한참 더울 적에 논매고 그런 것 했다고.

- 그러면 엎드려 있으면 장잎에 훑이지 눈에 땀 들어가지 말두 못하지. 그래 대근하기는 하지, 이제 거기다가 이제 에 옛날에 무슨 솔이나 좋은 것 있어, 집에서 전부 보리 술 한 것 보리쌀 술 한 것 그놈 가져오면 그놈 한 대접씩 먹으면 그래도 그놈 먹어야 손이 가벼워 호미가 가볍고.

장잎에 훑인다고요? 장잎이 뭐예요?

- 어?

장잎에 훑인다고요?

- 장잎이, 장잎이 이렇게 섰잖아 그 논에 들어가면 이제 이만, 이만큼 벼가 컸으니까.

저 나락 잎?

- 그렇지. 이렇게 컸으니가 이렇게 들어가면 이렇게 엎드리면 그 장잎이 막 스치잖아 그래 그놈이 스쳐서 따갑기도 하고 저기 장잎에 눈 찔려가지고 눈을 버리는 사람도 많아.

- 장잎에 그 아 이렇게 하다가 이렇게 숙이다가 장잎 그 뾰족한 것에 찔리면 눈은 상처가 난다고.

- 그래 거기에서 눈을 버리는 사람도 많이 있다고.

4.4 가을걷이와 타작

그러구서 갈: 가먼 베 익짜나요.

― 응.

나라기 이그먼 인재 비야 되지요?

― 그르지요.

근 저:기 그 때는 다: 소느로 해찌요?

― 그 때는 다: 소느루 해찌요.

― 소느루 해두 그 때는 그 이내 이:라던 사람드른 그 기술짜드른 장깐 비여:, 마:니 비지.

― 근대 에: 지금 싸람더런 모 삐여 그렁 거:.

― 에: 그 지그먼 기개루 비:닝깨 그러치 지금 싸라먼 그르캐 모디야.

그거뚜 저 비먼 그냥 비능 기 아니구 비서 또 무꺼야 되자너요.

― 그럼, 해서 다 땅 노쿠서루 무꺼야지. 무꺼서 해서루 세우짜나.[80]

그 요:령이 이짜나요.

― 응, 근 뭉넌대 그 때: 그저내넌 우리덜 저 한 이십 때 미태 이르캐 할 쩌개 그 때넌 나라걸 비만 전부다 너러찌: 세우덜 아내써:.

그냥 암 무꾸 너러써요?

― 야:니지.

무꺼서?

― 다:널 이르캐 크:개 뭉넌다고 늑: 쭈먹.

― 늑 쭈머기먼 이르캐 커 그르면 장:정이야 장:정이 여덜 딴 질머저.

― 인재 거서칸 사라면 슥 단두 질머지구 늑 딴두 질머지구 이르카고.

― 가따 인저 저: 사내 가다 빼: 노코 사내, 널: 때가 이씨야 나락 비어써.

그리고서 가을 되면 벼 익잖아요.

― 응.

벼가 익으면 이제 베어야 되지요?

― 그렇지요.

그 저기 그 때는 다 손으로 했지요?

― 그 때는 다 손으로 했지요.

― 손으로 해도 그 때는 그 이내 일하던 사람들은 그 기술자들은 잠깐 베어, 많이 베지.

― 그런데 지금 사람들은 못 베어 그런 것.

― 에 그 지금은 기계로 베니까 그렇지 지금 사람은 그렇게 못해.

그것도 저 베면 그냥 베는 것이 아니고 베어서 또 묶어야 되잖아요.

― 그럼, 해서 다 딱 놓고서 묶어야지. 묶어서 해서 세웠잖아.

그 요령이 있잖아요.

― 응, 그것은 묶는데 그 때 그전에는 우리들 저 한 이십 대(代) 밑에 이렇게 할 적에 그 때는 벼를 베면 전부 널었지 세우지를 안했어.

그냥 안 묶고 널었어요?

― 아니지.

묶어서?

― 단을 이렇게 크게 묶는다고 넉 주먹.

― 넉 주먹이면 이렇게 커 그러면 장정이야, 장정이야 여덟 단 짊어져.

― 이제 거시기한 사람은 석 단도 짊어지고 넉 단도 짊어지고 이렇게 하고

― 가져다 이제 저 산에 가져다 빼 놓고 산에, 널 데가 있어야 벼를 베었어.

- 어, 어떤 바태[81] 어떤 바시 비어따: 콩 거:꾸 해서 비었따 하머넌 거
기다 가따 자기가 널:라고 거기다 표럴 해 놔. 에: 벼다가 여 여기 저기다
표럴 해 놔. 해 노먼 딴 사라미 몬, 몬 널자나.

- 그라먼 인재 자기내 나락 비머넌 그걸 가따 전부 빼: 노코 거기서
인재 ***파내 밤-에 어둠치구리한 대꺼지[82] 나락 비구서루 어두운대 피
넝 기여, 엔:나랜 그르캐 해써:, 그럼.

다;는 무끙 걸 이르캐,

- 그럼.

싸 논는담 마리지요 쭉.

- 그러치, 단 무끙 거 그눔 해:서 엔:나래 그 저 자 저 거시기 일:꾼덜
자라넌 사람더런 그 능: 쭈메기먼 이르키 질머지먼 무거워.

- 그놈 이러캐 어깨애다 딱 뚤러미구설랑언 한 단 매끼[83] 딱 끌러 가
주설랑언 한 주먹씩 착 피먼 꽉꽉 나와 여기서 저망큼씩 촥촥 나간다고.

- 게서 한, 한 아 질머지먼 네: 번만 쭉쭉쭉 네: 번만 하먼 다: 널구
가넝 기여.

- 건대 이 그 모다넌 사라먼 그누멀 끌러 노쿠서 한 주먹씩 띠어서 이
르캐 피구 한 주먹씩 띠어서 이르캐 피구 해여지.

- 그러니까 엄청 더디서 모다지.

- 게 인재 글래에 와서는 그개 웁써지구 전부 이르캐 세워짜나.

아 요즈매 글래예 세우능 거요?

- 그르캐 세워짜나. 세워가주설랑언 말려짜나.

- 그애 인재 그 그 나중애 세우 저 이 글래예 와서넌 이르캐 세울 찌
개넌 널 띠두 웁써꾸:.

- 엔: 나래넌 콩 거틍 거 싱구고 하머넌 콩얼 일찌감치 거:꺼덩. 바시
비거던.

- 바시 비닝깨 너러찌만 지그먼 널 띠가 웁짜나.

- 어, 어던 밭에 어떤 밭이 비었다, 콩 걷고 해서 비었다 하면 거기다 가져다 자기가 널려고 거기다 표를 해 놔. 에 베어다가 여, 여기 저기다 표를 해 놔. 해 놓으면 딴 사람이 못, 못 널잖아.

　- 그러면 이제 자기네 벼 베면 그것을 가져다 전부 빼 놓고 거기서 이제 ***판에 밤에 어두울 무렵까지 벼 베고서 어두운데 펴는 거야, 옛날에는 그렇게 했어, 그럼.

　단은 묶을 것을 이렇게,

　- 그럼.

　쌓아 놓는다는 말이지요 죽.

　- 그렇지, 단 묶은 것 그놈 해서 옛날에 그 저 자 저 거시기 일꾼들 잘하는 사람들은 그 넉 주먹이면 이렇게 짊어지면 무거워.

　- 그놈 이렇게 어깨에다 딱 둘러메고서 한 단 매끼 딱 끌러가지고 한 주먹씩 착 펴면 쫙쫙 나와 여기서 저만큼씩 촥촥 나간다고.

　- 그래서 한, 하나 짊어지면 네 번만 쭉쭉쭉 네 번만 하면 다 널고 가는 거야.

　- 그런데 이 그 못 하는 사람은 그놈을 끌러 놓고서 한 주먹씩 떼어서 이렇게 펴고 한 주먹씩 떼어서 이렇게 펴고 해야지.

　- 그러니까 엄청나게 더뎌서 못 하지.

　- 그래 이제 근래와 서는 그게 없어지고 전부 이렇게 세웠잖아.

　아 요즈음에 근래에 세우는 거예요?

　- 그렇게 새웠잖아. 세워가지고는 말렸잖아.

　- 그래 이제 그 그 나중에 세우, 저 이 근래에 와서는 이렇게 세울 적에는 널 데도 없었고.

　- 옛날에는 콩같은 것 심고 하면 콩을 일찌감치 걷거든. 밭이 비거든.

　- 밭이 비니가 널었지만 지금은 널 데가 없잖아.

- 지그먼 럴 띠가 업따고.

- 그애 그저 그저낸 그르키 해:따고.

- 게 이재 지그먼 전부 이르캐 세, 세워찌.

- 세워서 말려서 인재 기개루 뚜들기구 이르캐 해찌.

저거 묵, 무끈 거를 매끼라 그래요?

- 어?

뭉능 거 매끼라 그래요?

- 매끼라고 하넝 거지 매끼. 매끼 노쿠 대번 매끼럴 다 트러 노쿠서넌 비녕 기여, 먼지.

- 한 쾨기럴 싹 비어서 한 쾨기럴 싹 비어서 딱 갈라서 매끼럴 다 트러서 노쿠서루 거기다 비어서 논넝 기여.

- 딱딱 잘 비넌 사람드른 늑 쭈먹씩 딱 비먼 한 다니여.

무꺼 가주구.

- 예 무꺼 가주.

- 인재 지금 심 아주 그 모다는 사람드른 머 수:두 읍씨 드르가지 주머글 모:쥐닝깨.

그거 이러캐 세웅 거럴 머 머라그래요, 그건.

- 나락 세웅 거.

줄 줄가리?

- 어, 줄 줄가리치녕[84] 거넌 인재 이누미 다: 말르먼 다: 말르머넌 다: 말르머넌 그냥 가따 일벙 모뚜질자나 꾸부러지끼래.

- 그럼 구부러지먼 모:씨잉깨 이누멀 가따가 거둬설랑언 논뚜개다 전부 줄가리친다고 착착 뻐처서.

- 다닥다닥 줄가리처설랑 싸놔 두머넌 나중에 띠머넌 인재 쪽쪽 뻐더 가주구 이따구.

아: 그러면

- 지금은 널 데가 없다고.

　- 그래 그전에는 그렇게 했다고.

　- 그래 이제 지금은 전부 이렇게 세, 세웠지.

　- 새워서 말려서 이제 기계로 두들기고 이렇게 했지.

저 묶, 묶은 것을 매끼라고 해요?

　- 어?

묶는 것을 매끼라고 해요?

　- 매끼라고 하는 것이지 매끼, 매기 놓고 대번 매끼를 다 틀어 놓고서 베는 거야, 먼저.

　- 한 포기를 싹 베어서 한 포기를 싹 베어서 딱 갈라서 매끼를 다 틀어 놓고 거기에다 베어서 놓는 거야.

　- 딱딱 잘 베넌 사람들은 넉 주먹씩 딱 베면 한 단이야.

묶어 가지고.

　- 예 묶어 가지고.

　- 이제 지금 힘, 아주 못하는 사람들은 뭐 수도 없이 들어가지 주먹을 못 쥐니까.

그것을 이렇게 세운 것을 뭐 뭐라고 해요, 그것은.

　- 벼 세운 것.

줄 줄가리?

　- 어 줄, 줄가리치는 것은 이제 이놈이 다 마르면 다 마르면 다 마르면 그냥 가져다 바로 못 두드리잖아 구부러졌기 때문에.

　- 그러면 구부러지면 못 쓰니가 이놈을 가져다가 거둬서 논둑에다 전부 줄가리친다고 착착 뻗쳐서.

　- 다닥다닥 줄가리쳐서 쌓아 놓아두면 나중에 떼면 이제 쪽쪽 뻗어가지고 있다고.

아, 그러면.

- 그르잉깨개 타자캐기가 조치.

처:매는 세워 나뚱 거를,

- 응.

논뚜개다가 이르캐 단으루,

- 다: 말르먼 인재 논뚜개다 인재 줄가리치넝 기여.

누펴서, 누펴 논능 거지요, 그거.

- 그러치요.

아:, 그개 줄가리치능 거요?

- 응, 그게 줄가리치넝 거여.

- 그르캐서 줄가리처서…

그럼 이러:캐 무디기, 무디기 이르캐 싸 논능 거네요?

- 응?

- 싸넝 거지 한쪼그로 쪽 싼넝 거여.

- 그르캐 싸지, 그라먼 인재 고개 이르캐 꼬부러저떤 거시 쪽 펴저:.

- 쪽 펴저 이써설랑언 타자캐기가 조타고.

- 그냥언 모디야, 이르캐 꾸부러저서.

- 기개예 안, 안 드르가거덩. 게 그르캐 해서 해따고.

- 게 지그먼 참: 페낭 기여.

- 그거 머 그르캐 할 쌔두 웁씨 대번 기양 논빼미서 비어서 그냥 나라 그루 쏘더서 나락 딴만 주서 나락 푸대만 주서 오만 되닝깨.

- 집뚜 그냥 거기다 그양 그기가 쓰:러 너뻐리구 야싱[85] 조아.

그저내는 그 펴서 말려짜나요, 그거는 머라 그래요, 그 머 이르미 이써요?

- 뭐?

저기 세워따가 필, 필려구 누피능 거는 줄가리친다 그러구.

- 응.

그러구 금방 베 깔꾸 말릴라구 피능 거는 그건 머 따른 말 업써요?

- 그러니가 타작하기가 좋지.

처음에는 세워 놓았던 것을,

- 응.

논둑에다가 이렇게 단으로,

- 다 마르면 이제 논둑에다가 이제 줄가리치는 거야.

눕혀서, 눕혀 놓는 것이지요, 그것.

- 그렇지요.

아, 그것이 줄가리치는 거예요?

- 응 그것이 줄가리치는 거야.

- 그렇게 해서 줄가리 쳐서…

그러면 이렇게 무더기, 무더기 이렇게 쌓아 놓는 거네요?

- 응?

- 쌓는 것이지 한쪽으로 쪽 쌓는 거야.

- 그렇게 쌓지, 그러면 이제 그게 이렇게 고부러졌던 것이 쪽 펴져.

- 쪽 펴져 있어서 타작하기가 좋다고.

- 그냥은 못 해, 이렇게 꾸부러져서.

- 기계에 안, 안 들어가거든. 그래 그렇게 해서 했다고.

- 그래 지금은 참 편한 거야.

- 그것 뭐 그렇게 할 새도 없이 대번 그냥 논배미에서 베어서 그냥 벼로 쏟아서 볏단만 주어, 벼 포대만 주어 오면 되니까.

- 짚도 그냥 거기에다 기계가 썰어 넣어 버리고 여간 좋아.

그전에는 그걸 펴서 말렸잖아요, 그것은 뭐라고 해요, 그 뭐 이름이 있어요?

- 뭐?

저기 세웠다가 펴려, 펴려고 눕히는 것은 줄가리친다 그러고.

- 응.

그리고 금방 벼 깔고 말리려고 펴는 것은 그것은 뭐 다른 말 없어요?

- 저 다: 타자캐 가주서 말리넝 거?

아니 타자카기 저내.

바, 바태다가 이르캐 말린다면서요?

- 응응.

그건 머 다른 이름이 업써써요?

- 딴 이름이 읍찌. 근 딴 이름 할 쑤가 읍찌. 그냥 나락, 나락 피루 간다 그냥 그라지.

나락 피루 간다.

- 나랑. 나랑 널루 간다구.

- 딴 이르먼 이건 읍찌.

그래서 인재 다: 말르먼 마당으루 가주 오지요 또.

- 다: 마르면 인재 그 바태서 다: 말르만 전부 인재 무끄야자나 또 요망크마개 요망크마개 전:부 무꺼서 인재 거기두 인재 넹큼 모까주 오면 바티다 줄가리처 놔둔다고, 처 노쿠서 인재 서서이 저 나른다고 저 날르고 소루 시러 날르고.

- 저 다 타작해가지고 말리는 것?

아니 타작하기 전에.

밭, 밭에다가 이렇게 말린다면서요?

 - 응응.

그것은 뭐 다른 이름이 없어요?

 - 딴 이름이 없지. 그것은 따른 이름을 할 수가 없지. 그냥 벼, 벼 펴러 간다고 그냥 그러지.

벼 펴러 간다.

 - 벼, 벼 널러 간다고.

 - 다른 이름은 이것은 없지.

그래서 이제 다 마르면 마당으로 가져 오지요 또.

 - 다 마르면 이제 그 밭에서 다 마르면 전부 이제 묶어야 되잖아 또 요만큼하게, 요만큼하게 전부 묶어서 이제 거기도 이제 닝큼 못 가지고 오면 밭에다 줄가리쳐놓아 둔다고, 쳐 놓고서 이제 서서히 저 나른다고 저 나르고 소로 실어 나르고.

■ 주석

1) '홀쩨이질'은 '홀쩨이+질'로 분석할 수 있다. '홀쩨이'는 중앙어 '극쟁이' 또는 '쟁기'
   에 대응하는 이 지역 방언형이다. '-질'은 도구를 나타내는 일부 명사 뒤에 붙어 '그
   도구를 가지고 하는 일'의 뜻을 더하는 접미사다. '홀쩨이'는 지역에 따라 '홀쩡이,
   홀쩽이, 홀칭이, 홀칭이, 후칭이, 가대기, 극쟁이, 극징이, 보구래, 흑쩡이' 등 다양한
   형태의 방언형으로 나타난다. 충청도 방언에서도 지역에 따라 '홀쩨이' 외에 '홀쩡이,
   홀쨍이, 홀칭이, 후칭이, 극쟁이, 극징이, 극지이, 흑쩡이' 등 다양한 형태를 보인다.
2) '생가래'는 '생갈이'의 이형태로 보인다. 쟁기로 논밭을 갈거나 논밭에 씨를 뿌리기
   위해 극쟁이로 골을 탔는데 잘 갈리지 않고 흙이 적어 딱딱하게 된 것을 가리키는
   말이다. 즉 땅이 잘 안 갈린 것을 가리키는 말이다. 씨를 뿌리기 위해 논밭을 갈거나
   갈아 놓은 논밭을 극쟁이로 골을 탔는데도 보드라운 흙이 적어 딱딱하게 되는 것을
   '생가래 난다'고 한다. 충청도 방언에서는 '생가래'보다는 '생갈이'를 더 많이 쓴다.
   ≪표준 국어 대사전≫에는 생갈이에 대하여 '애벌갈이'의 잘못이라고 설명하였으나
   '애벌갈이'와는 의미상 차이가 있다. 충청도 방언의 '생갈이'와 대립되는 말로 '익은
   갈이'가 있다. '익은갈이'는 논밭을 갈아 놓은 것을 한 번 더 갈아 흙을 부드럽게 하
   는 것을 뜻하는 말이다.
3) '싱궈'는 중앙어 '심다(植)'에 대응하는 충청도 방언형 '싱구다'의 활용형이다. '싱구
   다'는 '심구다'의 역행동화형이 굳어져 어휘화한 것으로 판단된다. '싱구다'는 '싱구
   구, 싱구지, 싱궈/싱고, 싱구닝깨, 싱궜어' 등에서와 같이 활용한다. 충청도 방언형
   '싱구다'는 15세기 국어 '심구-'에 소급한다. 국어사 자료에서 '심구-'가 소급하는 최
   초의 형태는 15세기의 '심ㄱ-~시므'인데, 단순 모음 앞에서는 '심ㄱ--'으로 실현되고
   그 이외의 환경에서는 '시므'로 실현된다.
4) '호매이'는 중앙어 '호미'에 대응하는 충청도 방언형이다. '호매이'는 '호맹이'에서
   'ㅇ'이 탈락한 형태다. 충청도 방언에서 '호매이'와 '호맹이'형이 다 쓰이고 비모음화
   한 '호매~이'형도 쓰인다. 이런 현상은 충청도 방언에서 단어나 어절이 모음 '이'로
   끝나는 경우 그 모음 '이'에 자음 'ㄴ'이나 'ㅇ'이 선행하면 그 'ㄴ'이나 'ㅇ'이 탈락
   하는 것과 궤를 같이한다. 예의 '호매이'도 그런 예 가운데 하나다. 예문의 '호매이'
   는 '호맹이→호매이'의 과정을 거친 것이다. 이런 현상은 다음에서 보듯이 형태소 내
   부에서도 관찰되고 형태소 경계에서도 관찰된다. '어머니→어머이, 늙은이→늘그이,
   종이→조이, 호랑이→호래이, 호맹이→호매이(호미)' 등은 형태소 내부에서 관찰되는
   예들이고, '많이→마이, 눈-이→누이, 영선-이→영서이(인명), 종명-이→종머이(인명)'
   등은 형태소 경계에서 관찰되는 예들이다.
5) '뿌치니'는 '붙이다'의 활용형 '붙이니'의 음성형으로 이해된다. '붙이다'는 식물이 뿌
   리를 내려 살다의 뜻으로 쓰이는 '붙다'의 사동형이다. 예문에서는 씨앗을 뿌려 씨앗

이 땅에 뿌리를 내리고 자란다는 뜻으로 쓰였다. 예문에 쓰인 '씨를 못 붙인다'는 말은 씨앗을 뿌렸는데 씨앗의 싹이 잘 나지 않거나 싹이 났더라도 잘 자라지 않고 죽는 경우에 쓰이는 말이다.

6) '꺼깨잉'은 중앙어 '무너진'의 뜻으로 쓰이는 충청도 방언형으로 이해된다. 모내기를 하기 전에 논둑을 깎거나 다듬다가 보면 무너져서 구멍이 나거나 쥐가 논둑에 구멍을 낸 곳이 있는데 이것을 그냥 두면 논둑이 허물어지거나 무너지기 때문에 가래로 흙을 끌어 올려 이런 곳을 정비한다는 설명을 하면서 한 말이다. '꺼깨잉 구녁'은 흙이 무너져서 난 구멍을 뜻하는 말이다.

7) '대그나자나'는 '대근하잖아'의 음성형이다. '대근하다'는 일 따위가 힘들고 고단하다는 뜻으로 쓰이는 충청도 방언형이다. 충청도 방언에서 '대근하다' 외에 '대간하다'도 쓰인다. '대근하다'는 '대근하다, 대근하지, 대근하구, 대근하니깨, 대근할, 대근해서'와 같이 활용하고 '대간하다'는 '대간하다, 대간하구, 대간하지, 대간하니깨, 대간해서'와 같이 활용한다.

8) '압뚝'은 '앞둑'의 음성형이다. '앞둑'은 두 논의 높이가 다를 때 높은 논 쪽에서 보아 낮은 논 쪽에 있는 논둑을 가리키는 말이다. '논둑'을 경계로 두 논의 높낮이가 다를 때 높은 쪽에 있는 논을 윗논이라고 하고 낮은 쪽에 있는 논을 아랫논이라고 한다. 이때 윗논에서 볼 때 아랫논 쪽으로 있는 논둑을 '앞둑'이라고 하고 아랫논에서 볼 때 윗논 쪽으로 있는 논둑을 '뒷둑'이라고 한다. '앞둑'과 '뒷둑'은 같은 논둑을 두고 높은 논 쪽에서 보고 말하느냐 낮은 논 쪽에서 보고 말하느냐에 따라 달리 부르는 말이다.

넓은 논의 가장자리에 높고 길게 쌓아 올린 둑을 '논둑'이라고 하고 넓은 밭의 가장자리에 높고 길게 쌓아 올린 둑을 '밭둑'이라고 하는데 비해 하나의 넓은 논이나 밭을 작은 크기로 경계를 짓기 위해 한 뼘 정도의 너비로 길게 쌓은 둑은 '갈갯둑'이라고 한다. 즉 하나의 논이나 밭을 여러 개로 나눌 때 단순히 나눈 경계임을 표시하기 위해 작고 길게 쌓은 둑을 '갈갯둑'이라고 하는 것이다. 그런데 '갈갯둑'이 하나의 논이 경사가 져서 논에 물을 고루 가두기 위해 경사진 논의 중간에 작은 둑을 쌓은 것을 가리키는 말로도 쓰인다. 논과 논의 경계를 표시하기 위해 작고 길게 쌓은 둑을 '갈갯둑'이라고 하는 데 비해 논의 경계가 남의 논에 있어 그 경계를 표시하기 위해 남의 논에 쌓은 작은 둑은 '경곗갈개'라고 한다. '갈갯둑'이 자기 논에 쌓은 작은 둑인데 비해 '경곗갈개'는 남의 논에 쌓은 작은 둑이라는 점에서 다르다.

9) '골: 진넌대'는 중앙어 '골 짓는데'에 대응하는 충청도 방언형 '골 짓넌대'의 음성형이다. 충청도 방언에서 '골을 짓는다'고 하면 논밭에 씨를 뿌리기 위해 이랑을 짓는 것을 뜻한다. 이랑은 하나의 두둑과 하나의 골을 한꺼번에 이르는 말인데 씨는 대개 두둑에 뿌리거나 심는다. 따라서 '골 짓는다'고 하면 이랑은 만든다는 뜻으로 쓰이는 것이 보통이다.

10) '씨갑씨'는 중앙어 '씨앗'에 대응하는 충청도 방언형이다.

11) '엽땡이'는 중앙어 '옆'에 대응하는 충청도 방언 음성형이다. '엽땡이'는 '옆댕이'로

표기해야 할 것이다. 한글 맞춤법 규정에 있듯이 폐쇄음 뒤에서는 항상 경음으로 발음되기 때문이다. '-댕이'나 '-땡이'가 다른 말과 결합하여 쓰이는 에를 찾아보기 어렵다.

12) '쌩그라나설랑언' '쌩가래나설랑언'으로 발음해야 할 것을 잘못 발음한 것으로 보인다.

13) '씨럴 모: 뿌친다'는 '씨럴 못 붙인다'의 음성형이다. '씨럴 못 붙인다'는 씨를 뿌려서 싹이 잘 나고 잘 자라야 하는데 싹이 나지 않거나 싹이 나더라도 잘 자라지 않거나 말라 죽고 제대로 싹이 나지 않는다는 말이다. '씨럴 붙인다'는 반대로 씨를 뿌려 싹이 잘 나서 자라는 것을 이르는 말이다. 충청도 방언에서 '씨를 붙인다'와 같은 뜻으로 '씨럴 세운다'는 말도 쓰인다.

14) '새가내'는 '새간+애'로 분석할 수있고 '새간'은 다시 '새+간'으로 분석할 수 있다. '새'는 한 때로부터 다른 때까지의 동안을 가리키는 말이고 '간'은 한자어 '間'을 뜻하는 말이다. '애'는 앞말이 기준이 되는 대상이나 단위의 부사어임을 나타내는 중앙어 격 조사 '에'에 대응하는 방언형이다. 따라서 '새간'은 개념적으로 같은 의미가 중복된 형태라고 할 수 있다.

15) '다마금'은 벼 품종 가운데 하나다.

16) '아구삐'는 벼 품종 가운데 하나다.

17) '나라건'은 '나락+-언'으로 분석할 수 있다. '나락'은 중앙어 '벼'에 대응하는 이 지역 방언형이다. '나락'은 두 가지 의미로 쓰인다. 하나는 식물로서의 '나락'이고 다른 하나는 열매를 타작한 알곡으로서의 '나락'이다. 예문에서는 '나락'이 열매를 타작한 알곡의 의미로 쓰였다.

18) '끄실끄시랑 기'는 '끄실끄실한 기'의 음성형이다. '끄실끄실하다'는 중앙어 '가실가실하다'에 대응하는 이 지역 방언형이다. '끄실끄실한 기'는 '끄실끄실한 기운'을 뜻한다. '끄실끄실하다'는 기름기가 없고 부드러운 느낌도 없다는 정도의 뜻으로 쓰이는 충청도 방언형이다.

19) '아끼바래'는 벼 품종 가운데 하나다. 이 쌀로 밥을 하면 밥맛이 좋다.

20) '통일베'는 '통일벼'의 충청도 방언형으로 벼 품종 가운데 하나다.

21) '귀해'는 '구해'라고 해야할 것을 잘못 말한 것이다.

22) '싱갱이'는 '심기가[싱끼가]'라고 해야 할 것을 잘못 말한 것으로 보인다.

23) '소도칼 쩨'는 중앙어 '소독할 적에'에 대응하는 충청도 방언형 '소독할 재'의 음성형이다. '소독'은 병의 감염이나 전염을 예방하기 위하여 병원균을 죽이는 일을 뜻하는 말이지만 예문에서는 농약을 치는 일을 뜻하는 말로 쓰였다.

24) '나락'은 중앙어 '벼'에 대응하는 이 지역 방언형인데 여기에서는 식물로서의 '벼'를 뜻하는 말로 쓰였다.

25) '아급삐'는 '아급벼'의 충청도 방언형으로 벼 품종 가운데 하나다.

26) '토목조'는 벼 품종 가운데 하나다.

27) '아끼바리'는 벼 품종 가운데 하나다. '아끼바리' 외에 '아끼바래'라고도 한다.

28) '즈'는 중아어 3인칭 대명사 '자기'의 복수형 '자기들'에 대응하는 충청도 방언형이

다. 충청도 방언에서 3인칭 대명사의 복수형으로 '즈:' 외에 '즈:덜'이 쓰인다. 충청
도 방언에서 2인칭 대명사 '너'의 복수형 '너희'에 대응하는 충청도 방언형으로는
'느:'와 '느:덜'이 쓰이고, 1인칭 대명사 '저'의 복수형 '저희'에 대응하는 충청도 방
언형으로는 '지:'와 '지:덜' 및 '즈:'와 '즈:덜'이 쓰인다.

29) '씬나라건'은 '씻나락+-언'으로 분석할 수 있다. '씻나락'은 중앙어 '볍씨'에 대응하
는 이지역 방언형이다. '볍씨'의 뜻으로 쓰이는 '씻나락'은 경상도와 인접한 충청도
지역과 충청북도 남부 지역에서 주로 쓰인다.

30) '미꾸녁'은 중앙어 '바닥'에 대응하는 충청도 방언형 '밑구녁'의 음성형이다. 충청도
방언에서 '밑구녁'은 '바닥'의 의미 외에 '밑바닥'의 의미로도 쓰인다.

31) '씨처'는 중앙어 '씻다'에 대응하는 충청도 방언형 '씿다'의 활용형 '씿어'의 음성형
이다. 충청도 방언에서 '씿다'는 '씿다[씨따], 씿구[씨꾸], 씿지[씨찌], 씿어[씨처]'와
같이 활용한다. 그런데 대부분의 충청도 방언에서는 '씻다[씨따], 씻구[씻구], 씻지
[씨찌], 씨라, 씼다[씨따]'와 같이 활용하는 '씻다'가 사용된다.

32) '당군다'는 중앙어 '담그다'에 대응하는 충청도 방언형 '담구다'의 활용형이다. 충청
도 방언형 '담구다'는 '담군대[당군다], 담구구[당구구], 담구지[당구지], 담과[당과]'
등과 같이 활용한다.

33) '쩌'는 '찌다'의 활용형이다. '찌다'는 '찌다가, 찌구, 찌지, 쩌, 쩌서, 찌야/쩌야' 등과
같이 활용한다. 예문에서는 '찌다'가 '모판에서 모를 한 모숨씩 뽑아내다'의 의미로
쓰였다. '찌다'는 이런 의미 외에도 '나무나 옥수숫대 따위를 베어 내다'나 '나무 따
위가 촘촘하게 난 것을 성기게 베어 내다'의 뜻으로도 쓰인다.

34) '해전'의 본래 의미는 해가 지기 전이지만 충청도 방언에서는 '하루 종일' 또는 '종
일'의 의미로 쓰인다.

35) '심마이'는 '신참', '초짜'라는 뜻의 일본말을 우리말로 발음한 것이다.

36) '가새지개'는 충청도 방언형 '가새지다'의 활용형이다. '가새지다'는 '가새지다, 가새
지개, 가새지구, 가새지지, 가새졌다'와 같이 활용한다. '가새지다'는 '가새+-지다'
로 분석할 수 있다. '가새'는 중앙어 '가위'에 대응하는 충청도 방언형이다. '-지다'
는 몇몇 명사 뒤에 붙어 '그런 성질이 있음' 또는 '그런 모양임'의 뜻을 더하고 형
용사를 만드는 접미사다. 따라서 '가새지다'는 가위의 날이 교차하는 모양이 되다의
뜻으로 쓰이는 충청도 방언형이다. 예문에서는 '가새지다'가 못자리에서 모를 찔 때
한 모숨을 뽑아 쥐고 또 한 모숨을 뽑아 쥘 때 가위 날이 교차하는 모양으로 되었
다는 뜻으로 쓰였다.

37) '울털울털'은 중앙어 '우툴두툴'에 대응하는 이 지역 방언형이다. '울털울털'은 바닥
이 고르지 못하고 여기 저기 위로 부풀어 오른 모양을 나타내는 말이다.

38) '마쏭'은 '바싹'의 음성형 '바쌍'으로 발음해야 할 것을 잘못 발음한 것이다.

39) '바쏭'은 '바싹'의 음성형 '바쌍'으로 발음해야 할 것을 잘못 발음한 것이다.

40) '말르머넌'은 중앙어 '마르다'에 대응하는 충청도 방언형 '말르다'의 활용형이다. 충
청도 방언형 '말르다'는 '말르다, 말르구, 말르지, 말르면, 말랐으잉깨' 등과 같이 활

용한다.

41) '썰물'은 '밀물'이라고 해야 할 것을 잘 몰라서 '썰물'이라고 한 것으로 보인다.

42) '몰처'는 중앙어 '몰리다'에 대응하는 충청도 방언형 '몰치다'의 활용형이다. '몰치다'는 '몰치다, 몰치구, 몰치지, 몰처'와 같이 활용한다. 예문에서는 볍씨를 못자리에 뿌렸는데 볍씨가 고르게 퍼져 있지 않고 한곳으로 몰린다는 뜻으로 쓰인다. 충청도 방언형으로 '몰치다' 외에 '몰리다'도 쓰인다.

43) '헌처서'는 충청도 방언형 '헌치다'의 활용형이다. '헌치다'는 '헌친다, 헌치구, 헌치지, 헌처서, 헌치면, 헌쳤다' 등과 같이 활용한다. '헌치다'는 흩어지게 하다의 의미로 쓰이는 것이 일반적이지만 예문에서는 고루 흩뿌리다의 의미로 쓰였다. 못자리에 볍씨를 뿌릴 때는 고루 뿌려야 하는데 예문의 '헌치다'는 그렇게 고루 뿌리는 것을 의미한다.

44) '땅내마터서'는 '땅내'와 '맡다'가 합성된 '땅내맡다'의 활용형 '땅내맡어서'의 음성형이다. '땅내맡다'를 합성어로 보는 이유는 의미에서 찾을 수 있다. '땅내맡다'를 '땅내 맡다'와 같이 구 구성으로 보면 예문에 쓰인 의미와 달라지기 때문이다. '땅내'의 본래 의미는 땅에서 나는 냄새를 뜻하고 '맡다'는 코로 냄새를 느끼다를 뜻한다. 따라서 '땅내(를) 맡다'로 보면 땅에서 나는 냄새를 느낀다는 뜻이 된다. 그런데 예문에서는 '땅내맡다'가 '땅에서 나는 냄새를 느끼다'의 뜻에서 유추되어 '땅에 새 뿌리를 내리고 생기를 찾다' 정도의 뜻으로 쓰였다.

45) '검실검실한'은 '검실검실하다'의 활용형이다. '검실검실하다'는 '검실검실'에 형용사를 만드는 접미사 '-하다'가 결합된 말이다. '검실검실'은 어떤 사물의 색이 거뭇한 모양을 나타내는 부사 '검실'에 중첩된 말이다. '검실검실하다'는 여기저기 거뭇거뭇한 상태를 보이다의 뜻으로 쓰이는 형용사다.

46) '홈치다'는 예전에 호미로 논을 맨 뒤 며칠 있다가 호미로 매어 놓은 것을 손으로 더듬으면서 잡풀을 뽑거나 제거하는 것을 가리키는 말이다.

47) '추지다'는 '물기가 많아 축축하다'의 뜻으로 쓰인다. 예문에서는 '추지다'가 '물기가 많아 축축하다'의 뜻 외에 '땅이 무르다'의 의미를 내포하고 있다.

48) '응그리미'는 '응그름이'의 움라우트형 '응그림이'의 음성형이다. '응그림이'는 '응그름+-이'로 분석할 수 있다. '응그름'은 땅이 말라서 가늘게 금이 가고 갈라진 것을 뜻하는 충청도 방언형이다.

49) '압뚜개넌'은 중앙어 '앞둑애넌'의 음성형이다. '앞둑애넌'은 '앞둑+-애넌'으로 분석할 수 있다. '앞둑'은 두 논의 높이가 다를 때 높은 논 쪽에서 보아 낮은 논 쪽에 있는 논둑을 가리키는 말이다. '논둑'을 경계로 두 논의 높낮이가 다를 때 높은 쪽에 있는 논을 윗논이라고 하고 낮은 쪽에 있는 논을 아랫논이라고 한다. 이때 윗논에서 볼 때 아랫논 쪽으로 있는 논둑을 '앞둑'이라고 하고 아랫논에서 볼 때 윗논 쪽으로 있는 논둑을 '뒷둑'이라고 한다. '앞둑'과 '뒷둑'은 같은 논둑을 두고 높은 논 쪽에서 보고 말하느냐 낮은 논 쪽에서 보고 말하느냐에 따라 달리 부르는 말이다.

50) '농촌지지서'는 '농촌지도서'를 잘못 말한 것이다.

51) '너머 되고'는 너무 무성하게 되고의 뜻으로 쓰였다.

52) '접때'는 오래지 아니한 과거의 어느 때를 이르는 말이다. 충청도 방언에서는 대략 열흘 정도를 기준으로 그 전후를 뜻하는 말로 쓰인다.

53) '사문'은 '사뭇'의 음성형이다. '사뭇'은 '내내 끝까지'의 뜻으로 쓰이는 말이다. 충청도 방언형으로 '사뭇' 외에 '사무', '상긋', '상구' 등이 쓰인다.

54) '떠러지꺼니'는 중앙어 '떨어졌든지'에 대응하는 충청도 방언형 '떨어졌거니'의 음성형이다. '떨어졌거니'는 '떨어지-+쓰-+-거니'로 분석할 수 있다. '-거니'는 중앙어 '-든지'에 대응하는 뜻으로 쓰이는 이 지역 방언형으로 주로 그 행동이나 그 행동과 관련된 상황이 마음에 들지 않을 때 쓴다. 앞 절에서 설명한 내용이 뒤 절에서 설명하는 대상이나 내용과 상반되는 상황을 설명할 때에 쓰는 연결 어미다.

55) 충청도 방언에서 '아래'는 중앙어 '그저께'의 뜻으로 쓰이기도 하고 중앙어 '접때'의 뜻으로 쓰이기도 한다. 보통은 '접때'보다 멀지 않은 과거를 나타내거나 '그저께'의 뜻으로 쓰인다.

56) '매기능'은 '매기다'의 활용형 '매기는'의 음성형이다. '매기다'는 주로 농촌에서 일을 할 때 일꾼에게 일정한 비용을 지불하는 조건으로 일정한 넓이에 해당하는 일을 해주기로 하고 일체의 일을 맡기는 것을 뜻하는 말이다. 일을 맡는 사람이 동원하는 일꾼의 숫자는 상관하지 않는다. 이때 식사나 음료 등은 주인이 제공하지 않는다.

57) 땅이 잘 익는다는 말은 극젱이로 갈았을 때 흙덩이가 잘 깨져서 땅이 물러지다의 뜻으로 쓰였다.

58) '써그머넌'은 중앙어 '썩으면'에 대응하는 충청도 방언형 '썩으면언'의 음성형이다. '썩으면'은 '썩다'의 활용형이다. 예문에서는 '썩는다'가 갈아 놓은 흙덩이가 깨지거나 무르게 된다는 뜻으로 쓰였다.

59) '노타리'는 농사짓는 방법의 하나다. 갈아놓은 논밭을 흙을 부드럽게 하기 위해 기계로 흙덩이를 깨고 땅을 고르는 일을 가리키는 말이다. '노타리'는 '노타리럴 쳤다'와 같이 주로 '치다'와 어울려 쓰인다.

60) '아시'는 중앙어 '애벌'에 대응하는 충청도 방언형이다. 충청도 방언형 '아시'는 같은 일을 여러 차례 거듭하여야 할 때에 맨 처음 하는 차례를 뜻한다. ≪표준 국어대사전≫에는 같은 일을 여러 차례 거듭하여야 할 때에 맨 처음 대강 하여 낸 차례로 설명되어 있는데 충청도 방언에는 '대강 한다'는 뜻보다는 처음 한다는 뜻에 초점이 있다. 충청도 방언형 '아시' 외에 '아이'도 쓰인다.

61) '이듬'은 '이듬'의 음성형이다. 충청도 방언에서 '이듬'은 같은 일을 여러 차례 거듭하여야 할 때에 두 번째 하는 차례를 뜻하는 말로 쓰인다. 충청도 방언형 '이듬' 외에 '두벌'도 쓰인다.

62) '소늘 느추머넌'은 충청도 방언형 '손을 늦추먼언'의 음성형이다. 예문에서의 '손'은 일손을 뜻하고 '늦추다'는 알맞은 때 바로 하지 않고 때를 지나 느슨하게 천천히 한다는 뜻으로 쓰였다. 즉 알맞은 때에 피사리를 하지 않고 시간이 지나서 느슨하게

하다의 뜻으로 쓰였다.

63) '소로'는 '쇠로'라고 발음해야 할 것을 잘못한 것이다.

64) '대목'은 목조 건축물을 잘 짓는 목수를 뜻하는 말이다. 예전에는 주로 나무로 집을 지었기 때문에 목수라고 하면 나무를 다루어 집을 짓는 사람을 뜻하는 말로 쓰였다.

65) '뚤버서'는 중앙어 '뚫다'에 대응하는 충청도 방언형 '뚧다'의 활용형이다. 충청도 방언형 '뚧다'는 '뚧다[뚭따], 뚧지[뚭찌], 뚧구[뚭꾸], 뚧어[뚤버]'와 같이 활용한다.

66) '초염'은 처음 염을 하는 것을 뜻하는 '초렴(初殮)'의 이 지역 방언형이다. '초렴'은 사람이 죽으면 대렴할 때 하기 쉽도록 신체가 굳기 전에 신체를 반듯하게 누이고 옷을 입히고 손발을 가지런히 하는 등 우선적으로 염을 하는 것을 일컫는 말이다. 이에 비해 대렴(大殮)은 소렴을 한 다음날 송장에 옷을 거듭 입히고 이불로 싸서 베로 묶는 일을 뜻하는 말이다.

67) '더그매'는 사랑채나 헛간 따위의 지붕과 천장 사이에 다락처럼 만들어 놓은 공간을 뜻한다. 이곳에 각종 연장을 올려놓기도 한다.

68) '번지뜬질'은 '번지뜸질'이라고 해야 할 것인데 굳어진 말로 쓰인다. 지역이나 화자에 따라서 '번지뜸질'이라고도 한다. '번지뜸질'은 예전에 동네에 부모 말은 물론이고 동네 어른들 말씀도 듣지 않고 막무가내로 행동하는 사람에게 벌을 주고 제재를 할 필요가 있을 때 번지 위에 그 사람을 올려놓고 동네사람들이 몽둥이로 때렸다고 한다, 그렇게 하면 뜸을 뜬 것처럼 퍼렇게 멍이 드는데 뜸 뜬 것에 비유하여 표현한 말이 '번지뜬질' 또는 '번지뜸질'이다.

69) '칠성판'은 관(棺) 속 바닥에 까는 얇은 널빤지를 뜻하는 말이다. 본래는 북두칠성을 본떠서 일곱 개의 구멍을 뚫어 놓는데 보통은 그냥 널빤지를 쓴다고 한다.

70) '의장'은 어떠한 일을 하는 데에 사용하는 도구를 뜻하는 중앙어 '연장'에 대응하는 충청도 방언형이다. 농촌에서는 주로 노삿일에 쓰는 농기구를 일컬을 때 '의장'이라고 한다.

71) '바소고리'는 중앙어 '발채'에 대응하는 충청도 방언형이다. '바소고리'는 짐을 싣기 위하여 지게에 얹는 조개껍질 모양의 물건으로 싸리나 대오리로 둥글넓적하게 조개 모양으로 결어서 접었다 폈다 할 수 있게 되어 있다. 끈으로 두 개의 고리를 달아서 얹을 때 지겟가지에 끼운다.

72) '모진애비'는 충청도 방언형 '모진아비'의 움라우트형이다. '모진아비'는 합성어로 보아 '모진+아비'로 분석할 수 있다. '모진'은 '모를 지다'에서 온 말이고 '아비'는 어른 남자를 이르는 말이다. '모진아비'는 농촌에서 모를 심을 때 못자리에서 찐 모를 심을 논으로 옮기기 위해 모춤을 지게에 지고 가는 사람을 일컫는다. 모춤에서 흙물이 흘러 모를 지고 가는 사람의 옷과 몸이 흙물로 범벅이 된다.

73) '도랭이'는 중앙어 '도롱이'에 대응하는 충청도 방언형이다. 주로 짚으로 엮어 위는 넓고 아래는 약간 좁게 만든다. 비가 올 때 뿌리 부분이 위로 가게 하고 새꿰기 부분이 아래로 가게 하여 몸에 둘러쓰면 비가 흘러 내리게 되어 있다.

74) '뜨잉깨'는 중앙어 '드니까'에 대응하는 충청도 방언형 '드잉깨'라고 해야 할 것을

잘못 말한 것으로 보인다.

75) '멍청이'는 '멍청이'는 양이나 정도가 아주 지나침을 뜻하는 중앙어 '엄청'에 대응하는 이 지역 방언형이다. 이 지역에서는 방언형 '멍청이' 외에 '엄청나게'의 뜻으로 '멍청이'도 쓰인다. 충청도 방언에서는 주로 '엄청'과 '엄칭이'가 쓰인다.

76) '기개모'는 '기곗모'의 음성형이다. '기곗모'는 기계로 심는 모를 뜻한다. 즉 이앙기로 심는 모를 '기곗모'라고 하고 손으로 심는 모를 '손모'라고 한다.

77) '장니배'는 '장닙+애'로 분석할 수 있다. '장닙'은 볏과에 딸린 곡식의 맨 나중에 나오는 잎을 뜻하는 중앙어 '장잎'에 대응하는 충청도 방언형이다. 이 잎이 나온 뒤에 이삭이 나온다

78) '실치다'는 중앙어 '스치다'에 대응하는 충청도 방언형으로 서로 살짝 닿아 마찰되면서 지나가다의 뜻으로 쓰인다. '실치다'는 '실치다, 실치구, 실치지, 실처' 등과 같이 활용한다.

79) '수구리다가서'는 중앙어 '숙이다'에 대응하는 이 지역 방언형 '수구리다'의 활용형이다. '수구리다'는 주로 경상도 지역에서 쓰이는 말로 알려져 있으나 경상도와 인접한 충청도 지역에서는 머리나 허리 따위를 숙이거나 굽히다의 뜻으로 널리 쓰인다. '수구리다'는 '수구리다, 수구리구, 수구리지, 수구렸어/수구려' 등과 같이 활용한다.

80) '세우짜나'는 '세웠잖아[세워짜나]'라고 해야 할 것을 잘못 말한 것이다.

81) '바태'는 '밭+애'로 분석할 수 있다. 중앙어의 '밭'은 충청도 방언에서 음운론적, 형태론적인 조건에 따라 여러 이형태로 나타난다. '밭이[바치], 밭을[바틀], 밭애[바태], 밭도[받또]'와 같이 '밭'으로 실현되기도 하고 '밧이, 밧을, 밧애, 밧도[받또]'와 같이 '밧'으로 실현되기도 한다. 또는 '밧이, 밧을 밭애, 밭으루'와 같이 조사에 따라 기저형을 달리하여 실현되는 경우도 있다. 옥천 지역은 결합되는 조사에 따라 기저형을 달리하는 방언형으로 나타난다.

82) '어둠치구리한 대꺼지'는 중앙어 '어슴푸레할 때까지' 정도에 대응하는 이 지역 방언형이다. '어둠치구리하다'는 '어둠'에 빛이나 빛깔 또는 형상을 나타내는 어근 밑에 붙어 '빛이나 빛깔이 옅거나 그 형상과 비슷하다'의 뜻을 더하는 접미사 '-치구리하다'가 결합된 말로 분석할 수 있다.

83) '매끼'는 곡식 섬이나 곡식 단 따위를 묶을 때 쓰는 일종의 끈을 가리키는 말이다. 볏단을 묶을 때는 벼이삭에 알이 붙어 있는 벼 한포기를 베어서 둘로 나누어 가위날 모양으로 겹친 다음 틀어 끈 대용으로 사용하는데 이런 것을 '매끼'라고 한다. 산에서 나무를 할 때도 나뭇단을 묶을 끈을 별도로 가져가지 않았을 때 칡넝쿨 줄기를 베어 나뭇단을 묶었다면 칡넝쿨 줄기로 매끼를 했다고 한다. 따라서 이미 끈으로 쓸 수 있도록 만들어 놓은 '새끼'나 '노끈' 따위를 매끼라고 하지는 않는다.

84) '줄가리'는 볏단이나 곡식단을 가리는 방법의 하나다. 볏단의 이삭 쪽을 위로 하여 맞대고 뿌리 쪽은 띄워서 줄을 지어 세우는 가리를 것을 '줄가리'라고 한다. 주로 벼를 말릴 때 쓰는 방법이다. 그런데 예문에서는 이렇게 말린 볏단을 논둑에 수북

이 쌓아놓은 것을 가리키는 말로 쓰였다. 벼를 널어 말리는 지역에서 볏단을 세워서 말리는 방법이 도입되면서 실제 행동과 용어가 일치하지 않아서 생긴 결과로 보인다.

85) '야싱'은 중앙어 '여간'에 대응하는 이 지역 방언형이다.

05 민속과
민속신앙

5.1 민속놀이

그: : 돌꼬지: : 애 자랑알마난 거 이쓰면 얘기해 주세요.

옌:날부터 머 그: 동내예서 이르캐 무슨 다른 동내에보다 우리 동내가 더 이렁 거는 나:따:, 또 머 문하재 가틍 거 이쓰면 이거 우리 동내예 문하재가 이따든지 머 이렁 거...

— 그런대, 참 이: 으:런더리[1] 살: 쩌개는 그렁 개 무슨 혹씨 이써씰란지두[2] 몰:르고: 또 우리가 볼 쩌개두 옌:날 물겨니 인닝 거뚜 우리 가정애서두 인닝 거뚜 아라. 아는대 그거시 에: 나중애 그거 아무짜개두 모:씨개 되니깨 그냥 다: 읍:쌔찌. 이개 지그와서 보면 그거슨 골통푸미구 그개 줌 더 무놔잰대: 글 몰:라따고. 그러닝깨 다: 읍써저찌 읍써저씽깨 그렁 거 하나 냉긴 대두 우꾸 이 또 이 시방[3] 이 옥천찌방애는 그런 무놔재 거틍 거 읍따고:, 으: 우:리 동내뿐만 아니라 여 근:방애 다 그렁 거 읍:따고.

민송노리 가틍 거는 업써써요, 머?

저 풍물로리나...

— 민, 민송노리넌 마:니 해찌요.

어떵 거가 이써서요?

— 야:: 지금 그 얘기가: 야:: 우리 동내 그저내 이 깽매기[4] 잘 치는 사라미 이써써요.

— 건대 에: 동이며내 풍장노리[5] 대양얼 하머넌 우리가 언제든지 일:뜽 해:다고.

— 근대 왜 일뜽얼 핸느냐 하면 그냥바니 에: 옌:나래 참 깽매기 지금두 그 깽매기 치넌 사람 하나두 읍써유, 시방 저 처 거 방송구개서 치넌 사람덜 그냥 이검만 뚜들기만 하지 이 곡쪼가 읍써:.

— 근대 그이넌 그 옌:나래 그런 사람이 둘: 이썬는대 하나넌 저 김처

그, 돌꼬지에 자랑할 만한 것 있으면 얘기해 주세요.

옛날부터 뭐 그 동네에서 이렇게 무슨 다른 동네보다 우리 동네가 더 이런 것은 낫다, 또 뭐 문화재 같은 것이 있으면 이것 우리 동네에 문화재가 있다든지 뭐 이런 것.

— 그런데, 참 이 어른들이 살 적에는 그런 것이 무슨 혹시 있었을는지도 모르고 또 우리가 볼 적에도 옛날 물건이 있는 것도 우리 가정에서도 있는 것도 알아. 아는데 그것이 에 나중에 그것을 아무짝에도 못 쓰게 되니까 그냥 다 없앴지. 이게 지금 와서 보면 그것은 골동품이고 그게 좋은 문화재인데 그것을 몰랐다고. 그러니까 다 없어졌지, 없어졌으니까 그런 것 하나 남긴 데도 없고 이 또 이 지금 이 옥천지방에는 그런 문화재 같은 것이 없다고. 으 우리 동내뿐만 아니라 여기 근방에 다 그런 것이 없다고.

민속놀이 같은 것은 없었어요, 뭐?

저 풍물놀이나...

— 민속놀이는 많이 했지요.

어떤 것이 있었어요?

— 에 지금 그 얘기가 에 우리 동네 그전에 이 꽹과리 잘 치는 사람이 있었어요.

— 그런데 에 동이면에 풍장놀이 대항을 하면 우리가 언제든지 일등을 했다고.

— 그런데 왜 일등을 했느냐 하면 그 양반이 에 옛날에 참 꽹과리 지금도 그 꽹과리 치는 사람 하나도 없어요. 지금 저 처 거 방송국에서 치는 사람들 그냥 이것만 두들기기만 하지 이 곡조가 없어.

— 그런데 그이는 그 옛날에 그런 사람이 둘 있었는데 하나는 저 김천

느루 이사가구 우리 동내 하나 사란넌대 그이 그가 깽매기럴 치머넌 아:
무리 신사래두 아:무리 신사구 아:무리 즘:잔을 빼두 지절루 추미 나와.
그르키 시미나.6) 그르키 조와 드끼가. 그런대 그런 깽매기럴 지금 하넌
사람이 아::무두 웁써요.

— 그른대 그가 시방 아:: 지금 이씨면-- 한 배:칸 시벼 살 돼:써. 도라
가신 지가 오래 돼:씽깨.7)

— 백 백 - 백쌀 좀 너머써. 백 백 한 시벼 살 안쪼기여.

— 그런대 도라가셔따구. 그애 그 지비 시방 다: 망해따구. 그지비 웁
따고.

— 그 지비 아:덜래가8) 그이 아:덜래가 형잰대: 사람드리 장대하고 장
정더리여. 그런대 하나넌 대전가 살:구 동생언 대전가 살:구 하난 여기서
사넌대:...

그:, 그 때 저:기 머여 모심꺼나 머 이럴 때:...

— 어:

술, 모심구 매:구 이를 때 머 노래두 불르구 또 머 떡뚜 하구 그래자나요?

— 노:래넌 암불, 노래:는 별루: 건 우리게:넌 노래 별루 하넌 사람 벨루
웁써써요, 그때만 해두. 노래 불르는 사람 벨루 웁써따구.

— 근대 그이가 이 풍장 항 가지 잘 처서루 전부 명절 때 명절 때 추서
기나 슬: 때 이런 때는 에: 인재 그이가 쇠를9) 들구 나시머넌 전:부 인저
부카구 모두 가주 나서서 가치 따라 댕기매10) 집찜마둥 댕기머서 에: 에:
치구 그르캐 해따구.

음.

— 에.

— 그르구 그 우:애는 땅 건 별루 항 개 웁써요.

거기서 나는 특싼무른 머:가 이써요, 특싼물?

— 특산무른, 특싼물두 거기넌 벨루 웁써. 지금 와설랑언 포도배끼 웁따고

으로 이가 가고 우리 동네 하나 살았는데 그이 그가 꽹과리를 치면 아무리 신사라도 아무리 신사고 점잖을 빼도 저절로 춤이 나와. 그렇게 힘이 나. 그렇게 좋아 듣기가. 그런데 그런 꽹과리를 지금 하는 사람이 아무도 없어요.

– 그런데 그가 지금 아 지금 있으면 한 백 한 십여 살 되었어. 돌아가신 지가 오래 되었으니까.

– 백 백 백 살 조금 넘었어. 백 백 한 십여 살 안쪽이야.

– 그런데 돌아가셨다고. 그래 그 집이 지금 다 망했다고. 그 집이 없다고.

– 그 집 아들들이 그이 아들이 형젠데 사람들이 장대하고 장정들이야. 그런데 하나는 대전에 가서 살고 동생은 대전에 가서 살고 하나는 여기에서 사는데...

그, 그 때 저기 뭐야 모심거나 뭐 이럴 때...

– 어.

술, 모심고 매고 이럴 때 뭐 노래도 부르고 또 뭐 떡도 하고 그러잖아요?

– 노래는 안 불, 노래는 별로 그 우리네는 노래 별로 하는 사람 별로 없었어요, 그때만 해도. 노래 부르는 사람 별로 없었다고.

– 그런데 그이가 이 풍장 한 가지 잘 쳐서 전부 명절 때 명절 때 추석이나 설 때 이런 때는 에 이제 그이가 쇠를 들고 나서면 전부 이제 북하고 모두 가지고 나서서 같이 따라다니며 집집마다 다니면서 에 에 치고 그렇게 했다고.

음.

– 에.

– 그리고 그 외에는 다른 것은 별로 한 것이 없어요.

거기에서 나는 특산물은 뭐가 있어요, 특산물.

– 특산물은, 특산물도 거기는 별로 없어. 지금은 포도밖에 없다고.

- 특싼물 별루 특뼈랑 거 업써.

- 나올 쑤가 업써: 월래가 지형상으로 어: 특싼무리 생길 쑤두 우꼬: 또: 옌:날 무놔재가 생길 쑤가 웁써.

- 거 옌:날 무놔재 가틍 거뚜: 어: 옌:나레 마라자먼 어떤 베시럴 노피 한 사람덜 마라자먼 영이정이나 머 이러캐 머 이런, 이런 베실 한 사람덜 그: 지바니 내려기 내려 오:야 그지비 어떤 그:옌:날 그 무놔재가 남찌: 지금 소:인덜11) 이르캐 사년대년 나물끼 웁따고.

- 그냥 머: 그냥 쓰덩 거 다 치워 뻐리구, 해기야12) 머 그때 당시만 해두 고려시대애 나와떤 그: 어: 도재기 거틍 거뚜 우리가 바다머긍13) 거뚜 다: 아라. 이: 저: 보머넌 머여 두:꺼꾸 이르캐 크구 이르캐 큰대 이 미꾸녀개14) 속 모래가 부터서 딱 말라 부꾸 뒤:두 말라 부꾸 무구워 툭빡시 루꾸15) 그래 그개 인재 새로 그렁 거 나오면서 그렁 거 암짜개두16) 모:씨넝 걸루 알구 다: 내: 뻐려찌.17) 누가 그 거 그 거 문하잰지 아라?

- 그른대 나:중애 얘:기 드르닝깨: 그개 개바끄르기여 개바끄럭18) 됭기여.

- 마라자머넌 에: 그개 인재 딴 덴 도라댕기 봐야 내:뻐리기두 아까꾸깨:, 벨루 투박씨루깨 맨드라씽깨 해닝깨 저 틀꽝에다19) 시머 노, 무더 노쿠서넌 개바비나 붜주구 그르캉 기여.

- 게 우리가 얘기 드러보면 그런 거시 문화재여썬넌대 몰:라찌:.

- 그런대 그 얘:기 드러보머넌 그: 어 고물: 거틍 거 사루 댕기구 여짱사 더리 아 이러캐 보잉깨 머여 개바끄러기 보잉깨 옌:날 고려시대 그르기여.

- 아 저개 무놔재다 저거 연 메까락 줄탱깨 달:라구 하잉깨 가주 가라구 그래 가주와써.

- 그 사람 마:런 얘:기 드끼넌 그런 얘기가 하기넌 머여 그거 가주 가서 사먹 빼더따넌 사먹: 어허허.

- 게: 그렁 거 우리두 바다머긍 걸 알:거덩 우리 동내 가주구 인녕 걸

- 특산물 별로 특별한 것 없어.

- 나농 수가 없어 원래가 지형상으로 에 특산물이 생길 수도 없고 또 옛날 문화재가 생길 수가 없어.

- 그 옛날 문화재 같은 것도 에 옛날에 말하자면 어떤 벼슬을 높이 한 사람들, 말하자면 영의정이나 뭐 이렇게 뭐 이런, 이런 벼슬을 한 사람들 그 집안이 내력이 내려와야 그 집이 어떤 그 옛날 그 문화재가 남지 지금 소인들 이렇게 사는 데는 남을 것이 없다고.

- 그냥 뭐 그냥 스던 것 다 치워 버리고, 하기야 뭐 그 때 당시만 해도 고려시대에 나왔던 그 에 도자기 같은 것도 우리가 받아먹은 것도 다 알아. 이 저 보면 뭐야 두껍고 이렇게 크고 이렇게 큰데 이 밑에 속, 모래가 붙어서 딱 말라붙고 뒤에도 말라붙고 무거워 투박스럽고 그래, 그게 이제 새로 그릇 나오면서 그런 것 아무짝에도 못 스는 것인 줄로 알고 다 내버렸지. 누가 그것 그것이 문화재인 줄 알아?

- 그런데 나중에 얘기 들으니까 그것이 개밥그릇이야 개밥그릇 된 거야.

- 말하자면 에 그게 이제 딴 데는 돌아다녀봐야 내버리기도 아깝고 깨, 별로 투박스럽게 만들었으니까 그러니까 저 뜰에다 심어 놓, 묻어 놓고는 개밥이나 부어 주고 그렇게 한 거야.

- 그래 우리가 얘기 들어보면 그런 것이 문화재였었는데 몰랐지.

- 그런데 그 얘기 들어보면 그 고물 같은 것 사로 다니고 엿장수들이 아 이렇게 보니까 뭐야 개밥그릇이 보니까 옛날 고려시대 그릇이야.

- 아 저게 문화재다 저것 엿 몇 가락 줄 테니까 달라고 하니까 가지고 가라고 그래서 가지고 왔어.

- 그 사람 말은 얘기 듣기는 그런 얘기가 하기는 뭐야 그것 가지고 가서 삼 억 받았다는 거야 삼 억 허허허.

- 그래 그런 것 우리도 받아먹은 것을 알거든, 우리 동네 가지고 있는

함 번 바다머긍거 알:거덩.

 – 그런대 그렁 개 문화재여뜬대 그렁 걸 누가 간수하고 나오덜 아나구 그렁 거 새: 그렁 나오먼 그렁 거 다: 지버 팡거치구.

 – 한 때넌 또 순저니 유기그러그루[20] 해짜나:. 유기그럭 순저니 노쐬 노쐬 그러그루 순:저나개 기양 어: 바끄럭뚜 다 그걸루 하드이만 그거 인 재 웁써지면서 양은그레기[21] 나오면서 양은그럭 하다 그 인재 양은그러 기 더 거서가잉깨[22] 인재 스댕이[23] 마이 나와서 지그먼 스댕이루 씨자나. 게 걸 모른다구 헤.

것을 한 번 받아먹은 것을 알 거든.

　- 그런데 그런 게 문화재였었는데 그런 것을 누가 간수하고 나오지를 안 하고 그런 거 새 그런(거) 나오면 그런 거 다 집어 팽개치고.

　- 한 때는 또 순전히 유기그릇으로 했잖아. 유리 그릇 순전히 놋쇠, 놋쇠 그릇으로 순전히 그냥 어 밥그릇도 다 그것으로 하더니만 그것도 이제 없어지면서 양은그릇이 나오면서 양은그릇하다가 그 이제 양은그릇이 더 거시기 하니까 이제 스테인리스가 많이 나와서 지금은 스테인리스로 쓰잖아. 그래 그것을 모른다고 헤헤.

5.2 백중놀이

그러구 인재 그거 다 매먼 저 머슴덜하구 머 이르캐 또 놀자너요.

— 그치 그 인재 치뤌, 치뤌 백쭝.

예.

— 치뤌 백쭝.

그걸 머:라 그래요?

— 그거넌 인재 그거넌 치뤌 노:다기라24) 그라지.

— 치뤌 노달기25) 인재 일꾼더리 그 때예 에 저 머섬 사넌 사람덜 마리여 그 사람내가 인재 에: 하 한 짐만 하넝 개 아니구 여:기 저기 모두 머슴 두구 사넌 사라미 마:니 이짜나.

— 인재 그 사람내두 그 사람내대루 또 이 저 마라자먼 치뤌 따래 이개 백쭝스구26) 저 어 칠썽 너머서서 이르캐 될 꺼 거트먼 인전 논 다: 매고 일 거진 다: 해써. 그 인재 대그난 이른 다: 해만 마리여. 그러닝깨 인재 그때서부터먼 인재 에: 마라자먼 어정치리라고 치뤄리라구27) 하넝 기여 그 때넌 인재 어정어정하넝 기여. 머 별다른 할 거뚜 별루 우:꼬:.

— 그래 이르카니깨 인재 술 바더다 놓쿠 술 머꾸 놀:구 인재 풍장치구 이르캐 해따고. 우리 여기 우리 동낸 여기 시방 여그 올라오다 이짝 그 저 날망애28) 저기 이른 팽나무가 한 오:뱅 년 된 팽나무가 메 다름 되넝 게 이써서. 거 주거서 저 사라미 그 풀랴걸29) 가따 써서 주거서 그러치.

— 그: 미태설랑언 거기다 그:네 매고: 오:월 딸 오:월 다노애 거기따 그:내 매고 그:내 띠고: 인재 치뤌 따랜 그 미태가설랑언 그느리 조으잉깨 치뤌 따래 거그다 가따 술 가따 노쿠 머 술 퍼 머거 가머 풍장두 치구 놀:구 이르캐 해따고.

그거 저 머라 그래요 백쭝노리?

그리고 이제 그것을 다 매면 저 머슴들하고 뭐 이렇게 또 놀잖아요.

- 그렇지 그 이제 칠 월, 칠 월 백중.

예.

- 칠월 백중.

그것을 뭐라고 해요?

- 그것은 이제 그것은 칠월 노달기라고 하지.

- 칠월 노달기 이제 일꾼들이 그 대 에 저 머슴 사는 사람들 말이야 그 사람들이 이제 에 하, 한 집만 하는 것이 아니고 여기 저기 모두 머슴 두고 사는 사람이 많이 있잖아.

- 이제 그 사람들도 그 사람들대로 또 이 저 말하자면 칠월 달에 이게 백중서고 저 어 칠석 넘어서서 이렇게 될 것 같으면 이제 논 다 매고 일 거의 다 했어. 그 이제 대근한 일은 다 했단 말이야. 그러니까 이제 그때 서부터는 이제 에 말하자면 어정칠(월)이라고, (어정)칠월이라고 하는 거 야 그 때는 이제 어정어정하는 거야. 뭐 별다른 할 것도 별로 없고.

- 그래 이렇게 하니까 이제 술 받아다 놓고 술 먹고 놀고 이제 풍장치 고 이렇게 했다고. 우리 여기 우리 동네는 여기 지금 여기 올라오다가 이 쪽 그 저 낭말에 저기 이런 팽나무가 한 오백 년 된 팽나무가 몇 아름 되 는 게 있었어. 거 죽어서 저 사람이 제초제를 가져다 써서 죽어서 그렇지.

- 그 밑에서는 거기에다 그네 매고 오월 달 오월 단오에 거기다 그네 매고 그네 띠고 이제 칠월 달엔 그 밑에 가서 그늘이 좋으니까 칠월 달에 그기에다 가져다 술 가져다 놓고 뭐 술 퍼 먹어 가면서 풍장도 치고 놀고 이렇게 했다고.

그것을 저 뭐라고 해요 백중놀이?

- 백쭝노리라구 해찌요.

- 그 인재 그 때년 엔:나랜 그르카구서 인재 저 옥춘30) 거튼 데나 이
런 읍 거튼 데설랑언 씨럼해짜나 백쭝슨다고 씨럼.

- 그 때 그 때년 다: 씨럼 핸년대, 지금두 여 저저 청사년 씨럼 하
드라고. 치뤌 따래 꼬:키야. 내가 장녀내 가 봐따고 거기도 거기 하드
라고.

씨름하먼 머 상품 머 조요?

- 내내, 내내 부락 대행이지.

- 지그먼 부락 때행. 그 때년 인재 난장31) 씨러매년 부락 때행이
웁써:.

- 어디서든지 먼: 데 사람두 와설랑 장:사하년 거떠른 와서 씨러마는
대 찰, 차자 댕기거덩.

- 가서 자라먼 숟 소 함 마리 모르잉개.32)

소를 조요:, 송아지 조요?

- 송아지 대:개 이 중쏭아지33) 인재 도:니 쪼꼼 거서간 대년 중쏭아지
해고: 거서간댄 쪼꼬만 송아지 노코 그르칸다고.

그: 백쭝노리할 때 그걸 머 호, 호무씨시라구두 해요?

- 호무시34) 호무시 멍넌다고 하지.

호무시?

- 에, 호무시 멍넌다구 해따고.

- 호무시 어 인재 호무시 똔 그래 인재 일꾼더리 그 때예 인재 놀:, 인
재 그 땐 어정거리구 노:닝깨 인재 호무시 또널 주넝 기여.

주이니.

- 그래 인재 그 응, 쥘:더리 호무시 또널 너넌 얼매 탄니 너넌 얼매 탄
니 서루 인재 문넝 기여. 어떤 사라먼 쪼꼼 마이 준 사람 이꼬, 어떤 사라
믄 즉:깨 주넌 사람 이꾸 이러커덩. 근 머 정해진 가겨기 아니닝깨.

- 백중놀이라고 했지요.

- 그 이제 그 때는 옛날에는 그렇게 하고서 이제 저 옥천 같은 데나 이런 읍 같은데서는 씨름했잖아 백중선다고 씨름.

- 그 때 그 대는 다 씨름 했는데, 지금도 여 저저 청산(지명 이름)은 씨름 하더라고. 칠월 달에 꼭 해. 내가 작년에 가 봤다고 거기도 거기 하더라고.

씨름하면 뭐 상품 뭐 줘요?

- 내내, 내내 부락 대항이지.

- 지금은 부락 대항. 그 때는 이제 난장 씨름에는 부락 대항이 없어.

- 어디서든지 먼 데 사람도 와서 장사하는 것들은 와서 씨름하는 데 찿, 찿아 다니거든.

- 가서 잘 하면 소, 소 한 마리 모니까.

소를 줘요, 송아지 줘요?

- 송아지 대개 이 중송아지 이제 돈이 조금 거시기 한데는 중송아지하고 거시기 한대는 조그만 송아지 놓고 그렇게 한다고.

그 백중놀이 할 때 그것을 뭐 호, 호미씻이라고도 해요?

- 호미씻이, 호미씻이 먹는다고 하지.

호무시?

- 응. 호미씻이 먹는다고 했다고.

- 호미씻이 어 이제 호미씻이 돈 그래 이제 일꾼들이 그 때 이제 놀, 아제 그 때는 어정거리고 노니까 이제 호미씻이 돈을 주는 거야.

주인이.

- 그래 이제 그 응, 주인들이 호미씻이 돈을 너는 얼마 탔니 너는 얼마 탔니 서로 이제 묻는 거야. 어떤 사람은 조금 많이 준 사람 있고, 어떤 사람은 적게 준 사람이 있고 이렇거든. 그것은 뭐 정해진 가격이 아니니까.

- 그애서 인재 그 사람내 호무시 똔 타 가주서 메칠 간 노녕 기여.

- 워능[35] 그개 에 한, 한 보롬 이상 논:다고 그 사람내.

- 그 아치매 식쩌내, 식쩌내 인재 가서 깔 벼다 노코 소매길 깔 벼:다 노코 노녕 기여 인저.

- 그래서 이제 그 사람들 호미씻이 돈 타가지고 며칠 간 노는 거야.
- 원래는 그게 에 한, 한 보름 이상 논다고 그 사람들.
- 그 아침에 식전에, 식전에 이제 가서 꼴 베다 놓고 소 먹일 꼴 베다 놓고 노는 거야 이제.

5.3 민속신앙

그저내는 고:사두 지내구 그래짜너요?

— 어?

고:사, 동내 고:사.

— 동내꼬사:.36)

— 그저내::는, 그른대 그저낸 그 팽나무 미태서두 고사두 지내구 해떠야.

— 그런대 우리넌 그렁 걸 모:빠따고, 그렁 거 모:빠따고, 고사 지내넝 거 모:빠따고.

— 그저내 우리 어 쪼망크매서37) 보머넌, 어:: 동내 끄태미다38) 무슨 머 저저 저 엔:나래 무슨 저: 방애39) 가틍 거뚜 꺼꿀루 가따 세우:고 막 오끄틍 걸:구 이르캉 거뚜 또 우리가 더러 봐:따구.

— 봐:찌만 그, 그거넌 우리가 죄: 모르거덩.

— 그 엔:나래 그거시 머냐 하머넌, 왜 저: 그개 뱅여라구40) 손님, 얼구리 엉:넌- 병: 이짜너 손니미라고41) 그 부시럼뺑.

— 그거시 그이 유행저그루 그뚜 내내 호:녕마냥 그르캐 발쌩하거덩 그개.

— 인재 그거시 댕긴다고 그거슬 모:뜨러오개 해구 해설랑은 그 나무 동내 가서 방애럴 훔처다가 이르캐 디딜빵애애42) 찐넝 걸 훔처다가 꺼꿀루 세워 가주서 여자 오설- 여자애 그: 월경 무든 오설 가따 꺼꾸루 가따 씨워 노머넌 그 벵이 안 드러온다고 그런 얘:기- 이써써.

그러면 동내애서 고사:는 따루 안 지내써요? 떠캐가주 사내 머...

— 그렁 건 안해, 그렁 건 안 해써요, 벨루.

— 그렁 거 아나구 개인더리 인재 우리덜 그 쪼금씩 볼 쩌개는 개인더리 요:왕43) 우앤다구 저런 샤:매44) 가설랑 떠캐다 노쿠 에 저: 보러매 하구 하넌 그렁 건 더러 봐:찌.

그전에는 고사도 지내고 그랬잖아요?

─ 응?

고사, 동네 고사.

─ 동넷고사.

─ 그전에는, 그런데 그전에는 그 팽나무 밑에서도 고사도 지내고 했대.

─ 그런데 우리는 그런 것을 못 봤다고, 그런 것을 못 봤다고, 고사 지내는 것 못 봤다고.

─ 그전에 우리 에 조그만 했을 때 보면 에 동네 끝에 무슨 뭐 저저 저 옛날에 무슨 저 방아 같은 것도 거꾸로 갖다 세우고 막 옷 같은 것을 걸고 이렇게 한 것도 또 우리가 더러 봤다고.

─ 봤지만 그, 그것은 우리가 죄다 모르거든.

─ 그 옛날에 그것이 뭐냐 하면, 왜 저 그게 방여라고 손님(마마를 뜻함), 얼굴 얽는 병 있잖아 손님이라고 그 부스럼병.

─ 그것이 그 유행으로 그것도 홍역처럼 그렇게 발생하거든 그것이.

─ 이제 그것이 다닌다고 그것을 못 들어오게 하고 해서 그 남의 동네에 가서 방아를 훔쳐다가 이렇게 디딜방아 찧는 것을 훔쳐다가 거꾸로 세워 가지고 여자 옷을 여자의 월경이 묻은 옷을 갖다가 거꾸로 가서 씌워 놓으면 그 병이 안 들어온다고 그런 얘기가 있었어.

그러면 동네에서 고사는 따로 안 지냈어요? 떡 해 가지고 산에 뭐...

─ 그런 것은 안 했, 그런 것은 안 했어요, 별로.

─ 그런 것은 안 하고 개인들이 이제 우리들 그 조금씩 볼 적에는 개인들이 요왕 위한다고 저런 샘에 가서 떡 해다 놓고 음 저 보름에 하고 하는 그런 것은 더러 봤지.

- 그개:, 그개: 유:교라구 참.
- 지금 가마::이 생가카먼 참 그개 묘::하개 항 거라고.
- 왜 그러냐 하면 사내 가서 산 저 거시기 저: 서낭45) 우애고 저: 또랑애 가서 요왕지: 지내고 샤:매 가 요왕지: 지내고 이개: 그런 니럴, 그렁 걸 안 해씨머넌 사널 이 저: 서낭얼 아누애고 무래 가서 요왕얼 아누애고 해 씨머넌 암: 디나46) 똥 누구 암: 디나 오종 누고 암: 디나 막 히야.
- 그러치만 자기가 우:애넌 샤:매다 가따 오종 눌 리가 만:무구 똥 눌 리가 만:무구, 그 또랑애 깨끄탄 또랑애 거기설랑언 뭐두 멍닝 거뚜 씨꾸 한 디다 가따 거기다 오종 누구 똥 누투47) 야:난다 이게여.
- 그래 인재 자그가 우:애넌 데잉깨, 아:누애는 대 그트먼 하지.
- 그래 인재 고거시 바로 유교애서 고렁 거슬 생각항 거여. 우리가 생가카먼 엔:나래 마:냐개 엔:나래 이렁 걸 안 해씨머넌 사내 나무두 큰 나무가 업써: 막 벼:.48)
- 으: 글 재 여 여 서낭얼 우:해구 해기 때매 큰 나무넌 동:투난다구49) 비덜, 빌라먼 미서워해짜나.
- 그라구 어: 동:투가 나꾸 큰 나무 잘 몬, 동:내애 인넝 거 잘 모삐서 동:투가 생기꾸:.
- 그앤대 그래: 그거시 거기 그거 또래미내50) 조:시멀 마:니 항 기여.
- 에: 그때 당시애 우리넌...

큰-나무 베면 그럼 어떤 니:리 생겨요?

- 큰, 큰 나무 비:능 건, 글쎄 큰 나무 비닝 거 큰 나물 안 비지:.
- 그르이 그 그렁 거 또래미 모:삐넝 거여 미서워서.
- 그른대: 나:중애 인재 그: 서낭얼 막 비어다 때:구 항 거선:- 인재 글:래 와 가주설랑언 에: 그 철:부지라 그런지 으짠지 몰라 그 여낭, 나무가 욷:씽깨 나무가 야:주 귀얄51) 때니깨 나무 귀얄 때니깨 가 보잉깨 서낭 나무가 큰 누미 인넌대 가쟁이가 망:커덩, 그눔 비머넌 나무가 마:이

- 그것이, 그것이 유교라고 참.

- 지금 가만히 생각하면 참 그것이 묘하게 한 것이라고.

- 왜 그러냐 하면 산에 가서 산 저 거시기 저 서낭 위하고 저 도랑에 가서 요왕제 지내고 샘에 가서 요왕제 지내고 이것이 그런 일을, 그런 것을 안 했으면 산을 이 저 서낭을 안 위하고 물에 가서 요왕을 안 위하고 했으면, 아무 데나 똥 누고 아무 데나 오줌 누고 아무 데나 막 해.

- 그렇지만 자기가 위하는 샘에다 갖다 오줌 눌 리가 만무하고 똥 눌 리가 만무하고, 그 도랑에 깨끗한 도랑에 거기에서 뭐도 먹는 것도 씻고 하는 데에다가 거기에다 오줌 누고 똥 누지도 안 한다 이것이야.

- 그래 이제 자기가 위하는 데니까 안 위하는 데 같으면 하지.

- 그래 이제 고것이 바로 유교에서 고런 것을 생각한 거야. 우리가 생각하면 옛날에 만약에 옛날에 이런 것을 안 했으면 산에 나무도 큰 나무가 없어 막 베어.

- 음 그 이제 여 여 저 서낭을 위하고 했기 때문에 큰 나무는 동티난다고 베지를, 베려면 무서워했잖아.

- 그리고 에 동티가 났고 큰 나무 잘 못, 동내에 있는 것을 잘못 베어서 동티가 생겼고.

- 그런데 그래 그것이 거기 그것 때문에 조심을 많이 한 거야

- 에 그때 당시에 우리는...

큰 나무를 베면 그럼 어떤 일이 생겨요?

- 큰, 큰 나무 베는 것은, 글세 큰 나무 베는 것은 큰 나무를 안 베지.

- 그러니 그 그런 것 때문에 못 베는 거야 무서워서.

- 그런데 나중에 이제 그 서낭나무를 막 베어다가 때고 한 것은 이제 근래에 와 가지고서 에 그 철부지라 그런지 어쩐지는 몰라도 그 서낭, 나무가 없으니까 나무가 아주 귀할 때니까 나무가 귀할 때니까 가 보니까 서낭나무가 큰 놈이 있는데 가지가 많거든, 그놈을 베면 나무를 많이

장마난단 마리여.

- 게 그누멀 가서 비어다가서 머여 나머 해:서 쪼개 때:구 그르캐 따고.

- 그른대 그 사람내가 바루 주거딴 마리여:.

- 그래 버라고:, 지금 더러 얘:길 한다구, 아 그 소낭구52) 해다 때더이 그 사람 중넝 거 보라구 이란다고.

- 거 우:리 동내 고: 아패:, 시방 거 동내 아패:, 그 시방 올러가다 보면 동내 저: 외딴지 그치 인넌대 이써 고기. 거기애 요마::난 딴 붕이53) 하나 이써써:, 고 받 까운대.

머가 이써요?

- 땀 봉 산, 산그치 요르키 하나 이써써.

- 고기애 쪼:만 봉고리가54) 하나 이써써.

- 거기애 에: 뱅 년 무근, 뱅 년 이상 무근 소나무가 니: 중가55) 이써써.

- 그 왜 그 뱅 년 무긍 걸 으:트캐서 아너냐 하먼, 소나무넌 뱅: 너니 무그야 발:가내지지,56) 껍띠기57) 발:가내지구 우투투루랑개58) 웁찌:.

- 뱅 년 안쪼건 전:부 시:커머코 우둘뚜두라다고59) 안만60) 커두.

- 근대 요거마내두 뱅 년 너멍 거선 맥:씨낭개61) 발:가내진다고 껍때기가.

- 그애 저: 강언도 거튼대 저른대 가머넌 그냥 저 사내 올러갈 꺼 거트먼 요망크망 거뚜 발::가캐 그냥 서까래매냥 쪽쪽 커 올라가꺼덩, 그개 뱅 년 다: 너멍 기라능 기여.

- 빨:가먼 발싸 그 뱅 년 너멍 기라능 기여.62)

- 그런대 거기애 우리 그 어: 동내 아패 고: 고: 고기 이썬넌대 그저내는 에 동:내예 글러루63) 해설랑은 저 건내 그 돌:꼳 피넌 대루, 돌:꼳 피넌 대 글러루 그개 영결돼써띠야, 그 사니:.

- 근대 그 도:로가 나가면서 그 끄너징 기여.

장만한단 말이야.

　－ 그래 그놈을 가서 베어다가 뭐야 나무를 해서 쪼개서 때고 그렇게 했다고.

　－ 그런데 그 사람들이 바로 죽었단 말이야.

　－ 그래 보라고, 지금 더러 얘기를 한다고, 아 그 소나무 해다 때더니 그 사람 죽는 것 보라고 이런다고.

　－ 거기 우리 동네 그 앞에, 지금 그 동네 앞에, 그 지금 고기 올라가다 보면 동네 저 외딴집 같이 있는데 있어 고기. 거기 요만한 딴 봉우리가 하나 있었어, 고기 밭 가운데.

뭐가 있어요?

　－ 딴 봉우리 산, 산같이 요렇게 하나 있었어.

　－ 고기에 조그마한 봉우리가 하나 있었어.

　－ 거기에 에 백 년 묵은, 백 년 이상 묵은 소나무가 네 주인가 있었어.

　－ 그 왜 그 백 년 묵은 것을 어떻게 해서 아느냐 하면, 소나무는 백 년을 묵어야 발개지지, 껍데기 발개지고 우툴두툴한 게 없지.

　－ 백년 안쪽의 것은 전부 시커멓고 우툴두툴하다고 아무리 커도.

　－ 그런데 요것만해도 백 년 넘은 것은 매끈한 게 발개진다고 껍데기가.

　－ 그 저 강원도 같은 데 저런 데 가면 그냥 저 산에 올라갈 것 같으면 요만큼한 것도 발갛게 그냥 서까래처럼 쭉쭉 커 올라갔거든, 그게 백 년 다 넘은 거라는 거야.

　－ 빨가면 벌서 그 백 년 넘은 것이라는 거야.

　－ 그런데 거기에 우리 그 에 동네 앞에 고 고 고기에 있었는데 그전에는 에 동네에 그리로 해서 저 건너에 그 돌꽃 피는 데로, 돌꽃 피는 데 그리로 그것이 연결되었대, 그 산이.

　－ 그런데 그 도로가 나가면서 그것이 끊어진 거야.

― 끄녀지구서 인재 그: 사널 파다가 도:로, 그 저 철로 내너라구 흐걸 파가끼 때매 요만치 봉도리만[64] 나뭉 거여.

― 그른대 고 봉두리얘: 그 소나무가 제법 옹가이[65] 그땐 요망요망 쿵 거시 니: 중가 이써써.

― 이썬년대 그개 해:방 되구 얼마 이따가설랑언 에: 유기오.::- 저니덩 가, 유기오 저니여, 유기오 저내 에: 워떤 사마리 신:산대: 그 여 나와 도 러댕기더라고, 나와 도러댕기다가설랑언 에 우리 동내 그 우애 빈: 지비 인년대 빈: 지비 와서 그 사라미 거춰럴 히야 혼자.

― 거치래두 그때야 누가 벌루[66] 봐찌 누가 머 그런 사람 머 누가 으 가서 무러뵈기럴 히야 어찌 햐.

― 그랜는대: 이 사라미 그 나무가 인재 그 주거따고, 이 저 소나무가 끄따리가.

― 주긍깨 이 사라미 와서 그냥 그누멀 전:부 비어서:, 전:부 비어설랑 언 그냥 해서 이망큼 하게 쪼실러서[67] 거기 가 쪼개 가주서 저 가따 노쿠 때:구 그르캐 해:따구.

― 그래설랑 그 나무가 삭 웂써져찌.

― 우여니 그 나무가 주낀 주건년대, 그래 주거써두 동내싸라면 아:무 두 앙 건디려따구 나무가 웂:써두 모:껀디려따고.

― 근대 그 사라먼 그누멀 사정웂씨 와서 비어설랑언 그르캐 쪼개서 때:따고.

― 그르캐 해는대 그러카다가 얼:마 이따가서루 오두루 가구 웂:써져 따고.

― 웂:써전년대 메 태 후애, 한 이삼 년 후애 그 통기가 와써.

― 워:디서 완느냐 하면 저: 어:- 마:사닝가, 마:사닝가 워디 지:넁가 거 거 워디설랑언 에: 그런 통기가 와따능 겨.

― 아무대 똥내에서 사라따고 하넝 거시 그 사라미 가서 애:길 항 거여.

- 끊어지고서 이제 그 산을 파다가 도로, 그 저 철로 내느라고 흙을 파 갔기 때문에 요만큼 봉우리만 남은 거야.

- 그런데 그 봉우리에 그 소나무가 제법 엔간히 그 때는 요만 요만하게 큰 것이 네 주인가 있었어.

- 있었는데 그것이 해방되고 얼마 안 있다가 에 육이오(6.25) 전이든가, 육이오 전이야, 육이오 전에 에 어떤 사람이 신사인데, 그래 나와서 돌아다니더라고, 나와 돌아다니다가 에 우리 동네 그 위에 빈 집 있는데 빈 집에 와서 그 사람이 거처를 해 혼자.

- 거처를 해도 그때야 누가 여벌로 봤지 누가 뭐 그런 사람 뭐 누가 가서 물어보기를 해 어찌 해.

- 그랬는데 이 사람이 그 나무가 이제 그 죽었다고, 이 저 소나무가 끝부분이.

- 죽으니까 이 사람이 와서 그냥 그놈을 전부 베어서, 전부 베어서는 그냥 해서 이만큼하게 쪼실러서 거기에 가서 쪼개 가지고 저기 갖다 놓고 때고 그렇게 했다고.

- 그래서 그 나무가 삭 없어졌지.

- 우연히 그 나무가 죽기는 죽었는데, 그래 죽었어도 동네 사람은 아무도 안 건드렸다고 나무가 없어도 못 건드렸다고.

- 그런데 그 사람은 그놈을 사정없이 와서 베어서 그렇게 쪼개서 땠다고.

- 그렇게 했는데 그렇게 하다가 얼마 있다가 가서 어디로 가고 없어졌다고.

- 없어졌는데 몇 해 후에, 한 이삼 년 후에 그 통지가 왔어.

- 어디에서 왔느냐면 저 에 마산인가, 마산인가 어디 진해인가 거 거기 어디에서 에 그런 통지가 왔다는 거야.

- 아무개 동네에서 살았다고 하는 것을 그 사람이 가서 얘기를 한 거야.

- 아 오이서 사란너냐, 에 아무대 똥내: 에: 옥처내 어디 아무개 똥내서 와서 사라따.
- 이걸 애길 해서 거그서 조:사가, 저 통기가 와따능 기여.
- 근대: 간처비여 그개 보잉깨, 간처비, 간처벌 몰라따고.
- 근대 이재 거가서 부쩨핑 기여, 개 워:디워:디 가 사런너냐: 인재 초사럴 하닝깨 인재 거기와 사라따:고 항 거여.
- 그래서 그개 암 마저서, 아:: 그러니깨 그렁 걸 막 비여찌.
- 그개 간처비어써띠야. 그애 그저내 재펴따 그라더라고.

- 아 어디에서 살았느냐, 에 아무개 동네에 에 옥천의 어디 아무개 동네에 와서 살았다.

- 이것을 얘기를 해서 거기에서 조사가, 저 통지가 왔다는 거야.

- 그런데 간첩이야 그것이 보니까, 간첩이, 간첩을 몰랐다고.

- 그런데 이제 거기에 가서 붙잡힌 거야, 그래 어디어디에 가서 살았느냐 이제 조사를 하니까 이제 거기에 와 살았다고 한 거야.

- 그래서 그게 안 맞아서, 아 그러니까 그런 것을 막 비었지.

- 응 간첩이었었대, 그래 그전에 잡혔다고 그러더라고.

5.4 풍수지리

하라부지는...

- 그라 그라다가: 내가 이이 시방 여기 와서 여기 저: 시조 빵애 옹깨 전부 학짜더리여, 전부 학짜더리 무시칸 사람이 읍써.

- 나넌 그른 델 찬녕 거여. 어떤 사라먼 그른 데럴 안 갈라고 하넌대 나넌 그르캐 유시칸 사람더럴 자꾸 차꾸 저버.[68]

- 든녕 거만 해두 공부여. 그사람더란태 얘:기 쏘리만 든녕 거만 해두 공부라고.

- 그렁 거 하고 자버서 자꾸 그른 델 찬넌대, 용:아개 그걸 차저서 내가 가따고.

- 아 가봉깨 전부 학짜더리구 전:부 핵꾜 천생[69] 출씬 교:장 출씬 전부 그러터라고.

- 그라고 인재 옌:날 하:낙 모두 아주 저 거서간[70] 사람더리구.

- 그애 하나:하나 가마:니 하넝 걸 보잉깨, 그땐 난 공부할 생각찌두 아나구 지비서 그냥 거 어저깨두 얘기해찌만 명심보감만 그 쪼금 이꾸 천자넌 내가 그냥 일:사마 해설랑언 머 자꾸 해:찌 해:찌만, 여기 와 보닝깨 아: 노인내더리 나보단 나이 마:넌 사람더리 뭘: 이내 책, 공책 저 치부채 개다[71] 써 가주 댕기면서 디다보구[72] 디다보구 그리야.

- 뭐: 그르캐 이내 디다보구 그르카너냐 그라먼 공부여:.

- 아 인지두[73] 공불 햐?

- 어, 아이 한:무는 안 디다보먼 다: 이저버려.

- 그래 인재 모르넝 거 꼭 쩌거 가주구서루 안 이저버릴라고[74] 써 가주와서 디다보구 저거 한다구.

- 하 햐:: 그렁 게로구나.

할아버지는…

— 그래 그러다가 내가 이이 지금 여기 와서 여기 저 시조 방에 오니까 전부 학자들이야, 전부 학자들이지 무식한 사람이 없어.

— 나는 그런 데를 찾는 거야 어떤 사람은 그런 데를 안 가려고 하는데 나는 그렇게 유식한 사람들을 자꾸 찾고 싶어.

— 듣는 것만 해도 공부야 그 사람들한테 이야기 소리를 듣는 것만 해도 공부라고.

— 그런 것 하고 싶어서 자꾸 그런 데를 찾는데, 용하게 그것을 찾아서 내가 갔다고.

— 아 가보니까 전부 학자들이고 전부 학교 선생 출신 교장 출신 전부 그렇더라고.

— 그리고 이제 옛날 한학 모두 아주 저 거시기한 사람들이고.

— 그래 하나하나 가만히 하는 것을 보니까, 그때는 나는 공부할 생각도 안 하고 집에서 그냥 그 어저께도 이야기 했지만 명심보감만 그 조금 읽고 천자문은 내가 그냥 일 삼아 해서 뭐 자꾸 했지 했지만, 여기 와 보니까 아 노인네들이 나보다 나이 많은 사람들이 뭘 이렇게 책, 공책 저 치부책에다가 써 가지고 다니면서 들여다보고, 들여다보고 그래.

— 뭘 그렇게 이내 들여다보고 그렇게 하느냐고 그러면 공부야.

— 아 지금도 공부를 해?

— 어, 아 한문은 안 들여다보면 다 잊어버려.

— 그래 이제 모르는 것 꼭 적어 가지고 안 잊어버리려고 써 가지고 와서 들여다보고 저기 한다고.

— 아 아 그런 것이로구나.

- 야:이 나두 좀 해야거꾸나 그새, 생개기 드러가넝 기여.

- 개 내가 에: 구시비넌도애 여기 드러와따고. 천구백구시비넌도애 드러완년대 그때서부터 오: 그리여 나두 좀 해보야거따.

- 게 그때서부팀 자꾸 인재 한:문책 거틍 거 자:꾸 보구 또 그: 어: 저: 아:드리 그 거시기 해서 책 이르캐- 쿵 기 이써. 거 일쭈이리먼- 한 다래 두: 버닝가 두 시: 궈닝가 그개 내러와.

- 그걸 로쿠서 사:무 보고 이르캐서 인재 보넝 거넌 엉가이75) 보구 엉가낭 건 다: 보구 내가 에: 축 꺼틍 거나 지:방 거틍 거 가정애서 하넝 건 내가 다 하지.

- 하년대: 쓰, 글씨럴 안 써끼 때미내 글씨럴 모써 글씨럴.

- 그래 인재 그걸 하다 보닝깨 오째 우리 이 이 임 서방내가 여기 시방 배겨 호 한, 전부 다 찌거서 이배겨 호가 넘넌대 오째 우리넌 이르캐 외로우냐. 우리 한 집빼끼 움너냐. 이기 무슨 이채냐. 사:시리 이개 선대애서 선대 조상덜 뫼:가 잘몬 뜨러서 그렁 경가. 어째서 그렁 경가. 저 이 거쯤 아라바야거따.

- 그래서 내가 이 풍수지릴 배울라고 이걸 아라볼라고 대구럴 세: 버니나 가써따고.

- 왜: 대굴 간너냐. 얘:기를 드르잉깨 대구애넌 풍수혀패가 인넌대 거기럴 갈 꺼 거트먼 그걸 배울 쑤 이따구 그리야.

- 개 대저는 내가 뉘비구, 뉘비구 도라댕기머 도라댕겨두 처라꽈넌 인년대 알키녕 건76) 움써.77)

- 풍수지리 알키넝 개 아니구 순:저나개 처라꽈니라구 하넝 거시 그냥 저 무슨 날짜나 바다 주고 호닌 날짜 바다 주구 마라자먼 이래 이른 날짜 바다 주넝 거 그렁 거만 하넝 거지 사:주 봐: 주구 이러카넝 거지 이 지:리애 대항 건 저넌 몰라.

- 그래: 대구럴 그래 세: 버니나 가써두 모차자써.

- 아이 나도 좀 해야겠구나 그생, 생각이 생각이 들어가는 거야.

- 그래 내가 에 92년도에 여기에 들어왔다고. 1992년도에 들어왔는데 그때부터 아 그래 나도 좀 해봐야겠다.

- 그래 그때서부터 자꾸 이제 한문책 같은 것을 자꾸 보고 또 그 에 저 아이들이 그 거시기해서 책이 이렇게 큰 것이 있어. 그거 일주일이면 한 달에 두 번인가 두 세 권인가 그게 내려와.

- 그것을 놓고서 사뭇 보고 이렇게 해서 이제 보는 것은 어지간히 보고 어지간한 것은 다 보고 에 축 같은 것이나 지방 같은 것 가정에서 하는 것은 내가 다 하지.

- 하는데 쓰, 글씨를 안 썼기 때문에 글씨를 못 써 글씨를.

- 그래 이제 그것을 하다가 보니까 어째 우리 이 이 임 서방네가 여기 지금 백여 호 한, 전부 다해서 이백여 호가 넘는데 어째 우리는 이렇게 외로우냐. 우리 한 집밖에 없느냐. 이것이 무슨 이치냐. 사실이 이것이 선대에서 선대 조상들 묘가 잘못 들어서 그런 것인가. 어째서 그런 것인가. 저 이것 좀 알아봐야겠다.

- 그래서 내가 이 풍수지리를 배우려고 이것을 알아보려고 대구를 세 번이나 갔었다고.

- 왜 대구를 갔느냐. 얘기를 들으니까 대구에는 풍수협회가 있는데 거기에 갈 것 같으면 그것을 배울 수 있다고 그래.

- 그래 대전은 내가 누비고, 누비고 돌아다니고 돌아다녀도 철학관은 있는데 가르치는 것은 없어.

- 풍수지리를 가르치는 것이 아니고 순전하게 철학관이라고 하는 것이 그냥 저 무슨 날짜나 받아 주고 혼인 날짜 받아 주고 말하자면 이래 이런 날짜 받아 주는 것 그런 것만 하는 거지 사주 봐 주고 이렇게 하는 거지 이 지리에 대한 것은 전혀 몰라.

- 그래서 대구를 그래 세 번이나 갔어도 못 찾았어.

- 아:는 사라미 움:써.

- 그래 모:차꾸서 이따가서 여 거시기루다가서 대전 놀:루 간넌대 놀:
루, 나간넌대, 저: 뿌리공워느루 놀러가다 보이깨, 뻐쓸타구 가다 보닝깨,
보:문산 아패 에: 그 삼층찝 인넌대 삼층찝 큰 덩그래미 여패 인넌대 거기
애 푸랑카드 이르캐 써 부칭 개 인넌대 거기애 보닝깨 처라쫘니라구 해
노쿠설랑언 에: 풍수지리 에 강이 한다구 고르개 써 놔써. 이르캐 차아내
서 바라보잉깨.

- 어라 저기애 풍수지릴 한다구 핸넌대 저기 줌 드르가 볼 끼라구 거
기서 대반 내려따고.

- 네려 가주설랑언 그냥 거길 차자 드러가따고.

- 아 가 보닝깨 머여 절문 사람덜, 절문 사람덜 세:시 안자꾸 선생이
거그 안자서 멀: 하드라구.

- 게: 드르가니깨 우:트캐 완너냐구 그리야.

- 아이 여기 시방 그 에: 풍수지리 교유걸 한다구 여기 쓰:이끼애 내
가 점 좀 상식쩌그루 아라볼라구 좀 와따구. 그르카니깨78) 잘 와따구 그
럼 배울라먼 해: 보라구 그리야.

- 게 인재 그때서부틈 나넌 이 공부럴 안 해서 나 이 어려운 글짜넌
모르넌대: 하잉깨 아: 이건 그렁 개 아니구 어려운 글짜가 벨:루 움넌 거라
구 에: 그라먼설랑언 하 해: 보니깨 어려운 글짜가 움:써:.

- 기양 요: 풍수지리 배우닝 거선 오:행하구 갑짜을추만 알면79) 돼80).

- 그른대 인재 이 해:서카넌대 그 그 해:서카넌대 그 과모개 해:서카넌
대 한:무니 드르가 이써.

- 그른대 원 천지 어 천지대요라구 하넌 채기 인넌대 그 채개서 전:부
해:서캐 농 건대 고개 모르넌 데가 인넌대 고렁 건 가마:니 보닝깨 옥편
노쿠서 차자보머넌 나와.

- 그래 고거 보구서 알개, 그르캐설랑언 해 보이깨 한 메딸 댕기닝깨

- 아는 사람이 없어.

- 그래 못 찾고서 있다가 여기 거시기로 대전에 놀러 갔는데, 놀러 나 갔는데, 저 뿌리공원으로 놀러 가다 보니까, 버스를 타고 가다 보니까, 보 문산 앞에 에 그 3층집이 있는데 3층집 큰 덩그래미 옆에 있는데 거기에 플래카드 이렇게 써 붙인 것이 있는데 거기에 보니까 철학관이라고 해 놓 고서 에 풍수지리 에 강의 한다고 그렇게 써 났어. 이렇게 차 안에서 바라보니까.

- 어라, 저기에서 풍수지리를 한다고 했는데 저기에 좀 들어가 볼 것 이라고 거기에서 대번에 내렸다고.

- 내려 가지고 그냥 거기를 찾아 들어갔다고.

- 아 가 보니까 뭐야 젊은 사람들, 젊은 사람들 셋이 앉아 있고 선생 이 거기 앉아서 뭘 하더라고.

- 그래 들어가니까 어떻게 왔느냐고 그래.

- 아니 여기 지금 그 에 풍수지리 교육을 한다고 여기 써 있기에 내가 좀 좀 상식적으로 알아 보려고 좀 왔다고. 그렇게 하니까 잘 왔다고 그럼 배우려면 해 보라고 그래.

- 그래 이제 그때서부터 나는 이 공부를 안 해서 나 이 어려운 글자는 모르는데 하니까 아 이것은 그런 게 아니고 어려운 글자가 별로 없는 거 라고 에 그러면서 해 해 보니까 어려운 글자가 없어.

- 그냥 요 풍수지리 배우는 것은 오행하고 갑자을축만 알면 돼.

- 그런데 이제 이 해석하는 데 그 그 해석하는 데 그 과목에 해석하는 데 한문이 들어가 있어.

- 그런데 원 천지 에 천지대요(天地大要)라고 하는 책이 있는데 그 책 에서 전부 해석해 놓은 것인데 고것이 모르는 데가 있는데 고런 것은 가 만히 보니까 옥편 놓고서 찾아보면 나와.

- 그래 고것을 보고서 알고, 그렇게 해서 해 보니까 한 몇 달 다니니까

메딸 댕기닝깨 아주 재미가 나 그라구 자꾸 발가져.

- 게 인재 내가 인재 엉가이 댕기다가설랑언 한 오:개월 댕기다가서 가마:이 생가캐이 이걸 채결 전부 워디 가머넌 내 몰:르이깨 가먼 채걸 큰 채글 가주 댕기야자나 이거 으:트개81) 다 가주 댕기여.

- 그래서 내 조견평얼82) 맨드라따고.

- 조건표를 잘 한티다 따 무꺼서 니: 개 다서까지 여서까지럴 가따 조견표럴 맨드러서83) 한장애다 땅 맨드러설랑언 해 가주구 인재 이써써.

- 이 이개 이눔만 가주 가면 다 보닝 기여.

- 그래 인재 그 하권장한태 가설랑언 내가 이거 이캐 조건표를 이르캐 맨드런넌대 보라고 그라잉깨 죄: 홀터보더이 아: 이거 잘 맨드라따고 마리여 어티개 이걸 맨드런냐 이기여.

- 아 가마:이 생가캐 봉깨 아 이걸 채결 다 가주 댕기자니 그러쿠 메꿔널 가주 댕길 쑤두 움:능 기구 그애서 이누멀 여기다 조건표를, 아 이거 하나먼 다 디다보지덜, 보지 안너냐구 아 그러타구.

- 아: 이거 재겨기따구 그리야.

- 아이 뭐여 월래 이애하닝 거시 쉬:깨 하고 하더이만 재겨긴따고.

- 개 내가 자걱 '이껄랑 재걱쭝 좀 하나 해주시요' 그라잉깨 '나: 돈: 벌라 하닝 개 아니고 어: 일딴 내가 소널 대끼 때미내 재걱쭝이래두 하나 으:들라구84) 하능 게잉깨 해주시요' 하잉깨 그르칸다구 바루 신청 대구루 하드라구.

- 그릉깨 신:청하서85) 한: 한녀를 이씽깨 내려 오더라고.

- 그래서 내가 자걱쯩 그래서 바덩 거여.

- 그래설랑언 에 지금 에: 지금 내 인재 이걸 알:구서 보닝까: 이걸 해 보닝까: 일개 부락에:-머넌 풍수라고 하넌 거시 둘:씩 시:씩 다: 이써요.

- 그러면 옌:나래 하:낙 배운 사람덜두 이꾸: 하:나걸 마:니 한 사람덜 두 이꾸: 또 그거 하낙뚜 암 배운 사람덜두 이꾸 한대 이 사람내가 아:주

몇 달 다니니까 아주 재미가 나 그리고 자꾸 밝아져.

─ 그래 이제 내가 이제 엔간히 다니다가 한 오 개월 다니다가 가만히 생각하니 이것을 책을 전부 어디 가면 내가 모르니까 가면 책을 큰 책을 가지고 다녀야 하잖아 이걸 어떻게 다 가지고 다녀.

─ 그래서 내가 조견표를 만들었다고.

─ 조견표를 잘 한 데에다 다 묶어서 네 개 다섯 가지 여섯 가지를 갖다가 조견표를 만들어서 한 장에다 딱 만들어서 해 가지고 이제 있었어.

─ 이 이것 이놈만 가지고 가면 다 보는 거야.

─ 그래 이제 그 학원장한테 가서 내가 이거 이렇게 조견표를 이렇게 만들었는데 보라고 그러니까 죄 훑어보더니 아 이것 잘 만들었다고 말이야 어떻게 이것을 만들었냐 이거야.

─ 아 가만히 생각해 보니까 아 이것을 책을 다 가지고 다니자니 그렇고 몇 권을 가지고 다닐 수도 없는 것이고 그래서 이놈을 여기에다 조견표를, 아 이것 하나면 다 들여다보지들, 보지 않느냐고 아 그렇다고 (그래).

─ 아 이거 자격 있다고 그래.

─ 아니 뭐야 원래 이해하는 것을 쉽게 하고 하더니 자격 있다고.

─ 그래 내가 '자격이 있거든 자격증 좀 하나 해 주시오.' 그러니까 '나 돈 벌려고 하는 것이 아니고 어 일단 내가 손을 댔기 때문에 자격증이라도 하나 얻으려고 하는 것이니까 해 주시오.' 하니까 그렇게 한다고 바로 신청을 대구로 하더라고.

─ 그러니까 신청해서 한 한 열흘 있으니까 내려오더라고.

─ 그래서 내가 자격증 그래서 받은 거야.

─ 그래서 에 지금 에 지금 내 이제 이것을 알고 보니까 이것을 해 보니까 한 마을에 풍수라고 하는 것이 둘씩 셋씩 다 있어요.

─ 그러면 옛날에 한학 배운 사람들도 있고 한학을 많이 한 사람들도 있고 또 그것 한학도 안 배운 사람들도 있고 한데 이 사람들이 아주 잘한

잘한구 하구 댕기넌대 나두 이내 그 사람내 아: 그 사람내 잘한다 그르캐 인정만 해 주구 그냥 게서 시상 사람이 아:무두 모르넝 거잉깨 그거넌 시상 사람더런 아:무두 모르넝 기여. 그거 암본 사람 모르넝 기여. 그러잉깨 자라는 줄만 아러따구.

— 아: 내가 어너 정도 습뜨캐 가주서 이 사람덜 부짜꾸 무러보잉깨 아:주 백파이내.86) 아:주 몰라.

— 허허: '아 나 이사람 머여 내가 자:랑도 마니 해 줜넌대 이르캐 몰르구 워트캐 해써:' 그랑잉깨, '아 그르캐 알먼 머할루 발빠당애다87) 홍 무치구 댕겨: 날 머 비행기 타구 댕기구 하지 발빠당애 흐간무치어 그거넌'.

— '이게 무슨 얘기여 아 그르캐 몰르구서 그럼 중는 자리두 노쿠 어소니 끄너지는 자리두 노쿠 사:래미 망하는 자리두 노쿠 그냥 아무태나 쉬만88) 노먼 돼? 그라잉깨 '그만 그르캐만 놔:찌.'

— 크:닐라 일: 망:청89) 저질러써.

— 그러먼 나매, 나미집 시방 마:니 망아써.90)

— 내 그라잉깨 절때 손대지 마라:.

— 그러커니 멀 그냥 별 소리 다: 해 가주구서 해: 가주구설랑언 그 사람한태 가내.91) 아무 거뚜 모르넌대.

— 그래 인재 이사람내가 내가 인재 이건 이러캐 되넝 거구 이른 이르캐 되넝 거구 파가 인넌대 파럴 봐:서 잘 되구 모:뙤넝 건 파애서 나오넝 건대 이르캐 하넝 기여. 근대 이런 거슬 몰르구 어:트개 해써.

— 그랑잉깨 아 그거쭘 교육쭘 해 줄 쑤 움:너냐 이게여 그 사람내가.

— 게 그사람내가 그래서 이:워내 진 풍수라구 하넌 사람이 인재 이 이 근방애서 유:명히야.

— 근대 그 사래미 그 사라멀 만내서 내가 무러보잉깨 아 이거 모르내.

— '아이 아주 이름난 풍순대 우째 몰라: 우째 이리여. 이르캐 가주서 어트캐 해써' 이라잉깨.

다고 하고 다니는데 나도 이내 그 사람들 아 그 사람들이 잘한다 그렇게 인정만 해주고 그냥 그래서 세상 사람이 아무도 모르는 것이니까 그것은 세상 사람들은 아무도 모르는 거야. 그것을 안 본 사람은 모르는 거야. 그러니까 잘하는 줄만 알았다고.

 - 아 내가 어느 정도 습득해 가지고서 이 사람들 붙잡고 물어보니까 아주 백판(白板)이네. 아주 몰라.

 - 허허 '아 나 이사람 뭐야 내가 자랑도 많이 해 줬는데 이렇게 모르고 어떻게 했어' 그러니까 '아 그렇게 알면 무엇 하러 발바닥에 흙 묻히고 다녀 날 뭐 비행기 타고 다니고 하지 발바닥에 흙 안 묻혀 그것은'.

 - '이게 무슨 얘기야 아 그렇게 모르고서 그럼 죽는 자리에도 놓고 어 손이 끊어지는 자리에도 놓고 사람이 망하는 자리에도 놓고 그냥 아무데 나 쇠만 놓으면 돼?' 그러니까 '그만 그렇게만 놨지'.

 - 큰일 나, 일 엄청나게 저질렀어.

 - 그러면 남의, 남의 집 지금 많이 망쳤어.

 - 내가 그러니까 절대 손대지 말아.

 - 그러지만 뭘 그냥 별소리를 다 해 가지고 해 가지고 그 사람한테 가네. 아무 것도 모르는데.

 - 그래 이제 이 사람들이 내가 이제 이것은 이렇게 되는 것이고 이것은 이렇게 되는 것이고 파가 있는데 파를 봐서 잘되고 못되는 것은 파에서 나오는 것인데 이렇게 하는 거야. 그런데 이런 것을 모르고 어떻게 했어.

 - 그러니까 아 그것 좀 교육 좀 해줄 수 없느냐 이거야 그 사람들이.

 - 그래 그 사람들이 그래서 이원에 진 풍수라고 하는 사람이 이제 이 이 근방에서 유명해.

 - 그런데 그 사람이 그 사람을 만나서 내가 물어보니까 아 이것을 모르네.

 - '아이 아주 이름난 풍수인데 어째 몰라 어째 이래. 이렇게 해서 어떻게 했어' 이러니까.

— '아 그냥 좌:만92) 놔:찌.'

— '좌:만 놔 가주서 그래 서니93) 끄너저자리, 끄너지넌 자리고 또 거기 사:람 중넌 자리고 그냥 놔:써?'

— '그르치' 그리야.

— '마라마라 시방 일: 멍:청이94) 저질러써.'

— 나무짐 마:니 망아 놔:써.95) 내 그래 그라잉깨 게 내가 이렁 거 그렁걸 알머넌 머하루 방빠리애다96) 흐걸 무치구 댕기너냐구 그리야.

— 야:니 그럼 흐간무치구 어티개 댕기여. 그걸 그걸 몰르구 어티개 히야:. 그 나무 묘를 가설랑언 에: 거시기럴 어 감정 해 줄라머넌 그걸 아라야 이미럴 이미가 잘 드러따 모:뜨러따 감정얼 해 줄라면 그걸 아러야 하넌대 뭘:루 감정얼 해줘써.

— 그른대 얘:기럴 드르닝깨 어이던지 가따 대머넌 참: 조타구 무름파걸97) 치먼서 조타구 한디야, 아무 거뚜 모르먼서.

— 그애 그른 얘:기가 디끼드라고.98)

— 크:닐라잉깨 나무짐 마:니 망와써, 내 하지 마라 그르카먼.

— 게 인재 이 사람내가 머여 그쫌 해 돌라고 강, 좀 강의 좀 해 돌라구99) 그리야.

— 그래설랑언 내가 그래자녀 하구 저분 생개기 마:니 이써. 이 이거 잘 당신내드리 시방 그걸 모르는대 여기 시방 당신내 말:구서두 시방 동내 둘씩 세:씩 다: 이써, 쇠 가주구. 그른대 이거: 하:나두 모르넌대 이걸 내가 쪼꼼 귀애 텨 주, 티워 줄라구 그르카닝 기여.

— 그러넌대 할 띠가 읍:짜너.

— 그래 워디 누: 다방애 드르가서 그걸 워트기 히야. 어이서 히야. 한, 할 띠가 읍따고.

— 그리잉깨 시방 저 거서 복쩌과내서 에: 여러 가지 교유걸 하구 이써닝깨 거기가설랑언 평수100) 교유걸 좀 해:씨먼 조캔넌대 그걸 할 쑤가 인

- '아 그냥 좌만 놨지.'
- '좌만 놔서 그래 손이 끊어지는 자리, 끊어지는 자리고 또 거기 사람 죽는 자리고 그냥 놨어?'
- '그렇지' 그래.
- '그러지 말아 그러지 말아 지금 일 엄청나게 저질렀어.'
- 남의 집 많이 막아 놨어. 내가 그래 그러니까 그래 내가 이런 것 그런 것을 알면 뭣하러 발바닥에다 흙을 묻히고 다니느냐고 그래.
- 아니 그럼 흙 안 묻히고 어떻게 다녀. 그것을, 그것을 모르고 어떻게 해. 그 남의 묘를 에 거시기를 어 감정을 해 주려면 그것을 알아야 의미를 의미가 잘 들었다 못 들었다 감정을 해 주려면 그것을 알아야 하는데 무엇으로 감정을 해줬어.
- 그런데 얘기를 들으니까 어디든지 갖다 대면 참 좋다고 무릎을 치면서 좋다고 한대, 아무 것도 모르면서.
- 그래 그런 얘기가 들리더라고.
- 큰일 나니까 남의 집 많이 망쳤어, 내 하지 마라 그렇게 하려면.
- 그래 이제 이 사람들이 뭐야 그것 좀 해 달라고 강(의), 좀 강의 좀 해 달라고 그래.
- 그래서 내가 그러잖아도 하고 싶은 생각이 많이 있어. 이 이거 잘 당신들이 지금 그것을 모르는데 여기 지금 당신네 말고도 지금 동네에 둘식 셋씩 다 있어, 쇠 가지고. 그런데 이것을 하나도 모르는데 이것을 내가 조금 귀에 틔워 주, 틔워 주려고 그렇게 하는 거야.
- 그런데 할 데가 없잖아.
- 그래 어디 누(구) 다방에 들어가서 그것을 어떻게 해. 어디서 해. 할, 할 데가 없다고.
- 그러니까 지금 저 거기서 복지관에서 에 여러 가지 교육을 하고 있으니까 거기 가서 풍수 교육을 좀 했으면 좋겠는데 그것을 할 수 있는가

넝가 무러바라 그라잉깨.

- 바:루 그 이튼날 그날 가서루 무러보잉깨 해: 준다 구라드라넝 기여.
- 그러면 명함 그 강:사가 인너냐? 일따. 그럼 그 사람 명하멀 가주 오너라.
- 게 명함 가주 가서 명하멀 줴:써.
- 아: 쥄:넌대 일쭈이리 돼:두 아무 소리가 웂써:.
- 그래설랑언 인재 내가 그 복찌과내 가설랑언 그 사람낼 만내서.
- 오티개 됭 기여, 오쩨 암: 말이 웂써, 그래닝깨 아 어:재 함 번 해:따구. 겨 풍수 교유걸 해:따구. 누가 히야. 여기 해꾜 교장 출씨닌대 궁문 알키는 사라민대 그 사라미 한다구 해 해:따 구리야.
- 그러면 교육 꽈가리가101) 여잔대 여자가 인재 그 교육 그거 다 시키구 하넝 건대 그 여자가 그걸 보구설랑언 그: 시방 그 교유카넌 사라미 그 해꾜 교:장까지두 한 사라미 자기 동내 싸라밍 개비여, 친처긴 모냥이여, 잘: 아라.
- 인재 이 사라미 그거 평소애 그거 내가 알킨다고 이라더라넝 기여.
- 그러면 그 사라먼 뭘: 보구서 알키너냐: 풍수채기 지금 책빵애 가면 풍수 채기 여:러 가지가 이 사라먼 이르캐 노쿠 저 사라먼 이르캐 노쿠 풍수 채기 이거망크망 개 메:꿘씩 마:니 인넌대 그르 그거럴 채걸 다: 일거 준다넝 거여. 그렁개 아니여 그르카넝 거102) 아니여.
- 건대 이걸 보구서 일거 준다넝 기여.
- 그래 머 인재 메친날 한다구리야, 그러면 가 보자.
- 게 내 그 사람낼 데리구 갈라구 하니깨 그 사래미 난 앙 간다구 구리야.
- 왜: 앙가, 가서 드러 봐야 아무 거뚜 아이라구 마리지 드러 봐야 아무 거뚜 아이라구 그라먼설랑언, 그거 누가 챙 닐거 주넝 거 누가 그걸 몰라? 이르카구설랑언 우:리가 책 디다보면 되넌대 앙 간다구 구리야.

물어봐라, 그러니까.

- 바로 그이튿날 그날 가서 물어보니까 해 준다고 그러더라는 거야.

- 그러면 명함, 강사가 있느냐? 있다. 그러면 그사람 명함을 가지고 오너라.

- 그래 명함을 가져가서 명함을 줬어.

- 아 줬는데 일주일이 되어도 아무 소리가 없어.

- 그래서 이제 내가 그 복지관에 가서 그 사람들을 만나서.

- 어떻게 된 거야, 어째 아무 말이 없어 그러니까, 아 어제 한 번 했다고. 저 풍수 교육을 했다고. 누가 해. 여기 학교 교장 출신인데 국문 가르치는 사람인데 그 사람이 한다고 해서 했다 그래.

- 그러면 교육 담당자가 여자인데 여자가 이제 그 교육 그것을 다 시키고 하는 건데 그 여자가 그것을 보고 그 지금 그 교육하는 사람이 그 학교 교장까지도 한 사람이 자기네 동네 사람인가봐, 친척인 모양이야, 잘 알아.

- 이제 이 사람이 그거 평소에 그거 내가 가르친다고 이러더라는 거야.

- 풍수 책이 지금 책방에 가면 풍수 책이 여러 가지가 이 사람은 이렇게 놓고 저 사람은 이렇게 놓고 풍수 책이 이것만한 게 몇 권씩 많이 있는데 그것, 그것을 책을 다 읽어준다는 얘기야. 그런 게 아니야. 그렇게 하는 게 아니야.

- 그런데 이것을 보고 읽어준다는 거야.

- 그래 뭐 이제 며칟날 한다고 그래, 그러면 가 보자.

- 그래 내 그 사람들을 데리고 가려고 하니까 그 사람이 난 안 간다고 그래.

- 왜 안가. 가서 들어봐야 아무 것도 아니라고 말이지 들어봐야 아무 것도 아니라고 그러면서 그거 누가 책 읽어주는 것 누가 그것을 몰라? 이렇게 하고서 우리가 책 들여다보면 되는데 안 간다고 그래.

― 인나저나 내가 가잉깨 가 보자. 그애 함 번 내가 데루 가써.

　　― 가 보닝깨 내가 아:넌 사래미여. 내내 우리 시조회-애두 그, 그 사래미 드러온 사래미여 그 사래미여.

　　― '아니 당시니 이걸 히야', 하닝깨.

　　― '아 당신 그걸 승숙기 그걸 배와써?'

　　― 아 난 풍수두 아이구 아무 거뚜 아이라구. 그애 워트개 이걸 알켜:, 그래잉깨. 아 책 뽀구 알킨디야.

　　― '아서:,103) 채건: 책 뽀구선 그거 모:달키넝 기여, 안 되넝 기여'.

　　― '이 풍수두: 교:꽈서가 이써. 교:꽈서야만 되지 교:꽈서 아니구서루 그냥 책, 챙 맨드러 놓 거넌 이 사라먼 이르캐 해서캐 노쿠 이 사라먼 이르캐 해 노쿠 이르캐 해 노쿠 수:꿘 시방 인넌대 워떤 채기 만넌 건지 모르넌대 그 채걸 다 일글 끼여?'

　　― 안 되넝 기여.

　　― 그래 내 그라잉깨 안 된다구 그르카닝깨 그냥 한다구리야.

　　― 아: 그래 그애 인재 그 그 교육 꽈가리한태 '아니 아가씬 아가씨여 아주마여 시지번 가써 앙 가써' 내 인재 이캐 할씨 '아주마여 아가씨여' 그라잉깨, '왜요.' 그리야.

　　― 아니 왜: 시방 절문 사라미 왜 그리여.

　　― '이: 풍수 교유걸 해 돌라구 해서 내가 얘:길 해설랑언 에 내 명하멀 달라구 해서 쥔:넌대 오째 딴 사라미 교유걸 하구 이써:. 딴 사라미 교유걸 하고 이써:. 그런대 그거 어트개 됭 기여.' 그라잉깨 '그이가 한다구 해서 그이가 알킨다구 해서 해써요.' 그리야.

　　― 아니 나:한태 무러보구서 내가 모:달킨다구 하면 그 사라멀 한다구 하면 해: 주야지 나한태 무러보지두 앙쿠 무조건 그 사람 드리세워?104) 나넌 어트가라넌 얘기여.

　　― 왜 내 명 명함 내놔 내: 명함. 나: 추천한 사람더리 이짜나.

- 이나저나 내가 가니까 가 보자. 그래 한 번 내가 데려 갔어.

- 가보니까 내가 아는 사람이야. 내내 우리 시조회에도 그 그 사람이 들어온 사람이야 그 사람이야.

- '아니 당신이 이것을 해', 하니까.

- '아 당신 그것을 *** 그것을 배웠어?'

- 아 나는 풍수도 아니고 아무 것도 아니라고. 그래 어떻게 이것을 가르쳐 그러니까. 아 책 보고 가르친대.

- '그만둬, 책은 책 보고서는 그것을 못 가르치는 거야, 안 되는 거야.'

- 이 풍수도 교과서가 있어. 교과서야만 되지 교과서 아니고서는 그냥 책 책 만들어 놓은 것은 이 사람은 이렇게 해석해 놓고 이 사람은 이렇게 해놓고 이렇게 해놓고 수십 권이 지금 있는데 어떤 책이 맞는 것인지 모르는데 그 책을 다 읽을 거야?

- 안 되는 거야.

- 그래 내가 그러니까 안 된다고 그러니까 그냥 한다 그래.

- 아 그래 그게 이제 그 교육 담당자한테 '아니 아가씨는 아가씨여 아줌마여 시집은 갔어 안 갔어' 내 이제 이렇게 ** '아줌마여 아가씨여' 그러니까, '왜요.' 그래.

- 아니 왜 지금 젊은 사람이 왜 그래.

- '이 풍수 교육을 해달라고 해서 내가 얘기를 해서 에 내 명함을 달라고 해서 줬는데 어째 딴 사람이 교육을 하고 있어. 딴 사람이 교육을 하고 있어. 그런데 그것이 어떻게 된 거야.' 그러니까 '그이가 한다고 해서 그이가 가르친다고 해서 했어요.' 그래.

- 아니 나한테 물어보고 내가 못 가르친다고 하면 그 사람이 한다고 하면 해 주어야지 나한테 물어보지도 않고 무조건 그 사람을 들여세워? 나는 어떻게 하라는 얘기야.

- 왜 내 명, 명함 내놔 내 명함. 나 추천한 사람들이 있잖아.

 추천한 사람들 인년대 우쨰서 그얘 나:안태 아무 소리두 아나구 그
르키야.

 절문 저 머여 가튼 또래 가터먼 그냥 안 돼 내가. 그런대 더군다나
여자구 그럼 내가 시지벌 간지 안 간진 모르건넌대 나이넌 ** 뵈여 그래
그른 지설 하넝 거 아녀:.

 *** 그렁 건 뻐:니 알자나 최:소한도 고등해꾼 나와씰 꺼 아니여.

 근대 그: 순:서가 이꼬 버비 이짜나.

 그러면 이: 이 사라매 거시기럴 마라자먼 명암멀 가주 와서 이 사라
만태 불러 가주구 이 아무거시 선생이 알킨다구 하넌대 그리 양보해 주지
유:. 하라부지넌 나이가 마:느잉깨 그 절문 사라만태 양해해 주유 이르카
먼 그르키 하던지, '안 돠 근 내가 가치 하던지 하지 안 돠' 하던지, 이
두: 가지 중애 내가 마:다구 하면 하지마넌 내가 한다구 하면 내가 해야
자나:. 그른대 왜 야:무 소리두 웂이 그양 저사람 드리세우구 아:무런 마
리 웂써. 참, 모쌩견내, 사:라미 어디 그른 수가 이써:.

 막: 쫌 메라구 해뜨이면 울:라구 히야. 비실비실 히야.

 그애 울:라구 하걸래 그 나넌 인재 고만 두넌대: 그러카넝 거 아니
여 사래미:, 아: 최소한도두 고등해꾼 나와씰 낀대 고론 쇠:견두 몰라, 고
런 법뚜 몰르구? 아 추천 나와씨먼 추천 나온 사라만태 무러보야 될릴 아
니여, 그냥 하면 안 되자나:. 오:디 그런 수가 이써.

 그래 이개 나만 가만 자:꾸 피해내.

 게 이이 선생이라넌 사람두 나만 이씨먼 드러오덜 모디야, 거기럴.

 기애 내가 무러봐꺼덩 '당시넌 그래 뭐:럴 가주구 하너냐', 챙만 일
거 준다넝 기여, 채길거 가주구서 안 되넝 기여. 그래 지금 삼 녀널 알키
구 이써 삼년 삼년 간 히야. 사:람 여나문 명 데리구 삼 년하넌대 이 사람
내한태 내가 지금 무러보머넌 하:나두 모른다고.

 이 나찜파이라구 하넝개 나찜파이라구 하넝개 여기애 가는 서니 아

- 추천한 사람들이 있는데 어째서 그래 나한테 아무 소리도 안하고 그렇게 해.

- 젊은 저 뭐야 같은 또래 같으면 그냥 안 돼 내가. 그런데 더군다나 여자고 그러면 내가 시집을 갔는지 안 갔는지는 모르겠는데 나이는 ** 보여, 그래 그런 짓을 하는 거 아니야.

- *** 그런 것은 뻔히 알잖아 최소한도 고등학교는 나왔을 것 아니야.

- 그런데 그 순서가 있고 법이 있잖아.

- 그러면 이 이 사람의 거시기를 말하자면 명함을 가지고 와서 이 사람한테 불러가지고 이 '아무것이 선생이 가르친다고 하는데 그리 양보해 주지요. 할아버지는 나이가 많으니까 그 젊은 사람한테 양해해 줘요' 이렇게 하면 그렇게 하든지, '안 돼, 그것은 내가 같이 하는지 하지 안 돼' 하든지, 이 두 가지 중에 내가 마다하면 하지마는 내가 한다고 하면 내가 해야 하잖아. 그런데 왜 아무 말도 없이 그냥 저 사람 들여세우고 아무런 말이 없어. 참 못생겼네. 사람이 어디 그런 수가 있어.

- 막 좀 뭐라고 했더니만 울라고 해. 비실비실 해.

- 그래 울라고 하기에 그 나는 이제 그만 두는데 그렇게 하는 게 아니야 사람이, 아 최소한도 고등학교는 나왔을 것인데 그런 소견도 몰라, 그런 법도 몰라? 아 추천이 나왔으면(들어왔으면) 추천 나온(들어온) 사람한테 물어봐야 될 일이 아니야, 그냥 하면 안 되잖아. 어디 그런 수가 있어.

- 그래 이게 나만 가면 자꾸 피하네.

- 그래 이 이 선생이라는 사람도 나만 있으면 들어오지를 못해, 거기를.

- 그래 내가 물어봤거든, '당신은 그래 무엇을 가지고 하느냐', 책만 읽어 준다는 거야, 책 읽어 가지고 안 되는 거야. 그래 지금 삼년을 가르치고 있어 삼년 삼년간 해. 사람 여남은 명 데리고 삼년 하는데 이 사람들한테 내가 지금 물어보면 하나도 모른다고.

- 이 나침판이라고 하는 게 나침판이라고 하는 것이 여기에 가는 선이

홉 쭈리 너머가 이쎠, 아홉 쭐, 아홉 쭐 아홉 쭈리 너머가넌대 이: 한 주
리 전부 한 번 땅 노모넌 이 줄대루 다: 행새하넝 기여, 이개 전부.

- 요기넌 바람 요기넌 물 요기넌 산 요기넌 에 분금 다: 고개 명칭이
이쎠 고 다: 씨여 너머가넝 건대 이걸 모르넝 기여.

- 그애 한버는 보잉깨 이거럴 에: 이: 풍수 저저 나침판 교유걸 한다구
하걸래 내 디다봐써, 디다보닝깨 나침판 일층: 해 노쿠서넌 마:럴 어정시
룬105) 마럴 히야 아러야 놓, 하지 그르닝깨 모르닝깨 어정시룬 얘기럴 히야.

- 아 저 엉터리내, 아 그 우짼 나침판 일층 해 노쿠 어정시룬 딴 소리
럴 히야.

- 그라닝깨 아패 안즌 사라미 아이 소리두 마라: 내비둬:,106) 그리야.

- 그래 아니 내 아:무 쏘리두 안 하는데 저거 응:107) 이 사람내가 이
개 뭐 하넝 건지 응: 몰르드라고.

- 그래 이:런 사라미 그래 저 시방 사:람, 나넌 어트갈라구 핸너냐 하
먼 내가 만약 알키머넌 오:개워리먼 다 알키여.

- 어: 마라자먼 이 음택 뫼108) 쓰구 하넝 거 요거 오:개월, 집 찌구 하
넝 거 요거 오:개월 싶깨워리머넌 다: 알킬 쑤 이쎠, 완저니 다: 알킬써.

- 그러머넌 에: 뫼 쓰넝 거만 할라구 하머넌 요검만 해설랑 오:개월
해설랑언 조립시켜 내보내고 또 다른 사람 배울라고 하넌 사람 멍:청하다
고 알, 상식쩌그루 알:구 이씰라구 하넌 사라미 멍청하다고.

- 그런대 이 시방 사:람 여나문명 데리구서 삼녀널 끌구 나가잉깨 드
르가따가 되루 나오구 드르가따가 되루 나오구 그리야, 가 디다봐야 아무
거뚜 하구 하니깨 나오구 그럼 모, 모:빼우넝 기여.

- 그르잉깨 이 옥천구니 완저니 매장되 뻐링 기여 이개:.

- 게 내가 마냐개 해씨머넌 나넌 에: 삼심 명얼 모지패먼 삼심명, 에: 오:
개월 해서 조리패 내:보내고 또 삼심 명 또 모지패 오고 이르캐서 연 기양 수
위스 저 연차저그루 이르캐 해 가주설랑 상식쩌그루 다: 알킬라구 항 기여.

아홉 줄이 넘어가 있어, 아홉 줄, 아홉 줄 아홉 줄이 넘어가는데 이 한 줄이 전부 한 번 딱 놓으면 이 줄대로 다 의미가 있는 거야, 이게 전부.

- 여기는 바람 여기는 물 여기는 산 여기는 에 분금 다 그게 명칭이 있어, 그 다 씌여 넘어가는 것인데 이것을 모르는 거야.

- 그래 한 번은 보니까 이것을 에 이 풍수 저 저 나침판 교육을 한다고 하기에 내 들여다봤어, 들여다보니까 나침판 일층 해 놓고는 말을 어정스러운 말을 해, 알아야 놓, 하지 그러니까 어정스러운 얘기를 해.

- 아 저 엉터리네, 아 그 어쨌 나침판 일층 해 놓고 어정스러운 딴 소리를 해.

- 그러니까 앞에 앉은 사람이 아이 (아무)말도 마 내버려 둬, 그래.

- 그래 아니 내 아무 소리도 안 하는데 저것 영 이 사람들이 이게 뭐 하는 것이지 영 모르더라고.

- 그래 이런 사람이 그래 저 지금 사람, 나는 어떻게 할려고 했느냐 하면 내가 만약 가르치면 5개월이면 다 가르쳐.

- 어 말하자면 이 음택 묘 쓰고 하는 것 이것 5개월, 집 짓고 하는 것 이것 5개월 10개월이면 다 가르칠 수 있어, 완전히 다 가르칠 수 있어.

- 그러면 에 묘 쓰는 것만 하려고 하면 이것만 해서 5개월 해서 졸업시켜 내보내고 또 다른 사람 배우려고 하는 사람 엄청나다고 알, 상식적으로 알고 있으려고 하는 사람이 엄청나다고.

- 그런데 이 지금 사람 여남은 명 데리고 삼년을 끌고 나가니까 들어갔다가 도로 나오고 들어갔다가 도로 나오고 그래, 가 들여다봐야 아무것도 (안)하구 하니까 나오고 그러면 못, 못 배우는 거야.

- 그러니까 이 옥천군이 완전히 매장되어 버린 거야 이것이.

- 그래 내가 만약에 했으면 나는 에 삼십 명을 모집하면 삼십 명, 에 5개월 해서 졸업시켜 내보내고 또 삼십 명 또 모집해 오고 이렇게 하면서 연그냥 *** 저 연차적으로 이렇게 해서 상식적으로 다 가르치려고 한 거야.

- 더군다나 지금 여기 한 개 부래기머넌 풍수라고 하넝 개 둘:씩 시: 씩 다: 인넌대 이 사람드래 처째 한 번 모여서 내가 요 요런 정도넌 아라 야 된다 요롱 거넌 아라라, 요거 알키줄라구 핸넌대 이 사람내가 하:나두 디다보두 안난다구.

- 그래서 내가 응: 모다구 마란넌대 이: 지금 가마:이 내가 생가가만 아주 괘씨마고: 이 처째 관쟁이 관장두 그게 잘 모타닝 기여.

- 일딴 내가 그르캐 내가 관장한태 두: 버니나 얘기해끄덩,109) 내가 추처늘 내가 핸넌대 나:-두 해 돌라구 핸넌대 오째서 딴 사라멀 데려세우 구설랑언110) 하너냐.

- 그라잉깨 아이 하라부진 나이가 마나서 모:다자너요.

- 아니 모:다먼 내가 모:단다구 할 끼구: 하먼 한다구 하걸랑언111) 하 야지: 아무 쏘리두 웂씨 그냥 으 나이가 마느잉깨 모달테지 하구서 그냥 미러부치머넌 나넌 사:래미 아니여, 늘거따구 사래미 아니여?

- 그래 늘그이두 그르캐 괄씨햐? 그 워:디 그런 수가 이써 어? 아 나 두 늘, 사:래미 늘거찌 아 속꺼, 쇠경두112) 웂는 질 아라? 그르카닝 거 아 니여, 게 이르카구 다녀서.

- 겐재113) 이거 치운다구, 머여 에: 교유건 이내 해 봐두 장 그리쿠 해서 안 한다구 그라드이 그냥 게:속 하, 하구 이써:.

- 근대 요기 머냐 하먼 나넌 그기 전부 전부 거기넌 거거 알키넌 사람 드리 다: 봉사하루 가능 겐 중 아라따구:. 그래 난 봉사할 생각-하구 이꼬, 그런대 나:중애 알구 보닝깨: 요개 수당이 나가:. 수당이 나가잉깨 수당 또래미114) 그르카능 기여. 수당 또래미 요걸 부짜꾸 인넝 기여.

- 아무 거두 아닝 개 그냥 부짜구 안잔넝 기여 수당 또래미내.115)

- 그래설랑언 참: 도동놈 따루 웂따:, 저렁 게 도동노미다.

- 이: 아무 거도 모르넌 노미 사:람만 부짜바 노쿠설랑언 저 수당만 파, 타 먹기 위해설랑언 수당만 타 먹기 위해서 부짜꾸 안자써?

- 더군다나 지금 여기 한 개 부락이면 풍수라고 하는 게 둘씩 셋씩 다 있는데 이 사람들을 첫째 한 번 모여서 내가 요러요런 정도는 알아야 된다 요런 것은 알아라, 이것 가르쳐주려고 했는데 이 사람들이 하나도 들여다보지도 안한다고.

- 그래서 내가 영 못 하고 말았는데 이 지금 가만히 내가 생각하면 아주 괘씸하고 이 첫째 관장이 관장도 그게 잘 못하는 거야.

- 일단 내가 그렇게 내가 관장한테 두 번이나 얘기했거든, 내가 추천을 내가 했는데 나도 해달라고 했는데 어째서 다른 사람을 들여세우고 하느냐.

- 그러니까 아이 할아버지는 나이가 많아서 못 하잖아요.

- 아니 못 하면 내가 못 한다고 할 것이고 하면 한다고 하거든 해야지 아무 소리도 없이 그냥 어 나이가 많으니까 못 할 테지 하고서 그냥 밀어붙이면 나는 사람이 아니야, 늙었다고 사람이 아니야?

- 그래 늙은이도 그렇게 괄시해? 그 어디 그런 수가 있어 어? 아 나도 늙, 사람이 늙었지 아 속, 소견도 없는 줄 알아? 그렇게 하는 게 아니야, 게 이렇게 하고 다녔어.

- 그건 이제 이거 치운다고, 뭐야 에 교육은 이내 해봐도 늘 그렇고 해서 안 한다고 그러더니 그냥 계속 하, 하고 있어.

- 그런데 요게 뭐냐 하면 나는 그것이 전부 전부 거기는 그것을 가르치는 사람들이 다 봉사하러 가는 것인 줄 알았다고 그래 나는 봉사할 생각하고 있고, 그런데 나중에 알고 보니까 요게 수당이 나가. 수당이 나가니까 수당 때문에 그렇게 하는 거야. 수당 때문에 이것을 붙잡고 있는 거야.

- 아무 것도 아닌 것이 그냥 붙잡고 앉아 있는 거야 수당 때문에.

- 그래서 팜 도둑놈 따로 없다, 저런 것이 도둑놈이다.

- 이 아무 것도 모르는 놈이 사람만 붙잡아 놓고 저 수당만 타, 타 먹기 위해서 수당만 타 먹기 위해서 붙잡고 앉았어?

- 그러컬랑 그 사람내가 딱 나가서넌 맘대루 자기 맘대루 가서 에 명당얼 차꾸 명당얼 맨들 쑤 이써야 되닝 건대: 글 모르능 걸. 배와 바짜 소용이 움:짜나.

- 그러면 나침파니 이개 아:호카넌대 아:호카니 뭐 행세하닝 건두 모르구 인넌대 그래 이 이개 뭐 하능 기냐 마리여, 그기 도동누미지 뭐냐, 내 이거야.

- 게 한 번 둘, 딴두리 저기서 함 번 만내써. 그이 그 사라마구 만내서 '당신 그르카넝 거 아니여 당시넌 해쬬 교장꺼지나 지내고 나넌 아무 거 뚜 모:빼와지만 그른 상식뚜 웁서?'

- 일딴 내 해가[116] 거시기가 뭐여 내 추처니 드르간넌대 일따넌 암만 교육 꽈가리가 당신떠루[117] 하라구 하드란대두[118] 당시니 나럴 불러설랑언 애:기 모:디야? 아무 쏘리두 움:씨 그냥 눈 딱 깡구설랑언 미러부처뻐리여 하구서 그냥 눈 딱 강꾸 히야. 아니 해쬬 선, 교장꺼지 해씨면 그마난 쇠겨넌 나자나.

- 게 그래설랑언 내가 인재 할 쑤 움:씨 저걸 내가 그때 당시애 바루고:바럴 할 껀 하라닝 거야 하야 되넌대 에이거 나이두 인재 원 참 오늘 주거두 낼: 주글찌 모르는 사라미 인재 나마구 시비할 피료두 우:꾸 참는 다구 그냥 창:꾸, 차무나 참 부나다고. 에: 그 머여 난 그래 내가 그래써. 나중애 '세: 시가니 알키머넌 당신 두: 시가니 하, 두: 시간 하고 나 한 시간씽만 줘:. 그럼 나넌 내 아:넌 대로 어 깨워 줄 테잉깨'. 그거뚜 아내줘.

- 와: 아내주너냐. 내가 드르가면 자기 드러실 새:가 웁써. 그러잉깨 아내주닝 기여.

- 그애 겨:나걸 간넌대 겨나걸 가넌대 내가 어재두 그 애길 해떵가? 겨나걸 간넌대 이개 벙어리여.

- 아 겨나걸 가씨면 이 뫼럴 보러 와씨면 이 뫼가 꽤차, 조언 산소 써시머넌 이 뫼가 어티개 되서루 어태서 참 조타:, 이 뫼넌 파고가 어티개

- 그렇거든 그 사람들이 딱 나가서 마음대로 자기 마음대로 가서 에 명당을 찾고 명당을 만들 수 있어야 되는 것인데 그것을 모르는 것을. 배워 봤자 소용이 없잖아.

- 그러면 나침판이 이것이 아홉 칸인데 아홉 칸이 무슨 역할을 하는 것인지도 모르고 있는데 그래 이 이게 뭐하는 것이냐 말이야, 그게 도둑놈이 뭐냐, 내 이거야.

- 그래 한 번 둘, 단둘이 저기에서 한 번 만났어, 그이 그 사람하고 만나서 '당신 그렇게 하는 게 아니야 당신은 학교 교장까지 지내고 나는 아무 것도 못 배웠지만 그런 상식도 없어?'

- 일단 내 것이 거시기가 뭐야, 내 추천이 들어갔는데 일단은 아무리 교육 담당자가 당신에게 하라고 하더라도 당신이 나를 불러서 얘기 못해? 아무 소리도 없이 그냥 눈 딱 감고서 밀어붙여 버려 하고 그냥 눈 딱 감고 해. 아니 학교 선, 교장까지 했으면 그만한 소견은 나잖아.

- 게 그래서 내가 이제 할 수 없이 저것을 내가 그때 당시에 바로 고발을 할 것은 하는 거야 해야 되는데 에이 나이도 이제 원 참 오늘 죽어도(죽을는지) 내일 죽은 지 모르는 사람이 이제 남하고 시비할 필요도 없고 참는다고 그냥 참고, 참지만 참 분하다고. 에 그 뭐야 나는 그래 내가 그랬어. 나중에 '세 시간 가르치면 당신 두 시간 해, 두 시간 하고 나 한 시간씩만 줘. 그러면 나는 내가 아는 대로 에 깨쳐 줄 테니까.' 그것도 안 해줘.

- 왜 안 해주느냐. 내가 들어가면 자기가 들어설 사이가 없어. 그러니까 안 해주는 거야.

- 그래 견학을 갔는데 견학을 가는데 내가 어제도 그 얘기를 했던가? 견학을 갔는데 이게 벙어리야.

- 아 견학을 갔으면 이 묘를 보러 왔으면 이 묘가 괜찮, 좋은 산소를 썼으면 이 묘가 어떻게 되어서 어때서 참 좋다, 이 묘는 파고가 어떻게

되서 조타:, 이 사니 어티개 생겨서 조타, 명댕이다. 이:거럴 설명얼 해 주
야 그 교육받, 반넌 사라미 알:지. 아 워디 가먼 사누꾸 워디 가먼 뫼 웁
써? 저 가서 산 바라보구 올라구 가써 그래?

─ 그애 내가 거 가서 저: 머여 저: 부여럴 간넌대 가서 보닝깨 항 군
대 보닝깨 참 사넌 조은대 딱: 이르캐 내려다 보닝깨 이 소니 *끄너지넌*
자리여.

─ 하: 이런 사넌 이런 자리넌 참 조은 자리럴 가따가 좌:럴 잘몬 놔서
소니 끄너지넌 자리다, 이르카잉깨 그 가치 간 사람더리 '물: 알구 그리
야' 그리야.

─ 게 그르카구서 쪼곰 내려가 보잉깨 비가 인넌대 보잉깨 김00리 증
조부여:. 증조부 산소여 증조부 산손대 김00리 이 해 노코 자:119) 해 노코
아더리 웁써.

─ 또 고 미태 또 하나 이 또 자: 해 노쿠 아드리 웁써.

─ 게 내가 그래써 요와 봐라, 이 비 와 봐라 마리여, 이개 바루 증
조부 저 김00리 증조부 산손대 여기 김00리 자: 해 노쿠 아드리 웁짜
느냐.

─ 여 또 미태 동생 자: 해 노쿠 아드리 웁짜느냐.

─ 이개 소니 웁씨먼 여기다 안 느씰리가120) 웁짜냐:.

─ 이씩 웁씽깨 저 그러고 김00리는 다: 누구나 다: 아:넌 사람 아니여.

─ 당신내들 김00리 아들 본 사라민너냐 그라잉깨 암:두121) 본 사람 웁
띠야.122)

─ 그건 얘:기 드끼넌 머여 양자 핸넌대 양자한 아더리 머 미구까 이따
이런 얘기넌 드러따 구리야.

─ 그거 소용웁넝 거여.

─ 그래 이 그래 아 거 귀신 거치 아내 그리야.

─ 아니 뭘:보구 그리야 그리야.

되어서 좋다, 이 산이 어떻게 생겨서 좋다, 명당이다. 이런 것을 설명을 해 주어야 그 교육 받, 받는 사람이 알지. 아 어디 가면 산 없고 어디 가면 묘 없어? 저 가서 산 바라보고 오려고 갔어 그래?

- 그래 내가 거기 가서 저 뭐야 저 부여를 갔는데 가서 보니까 한 군데 보니까 참 산은 좋은데 딱 이렇게 내려다 보니까 이 손이 끊어지는 자리야.

- 하 이런 산은 이런 자리는 참 좋은 자리를 갖다 좌를 잘못 놓아서 손이 끊어지는 자리다, 이렇게 하니까 그 같이 간 사람들이 '뭘 알고 그래' 그래.

- 게 그렇게 하고서 조금 내려가 보니까 비석이 있는데 보니까 김00이 증조부여. 증조부 산소야, 증조부 산소인데 김00 이 해 놓고 자(子) 해 놓고 아들이 없어.

- 또 그 밑에 또 하나 이 또 자(子) 해 놓고 아들이 없어.

- 그래 내가 그랬어, 이리와 봐라 이 비(석) 와 봐라 말이야, 이게 바로 증조부 저 김00이 증조부 산소인데 여기 김00이 자(子) 해 놓고 아들이 없지 않느냐.

- 여기 또 밑에 동생 자(子) 해 놓고 아들이 없지 않느냐.

- 이게 손이 없으면 여기에 안 넣었을 리가(묘를 썼을 리가) 없지 않느냐.

- ** 없으니까 저 그리고 김00이는 다 누구나 다 아는 사람 아니야.

- 당신네들 김00이 아들 본 사람 있느냐 그러니까 아무도 본 사람 없대.

- 그것은 얘기 듣기는 뭐야 양자 했는데 양자한 아들이 뭐 미국에 가 있다 이런 얘기는 들었다 그래.

- 그것 소용없는 거야.

- 그래 이 그래 아 그거 귀신같이 아네 그래.

- 아니 뭘 보구 그래 그래.

- 날:떠루 설명얼 하라구 하머넌 내가 똑또카개 설명얼 해 줘:. 그러치만 모:다개 해자나 저 저저 설명할라면 모:다개 하자나. 저 위([wi])서두 아까 할라구 하잉깨 왜 선생이 인넌대 딴 사라미 할라구 하너냐 이르캐 얘기하자나. 거 월래가 괘:니 밉쌍바처가머 설명얼 히야.

- 나 그렁 거 알라먼 나한태 독 차자와 내가 다: 알키 주깨.

- 그래 이사람내가 시방 그 그르카구 시방 나가넌대 내 시방 곰:곰 생가기여.

- 게 좀 이걸 좀 어디 가서 좀 뭐여 함부 고:발하고 저분 생개기 이내 이써두 이재: 나이가 주글라이 된 사래미 인재 그렁 거 가주구 시끄러개 할 쑤두 우꾸 말:썰얼 부릴 꺼뚜, 에이거 내가 주꾸 마렁 기다 하구서 참:찌만 참 이건 도:리넌 아이라고. 인가내 거시기넌[123] 아이라고.

- 어허, 게 아니 그개 머여 아:주 모:빼운 사람 거트머넌 에 그렁 거 저렁 거 모르넌 사람 거트면 몰:라서 그러타고 하지만 해꾜 교장꺼지 지낸 사래미 고런 쇠견두 웁써?

- 그래 내가 저: 함 번 저기서 저 용암사얘서 만내따구. 만낸는대 아니 당신 그르캐 가주 그기, 그기 알키거써? 그래 그거 아니 나침판두 제대루 모르고 어트개 알키여 그래 그래잉깨, 그래 당신 어이서 배완느냐 구리야.

- 나넌 음태건 대전 하궈내서 배우고 양태건 내가 서울 저 일번서 배와 가주구 나온 명사한태서 내가 배와써. 양태건 거기 내가 아:더리 저 수원 가 있넌대 수원서 서울 드르갈라면 전철 타구 또 한 시간씩 걸려. 근대 거기에서 내가 한 오루깨월 사라써. 저 거시기 할 쩌개. 그래서 내 거기 살: 쩌개 거기 그거 댕기너라구 내가 거기서 이써써. 그래 그래서 내가 양택뚜 다: 알:구 그거뚜 다: 아라.

- 그런대: 당신 그르캐 가주구설랑 그래 어 삼녀널 배와두 그래 모르노니 그래 가서 좌:[124] 노라구 하면, 똑또카개 아라두 좌:럴 놀라구 할 꺼

- 나에게 설명을 하라고 하면 내가 똑똑하게 설명을 해줘. 그렇지만 못하게 하잖아 저 저저 설명하려면 못하게 하잖아. 저 위에서도 아까 하려고 하니까 왜 선생이 있는데 딴 사람이 하려고 하느냐 이렇게 얘기하잖아. 거 원래가 괜히 밉상 받아가면서 설명을 해?

- 나, 그런 것 알려면 나한테 독(혼자) 찾아와 내가 다 알려 줄게.

- 그래 이 사람들이 지금 그 그렇게 하고 지금 (해)나가는데 내가 지금 곰곰이 생각해.

- 게 좀 이것을 좀 어디 가서 좀 뭐야 한 번 고발하고 싶은 생각이 이내 있어도 이제 나이가 죽을 나이가 된 사람이 이제 그런 것 가지고 시끄럽게 할 수도 없고 말썽을 부릴 것도, 에이 내가 죽고 마는 것이다 하고 참지만 이것은 도리는 아니라고. 인간의 거시기는 아니라고.

- 어허, 그래 아니 그게 뭐야 아주 못 배운 사람 같으면 에 그런 것 저런 것 모르는 사람 같으면 몰라서 그렇다고 하지만 학교 교장까지 지낸 사람이 그런 소견도 없어?

- 그래 내가 저 한 번 저기에서 저 용암사에서 만났다고. 만났는데 아니 당신 그렇게 해가지고 그게, 그게 가르치겠어? 그래 그거 아니 나침판도 제대로 모르고 어떻게 가르쳐 그래 그러니까, 그래 당신 어디서 배웠느냐고 그래.

- 나는 음택은 대전 학원에서 배우고 양택은 내가 서울 저 일본에서 배워가지고 나온 명사한테 내가 배웠어. 양택은 거기 내가 아들이 저 수원에 가 있는데 수원에서 서울 들어가려면 전철 타고 또 한 시간씩 걸려. 그런데 거기에서 내가 한 오륙 개월 살았어. 저 거시기 할 적에. 그래서 내가 거기 살 적에 거기 그것 다니느라고 내가 거기에 있었어. 그래서 그래서 내가 양택도 다 알고 그것도 다 알아.

- 그런데 당신 그렇게 해서 그래 어 삼년을 배워도 모르니 그래 가서 좌를 놓으라고 하면, 똑똑하게 알아도 좌를 놓으려고 할 것 같으면

거트먼 캉카매지넌대 그래 그르캐 가주서 그 사람내가 가서 좌: 노커써,
제대루?

- 망하넌 자린지 사:라미 중넌 자린지 어 홍하넌 자린지럴 모르녕 걸.
다: 나와 인녕 기여 그 쇠얘. 에 딱 함 번 이르캐 쇠 놀 꺼 그트먼 홍하넌
자린지 망하넌 자린지 사:라미 중넌 자린지 다: 나오녕 기여 이 쇠 쏘개.
그렁 걸 모르구서 우:티기 햐 그래.

- 게 내가 그래 모르녕 기여. 그러커니[125) 눈 딱 깡구 지가 하구 인녕
기여.

- 그래 내가 참 도둥놈 따루 우꾸나.

- 그거 그 수당 그거 얼마큼 주녕 거 고거 때매 저걸 안 논넌대: 난
거 수당 안 바란다. 니가 다: 타가고 난 한 시간썽만 도라,126) 난 오직 우
리 옥천구니래두 쪼끔 다소 알:개 점 펴 줄라고 하는 거시지 나 돈 바라
쿠 하녕 거 아니여.

- 내가 애초애 배울 쩌개두 이거 내가 큰 돈: 벌라구 배웅 거 아니여,
돈: 벌라구 배웅개 아니구 내 상식쩌그루 나 우리 가정애 조치 모다기 때
미내 상식쩌그루 알:기 위해서 배웅 거시지 돈: 벌라구 배웅 거 아니여.

- 그래서 그냥 오:디 가서 저: 거시기 하머넌 에: 그냥 거:기서 생가캐
서 뭐 다문 메푼 주먼 바꾸 그거뚜 거서가먼 그냥 오고 암바꾸 그냥 하구
이르카구 완넌대, 게이 그르타고 아이 저 내 요 압쩌내127) 여 저 알래128)
싸래미 저 알람,129) 알라먼 여기서 머:러, 알람 싸라미 그 자기 에 처내미
여기 그:만니 사넌대: 그 사래미 주거써, 칠심 멭 두:사린대 주건넌대 , 거
기 좀 가치 가자구 해서 가써.

- 가서 보잉깨 사:널 가서 보잉깨 좌: 놀 떼가 웁써:.

- 여기 좌: 놀대가 웁따: 마땅찬타: 그라구 그 인재 이따구, 근대 거
기 뫼:가 이르캐 한 장 이뜨라고 한 장 인넌대 거가 쪼끔 편편하구 그
냥 이써.

캄캄해지는데 그래 그렇게 가지고 그 사람들이 가서 좌를 놓겠어, 제대로?

– 망하는 자리인지 사람이 죽는 자리인지 어 흥하는 자리인지를 모르는 것을. 다 나와 있는 거야 그 쇠에. 에 딱 한 번 이렇게 쇠를 놓을 것 같으면 흥하는 자리인지 망하는 자리인지 사람이 죽는 자리인지 다 나오는 거야 이 쇠 속에. 그런 것을 모르고 어떻게 해 그래.

– 게 내가 그래 모르는 거야. 그렇지만 눈 딱 감고 자기가 하고 있는 거야.

– 그래 내가 참 도둑놈 따로 없구나.

– 그것 그 수당 그것 얼만큼 주는 것 그것 때문에 저것을 안 놓는데 나는 그 수당 안 바란다. 네가 다 타가고 나는 한 시간씩만 달라, 난 오직 우리 옥천군이라도 조금 다소 알게 좀 펴 주려고 하는 것이지 나 돈 바라고 하는 것 아니야.

– 내가 애초에 배울 적에도 이것을 내가 큰 돈 벌려고 배운 것 아니야, 돈 벌려고 배운 게 아니고 내가 상식적으로 나 우리 가정에 좋지 못하기 때문에 상식적으로 알기 위해서 배운 것이지 돈 벌려고 배운 것 아니야.

– 그래서 그냥 어디 가서 저 거시기 하면 에 그냥 거기서 생각해서 뭐 다만 몇 푼 주면 받고 그것도 거시기 하면 그냥 오고 안 받고 그냥 하고 이렇게 하고 왔는데, 그래 그렇다고 아이 저 내 요 앞전에 여기 저 안내 사람이 저 안남, 안남은 여기서 멀어, 안남 사람이 그 자기 에 처남이 여기 금암리 사는데 그 사람이 죽었어, 칠십 몇 두 살인데 죽었는데, 거기 좀 같이 가자고 해서 갔어.

– 가서 보이까 산을 가서 보니까 좌를 놓을 데가 없어.

– 여기 좌를 놓을 데가 없다 마땅치 않다 그러고 그 이제 있다고, 그런데 거기 묘가 이렇게 한 장 있더라고 한 장 있는데 거기가 조금 평평하고 그냥 있어.

− '아 이른 가:성애130) 하면 안 되유' 그리야, 이르캐 마라닝깨, '아하 이건 소니 끄녀저넌 자리여' 그래 그래잉깨, '아 이개 이개 뭉뫼 아니여?' 그라닝깨 '아:네요: 이 맹:이내131) 하라부지 산소요' 그리야.

− 워짠지 시방 이 시방 그 주근 사라매 아:더리 형잰대 장뚜132) 거튼 아더리 셍잰대 겨론 한지가 심:녀니 너먼넌대 둘 다 아덜 아:무 거뚜 움써:, 딸두 아덜두 아:무 거뚜 움따고, 그애 움따고 그재서 인재 애기야. '어: 어 그리여?' 거 하나 상재가 따라가따구. 아:니 그래저래두 아부지가 시방 손자럴 모빼서 모뽀구 도러가시서 하:널 하넌대 그르키 되너냐 구리야.

− '아 여거넌 소니 끄녀지넌 자리여 모씨넌 자리여.' 그라잉깨, '아 그럼 이 산소두 욍기야 건내요.' 그래.

− '욍기야지 이 그 머 거 메싸리여?' 그라잉깨 마혼 니: 사리리야.

− 에: 그러면 큰 사래미 마혼 니:사리구 또 고미태 이꾸 그런대 사람 더리 장대항개 사람덜두 잘 생겨떠라고. 아 그런대 장:개 든 지가 심녀니 된넌대 개이 그런대다 썼, 써 뇌씽깨 그래 병워내두 가설랑언 안파시133) 가서 진찰두 다: 해봐띠야. 이상 움따구 한디야. 그런대 왜 안 뒤야. 왜 저 애기가 안나, 안 생기너냐 이개여.

− 이 조상이 조상이 동기가무니라구134) 해서 조, 조상이 여기 드르가 서 여기서 무리 써근 무리 땅으루 혀: 가주고135) 땅으루 혀 가주구설랑언 그 조상한태루 가넝 거여. 가설랑언 에: 머여 해할라만136) 해하고 이할라 만 이하구여.137)

− 사:래미 주글라먼 죽꾸 어 거기서 소니 뻐칠라먼 뻐치구 조:캐 잘 로머넌138) 명당이 잘 로머넌 그르캐 되닝 기구 잘몬 노머넌 응: 망하넝 거여.

− 근대 이거럴 구분 모다구서 어트캐 하느냐 이개여.

− 그르니 그래 여그넌 이이 이: 산소 욍기야 이 지비 손 앙 끄녀지지 이거 놔:두먼 손 끄녀진다.

- '아 이런 가장자리에 하면 안 되요?' 그래, 이렇게 말하니까, '아하 이건 손이 끊어지는 자리야.' 그래 그러니까, '아 이것이, 이것이 묵묘 아니야?' 그러니까 '아니요 이 망인의 할아버지 산소요.' 그래.

- 어쩐지 지금 이 지금 그 죽은 사람이 아들이 형제인데 장대 같은 아들이 형제인데 결혼 한지가 십 년이 넘었는데 둘 다 아들 아무 것도 없어, 딸도 아들도 아무 것도 없다고, 그래 없다고 그제야 이제 얘기를 해. '어 그래?' 거 하나 상제가 따라갔다고. 아니 그러잖아도 아버지가 지금 손자를 못 봐서 못 보고 돌아가셔서 한을 하는데 그렇게 됐느냐 그래.

- '아 여기는 손이 끊어지는 자리야 못 쓰는 자리야.' 그러니까, '아 그럼 이 산소도 옮겨야 되겠네요.' 그래.

- '옮겨야지 그 뭐 거 몇 살이야?' 그러니까 마흔 네 살 이래.

- 에 그러면 큰 사람이 마흔 네 살이고 또 그 밑에 있고 그런데 사람들이 장대한 것이 사람들도 잘 생겼더라고. 아 그런데 장가 든 지가 십 년이 되었는데 그래 그런데다 써놨, 써놨으니까 그래 병원에도 가서 안팎이 가서 진찰도 다 해봤대. 이상 없다고 한대. 그런데 왜 안 돼. 왜 저 애기가 안나, 안 생기느냐 이거야.

- 이 조상이 조상이 동기가문이라고 해서 조, 조상이 여기 들어가서 여기에서 물이 썩은 물이 땅으로 해 가지고 땅으로 해 가지고 그 조상한테로 가는 거야. 가서 에 뭐야 해하려면 해하고 이하려면 이하고야.

- 사람이 죽을려면 죽고 어 거기에서 손이 뻗치려면 뻗치고 좋게 잘 놓으면 명당이 잘 놓으면 그렇게 되는 것이고 잘못 놓으면 영 망하는 거야.

- 그런데 이것을 구분 못하고서 어떻게 하느냐 이거야.

- 그러니 그래 여기는 이이 이 산소 옮겨야 이집이 손 안 끊어지지 이것을 놔두면 손 끊어진다.

- 그래잉깨 (제보자 전화벨소리) 시조 회:장 시, 시조 회장 아노잉깨 저봐 어...

- 그래: 그래 내 오널날꺼지 시방 이르키 해두 참 크개 참: 안타까와.

- 게 인잰 농사 거틍 거 머 이런 거선 인재 아:더란태 땅 매끼구 가서 손두 안 대구: 챙견두 아나고: 내가 볼라구두 아나고 그양 자라든지 모타든지 매껴 놔두넝 거여. 인재넌 대: 봐짜 아라 봐짜 소용이 우:꼬 아라 봐짜 내가 내 소느루 가서 모다잉깨 그냥 바라보구나 오지 아무 소용 읍:썽깨 가두 아나구:, 전다배두 인재 어너 정도나 된:넝가 하구 드문드문 가다 한 번씩 디리다넌 보지139) 앙 가요.

그러면 저기: 선친깨서는 열여서싸래 도라가셔꼬...

- 예.

그래구서 인재 그 뒤:얘 머 가마니 치구 이러면서...

- 가마이 처찌요. 순:저나개 가마이 처서 생명 유지해 나가찌요, 그 때.

그럼 어트가다가 어 언재쯔매 인재 또 지비 피었, 피셔써요, 땅두 사구?

- 내가 인재 그때 아까 얘기 해짜나. 내가 그거 돌파리 으사 하면서 내 그거 하면서 돈: 메 푼씩 쪼꼼씩 생기면 그거 외상 노쿠 이르캐 생기면 고노멀 가따 전:부 계:하넌대다 저추걸 해따구.

- 계:하넌대다 거그다 드르가따구, 두: 구지씩140) 드르가서 거그다 해:서 항꺼버내 목똔 찬꾸 해: 가주구설랑언 땅 머 어디 나면 쪼고마꼼 사 가주고 인재 한태 포개고:, 이르캐서 인재 한: 그눔 파라서 한티다 포개고141) 그래 지금 인재 또 중가내 와서 아:더리 잘모태 가주설랑언 이: 천 평 파라머거써요, 이천 평. 이천 평 파라머꾸: 에: 아:더리 시방 그 주근 아:가 잘모태 가주구설랑언 에: 이천 평얼 그냥 호, 고시라:니 날려 보냈다고. 어이 이천 평 아주 한 한 한 결루142) 이천 평얼.

- 그래 금 오짤 쑤 그 머 에 우:니 안 안 조와서 그릉 걸 어트기야. 그 뚜 나무 도널 땡겨 써씽개143) 가파 주여지 어티기야. 가:가 전부 전부 조

－ 그러니가 (제보자 전화벨소리) 시조 회장 시, 시조 회장이 (나) 안 오니까 전화 어…

－ 그래 그래 내 오늘날가지 지금 이렇게 해도 참 그게 참 안타까워.

－ 그래 이제는 농사 같은 뭐 이런 것은 이제 아들한테 딱 맡기고 가서 손도 안 대고 참견도 안 하고 내가 보려고도 안 하고 그냥 잘하든지 못하든지 맡겨 놓아두는 거야. 이제는 대 보았자 알아 보았자 소용이 없고 알아 보았자 내가 내 손으로 가서 못 하니까 그냥 바라보고나 오지 아무 소용없으니까 가지도 안 하고, 전답에도 이제 어느 정도나 되었는가 하고 드문드문 가다 한 번씩 들여다만 보지, 안 가요.

그러면 선친께서는 열여섯 살에 돌아가셨고…

－ 예.

그러고서 이제 그 뒤에 뭐 가마니 치고 이러면서…

－ 가만니 쳤지요. 순전히 가마니 쳐서 생명 유지해 나갔지요, 그 때.

그러면 어떻게 하다가 언, 언제쯤에 이제 또 집이 피었, 피셨어요, 땅도 사고?

－ 내가 이제 그 때 아까 얘기 했잖아. 내가 그것 돌팔이 의사 하면서 내 그거 하면서 돈 몇 푼씩 조금씩 생기면 그것을 외상 놓고 이렇게 생기면 그놈을 갖다 전부 계하는데다 저축을 했다고.

－ 계하는데다 거기다 들어갔다고, 두 계좌씩 들어가서 거기다 해서 한꺼번에 목돈 찾고 해가지고 땅 뭐 어디 나면 조그만큼 사가지고 이제 한태 포개고, 이렇게 해서 이제 한 그놈 팔아서 한테다 포개고 그래 지금 이제 또 중간에 와서 아들이 잘못해 가지고 이천 평 팔아먹었어요, 이천 평. 이천 평 팔아먹고 에 아들이 지금 그 죽은 아이가 잘못해 가지고 에 이천 평을 그냥 고스란히 날려버렸다고. 어 이천 평 아주 한 결로 이천 평을.

－ 그래 그건 어쩔 수 그 뭐 운이 안 좋아서 그런 걸 어떻게 해. 그것도 남의 돈을 당겨 썼으니까 갚아 주어야지 어떻게 해, 걔가 전부, 전부 조

합 똔 끄댕겨서 그르캐 핸년대 으 가파야지 하내만 너머 갈 꺼 거트머넌
그: 돈 이:자두 모 까퍼 나가: 하내만 너머 가먼 엄청안 도:널 그래서 난
대번 파라서 싹 가파 뻐려따고.

— 게 그라구 인재 나머지 이재 쪼꼼 나만는대 인재: 지빈는 아:가 농
사지꼬...

하라버지 형재는 며치예요?

— 예?

형재가. 형재가 며치요, 하라번님 형재.

— 형재가 메텽제냐고? 형제여. 딱 형 에: 아까 얘기 해짜나 내 동생이
하구 사 삼 에:...

남매는?

— 삼남매지.

삼남매?

— 어: 삼남맨대 내 동생언 그르개 인재 에 그 경찰 생활 하면서 이 서
울 가 있다 거기서 제대하구서[144] 시방 거기 산다고, 서울 산다고.

— 게 장녀내 도라가시따고.

그 그러먼 겨로는 언재 하셔써요?

— 내가 겨로넌 에: 첩 어 거시기: 나 저기 재추요. 재추[145] 나중애는
어: 서룬 ... 아니다 ... 수물:...

— 서룬니: 사래 간나배, 재추애. 서룬니: 사래.

— 그래서 아:덜이 느저요.

예:.

— 어: 그래서 아:더리 다: 느따고 그라자느먼[146] 시방 내 나이얘 지금
시방 아:덜래가 시방 항:감 너머간 사래미 만:타고, 어: 그리고 증:손자가
이따고, 게 나넌 느깨 둬끼 때미내: 느깨 장개가서 느깨 둬끼 때미내 에:
아:더리 느저따고.

합 돈을 끌어 당겨서 그렇게 했는데 어 갚아야지 한 해반 넘어갈 것 같으면 그 돈이 이자도 못 갚아 나가 한 해만 넘어가면 엄청난 돈을 그래서 난 대번 팔아서 싹 갚아 버렸다고.

― 그래 그러고 이제 나머지 이제 조금 남았는데 이제 집에 있는 아이가 농사짓고...

할아버지 형제는 몇이예요?

― 예?

형제가. 형제가 몇이요, 할아버님 형제.

― 형제가 몇 형제냐고? 형제야. 딱 형 에 아가 얘기 했잖아, 내 동생이하고 사 삼 에...

남매는?

― 삼남매지.

삼남매?

― 어 삼남매인데 내 동생은 그렇게 이제 에 그 경찰 생활을 하면서 어 서울에 가 있다가 거기에서 제대하고 지금 거기 산다고, 서울 산다고.

― 그래 작년에 돌아가셨다고.

그 그러면 결혼은 언제 하셨어요.

― 내가 결혼은 에 첫, 어 거시기 나 저기 재취요. 재취 나중에는 어 서른 ... 아니다 ...수물...

― 서른네 살에 갔나봐, 재취에. 서른네 살에.

― 그래서 아들이 늦어요.

예.

― 어 그래서 아들이 다 늦다고 그렇지 않으면 지금 내 나이에 지금 시방 아들이 지금 환갑 넘어간 사람이 많다고, 에 그리고 증손자가 있다고, 그래 나는 늦게 두었기 때문에 늦게 장가가서 늦게 두었기 때문에 아들이 늦었다고.

■ 주석

1) '으:런'은 중앙어 '어른'의 이 지역 방언형이다. 충청도 방언에서 '으:런' 외에 '으:른'
도 쓰인다. '으런'과 '으른'은 각각 '어런'과 '어른'의 어두음절 위치의 장모음 '어'가
'으'로 고모음화한 것이다. 충청도 방언에서 어두음절의 모음이 '어'이고 장모음일 때
는 '거:지→그:지, 점:심→즘:심, 거:머리→그:머리, 설:→슬:, 서:럽다→스:럽다' 등에서
와 같이 '어'가 고모음화 하여 '으'로 실현되는 경향이 있는데 '으런'과 '으른'도 각
각 '어런'과 '어른'이 고모음화한 것이다.

2) '이써썰란지두'는 중앙어 '있었을는지도'에 대응하는 충청도 방언 음성형이다. '이
써썰란지두'는 '있었을난지두'가 '써' 아래에서의 '으→이' 전설모음화와 유음화를
경험한 것이다. '있었을란지두'는 '있+었+을+난지+두'로 분석할 수 있어 보인
다. '난지'는 막연한 의문이 있는 채로 그것을 뒤 절의 사실이나 판단과 관련시키
는 데 쓰이는 중앙어 연결 어미 '는지'에 대응하는 충청도 방언형이고 '두'는 이미
어떤 것이 포함되고 그 위에 더함의 뜻을 나타내는 중앙어 보조사 '도'에 대응하
는 충청도 방언형이다. 충청도 방언에서 '난지두'가 쓰이면 뒤에 부정의 뜻을 가진
말이 온다.

3) '시방'은 말하는 바로 이때를 나타내는 중앙어 '지금'과 같은 뜻으로 쓰인다. 노년
층에서는 '시방'을 쓰지만 장년층 이하에서는 '시방'을 거의 쓰지 않고 '지금'을
쓴다.

4) '깽매기'는 중앙어 '꽹과리'에 대응하는 충청도 방언형이다. 충청도 방언으로 '꽹매
기', '깽매기' 외에 '깽가리', '쇠' 등도 쓰인다. 참고로 두레패나 농악대 따위에서, 꽹
과리를 치면서 전체를 지휘하는 사람은 '상쇠'라고 한다.

5) '풍장노리'는 '풍장놀이'의 음성형이다. '풍장놀이'는 중앙어 '풍물놀이'의 충청도 방
언형이다.

6) '심'은 중앙어 '힘'에 대응하는 음성형이다. 예문에서의 '심'은 흥겨운 신이나 멋을
뜻하는 '신명'과 같은 뜻으로 쓰였다.

7) '돼씅깨'는 중앙어 '되었으니까'에 대응하는 충청도 방언형이다 '돼씅깨'는 '됐웅깨'
의 '써' 아래에서 '으→이' 전설모음화를 경험한 것이다. '웅깨'는 앞말이 뒷말의 원
인이나 근거, 전제 따위가 됨을 나타내는 중앙어 연결 어미 '으니까'에 대응하는 충
청도 방언형이다.

8) '아덜래'는 '아덜내'의 음성형이다. '아덜'은 중앙어 '아들'에 대응하는 충청도 방언형
이고 '내'는 사람을 뜻하는 일부 명사 뒤에 붙어 한 무리라는 뜻을 더하는 접미사다.
'내'는 다음의 예문에서 보듯이 15세기 국어에서 기원하는 것으로 판단된다. 아자바
님내끠 다 安否ᄒᆞᅀᆞᆸ고 ᄯᅩ 耶輸陁羅ᄅᆞᆯ 달애야 恩愛ᄅᆞᆯ 그쳐《석상 6:1》, 네 아ᄃᆞ리 各
各 어마님내 뫼ᅀᆞᆸ고 누의님내 더브러 《월석 2:6》

9) '쇠'는 중앙어 '꽹과리'에 대응하는 충청도 방언형이다. 충청도 방언으로 '쇠' 외에 '꽹매기', '깽매기'와 '깽가리' 등도 쓰인다. 참고로 두레패나 농악대 따위에서, 꽹과리를 치면서 전체를 지휘하는 사람은 '상쇠'라고 한다.

10) '댕기매'는 중앙어 '다니면서'에 대응하는 충청도 방언형이다 '댕기매'는 '댕기-+-매'로 분석할 수 있다. '댕기-'는 중앙어 '다니다'에 대응하는 충청도 방언형 '댕기다'의 어간이고 '-매'는 받침 없는 용언 어간에 붙어 어떤 일에 대한 원인이나 근거를 나타내는 연결 어미다.

11) '소인'은 본래 신분이 낮은 사람이 자기보다 신분이 높은 사람을 상대하여 자기를 낮추어 이르던 일인칭 대명사로 쓰이는 말인데 예문에서는 신분이 낮은 사람을 신분이 높은 사람을 상대하여 이르는 말이다.

12) '해기야'는 중앙어 '하기야'에 대응하는 충청도 방언형이다. 중앙어 '하다'에 대응하는 충청도 방언형으로 '하다'도 쓰이고 '해다'도 쓰인다. '하다'는 '하다, 하구, 하지, 해, 했어'와 같이 활용하고 '해다'는 '해구, 해지, 해닝깨, 해서, 했어' 등과 같이 활용한다.

13) '바다머긍 거'은 중앙어 '받아먹은 것'의 음성형이다. '받아먹다'는 '받다'와 '먹다'의 어간이 합성된 합성어다. 충청도 방언에서 '받아먹다'는 '사발, 대접, 뚝배기, 소쿠리 등의 그릇을 실생활에 사용하다'의 뜻으로 쓰인다.

14) '미꾸녀개'는 중앙어 '밑구멍에'에 대응하는 충청도 방언형 '밑구녁-애'의 음성형이다. '밑구녁'은 '밑+구녁'으로 분석할 수 있다. '밑'은 물건의 아랫부분이나 밑바닥을 뜻하고 '구녁'은 파내거나 뚫린 자리를 뜻하는 충청도 방언형인데 예문에서의 '밑구녁'은 도자기나 그릇 따위의 밑바닥을 뜻하는 말로 쓰였다.

15) '툭빡시루꾸'는 '생김새가 볼품없고 거칠며 세련되지 못하다'의 뜻으로 쓰인다. '툭빡시루꾸'는 '툭박시룹구'의 음성형으로 '툭박+시룹구'로 분석할 수 있다. '툭박'은 중앙어 '투박' 말이나 물건이 거칠고 세련되지 못한 것을 뜻하는 말이고 '-시룹구'는 '그러한 성질이 있음'의 뜻을 더하고 형용사를 만드는 중앙어 접미사 '-스럽다'에 대응하는 '-시룹다'의 방언형이다. 충청도 방언의 '툭박시룹다'는 말이나 행동 뿐만 아니라 사물에 대하여도 쓰인다.

16) '암짝애두'는 중앙어 '아무짝에도'에 대응하는 충청도 방언 음성형이다. '암짝'은 '아무짝'의 축약형으로 항상 '암짝애두'나 '아무짝애두'와 같이 '-애두'가 연결된 형태로 쓰인다.

17) '내뻐려찌'는 중앙어 '내버리다'에 대응하는 충청도 방언형 '내뻐리다'의 활용 음성형이다. '내뻐리다'는 '내+뻐리다'로 분석된다. '내'는 '내다'에서 비롯된 말이고 '뻐리다'는 '버리다'에서 비롯된 말로 보인다. 충청도 방언에서 '버리다'가 단독으로 쓰일 대는 '버리다가, 버리구, 버리지, 버리면, 버리/버려' 등과 같이 활용한다. 그러나 '버리다'가 보조용언으로 쓰이거나 합성으로 쓰일 때는 '가 뻐리다, 먹어 뻐리다', '내비리다, 내뻐리다'에서와 같이 '뻐리다'나 '비리다' 또는 '뻐리다'형으로 나타난다.

18) '개바끄럭'은 중앙어 '개 밥그릇'에 대응하는 충청도 방언형 '개밥그럭'의 음성형이다. 중앙어에서는 '개 밥그릇'이 구(句)로 쓰이지만 충청도 방언에서는 하나의 단어로 굳어져 '개밥그럭' 또는 '개밥그륵'과 같이 합성어로 쓰이는 것으로 판단된다. 중앙어 '그릇'에 대응하는 충청도 방언형으로는 '그럭'과 '그륵'이 주로 쓰이고 '그럿'과 '그릇'도 쓰인다. '그럿'은 '그럭'과 '그릇'의 혼효형으로 보이고 '그릇'은 표준어 차용어라고 할 수 있다.

19) '틀팡'은 중앙어 '토방'에 대응하는 충청도 방언형이다. ≪표준 국어 대사전≫에는 '토방'을 '방에 들어가는 문 앞에 좀 높이 편평하게 다진 흙바닥'이며 '여기에 쪽마루를 놓기도 한다'고 설명하고 있다. 그런데 충청도 방언에서 '토방'은 사랑채나 행랑채의 방 가운데 장판을 하지 않았거나 자리를 갈지 않아 바닥에 흙이 그대로 드러나 있는 방을 가리키는 뜻으로 쓰이는 것이 보통이다. ≪표준 국어 대사전≫의 뜻풀이와 같이 '방에 들어가는 문 앞에 좀 높이 편평하게 다진 흙바닥'이며 '여기에 쪽마루를 놓기도 하는 곳'을 가리키는 충청도 방언형으로는 예에서와 같이 '틀팡'이나 '뜰팡' 또는 '봉당'이나 '뜨럭'이 주로 쓰인다. '뜨럭'은 '뜰'에 접미사 '억'이 붙은 말로 이해된다. 충청도 방언 '뜨럭'은 '집 안의 앞뒤나 좌우로 가까이 딸려 있는 빈터'로 화초나 나무를 가꾸기도 하고 푸성귀 따위를 심기도 하는 곳을 뜻하는 중앙어 '뜰'과는 거리가 있다. 충청도에서는 '집 안의 앞뒤나 좌우로 가까이 딸려 있는 빈터'로 화초나 나무를 가꾸기도 하고 푸성귀 따위를 심기도 하는 곳은 '텃밭'이라고 한다.

20) '유기그럭'은 중앙어 '유기그릇'에 대응하는 충청도 방언형이다. '유기그릇'은 놋쇠로 만든 그릇, 즉 놋그릇을 뜻하는 말이다.

21) '양은그레기'는 '양은그럭이'의 움라우트형인 '양은그렉이'의 음성형이다. '양은그럭'은 '양은그릇'의 충청도 방언형이다.

22) '거서가잉깨'는 충청도 방언형 '거석하잉깨'의 음성형이다. '거석하잉깨'는 '거석+하잉깨'로 분석할 수 있다. '거석'은 하려는 말이 얼른 생각나지 않을 때 쓰는 중앙어 '거시기'에 대응하는 충청도 방언형이고, '하잉깨'는 중앙어 '하니까'에 대응하는 충청도 방언형이다. 충청도 방언에서 선행하는 음절의 말음이 'ㄱ, ㄷ, ㅂ'과 같은 평폐쇄음이고 후행하는 말이 '하다'이면 'ㅎ'이 탈락하고 연음되어 발음하는 경우가 있는데 예문의 '거서가잉깨'도 그런 예 가운데 하나다.

23) '스댕'은 '스테인리스(stainless)'라고 해야 할 것을 잘못 말한 것이다. '스테인리스(stainless)'를 외래어화 하는 과정에서 잘못 받아들인 말이다. '스테인리스(stainless)'는 '스테인리스강(stainless-鋼)'을 일상적으로 이르는 말이다. 충청도 방언에서는 '스댕' 또는 '스뎅'이라고 하면 주로 스테인리스강으로 만든 그릇을 뜻하는 말로 쓰인다.

24) '노다기'는 '노달기'의 잘못이다. '노달기'는 주로 '칠월 노달기'와 같이 '칠월'과 함께 쓰인다. '노달기'는 모 심는 일이나 논매기 하는 일과 같이 힘든 일을 마치고 나서 칠월 백중 무렵에 머슴과 일꾼들이 술과 음식을 장만해 놓고 풍물을 치면서 즐기고 노는 일을 가리킨다. '백중놀이'와 거의 같은 뜻으로 쓰이는 말이다.

25) '노달기'는 주로 '칠월 노달기'와 같이 '칠월'과 함께 쓰인다. '노달기'는 모 심는 일이나 논매기 하는 일과 같이 힘든 일을 마치고 나서 칠월 백중 무렵에 머슴들과 일꾼들이 술을 받아다 놓고 풍물을 치면서 즐기고 노는 일을 가리킨다. '백중놀이'와 거의 같은 뜻으로 쓰이는 말이다. 칠월 백중 무렵에 머슴들과 일꾼들이 술과 음식을 장만해 놓고 풍물을 치면서 즐기고 노는 것을 '칠월 노달기한다'고 한다.

26) '백쭝스구'는 중앙어형 '백중서다'에 대응하는 충청도 방언형 '백중스다'의 활용형 '백중스구'의 음성형이다. '백중'은 음력 칠월 보름을 가리킨다. 이날은 농촌에서 일꾼과 머슴들이 술과 음식을 장만해 놓고 풍물을 치고 노는 풍습이 있었는데 백중날 그렇게 하며 노는 것을 '백중슨다'고 한다. '백중'은 본래 불교 행사의 하나였다. 백중날은 음력 칠월 보름으로 승려들이 재(齋)를 설(設)하여 부처를 공양하는 날로서 큰 명절로 삼았다. 불교가 융성했던 신라나 고려 때에는 이날 일반인까지 참석하여 우란분회를 열었으나 조선 시대 이후로 사찰에서만 행하여졌다. 이렇게 절에서 행하던 행사가 변화되어 농촌의 풍습으로 남게 된 것으로 보인다. 참고로 '우란분회'는 '우란분'이라고도 하는데 불교에서, 아귀도에 떨어진 망령을 위하여 여는 불사(佛事)를 뜻한다. 목련 존자가 아귀도에 떨어진 어머니를 구하기 위해 석가모니의 가르침을 받아 여러 수행승에게 올린 공양에서 비롯한다. 하안거(夏安居)의 끝 날인 음력 칠월 보름을 앞뒤로 한 사흘간 여러 가지 음식을 만들어 조상이나 부처에게 공양한다는 일을 말한다.

27) '어정칠월'은 음력 칠월을 비유적으로 이르는 말이다. 농촌에서 음력 칠월은 힘든 일을 끝낸 시기여서 특별히 할 일이 없어 어정거리다가 지나가 버린다는 데서 유래한 말이다. 흔히 '어정칠월 동동팔월'이라고 한다. '동동팔월'은 음력 팔월은 매우 분주하여 언제 지나갔는지도 모르게 빨리 지나감을 이르는 말이다.

28) '날망'은 산이나 지붕의 등성이를 이루는 줄기의 꼭대기 부분을 가리키는 충청도 방언형이다. 산줄기의 등성이를 이루는 부분을 흔히 '산날망'이라고 한다. 야산이나 구릉, 언덕 따위의 등마루를 가리키는 말로 쓰인다.

29) '풀략걸'은 '풀약얼'의 음성형이다. '풀약'은 풀이 안 나게 하는 약이라는 뜻으로 쓰이는 말이다. '풀약'은 '제초제'를 뜻하는 말로 쓰였다. ≪표준 국어 대사전≫에는 '풀약'에 대하여 '제초제'의 북한어라고 설명하였으나 남한에서도 민간에서 자연스럽게 만들어 쓰는 말이다. 따라서 '풀약'을 북한어라고 제한할 필요는 없어 보인다.

30) '옥춘'은 '옥츤'으로 발음하기도 하는데 충청북도 옥천군의 '옥천'을 가리킨다.

31) '난장'은 한데에 난전을 벌여 놓고 서는 장 을 뜻하는 말로 쓰였다. 난장 씨름은 칠월 백중 무렵에 난장에서 하는 씨름을 가리키는 말이다.

32) '모르잉개'는 중앙어 '몰다'의 활용형 '모니까'에 대응하는 충청도 방언형이다. 충청도 방언에서 '몰다'는 몰다, 몰구, 몰어, 몰으잉깨 등과 같이 활용한다.

33) '중송아지'는 '송아지'와 '소'의 중간 크기 정도 되는 송아지를 일컫는 말이다. '중송아지'를 '중소'라고도 하는데 '중송아지'는 송아지 쪽으로 기운 말이라면 '중소'는

소 쪽으로 기운 말이라고 할 수 있다.

34) '호무시'는 중앙어 '호미씻이'에 대응하는 충청도 방언형이다. 충청도 방언에서 '호무시' 외에 '호무셋이'라고도 한다. '호무시 먹넌다', '호무씨시 먹넌다'와 같이 주로 '먹다'와 함께 쓰인다.

35) '워능'은 '원은'의 음성형이다. '원은'은 '원래는'의 뜻으로 쓰이는 말이다.

36) '동내꼬사'는 중앙어 '동네'를 뜻하는 '동내'와 '고사'의 합성어로 볼 수 있다. 국어에서 우리말과 한자어가 결합하여 합성어가 될 때 선행하는 말이 모음으로 끝나고 뒤에 오는 말의 어두음이 평자음이면 사이시옷이 들어가서 뒤에 오는 말의 첫소리를 된소리로 발음한다. '동내꼬사'는 '동내'와 '고사'가 합성된 합성어 '동냇고사'의 음성형으로 파악되기 때문이다. 동네에서 고사를 지낼 때는 집집마다 쌀을 거두어 백설기와 같은 시루떡 등 음식을 장만하여 차려 놓고 동네 입구나 마을 앞의 정자나무나 바위 등에 치성을 드린다. 액운(厄運)은 없어지고 풍요와 행운이 오도록 동네에서 섬기는 신(神)에게 음식을 차려 놓고 비는 제사의 하나다. 1970년대 초에 새마을운동을 하면서 미신을 타파한다고 하여 요즈음에는 거의 대부분의 마을에서 고사를 지내지 않는다. '동냇고사'에 대응하는 중앙어로 '동고사'가 있다. '동고사'는 '동신제'라고도 하는데 마을 사람들이 마을을 지켜 주는 신인 동신(洞神)에게 공동으로 지내는 제사를 가리킨다. 마을 사람들의 무병과 풍년을 빌며 정월 대보름날에 서낭당, 산신당, 당산(堂山) 따위에서 지낸다.

37) '쪼망크매서'는 '쪼만큼해서'의 음성형이다. 충청도 방언형 '쪼만큼해서'는 '조그만해서' 또는 '어려서'나 '어릴 때' 정도의 뜻으로 쓰이는 말이다. '쪼만큼해서' 외에 '쪼만해서'도 거의 같은 뜻으로 쓰이지만 '쪼만큼해서'라고 하면 여럿을 하나하나 가리키는 의미도 있다.

38) '끄태미다'는 중앙어 '끝에다'에 대응하는 충청도 방언형이다. '끄태미다'는 '끄태미+다'로 분석할 수 있다. '끄태미'는 '끝'에 접미사 '애미'가 붙은 말로 이해된다.

39) '방애'는 중앙어 '방아'에 대응하는 충청도 방언형이다. 충청도 방언으로 '방애' 외에 '방아'도 폭넓게 쓰인다.

40) '뱅여라구'의 '뱅여'는 '방여'의 움라우트형이 굳어진 것으로 보인다. '뱅여'는 역병이나 돌림병에 걸리지 않게 해 달라거나 액운이 들어오지 못하게 해 달라고 일정한 의식을 차려 미리 대비하는 일을 뜻하는 말이다. 과학이 발달하지 않았던 과거에는 일종의 미신으로 이런 일을 많이 했다고 한다.

41) '손님'은 '천연두'를 이르는 말이다. 충청도 지역에서는 '손님' 외에 '마마'라고도 하고 '얼금병'이라고도 한다.

42) '디딜빵애'는 '디딜방아'의 충청도 방언 음성형이다. '방애'는 중앙어 '방아'에 대응하는 충청도 방언형이다. 충청도 방언으로 '방애' 외에 '방아'도 폭넓게 쓰인다.

43) '요왕'은 물을 맡는다는 신으로 늘 물가에 있으면서 샘이나 도랑을 지배한다고 한다. 수도 시설이 되어 있지 않던 시절에는 도랑에서 물을 길어다 마시거나 마을에 우물을 파거나 샘을 정비하여 공동으로 이용하는 것이 보통이었다. 따라서 마을 주

민들의 식수원인 우물이나 샘을 신성시하고 깨끗이 사용해야 했다. 이에 따라 도랑이나 우물 또는 샘을 지킨다는 신인 요왕을 위하여 마을 단위로 제사를 지내기도 하고 개인이 따로 위하기도 하였다고 한다. 마을 사람들이 요왕을 위해 제사 지내는 것을 '요왕지(요왕제)'라고 한다.

44) '샴'은 중앙어 '샘(泉)'에 대응하는 충청도 방언형이다. 충청도에서는 '샘'과 '우물'을 구별하지 않고 '샘'으로 사용하는 것이 보통이다. 땅속에서 물이 저절로 솟아나는 곳을 '샘치' 또는 '샴치'라고 하기도 한다. 충청도 방언에서 장모음으로 실현되는 중앙어 '샘:', '뱀:' 등이 각각 '샴:', '뱜:' 등으로 발음된다.

45) '서낭'은 토지와 마을을 지켜 준다는 서낭신이 붙어 있다는 나무를 가리킨다. '서낭 우안다'는 중앙어 '서낭 위한다'에 대응하는 충청도 방언형 '서낭 우한다'의 음성형이다. 주로 마을 주변이나 마을 주변 산에 오래되고 큰 나무를 '서낭'으로 삼는다.

46) '암 디나'는 중앙어 '아무 데나'에 대응하는 충청도 방언형 '아무 디나'의 축약형이다.

47) '누투'는 중앙어 '누지도'에 대응하는 충청도 방언형 '눟지두'의 축약형 '눟두'의 음성형이다. 중앙어 '누다'가 충청도 방언에서는 '눟다'로 실현되는 경향이 있다. 충청도 방언에서는 용언 어간에 어미 '-지'와 보조사 '두'가 결합되면 '먹두 않구', '듣두 못했다' 등에서와 같이 어미 '-지'가 생략되고 '두'만 남기는 경향이 있다.

48) '벼'는 중앙어 '베다'의 활용형 '베어'에 대응하는 충청도 방언형이다. '벼'의 기본형은 '비다'다. '비다'는 '빈다, 비구, 비지, 비덜(비지를), 벼, 볐다'와 같이 활용하기도 하고 '빈다, 비구, 비지, 비면, 비, 빘다'와 같이 활용하기도 한다. 전자와 같은 활용 양상을 보이는 지역은 충청북도 동쪽으로 경상도와 인접한 지역이고 후자와 같은 활용양상을 보이는 지역은 충청북도 서쪽으로 충남이나 전라도 지역까지 넓게 분포되어 있다.

49) '동투난다구'는 '동투+난다'로 분석할 수 있다. '통투'는 땅이나 돌, 나무 따위를 잘못 건드려 지신(地神)을 화나게 하여 재앙을 입는 일이나 그 재앙을 가리키는 중앙어 '동티'에 대응하는 충청도 방언형이다. '난다'는 '나다'의 활용형이다. 중앙어에서는 '동투나다'는 '동투'와 '나다'가 합성된 합성어로 파악된다. '동투'는 주로 '나다'와 연어 관계를 이루는 것이 보통이지만 예문에서 보듯이 '생기다'와도 어울려 쓰인다.

50) '또래미내'는 중앙어 '때문에'에 대응하는 충청도 방언형이다. 충청도 방언에서 '또래미내' 외에 '또래미', '때미내', '따무내' 등도 쓰인다.

51) '귀알'은 중앙어 '귀할'에 대응하는 이 지역 방언 음성형이다. '귀'는 단모음 '귀[kü]'로 발음된다.

52) '소낭구'는 중앙어 '소나무'에 대응하는 충청도 방언형이다. '소낭구'는 '소+낭구'로 분석할 수 있다. '소'는 '솔'에서 온 말로 지조음이나 경구개음 앞에서 'ㄹ'이 탈락한 형태고, '낭구'는 '나무(木)'의 고형인데 방언에서 잔재형으로 남아 있는 것이다. 국어사 자료에서 '나무'가 소급하는 최초의 형태는 15세기의 '*나모'인데, 단순모음 앞에서는 '*'으로 실현되고 그 이외의 환경에서는 '나모'로 실현되었다. '낭

구'는 모음 앞에서 '낡'으로 실현되어 나타나던 'ㄱ'의 잔재형이다. 아직도 지역에 따라 고령층의 화자들은 '낭구하루 간다, 뽕낭구럴 심었다, 낭개 올러가지 마라,' 등에서와 같이 'ㄱ'을 유지하여 발음하기도 한다. 중앙어에서는 모음 앞에서 '낡'으로 실현되지 않는 예가 19세기부터 나타난다.

16세기에 나타나는 '나무'는 모음 체계의 재정립 과정에서 '나모'의 제2음절 모음 'ㅗ'가 'ㅜ'로 바뀐 것인데, 이러한 변화는 15세기 말부터 나타나기 시작하는 것이다. '나무'가 소급하는 형태들은 19세기에 제2음절이 'ㅜ'로 굳어졌다.

53) '뵝이'는 '뵝+이'로 분석된다. '뵝'은 후행하는 모음 '이'에 의해 봉우리를 뜻하는 '봉(峰)'이 움라우트를 겪은 형태다.

54) '봉고리'는 중앙어 '봉우리'에 대응하는 이 지역 방언형이다. 충청도 방언형으로 '봉고리' 외에 '봉오리', '봉우리'와 '봉' 등이 쓰인다.

55) '줏가'는 '주+ㄴ가'로 분석할 수 있다. '주'는 나무를 세는 단위로 주로 서 있는 나무를 셀 때 쓴다. 충청도 방언에서는 '그루'보다는 '주(株)'를 주로 쓴다.

56) '발가내지다'는 발간색으로 변한다는 뜻으로 쓰이는 충청도 방언형이다. 소나무가 어느 정도 굵으면 껍질이 검은 밤색을 띠고 우툴두툴하게 되는데 나무가 오래되면 이것이 밝고 엷은 붉은 색으로 변하면서 매끈하게 된다고 한다. 이렇게 소나무 껍질의 색이 검은 밤색에서 밝고 엷은 붉은 색으로 변하는 것을 '발가내진다'고 한다.

57) '껍띠기'는 중앙어 '껍질'에 대응하는 충청도 방언형 '껍디기'의 음성형이다. '껍디기'는 '껍데기>껍디기'의 과정을 거친 것으로 보인다. 충청도 방언에서는 중앙어의 '껍데기'와 '껍질'을 구별하여 사용하지 않는 것이 일반적이다. 중앙어에서 '껍데기'는 달걀이나 조개 따위의 겉을 싸고 있는 단단한 물질을 가리키고, '껍질'은 딱딱하지 않은 물체의 겉을 싸고 있는 물질을 가리키지만 충청도 방언의 '껍디기'는 그 두 가지 의미를 다 가지고 있다. 따라서 '나무 껍디기', '조개 껍디기', '사과 껍디기' 등과 같이 쓸 수 있다. 충청도 방언에서 '껍디기' 외에 '껍대기'도 쓰인다. '껍디기'와 마찬가지로 충청도 방언형 '껍줄'이나 '껍질'도 중앙어의 '껍데기'와 '껍질'의 의미를 다 가지고 있다. '껍줄'은 '가죽'의 의미도 있어 '토끼 껍줄을 베꼈다'와 같이 쓰이기도 한다.

58) '우투툴'은 중앙어 '우툴두툴'에 대응하는 이 지역 방언형이다.

59) '우둘뚜둘'은 중앙어 '우툴두툴'에 대응하는 충청도 방언형이다.

60) '안만'은 중앙어 '아무리'에 대응하는 충청도 방언형이다. '안만'이 역행동화한 형태인 '암만'이 더 일반적인 발음이다.

61) '맥:씨낭 개'는 이 지역 방언형 '맥신한 개'의 음성형이다. '맥신한'은 '맥신하다'의 활용형이다. '맥신하다'는 물건의 거죽이나 바닥이 거칠거나 우툴두툴하지 않고 매끈하다는 뜻으로 쓰이는 말이다. '맥신하다'는 '맥신하다[맥시나다], 맥신하구[맥시나구], 맥신하지[맥시나지], 맥신한[맥시난], 맥신해[맥시내]' 등과 같이 활용한다.

62) '기여'는 '기+여'로 분석할 수 있다. '기'는 중앙어 의존명사 '것'에 대응하는 충청도 방언형이다 '여'는 중앙어 '야'에 대응하는 서술형 종결어미다. 충청도 방언에서

'기' 외에 '거'로도 실현된다.

63) '글러루'는 중앙어 '그리로'에 대응하는 충청도 방언형이다. '글러루'는 '그쪽으로' 나 '그곳으로'의 뜻으로 쓰인다. '글러루'는 화자와 청자에게서 그리 멀지 않은 곳을 가리킨다. 이에 비해 화자와 가까운 곳을 나타낼 때는 '일러루'가 쓰이고 화자와 청자에게서 먼 곳을 가리킬 때는 '절러루'가 쓰인다. 충청도 방언에서 '일러루, 글러루, 절러루'와 평행하게 '일루, 글루, 절루'와 '이리, 그리, 저리'도 쓰인다. '글러루'의 이형태로 '글로루'가 쓰이고 '일러루'와 '절러루'의 이형태로 각각 '일로루'와 '절로루'가 쓰인다.

64) '봉도리'는 중앙어 '봉우리'에 대응하는 이 지역 방언형이다. 충청도 방언에서 봉긋하게 높이 솟은 부분을 뜻하는 말로 '봉도리' 외에 '봉두리'와 '봉오리', '봉우리'도 쓰인다.

65) '옹가이'는 중앙어 '엔간히'에 대응하는 충청도 방언 음성형이다. '옹가이'는 형태상으로 보면 '온간히'에서 비롯된 것으로 보이나 '온간하다'나 '온간하면' 등을 관찰하기 어렵다는 점에서 굳어진 말로 볼 수 있지 않을까 한다. 예문의 '옹가이'는 '대중으로 보아 크기나 양 다위가 마음속으로 정한 기준에 가깝게' 정도의 뜻으로 쓰이는 말이다. 충청도 방언에서는 '옹가이'보다 '엉가이'가 주로 쓰인다. '엉가이'는 '언간하먼'이나 '엉간하먼' 등이 관찰된다는 점에서 볼 때 '언간히'의 음성형이라고 할 수 있다.

66) '벌'은 '중요하지 않은 일'이나 '중요하지 않은 물건' 정도의 뜻으로 쓰이는 충청도 방언형이다. 예문의 '벌루 보다'는 '중요하게 여기거나 심각하게 여기지 않다'의 뜻으로 쓰였다.

67) '쪼실러서'는 충청도 방언형 '쪼실르다'의 활용형이다. '쪼실르다' 도끼 따위로 길거나 거칠거나 굵은 것을 작게 토막을 내거나 하여 간추리다 정도의 뜻으로 쓰이는 말이다.

68) '자버'는 중앙어 '싶다'에 대응하는 이 지역 방언형 '잡다'의 활용형이다. '잡다'는 '잡다, 잡구, 잡지, 잡어서' 등과 같이 활용한다.

69) '천생'은 '선생'이라고 해야 할 것을 잘못 말한 것이다.

70) '거서간'은 '거석+한'으로 분석할 수 있다. '거석'은 '거시기'에서 줄어든 말로 볼 수 있다. '거석한'이 [거서간]으로 실현되는 것은 충북의 청원군과 옥천군 등 충남과 인접한 일부 지역에서 음절말의 평폐쇄음 ㄱ, ㄷ, ㅂ 과 음절 초의 ㅎ이 연결될 때 유기음화가 일어나지 않고 평음으로 실현되는 것과 궤를 같이 하는 것이다. 예를 들면 '못하구[모다구], 못하지[모다지], 못해[모대]/[모디야]'나 '떡하구 바바구[떠가구 바바구]' '밥하구 국하구[바바구 구가구]' 등과 같다.

71) '치부책'은 본래 돈이나 물건이 들고 나고 하는 것을 기록하는 책을 뜻하는 말이다. 그런데 예문에서는 '공책' 또는 '수첩'의 의미로 쓰였다.

72) '디다보구'는 중앙어 '들여다보다'에 대응하는 충청도 방언형 '디다보다'의 활용형이다. '디다보다'는 '디다보구, 디다보지, 디다보닝깨, 디다봐'와 같이 활용한다. 충

청도 방언형으로 '디다보다' 외에 '딜다보다'도 쓰인다. '디다보다'는 '들이다보다→
딜이다보다→딜다보다→디다보다'의 과정을 거친 것으로 보인다.

73) '인지두'는 '인지+두'로 분석할 수 있다. '인지'는 중앙어 '인제'에 대응하는 충청도
방언형이라고 할 수 있다. 충청도 방언에서 '인지'보다는 '인재'가 더 일반적으로 쓰
인다. '인재'는 말하는 바로 이때를 뜻한다. 충청도 방언 '인지'나 '인재'는 '지금'과
바꿔쓸 수 있다.

74) '-(으)ㄹ라고'는 중앙어 '-(으)려고'에 대응하는 충청도 방언형이다. '-(으)ㄹ라고'는
받침 없는 동사 어간이나 'ㄹ' 받침인 동사 어간 또는 어미 '-으시-' 뒤에 붙어 어떤
행동을 할 의도가 있음을 나타내는 연결 어미로 ' '먹을라고, 갈라고, 주무실라고'
등과 같이 쓰인다.

75) '엉가이'는 중앙어 '엔간히'에 대응하는 충청도 방언형 '언간히'의 음성형이다. '언
간히'는 '언간하다'에서 파생된 부사다. 그런데 충청도 방언에서 'ㅎ'은 유성음 사이
에서 매우 약하게 나타나거나 탈락하는 경향이 있다. 예의 '언간히'도 마찬가지여서
'언간이'로 발음된다. 이런 현상은 충청도 방언에서 단어나 어절이 모음 '이'로 끝
나는 경우 그 모음 '이'에 자음 'ㄴ'이나 'ㅇ'이 선행하면 그 'ㄴ'이나 'ㅇ'이 탈락하
는 것과 궤를 같이한다. 예의 '엉가이'도 그런 예 가운데 하나다. 예문의 '엉가이'는
'언간히→언간이→엉가이'의 과정을 거친 것이다. 이런 현상은 다음에서 보듯이 형
태소 내부에서도 관찰되고 형태소 경계에서도 관찰된다. '어머니→어머이, 늙은이→
늘그이, 종이→조이, 호랑이→호래이, 호맹이→호매이(호미)' 등은 형태소 내부에서
관찰되는 예들이고, '많-이→마이, 눈-이→누이, 영선-이→영서이(인명), 종명-이→종
며이(인명)' 등은 형태소 경계에서 관찰되는 예들이다.

76) '알키넝 건'은 '알키넌 건'의 음성형이다. '알키넌'은 중앙어 '가르치다'에 대응하는
충청도 방언형 '알키다'의 활용형이다. '알키다'는 '알키다, 알키구, 알키지, 알키먼,
알키넌, 알켜'와 같이 활용한다. 충청도 방언에서 '알키다'는 주로 보조 동사 '주다'
와 함께 '알켜 주다'나 '알키 주다'의 구성으로 쓰이는 것이 보통이다.

77) '웂써'는 중앙어 '없다'에 대응하는 이 지역 방언형 '웂다'의 활용형 '웂어'의 음성
형이다. '웂다'는 '웂다([웂:따]), 웂구([웂:꾸]~[우:꾸]), 웂지([웂:찌]), 웂어([웂:써]),
웂는([움:는])' 등과 같이 활용한다. 충청도 방언에서는 '웂다' 외에 '읎다'와 '없다'
도 나타난다. 요즈음에는 '없다'도 쓰이는데 이는 표준어의 영향으로 보인다. 학교
에서 공교육을 받은 장년층 이하의 젊은 사람들은 '없다'를 주로 쓰고 '읎다'나 '웂
다'는 거의 쓰지 않는다.

78) '그르카니깨'는 중앙어 '그렇게 하니까'에 대응하는 충청도 방언형 '그륵하니깨'의
음성형이다. '그륵하니깨'는 '그륵하다'의 활용형이다. '그륵하다'의 어근 '그륵-'은
'그릏개'의 축약형으로 보인다. '그륵하다'는 '그륵하구, 그륵하지, 그륵하니깨, 그륵
해서' 등과 같이 활용한다.

79) '갑짜을추'는 '갑자을축'을 잘못 발음한 것으로 보인다.

80) '댜'는 중앙어의 어말 모음 '애'가 충청도 방언에서 이중모음 '야'로 실현된 결과다.

즉 '댜'는 중앙어 '돼'의 말모음 '애'가 '야'로 실현된 것이다. 충북의 청원군과 옥천군 등 충남과 인접한 일부 지역에서는 중앙어의 종결형 '해, 패, 개, ,배, 래, 깨' 등이 '히야/햐, 피야/퍄, 기야/갸, 비야/뱌, 리야/랴, 끼야/꺄' 등으로 실현되는 것과 궤를 같이한다.

81) '으트개'는 중앙어 '어떻게'에 대응하는 충청도 방언 음성형이다. 충청도 방언에서 중앙어 '어떻게'에 대응하는 방언형으로 '으트개' 외에 '으트캐, 우트개, 우티개, 어티기, 어티개, 오티개, 워트개, 워티개, 워티캐' 등의 분화형이 쓰인다.

82) '조견평'은 중앙어 '조견표'에 대응하는 이 지역 방언형으로 개인어에 가까워 보인다. '조견평'은 한눈에 알아보기 쉽도록 만든 비교표를 뜻한다.

83) '맨드러서'는 중앙어 '만들다'의 활용형 '만들어서'에 대응하는 충청도 방언형 '맨들어서'의 음성형이다. '맨들어서'의 기본형 '맨들다'는 중앙어 '만들다'에 대응한다. 현대 충청도 방언형으로는 표준어형 '만들다' 외에 '맨들다', '맹글다', '맹길다' 등이 관찰된다. 이 방언형들은 크게 보아 '만들다'형과 '맹글다'형으로 나눌 수 있다. '만들다'에 대응하는 충청도 방언형 '맹글다'나 '맹길다'가 '맨들다'와 '만들다'보다 고어형으로 보인다. '맹글다'나 '맹길다'는 15세기 국어 '밍글다'의 후대형으로 볼 수 있고 '맨들다'는 16세기 이후에 나타난 '믄들다'의 후대형으로 볼 수 있기 때문이다. 충청도 방언의 노년층 화자들은 '맹글다'와 '맨들다'를 가장 널리 쓰고 '맹길다'도 자주 쓰는 편이다. 그러나 젊은층으로 갈수록 '맨들다'와 '만들다'를 쓴다. '만들다'는 표준어의 영향으로 특히 청소년과 장년층에서 많이 쓰이는 어형이고 '맨들다'는 표준어 '만들다'의 후광으로 중년층 이상에서 주로 쓰이는 어형으로 보인다. '맨들다'에 대응하는 15세기 어형은 '밍글다'였다. 이것이 16세기 문헌에는 '밍글다'도 나타나고, '믄들다'와 '믄들다'로도 나타난다. <소학언해>에 나타나는 '믄들다'는(<1586소학언,4,30b>) '밍글다'와 '믄들다'의 완전한 혼효형(混淆形)인데 17세기 문헌인 <마경언해>에 자주 보인다. 또한 17세기 문헌에는 '믄글다'도 보인다. 15세기 어형 '밍글다'와 현대국어 '만들다'의 선대형으로 보이는 '믄들다'의 형태상 중요한 차이는 어중자음 'ㄱ'(연구개음)과 'ㄷ'(치조음)이다. 이들 자음 앞에 각각 선행하는 비음(鼻音)은 'ㅇ'(연구개음)과 'ㄴ'(치조음)인데 후행 자음과 각각 조음위치가 같다는 점이 주목된다. 어중자음 'ㄷ'형은 16세기의 서울에서 또는 이보다 조금 앞서 서울과 그리 멀지 않은 곳에서 발생하여 16세기에 서울말에 들어 왔고 근대에 와서 마침내 어중자음 'ㄱ'형을 물리쳤으며, 나아가 주변 방언으로 널리 퍼진 것이라는 견해(이기문)가 있다.(한민족 언어정보화 국어 어휘의 역사 참조.)

84) '으들라구'는 중앙어 '얻으려고'에 대응하는 '은을라구'의 음성형이다. '은다'는 중앙어 '얻다'에 대응하는 충청도 방언형이다. 충청도 방언에서는 어두음절 모음이 '어'이고 장모음인 경우 고모음화 하여 '으'로 실현되는 현상이 있는데 '은다'도 '얻다'의 어두음절 모음이 고모음화한 것이다. 이런 예로는 '거:머리→그:머리, 거:지→그:지, 어:런→으:런, 설:→슬:' 등이 있다.

85) '신정하서'는 '신청해서'를 잘못 발음한 것이다.

86) '백파이내'는 '백판이내'의 음성형이다. '백판(白板)'은 아무것도 모르는 상태를 나타내는 말이다.

87) '발빠당'은 '발빠닥'의 충청도 방언형이다.

88) '쇠'는 묏자리나 집자리를 보는 데 쓰는 '나침반'을 특별히 이르는 말이다. 충청도 방언에서 '쇠'라고도 하고 '패찰'이라고도 한다. 지관이 몸에 지니고 다니는 지남철이라는 뜻의 표준어 '패철'에 대응하는 말이다.

89) '망청'은 양이나 정도가 아주 지나침을 뜻하는 중앙어 '엄청'에 대응하는 이 지역 방언형이다. 충청도 방언형 '망청' 외에 '엄청나게'의 뜻으로 '멍청이'와 '멍칭이', '엄칭이'도 쓰인다.

90) '망아써'는 중앙어 '망쳤어'에 대응하는 이 지역 방언형이다. '망아다'는 제보자 개인어로 보인다. '망았어'는 '망하다'에서 유래한 것으로 집안이나 나라 따위를 망하게 하다의 뜻으로 쓰이며 '망아, 망아서, 망았다'와 같이 활용하는 것으로 관찰된다. '망았어'와 '망아 넜어'의 관계에 대하여는 좀더 면밀한 검토가 요망된다.

91) '가내'의 '-내'는 해할 자리나 혼잣말에 쓰여 지금 깨달은 일을 서술하는 데 쓰이는 종결 어미로 흔히 감탄의 뜻이 있다. 중앙어 '네'에 대응하는 방언형이다.

92) '좌(坐)'는 묏자리나 집터 따위의 등진 방위를 뜻하는 말이다. 이십사방위로 나타낸다. '향(向)'이라고도 한다.

93) '서니'는 '손이'라고 해야 할 것을 잘못 발음한 것이다.

94) '멍청이'는 양이나 정도가 아주 지나침을 뜻하는 중앙어 '엄청'에 대응하는 이 지역 방언형이다. 충청도 방언형 '멍청이' 외에 '엄청나게'의 뜻으로 '멍칭이'와 '엄칭이', '망청'도 쓰인다.

95) '망아 놔써'는 '망아 넜어'의 음성형이다. '망아'는 중앙어 '망해'에 대응하는 이 지역 방언형으로 보인다. '망쳤어'의 뜻으로 '망았다'가 쓰이는 점을 고려하면 기본형이 '망오다'일 것으로 보인다.

96) '방빠리애다'는 '발빠당애다'를 잘못 발음한 것으로 보인다. '발빠당애다'는 중앙어 '발바닥에다'에 대응하는 충청도 방언형이다.

97) '무룸파걸'은 '무룸팍얼'의 음성형이다. '무룸팍얼'은 '무룸팍+얼'로 분석할 수 있다. '무룸팍'은 중앙어 '무릎'에 대응하는 충청도 방언형이다. 충청도 방언형으로 '무룸팍' 외에 '무루팍'과 '무릅'도 폭넓게 쓰인다.

98) '디끼드라고'는 '듣기드라고'의 움라우트형이다. '디끼다'는 '듣기다'의 움라우트형이 어휘화한 것이다. '듣기다'는 '듣다'의 어간에 피동파생 접미사 '-기-'가 결합된 말로 중앙어 '들리다'에 대응한다.

99) '돌라구'는 중앙어 '달라다'에 대응하는 충청도 방언형 '돌라다'의 활용형이다. '돌라다'는 '돌라다, 돌라구, 돌라지, 돌라잉깨, 돌래서'와 같이 활용한다. '돌라구'는 충북의 남부 지역인 옥천과 영동, 보은 등지에서 주로 쓰인다. 충북의 나머지 지역에서는 '달라다'가 주로 쓰인다.

100) '펭수'는 '풍수'를 잘못 말한 것으로 보인다.

101) '교육 꽈가리'는 '교육 과가리'의 음성형이다. '과가리'는 담당자를 뜻하는 말로 이해된다.

102) '그르카넝 거'는 중앙어 '그렇게 하는 것'에 대응하는 충청도 방언형 '그륵하넌 거'의 음성형이다. '그륵하넌'은 '그륵하다'의 활용형이다. '그륵하다'는 '그륵하구, 그륵하지, 그륵하넌, 그륵해서'와 같이 활용한다. '그륵하다'는 '그릏게 하다'가 축약된 형태가 어휘화한 것으로 이해된다.

103) '아서'는 그렇게 하지 말라고 금지할 때 하는 말로 해할 자리에 쓴다. 주로 '아서', '아스라구'의 형태로 쓰인다.

104) '드리세워'는 중앙어 '들여세우다'에 대응하는 충청도 방언형 '들이세우다'의 활용형 '들이세워'의 음성형이다. 중앙어에서는 '들여세우다'가 '후보자를 골라 계통을 잇게 하다.'의 뜻으로 쓰이는 것으로 설명되어 있는데 예문에서는 '후보자를 골라 어떤 일을 하도록 자리를 주어 임무를 맡기다.'의 뜻으로 쓰였다. 계통을 잇게 한다는 뜻보다 어떤 일을 할 수 있는 자리에 앉힌다는 뜻이 더 적절하다. 충청도 방언에서 '들이세우다' 외에 '들여세우다'나 '딜여세우다', '데려세우다', '딜이시우다' 등도 쓰인다.

105) '어정시룬'은 '어정시룹다'의 활용형으로 '어정+시룬'으로 분석할 수 있다. '어정시룹다'는 '어정시룹다[어정시룹따], 어정시룹구[어정시루꾸], 어정시룹지[어정시룹찌], 어정시루워' 등과 같이 활용한다. 어근 '어정'은 능력이나 실력이 모자라 자기가 맡은 일을 제대로 처리하지 못하고 대강 처리하는 것을 뜻하는 말이고 '-시룹다'는 일부 명사 뒤에 붙어 '그러한 성질이 있음'의 뜻을 더하고 형용사를 만드는 중앙어 접미사 '-스럽다'에 대응하는 충청도 방언형이다. 따라서 '어정시룹다'는 '능력이나 실력이 모자라 자기가 맡은 일을 제대로 처리하지 못하고 대강 처리하는 성질이 있다'의 뜻으로 쓰인다.

106) '내비둬'는 중앙어 '내버려 둬'에 대응하는 충청도 방언형 '내비려 둬'가 줄어든 말로 이해된다. '내비려'는 '내비리다'의 활용형이다. '내비리다'는 '내비리구, 내비리지, 내비리닝깨, 내비려' 등으로 활용하지만 예문에서와 같이 '두다'와 함께 쓰이면 '내비두구, 내비두지, 내비두닝깨, 내비둬/내비도'와 같이 활용한다.

107) '응'은 주로 부정하는 말과 함께 쓰여 전혀 또는 도무지의 뜻으로 쓰이는 중앙어 '영'에 대응하는 충청도 방언형이다. 충청도 방언에서 '응' 외에 '영'도 쓰이는데 모두 장모음으로 실현된다. 충청도 방언에서는 어두음절 위치에서 이중모음 '여'가 장모음으로 실현되면 고모음화 하는 경향이 있는데 예문의 '응:'도 장모음 '영:'이 고모음화 하여 [yɨ:ŋ]으로 발음된 것을 표기한 것이다. 충청도 방언에서 이중모음 '여:'가 고모음화 하는 예로는 '연:애→은:애, 영:감→응:감, 연:적(硯滴)→은:적, 여치→으:치, 염:려(念慮)→음:려, 염:(殮)→음:, 영:원히→응:원이' 등을 들 수 있다. 어두음절의 모음 '여'가 장모음일 때 고모음화 하여 '으:'로 실현된 것이라고 할 수 있다.

108) '뫼'는 단모음으로 실현된다. '뫼'는 사람의 무덤을 뜻하는 말인데 충청도 방언에
    서 '뫼' 외에 '모이, 묘, 산도, 무덤, 모이똥, 미똥' 등의 방언형이 사용된다.
109) '-끄덩'은 해할 자리에 쓰여, 청자가 모르고 있을 내용을 가르쳐 줄 때 쓰이는 중
    앙어 종결 어미 '-거든'에 대응하는 충청도 방언형 '-그덩'이 선행음절의 말음에
    의해 경음화한 것이다. 충청도 방언에서 '-그덩' 외에 '-거덩'과 '-거던'도 쓰이고 '-
    글랑'과 '-걸랑'도 쓰인다. '-거덩'과 '-거던'은 '-그덩'이 중앙어의 영향을 받은 혼
    효형으로 보인다.
110) '데려세우구'는 중앙어 '들여세우다'에 대응하는 충청도 방언형 '데려세우다'의 활
    용형이다. '데려세우다'는 '데리다'와 '세우다'의 합성어로 분석된다. '데려세우다'
    는 후보자를 데려와 어떤 일을 할 수 있는 자리에 앉히다의 뜻으로 쓰였다. 충청
    도 방언형으로 '데려세우다' 외에 '들이세우다' 계열의 '들이세우다, 들여세우다,
    딜이세우다, 딜이시우다' 등이 쓰이는데 '후보자를 골라 어떤 일을 하도록 자리를
    주어 임무를 맡기다.'의 뜻으로쓰인다는 점에서 '데려세우다'와는 어감상 차이가
    있다.
111) '하걸랑언'은 '하+걸랑언'으로 분석할 수 있고 '-걸랑언'은 다시 '-걸랑+-언'으로
    분석할 수 있다. '-걸랑'은 '어떤 일이 사실로 실현되면'의 뜻을 나타내는 중앙어
    연결 어미 '-거든'에 대응하는 충청도 방언형이고 '-언'은 강조의 뜻을 나타내는
    중앙어 보조사 '-은'에 대응하는 충청도 방언형이다.
112) '쇠경두'는 '쇠견두'로 발음해야 할 것을 잘못 발음한 것으로 보인다.
113) '게재'는 '게 인재'의 축약형으로 중앙어의 '그래 인제' 정도에 대응하는 충청도 방
    언형이다.
114) '또래미'는 중앙어 '때문에'에 대응하는 이 지역 방언형이다. 충청도 방언에서 중
    앙어 '때문에'에 대응하는 방언형으로 '또래미' 외에 '또래미내'와 '또래' 그리고
    '때매', '때미내', '따무내' 등도 쓰인다.
115) '또래미내'는 중앙어 '때문에'에 대응하는 이 지역 방언형이다. 충청도 방언에서
    중앙어 '때문에'에 대응하는 방언형으로 '또래미내' 외에 '또래미'와 '또래' 그리고
    '때매', '때미내', '따무내' 등도 쓰인다.
116) '내 해'는 중앙어 '나의 것' 정도에 대응하는 충청도 방언형이다. '내'는 일인칭 대명
    사 '나'에 관형격조사가 결합된 관형사형이고 '해'는 사람을 나타내는 명사나 대명사
    뒤에 쓰여 그 사람의 소유물임을 나타내는 말이다. 충청도 방언에서 '해'는 '누 해(누
    구의 것), 니 해(네 것)'에서와 같이 인칭대명사와 함께 쓰이는 특징이 있다.
117) '-떠루'는 중앙어 '-더러'에 대응하는 충청도 방언형이다. 충청도 방언에서 '-떠루'
    외에 '-더러', '-떠러', '-한태', '-한티' 등이 같은 뜻으로 쓰인다.
118) '하드란대두'는 중앙어 '하라고하더라도' 정도에 대응하는 이 지역 방언형이다. '하
    드란대두'는 '하-+-드란대두'로 분서할 수 있어 보인다. '-드란대두'는 가정이나 양
    보의 뜻을 나타내는 중앙어 연결 어미 '-더라도'에 대응하는 것으로 파악된다.
119) '자'는 아들(子)을 가리키는 말이다.

120) '안 느씰리가'는 '썼을리가'를 잘못 말한 것으로 보인다. '안 느씰리가'는 '(묘를) 썼을리가'의 뜻으로 한 말이다.

121) '암두'는 '아무두'의 축약형이다.

122) '움띠야'는 중앙어 '없대'에 대응하는 충청도 방언 음성형이다. '움띠야'는 '옰디야'의 음성형이다. '옰띠야'의 기본형은 중앙어 '없다'에 대응하는 '옰다'다. '옰다'는 '옰다[움따], 옰꾸[웅꾸], 옰지[움찌], 옰디야[움띠야], 옰어[움써]'와 같이 활용하는 충청도 방언형이다. 중앙어 '없다'에 대응하는 충청도 방언형으로 '옰다' 외에 '웂다'와 '없다', '없다'도 쓰인다. '없다'는 중앙어의 영향을 받은 어형으로 이해된다.

123) 예문에서 '거시기'는 하려는 말이 얼른 생각나지 않거나 바로 말하기가 거북할 때 쓰는 군소리로 쓰였다. 이 '거시기'와 함께 쓰이는 충청도 방언형으로 '거시끼'와 '거시키'가 있다. '거시기'와 비슷한 충청도 방언으로 '머시기'가 있다. '머시기'는 '머시끼', '머시키'와 함께 사람이나 사물의 이름이 얼른 생각나지 않을 때나 하려는 말이 얼른 생각나지 않거나 바로 말하기가 거북할 때 쓰는 말이다.

124) '좌'의 본래 의미는 묏자리나 집터 따위의 등진 방위를 뜻하는 말로 이십사방위로 나타낸다. 예문에서 '좌 놓다'는 묏자리나 집터 따위의 방위를 잡는다는 뜻으로 쓰였다. 묏자리나 집터를 잡은 다음 방위를 정확하게 확정한다는 뜻으로 '좌를 놓다'가 쓰인다.

125) '그러커니'는 '그렇+-거니'로 분석할 수 있어 보인다. '그렇-'는 '그렇다'의 어간이고 '-거니'는 '거니'는 중앙어 '-는데' 또는 '-지만'과 비슷한 뜻으로 쓰이는 이 지역 방언형이다. 앞 절에서 설명한 내용이 뒤 절에서 설명하는 대상이나 내용과 상반되는 상황을 설명할 때에 쓰는 연결 어미다.

126) '도라'는 중앙어 '줘라'에 정도에 대응하는 이 지역 방언형이다. '도' 또는 '도라'와 같이 제한된 형태로만 쓰이는 것으로 보인다.

127) '압쩌내'는 '앞전애'의 음성형이다. '앞전'은 '역전앞, 초가집' 등과 마찬가지로 우리말과 한자어가 의미 중복을 일으킨 예다.

128) '알래'는 '안내'의 음성형이다. '[안내]'로 발음하는 것이 옳은 발음이다. 제보자 개인의 발음유형으로 보인다. 예문의 '안내'는 충북 옥천군 안내면을 뜻한다.

129) '알람'은 '안남'의 음성형이다. '알람'은 '[안남]'으로 발음하는 것이 옳은 발음이다. 제보자 개인의 발음유형으로 보인다. 예문의 '알람'은 충북 옥천군 안남면을 뜻한다.

130) '가성애'는 '가성+애'로 분석할 수 있다. '가성'은 가장자리를 뜻하는 중앙어 '가(邊)'에 대응하는 충청도 방언형이고 '애'는 중앙어 '에'에 대응하는 처격 조사다. 충청도 방언에서 가장자리의 뜻으로 '가성' 외에 '가상'과 '가상이', '가생이'가 쓰이고 표준어형 '가'도 쓰인다.

131) '맹이내'는 '맹인+애'로 분석할 수 있다. '맹인'은 '죽은 사람'을 뜻하는 중앙어 '망인(亡人)'이 움라우트된 충청도 방언형이고 '애'는 중앙어 '에'에 대응하는 처격 조사다. '맹인' 외에 '망인', '망자(亡者)'도 쓰인다.

132) '장뚜'는 '장대([장때])'를 잘못 발음한 것으로 보인다.

133) '안파시'는 '안팟+이'로 분석할 수 있다. '안팟'은 부부를 뜻하는 중앙어 '안팎이'에 대응하는 충청도 방언형이고 '이'는 주격 조사다. 충청도 방언에서 '안팟'을 '안 안팟'이라고도 한다.

134) '동기가문'은 '同氣家門'의 뜻으로 쓰인 것으로 보이나 확실하지 않다.

135) '혀 가주고'는 '해 가지고'에 대응하는 이 지역 방언형이다. '땅으로 해서' 정도의 뜻으로 쓰인 말이다.

136) '해할라만'은 '해하+-ㄹ라만'으로 분석할 수 있다. '해하다'는 이롭지 아니하게 하거나 손상을 입히다의 뜻으로 쓰인다. '-ㄹ라만'은 '어떤 의사를 실현시키려고 한다면'의 뜻을 나타내는 중앙어 연결 어미 '-려면'에 대응하는 충청도 방언형이다. 충청도 방언형으로 '-ㄹ라만' 외에 '-ㄹ라먼'도 쓰인다.

137) '이하구여'는 '이하+-구+-여'로 분석할 수 있다. '이하-'는 '-에게 이익이나 이득이 되다'의 뜻으로 쓰이는 중앙어 '이하다'의 어간에 대응하는 충청도 방언형이고 '-구'는 두 가지 이상의 사실을 대등하게 벌여 놓는 뜻을 가진 연결 어미다. '-여'는 체언 뒤에 붙어 주어가 지시하는 대상의 속성이나 부류를 지정하는 뜻을 나타내는 중앙어 서술격 조사 '-이다'으 활용형이다. '-이다'는 '-이다, -이구, -이지, -이먼, -이여/여, -였어' 등과 같이 활용한다.

138) '잘 로머넌'은 중앙어 '잘 놓으면은'에 대응하는 충청도 방언형 '잘 놓먼언'의 음성형이다. 예문에서의 '잘 놓다'는 좋은 묏자리나 집터를 골라 방위를 잘 잡는다는 뜻으로 쓰였다. 본래 '놓다'는 나침반을 놓는다는 말에서 유래된 것이다.

139) '디리다넌 보지'는 합성어 '디리다보다'와 관련이 있다. 충청도 방언형 '디리다보다'는 중앙어 '들여다보다'에 대응하는 방언 음성형이다. '디리다보다'는 '디리다+보다'로 분석할 수 있다. '디리다'는 중앙어 '들이다'의 어간 '들이-'에 동사 어간에 붙어 한 동작을 다음 동작과 순차적으로 이어 주는 연결 어미 '-어다(가)'가 결합된 것이고 '디리다넌'은 여기에 다시 중앙어 '-는'에 대응하는 보조사 '-넌'이 결합된 것이다. '디리다'는 '들이다'의 움라우트형인 '딜이다'의 음성형이다. 충청도 방언에서는 합성어 '디다보다'의 꼴로 쓰이는 것이 일반적이다. '디다보다'는 중앙어 '들여다보다'에 대응하는 충청도 방언형으로 '디다보구, 디다보지, 디다보먼, 디다보닝깨, 디다봐'와 같이 활용한다.

140) '구지'는 표준어 '계좌(計座)'에 대응하는 일본어식 발음이다.

141) 예문의 '포개고'는 '합치다'의 활용형 '합치고'에 대응하는 말로 쓰였다.

142) '결'은 논이나 밭의 넓이를 세는 단위를 말한다. 예전에는 세금을 계산할 때 '결'을 단위로 하였다. 한 결은 한 동의 열 배인데 한 결이나 한 동의 넓이는 시대에 따라 달랐다고 한다.

143) '땡겨써씽개'는 본래 돈이나 물건 따위를 원래 쓰기로 한 때보다 미리 쓰다의 뜻으로 쓰이는 중앙어 '당겨쓰다'에 대응하는 충청도 방언형 '땡겨쓰다'의 활용형이다. 그런데 예문에서는 '땡겨쓰다'가 '미리 쓰다'의 뜻보다는 '빌려 쓰다' 즉 '빚을 내서 쓰다'의 뜻으로 쓰였다.

144) '제대하구서'는 '정년퇴직하고서'의 뜻으로 쓰였다.

145) '재추'는 '재취(再娶)'의 충청도 방언형이다.

146) '그라지느먼'은 '[그라자느먼]'이라고 해야 할 것을 잘못 발음한 것으로 보인다. '그라자느먼'은 '그라잖으먼'의 음성형이다. 중앙어 '그렇지 않으면'에 대응하는 충청도 방언형이다.

06 의생활

6.1 옷감 짜기

　근대 인재 그: 결혼 하능 거:, 또: 베 짜능 거: 이렁 건 하라버지들 잘 모
르자나유, 그 쩌기 바느질 하능 거.

　= 옌:나랜 머 그르치 머. 바느... 옌:나래 우리 클 때넌 여기 그거 쌔:시1),
쌔시 그거 명:, 쌔시 이르캐 하문 씨가 발러지자나요, 쐐:시 아느, 아수면.
그거: 클 때부틈 그거 해찌 머.

　= 그라고 미영 자꾸. 활루 인재 쌔:시 아사 가주구 인재 마당애다 펴
노쿠 마: 휠치라기루 깔려요. 회치래기로2) 막: 깔리먼 부:여캐 멩:이 펴.

　= 그라문 인재 다마다가 활루 타: 이르캐. 활루 저 대나무를 이르:캐 해
가주구 해서, 딱채나무3) 삐껴 가주구 이르캐 거시기 해 가주구 활루 타:.

　= 그르캐 해 가주구 인재 이 말때루4) 쑤수때기5) 말때 그거 쑤수때기
그누무루 말때를 이르캐 인재 명: 탕 걸 마러, 마러서 인재 물래애다 명:
명: 자찌 머 실: 빼지.

　고 마르능 건 머라 그래요?

　= 마르능 거 이거 머 말때, 말때루 마라 너:.

　예, 고거 요로:캐 빼: 노차나요?

　= 예, 꼬추,6) 꼬추라구 하지, 꼬추 응 꼬추 빼: 놔따구.

　= 다:마서 이르캐 해서 마라서, 그르캐 해 노쿤 머, 인재 명: 자:꾸,7)
명: 잗짜나.

　= 명: 자사서 인재 그누무루 베: 인재 마:니 자스먼 인재 자새애 개
주:캐 가주구 거:러 가주구 인재 실: 개:서, 이르캐 인 만: 재 말목8) 빠꾸
인재 이르캐 와따 가따 나:, 나라9) 너치요.

　= 그르캐 가주구 인재 바디애다 뀌어: 가주구 푹:푹 쌀마감, 그걸 쌀마
요 인저 명얼, 그거 하 가주구10) 쌀마 가주구 인재 또 매:자나11) 풀:로.

그런데 이제 그 결혼하는 것, 또 베 짜는 것 이런 것은 할아버지들이 잘 모르잖아요, 그 저기 바느질 하는 것.

= 옛날에는 뭐 그렇지 뭐. 바느… 옛날에 우리 클 때는 여기 그거 씨아, 씨아 그거 명, 씨아 이렇게 하면 씨가 발라지잖아요, 씨아 앗, 앗으면. 그거 클 때부터 그거 했지 뭐.

= 그리고 명 잣고, 활로 이제 씨아 앗아 가지고 이제 마당에다 펴 놓고 막 회초리로 깔려요. 회초리로 막 깔리면 부옇게 명이 펴.

= 그러면 이제 담아다가 활로 타 이렇게. 활로 저 대나무를 이렇게 해 가지고 해서, 닥나무 벗겨 가지고 이렇게 거시기 해 가지고 활로 타.

= 그렇게 해 가지고 이제 이 말대로 수수깡 말대 그거 수수깡 그놈으로 말대를 이렇게 이제 명 탄 것을 말아, 말아서 이제 물레에다 명, 명을 잣지 뭐, 실을 빼지.

고 마르는 것은 뭐라고 그래요?

= 마는 것 이거 뭐 말대, 말대로 말아 넣어.

예, 고것을 요렇게 빼 놓잖아요?

= 예, 고치, 고치라고 하지, 고치 응 고치 빼 놓았다고.

= 담아서 이렇게 해서 말아서, 그렇게 해 놓고는 뭐, 이제 명 잣고, 명을 잣잖아.

= 명를 자아서 이제 그놈으로 베를 이제 많이 자으면 이제 자새에 개죽 해가지고 걸어 가지고 이제 실을 개서 이렇게 이 마… 이제 말목 박고 이제 이렇게 왔다 갔다 날, 날아 놓지요.

= 그렇게 해 가지고 이제 바디에 꿰어 가지고 푹푹 삶아 가면(서), 그걸 삶아요 이제 명을, 그것을 해 가지고 삶아 가지고 이제 또 매잖아 풀로.

= 풀 발라가먼서 이르캐 매:지유. 도투마리, 하난 도투마리 강:꾸 하나
는 아패서 매:구, 솔: 쓸 째 솔:루, 솔:루 문태구 솔:루 문태구 이르캐.

= 그르캐 가주 뭐 가따 노쿠 올려는 저거 베:트래다 올려 노쿠 저:기
베 짜:자나유.

= 옌:나래넌 부리나 증:기나 이써.

= 집씬, 집씬 저:기 짜개다가 호롱뿔, 고 집씬짝 이르캐 몹빼가 노쿠
호롱뿔 요기다 올려 노쿠 베 짜써유 바:매.

= 그저내 일번눔더리 만:날 그 베 몬: 나개 해 가주구서루 바:무로 그
거 베: 짜너라구.

= 그래 바디지 탁탁탁 바디질 쏘리가 안 나개 탁탁탁타카개 몬: 나개,
그 바디 거시기애다가 꼬추 말때 흥:겁때기 이르캐 가마 가주구 짜:짜나유.

몰:래 하느라구?

= 몰:래 하너라구.

= 그르캐, 옌:나래 그러캐 해써, 왜눔덜 또래미.[12]

= 풀 발라가면서 이렇게 매지요. 도투마리, 하나는 도투마리 감고 하나는 앞에서 매고, 솔 이제 솔로, 솔로 문대고 솔로 문대고 이렇게.

= 그렇게 해 가지고 뭐 갖다 놓고 올려(놓고) 저기 베틀에다 올려놓고 저기 베를 짜잖아요.

= 옛날에는 불이나 전기나 있어.

= 짚신, 짚신 저기 짝에다가 호롱불, 고 짚신짝 이렇게 못 박아 놓고 호롱불 요기에다 올려놓고 베 짰어요 밤에.

= 그전에 일본놈들이 만날 그 베 못 날게 해 가지고 밤으로 그거 베 짜느라고.

= 그래 바디질 탁탁탁 바디질 소리가 안 나게 탁탁탁탁 하게 못 나게, 그 바디 거시기에다 고치 말대 헝겊으로 이렇게 감아 가지고 짰잖아요.

몰래 하느라고?

= 몰래 하느라고.

= 그렇게, 옛날에 그렇게 했어, 왜놈들 때문에.

6.2 목화 재배와 삼 재배

그 이부래 는능 거는 머요 그럼?

= 솜:?

솜:?

= 음.

그건 어트개 해서 는능 거요?

= 미영:,[13] 미영: 그거 타, 인재 타: 가주구 마, 마당 내 아까마낭 투디려 가주구 인재 여러:시 활로 타: 가주구 이불솜: 이르캐 놔:찌요.

그건 어디 어트개 심능 거자나요 그거뚜?

= 미영:언 갈:지유. 바태다 갈:문 인재 미영: 따자나.

꼬 그 꼬뚜 피구?

= 꼳 어 꼳 부농구, 저기 부:농 꼳 피구 하얀 꼳 피구 이르캐 미영:...

= 으:.

그다매 나중애 요러:캐 열매 달리지요?

= 열:머넌 인재 요르캐 망우리가 열:먼 인재 활딱 이르캐 미영:이 되먼 인자 가서 따 오자나 따 오자나 따다가 거스캐...

그걸 머라 그래요?

글 명:이라 그래요?

= 예, 그개 미영:...

그거 저:기 저 피기 저내 고거 달, 달착찌근하지요 고거?

= 음.

고 먹끼두 하자나요?

= 머거요 따: 머거. 미영: 따다가 그거 물 먹꾸 시브먼 그거 따서 쪼:마낭 거 크먼 모쓰구 째:망 거 따서 머그먼 달착찌근하구 조와요.

그 이불에 넣는 것은 뭐예요 그럼?

= 솜?

솜?

= 응.

그것은 어떻게 해서 넣는 거예요?

= 명 명 그거 타서, 이제 타 가지고 마, 마당 내(가 말한) 아까처럼 두드려 가지고 이제 여럿이 활로 타 가지고 이불솜 이렇게 놓았지요.

그건 어디 어떻게 심는 거잖아요 그것도?

= 명은 갈지요. 밭에다 갈면 이제 명을 따잖아.

꽃, 그 꽃도 피고?

= 꽃 어 꽃, 분홍꽃, 저기 분홍색 꽃 피고 하얀 꽃 피고 이렇게 명...

= 응.

그 다음에 나중에 요렇게 열매 달리지요?

= 열리면 이제 요렇게 망울이 열면 이제 활짝 이렇게 명이 되면 이제 가서 따오잖아 따오잖아 따다가 거시기해...

그것을 뭐라고 그래요?

그것을 명이라고 그래요?

= 예, 그게 명(이에요).

그 저기 저 피기 전에 고것 달, 달착지근하지요 고것?

= 응.

고거 먹기도 하잖아요?

= 먹어요 따먹어. 명을 따다가 그것을 물 먹고 싶으면 그것 따서 조그만한 것 크면 못 쓰고 조그만한 것 따서 먹으면 달착지근하고 좋아요.

그건 머라 그래요 이르믄?

= 머 미영: 쏭이?

명: 쏭이라 그래요?

= 미영:다래14) 다래.

다래?

= 다래.

무슨, 무슨 다래라 그래요? 그냥 명:따래라 그래요?

= 응, 미영:다래.

모콰따래라고 앙그래요?

= 모캐따래라구두 하구 미영:따래라구 하구 다 그르개 냥 불러 부치닝 거야. ㅎㅎㅎㅎㅎ.

그래구서 이재 그개 이그먼 이르캐 하:야캐 버러지능 거지요?

= 예, 그개 하:야캐 이르캐 버러지먼 가서 쏙:쏙:쏙 빼:자너 이르캐.

= 빼자, 빼:서 인자 가따 말:려서...

그 씨:두 이찌요?

= 그럼 씨 이쓩깨 바:수지요 저기.

= 인재 그르카먼 가따 그눔: 말:려 가주 빼쌍 말리야지 안 말리먼 씨:가 깨:저서 거시기 모따. 빼:쌍 말려 가주 인재 그저낸 이르캐 쉐:시루15) 이르캐 쉐:시로 미영: 그거 씨 발라내자나 양:짜개서.

= 하나 매:기구 하나 뜨꾸 이르캐 두:리.

= 시방언 그릉 거 해두 트:래16) 가 하잉깨 모 트래 가 바사서 타: 가주 오닝깨 인재 아나자나 지비서넌 통.

그렁 거 요새 아는 사라미 업짜나요.

= 아이 트래비17) 보먼 마:니 하대: 미영:두 따굼 옌:나래 항 경가?

그거 머 해두 그 테래비에 나올라구 하능 거지 머 지배서는 아나자나요.

= 몰라 하하... 호 베:두 짜구 머 멩지두 짜구 다: 하대.

그것은 뭐라고 그래요 이름은?

= 뭐 명 송이(목화다래)?

명 송이라고 그래요?

= 명다래 다래.

다래?

= 다래.

무슨, 무슨 다래라고 그래요? 그냥 명다래라고 그래요?

= 응, 명 다래.

목화다래라고는 안 그래요?

= 목화다래라고도 하고 명다래라고도 하고 다 그렇게 그냥 불러 붙이
는 거야. ㅎㅎㅎㅎㅎㅎ

그리고서 이제 그게 익으면 이렇게 하얗게 벌어지는 거지요?

= 예, 그게 하얗게 이렇게 벌어지면 가서 쏙쏙쏙 빼잖아 이렇게.

= 빼서, 빼서 이제 갖다가 말려서...

그 씨도 있지요?

= 그럼 씨가 있으니까 바수지요 저기.

= 이제 그렇게 하면 갖다가 그놈을 말려 가지고 바싹 말려야지 안 말
리면 씨가 깨져서 거시기 못 따. 바싹 말려 가지고 이제 그전에는 이렇게
씨아로 이렇게 씨아로 명 그거 씨를 발라내잖아 양쪽에서.

= 하나는 메기고 하나는 뜯고 이렇게 둘이.

= 지금은 그런 것을 해도 틀에 가서 하니까 뭐 틀에 가서 바숴서 타
가지고 오니까 이제 안 하잖아 집에서는 통.

그런 것을 요즘 아는 사람이 없잖아요.

= 아니 텔레비전 보면 많이 하대 명도 따고 옛날에 한 건가?

그거 뭐 해도 그 텔레비전에 나오려고 하는 것이지 뭐 집에서는 안 하잖아요.

= 몰라 하하하... 흐 베도 짜고 뭐 명주도 짜고 다 하데.

= 삼베두 짜고.

삼베하구 미영하구 명지하구 다 다릉 거지요?

= 달르지요. 삼베넌 사:멀 가라서 바태다 사:멀 가라서 삐껴서 저기 무래다 당과 써쿼 가주 뽀이야캐 인재 해 가주 실: 맨드러 가주 삼베 나자나요.18) 노로롬:하개 사콰 가주고.

무래다가?

= 응, 무래다 사콰 가주고.

그거 그럼 껍띠기는 어트개 베껴요?

= 그러면 사쿠먼 인재 껍띠기가 홀랑 뻐서지자나 이르캐 비비면 홀:랑.

그러면 그 소:개 저기 긴: 작때기 가틍 거 그거 삐끼능 거예요?

= 그러면 예, 그르카문 이 거시기가 실:거치 이러캐 빠지구 이르캐 삐껴져유. 그라면 이눔 짜개 가주구 삼베 나카나?19) 짬:베20) 쪽:쪽 짜개 가주 인재 이르캐 침 발라서 물파개다 요르캐 해 가주 이르캐 이:서 인재 이:서 훌터 가주 대꾸 이:서서 인재 사려 노:차나. 삼:베넌 그르캐 난...

그름 명지는?

= 명진 인재 니:꼬추, 벌거지 뺑따다가 인재 벌거지 니:꼬추, 뉘:라구 인재 츠:매 씨가 나오자나요.

= 그라면 인재 가따 노문 인재 벌거지 나오문 명21) 따, 저: 뺑 뺑닙 따다가 쓰:러서 메겨서 인재 키워서 인재 꼬추 지어 가주구 인재 그 꼬추럴 인재...

= 그저내는 왜눔덜 또래 그렁 거뚜 맘:대루 모대써요 바매 하지.

= 그냥 저:기 실:, 그 꼬추루 인재 이르캐 해: 가주 물 빼: 가주구 인재 그 소:니루 이르캐 자부댕겨 시:럴, 소니루 자부댕겨서 이르캐 이르캐 실: 빼자나요. 그르캐 가주 명주 난넝-거지요.

오슨 그걸루 맨드능 개 젤 조응 거요?

= 그개 조치요. 꼬추 실: 빼:서 하는 삼, 저: 조:치 명지가.

= 삼베도 짜고.

삼베하고 명하고 명주하고 다 다른 것이지요?

= 다르지요. 삼베는 삼을 갈아서 밭에다가 삼을 갈아서 벗겨서 저기
물에다 담궈 썩혀 가지고 뽀얗게 이제 해 가지고 실을 만들어 가지고 삼
베 날잖아요. 노르스름하게 삭혀 가지고.

물에다가?

= 응, 물에다 삭혀 가지고.

그거 그럼 껍데기는 어떻게 벗겨요?

= 그러면 삭히면 이제 껍데기가 홀랑 벗어지잖아 이렇게 비비면 홀랑.

그러면 그 속에 저기 긴 작대기 같은 것 그거 벗기는 거예요?

= 그러면 예, 그렇게 하면 이 거시기가 실처럼 이렇게 빠지고 이렇게
벗겨져요. 그러면 이놈을 찢어 가지고 삼베 날잖아? 삼베 쪽쪽 찢어 가지고
이제 이렇게 침 발라서 무릎에다 요렇게 해 가지고 이렇게 이어 이제 이어
훑어 가지고 자꾸 이어서 이제 사려 놓잖아. 삼베는 그렇게 났(는데)…

그럼 명주는?

= 명주는 이제 누에고치, 벌레 뽕 따다가 이제 벌레 누에고치, 누에라
고 이제 처음에 씨가 나오잖아요.

= 그러면 이제 갖다 놓으면 이제 벌레 나오면 명 따, 저 뽕 뽕잎 따다
가 썰어서 먹여서 이제 키워서 이제 고치 지어 가지고 이제 그 고치를
이제…

= 그전에는 왜놈들 때문에 그런 것도 마음대로 못 했어요 밤에 하지.

= 그냥 저기 실, 그 고치로 이제 이렇게 해 가지고 물 빼 가지고 이제
그 손으로 이렇게 잡아당겨 실을, 손으로 잡아당겨서 이렇게 이렇게 실을
빼잖아요. 그렇게 해 가지고 명주를 나는 거지요.

옷은 그것으로 만드는 것이 제일 좋은 거예요?

= 그게 좋지요. 고치 실 빼서 하는 삼, 저기 좋지 명주가.

= 삼베넌 그북씨러움 모따구: 여간 싸람 모디야 삼베넌.

= 그거넌 훌터 써쿼서 훌터서 입 저저: 해구 입뚜 아주 그냥 해:서 이르캐 만날 소니루 이르캐 비:벼서 이 사려 노쿠 그건 그러캐 해지.

＝ 삼베는 거북스러워 못 하고 여간 사람은 못 해 삼베는.

＝ 그것은 훑어 썩혀서 훑어서 입 저 저 입도 아주 그냥 해서 이렇게 만날 손으로 이렇게 비벼서 이 사려 놓고 그것은 그렇게 하지.

■ 주석

1) '쌔시'는 중앙어 '씨아'에 대응하는 충청도 방언형이다. '쌔시'는 '씨앗이'에서 유래한 말로 보인다. '씨앗이'는 '씨앗-'에 명사파생 접미사 '-이'가 결합된 말이고 이것이 줄어든 말이 '쌔시'로 보인다.

2) '회치래기'는 '회치라기'의 움라우트형이 굳어진 말로 이해된다. '회치래기'는 중앙어 '회초리'에 대응하는 충청도 방언형으로 예문에서는 가늘고 긴 나뭇가지라는 뜻으로 쓰였다.

3) '딱채나무'는 중앙어 '닥나무'에 대응하는 이 지역 방언형이다. '딱채나무'는 '딱채'를 만드는 나무라는 뜻이다. '딱채'는 닥나무 껍질로 만든 채찍을 가리킨다.

4) '말때'는 '말대'의 음성형이다. '말대'는 물레질할 때에 솜을 둥글고 길게 말아 내는 막대기를 가리키는 말이다. 새끼손가락 굵기만 한 수수깡을 30cm 가량 길이로 잘라서 사용한다.

5) '쑤때기'는 중앙어 '수숫대' 또는 '수수깡'에 대응하는 이 지역 방언형이다. 이 지역 방언형으로 '쑤때기' 외에 '쑤수때기'도 쓰인다.

6) '꼬추'는 물레를 돌려 실을 뽑으려고 말대에 둥글고 길게 말아 놓은 솜방망이를 뜻하는 중앙어 '고치'의 충청도 방언형이다.

7) '잣구'는 '잣다'의 활용형이다. 물레 따위로 섬유에서 실을 뽑다의 뜻으로 쓰이는 충청도 방언형 '잣다'는 '잣구[자꾸]. 잣지[자쩨], 잣아서[자사서], 잣으면[자스먼]' 등과 같이 활용한다.

8) '말목'은 중앙어 '말뚝'에 대응하는 이 지역 방언형이다.

9) '나라'는 명주, 베, 무명 따위를 길게 늘여서 '실을 만들다'의 뜻으로 쓰이는 중앙어 '날다'에 대응하는 충청도 방언형 '날다'의 활용형이다. 충청도 방언에서 '실을 만들다'의 뜻으로 쓰이는 '날다'는 '날다가, 날구, 날지, 날게, 날아, 날았어' 등과 같이 활용한다.

10) '하 가주구'는 '해 가주구'라고 해야 할 것을 잘못 말한 것이다. '해 가주구'는 중앙어 '해 가지고'에 대응하는 말로 '해서'의 뜻으로 쓰이는 말이다.

11) '매자나'는 옷감을 짜기 위하여 날아 놓은 날실에 풀을 먹이고 고루 다듬어 말리어 감는다는 뜻으로 쓰이는 '매다'의 활용형이다.

12) '또래미'는 중앙어 '때문에'에 대응하는 이 지역 방언형이다. '또래미' 외에 '또래'와 '또래미내'도 쓰인다. 근래부터는 '때매'나 '때문애'도 쓰이는데 이는 외부의 영향을 받은 것으로 보인다.

13) 예문의 '미영'은 '솜' 또는 '목화'의 의미로 쓰였다. '미영'은 본래 '무명실로 짠 피륙'을 뜻하는 말이지만 예문에서는 무명의 재료가 되는 솜이나 목화를 가리키는 말로 쓰였다. 이 지역 방언에서는 '미영'이 식물로서의 목화를 가리키는 뜻으로도 쓰인다.

14) '미영다래'는 중앙어 '목화다래'를 가리키는 충청도 방언형이다. 충청도 방언에서 '미영다래'라고도 하고 '목캣다래' 또는 '목홧다래'라고도 한다. 충청도 방언에서 화자와 청자가 목화에 대한 이야기를 하고 있다는 것이 전제될 때는 목화다래의 뜻으로 그냥 '다래'만을 쓰기도 한다.

15) '쒜시'는 중앙어 '씨아'에 대응하는 충청도 방언형이다. '쒜시'와 함께 충청도 방언형으로 '쌔시'가 쓰이는데 역시 중앙어 '씨아'에 대응하는 충청도 방언형이다. 충청도 방언형 '쒜시'와 '쌔시'는 '씨앗이'에서 유래한 말로 보인다. '씨앗이'는 '씨앗-'에 명사파생 접미사 '-이'가 결합된 말이고 이것이 줄어든 말이 '쌔시'로 파악된다. '쒜시'는 '쌔시'의 분화형으로 보인다.

16) '트래'는 '틀+-애'로 분석할 수 있다. 예문에서의 '틀'은 솜틀을 가리킨다.

17) '트래비'는 텔레비전의 방언형 '테래비'의 이 지역 분화형이라고 할 수 있다. 개인어에 가깝다.

18) '나자나요'는 명주, 베, 무명 따위를 길게 늘여서 실을 만들다의 뜻으로 쓰이는 중앙어 '날다'에 대응하는 충청도 방언형 '나다'의 활용형 '나잖아요'의 음성형이다. 이 지역에서 중앙어 '날다'의 뜻으로 '나다' 외에 '낳다'도 '낳넌 거지요[난넝 거지요]'와 같이 쓰인다.

19) '나차나'는 명주, 베, 무명 따위를 길게 늘여서 실을 만들다의 뜻으로 쓰이는 중앙어 '날다'에 대응하는 충청도 방언형 '낳다'의 활용형 '낳잖아'의 음성형이다. 이 지역에서 중앙어 '날다'의 뜻으로 '낳다' 외에 '나다'도 쓰인다.

20) '짬베'는 '삼베'를 잘못 발음한 것으로 보인다.

21) '멩'은 뽕의 이 지역 방언형 '뺑'이라고 해야 할 것을 잘못 말한 것이다.

■ 참고문헌

고려대학교민족문화연구원(2009), ≪한국어대사전≫(3권), 고려대학교민족문화연구원.

국립국어연구원(1999), ≪표준국어대사전≫, 두산동아.

김민수 편(1997), ≪우리말어원사전≫, 태학사.

남광우(1999/2008), ≪고어사전≫, 교학사.

박경래(2007), ≪충북 제천 지역의 언어와 생활≫, 태학사.

박경래(2009), ≪충북 청원 지역의 언어와 생활≫, 태학사.

박경래(2010), ≪문학 속의 충청 방언≫, 글누림.

박경래(2011), ≪충북 충주 지역의 언어와 생활≫, 태학사.

유창돈(1964/1974), ≪이조어사전≫, 연세대학교출판부.

이훈종(1993), ≪민족생활어사전≫, 한길사.

이희승(1961/1981), ≪국어대사전≫, 민중서림.

한글학회(1992), ≪우리말큰사전≫(1~3/4옛말과 이두), 어문각.

홍윤표(2009), ≪살아있는 우리말의 역사≫, 태학사.

• • • ━

• • • **가**

가(邊)
  가:성 484